中国县域法治国情调查报告丛书

Survey Report Series on the Development of Rule of Law at the County Level in China

中国县域法治国情调查报告

江宁卷

JIANGNING SECTION

周佑勇◎主编

法律出版社
LAW PRESS · CHINA

《中国县域法治国情调查报告丛书》
编辑委员会

中国县域法治国情调查报告

江苏江宁卷

主　　编　周佑勇

副 主 编　刘维新　孟　红

撰写人员　刘　红　刘启川　刘建利　任丹丽
　　　　　陈道英　张雪莲　李煜兴　孟　红
　　　　　单平基　郑颖慧　梁云宝　龚向和

目 录

总 序 …… (1)

第一章 基本概况 …… (1)
第一节 县制区划 …… (2)
一、行政区划:市、县、乡镇、村 …… (2)
二、县制沿革 …… (9)
第二节 自然环境 …… (12)
一、自然地理 …… (12)
二、自然资源 …… (13)
三、交通运输情况 …… (14)
第三节 人口、家庭与婚姻 …… (17)
一、人口总量 …… (18)
二、流动人口 …… (18)
三、人口结构 …… (19)
四、家庭结构 …… (20)
五、婚姻状况 …… (21)
第四节 经济社会发展状况 …… (22)
一、GDP 和财政收入的发展变化 …… (22)
二、经济和产业结构 …… (23)
三、劳动力结构和收入状况 …… (24)
四、城镇化发展 …… (25)
五、主要产业 …… (26)
六、经济类型 …… (28)
七、教育状况 …… (28)
第五节 法制沿革过程 …… (30)
一、清末至民国时期 …… (30)
二、1949 年至 1965 年 …… (31)
三、文革时期 …… (34)
四、1978 ~ 2014 年的发展 …… (35)

第六节 地域文化 ……………………………………………………………………（42）
一、悠久的历史文化 ……………………………………………………………（42）
二、新中国成立后文化事业蓬勃发展 …………………………………………（42）
三、十一届三中全会以后文化快速发展 ………………………………………（44）
四、民俗文化特色 ………………………………………………………………（45）
五、图书馆机构发展 ……………………………………………………………（46）
六、文物保护工作 ………………………………………………………………（46）
七、文化部门自身建设情况 ……………………………………………………（47）
第七节 民族与宗教信仰 ……………………………………………………………（47）
一、民族分布 ……………………………………………………………………（47）
二、宗教信仰状况 ………………………………………………………………（49）

第二章 地方政治体系与社会团体 ……………………………………………………（50）
第一节 中共地方组织 ………………………………………………………………（50）
一、历史沿革 ……………………………………………………………………（50）
二、组织框架 ……………………………………………………………………（51）
三、主要机构工作职责 …………………………………………………………（52）
第二节 江宁区人大及其常委会 ……………………………………………………（57）
一、历史沿革 ……………………………………………………………………（57）
二、组织机构 ……………………………………………………………………（57）
三、常务委员会工作职责 ………………………………………………………（59）
第三节 江宁区人民政府 ……………………………………………………………（60）
一、历史沿革 ……………………………………………………………………（60）
二、组织机构 ……………………………………………………………………（61）
第四节 政治协商会议江宁委员会 …………………………………………………（62）
一、概况 …………………………………………………………………………（62）
二、运行机制 ……………………………………………………………………（63）
三、主要职能 ……………………………………………………………………（64）
第五节 社会团体 ……………………………………………………………………（64）
一、历史发展概况 ………………………………………………………………（64）
二、区总工会 ……………………………………………………………………（65）
三、共青团江宁区委员会 ………………………………………………………（67）
四、区妇女联合会 ………………………………………………………………（69）
五、区科学技术协会 ……………………………………………………………（74）
六、区残疾人联合会 ……………………………………………………………（78）
七、区红十字会 …………………………………………………………………（80）
八、区工商界联合会 ……………………………………………………………（81）

九、江宁区归侨侨眷联合会 …………………………………………………………（83）

第三章　行政执法与公安法治 ……………………………………………………（84）
第一节　行政执法 ……………………………………………………………（84）
一、行政执法机构的变迁 ……………………………………………………（84）
二、江宁区行政执法主体概况 ………………………………………………（100）
三、抽象行政行为 ……………………………………………………………（101）
四、具体行政行为概况 ………………………………………………………（110）
五、江宁区行政复议与行政应诉情况（2010～2014年）…………………（123）
六、江宁区行政执法与法治政府建设 ………………………………………（153）
第二节　公安机关 ……………………………………………………………（190）
一、公安概况 …………………………………………………………………（190）
二、刑事执法工作 ……………………………………………………………（196）
三、公共安全监管 ……………………………………………………………（208）
四、保卫工作 …………………………………………………………………（218）
五、公安法制工作 ……………………………………………………………（223）
六、干部队伍建设 ……………………………………………………………（225）
七、基层基础建设 ……………………………………………………………（228）

第四章　法院、检察院与司法行政 ………………………………………………（234）
第一节　法院 …………………………………………………………………（234）
一、组织形态 …………………………………………………………………（234）
二、案件审理 …………………………………………………………………（236）
三、江宁区法院建设 …………………………………………………………（255）
第二节　检察院 ………………………………………………………………（264）
一、检察机关设置与职能 ……………………………………………………（264）
二、职务犯罪侦查和预防 ……………………………………………………（274）
三、审查逮捕和公诉 …………………………………………………………（286）
四、检察监督 …………………………………………………………………（290）
五、检察改革 …………………………………………………………………（303）
六、检察工作监督管理 ………………………………………………………（306）
七、检察政务与保障 …………………………………………………………（308）
第三节　司法行政 ……………………………………………………………（312）
一、基本概况 …………………………………………………………………（312）
二、矛盾纠纷调处 ……………………………………………………………（314）
三、公共法律服务 ……………………………………………………………（316）
四、特殊人群管理 ……………………………………………………………（329）

五、法治文化建设 …………………………………………………………………… (333)
六、干部队伍建设 …………………………………………………………………… (339)
七、基层基础建设 …………………………………………………………………… (340)
八、制度创新 ………………………………………………………………………… (340)

第五章　基层自治与公民权益保障 ……………………………………………… (346)
第一节　基层自治 ………………………………………………………………… (346)
一、基层村(居)委员会自治 ………………………………………………………… (346)
二、社会组织自治管理 ……………………………………………………………… (396)
第二节　公民权益保障 …………………………………………………………… (404)
一、法制教育(普法教育) …………………………………………………………… (404)
二、公民权益保障情况 ……………………………………………………………… (416)

第六章　县域重要法治事件与法治案件 ………………………………………… (434)
第一节　县域重要法治事件 ……………………………………………………… (434)
一、突出党委总揽,推进法治建设率先领先 ……………………………………… (434)
二、江宁区依法治区领导小组积极推进法治街道建设 ………………………… (436)
三、江宁公安在线——利用新媒体实现政务公开 ……………………………… (438)
四、江宁区检察院延伸法律监督触角,促进检力下沉 …………………………… (442)
五、江宁区法院实行陪审制大合议庭改革 ……………………………………… (443)
第二节　县域典型法治案件 ……………………………………………………… (444)
一、张明宝醉驾"以危险方法危害公共安全罪" …………………………………… (444)
二、南京幼女饿死事件 ……………………………………………………………… (445)
三、孙银山诉南京欧尚超市有限公司江宁店买卖合同纠纷案 ………………… (450)
四、青岛中南物业管理有限公司南京分公司诉徐献太、陆素侠物业管理合同纠纷案 ……………………………………………………………………………… (454)
五、王春生诉张开峰、江苏省南京工程高等职业学校、招商银行股份有限公司南京分行、招商银行股份有限公司信用卡中心侵权纠纷案 ………… (458)
六、李维祥诉李格梅继承权纠纷案 ……………………………………………… (461)
七、葛宇斐诉沈丘县汽车运输有限公司、中国人民财产保险股份有限公司周口市分公司、中国人民财产保险股份有限公司沈丘支公司道路交通事故人身损害赔偿案 ……………………………………………………………… (463)
八、段天国诉中国人民财产保险股份有限公司南京市分公司保险合同纠纷案 ……………………………………………………………………………… (465)
九、高尔夫(南京)房地产有限公司诉吴咏梅供用热力合同纠纷案 …………… (467)
十、梁介树诉南京乐府餐饮管理有限公司劳动争议案 ………………………… (468)

十一、陈爱华诉南京市江宁区住房和城乡建设局不履行房屋登记法定职责案 …………………………………………………………… (470)

第七章　专题性法治问题 …………………………………………… (493)
专题一:社会管理法治化的"江宁模式" ……………………………… (493)
一、社会管理法治化提出的背景 ………………………………………… (493)
二、江宁社会管理法治的民意调查与分析 ……………………………… (494)
三、江宁区社会管理法治的绩效与经验 ………………………………… (500)
四、进一步提升江宁区社会管理法治化水平的战略思考与建议 ……… (506)
专题二:江宁区群体性劳动纠纷涉诉案件调查报告 ………………… (512)
一、群体性劳动纠纷涉讼案件基本特点 ………………………………… (512)
二、形成群体性劳动纠纷涉讼案件特点的原因分析 …………………… (513)
三、群体性劳动纠纷涉讼案件存在的主要问题 ………………………… (513)
四、解决群体性劳动纠纷的对策建议 …………………………………… (514)
专题三:南京市江宁区涉案流动人员适用取保候审情况调查报告 … (517)
一、南京市江宁区2012年、2013年流动人员适用取保候审情况分析 ……… (517)
二、流动人员适用取保候审存在的问题 ………………………………… (520)
三、南京市江宁区流动人员适用取保候审问题原因分析 ……………… (524)
四、流动人员适用取保候审解决问题对策建议 ………………………… (528)
专题四:系列环境污染事件调查分析 ………………………………… (532)
一、系列环境污染事件 …………………………………………………… (532)
二、综合评议 ……………………………………………………………… (535)
专题五:社区警务室建设情况调研报告
——以秣陵街道、禄口街道为例 ………………………………………… (549)
一、基本情况 ……………………………………………………………… (549)
二、取得的主要成效 ……………………………………………………… (551)
三、存在的主要问题 ……………………………………………………… (552)
四、完善社区警务室建设的建议 ………………………………………… (552)

后　记 …………………………………………………………………… (554)

总　　序

中国特色社会主义法治发展,是基于中国法治国情条件而展开的一场深刻的法治变革运动,有其特殊的历史运动轨迹,具有独特的路径选择。习近平同志强调:“走什么样的法治道路、建设什么样的法治体系,是由一个国家的基本国情决定的。”“全面推进依法治国,必须从我国实际出发,同推进国家治理体系和治理能力现代化相适应,既不能罔顾国情、超越阶段,也不能因循守旧、墨守成规。”[①]在当代中国,全面推进依法治国,加快建设法治中国,固然要吸收借鉴人类法治文明的有益经验和成果,但更重要的是要从中国的实际情况出发,深深扎根于本国社会的土壤之中,自觉立足社会主义初级阶段的基本国情条件,努力构建具有鲜明特色的中国法治现代化模式,绝不能脱离本国的实际状况,绝不能无视本国的法治国情特点而盲目照抄照搬,从而科学把握中国法治发展的运动方向,坚定地走出一条符合本国国情条件的中国特色社会主义法治道路。

一般来说,国情是指一个国家的政治、经济、文化、社会、历史传统、自然地理条件等方面的基本情况和特点。法治国情是一个内涵丰富的概念,主要是指该国国情状况在法治生活领域中的具体反映和表现。如果说一个国家的国情状况与特点,对于这个国家的政治、经济、社会、文化生活领域产生着重要影响,那么,同样地,一个国家的法治国情条件,在很大程度上决定这个国家的法治发展进程及其取向。“各国国情不同,每个国家的政治制度都是独特的。”因而“世界上不存在完全相同的政治制度,也不存在适用于一切国家的政治制度模式”。[②] 在当代中国,坚持走中国特色社会主义法治道路有着深厚的国情基础。从政治方面来看,法治国情的政治关系集中地表现为工人阶级领导的、以工农联盟为基础的社会主义国家的国体和人民代表大会制

---

① 习近平:“加快建设社会主义法治国家”,载《求是》2015 年第 1 期。

② 参见习近平:《在庆祝全国人民代表大会成立 60 周年大会上的讲话》(2014 年 9 月 5 日),人民出版社 2014 年版,第 16 页。

度的政体,为中国特色社会主义法治发展道路提供了坚实的政治基础和根本准则,这就决定了中国特色社会主义法治发展在国家政治生活和国家政权体制中的基本地位;中国共产党的领导是中国特色社会主义的根本政治保证,必须始终坚持党对法治建设与发展的领导;依法服务党和国家的工作大局,则是中国特色社会主义法治的政治使命。从经济方面来看,法治国情的经济要素主要在于把握国家经济制度性质及其类型。在当代中国,1978 年开始的改革开放,致力于建立社会主义市场经济体制。经过 30 多年的广泛而深刻的社会经济革命,一个具有社会主义特点的能够充分发挥市场经济作用的经济体制已经形成。在社会主义市场经济条件下,公正与效率的关系,构成了社会价值系统中的一对矛盾。从社会方面来看,当代中国仍然处于社会主义初级阶段,法治领域的基本矛盾表现为人民群众日益增长的法治需求与法治机构和法治队伍的法治能力相对不足之间的矛盾。进入新世纪新阶段,当代中国社会发展呈现出一系列阶段性特征,这必然对法治发展进程产生重要影响,进而对法治建设与发展提出相应的要求。因此,在新的形势下,深化法治改革,推动法治发展,就必须从社会主义初级阶段这个最大的实际出发。这是我们考察中国法治国情社会要素时需要悉心加以关注的。从文化方面来看,研究中国法治国情的文化要素,应当着力探求法律文化传统对当代中国法治发展进程的内在影响。把握中国法治国情,推动中国法治发展,必须高度关注本国的法律文化传统问题。

把握中国法治国情条件的基本特点,一个重要的方面,就是要清醒地认识到不同区域法治发展的差异性及其历史影响。中国的法治发展进程,受到中国社会的、经济的、政治的、文化的、历史的和地理环境的诸方面条件或因素的深刻影响,因而有其独特的历史特点。特别是在中国这样一个幅员辽阔的东方大国,东中西部各个区域之间的经济社会发展水平与状况存在明显的差异性,必然影响或制约着各个区域法治发展的进展状况与实际效果。因此,在全面推进依法治国、加快建设法治中国的时代条件下,正确认识和处理好国家法治发展与区域法治发展之间的关系,就显得尤为重要。区域法治发展是国家法治发展进程在一定区域内的具体的历史的展开。这里所说的区域,主要是指主权国家范围内的以特定行政区划为基本构成单元的特定地域空间。在当代中国,这涉及诸如省域、市域(设区的市)和县域的不同层级的行政辖区。当然,那些由相邻地域所组成的跨越不同层级的行政区划的空间地域，亦属于区域的概念内涵的构成要素。例如，西部地区、中部地区、长江三角洲地区、京津冀地区、东北地区、珠江三角洲地区，等等。因之，基于特定区域范围的法治发展现象，无疑有丰富多彩的历史时空的个别化特性。

应当看到，这种以不同层级行政区划为基础的地区单元，具有丰厚的法学意蕴，恰恰是法学意义上的"区域"概念的主体内涵或基本规定之一。行政区域或政区的设置，是国家治理的基础。国家统治者为了有效地实施对国家疆域的治理，都要按照一定的理念与原则，综合考量经济的、政治的、社会的、民族的、文化的、风俗的、人口的、历史的乃至地理的等诸方面因素和条件，确立一定的行政管辖层级体系，并且把整个国家疆域划分为若干个不同的行政区域或政区。因之，"行政区划是一个国家权力再分配的主要形式之一，也是一个国家统治集团及政治、经济、军事、民族、习俗等各种要素在地域空间上的客观反映。"①在中国，政区体制经历了一个历史沿革过程。但是，无论政区体制如何变动与繁复多样，都无法摆脱一定的地理区域因素及其空间状况的深刻影响。以特定范围的地域空间为基础的政区体制，体现着一种独特的社会关系——纵向的行政等级关系，凝结着中央与地方之间有机互动的独特的国家治理价值取向。所以，基于特定政区的地域空间单元，构成了法学视野下区域研究的基本对象之一。在推进法治中国建设的时代进程中，省域、市域、县域不同行政辖区层级的法治发展主体、客体、样态、功能、推进方式与路径选择等，既有共同的要求，又有不同的特点，需要运用区域法治发展的概念工具加以深入分析，从而揭示和把握不同政区层级的区域法治发展的运动规律。

县域法治发展，不仅在区域法治而且在国家法治发展进程中具有独特的战略地位。"依法治国的根基在基层。"②在当代中国国家政权体系中，县级政权构成了国家政权结构的基本单元和基础，县级政治或县政是整个国家政治运作的基础枢纽。诚如习近平同志所指出的："在我们党的组织结构和国家政权结构中，县一级处在承上启下的关键环节，是发展经济、保障民生、维护稳定、促进国家长治久安的重要基础。古人讲，郡县治，天下安。我国县的建制始于春秋时期，因秦代推进郡县制而得到巩固和发展。两千多年来，县

---

① 参见浦善新：《中国行政区划改革研究》，商务印书馆2006年版，第1页。

② 参见《习近平关于全面依法治国论述摘编》，人民出版社2015年版，第116页。

一直是我国国家结构的基本单元,稳定存在至今。"[①]作为一个完整型态的县域社会治理,涉及中央与地方、国家与社会、城市与乡村等一系列重大的国家治理关系。我国5000多年的文明史和2000多年的县治史,以其恢宏的画卷,展示出独特的国家治理的智慧与魅力,是一座弥足珍贵的宝库,亟须人们大力开掘,深入探讨。在实现国家治理现代化的进程中,推进县域治理改革,完善县域治理功能,已经成为摆在我们面前的一项重大议程。由此,推进法治中国建设,推动区域法治发展,必须紧紧抓住县域法治发展这个重心不放,把县域法治建设作为区域法治建设的主战场,积极推动全面依法治国在县域基层的具体实践,[②]为法治中国进程中的区域法治发展注入源头活水,坚定地走中国特色社会主义法治道路。

正因为如此,我们深深感到,深入系统地开展县域法治国情调查,反映县域法治的状况,记录县域法治的进程,展现县域法治的进步,确乎具有重大的理论价值与实践意义。2014年7月,在《法治江苏建设纲要》颁布实施十周年之际,在江苏省依法治省领导小组办公室的大力支持和悉心指导下,江苏高校区域法治发展协同创新中心和南京师范大学江苏法治发展研究院决定组织开展县域法治国情调查工作,首批选定昆山市、宜兴市、南京市江宁区、丹阳市、如皋市、高邮市、淮安市淮安区、东台市、沭阳县、沛县10个县(市、区)作为有关高校、科研院所的县域法治国情调查基地,并在此基础上逐步扩大范围,持续不断地扎实开展县域法治国情调查。通过对特定县(市、区)法治状况的全面调查,力求全面、客观、准确地掌握具有代表性的特定县(市、区)的法治发展状况,系统地记录县域法治建设的发展进程,以期为法治江苏建设提供第一手的基础性资料,进而为江苏省委、省政府全面推进依法治省、加快建设法治江苏提供重要的决策参考。

县域法治国情调查是一个庞大的系统工程。这项调查内容涉及县域基本状况、地方政权与地方组织、执法与司法、基层自治、公民权益保障、重要法治事件与典型法治案件、专题性法治问题等诸多方面,时间跨度长,调查内容多,调查难度大,工作任务重。江苏省委政法委主要领导同志对县域法治国情调查工作十分重视,提出重要的指导意见。近两年来,参与县域法治国情

---

① 习近平:《做焦裕禄式的县委书记》,中央文献出版社2015年版,第2页。

② 参见李树忠:"依法治国语境下的县域法治",载《中国政法大学学报》2013年第6期;尹洪阳、杨玉圣:"县域法治论纲",载《中国政法大学学报》2013年第6期。

调查的南京师范大学法学院、东南大学法学院、苏州大学王健法学院、扬州大学法学院和江苏省社会科学院法学研究所，在江苏省依法治省领导小组办公室的指导协调下，在当地党委、政府和党委政法委以及有关方面的大力支持下，始终坚持以党的十八大和十八届三中、四中、五中全会精神为指导，深入贯彻习近平总书记全面依法治国思想，悉心把握中国特色社会主义县域法治发展规律，高度重视，周密部署，精心组织，协作配合，牢固树立质量第一的理念，确保调查数据的系统完整、客观真实，县域法治国情调查工作取得了重要进展。《中国县域法治国情调查报告丛书》集中汇聚了这次较大规模的县域法治国情调查的主要成果，具有存史咨政的有益作用，亦是法治决策的重要依据。

县域法治国情调查工作，得到了我国法学界的关心支持。江苏高校区域法治发展协同创新中心专家咨询委员会各位专家对组织开展县域法治国情调查提出了富有见地的意见建议。在“县域法治国情调查成果交流论证会”上，与会专家学者对这次县域法治国情调查报告书稿进行了认真的评议，在充分肯定开展县域法治国情调查工作的重要意义和已经取得的阶段性成果的基础上，对进一步提高调查报告质量，深化县域法治国情调查工作，提出了建设性的意见和建议。法律出版社对《中国县域法治国情调查报告丛书》的出版印行，给予了热情关顾和有力支持。在此，我们谨一并致以诚挚的谢忱！

县域法治国情调查，是一项很有意义的法治事业，在某种程度上也是一项开创性的工作。由于我们经验不足，能力有限，加之调查工作难度确实很大，因之调查报告肯定存在不足之处，敬祈法学与法律界同人和广大读者批评指正。

我们深知，随着全面依法治国进程的历史性展开，县域法治发展的重要地位愈益充分地展现出来，遂而县域法治国情调查必将成为推进法治中国建设的基础性议程。让我们协同合作，脚踏实地，持之以恒，有计划地持续深入开展县域法治国情调查工作，为夯实全面依法治国的根基作出不懈的努力。

江苏高校区域法治发展协同创新中心
南京师范大学江苏法治发展研究院
2016年1月

第一章　基本概况

江宁区位于南京市南部，北纬31°37′～32°07′、东经118°28′～119°06′。东与栖霞区及句容市接壤，东南与溧水区毗邻，南、西南分别与安徽省当涂县、马鞍山市相交，北、东北分别与雨花台区、秦淮区、白下区相邻。区域总面积1558平方公里，辖10个街道，200个村（社区），户籍人口95.62万。

省会门户，南京屏障。江宁为进入省会南京的水、陆、空交通走廊，依山控江，自东至西环抱主城。

山川秀丽，宜居佳地。地形素有“六山一水三平原”之称，青山秀水、蓝天碧野，人与自然和谐共生，是国家级生态区、全国宜居宜业典范区、中国最佳休闲小城、全国休闲农业和乡村旅游示范区。

季风气候，四季分明。温暖湿润，降水丰沛，夏冬季长，春秋季短。

十朝京畿，古都新区。晋太康二年（281），以临江县改名江宁县，为江宁县置县之始。置县2000多年，曾为东吴，东晋，南朝宋、齐、梁、陈，南唐，明，太平天国，民国时期的京畿，其历史达450多年，2000年12月撤县设区。悠久的历史，秀丽的山川和十朝的京畿重地，孕育了无数江宁俊杰。在江宁辈出的英才中，有南朝齐梁间著名道教思想家、被誉为“山中宰相”的陶弘景，南朝梁开国皇帝萧衍；南宋以身殉国、被封为义烈显节侯的抗金将领秦钜；明朝兵部尚书、戍边功臣王以旂；清朝女科学家王贞仪，著名爱国英雄邓廷桢，云锦挑花工艺家张长荣；民国时期的“国医泰斗”张栋梁，报业巨子史量才，方志大家陈作霖等。全区有历史文化遗产139余处，各级文物保护单位72处。

发展强劲，实力日增。2013年，全区实现地区生产总值1086.2亿元，增长12.4%，人均地区生产总值11.4万元，增长16.1%；财政总收入426.7亿元，其中公共财政预算收入156.4亿元，分别增长27.3%和14%；全社会固定资产投资880.5亿元，增长11.3%；社会消费品零售总额332.1亿元，增长16.1%。

开放热土，外资集聚。有3个国家级、省级开发园区，共引进外资企业3082家，其中千万美元以上项目830个，累计合同利用外资181.1亿美元，实际利用外资89亿美元，世界500强企业中有46家落户江宁，在江宁注册上市企业16家。

科教大区，创新高地。江宁是全国科技进步先进区、国家可持续发展实验区、中国产学研合作创新示范基地、全国义务教育发展基本均衡区、国家知识产权强县工程示范区、国家海外高层次人才创新创业基地、国家创新人才培养示范基地、国家新型工业化产业示范基地、国家智能电网特色产业基地、国家智能电网高新技术产业化基地、国家电力自动化和可再生能源特色产业基地、国家科技兴贸创新基地(新能源)和大学生科技创新见习基地试点单位。驻区高校27所,师生20多万人。建立博士后工作站及分站28家、院士工作站17家,拥有高新技术企业200多家、各类科技研究机构389家、各级工程技术研究中心326家,构筑中国无线谷、清华科技园、南大科技园等10个科技创新平台,全年竣工“三创”载体面积116万平方米。新入选国家“千人计划”3人,省“双创计划”17人。

社会和谐,生活小康。江宁是全国法治城市、法治县(市、区)创建工作先进单位和全国民政工作先进区、文化先进区、阳光体育先进区、残疾人社区康复示范区、社区红十字服务示范区。2013年,城镇居民人均可支配收入38222元,农民人均纯收入16820元,养老、失业、医疗等五大保险和居民老年补助实现城乡全覆盖。

第一节 县制区划

一、行政区划:市、县、乡镇、村

江宁县县以下的行政区,民国时期到中华人民共和国成立以后,变化很大。民国时期,县以下设过区、乡镇、闾、邻四级制;设过区、乡镇、村里制;又改成过区、乡镇、保、甲制。新中国成立以后,设过区、乡镇、行政村制;撤区并乡改为大乡、农业社、生产队三级制;建立人民公社,政社合一,公社及乡级行政单位,下设大队、生产队。1982年实行农村体制改革,政社分开,恢复乡镇、行政村、自然村。1987年至20世纪末开始有计划有步骤地进行撤乡设镇。2001年江宁撤县设区以后,区划调整更为适应城市化发展的进程。

1.民国时期行政区划

民国初年,江宁县县以下行政区划,分区、乡镇、闾、邻四级。1928年,有10个区、295个乡镇。1933年,废除闾邻制,改为村里制。全县编为295个乡镇,2049个村里,并取消区的建置,由县直接指挥乡镇。第二年2月底,全县乡镇整理完成,改组后还存在109个乡镇。在这以后,江宁县县以下行政区划,又实行区、乡镇、保、甲四级制。1946年,全县分设7个区,46个乡镇,477保,6376甲。全县乡镇如下:

东山镇	岔路镇	殷巷镇	桥头镇	解溪镇	淳化镇	上高镇
江宁镇	谷里镇	板桥镇	陆郎镇	铜井镇	牧龙镇	风雅乡
东善镇	朱门镇	元山镇	陶吴镇	西安乡	横溪镇	丹阳镇
秣陵镇	仁孝乡	禄口镇	和平乡	铜山镇	秦曹镇	湖熟镇
土桥镇	索墅镇	龙都镇	丹桂乡	京六乡	定林镇	孟北乡
阜东乡	鹤龄乡	青林乡	上峰乡	龙潭镇	栖霞镇	靖安乡
摄山镇	天昌乡	三杨乡	尧辰乡			

2.新中国成立后的行政区划

1949年江宁县解放后,县人民政府随即接收各区乡。当时行政区划沿用了解放前夕的区、乡镇、保、甲。全县为7个区47个乡镇。不久彻底废除保甲制度,建立村政权,组织农会。

新中国成立以来，因地理条件，行政领导力量配备，经济建设需要，人民群众愿望等多方面的因素，本县县以下行政单位，与南京市郊区以及句容、溧水等邻县，划进划出的情况比较频繁。

1950 年部分大乡划成小乡，并将淳化、上高、解溪等乡镇另建为九区，铜井镇、陆郎镇等另建为十区。这时全县共分为 10 个区，114 个乡镇。

表 1　1950 年区乡区划设置

区名	所辖乡(镇)名	备注
第一区	东山镇、殷巷镇、桥头镇、岔路镇、秦淮乡、共和乡、洋桥乡、渡桥乡、方山乡、石马乡、其林乡、方宁乡、泰山乡、定坊乡	淳化、上高、解溪等乡镇另建九区
第二区	江宁镇、谷里镇、风雅乡、石坝乡、永乐乡、新民乡、三山乡、风林乡、安乐乡、板桥镇、近华乡	原铜井镇、陆郎镇等另建为十区
第三区	陶吴镇、横溪镇、元山镇、朱门镇、东善镇、陶西乡、陶南乡、公塘乡、长山乡、横山乡、云台乡、山岗乡、兴隆乡、西阳乡、西安乡、小丹阳镇	—
第四区	禄口镇、秣陵镇、铜山镇、曹村镇、秦村镇、爱陵乡、晋陵乡、信陵乡、义陵乡、和平乡、和定乡、齐尚乡、水晶乡、仁孝乡	—
第五区	龙都镇、土桥镇、索墅镇、周子乡、丹桂乡、永平乡、耀华乡、河南乡、河北乡、滨淮乡、万安乡、京六乡、东阳乡、和进乡、西城乡	—
第六区	路东乡、阜东乡、阜西乡、孟北乡、上峰乡、鹤龄乡、青林乡	—
第七区	龙潭乡、龙梅乡、临江乡、靖安乡、滨江乡、天昌乡、大棚乡、永隆乡	—
第八区	摄山镇、栖霞镇、石埠镇、新合乡、仙林乡、尧辰乡、三阳乡、龙泉乡	—
第九区	高桥镇、解溪镇、上坊镇、淳化镇、定林乡、青龙乡	—
第十区	铜井镇、陆郎镇、牧龙镇、洪幕乡、三兴乡、新济乡、建中乡、松宁乡、西宁乡、新宁乡，青修乡	—

1953 年南京市部分乡镇与本县部分乡镇进行调整，夹岗门乡由南京市划为本县一区管辖；原南京市九区汤山、东流等乡镇，划为本县六区管辖。原本县八区摄山、栖霞等乡镇，全部划归南京市。原南京市十一区铁心桥、西善桥等乡镇，划归本县成为第八区。本县九区的高桥镇一部分和牌楼乡划给南京市。这时全县共有 10 个区，134 个乡镇。

1956 年铜井区并入江宁区，板桥等 4 个乡镇划给南京市。淳化区部分乡镇并入湖熟区。沙洲区铁心桥等 9 人乡镇划给南京市。汤山镇建为县直属镇。

表 2　1956 年江宁县乡级区划设置

区名	所辖乡(镇)名称	备注
第一区	东山镇、桥头乡、殷巷乡、岔路乡、解溪乡、高桥乡、上坊乡、秦淮乡	泰山、定坊、夹岗门等乡划归南京市
第二区	江宁镇、铜井乡、凤雅乡、三山乡、谷里乡、清修乡、牧龙乡、陆郎乡、石坝乡、新济乡	铜井乡并入本区,板桥、近华、桥北、桥南等乡镇划归南京市
第三区	陶吴镇、东善乡、元山乡、横溪乡、横山乡、朱门乡、小丹阳乡	—
第四区	禄口镇、秣陵镇、和平乡、曹村乡、铜山乡、秦村乡、晋陵乡、爱陵乡	—
第五区	龙都镇、土桥镇、淳化镇、丹桂乡、耀华乡、河北乡、滨淮乡、索墅乡、青龙乡、万安乡	淳化区部分乡镇并入本区
第六区	作厂乡、上峰乡、插花乡、孟塘乡、古泉乡、东流乡、定林乡	—
第七区	临江乡、靖明乡、大棚乡、营防乡	—

1957 年撤区并乡,全县并成 24 个大乡镇。名称如下:

东山镇　湖熟镇　汤山镇　江宁乡　铜井乡　谷里乡
陆郎乡　东善乡　陶吴乡　横溪乡　丹阳乡　铜山乡
岔路乡　殷巷乡　方山乡　秣陵乡　禄口乡　上坊乡
淳化乡　土桥乡　龙都乡　周岗乡　其林乡　上峰乡
花园乡　营防乡　长江乡

1958 年建立人民公社,政社合一,公社行使基层政权职能。这时全县分为 19 个人民公社。

1961 年东山公社分为东山、方山、殷巷 3 个公社,同时东山镇恢复为县属镇;属于湖熟公社的湖熟镇又恢复为县属镇;原长江公社划分为长江、营防、花园 3 个公社。1962 年原汤山、上峰 2 个公社。1970 原溧水县柘塘公社长干、徐慕、钱家、石辣,句容县郭庄公社的西释、光明、高阳、新农,本县禄口公社的焦村、和平、秦淮、新桥、绿杨共计 13 个大队,合并建成周岗公社,划归本县管辖。

1978 年全县共有 3 个镇,26 个人民公社,375 个生产大队 4967 个生产小队。

表 3　1978 年江宁县公社化时期行政区划一览

公社名称	居委会数	辖生产大队数	生产队数	总人口数	其中居民人口数
东山公社	—	12	135	20707	447
殷巷公社	—	9	138	18239	388
方山公社	—	12	135	19768	603

续表

公社名称	居委会数	辖生产大队数	生产队数	总人口数	其中居民人口数
秣陵公社	1	16	221	31450	823
禄口公社	—	19	224	32914	599
上坊公社	—	12	152	21185	628
淳化公社	1	14	275	37052	985
湖熟公社	—	19	245	32150	—
周岗公社	—	13	182	22762	335
龙都公社	—	18	220	30944	775
土桥公社	—	16	205	32632	655
东善公社	—	14	185	23364	1307
陶吴公社	1	15	187	27632	1245
横溪公社	—	19	231	27235	441
丹阳公社	—	12	192	22241	483
铜山公社	—	18	249	30286	560
江宁公社	1	15	224	34872	2259
谷里公社	—	18	277	35793	764
陆郎公社	—	15	200	29363	547
铜井公社	—	15	194	32345	595
汤山公社	—	16	157	31806	—
其林公社	—	13	221	25585	1034
上峰公社	—	13	199	25971	363
花园公社	—	10	96	17013	486
营防公社	—	11	134	18638	347
长江公社	—	8	74	14172	271
东山镇	3	2	15	13647	10487
湖熟镇	2	—	—	2137	2139
汤山镇	2	—	—	3729	3395
合计(26个公社、3个镇)	11	375	4967	715634	32961

1982年农村实行体制改革,政社分开,恢复乡镇、行政村、自然村的行政区划建置。全县有东山、汤山、湖熟3个直属镇,另有26个乡。

表4　1982年江宁县政社分设后行政区划一览

乡镇名称	总人口数	行政村数	自然村数
东山镇	24000	5	24
汤山镇	36000	16	94
湖熟镇	30400	19	112
上坊乡	26453	13	58
殷巷乡	18045	9	75
方山乡	19660	12	48
江宁乡	35186	15	184
谷里乡	35973	18	210
陆郎乡	29135	15	174
铜井乡	33055	15	166
东善乡	23165	14	129
陶吴乡	28115	15	131
横溪乡	27819	19	145
丹阳乡	22272	12	121
禄口乡	31672	20	119
周岗乡	22623	13	50
岔路乡	16557	9	83
铜山乡	30872	18	107
秣陵乡	31335	16	148
淳化乡	37700	14	78
土桥乡	32388	16	94
龙都乡	8147	18	91
上峰乡	25691	13	75
其林乡	25895	13	83
长江乡	14405	8	43
营防乡	18585	11	130
花园乡	16800	11	75

1983年湖熟乡与湖熟镇合并，汤山乡与汤山镇合并，实行镇管村。1985年东山乡更名为岔路乡。到1985年年底，全县有东山、汤山、湖熟3个直属镇，另有24个乡。

1987年3月长江、花园、营防3个乡划归南京市栖霞区。当年起江宁开始有计划有步骤地进行撤乡设镇。1987年撤丹阳乡设丹阳镇，1989年1月江宁、陶吴、秣陵、禄口、淳化撤乡设镇,1992 年岔路乡与东山镇合并,1994 年周岗、龙都、土桥、陆郎、其林撤乡设镇,1996 年铜山、上峰撤乡设镇,1999 年上坊、东善桥撤乡设镇,2000 年横溪、谷里、方山撤乡设镇。

2000 年江宁由 22 个镇一个乡调增成为 18 镇,撤销殷巷乡、方山镇,将这两个乡镇的原辖区域并入东山镇,镇政府驻东山;撤销铜山镇,将铜山镇原辖区域并入禄口镇,镇政府驻禄口;撤销龙都镇,将龙都镇的原辖区域并入湖熟镇,镇政府驻湖熟;撤销陆郎镇,将陆郎镇原辖区域并入江宁镇,镇政府驻江宁。

2000 年 12 月 21 日,经国务院同意,撤销南京市江宁县设立南京市江宁区。以原江宁县行政区域为江宁区的行政区域,成为南京市主城区之一,区人民政府驻东山镇(今东山街道)。

2002 年 3 月,经南京市人民政府批准,撤销东山镇,设立东山街道办事处和百家湖街道办事处,将东善桥镇水阁、长山两村划归百家湖街道办事处。同年 10 月,将东山街道办事处管辖区域东南部(原方山镇地域)划出,另行设立方山街道办事处。

表 5　2004 年江宁区区划设置一览

街道或镇名	社区个数	居民小组数	村委会数	自然村数
东山街道	9	73	无	无
方山街道	2	30	9	42
百家湖街道	16	89	无	无
湖熟镇	5	24	23	179
汤山镇	1	15	14	95
丹阳镇	1	4	9	118
江宁镇	3	15	18	333
陶吴镇	1	12	11	138
秣陵镇	7	53	5	78
禄口镇	6	37	34	215
淳化镇	10	174	2	13
上坊镇	5	59	6	31
周岗镇	1	4	10	53
土桥镇	2	34	12	93
东善桥镇	6	112	3	30
横溪镇	1	19	5	126
谷里镇	3	43	10	181
铜井镇	1	6	9	157
麒麟镇	1	无	11	78
上峰镇	1	16	10	80

2006年3月6日，根据省政府批准实施的《关于江宁区行政区划调整的请示》，将江宁区现有的13个镇7个街道，重新设立2个镇7个街道。

原东山街道管理区域与上坊街道管理的上坊、中下、泥塘、天云、潘村、城北、永安、高桥、大里、佘村10个居委会区域以及麒麟镇管辖的泉水、定林、建南、窦村4个村合并，设立新的东山街道办事处。

原百家湖街道、秣陵街道、方山街道管理区域与淳化街道管理的王墅、宋墅、永宁、解溪、新华5个居委会区域以及上坊街道管理的陵里居委会区域、湖熟镇管辖的新林村合并，设立新的秣陵街道办事处。

原汤山、上峰镇管辖区域与麒麟镇管辖的悦民、麒麟门、麒麟铺、晨光、锁石5个居委会区域和东流、青西、袁家边3个村合并，设立新的汤山街道办事处。

原土桥镇管辖区域与淳化街道管理的淳化、青山、青龙、吴墅、田园、索墅、双岗7个居委会区域合并，设立新的淳化街道办事处。

原禄口镇管辖区域与陶吴镇管辖的陶东、钟村、上穆3个居委会区域合并，设立禄口街道办事处。

原江宁、铜井镇管辖区域合并，设立新的江宁街道办事处。

原东善桥街道管理区域与谷里镇管辖区域合并，设立谷里街道办事处。

原周岗镇管辖区域与湖熟镇管辖的灵顺、湖熟、河南、泉都、龙都5个居委会区域和三界、丹桂、友谊、颜庄、新跃、河北、赵家边、金桥、范土区、耀华、和进、新耀、淮源、双新、晶明、解放、乐安、新农、东阳、光明、万安21个村委会；设立新的湖熟镇。

原横溪镇、丹阳镇管辖区域与陶吴镇管辖的桃盛居委会区域和甘村、新杭、桃红、龙山、西泉、西阳、红星、甘西8个村合并，设立新的横溪镇。

表6　2006年3月江宁区区划设置一览

单位：万，平方米

街道名称	居委会数	村委会数	人口	面积
东山街道办事处	19	4	13.55	95
秣陵街道办事处	39	6	13.94	182
汤山街道办事处	16	18	8.62	223
淳化街道办事处	9	12	5.71	132
禄口街道办事处	19	24	7.85	165
江宁街道办事处	17	14	8.33	258
谷里街道办事处	17	5	5.3	158
湖熟镇	6	32	8.02	145
横溪镇	3	24	7.16	215

2007年12月，撤销湖熟镇、横溪镇，设立湖熟街道办事处、横溪街道办事处。2011

年5月5日，经江苏省人民政府批准，汤山街道桦墅村、孟北村划归栖霞区西岗街道管辖。至年末，全区共有10个街道，124个社区居委会、75个社区村委会。2013年年末江宁区共有十个街道：东山、秣陵、汤山、淳化、禄口、江宁、谷里、湖熟、横溪、麒麟。

二、县制沿革

周朝以前，据《史记·吴太伯世家》记载，今江宁地域属荆蛮之地。

周朝春秋时代，今江宁一带属吴国。

战国初，周元王四年（前472）越败吴，今江宁地域为越国所管辖。

周显王三十六年（泊333），楚威王打败越国，尽得吴故地，筑城石头山，置金陵邑。今江宁地域属金陵邑管辖。

秦朝，秦始皇二十六年（前221），秦灭六国后，分天下为三十六郡；三十七年（前210），始皇东巡，废金陵邑设秣陵县，县治在今秣陵关，又另置丹阳、江乘县，同隶属会稽郡。

汉初，郡县与封国两制并行，汉武帝元朔元年（前128），天江都国分置秣陵、胡孰、丹阳三侯，都在今江宁地域。武帝元狩二年（前121），废江都国，复秣陵、江乘、胡孰、丹阳等县，均属彰郡。元封二年（前109），改彰郡为丹阳郡。

新莽，天凤元年（14），更丹阳郡为宣亭郡，秣陵县为宣亭县，江乘县为相武县。至刘玄更始元年（23），郡县恢复旧称。

汉末，建安十七年（212），孙权于楚金陵邑故址建石头城，改秣陵县为建业县，治所由秣陵关迁石头城，废胡孰、江乘二县，设典农都尉治理。

晋朝，太康元年（280），改建业为秣陵县，恢复江乘、胡孰二县，又析秣陵西南置临江县，属丹阳郡。

太康二年（281），临江县更名为江宁县，县治在今江宁镇。历史上第一次出现江宁县名。太康三上，分淮水北为建邺，南为秣陵，复置江乘、胡孰二县。

建兴元年（313），改建邺为建康县。

东晋，建武元年（317），晋元帝定都建康，这时除了原有江宁、秣陵、丹阳、湖熟等县，仍属丹阳郡外，又先后设临沂、阳都、怀德、肥乡、博陆、堂邑等侨县，安置北方南渡的士族和平民。

南朝，宋、齐、梁、陈相继定都建康。这个时代，江宁、秣陵、建康、丹阳、湖熟等县同属于丹阳郡。

梁代，天监元年（502），分秣陵县置同夏县。

陈代，太建十年（578），分丹阳郡置建兴郡。江宁、秣陵、建康县属丹阳郡。湖熟、江乘、同夏等县属建兴郡。

隋朝，开皇九年（589），废丹阳郡，于石头城置蒋州州治。将建康、秣陵、同夏三县并入江宁县，属蒋州。

大业三年（607），废蒋州，复置丹阳郡。江宁县属丹阳郡。

唐朝，武德三睥（620），江宁县更名归化县。归化、丹阳、安业等县属扬州（郡）。

武德八年（625），并安业入归化，改归化为金陵。

武德九年（626），金陵县更名白下县，属润州。丹阳县属宣州。

贞观九年(635),白下县又更名为江宁县。

天宝元年(742),江宁县属丹阳郡。

至德二年(757),以江宁县置江宁郡,江宁县废。

上元二年(761),江宁县更名为上元县,以唐肃宗“上元”的年号为县名,属润州。

光启三年(887),上元县又属升州。

五代十国时期,杨吴天佑十二年(915),建升州大都督府,治上元县。

天佑十四年(917),分上元县南十九乡、当涂县北二乡复置江宁县。从此江宁、上元县同城而治。

武义二年(920),改升州大都督府为金陵府,辖江宁、上元县。

南唐升元元年(937),建都金陵。改金陵府为江宁府。江宁、上元县属江宁府。

宋朝,开宝八年(975),改江宁府为升州,辖江宁、上元等县。

天禧二年(1018),复江宁府,辖江宁、上元二县。

建炎三年(1129),改江宁府为建康府,辖江宁、上元县。

元朝,至元十四年(1277),升建康府为建康路,辖江宁、上元等县。

天历二年(1329),改建康路为集庆路,辖江宁、上元等县。

至正十六年(1356),朱元璋改集庆路为应天府,辖江宁、上元等县。

明朝,洪武元年(1368),明太祖建都应天府,以为南京。江宁、上元县属应。

洪武十一年(1378),南京更名为京师。江宁、上元仍属京师所治应天府。

清朝,顺治二年(1645),改南京为江南省、应天府为江宁府,辖江宁、上元等县。

康熙六年(1667),江南省左、右布政使司改称江南省安徽、江苏布政使司,江宁府属江苏布政使司,江宁、上元县仍隶属江宁府。

咸丰三年(1853),太平天国定都江宁府,名天京。建都12年(1853~1864年)。存江宁、上元县。

同治三年(1864),复称江宁府,辖江宁、上元等县。

中华民国元年(1912)1月1日,中华民国临时政府定都江宁府。改江宁府为南京府。废江宁、上元二县。

民国二年,废南京府,设江宁县。

民国三年5月,江苏省置金陵等五道。金陵道辖江宁等县,治所在江宁县。

民国十六年(1927)4月18日,国民政府定都南京。废金陵道。6月1日,正式成立南京市市政府。6月6日命名为南京特别市。江宁县隶属江苏省政府。

民国二十二年(1933)2月10日,江宁自治实验县成立,直隶江苏省政府。

民国二十三年(1934),江宁县治由南京移至东山镇,从此江宁县与南京市分开。江宁县仍隶属江苏省。

民国二十六年(1937)12月,江宁县为日军侵占,国民党县政府主要成员逃跑。

民国二十七年(1938),中国共产党领导的新四军东进抗日,先遣支队于5月19日抵达江宁横山地区的业家庄。江宁地区先后建立江宁、横山、上元县抗日民主政权。这期间,国民党政府还任命了江宁县长,带一支小部队在县境内外游动;汪伪在东山镇建立了伪“县政府”。

民国三十四年(1945)8月15日,日本投降,国民政府还都南京前,长期流亡的国民党江宁县县长赶回接收汪伪县政府。10月,新四军北撤,江宁、横山、上元抗日民主政府完成历史任务。这时,江宁县属江苏省第一区行政督察专员公署管辖。

1949年4月24日,江宁县解放。28日江宁县人民政府成立,隶属苏南行政公署镇江专区。同年12月2日改属南京市。1950年1月仍划回镇江专区。

1958年,江宁县改属南京市。

1963年,江宁县复归镇江专区管辖。

1971年,江宁县又划归南京市管辖。

表7　江宁区历史区划沿革

朝代	年代	境内县名
周代以前	约60万年前~约前16世纪	今江宁县地域属荆蛮之地
西周—春秋战国	公元前11世纪~公元前771年	冶城、越城、金陵邑
秦	公元前221~公元前206年	秣陵、丹阳、江乘
汉	公元前206~公元220年	秣陵、丹阳、江乘、胡孰
新莽	—	宣亭、相武
后汉	—	丘陵、江乘、丹阳、胡孰
三国	222~280年	建业、秣陵、丹阳
西晋	265~316年	临江、江宁、江乘、秣陵 胡孰、建康、建业、建邺、丹阳
东晋	317~420年	江宁、湖熟、丹阳、秣陵 建康、怀德、江乘 阳都、即丘、临沂、肥乡 元城、广川、博陆、堂邑、北新城
南朝 (宋、齐、梁、陈)	420~589年	江宁、湖熟、丹阳、秣陵 阳都、费县、即丘、江陵 建康、临沂、江乘、广川、同夏
隋	581~618年	江宁
唐	618~907年	上元、江宁、丹阳、安业、归化、金陵、白下
五代十国	907~937年	上元、江宁
南唐	937~975年	上元、江宁
宋	960~1279年	上元、江宁
元	1271~1368年	上元、江宁
明	1368~1644年	上元、江宁

续表

朝代	年代	境内县名
清	1644～1911年	上元、江宁
太平天国	1853～1864年	上元、江宁
中华民国	1912年	废上元、江宁二县、设南京府
	1913年～1949年	废南京府，上元、江宁二县地域重设江宁县（1927年划出江宁城区设置南京特别市）
中华人民共和国	1949年～2000年12月	江宁县
	2000年12月～	江宁区

第二节　自然环境

一、自然地理

江宁区地处长江下游南岸，江苏省西南部苏皖交界地带，位于北纬31°37′～32°07′，东经118°28′～119°06′，东西长最大距离33千米，南北长最大距离37千米，总面积1572.97平方千米。东与句容市接壤，东南与溧水县毗邻，南与安徽省当涂县相交，西南与安徽省马鞍山市为邻，西与安徽省和县及南京市浦口区隔江相望。江宁区东距长江入海口300千米，总体地势较低，河川众多。但就全区范围来看，地貌区域为宁镇扬丘陵山地的一部分，结构复杂。在距今大约2亿年～1.50亿年前，即中生代晚三叠世到中侏罗世末这段时期，江宁所在南京地区处在一个地壳激烈动荡时期，经过多次造山运动和大自然的风化、侵蚀等作用，宁镇山脉逐渐崛起。在距今大约7000万年前的早第三世纪到距今300万年左右，是江宁现代山水地貌形成的最后阶段。经过多次地壳的上升断裂运动，再加上大自然的不断“雕刻”和“改造”，今日江宁地区的山山水水就基本形成了。区境在大地构造单元上系扬子准地台组成部分。西南部为宁芜断陷盆地的北缘，其两侧为长江挤压破碎带。东北部为宁镇褶皱束的西段。按地貌形势分类，大体可分为低山、丘陵、岗地和平原。低山丘陵和黄土岗地约占总面积2/3，沿河沿江平原约占1/3。总面积中，水面积约占1/10。

江宁区东北部是宁镇山脉西段，西南为“S”形茅山山脉西延部分宁芜山地的北段，中部为对东北和西南低山丘陵有明显倾斜的黄土岗地和一个由秦淮河穿连冲积而成的秦淮河平原，西部为滨江平原。地势南北高中间低，形同马鞍。地貌呈现为“六山一水三分田”，丘陵和黄土岗地约占总面积的2/3，沿（秦淮）河沿江平原约占1/3。境内山林、河湖众多，大小山体约400座。长江沿江宁西北部滚滚东流，由东源句容河和南源溧水河于江宁区原龙都镇西北村汇合而成的秦淮河主河道，从南向北纵贯江宁再横穿南京城南，而后向西流入长江。

秦淮河为区境内最大的河流，从南至北纵贯全境，上承句容河、溧水河，至西北村汇合,下游经南京市入江。秦淮河全长110千米,在区境内约80.50千米。主要支流有汤水河、索墅河、解溪河、云台山河、牛首山河等,总长167.80千米。另外,于1975~1979年,新挖一条长18千米,宽130~200米的秦淮新河。秦淮河灌溉全区农田面积3.47万公顷,带来灌溉之利,哺育了江宁人民。但雨季上游来水量大,大水年份又能泛滥成灾。2005年,江宁区总水资源量为10.44亿立方米。江宁区气候地带属北热带季风气候区,气候湿润,温暖宜人,四季分明,无霜期较长,雨水充沛,日照充足。在正常年份,气候条件既适宜水稻、棉花等喜温作物生长,又能满足三麦、油菜等耐寒作物需要,并使多种畜禽、鱼类繁衍生息,亚热带、暖温带多种林木可以因地种植。

境内有丰富的森林野生植物、木本植物和药用植物,共计1000多种,有动物400多种。20世纪70年代中后期,由于人口剧增,环境污染,特别是工业发展和城市化进程加快,动植物种类和数量日趋减少,少数珍稀动植物甚至濒临绝迹。境内列入国家重点保护珍稀濒危植物8种,列入国家重点保护的野生动物37种,其中珍稀野生动物9种。

江宁区灾害性天气比较频繁。影响江宁区的气象灾害以水灾、旱灾、风灾为烈。

二、自然资源

1. 土地资源情况

据《南齐书·武十七王传》记载:"建元三年(481)文宣王子良表曰,近……诸县循履得丹阳等四县(包括江宁)堪垦之田,合计荒熟八千五百五十四顷。"

明正德、嘉靖年间,地籍又复紊乱,隆庆年间,海瑞巡抚奏请清丈。至明万历五年(1577),上江两县共有田地山塘杂产1674358亩。其中,上元县920860亩,不含丈减坍江田地6700亩;江宁县753498亩,含丈增欺隐田等3887亩。

清光绪五年(1879),进行土地清查。据《续纂江宁府志》记载:"又案兵燹后,清查各县原额,民卫赋田地山塘杂产上元县996241.78亩,江宁县847684.25亩,合计1843926.03亩。"

民国二十五年(1936)前,江宁县土地总面积向无确数,至民国二十六年,江苏省财政厅根据陆军测量局所绘1:50000地图计算,江宁县土地总面积为2272.25平方千米,折合3408375亩。其中,平地面积1587375亩,山地面积1683000亩,江湖水面积138000亩。至此,江宁县土地面积有了准确数字。

民国三十八年(1949)4月江宁县解放,至1951年12月底,全县登记面积达72148.27公顷,比1949年65234公顷增加6914.27公顷,增长10.60%。

1982年12月至1985年12月,江宁县开展土地利用现状调查。全县有27个乡镇,5个国营场圃,377个行政村,分4个农业区。详查结果(至1984年):全县土地总面积为170221.92公顷。其中,北部丘陵区42906.60公顷,占总面积25.22%;秦淮河圩区34862.84公顷,占20.45%;南部丘陵区70342.54公顷,占41.33%;沿江圩区22109.94公顷,占13%。

1992年4月,江宁县开展土地利用现状补充调查。这次补查,对全县土地在地权、地类方面的重大变更进行剖析。由于行政区划调整(江宁县管辖的花园、营房、长江3个乡划给南京市栖霞区),县界接边土地调整,江宁县总土地面积比1984年详查有所减少。补查结果：全县实有土地总面积 159842.58 公顷。其中，村集体土地面积 139481.23 公顷，占总面积 87.26%；乡（镇）集体所有土地面积 3756.90 公顷，占 2.35%；国有土地面积 16604.45 公顷，占 10.39%。

1995 年 10 月，江宁县开展土地利用现状变更调查。变更调查结果：全县实有土地总面积 157386.16 公顷。其中，集体土地面积 138880.85 公顷，占总面积 88.23%；国有土地面积 18505.31 公顷，占总面积 11.77%。

2001 年，江宁区开展土地利用现状更新调查。经此次调查，查清江宁区所辖 17 个镇、2 个街道、2 个开发园区的土地状况。更新调查结果：总面积为 156749.90 公顷。其中，集体土地 132302.50 公顷，占总面积 84.40%；国有土地 24447.40 公顷，占总面积 15.60%。

2007 年，江宁区开展第二次土地调查工作。这次调查是继 20 世纪 80 年代组织的土地详查以及 2002 年完成的 1∶5000 更新调查之后的又一次重大土地资源调查。此次调查查清了江宁区所辖 9 个街道、3 个开发园区的土地状况，调查结果：全区总面积为 157287.14 公顷。其中，农用地 110689.37 公顷，建设用地 36928.33 公顷，未利用土地 9669.44 公顷。

2. 矿产资源

在种类和探明储量上与省内其他区、县（市）相比，位居前列。其中硫铁矿、铜矿、金矿储量及产量均居全省第一，地热矿产资源更是享誉全国，汤山温泉有全国八大温泉之一美誉。2007 年年底统计，江宁区已发现矿种达 41 种。其中金属矿有金、银、铁、锰、钒、铜、铅、锌、钼；非金属矿有硫铁矿、磷矿、石灰岩（包括水泥用、制灰用、溶剂用、电石用、制碱用、化肥用、玻璃用、饰面用、建筑石料用石灰岩）、白云岩、重晶石、含钾岩石、硬石膏、硅灰石、石英岩、钠长石、绿松石、耐火黏土、高岭土、膨润土、陶瓷土、砂岩（包括建筑用砂岩和铸型用砂岩）、砂页岩、泥页岩、大理岩、玄武岩、火山灰、凝灰岩、花岗岩、闪长玢岩、安山岩、安山玢岩、第四系黏土（包括砖瓦用黏土和水泥配料用黏土等）；水气矿产有矿泉水、地下水；能源矿产有煤、地热和铀。

上述矿种中，除铀矿为矿化点外，其他都已探明或部分探明了储量。至 2007 年年底，除磷、白云岩、重晶石、硅灰石、钠长石、大理岩和铀 7 种矿产外，都有了不同程度的开发利用。

三、交通运输情况

1. 概况

江宁区是江苏省省会的“南大门”，从东、西、南三面环抱历史文化名城南京。既是宁镇山脉与太湖平原及皖南、浙东之间的交通孔道所在，也是长江三角洲经济区中南京向东接轨上海、向南联动杭州以及向南京都市圈及西部辐射皖江的门户。沪宁高速、宁杭高速、104 国道、205 国道（宁芜公路）、122 省道（宁杭公路）、123 省道（宁高公路）、337 省道（龙铜公路）、104 省道（南京机场高速公路）、105 省道（宁马高速公路）以及建设中的南京绕越公路东南段等公路均经过江宁，宁芜铁路以及规划建设中的沪宁、宁杭城际高铁经过江宁，南京禄口国际机场和规划中的长三角铁路运输枢纽南京铁路南站也分布在江宁。

江宁地区交通运输特别是水路交通运输历史悠久。春秋吴越,三国孙吴迁都建业后,疏秦淮、凿运渎,江河码头常泊大小船只万艘,江宁水道与南京一脉相通,水运事业盛极一时。明初水运再次繁盛。明洪武二十六年至二十八年(1393~1395年),挖洪昌河与胥河相通,引固城湖、石臼湖之水,汇秦淮入长江,是江南粮粟直达京师的要道。

江宁县陆运交通春秋战国时有驿道。秦修驰道,经丹阳,通吴楚。南宋经江宁、上元两县驿道有三条。太平天国后,驿道更遍布江宁境内。民国时期,干线公路大都沿驿道而筑。凡通往沪、浙、皖等地公路必经江宁,江宁陆运日益发达。民国十七年(1928),宁垣长途汽车公司开始承办京汤客运。民国二十年,江南汽车运输公司又开办京杭国道江苏段运输业务。民国二十二年后,江苏公路管理处经营京芜、京建两处客运业务。民国二十四年,自建京湖公路。是年,江南汽车公司与江宁自治实验县签订京湖线客运业务。抗日战争时期,道路受毁,桥梁失修,内河运输全为日本和日伪合办公司占据经营。开辟的京坛、京淳、京溧几条公路运输线,专供军事运输。抗日战争胜利后,因"工款支绌,应付维艰",直到民国三十八年江宁解放时,境内公路未能全部修复畅通。

新中国成立后,江宁县对境内公路进行修复、改善,并大力修筑县乡公路。1949年有6条公路,辖区里程124.75千米。人畜力车货运量2万吨,货运周转量21万吨千米。1985年,全县共有省、县公路510.64千米,乡村公路1320.10千米,达到乡乡村村通公路。完成水陆运货量212.34万吨,周转量8537.70万吨千米,客运量662.40万人次,周转量12435万人千米。

1997年7月1日,位于江宁县禄口镇境内的南京禄口国际机场正式通航。至2007年年底,已开通国内外63个城市近120条航线,客运量由1997年的105万人次增至2007年的800万人次。货运量由1997年的1.40万吨增至2007年的18万吨。

至2007年年底,全区公路总里程为2030.38千米。其中,国道江宁段61.44千米,省道江宁段166.80千米,县道428.18千米;有公路桥405座17283.66延米(延长米,是用于统计或描述不规则的条状或线状工程的工程计量)。有宁芜、古凤、凤云3条铁路线。境内有航道里程147.89千米,长江码头、秦淮河码头9座。开辟客运公交线路111条,通车里程达1151千米,有客运车辆923辆,实现行政村(社区)客运公交化,年客运量2667万人次,客运周转量133765万人千米。全区公(水)路货运量1674万吨,货物周转量124075万吨千米。

2. 公路、铁路、机场

今江宁县境,为六朝古都近畿,古驿道、官道、堤道、庙路、大路、田埂,早已错综成蛛网式。

民国时期,江宁县境开始公路建设。据《江宁县乡土志》载,民国五年(1916),城乡来往大道,约分7路。民国二十三年,江宁县县治迁址土山镇(原东山镇)后,兴建宁湖公路,从中华门养虎巷修筑到湖熟镇,后延伸到溧水县,名宁湖溧线。从而横联宁芜、京建、京杭三大纵线和宁沪铁路,开辟以县城东山镇为中心的辐射网。

侵华日军侵占江宁后,县境内公路遭到严重破坏。抗日战争胜利后,进行抢修和复建工作,但由于军事失败,经济崩溃,致使公路修复缓慢。至民国三十八年(1949)4月24日江宁县解放,境内有民国政府遗留下的6条线路,计113.20千米。

新中国成立后,江宁县公路建设虽然随着政治运动几起几落,但仍不断发展壮大。特别是中共十一届三中全会后,公路建设迅速崛起。至1990年,江宁县公路总里程为1959.79千米,其中:国道2条,里程51.62千米;省道3条,里程80.80千米;县道38条,里程348.63千米;乡村道路720条,里程1365.90千米;专用公路20条,里程112.84千米。公路覆盖密度为每平方千米1.23千米,实现以江宁县城东山镇为中心辐射的大辐射、小循环、水陆衔接、干支相连的公路网络。

根据2007年年底公路普查数据,全区公路总里程为2030.38千米,公路覆盖密度为每平方千米1.29千米。按行政等级分,国道江宁段61.44千米,省道江宁段166.80千米,县道428.18千米,乡道997.92千米,村道376.04千米;按技术等级分,高速公路60.25千米,一级公路181.08千米,二级公路310.40千米,三级公路121.09千米,四级公路1164.90千米,等外级公路192.66千米。

清光绪三十四年(1908)12月,沪宁铁路全线通车,铁路经过江宁县。民国二十四年(1935)5月,江南铁路(宁芜铁路)南京中华门至芜湖通车,经过江宁县境16千米。侵华日军侵占南京期间,修建板桥(古雄)至凤凰山的古凤铁路专线。新中国成立后,新筑古凤铁路凤云铁路专线、牛首山支线。至2007年,江宁区境内有宁芜、古凤、凤云3条铁路线。此外,2006年11月20日,启动建设地铁一号线南延工程(安德门至江宁大学城)。

1997年7月1日,南京禄口国际机场正式通航。机场位于江宁区禄口街道境内。该机场是中国重要的干线机场,是华东地区主要的货运机场,与上海虹桥机场和浦东机场互为备用机场。机场在国际航空运输协会的代码为NKG,在国际民航组织的代码为ZSNJ。1997年,被国务院批准为对外开放一类口岸。南京市口岸委对南京航空口岸行使口岸管理职能。南京海关、南京出入境检验检疫局、南京边防检查站负责口岸查验、现场办理过往人员、货物转口的出入手续。2007年1月31日,禄口机场与新加坡樟宜机场签订协议,后者注资10.80亿元,收购前者29%的股权(此前,禄口机场由江苏省国资委100%控股)。

3.运输

江宁区的交通运输主要由公路运输、水路运输和航空运输3部分组成。民国三十八年(1949)4月江宁解放时,公路客运陷于停顿状态;5月,各线路恢复通车。1951年10月,国营苏南汽车运输公司和商办江南汽车公司实行公私合营,有5条公路客运线,共172.64千米,其中130千米在江宁县境内。1975年,江宁县成立公共汽车队。1979年,县公共汽车队改建为"地方国营江宁县客运公司"后,全县23个公社通客车。1992年始,社会运力开始冲击客运市场,专业客运公司企业效益下滑,只能勉强维持生存。1995年6月,江宁县政府规定,个体载客在交纳一定的客运线路有偿使用费后,可以在交通部门规定的线路上经营(又称"专业、集体、个体一起上")。2001年8月,区政府决定由南京中北集团兼并江宁客运公司(中北集团江宁客运分公司、新城巴士公司)。

2003 年 4 月,江宁区在全市率先实现镇级客运公交化,其后又推进“村村通”工程。至 2007 年年底,实现行政村(社区)客运公交化,通达率 100%。此外,江宁区还有省内外长途客运线路 15 条,日发班车 50 班次。

新中国成立初,县汽车货运分别由国营江苏省汽车运输公司和南京市各私营运输企业经营,县内仅有用人、兽力车运输或用肩挑货物的个体运输者。1953 年后,才有乡办、县办专业运输组织。1982 年后出现个体运输户。据《1990 年运输业综合分类户籍资料汇编江宁分册》载,1990 年,全县公路货运运输户为 1019 家。分为县交通部门、乡办交通、非交通部门(县、乡、村工业,企事业,机关单位及省、市驻县单位)、个体户(含联户)4 类。完成货运量 1762.30 万吨,周转量 44409.20 万吨千米。2007 年,全区有营运货车 6085 辆、31066.16 吨位,有 5 辆以上的货运企业 118 家;有水运货船 15 艘、3220 吨,1346.80 千瓦,均为个体经营户。是年,公(水)路货运量为 1674 万吨,货物周转量为 124075 万吨千米。

南京禄口国际机场自 1997 年 12 月通航至 2007 年年底,共完成旅客运输量 4980.70 万人次,货邮吞吐量 120.48 万吨。

民国时期,江宁县交通运输管理机构有:民国十九年(1930)7 月成立的汤山养路工程处,民国二十三年 8 月成立的江宁县政府建设科养路工程队,民国三十五年 10 月成立的汤山管理站等。民国三十八年(1949)6 月,成立江宁工区。

1953 年 4 月,成立江宁县人民政府公路管理站。1956 年,撤销公路管理站,分开成立 4 个养路工区。1957 年,撤销 4 个养路工区,成立江宁工区。1960 年 10 月,第二次成立江宁县公路管理站。1962 年,江宁公路管理站改为镇江养路段江宁工区。1972 年 5 月,第三次成立江宁县公路管理站。1990 年,江宁县公路管理站设 6 个养护队、23 个道班,养护公路 480.98 千米。多年来公路养护一直吃“大锅饭”,主要靠市公路管理处下拨的养护经费,用作养职工,造成用于公路养护费用严重不足,路况越来越差。为克服这一弊端,从 1999 年起,公路管理站对养护体制进行重大改革,至 2007 年,改革推行 8 年,收益明显。承担养护的 555.06 千米道路,干线好路率达 92.30%,支线好路率达 82.50%。路政管理有力,路容面貌改观。路政部门经常组织大规模清障活动,清理影响公路畅通的违法堆积物和摊点。2007 年,全年清除障碍物 389 处,3376 平方米,违章摊点 80 处,非交通标志 57 块。检查车辆 700 余次,对其中 596 辆超限车实施处罚,有效消除安全隐患,并维护公路的完好畅通。

第三节 人口、家庭与婚姻

民国时期,江宁与南京市建置分开,县治迁出城区,民国三十七年(1948 年),江宁县人口为 448700 人。新中国成立后,全区人口总的趋向是出生率呈下降趋势,死亡率降低,人口增长平稳增加。1964 ~ 1970 年,全县人口增长达到高峰,其中 1969 年比 1968 年净增 37050 人,增长 6.41%。自 20 世纪 70 年代起,境内全面开展人口与计划生育工作。1980 年 9 月 25 日,中共中央发表《关于控制我国人口增长问题致全体共产党员、共青团员的公开信》,江宁县认真学习贯彻公开信精神。1982 年,提倡一对夫妇只生一胎,控制人口过快增长。人们的生育观念亦由传统型逐步转为现代型,由早生、多生向少生、优生转变。20 世纪 90 年代,计划生育进入法制管理阶段,人口过快增长势头得到有效控制,人口和计划生育工作进入稳定低生育水平及生育优质服务新阶段。

一、人口总量

1949 年年底,江宁县总户数为 91958 户,人口为 437120 人。1953 年,第一次全国人口普查资料显示,江宁县总户数为 131123 户,总人口为 534979 人。1964 年,第二次全国人口普查资料显示,江宁县总户数为 126423 户,总人口为 505826 人,与 1953 年第一次人口普查相比,人口减少 29153 人。人口减少的原因主要是 1958 ~ 1961 年工作失误和天灾,造成全县死亡率上升,出生率下降。1982 年,第三次全国人口普查资料显示,全县总人口为 725688 人,与 1964 年第二次人口普查相比,净增 211620 人,增长 41. 17% ,平均每年增加 11757 人,年平均递增率为 2. 29% 。人口增长速度不仅高于全市,而且高于全省平均水平。1990 年,第四次全国人口普查资料显示,江宁县总户数为 201017 户,总人口为 733757 人。与 1982 年第三次人口普查时相比(已扣除 1985 年划入栖霞区的长江、营防和花园乡 3 个乡的人口),8 年间共增加 57859 人,增长 8. 56% 。2000 年,第五次全国人口普查资料显示,江宁县总户口数为 245086 户,总人口为 781344 人。与 1990 年第四次人口普查时相比共增加 47587 人,增长 6. 49% 。

2010 年,第六次全国人口普查资料显示,江宁区总户口数为 371644 户,户籍人口 931097 人,常住人口 1145628 人,居南京各区县人口之冠,一方面,江宁作为新居住区,10 年来兴建了大量商品房,随着入住率逐年增加,人口也提升较快;另一方面,江宁大学城的大学数量增加,学生人数的增长也是关键因素。到 2014 年年末,江宁区共有常住人口 118. 32 万人,比上年增长 0. 39% ;户籍总户数 34. 53 万户,户籍人口 97. 28 万人,比 2013 年增长 1. 74% ,其中男性人口 47. 95 万人,增加 0. 79 万人;女性人口 49. 33 万人,增加 0. 87 万人。

二、流动人口

新中国成立后,人口国内迁移的数量与方向受迁移管理制度变动的支配,又受政治形势和经济体制变化的制约。1950 ~ 1957 年,为人口自由流动时期,1958 ~ 1978 年,为限制农村人口向城市流动时期。中共十一届三中全会后,农村实行联产承包责任制,农村多种经营和乡镇企业迅速发展,农村劳动力结构发生重大变化,国家在政策上亦鼓励一部分劳动力外出营生,大批农民从土地的束缚中解放出来,农村进城务工、经商办企业的人数逐年增多。同时,外地人口到江宁的越来越多。

1982 年第三次人口普查资料显示:常住江宁 1 年以上,户口在外地有 1960 人,人住江宁不满 1 年,离开户口登记地 1 年以上 70 人,人住江宁户口待定 1729 人,原住江宁现在国外学习或工作暂无户口的 9 人。在江宁有常住户口外出 1 年以上有 6266 人。1988 ~ 1989 年,共发暂住人口证 24587 人。

1990 年第四次人口普查资料显示:常住江宁县 1 年以上,户口在外县、市有 11704 人,人住江宁不满 1 年,离开户口登记地 1 年以上有 677 人,人住江宁、户口待定 24023

人,原住江宁现在国外工作或学习,暂无户口 7 人。在江宁有常住户口外出 1 年以上有 11655 人。1992 ~ 1994 年,在江宁县暂住人口共 41697 人。1996 年,江宁县暂住人口 18116 人。

2000 年第五次人口普查资料显示:居住在江宁县半年以上,户口在外乡镇街道有 102627 人,在江宁居住不满半年,离开户口登记地半年以上 4366 人,居住江宁户口待定 11586 人。户口在江宁,现在国外工作学习暂无户口 57 人。户口在江宁、外出半年以上 74764 人。2001 ~ 2004 年,江宁区暂住人口计 280570 人。2005 年,江宁区有流动人口 35. 30 万人,其中暂住人口 13. 30 万人,寄住人口 22 万人。2006 年,有流动人口 49. 21 万人,其中暂住人口 22. 40 万人,寄住人口 26. 81 万人。2007 年 6 月底,江宁区暂住人口 313892 人。

2010 年第六次人口普查资料显示:居住本乡镇街道,户口在外乡镇街道、离开户口登记地半年以上有 341865 人;居住本乡镇街道,户口待定,2808 人;原住本乡镇街道,现在国外工作学习 493 人。

三、人口结构

1. 性别结构

1949 年年底,江宁县男性为 229462 人,女性为 207658 人,性别比(以女性为 100,男性对女性的比例)为 110. 50。1953 年,第一次全国人口普查资料显示,男性为 275707 人,女性为 259272 人,性别比为 106. 34。1964 年,第二次全国人口普查资料显示,男性为 260043 人,女性为 245783 人,性别比为 105. 80。1982 年,第三次全国人口普查资料显示,男性为 367600 人,女性为 358088 人,性别比为 102. 66,低于全省 103. 41 的水平,显正常状态。但从各年龄组性别构成来看,存在较大差异。其中 36 ~ 59 岁年龄组性别比为 113. 44,比任何年龄组高(除 60 岁以上两个不可比年龄组外)。60 岁以上人口,年龄越高,女性所占比重越大。60 ~ 85 岁年龄组性别比为 78. 11,86 岁以上年龄组性别比为 19. 24。说明江宁县女性寿命比男性长。1990 年,第四次全国人口普查资料显示,男性为 372362 人,女性为 361395 人,性别比为 103. 03。比第三次人口普查时高出 0. 37%,在正常合理范围内,既低于全国 106. 60 的水平,也低于全省 103. 64 的水平。2000 年,第五次全国人口普查资料显示,男性为 402569 人,女性为 378775 人,性别比为 106. 28。比第四次人口普查高出 3. 25%。年龄组分段资料表明,0 ~ 69 岁各年龄组为男多女少,特别是 60 ~ 64 岁和 15 ~ 19 岁两个年龄组性别比高达 120 以上,分别为 123. 67 和 120. 08。65 岁以上各年龄组是女多男少,年龄越高,性别比越低。

2010 年第六次人口普查资料显示,全区常住人口 1145628 人,其中男性人口 591017 人,占 51. 59%;女性人口 554611 人,占 48. 41%,男性比女性多 36406 人,性别比为 106. 56,略低于南京市的 107. 31。分年龄段资料表明,0 ~ 23 岁,30 ~ 74 岁两个年龄段为男多女少,24 ~ 29 岁和 75 岁以上两个年龄段为女多男少,且 75 岁以上年龄段性别比总体呈下降趋势。

2012 年年末,全区户籍总户数 328751 户,比 2011 年年末增长 1. 2%。户籍总人口 945879 人,比 2011 年年末增长 0. 7%。户籍人口中,男性 468013 人,女性 477866 人,男女性别比例为97.9∶100。户籍人口出生率12.1‰,死亡率7.19‰,自然增长率4.9‰。

2013年年末,全区户籍总户数336703户,比2012年年末增长2.4%。户籍人口956238人,比2012年年末增长1.1%。户籍人口中,男性471664人,女性484574人,男女性比例为97.3∶100。户籍人口出生率12.38‰,死亡率5.57‰,自然增长率6.81‰。

2. 年龄结构

1953年、1964年、1982年、1990年、2000年、2010年六次全国人口普查资料表明:在1953～2010年57年中,各类人口占总人口的比重发生明显变化。

首先,少年儿童人口比例明显下降,不满周岁的婴幼儿占总比由1953年的4.13%、1964年的3.88%、1982年的2.30%下降至2010年的0.64%;2010年全区常住人口中,0～14岁人口为114691人,占总人口比重的10.01%,比1953年下降了29.14个百分点,比1982年下降了20.28个百分点,比1990年下降了14.23个百分点,比2000年下降7.77个百分点。

其次,老年人口呈增长趋势,老年人口比例和人口老化系数(65岁以上人口同15岁以下的比例)都有增长。1990年,全国第四次人口普查资料表明,老年人口(65岁以上)占总人口的比重为5.93%,与1982年相比提高1.39%。到2010年年底,以上人口为90346人,占总人口比重的7.89%,对比全国8.87%、江苏10.89%和南京9.20%的数据来看,江宁区的老龄化程度要低于全国、江苏和南京,但也同样在步入"少子老龄化"社会,子女数量减少,老年人数量增加,社会负担日益加重。

最后,人口年龄中位数增加。1982年人口年龄中位数为24.12岁,比1964年的18.31岁增加5.81岁,说明有一半人口在24.12岁以上,年龄明显地由年轻型向成年型转化;1990年,全国第四次人口普查资料表明,江宁县人口年龄中位数为26.75岁,比1982年提高2.63岁。2000年,人口年龄中位数增加6.27岁,达到33.02岁。

3. 城镇人口与农村人口

新中国成立后,江宁区城镇人口的绝对数量和占常住人口的比重都呈现出逐渐增长的趋势。1953年年底全县城镇人口2.52万人,占总人口的4.71%;1964年年底全县城镇人口3.54万人,占总人口的6.83%;1982年年底全县城镇人口4.60万人,占总人口的6.28%;1990年年底全县城镇人口7.27万人,占总人口的9.82%;2000年年底全县城镇人口15.39万人,占总人口的20.78%;2010年年底全县城镇人口75.72万人,占常住总人口的66.06%。2013年,全区常住人口中,城镇人口86.27万人,农村人口31.59万人,城镇化率达到73.2%。到2014年年底,城镇人口比重为73.5%,比上年提高0.3个百分点。

四、家庭结构

新中国成立后,随着社会的发展,江宁地区婚姻制度、家庭结构发生深刻变化,自由恋爱取代包办婚姻,传统的几代同堂大型家庭逐渐解体,为小型家庭所代替。1949年,江宁县每个家庭户为4.75人。1953年,第一次人口普查资料显示,江宁县有131123户,平均每个家庭户4.08人。1964年,第二次人口普查资料显示,江宁县有126423户,平均每个家庭户4人。1982年,第三次人口普查资料显示,江宁县总户数为180811户。

其中,家庭户 180235 户、711197 人,家庭户平均每户人数为 3.95 人。1990 年,第四次人口普查资料显示,全县家庭户共有 200367 户,平均每个家庭户为 3.61 人。2000 年,第五次人口普查资料显示,全区有家庭户 235600 户,平均每户人口为 3.10 人。

2010 年,第六次人口普查资料显示,江宁区平均家庭户规模为每户 2.83 人,比 1949 年每个家庭户减少了 1.92 人,比第五次人口普查时减少了 0.27 人。在家庭规模中,三人户和二人户所占比重最大,分别占全部家庭户的 35.42% 和 26.97%,六人户家庭占 1.88%,七人户家庭占 0.54%,八人户及以上家庭只占 0.42%。从家庭结构来看,全区以二代户和一代户为主体,在全区 32.69 万户家庭户中,二代户最多,共 15.12 万户,占总家庭户的 46.26%,一代户 12.11 万户,占 37.05%,一代户和二代户所占比例比 2000 年第五次人口普查时的 51.88% 增加了 31.45,四代及以上户只占 0.74%。

五、婚姻状况

1. 结婚率与离婚率

1982 年,第三次人口普查资料显示,江宁县 15 周岁以上婚龄人口(按照国际上通用的相关标准,婚龄人口是指 15 周岁以上人口)为 505872 人,其中男 254124 人,占 50.23%;女 251748 人,占 49.77%。性别比为 100.94,基本平衡。其中,未婚 139859 人(男 82113 人,女 57746 人),占婚龄人口 27.65%;有配偶 326939 人(男 159724 人,女 167215 人),占 64.63%;丧偶 36192 人(男 9670 人,女 26522 人),占 7.15%;离婚 2882 人(男 2617 人,女 265 人),占 0.57%。

1990 年,第四次人口普查资料显示,江宁县 15 周岁以上人口为 555851 人,男 279838 人,占 50.34%;女 276013 人,占 49.66%。性别比为 101.39,基本平衡。未婚 120510 人(男 71494 人,女 49016 人),占婚龄人口 21.68%;有配偶 397225 人(男 196444 人,女 200781 人),占 71.46%;丧偶 35524 人(男 9679 人,女 25845 人),占 6.39%;离婚 2592 人(男 2221 人,女 371 人),占 0.47%。

2000 年,第五次人口普查资料显示,江宁县 15 周岁以上人口为 623260 人,男 315530 人,女 307730 人,性别比为 105.78,基本平衡。婚龄人口中,未婚 106990 人(男 66130 人,女 40860 人),占婚龄人口 17.17%;有配偶 473590 人(男 236330 人,女 237260 人),占 75.99%;丧偶 39100 人(男 10440 人,女 28660 人),占 6.27%;离婚 3580 人(男 2630 人,女 950 人),占 0.57%。

2010 年,第六次人口普查长表数据资料显示,江宁区 15 周岁以上人口为 1058440 人,男 541580 人,女 516860 人。全部婚龄人口中,未婚 346650 人(男 195340 人,女 151310 人),占婚龄人口 32.75%;有配偶 657900 人(男 329610 人,女 328290 人),占 62.16%;丧偶 44200 人(男 11180 人,女 33020 人),占 4.18%;离婚 9690 人(男 5450 人,女 4240 人),占 0.92%。

与前几次人口普查相比,2010 年普查时,未婚人口和离婚人口占婚龄人口的比例都有明显上升,而有配偶和丧偶人口的比例则明显下降。

2. 结婚年龄分布

2010 年第六次人口普查长表数据资料显示,在已婚的 509310 人中,初婚年龄在 15

岁以下的有120人，其中男40人，女80人，占已婚人口的0.02%；初婚年龄在20～24岁的有314010人，其中男142530人，女17148人，占61.65%；初婚年龄在25～29岁的有134360人，其中男86660人，女47700人，占26.38%；初婚年龄在30～34岁的有17040人，其中男12810人，女4230人，占3.35%；初婚年龄在35～39岁的有3900人，其中妇2960人，女940人，占0.77%；初婚年龄在40～44岁的有1470人，其中妇1130人，女340人，占0.29%；初婚年龄在45～49岁的有660人，其中男480人，女180人，占0.13%；初婚年龄在50岁以上的有840人，其中男550人，女290人，占0.16%。初婚年龄主要集中在20～24岁，其次为25～29岁，这两个年龄段人口共占88.03%。

第四节 经济社会发展状况

近年来，江宁区不断深入推进产业结构调整，推动经济发展方式的转变，加快构建现代产业体系。江宁区在南京市的经济发展地位和贡献度逐年提升，2013年，江宁完成地区生产总值1086亿元，成为全市首家GDP超千亿元的区，到2014年全区地区生产总值达到1405.6亿元。人民的生活水平和受教育水平也得到大幅度提高，城镇化进程发展迅速。

一、GDP和财政收入的发展变化

1. GDP的发展变化

1949年，江宁的国内生产总值(现价)为3011万元。其中第一产业2890万元，占国内生产总值95.98%；第二产业109万元，占3.62%；第三产业12万元，占0.40%。人均国内生产总值(现价)74元。

新中国成立后，经过三年经济恢复时期，江宁的工农业生产有了较快发展，至1952年年底，全县国内生产总值4310万元，比1949年增长43.14%。其中，第一产业3874万元，比1949年增长34.05%；第二产业247万元，比1949年增长126.61%；第三产业189万元，是1949年的15.75倍。人均国内生产总值95元，比1949年增长28.38%。完成三年经济恢复的任务，为有计划地进行大规模社会主义经济建设奠定了基础。

从1953年到2005年，江宁经历了10个五年计划时期和三年经济调整时期，经济发展虽屡经曲折，特别是十年文化大革命，全县工农业呈“下降—回升—起伏”的状态，但总体呈上升趋势。尤其是改革开放后的“六五”时期到“十五”计划时期，江宁的国民经济和社会事业得到全面快速的发展。2007年，全年完成国内生产总值(现价)339.53亿元，可比价比2006年增长18%。以后，地区生产总值逐年增加，到2013年，全年实现地区生产总值1086.16亿元，可比价比上年增长12.4%。其中，第一产业增加值48.19亿元，增长3.8%；第二产业增加值605.7亿元，增长13.0%；第三产业增加值432.27亿元，增长12.3%。人均地区生产总值(按公安户籍人口计算)11.42万元，折合1.87万美元，按常住人口计算人均地区生产总值9.24万元，折合1.51万美元。

2014年，全区实现地区生产总值1405.58亿元，可比价增长10.9%，增速比全市高出0.8个百分点，占全市比重15.9%，比2013年提高了2.3个百分点，在全市各区中增长最快，占比最高。工业经济的主体地位依旧不可动摇，在经济下行压力逐步加大的背景下，江宁区的工业生产继续保持了较快的发展速度，全年实现工业增加值 659. 59 亿元，同比增长 11. 3%，增速在各区中排第一，高出全市平均增幅 2. 0 个百分点。对全区 GDP 增长的贡献率达到 52. 8%，拉动 GDP 增长 5. 8 个百分点。正是由于工业的高增长和高贡献，江宁区的 GDP 增幅才能在全市各区中名列前茅。

2. 财政收入的发展变化

民国时期，江宁县政府财政收入主要来源于国税及其附加收入，其次税课及其他杂捐。新中国成立后，随着国民经济的不断发展，县财政收支的规模逐年扩大。党的十一届三中全会后，江宁县财政收入逐年增加。至 1985 年，财政全额收入为 5380. 10 万元，比 1949 年的 401. 03 万元增加 12. 42 倍，年均递增 7. 60%。1986 年后，预算内财政收入增长速度加快。至 2000 年，财政总收入从 1986 年的 6155. 10 万元增至 8. 18 亿元，增加 12. 29 倍，年均递增 20%。

2000 年 12 月江宁县撤县设区后，区财政全口径总收入大幅度上升，2013 年，全区全口径财政总收入突破 400 亿大关，实现 426. 7 亿元，比 2012 年增长 27. 3%。到 2014 年年底，全区地方财政总收入 343. 76 亿元，比 2013 年增长 14. 9%；公共财政预算收入 166. 82 亿元，增长 13. 0%。从主要税种看，增值税完成 126. 72 亿元，比 2013 年增长 13. 5%；消费税完成 34. 1 亿元，增长 12. 9%；营业税完成 38. 43 亿元，增长 2. 5%；企业所得税完成 61. 92 亿元，增长 29. 7%；个人所得税完成 17. 76 亿元，增长 17. 5%。全年国税部门完成地方财政总收入 210. 89 亿元，比上年增长 16. 7%；地税部门完成地方财政总收入 126. 1 亿元，增长 13. 8%。

二、经济和产业结构

新中国成立前，境内经济所有制主要是封建半封建土地所有制和个体劳动者所有制，还有国民政府管理的公、私农林场圃和 1 家私营煤矿。新中国成立后，经济所有制结构发生重大变化。20 世纪 80 年代前，主要是单一化的公有制结构。80 年代中后期，经济所有制结构逐步由单一的公有制向多种所有制并存发展。农村全面实行家庭联产承包双层经营责任制，工业、建筑业、商贸流通在公有制占主导的情况下，个体私营经济、合资经济有所发展。

随着 90 年代大规模改革改制，所有制格局逐渐发生根本性变化。2000 年后，工业企业又进行大规模股份制改革，股权进一步向少数人集中，国有、集体股本渐次退出。至 2007 年年底，产品销售收入在 1000 万元以上的工业企业有 472 家。其中国有企业 5 家，占 1. 06%；集体企业 15 家，占 3. 18%；股份合作制企业 13 家，占 2. 75%；联营企业 1 家，占 0. 21%；有限责任公司 61 家，占 12. 92%；股份有限公司 8 家，占 1. 69%；私营企业 195 家，占 41. 31%；其他企业 2 家，占 0. 42%；港澳台商投资企业 53 家，占 11. 23%；外商投资企业 119 家，占 25. 21%。全区经济基本形成以民营经济为主的格局。

新中国成立前，江宁经济除农业、手工业、商业等传统产业外，几乎没有近代产业。1949 年，农业国内生产总值占总产值 96%，其他产业仅占 4%。江宁产业结构随着生产的发展和经济规模的扩大，经历了农业主体时期、农业工业主体转换时期、工业主体时期的演变过程。

1949～1984年，江宁县三次产业结构为“一二三”产业次序格局，农业占主体地位。其中，1978年，第一、第二、第三产业的比重为49.34∶35.66∶15，1984年，这一比重发展为为46.05∶37.96∶15.99，与1978年相比，第一产业比重下降3.29%，第二产业比重上升2.30%，第三产业比重上升0.99%。

1985～1996年，江宁县三次产业结构为“二一三”产业次序格局，工业经济占主体地位，农业经济退居次席。1985年，第一、第二、第三产业比重为41.72∶42.50∶15.78，工业经济比重第一次超过农业经济比重。1991～1995年，加大产业结构调整步伐，农业在深化农村改革的推动下，特别是战胜1991年特大洪涝和1994年持续干旱的自然灾害后，农业生产出现可喜的变化，种植业进一步优化调整，规模化、集约化经营长足发展，先进适用技术推广有所突破，农业产值、粮油产量和经济效益同步增长。工业大力发展规模经济，1991～1995年，先后组建时花电器集团、三钢集团、金箔集团、新蕾化工集团、天宝水泥集团、利民集团、东方发展集团和双宁实业集团8家集团型企业，加快外向型经济发展步伐，至1995年，县属工业已建成包括机械、电子、轻纺、化工、建材等行业的合资企业33家。商业系统全面推行“四放开”（经营放开、价格放开、分配放开、用工放开），加强网点建设，调整商业结构。1996年，第一、第二、第三产业比重为19.56∶61.58∶18.86。与1986年相比，第一产业比重下降21.01%，第二产业比重上升18.73%，第三产业比重上升2.28%，进一步确立工业经济在全县经济中的主体地位。

1997～2014年，江宁区三次产业结构为“二三一”产业次序格局，工业占主体地位，第三产业上升为第二位，农业退居第三位，实现历史性跨越。1997年，第一、第二、第三产业比重为15.46∶62.85∶21.69，实现三次产业结构由“二一三”向“二三一”重要转变。1997～2014年，江宁区坚持优化经济结构，加快产业转型，产业结构日趋合理。

2014年，全区1405.58亿元经济总量中，第一产业完成53.21亿元，第二产业完成778.79亿元，第三产业完成573.59亿元，三次产业比重由2013年的4.1∶56.1∶39.8调整为3.8∶55.4∶40.8，产业结构进一步优化。第三产业增加值同比增长11.4%，增速比第二产业高出0.2个百分点，比GDP增幅高出0.5个百分点，其所占比重也比上年提高1.01个百分点。这在2014年房地产销售大幅滑落以及财政逐步紧缩的背景下显得难能可贵。在第三产业中，以科学研究和技术服务业为主的非营利性服务业发展迅速，是所有的行业门类中唯一一个现价和可比价增速均在20%以上的门类，2014年实现增加值111.04亿元，增长22.0%，对三产增长的贡献率为35.3%，拉动三产增长4.0个百分点。科技企业技术含量高，需求稳定，受市场冲击小，这是经济新常态下应有的趋势，转型阶段将有更多的企业走上创新发展之路。

三、劳动力结构和收入状况

长期以来，农村经济结构单一，1949～1978年，江宁县劳动力有90%左右被束缚在土地上从事集体耕作。1978年后，随着农村经济体制改革深入和产业结构的调整，劳动力的分布发生变化，大批农村劳动力开始向工业、运输业、商业、服务业等非农产业转移,部分劳动力在城市打工,从事建筑、建材加工、运输、个体经营等。特别是在 2000 年后,随着江宁县撤县设区,进行中心镇的规模建设,农村人口向农民社区集中,促进了劳动力向第三产业方向发展。农村劳动者从事第三产业的比例从 1980 年的 9.21%,增至 2000 年的 25.93%,至 2006 年增至 33.40%。到 2013 年年底,在 317249 名农村劳动者中,从事第一产业的劳动者 61557 人,比 2012 年减少 3.21%;从事第二产业的劳动者 162704 人,比 2012 年减少 0.37%;从事第三产业的劳动者 78722 人,比 2012 年增长了 6.79%。

1978 年改革开放后,江宁县享受着南京市都市化发展进程中的强大辐射,经济建设步伐加快,职工平均工资、农村居民人均纯收入和城镇居民人均可支配收入都逐年大幅增长。首先,1996 年职工平均工资为 6032 元,2000 年增加到 8832 元,2005 年增加到 14207 元,到 2013 年已增加到 59233 元。其次,1996 年农村居民人均纯收入为 3256 元,2000 年增加到 4210 元,2005 年增加到 6320 元。到 2014 年年底,农村常住居民人均可支配收入达到 18108.3 元,比上年增长 10.2%。农村常住居民人均可支配收入中位数为 17507.4 元。人均生活消费支出 14494.6 元,增长 11.6%;其中食品支出占人均生活消费支出的比重为 35.7%。最后,城镇居民人均可支配收入也由 2005 年的 14207 元,增加到 2014 年的 41330.9 元,比 2013 年增长 8.8%;城镇居民人均可支配收入中位数为 35375.8 元。人均生活消费支出 26816.7 元,增长 7.4%;其中食品支出占人均生活消费支出的比重为 32.8%。

四、城镇化发展

2000 年 12 月撤县设区后,江宁城镇化进程迅速发展。东山新市区由改革开放前的 9.90 平方千米、设区之初的 45 平方千米扩大到 107 平方千米,其中建成区 54 平方千米。江宁作为南京的交通枢纽地位更加凸显。8 条国、省干道穿境而过,与禄口航空港构成现代化的对外交通网络,至 2014 年,先后建设与主城连接的机场高速、宁溧高速、二环绕城公路、纬七路东延段、双龙大道、将军路、城南大道等十几条快速城市通道;区内城市道路交通,已建成"方格网加环状放射"的混合型干道系统。地铁 1 号线南延线和 3 号线分别于 2010 年和 2015 年开通运行,大规模的交通基础设施使得城市功能与主城无缝对接。由于江宁县撤县设区以及南京发展规划已经确定东山新市区的定位,加之南京主城旧城改造进行大规模的拆迁和住房货币化安置,大批南京市民进入江宁区购房。到 2013 年年底,江宁区城镇人口从建区之初(2000 年)的 17.69 万人增至 86.27 万人,城镇化率达到 73.2%,比 2000 年时的 20.78%,高出约 52 个百分点,城镇化增长速度惊人。

江宁新型城镇化之路可以概括为"全域统筹",为了避免"大城市病",江宁布局了"副城—新城—新市镇"的三级城镇体系:加强东山中心城区核心功能建设,成为主城拓展、功能延伸的重要承载区;加强新城建设,成为全区发展的新增长极;重点推进汤山、禄口、滨江新城,横溪、谷里、湖熟新市镇建设,建成功能齐全、环境优美、宜居便利的特色城镇。

第一,通过旧城改造,打造东山副城。东山的定位是打造"城市之核",建设生态品质新城,近三年拆迁了680万平方米的城中村、危旧房,200多家工业企业"退二进三",翻修了天元大道、文靖路、天印大道等主干道,建成30个城市游园。从百家湖、杨家圩到府前,金鹰、万达、同曦等商业综合体入驻,成为江宁的"新街口"。医疗、教育等公共服务也立足高端加快"补齐"。江宁投资20亿元建设三大中心:医疗中心、市民中心和社会福利中心,全区三甲医院有3所,和主城多所名牌中小学的合作办学也在深度洽谈。在短短数年间,东山通过旧城改造,城市面貌焕然一新,成为南京人气最旺、功能最全的副城。生活越来越便利的东山,如今已吸引了30万主城居民乔迁新城。

第二,发展新兴产业,打造产城融合的新城。江宁的主导产业是智能电网、生物医药、装备制造、温泉旅游等新兴产业,这些产业回报率极高,不仅为江宁城镇化储备了雄厚财力,也造就了一个个产城融合的新城。据统计,江宁88%的高新企业、80%的高层次人才来自于六大功能园区,成为城市建设的重要空间。其中国家级江宁开发区、高新园一左一右拱卫东山副城,江宁开发区智能电网产值达到650亿元、汽车产值超千亿,江宁高新园集聚了十几所大学和160家生命科学企业,两个园区吸引了数十万高端人群落户东山。汤山温泉度假区去年接待游客690万人、实现旅游收入79亿元,目标是建设世界级温泉小镇。滨江开发区的装备制造、禄口的空港经济,也都带动了新城建设。

第三,人口市民化。江宁建成640万平方米安置房,18万失地农民完成市民化转换,从事二三产业比重达92%。为有序推进转移人口市民化,江宁正实施"三个10万":到2020年,解决10万农民就近城镇化,改善10万城中村棚户区居住条件,推动10万常住非户籍人口落户城市。

第四,城乡统筹,实现城乡一体化发展。江宁区将城镇街道建设与产业园区组团联动发展作为统筹城乡的重要措施,推动街道工业集中区加快向工业园配套产业园转型升级,镇街已成为推进新型城镇化建设发展的重要载体和渠道。同时江宁通过财政转移支付、城市反哺乡村,每年十几亿元投入农村环境综合整治、农业基础设施和美丽乡村建设,全区260个保留村庄,103个建成"示范村",49个建成"省级三星级村",公交车、长江水、灰黑路、宽带网通到每户每村。现代化的城市形象与优美的田园风光相得益彰,是江宁新型城镇化发展的方向。

五、主要产业

1. 农林牧渔业

1949年,全县农林牧渔总产值12780万元,其中,农业产值10278万元,占总产值80.42%;林业产值169万元,占1.32%;牧业产值2191万元,占17.14%;渔业产值142万元,占1.11%。此后30多年,各业之间比重变化不大。20世纪80年代后,加大各业结构调整力度,农业产值占农林牧渔总产值比重大幅度下降,渔业产值占总产值比重大幅度上升。至2014年,农林牧渔总产值90.21亿元。其中农业产值53.54亿元,比2013年增长12.04%。农业综合生产能力平稳发展。水稻亩产600公斤,与上年基本持平;油菜籽亩产151公斤,比上年提高2.4公斤。主要农产品产量继续稳定在较好水平。全区粮食总产达23.76万吨,比上年减少0.39万吨;油料总产量2.19万吨,与上年持平;蔬菜总产量59.82万吨,增加2.4万吨;瓜果产量15.4万吨,增加0.27万吨。全年林业产值达到2.96万元,比上年增长9.13%。全区完成成片造林1429公顷,增长26.9%。牧业产值实现10.12亿元,比上年增长0.38%;渔业产值实现20.54亿元,增长12.25%。全区生猪饲养量25.87万头,比上年增加0.07万头;家禽饲养量506万只,减少3.5万只;禽蛋产量2.12万吨、牛奶产量4.44万吨,都与上年基本持平。渔业生产以高效渔业为主并平稳推进。全区7497公顷水产养殖面积中,特种水产养殖6566公顷,占养殖面积87.6%;实现水产品总产量5.49万吨,与上年持平。

2. 工业和建筑业

1979年后,江宁工业经济进入飞跃发展时期,乡镇工业异军突起。1992年后,江宁经济技术开发区、江宁科学园、江宁滨江经济开发区、街道工业集中区先后建立,构筑起江宁经济腾飞平台,使多种经济成分竞相发展,所有制结构不断优化,产业结构不断优化,经济效益显著提高。到2014年年底,全区653家规模以上工业企业完成工业总产值2828.9亿元,比上年增长11.9%。分经济类型看,增幅排在前三位的依次是外商及港澳台商投资企业(13.9%)、其他经济类型企业(10.8%)和股份制企业(8.5%);而总量排在前三位的分别是外商及港澳台商投资企业(1946.1亿元)、股份制企业(842.3亿元)和国有企业(23.4亿元)。分行业看,全区规模工业涉及的32个行业大类中有22个行业工业总产值较上年增长,10个行业下滑;增速超过全区平均水平的有7个行业,增幅排在前三位的行业依次是文教、工美、体育和娱乐用品制造业(31.9%)、造纸和纸制品业(31.4%)、计算机、通信和其他电子设备制造业(25.8%);增长绝对额排在前三位的行业分别为汽车制造业(净增131.7亿元),计算机、通信和其他电子设备制造业(净增94.9亿元)以及通用设备制造业(净增26.1亿元)。全区规模以上工业企业完成产品销售收入2384.74亿元,增长9.3%;实现工业利税总额416.09亿元,增长11.1%;实现工业利润287.54亿元,增长15.2%。

2014年全年共完成建筑施工产值550亿元,比2013年增长4.8%;施工面积2468万平方米,增长3.8%;竣工面积1040万平方米,与上年持平;完成建筑业入库税收20.9亿元,比上年增长23.0%。全行业现有资质等级建筑业企业377家,其中一级资质企业34家(当年新增3家),二级资质企业102家(当年新增3家)。当年获得市优质结构工程86项,获得金陵杯49项,省优工程15项,国优工程1项。南京宏亚建设集团有限公司和海通建设集团有限公司分别荣获中国建筑业最具竞争力百强企业和最具成长性百强企业。

3. 交通运输和旅游业

2014年,全区全社会各种运输方式共完成货运量3396.1万吨,增长8.3%;货运周转量28.13亿吨公里,增长11.2%;全年完成客运量17650万人次,增长6.0%;客运周转量27.86亿人公里,增长6.5%。不断优化公交线路、站点,调整公交线路30条,新增13条;开通“美丽江宁1号”“美丽江宁2号”两条节假日旅游专线;新增更新公交车300辆,完成出租车扩容100辆,新增公共自行车1000辆。年末全区境内公路通车里程达2221公里,其中高速121公里,一级道路318.7公里,二级道路341.1公里。

2014年,全区实现旅游收入245亿元,接待游客2100万人次,分别比上年增长

22.0%和16.7%。年末全区拥有国家4A级旅游景区1个、国家3A级旅游景区5个、国家2A级旅游景区10个。

六、经济类型

新中国成立后,江宁县有私营天宝小铁矿1家,粮油加工厂及食品作坊20多家,个体手工业1055家。1956年,全县工商业和手工业的社会主义改造完成后,确立了公有制在工业经济中的主导地位。是年,全县共有工业企业16家,手工业240家。中共十一届三中全会及1992年中共十四大召开,党中央提出发展有计划的市场经济,强调以公有制为主体,其他经济成分为补充,多种经济成分共同发展。从此,非公有制经济得到了很快的发展。1997年,中共十五大召开,在报告中提出公有制为主体,多种所有制经济共同发展,是中国社会主义初级阶段的一项基本经济制度。据此,江宁县加大工业所有制调整力度,通过工业经济体制改革,使非公有制经济蓬勃兴起,从而打破公有制经济一统天下的局面,形成多种经济形式并存的工业所有制新格局。

2013年,全区产品销售收入2000万元以上的工业企业有695家。其中,国有企业6家,工业产值251491.6万元,占全区工业总产值0.99%;集体企业4家,工业产值73350.9万元,占全区工业总产值0.29%;股份合作企业、联营企业(0家)8家,工业产值36834.6万元,占全区工业总产值0.15%;有限责任公司和股份有限公司153家(股份有限公司33家),工业产值4939377万元,占全区工业总产值19.49%;私营企业、其他企业(3家)283家,工业产值2909124.9万元,占全区工业总产值11.48%;港澳台商投资企业52家,工业产值1079495.4万元,占全区工业总产值4.26%;外商投资企业189家,工业产值16049978.1万元,占全区工业总产值63.34%。

七、教育状况

1.居民受教育程度

1964年,第二次人口普查资料显示,全县小学以上文化程度人口为187987人。其中,大学文化866人,占0.46%;高中文化5233人,占2.78%;初中文化22002人,占11.71%;小学文化159886人,占85.05%。1982年,第三次人口普查资料显示,全县小学以上文化程度人口为415839人。其中,大学文化1503人,占0.36%;高中文化42838人,占10.30%;初中文化130078人,占31.28%;小学文化241420人,占58.06%。在两次普查的18年间,受过中等以上教育人口比重大幅上升,由1964年的14.95%增至1982年的41.94%。其中,初中文化由11.71%增至31.28%,高中文化由2.78%增至10.30%。而大学文化则由0.46%降至0.36%,这主要是因为文化大革命期间,高等学校停止招生,使部分高中毕业生失去上大学机会。文盲、半文盲占12周岁以上人口的比例由79.02%降至37.79%。

1990年,第四次人口普查资料显示,全县总人口中,具有小学以上文化程度的531586人。其中具有大学(含大专)文化程度4209人,具有高中(含中专)文化程度54140人,具有初中文化程度192698人,具有小学文化程度280539人。与1982年人口普查数据相比,每万人中拥有各种文化程度的人数都有不同的增加。具有大学文化的由21人上升为57人,具有高中文化的由584人上升为738人,具有初中文化的由1770

人上升为 2627 人,具有小学文化的由 3320 人上升到 3823 人。全县总人口中,文盲、半文盲人口为 126511 人,同 1982 年第三次人口普查数据比较,文盲、半文盲人口占总人数的比例由 29.19% 降至 17.24% 。

2000 年,第五次人口普查资料显示,全县 6 岁以上人口为 744183 人,受过各种文化程度教育的人口有 694530 人,占 6 岁以上人口的 93.32% ,比第四次人口普查时的 90.90% 提高 2.42% 。与 1990 年第四次人口普查数据相比,每万人中拥有初中以上文化程度的人数又有不同的增加。具有大学文化的由 57 人增至 368 人,具有高中(含中专)文化的由 738 人增至 1245 人,具有初中文化的由 2627 人增至 3412 人,具有小学文化的由 3823 人降至 3524 人。全区 15 岁以上人口中,文盲数为 50685 人,占全县总人口的 6.48% ,与 1990 年第四次人口普查时 17.20% 相比,文盲率下降 10.72% 。普查资料还显示,全区男性文化程度明显高于女性,初中以上文化程度中,男性占 6 岁以上人口的 30.82% ,女性占 22.02% ,文化程度越高,男性所占比重越大。文盲人口中,男性占 24.65% ,女性占 75.35% ,女性是男性的 3 倍。

2010 年,江宁区第六次人口普查资料显示:全区常住人口中,具有大学(指大专以上)文化程度的人口为 271547 人;具有高中(含中专)文化程度的人口为 195699 人;具有初中文化程度的人口为 351178 人;具有小学文化程度的人口为 232979 人。同 2000 年第五次人口普查相比,每 10 万人中具有大学文化程度的由 3767 人上升为 23703 人;具有高中文化程度的由 12449 人上升为 17082 人;具有初中文化程度的由 34120 人下降为 30654 个;具有小学文化程度的由 35242 人下降为 20336 人。其中具有小学文化程度的人口中,女性多于男性,具有初中、高中、大学专科、大学本科和研究生学历的人口中,则是男性多于女性,男性文化程度高于女性。全区常住人口中,文盲人口(15 岁以上不识字的人)为 34502 人,同 2000 年第五次全国人口普查相比,文盲人口减少 16183 人,文盲率由 6.48% 下降为 3.01% ,下降 3.47 个百分点。

2. 高考情况

除了恢复高考的最初几年(1977 ~ 1980 年)报考的人数较多外,其后二十年间,报考人数一直稳定在 1000 ~ 2000 人左右。从 1999 年起,我国开始了大规模的高校扩招。1999 年以后报考人数逐年增加,录取率也逐年提高。到 2014 年年底,全年高中毕业参加录取人数已达 4429 人,被各类高校录取 4121 人,录取率达 93.05% ,比 2013 年增加 3.14 个百分点。其中专科录取 1783 人,比 2013 年减少 340 人;本科录取 2338 人,比 2013 年增加 34 人。

3. 中小学教育发展情况

(1)小学教育发展情况。江宁县的小学创建于清光绪后期,民国二年(1913),小学改组,有县立高等小学校,女子高等小学校和乙种商业学校各 1 所。新中国成立初期,全县贯彻“走群众路线办好学校”的方针,调整合并、扩建和兴办一部分小学。20 世纪 50 年代末期,小学教育得到发展,教育质量有所提高。至 20 世纪 60 年代初期,贯彻“调整、巩固、充实、提高”的八字方针,加上三年困难时期的影响,至 1962 年,在校小学生减至 39524 人,普及率降至 39.50% 。1963 年,贯彻执行教育部关于《全日制小学暂行工作条例(草案)》,教育事业开始恢复和发展。1965 年,全县在校生 87364 人,普及率由 1962 年的 39.50% 增至 91.70%(含耕读小学学生)。文化大革命期间,小学教育质量严重下降。中共十一届三中全会后,全县小学教育逐步走上正轨,教学秩序日趋正常。

20 世纪 80 年代,县、乡两级政府十分重视普及小学教育工作,增加办学经费,充实小学师资,改善教师待遇和工作条件,取得一定成效。1986 年,全县贯彻《中华人民共和国义务教育法》。至 1990 年,全县有 20 个乡(镇)按照实施义务教育条件标准验收,实现了小学五年义务教育。到 2014 年年底,全区共有小学 31 所,比 2013 年增加 1 所,小学在校生 5.94 万人,比 2013 年增加 0.39 万人,小学入学率保持 100%。

(2)中学教育发展情况。民国二十三年(1934),江宁县县立中学成立,这是全县第一所县立中学。此后,境内先后成立南京私立昌明中学、私立三山中学与私立宗仰中学等私立学校。

新中国成立初期,全县仅有 1 所县立初级中学。1966 年,全县有全日制中学 18 所(含完中 4 所),共有 115 个班(含高中 12 个班),在校生 4848 人(含高中生 725 人),教职员工 383 人。文化大革命期间,各校的教育质量严重下降,但中学学校数量迅速扩张。1979 年后,贯彻“调整、改革、整顿、提高”的方针,对文化大革命时期盲目发展的大队初中和小学戴帽子的初中班进行撤并。1979 ~ 1990 年,全县农村中学进行两次大的布局调整。经调整,全县联办初中逐年减少。至 2006 年秋,全区联办初中全部被撤并。与此同时,江宁县对高中学校布局进行调整。至 2004 年,江宁县中学、湖熟中学、秦淮中学、秣陵中学、陶吴中学、汤山中学与江宁中学的初中部全部撤销,成为独立高中。2003 年开始,江宁区谋划高中学校新的布局调整。2004 ~ 2007 年,完成两轮“三校联动”工程。到 2014 年年末,全区共有普通中学 35 所,比 2013 年增加 2 所;在校学生 3.42 万人,比 2013 年减少 0.02 万人;中等职业学校 2 所,在校学生 0.44 万人。全区初中升学率达到 98.1%,与上年基本持平。

第五节　法制沿革过程

一、清末至民国时期

1. 江宁地方政府沿革

周显王三十六年(前 333),楚威王熊商在石头山置金陵邑。秦始皇三十七年(前 210),改金陵邑为秣陵县,移治于秣陵镇。西晋太康元年(280),析秣陵县置临江县,太康二年,临江县更名为江宁县,“江宁”之名自此始。

从孙吴建都起,江宁一直在古代金陵城内附郭而治。六朝时期的秣陵、建康两县寄治于京师建康城内,自南唐已降直至明清时期的江宁、上元两县也先后设治于南唐都城、宋建康府城、元集庆路城、明应天府城和清江宁府城,辖域范围也一直涵括城内外,衙署变迁多次,地方主官多为名宦宿儒,其中不乏勤政于民之能吏,历代志书均有所载。

民国之始,上元、江宁两县合并为南京府,1913 年,废南京府,复设江宁县,地方官称县知事。1927 年,江宁县辖域范围首次退出城区,但县治仍在南京城区。1935 年,江宁自治实验县政府迁往东山，标志着江宁从辖域范围到治所与南京的真正剥离。抗日战争时期，国民政府江宁县政府、共产党领导的抗日民主政权、汪伪江宁县政府3种不同性质的政权并存。抗日战争胜利后，国民政府江宁县政府复员至东山镇。1949年4月24日，国民政府江宁县政府土崩瓦解。

2. 党组织

早在第一次国内革命战争时期，中国共产党就在江宁县境传播马克思列宁主义，进行反帝反封建的革命斗争。1928年，江宁县第一区的晓庄创建了中共南京晓庄师范支部。1935年夏，中共党员魏今非在江宁县成立中共地下党支部。

抗日战争时期，江宁县是新四军创建的茅山抗日根据地重要组成部分。随着新四军东进，游击区的开辟，在部队的帮助下，江宁县境内建立了中国共产党的各级组织和党领导下的抗日政权、地方武装、统一战线、群众团体组织系统。当时，由于处在战争环境，敌强我弱，日伪军占领城镇交通要道，新四军占领广大农村边区，江宁县被分割成两大块，即南京至郎溪的京建公路以西，以横山为中心的江宁、当涂、溧水三县交界的“江当溧”地区（今江宁区西半部、马鞍山市全部和当涂、溧水县部分地区），建立了中共江当溧县委，后改称中共横山县委；京建公路以东，以郭庄庙、龙都为中心的江宁、溧水、句容三县交界的“江溧句”地区（今江宁区东半部和溧水、句容部分地区），建立中共江溧句县委，后改称中共江句县委、江宁县委。另外，江宁县麒麟至汤山、作厂的京杭国道（今宁杭公路）以外的一小部分地区，属中共句北县委管辖。

1945年5月，建立中共上元县委，同年10月初，新四军主力部队奉命北撤，横山、江宁、上元等县委撤销，随新四军北撤。新四军北撤后，分别建立了江宁、横山留守处和武工队，坚持斗争。横山地区留守处和武工队一直坚持到中国人民解放军渡江，横山地区解放。

3. 代议机构

清光绪三十三年（1907），江宁县设立议事会，设议长1人，副议长1人，议员基数20人，任期3年，任满改选。同时，设文牍、庶务等员。民国时期，国民政府提出“实行宪政还政于民，完成地方自治”的口号，令各省、县市筹备成立临时参议会。江宁县政府奉命于1946年3月15日成立临时参议会，设参议员20人，修补参议员5人。

4. 司法机构

清代末年，江宁始设警察局、初级审判厅、地方检察厅。民国时期，江宁县设警察局、地方法院、检察处等。

具体来讲，清宣统年间，江宁地方检察厅成立，设承审员，协助县知事处理民事、刑事案件。同时，南京最早的独立审判机构——江宁地方审判厅成立。至1927年，江宁县的刑事、民事案件，均由江宁地方法院（驻南京）受理。抗日战争胜利后，江宁县无独立的审判机构，县内刑、民事案件均由江宁地方法院改组的首都地方法院受理。

二、1949年至1965年

（一）党组织

1. 概况

1949年4月24日江宁县解放后，中共江宁县委正式成立，县所辖7个区和1个直属镇的基层党组织也相继建立。从此，江宁县的党组织由解放前秘密的、分散的、没有固定辖区的状态，转变为公开的、有完整系统的、有固定辖区的各级领导机构。中共江宁县委成立后，组织领导全县人民进行了一系列政治运动和社会改革，胜利完成了国民经济恢复时期的历史任务。同时，重视党的基层组织建设，吸收了一批经过考验的积极分子入党。

至1952年年底，全县有党支部101个，党员996人。通过整党建党，全县党的组织进一步发展壮大。县委和各级党组织按照积极、慎重的发展方针，做好党员发展工作，并大胆大量提拔干部。仅1954年和1955年，全县发展新党员4977人，共提拔县区干部228人。至1965年，全县有28个党委，1个党总支部，551个党支部，有党员8262人。

1949年4月江宁县解放后，中共江宁县委按照中央和上级党委统一部署，进行整顿社会秩序，开展抗美援朝、土地改革、镇压反革命和“三反”（反贪污、反浪费、反官僚主义）、“五反”（反对行贿、反对偷税漏税、反对盗骗国家财产、反对偷工减料和反对盗窃经济情报）等运动，安定人民生活，巩固新生的人民政权，促进经济的恢复和发展。接着，在全县实施对农业、手工业和资本主义工商业的社会主义改造。1957年，开展整风运动和“反右派斗争”。1958年，开展“大跃进”和人民公社化运动。1961年，贯彻中央关于调整国民经济的“调整、巩固、充实、提高”八字方针，全县经济和各项事业得到稳定发展。1963年，在全县农村进行社会主义教育运动。

2. 党员代表会议和代表大会

1949年5月，中共江宁县委员会成立后，县委领导成员先后由中共华中工委、苏南区党委、江苏省委和镇江地委任命。1953年8月，中共江宁县委设立常务委员会。1955年，县委主持召开了2次党员代表会议。1956年4月，召开中共江宁县第一次代表大会。至2007年12月底，江宁区共召开过11次党员代表大会。每次党员代表大会召开前，按照中共南京市委（镇江地委）每次区（县）党员代表大会代表产生的通知精神，根据当时党员总数，确定应选代表数，充分发扬民主，广泛征求党内外意见，反复酝酿各阶级的代表候选人，最后通过选区党员大会无记名投票，按时保质保量地产生正式代表名额，为每次区（县）党员代表大会的顺利召开创造条件。在每次区（县）党员代表大会召开期间，代表们听取和审议每届区（县）委工作报告和区（县）纪委工作报告；总结前一届区（县）委工作，明确下一届区（县）委的工作任务和奋斗目标；讨论通过有关决议；选举产生每届区（县）委委员、候补委员，区（县）纪律检查（监察）委员会委员。每届全委会一次会议，选举产生区（县）委书记、副书记和常委。

3. 纪检监察

1950年，中共江宁县委员会纪律检查委员会成立。其后机构几经变更调整。文化大革命期间机构撤销，区（县）纪律检查委员会针对各个历史时期党内生活存在的问题，确定工作重点，履行纪律检查职能。1950～1955年，对党员在社会民主改革、增产节约、粮食统购统销等工作中执行政策、纪律等情况进行监督，并查处违法乱纪行为。1956～1966年，主要查处党员在经济建设，特别是1963～1965年三年经济调整时期以及社会主义教育等过程中出现的铺张浪费、严重官僚主义、严重特殊化、腐化堕落、贪污盗窃等各类违纪违法案件。

4. 宣传机构

1949 年 5 月,建立江宁县委宣传部。围绕党和国家在各个时期的中心工作和重大任务,开展党的路线、方针、政策宣传教育。1956 年,全县有宣传小组 621 个,宣传员 3916 人,报告员 117 人。20 世纪 60 年代,主要开展学习雷锋和深入学习毛泽东著作运动。文化大革命中,思想道德建设受到严重干扰和冲击。

5. 统战组织

抗日战争时期,江宁地区党、政、军等团结和争取全县各抗日阶级和阶层以及一切可以团结的力量,结成最广泛的抗日统一战线,粉碎日、伪、顽一次次疯狂“扫荡”和阴谋活动,建立和巩固了抗日民主政权。

1951 年,中共江宁县委设立统战部,1957 年撤销。1961 年,重新设立县委统战部。文化大革命期间,县委统战部停止工作。1980 年 3 月,恢复设立统战部。民族宗教事务局、侨务办公室、工商联与统战部合署办公。江宁的统战工作全面贯彻落实党的基本路线和各项方针政策,坚持和完善中共领导的多党合作和政治协商制度,热情地为统战对象服务。为经济社会全面发展,为实现祖国的统一大业,把各方面的力量团结在党和政府周围。

6. 党的其他基层工作组织

其他党务工作包括农村工作、信访工作、党校教育、党史编研、对台工作和保密工作。

1952 年 9 月,县委设立农村工作委员会;1954 年 6 月,改称农村生产互助合作部;1958 年 10 月,改称农村工作部;1966 年,更名为农村政治工作部;1953 年 9 月,设立县级机关信访办公室;1976 年,设立信访科;1961 年,成立县委党校;文化大革命期间停办;1973 年,恢复县委党校;1966 年前,曾设立县保密委员会。

(二)人民代表会议和人民代表大会

江宁区人民代表大会作为地方国家权力机关,经历了半个多世纪艰难曲折的探索和实践,贯彻执行宪法和法律,坚持和完善人民代表大会制度,依法履行人民代表大会及其常委会的职权,充分发挥人大代表的作用,不断规范对“一府两院”的法律监督和工作监督,不断加强区域社会主义民主法制建设,不断增强人大代表的整体素质,从而保证国家法律、法规和中共中央路线、方针、政策在江宁区的贯彻实施,为推进社会主义政治文明、物质文明、精神文明和生态文明建设做出应有贡献。

新中国成立初期,在不具备以普选的方式产生地方各级人大代表的情况下,以江宁县各界人民代表会议作为人民参政行使权力的过渡组织形式。1954 年 3 月,召开江宁县第一届人民代表大会第一次会议。

(三)政协组织

1949 年 10 月,组成江宁县各界人民代表大会协商委员会,作为临时协商机构,代行江宁县人民代表大会职权。1954 年 3 月,江宁县人民代表大会制度建立,县协商委员会完成代行其职权的历史使命,但它仍继续保留代行政协地方委员会的职权。1961 年 5

月,正式组成政协江宁县委员会,县协商委员会自行结束。

文化大革命期间,县政协机构被迫停止活动。中共十一届三中全会后,县政协恢复工作。2000 年 12 月江宁县撤县设区,2001 年 1 月,政协江宁县委员会更名为政协南京市江宁区委员会。

从 1949 年 10 月至 2007 年 12 月,江宁县协商委员会经历 3 届,区(县)政协经历 10 届。

(四)公安机关

1949 年 4 月江宁县解放后,成立江宁县人民政府公安局。开展搜捕残敌盗匪、镇压反革命,取缔反动会道门,查禁烟馆、妓院、赌档,整顿户籍,健全地方保卫组织,人口清查和户籍登记,配合人民解放军和区、乡政府开展剿匪反霸斗争,清查反动党、团、特人员,取缔反动道会门组织,搜捕刑事犯罪嫌疑人。20 世纪 50 年代,从镇压反革命运动转向治安管制和法制建设。社会主义革命和社会主义建设时期,公安机关与日益突出的刑事犯罪作斗争,通过专政职能,维护社会秩序,巩固新生政权,保障江宁土地改革、抗美援朝、统购统销、合作化运动的顺利进行。文化大革命期间,县公安局受到严重冲击,工作陷于瘫痪。

(五)司法机构

新中国成立后,检察机构历经多次变化,至 1954 年 6 月 24 日,建立江宁县人民检察署(后改称江宁县人民检察院)。检察署开展刑事、经济、法规案件检察,开展侦查监督和审判监督,担任刑事起诉,查处经济犯罪。文化大革命期间,检察院不能正常履行检察职能。1979 年 1 月,重建江宁县人民检察院。

新中国成立后,江宁县人民政府先后设立民政科和司法科,负责处理一般民事案件。1950 年 10 月,成立江宁县人民法庭。12 月,江宁县人民法院成立。人民法院依法惩治反革命分子、恶霸和贪污分子、破坏统购统销和其他刑事犯罪嫌疑人。政法机关、检察机关、人民法院担负审理政治案件、刑事案件和经济案件,维护政治和经济秩序。文化大革命开始后,县法院工作中断。1973 年 3 月,县人民法院恢复,依法履行宪法和法律赋予职责,独立行使审判权。1950 ~ 2007 年,区法院审结各类刑事案件 1.72 万余起(其中 1966 ~ 1973 年未作统计)。

新中国成立初期,实行审判与司法行政合一体制,律师、公证、人民调解等事务均由人民法院承担。

三、文革时期

文化大革命期间,各项工作处于不同程度的混乱之中,政治运动一个接一个,全县各条战线遭到严重的挫折和损失。

1966 年 5 月,开始了文化大革命,江宁县的党政机构陷于瘫痪,领导干部被迫停止工作,党员被迫停止组织生活。1968 年 3 月,县革命委员会成立,取代了县委、县人委职权。1969 年 2 月,中共江宁县革命委员会核心领导小组建立,全县开始整顿恢复基层党组织。文革时期党的建设也受到很大影响。1969 年,实行“开门整党”,开始恢复党的基层组织,对党员队伍进行“吐故纳新”,全面恢复 594 个党支部。至 1975 年年底,县委辖基层党委35个,党总支部22个,党支部779个,党员19585人。

1966年文化大革命开始,第六届人民代表大会未能召开。1967年后,县人民委员会先后为县军事管制委员会(以下简称军管会)和革命委员会所取代,实行党政军“一元化领导”,中心工作是开展文化大革命运动,民主法制遭到严重破坏。中共十一届三中全会后,县人民代表大会恢复。

文化大革命期间,县政协机构被迫停止活动。中共十一届三中全会后,县政协恢复工作。

文化大革命开始后,县政法机关职能为县公检法军事委员会取代;1968年,成立县革命委员会政法组。1973年1月,复建县公安局、县人民法院。1979年1月,复建县人民检察院。

四、1978～2014年的发展

1. 人大的重建与人大制度的发展

中共十一届三中全会后,江宁县人民代表大会恢复。1978年12月,县第七届人民代表大会召开。1980年选举产生的江宁县第八届人民代表大会是文化大革命真正意义上的结束,是终止革命委员会制度,恢复完善人民代表大会制度的起点。大会根据全国第五届人民代表大会第二次会议通过的《中华人民共和国地方各级人民代表大会和地方各级人民政府组织法》的规定,决定建立县人民代表大会常务委员会,作为地方国家权力机关的常设机构;取消江宁县革命委员会名称,改称江宁县人民政府。在1980年9月召开的第一次会议上,选举产生了县人民代表大会的常设机构——人民代表大会常务委员会。至2014年12月,江宁区(县)人民代表大会共召开16届会议;区(县)人大常委会共召开214次全体会议。

江宁区(县)人大常委会各工作机构是继人大常委会成为常设机构之后,经江宁县编制委员会批准设立的人大机关内设工作部门。1980年,常委会正式设立办公室。1983年,人大常委会办公室内设三组:法制调研、议案信访、代表联络3个组。1984年9月,撤销“三个组”,改为“三个科”,即人秘科、行政科、代表联络科。1985年3月,人大常委会办公室下设“四科一组”,即人秘科、行政科、法制科、代表联络科、议案信访组。同年5月,下设“六个科”,即人秘科、财经科、法制科、信访科、代表联络科、科教文卫科。1986年,县九届人大常委会第十三次会议决定,人大常委会设立一办(办公室)三委(法制委员会、财政经济委员会、科教文卫委员会)。1990年4月24日,人大常委会增设农业工作委员会,形成“一办四委”,即办公室、法制工委、科教文卫工委、农业工委、财经工委。此后,工作机构几经增设、调整,目前,人大常委会内设机构有办公室(研究室)、内务司法工作委员会、财政经济工作委员会、社会事业工作委员会、农村工作委员会、人事代表工作委员会。

为适应东山镇撤镇设街道后工作需要,根据《中华人民共和国地方各级人民代表大会和地方各级人民政府组织法》第53条“常务委员会根据工作需要,设立办事机构和其他工作机构”的规定,2002年6月2日,区十三届人大常委会第三十四次会议决定在东山和百家湖两个街道设立人大常委会街道工作委员会(以下简称区人大街道工委),作为区人大常委会的派出工作机构，并接受中共街道工作委员会的领导。2003 年 3 月，方山街道设立人大工作委员会并挂牌。2004 年经过区划调整后，设立 2 个镇、7 个街道，分别对增设的淳化、上坊、东善桥、秣陵 4 个街道设立区人大街道工委。至 2014 年，全区派出机构共有 12 个人大街道工作委员会。区人大街道工委的设立，有利于加强基层政权建设，为反映民情民意、活跃人民代表大会闭会期间的代表工作提供重要渠道。

随着组织机构的健全，区（县）人大和人大常委会积极开展工作，认真履行职能，较好地发挥了基层人民代表机构的作用。区（县）人民代表大会的主要工作包括：（1）听取和审议区人大常委会工作报告、区人民政府工作报告、区人民法院工作报告、区人民检察院工作报告，审查和批准国民经济和社会发展计划报告、财政预算报告，并分别作出相应的决议。（2）选举产生区人大常委会组成人员，选举区长、副区长、区人民法院院长和区人民检察院检察长。区（县）人大常委会的主要工作，包括选举人大代表、召开人民代表大会；征集人大代表议案、建议、批评、意见并督促有关单位认真办理；听取和审议区（县）人民政府、区（县）人民法院、区（县）人民检察院的专题报告，并对其实行法律监督和工作监督；依法任免国家机关工作人员，并定期对其述职评议；对辖区内各项国家法律、法规的贯彻实施开展执法监督；组织人大代表开展各项活动；围绕法律法规的执行、全区工作中心和社会热点问题进行调查研究；开展人大工作的理论探讨。

为了使人大代表更好地开展工作，江宁区（县）人大和人大常委会采取了多种行之有效的措施。（1）区（县）人大常委会按乡镇、系统普遍建立代表小组，以便组织代表活动，履行监督职能。同时，推举或指定 1 名代表为小组联络员（也称信息员），作为人大常委会与代表沟通联系的桥梁。区（县）人大常委会按期组织代表小组活动，交流工作情况，开展小型调查和视察，评议人大常委会和“一府两院”的工作，反映人民群众的意见和呼声。（2）2002 年 3 月 12 日，江宁区第十三届人大常委会第三十二次会议通过《江宁区人民代表大会常务委员会关于区人大代表持代表证视察的暂行规定》。江宁区人大常委会及有关工作委员会按照规定要求，联系安排代表持代表证就地进行视察活动。人大代表在持证视察中发现问题，直接向有关单位和部门提出建议、批评和意见，或填写“江宁区人大代表建议、批评和意见表”，交常委会工作机构转有关机关、组织，在规定期限内研究办理。（3）在召开常委会会议时可邀请人大代表参加，审议不同议题可请不同人大代表列席；在组织常委会组成人员及主任、常委分组进行的调研、视察活动中请部分代表一道进行；常委会会议、主任会议决定某件事项之前广泛听取代表意见，讨论决定过程中也请代表列席会议；经常召开部分代表座谈会议，听取代表对人大常委会工作的意见和建议；在征求对某项法律、法规或条例政策的修改意见时，多直接听取人大代表意见。特别是在审议“一府两院”重要报告、情况汇报、重大决策时，更是认真听取人大代表的意见。（4）2006 年 3 月全区镇街行政区划重大调整之后，江宁区人大常委会即在全区 7 个街道、2 个镇建立“人大代表之家”。“人大代表之家”建成后，普遍建立人大代表学习制度、代表活动制度、代表联系选民制度、代表视察制度、代表接待选民制度等。人民群众有事要说、有意见要提，到代表之家十分方便，代表之家热情接待每一位来访者。

2. 行政机构的恢复与行政法治的发展

1980 年 9 月，在江宁县第八届人民代表大会上，撤销县革命委员会，恢复建立县人民政府，作为县级人民政权的执行机关。原县革委会的工作部门均作为县政府工作部门和直属单位。1988～1994 年，经南京市人民政府批准，江宁县人民政府的工作机构及直属单位作相应调整或变更。至 1994 年 12 月，县政府的工作部门、直属办事机构由 1987 年 12 月的 35 个增至 43 个。1997 年，经过改革调整，县政府机构精简至 34 个，机关行政编制由 901 名精简为 810 名，减少 91 名，精简 10.10%。

2000 年 12 月，江宁县撤县设区。2001 年 1 月，成立南京市江宁区人民政府。2001～2002 年，区委、区政府按照转变职能、理顺关系、精简机构、提高效能的原则，积极稳妥地完成江宁区党政机构和镇事业单位机构改革工作。改革调整后，江宁区政府工作部门有 25 个、常设办事机构 1 个、派出机构 3 个、区政府事业局 6 个、区直属事业单位 5 个、垂直机构 11 个。2005 年 2 月，再次进行职能整合和机构调整。至 2007 年，江宁区政府工作部门为 26 个，议事协调机构的常设办事机构 1 个，派出机构 4 个，政府事业局 5 个；辖街道办事处 9 个。

1981 年年初，全县 29 个公社、镇革委会撤销，其中 26 个公社建立管理委员会，3 个公社建立镇人民政府。1982 年，进行体制改革，全县 26 个公社实行政社分设，建立乡人民政府。至 1987 年 12 月，全县有岔路、上坊等 21 个乡政府和东山、湖熟、汤山 3 个镇政府。此后，区域内区划几经调整，2002 年 3 月，撤销东山镇人民政府，设立东山、百家湖 2 个街道办事处。当年 10 月，将东山街道办事处管辖的原方山镇地域划出，设立方山街道办事处。2006 年，区域内开展大规模区划调整工作，将 11 个镇人民政府、9 个街道办事处调整合并为东山、秣陵、汤山、淳化、禄口、江宁、谷里 7 个街道办事处和湖熟、横溪 2 个镇人民政府。2007 年 12 月，湖熟、横溪撤镇设立街道。至 2014 年年底，全区共设 10 个街道办事处。

1990 年 8 月，成立江宁县人民政府法制局，为县政府副局级办事机构，2002 年 8 月，更名为区政府法制办公室。负责政府规范性文件的审查、备案，以及行政执法监督管理、行政执法人员培训等。区政府狠抓政府法制建设，积极推进依法行政，使全区行政执法和执法监督工作走上制度化、规范化轨道。江宁区行政法治发展主要体现在以下几个方面：

其一，规范性文件的制定与审核。1992 年，对 1949～1985 年县政府（包括县人委、革命委员会）所发的各类文件进行清理，确保县政府规范性文件不与法律法规相抵触，保持地方特色和可操作性。1996～2000 年，县政府发布的规范性文件共 218 件。1996 年，《中华人民共和国行政处罚法》颁布实施后，按照上级要求，由县政府法制局牵头，组织有关部门对 1986 年后的以县政府名义发布的 800 多件规范性文件进行清理。确定 80 多件规范性文件予以废止，160 多件规范性文件予以修改。江宁撤县改区后，规范性文件中调整社会经济生活方面的作用更加突出，内容涉及简化行政审批，降低市场准入门槛，加强市场监督，完善医疗、就业、养老等制度，做好房屋拆迁、农民征地补偿、企业不动产改制、政府税费减免工作等各个方面。并及时对不适当的规范性文件进行审核和清理。

其二，行政执法监督。20 世纪 90 年代开始，县政府依照《江苏省行政执法监督办法》《南京市行政执法和执法监督暂行规定》，加强对县政府所属部门及乡镇政府行政执法工作的监督，建立和完善了规范性文件备案制度、重大行政处罚备案制度、行政执法主体资格认证制度和行政执法证件管理制度 4 个行政执法监督制度。2001～2003 年，区政府注重执法部门的政务公开、执法公示、错案追究和执法考核工作的落实。2006 年，区法制办会同区监察、人事部门以开片会的方式两次组织开展行政执法卷宗和行政执法责任制工作检查。完善各行政执法部门的行政内部监督机制，加强对决策权、审批权、处罚权等行政行为的监督。

其三，执法队伍建设。1996～2000 年，在行政执法主体资格认证的基础上，对全县行政执法机关人员进行培训。5 年共举办 20 期培训班，参加培训人员达 2000 多人次。重点学习《中华人民共和国行政诉讼法》《中华人民共和国国家赔偿法》，以及行政复议法、行政处罚法等一系列法律、法规、规章，并进行考试，对考试合格者发给行政执法证。行政执法证每年进行注册，每三年换发一次新证。

为了推进依法行政，江苏省于 2007 年开始开展了省级"依法行政示范点"创建活动，江宁区成为首批依法行政示范点。在 2012～2013 年的评选中，经过严格的评审，江宁区教育局顺利通过江苏省"依法行政示范点"的考核验收，成为 2012～2013 年省级"依法行政示范点"。"依法行政示范点"的创建为江宁区行政法治的发展提供了良好的契机，对于行政法制的完善、行政权力的公开、行政决策的民主都有重要的示范作用。

3. 司法机关的重建与司法制度的发展

(1)江宁区(县)人民法院。1973 年 3 月，恢复江宁县人民法院，内设刑事审判庭、民事审判庭和秘书室，并先后恢复和建立江宁、陶吴、湖熟、汤山等 7 个人民法庭。1980 年，设立审判委员会。2001 年 2 月 15 日，经最高人民法院批准，撤销江宁县人民法院，设立南京市江宁区人民法院。到 2013 年，江宁区法院共设有立案庭(合署司法鉴定科)、刑事审判庭、民事审判第一庭、民事审判第二庭、民事审判第三庭、行政审判庭、未成年人案件审判庭、审判监督庭、民事执行局、行政案件执行局以及政治处、办公室、研究室、司法行政科、纪检监察室、审判管理办公室、司法警察大队 17 个机关部门和汤山、淳化、禄口、江宁、开发区 5 个派出人民法庭。

江宁区人民法院不断深化审判方式改革。其一，民事审判方式改革。1989 年，改进民事审判方式，尝试在该项审判中初步运用改进后的模式：推行当事人举证责任，变法院包揽调查取证为当事人举证与法院调查取证相结合；完善公开审判制度，改"先定后审"为"先审、后调、再判"；改进审判作风，变"坐堂"问案为"就地"审案。1996 年，扩大直接开庭的范围，审判重心由庭前、庭后转到庭上。当庭举证、质证、认证，通过庭审，查明事实，分清是非责任。其二，刑事审判方式改革。2001 年，与检察院、司法局共同出台《关于普通刑事案件适用简化审理的规定》，将刑事审判庭适用简易程序审理的刑事案件限期缩短至 10 日，适用普通程序审理案件的平均审限缩短至 30 日。2004 年，推出《案件质量评查办法》，进一步扩大简易程序的适用范围，简化诉讼程序，缩短办案期限，提高审判效率。其三,建立案件评查制度。2000 年,撤销告诉申诉庭,成立立案庭和审判监督庭,建立“立案、审判、监督、执行”分立制度。制定《实施排期开庭与审限跟踪暂行办法》,实行诉讼案件庭内排期、审限跟踪制度。出台《案件质量检查办法》,对全院办结的各类案件在归档前均由审判监督庭逐案评查,定期公布评查结果。

为进一步推进司法公开,以公开促公正,以公正立公信,以公信树权威,2011 年,江宁法院制定了《关于深入推进司法公开的意见》。该意见共 49 条,全方位提出了深入推进司法公开的目标任务。一是明确司法公开工作的目标原则。坚持依法公开、及时公开、全面公开的基本原则,切实履行法律规定的公开审判职责,严格执行法律规定的公开范围、时限、事项和形式,向社会公开一切依法应当公开、能够公开、可以公开的内容,努力提高开放、透明、信息化条件下的司法公信力。二是加强司法公开工作的组织领导。院机关成立司法公开工作领导小组及其办公室,负责领导、组织、协调、督查司法公开相关工作事项;各部门成立工作小组,主要负责人亲自负责,切实抓好相关工作任务的落实。三是细化司法公开工作的实施内容。结合工作实际,统筹推进立案公开、庭审公开、执行公开、听证公开、文书公开、审务公开六大方面的内容,形成全面公开、全程公开、实质公开的工作态势。四是强化司法公开工作的考核监督。建立健全考核评价和督促检查机制,加大工作指导和督促力度,定期组织专项检查,评估工作情况,通报检查结果。对于违反司法公开相关规定,损害当事人合法权益,造成严重后果的,严肃进行查处。

(2)江宁区(县)人民检察院。1979 年 1 月,重新组建江宁县人民检察院,有工作人员 39 人。至 1985 年年底,工作人员增至 56 名。1995 年 6 月,撤销经济检察科,设立江宁县人民检察院反贪污贿赂局,为二级局机构。2001 年 4 月,江宁县人民检察院更名为南京市江宁区人民检察院。2004 年 8 月 23 日,经省检察院批复同意,设立江宁经济技术开发区检察室,机构规格为副处级。至 2014 年年底,南京市江宁区人民检察院共有 20 个内设机构,在编人员 111 人,检察辅助人员 31 人。

从 1981 年 1 月起,江宁县检察院按照《中华人民共和国刑法》和《中华人民共和国刑事诉讼法》规定的程序和制度,对公安机关报捕的刑事案件严格审查批捕,并对公安机关的刑事侦查活动实施监督。对公安机关移送起诉、免予起诉的案件严格审查,防错、防漏。通过出庭支持公诉等形式,对人民法院的审判实施监督。

相比刑事检察,民事行政检察的起步要晚一些。1993 年下半年,在控告申诉科设专人负责民事行政检察工作。1994 年 2 月,成立民事行政检察科。根据最高人民检察院《关于执行行政诉讼法第六十四条的暂行规定》《关于民事审判监督程序抗诉工作暂行规定》,开展调查研究,并制定案件受理、立案审查、提请抗诉等工作制度。

除了刑事、民事行政检察,人民检察院也有权对贪污贿赂和渎职侵权等犯罪进行侦查。1979 年 1 月,设置法纪检察科,受理渎职侵权案件。1982 年 3 月,贯彻中共中央、国务院《关于打击经济领域中严重犯罪活动的决定》和全国人大常委会《关于严惩严重破坏经济的罪犯的决定》,开展对经济犯罪案件的侦查工作。1982 ~ 1992 年,立案查处经济犯罪案件 243 件,挽回经济损失 589.71 万元。1995 年 6 月,撤销经济检察科,成立反贪污贿赂局，主要职能是对经济领域贪污贿赂犯罪的侦察与查处，为国家和集体挽回了大量经济损失。

4. 基层选举的发展

1978 年 9 月，县第七届人大代表选举工作开始，历经 3 个月时间完成。选举产生县人大代表 949 人，为历届代表人数最多的一次。1980 年 6 ~9 月，根据修订的选举法，首次进行江宁县第八届和乡（镇）第九届人大代表的直接选举。县革命委员会成立选举委员会，并在上坊公社进行试点。区域内共划分 364 个选区，经过民主推荐、协商，确定正式代表候选人 514 人，其中妇女 123 人，占 23.93%；非党 219 人，占 42.61%；工人、农民、知识分子、解放军等均占一定比例，体现代表的广泛性。全县 27 个公社、3 个直属镇共 72.10 万人，登记选民 423315 人，占总人口的 58.71%；有 415220 名选民参加投票，占选民的 98.09%；共选出县级人大代表 514 人、乡（镇）人大代表 2001 人。此后，一直到 1992 年，县、乡镇人大代表每三年选举一次。

1993 年宪法修正案将县级人大的任期由三年修改为五年，1995 年 10 月至 1996 年 1 月，乡（镇）人民代表大会第十四届换届选举第一次单独进行，并且列为南京市乡（镇）人大换届选举的试点。1998 年 9 月 29 日，县人大常委会作出《关于乡镇人民代表大会换届选举工作的决定》。各乡（镇）在十五届换届选举工作中坚持党的领导，充分发扬民主，严格依法办事，切实尊重和保障选民的民主权利。至 12 月 7 日，98.20% 以上选民参加投票，共选出乡（镇）人大代表 1426 人，投票选举成功率 100%。在 2001 年的镇第十六届人大换届选举中，首次尝试的正式代表候选人与选民见面、设立选民登记站的做法，成为人民代表大会换届选举中的新亮点，进一步激发选民的参选热情。省人大常委会组织全省 13 个市的人大常委会领导到江宁区观摩学习。

2001 年，江宁撤县设区。2002 年 9 月 30 日，江宁区十三届人大常委会第三十六次会议作出《关于南京市江宁区人民代表大会换届选举问题的决定》，成立江宁区选举委员会，划分 137 个选区，全面开展江宁区第十四届人大换届选举工作。第一轮提名推荐候选人 2697 人，是应选代表的 9.95 倍。408 名正式代表候选人分别与选民见面，592518 名选民参加投票，参选率 98.60%。至 11 月 30 日，区十四届人民代表大会 271 名代表全部选举产生。2007 年和 2012 年分别进行了第十五届和第十六届区人大代表的选举。

5. 法制宣传与法制教育

1985 年后，全县（区）连续在公民中开展 6 个五年普及法律常识和专业法律宣传教育活动，并进行以《中华人民共和国宪法》为核心的数十部法律的专项法制教育，强化公民学法、懂法、依法办事的法制意识，促进社会主义物质文明和精神文明建设的发展。

在"一五"到"六五"普法宣传中，县（区）委都高度重视，将普法与全区法治建设良性发展联系起来。例如，在"六五"普法中，区政府把法治宣传教育工作纳入全区科学发展观考核体系，强化指标任务。区委、区政府成立由区委政法委书记任组长，人大常委会副主任、分管区长、政协副主席任副组长，区机关主要部门为成员的区"六五"普法领导小组，明确成员单位职责并及时调整、补充小组成员。各街道（园区）、机关部门及企事业单位相应成立组织机构,健全完善了全区"六五"普法工作的组织领导机构。

根据江宁区(县)的实际情况,普法的重点对象主要有五类:一是领导干部和公务员;二是农民和外来人员;三是青少年;四是企业经营管理人员;五是部队官兵。

具体的宣传形式也在不断创新。在采用上法制课、编印法制宣传材料、广播电视宣传、组织法律知识竞赛等传统的宣传形式之外,也将法制宣传工作融入人民调解、法律援助、社区矫正和安置帮教等业务工作中去。积极利用区内丰富的高校资源,与东南大学、南京航空航天大学等高校联合开展法制宣传活动。如在"五五"普法期间,组织南师大、东南大学法律系学生深入农村开展"法律人在行动"活动,安排南京工程学院20名大学生到各基层司法所参加社会实践,取得学以致用的学法效果。另外,组织律师和法律工作者定期开展法律咨询和送法进社区、送法进小学、送法进商户等活动,也取得了良好的宣传效果。随着网络的普及,网络普法成为普法的新形式。在"六五"普法期间,根据广大网民需求,同步开通了江宁法治微信、微博等网络平台,辐射所有网民。定期通过网络平台发布全区普法动态、最新法治新闻,接受法律咨询并提供在线解答;在"江宁新闻第三频道"网站和《江宁新闻》增设"律师说法"栏目和普法公益广告,为网民提供便捷的宣传服务。同时,江宁区还将普法活动与一些特定节日联系在一起,如在2015年"八·一"建军节期间,江宁区司法局组织开展主题为"德法同行促和谐,军民团结一家亲"的"德法同行·法律拥军月"活动。为更好地维护老年人合法权益,2014年重阳节,秣陵司法所组织江苏宁通律师事务所律师来到秣陵老年大学,给老年人带来了一堂生动有趣的法制宣传课,并对老人们提出的法律问题一一给予耐心解答。

除了定期开展的普法宣传外,江宁区(县)也开展了一些针对特定法律进行的专项法制教育活动。1981年6月,县司法局设立宣传股后,即把法制宣传教育作为工作重点。1982年,宪法修改草案公布后,培训法制报告员942名,利用广播、幻灯片、群众会,讲解宪法基本知识251场次,受教育人数25万余人。1983年,在开展《刑法》《刑事诉讼法》《婚姻法》宣传教育活动中,全县组织1200多名法制报告员,举办法律知识讲座1300多场次,受教育人数62万多人。1991~1995年,先后组织《宪法》《治安管理处罚条例》《未成年人保护法》《消费者权益保护法》《劳动法》《计划生育条例》和《义务教育法》等专项宣传。2004年举办了《消费者权益保护法》家庭法律知识竞赛。1997年香港回归前,通过悬挂过街横幅、张贴橱窗画片和印发宣传材料等多种方式,广泛宣传有关香港基本法的基本知识。2003年,江宁出现"非典"疫情后,配合"非典"防治工作,开展《传染病防治法》《价格法》与《治安管理处罚条例》等相关法律法规的专题宣传教育活动。2014年3月,江宁区方山司法所结合"3.15消费者权益保护日"这一主题,摆放了专题展板15块,并通过发放宣传单页、普法环保袋、普法扑克、普法圆珠笔等普法用品的方式广泛宣传新《消费者权益保护法》《产品质量法》《反不正当竞争法》等法律法规知识,现场共发放普法宣传资料300余份、法制扑克、环保袋等宣传用品200余份,接受群众法律咨询7人次。这些专项法制宣传活动主题集中、针对性强,取得了较好的效果。

第六节　地域文化

一、悠久的历史文化

南京市江宁区位于长江下游南部，江苏省西南部，北与南京市雨花区、栖霞区相邻，东与镇江句容市接壤，南与溧水县、马鞍山市毗邻，西与安徽省和县隔江相望。区位优越，交通便利，山川钟灵，物产丰富，气候温和，雨量充沛，四季分明，是江苏省一个古老的县，是南京市一个新兴的区。

江宁古称金陵，历史悠久，名人荟萃，名胜古迹遍及全境。远祖遗踪有汤山葫芦洞“南京猿人”“湖熟文化”及遗址，昝庙文化遗址；陵寝墓葬有上坊东吴大墓，宋武帝刘裕陵，陈武帝陈霸先万安陵，南唐二陵，秦桧及家族墓，沐及家族墓，郑和墓等；寺庙古塔有圣汤延祥寺，上坊祈泽寺，方山定林寺，牛首山佛窟寺，湖熟清真寺等和牛首山弘觉寺塔，牛首山铁板道人塔，方山定林寺塔等；祠宅旧居有杨柳村古建筑群，佘村潘氏宗祠，张栋梁故居，史量才故居，民国汤山炮校，蒋介石温泉别墅等；砖石木雕有南朝陵墓石刻，牛首山摩崖石刻，杨柳村古建筑群雕刻，窦村石戏台雕刻等；古代器物有石器，陶器，铜器，瓷器，铁器，玉器，骨器等；桥梁水井有藏龙桥，湖熟桥，横溪桥，周郎桥，七翁桥等和陶吴响井，佘村万历井，耿岗井，东山戴家塘崇祯井等；非物质文化遗产有方山大鼓“麻雀蹦”，丹阳龙舞，铜山狮舞，横溪花鼓，马铺锣鼓，秦淮渔音，江宁白局，龙舟竞渡等。

境内发现的古人类遗址和古猿人头骨化石，说明早在35亿～60亿年前就是人类生息繁衍之地。50万年前金陵始祖“南京人”已在江宁汤山葫芦洞一带活动，5000年前江宁的先民生活在秦淮河畔的“台型遗址”，以渔猎为生，创造了著名的“湖熟文化”。公元前210年秦始皇东巡到此，始设秣陵县，县治在今秣陵集镇。东晋谢安因怀念故居会稽东山，在土山仿故居筑别墅居之，并在此指挥了著名的“淝水之战”。唐李白曾来此凭吊，留下千古诗篇《东马吟》，后人曾撰联：“登山常思谢公略，赏月当吟太白诗。”宋、齐、梁、陈均建都南京，江宁历为京畿重地。公元937～975年，南唐国建都南京，先主李昇与中主李璟葬于祖堂山南麓，世称南唐二陵。明朝开凿的阳山碑材为天下第一碑。清代金陵四十八景，其中有八景在江宁：“东山秋月、牛首烟岚、祖堂振锡、献花清兴、天印樵歌、祈泽池深、台想昭明、虎洞明曦。”

源远流长的历史文化给江宁留下众多的文化遗产：文物遗存众多，全区现有72处文保点，其中国保9处，省保8处，市保32处，区保23处；非物质文化遗产门类齐全。全区现有43个保护名录，其中市级9个、省级2个、国家级1个。悠久的历史，厚重的文化遗存，给现代的江宁增添了浓郁的文化氛围。

二、新中国成立后文化事业蓬勃发展

江宁文化事业稳步发展。新中国成立以后的近60年，江宁文化系统在中共江宁区（县）委、区（县）人民政府的领导下，积极贯彻党和国家及其上级文化部门的各项方针政策，坚持“两为”方向，贯彻“双百”方针，扎扎实实地做好各项文化工作，建立了一整套新型的为广大人民群众谋利益的文化工作体系，根据不同时期的人民群众对文化的不同渴求,采取不同方式逐步完善工作机构和基础设施建设。全区(县)的文化工作蓬勃开展,文化事业稳步发展。

1949 年 10 月到 1957 年是共和国开创奠基的重要时期,也是新中国成立以后本县文化工作最为活跃的时期之一,全县文化工作者结合本县实际,努力工作,积极推广老解放区的文化艺术,使《白毛女》《解放区的天》等一系列革命文化在本县农村、机关、学校热火朝天地开展;认真恢复传统的民间艺术如《麻雀蹦》《马铺锣鼓》等许多长期被淹没近乎失传的民间艺术,使之复活重见天日;广泛开展节日文化活动,使其逐步成为文化生活中不可缺少的重要组成部分;配合政府活动中心,以广播、展览、黑板报等形式广泛深入地开展群众文化宣传活动。这一时期的文化工作盛况空前,健康向上,与当时经济发展的水平相适应,促进了社会的稳定和进步。

1958 年"大跃进"和人民公社化运动时期,江宁的文化工作同样受到"左"的影响,从事文化工作的一些同志和干部受到"反右"斗争扩大化的冲击,被错化"右派",但当时全县的文化工作也掀起全面跃进的热潮,全县由一个文化馆发展到 20 个文化馆站,成立了 20 个公社业余剧团或文工团和 278 个生产大队及工矿、学校、集镇业余剧团、文艺宣传队。广大社员群众在生产劳动中编创出数以万计歌唱"大跃进""人民公社"的诗歌、民歌、顺口溜、口号等。"三年困难"时期,许多农户濒临断炊,大部分文化站、业余文艺团队解散,文化工作处于最低潮,后面的"社教"和五年调整时期文化工作得以逐步繁荣。

文化大革命的十年。文化大革命初期是文化单位的干部工作人员"下放"到"五七"干校参加"斗、批、改",接受再教育,文化工作基本瘫痪,一度时期的停产"闹革命",城乡出现造反派组织的"毛泽东思想宣传队"演革命"样板戏",跳"忠字舞",不久逐渐减少。20 世纪 70 年代初,全县逐步恢复和新建文化站。1973 年在学习"小靳庄"活动中,许多大队建立文化活动室,开展赛诗会、演唱会和民兵组织的体育比赛等活动,群众文化活动又掀高潮。

党的十一届三中全会以后,农村在推行农业大包干责任制过程中实行政社分设,彻底改变了"三级所有队为基础"的经济体制。农村的繁荣发展及文化经费投入加大,文化设施逐步改善。20 世纪 80 年代普遍成立科教文卫于一体的文化中心,县文化部门、乡镇文化站走"以工补文""多业助文"之路,纷纷办起了文化工厂,亦工亦文,社会效益和经济效益有机结合,同步发展,文化工作呈现出红红火火的新局面。

1991 ~2000 年江宁的文化工作以文化馆站提档升级、乡镇创建市万册图书馆、创建江苏省群众先进县、创建全国文化先进县等一系列创建活动为动力,文化单位的工作得到整体推进;基层文化的基础设施建设全面巩固提高;县、乡、村三级文化网络得到加强;机关文化、农村文化,企业文化、校园文化、军地文化、民间文化、家庭文化等得以大力开展,基本满足广大人民群众的文化需求,文化工作得到全面提升,促进了三个文明建设。1997 年被国家文化部授予"全国文化先进县";1998 年年底全县 23 个乡镇全部被省政府命名为"群众文化先进乡镇":2000 年年底,23 个乡镇的万册图书馆(室)全部建成,全市 15 个区(县)中江宁率先实现"满堂红"。

2000年12月21日，江宁撤县设区，历史翻开新的一页，文化工作进入新的里程。区委、区政府提出在建设经济强区的同时，建设“文化江宁”的战略，制订了文化建设十年规划：着力夯实文化设施基础建设，不断提高小康文化硬件标准；抓好文化网络建设，方便群众就近娱乐；抓好丰富多彩的文化活动，营造浓厚的小康文化氛围；抓好文化精品制作，陶冶市民情操；强化市场管理提升文博工作水平以及发展文化产业等方面都做出了卓有成效的工作，不断推进江宁文化现代化建设的前进步伐。

三、十一届三中全会以后文化快速发展

文化设施全面改善，区、街道、社区（村）三级文化网络不断巩固提高。解放初期江宁县城仅有的文化馆，馆舍狭小，没有群众文化活动场所。农村的文化站俱乐部只有办公地点，而没有活动地点。“大跃进”年代，文化大革命时期，三级文化网络的基础设施建设也没有多少进展，十一届三中全会以后，本区加大了硬件和软件的建设力度，要做就要创一流。

区文化单位的基础设施建设不断得到改造。改革开放后，文化馆首先得到改造翻建，拥有2000平方米的办公活动场所。1981年5月上下两层1258个座位、功能齐全在郊县排行老大的县东山影剧院落成，对外营业。1986年县图书馆2770平方米的大楼建成，当时新华总社为此发出电讯，“江宁县建成全国县级最大的图书馆”。“八五”期间，县博物馆、新华书店、锡剧团先后得到新建或翻新改造；为给市民提供更加优越的活动场所，江宁标志性建筑“江宁文化艺术中心大楼”2002年交付使用，对外开放。文化馆使用面积5000多平方米，2004年被国家文化部“中国新时期优秀文化设施图典”收录。投资3000万元、建筑面积达6000多平方米的新博物馆已于2007年12月18日举行开工典礼，主体工程预计于08年基本建成。

街道文化站、社区（村）文化室的基础设施建设也在整体推进，全面发展，大体经历了三次大的发展过程：第一阶段是20世纪80年代全县各公社相继成立文化中心站，阵地面积大多在500平方米左右，活动项目增多，90%公社建起电影院与人队文化活动室，基础设施建设第一次得到改善；第二阶段是1990年开始以创建省群众文化先进乡镇、街道和1997年创建全国文化先进县为机遇，街道文化站社区（村）文化室的基础设施建设再次得到巩固提高；第三阶段是江宁撤县设区以后，围绕为促进文化大省建设，努力实现“两个率先”的奋斗目标，江苏省开展的省文化示范县（市、区）的创建工作，江宁对三级文化网络的基础设施建设提出了更高的标准，街道（乡镇）的文化活动面积要达1000平方米，社区（村）文化活动室要有100平方米以上的面积，同时要有8～10项活动内容。为此区财政每年下拨100万元扶助建设资金，经过2003～2005年三年的努力，全区20个街道（乡镇）、317个社区（村）基础设施面积全部达标，其中60个社区（村）文化室达到区规定的合格标准，13个社区（村）文化室还达到了南京市村级（社区）示范文化室条件。2007年年底全区公共文化设施面积达到71901平方米，其中区文化馆5162平方米，区图书馆2775平方米，9个街道文体中心共31538平方米，204个社区（村）计达32428平方米。

四、民俗文化特色

群众文化活动丰富多彩。以重大节日纪念日为重点开展形式多样的文化艺术活动是江宁的一大特色,庆祝活动始于 1950 年的元旦、春节,以后延伸至每个传统的节日,年复一年坚持至今。1950 年全县性的元旦、春节庆祝活动,1997 年农历正月初二“金陵春·小康乐大型广场文艺演出”,“1999 年庆祝江宁解放 50 周年文艺汇演”以及庆祝新中国成立 50 周年“祖国颂”歌咏大会等,节日庆祝活动热情洋溢欢乐祥和的喜庆氛围,给江宁人民留下极其深刻难忘的印象。

电影放映活动深受群众欢迎,20 世纪五六十年代农民要跑一二十里地上集镇看场电影,十一届三中全会以后,电影事业得到快速发展,全县已从 1952 年的一个苏南行署 3 人女子放映队发展到 1985 年年底各种类型的放映单位 53 个,尽管这样仍不能满足群众需要。随着市场经济的建立,文化消费呈多元化趋势,电影放映大幅滑坡,为解决农村农民看电影难的问题,政府采取补贴方式,保证每个农民每年能看上 10 ~ 12 场电影。

专业团体的演出活动。区锡剧团是南京市区(县)级唯一保留下来的一支专业文艺团体。自 1959 年以来,坚持剧本创作,每年完成 80 ~ 100 场的演出任务,为本区人民不断提供精美的文化大餐。

每年一度的“三下乡”活动。自 1996 年到 2005 年区文化馆、锡剧团、影剧公司、图书馆以及区文联每年均把专场文艺演出、电影放映、书籍、书写对联等活动送到本区边远山区、农村、敬老院。2006 年至 2010 年将送文化下乡纳入江宁“新农村八件实事”,即每年送各街道 4 场文艺演出,9 万元的科普书籍,每村每月一场电影,“三下乡”变为“常下乡”。

弘扬民族文化,努力开展民族民间文化活动。广泛开展民族民间文化活动,江宁是南京最好的区县之一。多次组织踩街、调演、展演、大赛等大型的民族民间文化活动,不仅丰富了群众文化生活,还使民间传统文化艺术不断得以传承发展、普及提高,重放异彩。一批民间音乐、民间舞蹈经常亮相于省、市重大活动,民间音乐“马铺锣鼓”即将敲出国门。

精心组织每两年一度的市以上的成人、少儿文艺调演活动;社会、企事业单位的业余团队活动以及进入新世纪一年一度的“江宁之春”“和谐江宁大舞台”等各种艺术节活动。这些多姿多彩的文化活动不断充实着江宁人民文化生活的内容。

文学创作成果迭出。江宁拥有一批文艺创作队伍,1985 年区文联成立,各协会组织健全,活动正常。区文联与文化部门密切合作,认真组织本区文艺工作者,业余文艺爱好者,深入生活积极开展各种采风活动,创作队伍实力显现,老作家笔耕不辍,中青年作家激情饱满,文学新秀脱颖而出,创作成果比较丰富。音乐、舞蹈、曲艺、小品、美术、书画、摄影以及民间文艺等门类的文艺作品,有的在省、市、国家级获得高奖;戏剧作品较为突出,两个戏剧获市“五个一工程奖”,多件作品获省“五星工程奖”。有的作者还涉足电视连续剧和广播剧的创作,并且创作了有一定影响的作品,其中小说《凯旋在子夜》改编的广播剧,荣获全国广播剧大赛“丹桂杯”金奖。改革开放以来本区作者出版的长篇小说,散文集、诗歌集、报告文学集、文艺论文集、书画作品集达200多部(册)。

五、图书馆机构发展

图书发行、流通持续健康快速发展。经过多年努力本区已形成,以区新华书店为主,基层图书门市部和供销社基层图书代销点为辅的图书发行网络。长期以来,区新华书店凭着“发扬传统、艰苦奋斗”的创业精神,不断深化企业内部改革,充分发挥图书发行的主渠道作用,发扬坚持送书下乡为基层服务的优良传统,提高职工服务“三农”意识,采取举办“图书书市”、邀请名人在书市上签名售书以及义务为人民群众提供“图书查询”“新书预订”“缺书登记”“便民书市”“送书下乡”“书香爱心工程”以及配合党和政府的工作中心等供销服务活动,拓展了市场,增设了网点,优化了服务,发行销售工作持续发展。1952年新华书店建店只有6名职工,营业面积42平方米,图书销售额不足2.3万元,截至2007年年底,在职从业人员达到65人,拥有自营网点6处,营业面积共约7350平方米,销售总额猛升到4200万元,拥有固定资产1996万元,全区年人均图书供应水平达50元以上。

区图书馆是本区图书流通的重要单位主要场所。区图书馆现有面积3354平方米,其中业务用房2775平方米,藏书35万多册,每年接待读者约15万人次,图书流通约10万册。长期以来全馆实行每周54小时开放制度,坚持全年为读者服务。随着时代的发展,不断更新服务内容。在图书宣传与阅读辅导方面,积极开展预约借阅、代查资料、延伸网点、送书上门、新书介绍、编印文件信息资料、组织读者讲座、读书征文演讲竞赛等多种形式读书活动,取得了丰硕成果。全区20个乡镇图书馆经过1996~2000年努力全部进入“市万册图书馆”行列,藏书总量达到23万册。文献资源建设、文献借阅、自动化、网络建设在全市名列前茅。1996年开始自动化设施的基础建设,2001年较为完整的ILAS软件系统投入使用采访管理、编目管理、点藏管理和流通管理,初步构建了馆内部的局域网。全区现有7家“全国文化信息共享工程”网站建成投入使用。区图书馆的馆舍建设、藏书建设、藏书总量、业务工作、软件资料等方面的综合考核处于南京市领先地位。

六、文物保护工作

文物保护卓有成效。江宁“文化满地,宝藏遍野”是名副其实的文物大区,现有区、市、省、国家文物保护单位共72处,临时性文物保护单位2处,控制单位150处。区博物馆馆藏文物从无到有,从少到多,现拥有各类文物3000件(套),其中二级文物8件,三级文物127件,另外还有近十年来发掘的未定级文物上千件。遵照文物保护工作的“保护为主,抢救第一,合理利用,加强管理”的方针,按照中央文物工作“五纳入”原则,相应成立了区、街道、村(社区)三级文物保护网络,强化对文物的保护;努力挖掘历史文物,有重点有计划地推进文物工作的开展,充分调动社会各界广大人民群众自觉保护文物的积极性,同时加大文物的宣传、执法力度,1956年、1982年以及2007年9月开始的三次全区性的文物普查。编纂出版了《江宁文物》一书,文物工作做出了一定成绩,多次被市政府、市文化(文物)局表彰为文物保护先进区和文物维修、地下文物保护先进区,获得文物核查工作最佳奖。

文化市场管理规范。区文化市场的管理工作起步晚，1995年5月17日正式成立江宁县社会文化管理委员会办公室，为股级事业单位，编制5名。随着文化市场的发展现有11名工作人员。根据中央“一手抓繁荣，一手抓管理”的文化市场管理工作方针，遵照国家有关文化市场法律法规，严把各类文化经营项目审批关，对公民、法人或其他组织的文化经营活动进行监督检查、整顿和规范文化市场秩序、加强对辖区内网吧、音像、电子游戏室、书报亭、歌舞娱乐演出场所、印刷复制业等各类文化经营场所的管理，开展“扫黄打非”，进行各类专项治理，打击各类违规行为以及杜绝色情、迷信等不健康的演出活动，同时加强法制宣传，与公安、工商等有关部门密切配合，齐抓共管形成合力，全区文化市场日趋繁荣，管理工作日臻完善。90年代中期江宁有文化市场300家，2007年已近700家。区社文办成立以来已得到区、市、省表彰15次，2006年被省委宣传部、省文化厅授予“双服务”先进集体的光荣称号。

七、文化部门自身建设情况

文化部门的自身建设得到加强。新中国成立后，随着文化事业的发展，先后设立了江宁区文化馆、新华书店、图书馆、电影公司、博物馆、锡剧团、南唐二陵文物保护管理所、社文办、郑和墓园文物保护管理所等文化事业单位，1990年8月江宁县文化局成立。区文化局成立后坚持“两为方向”，贯彻“双百”方针，文化事业得到全面发展，群众的文化生活质量不断提升。与此同时，文化系统各单位的环境、办公条件、公益性文化活动场所的设施建设也得到了根本改善。近年来，文化局机关、下属多数单位还实行网络化自动化办公。

深化改革，加快发展，不断加强思想作风建设，旨在树立文化人形象，增强繁荣社会主义先进文化的责任感和使命感，打造一支优质的文化服务团队。长期以来团结进取，谦虚谨慎，不骄不躁，艰苦奋斗的精神风貌在干部职工队伍中已逐渐形成，涌现出一批区、市、省乃至国家级的优秀集体和先进个人。

新中国成立以来，江宁的文化工作，有过起落，有过兴衰，有经验亦有教训。站在新世纪开端，领略新的时空，当今世界文化与经济政治相互交融，在综合国力竞争中的地位和作用越来越突出。文化建设要贯彻落实科学发展观，发扬艰苦奋斗的精神，不断开拓进取，为建设文化江宁创造新的业绩与辉煌，为江宁灿烂的未来作出新的更大的贡献！

第七节　民族与宗教信仰

一、民族分布

江宁区是一个多民族聚居地区，居民一向以汉族为主，回族次之。1953年，第一次全国人口普查资料显示，江宁县有少数民族5个共1878人，占全县总人口的0.35%。其中回族1856人，其他民族20人。1964年，第二次全国人口普查资料显示，有少数民族11个共1720人，占全县总人口的0.34%。其中回族1649人，其他少数民族57人，民族不详12人。1982年，第三次全国人口普查资料显示，有少数民族13个共2090人，占全县总人口的0.29%。其中回族2010人，其他少数民族78人，民族不详1人。1990年，第四次全国人口普查资料显示，有少数民族21个共2424人，占全县总人口的0.37%。其中回族2211人，其他少数民族213人。2000年，第五次全国人口普查资料显示，有少数民族29个共3470人，占全县总人口的0.45%。其中回族人口2257人，其他少数民族1192人，未识别民族21人。

2008年年末，全区有少数民族43个，少数民族人口6703人，比2007年年末增加982人，占总人口数的7.37‰。其中回族3720人。

2009年年末，全区有少数民族41个，少数民族人口7290人，比2008年年末增加587人，占总人口数的7.9‰。其中回族4169人。

2011年年末，全区有少数民族41个，少数民族人口8006人，比2010年年末增加716人，占总人口数的8.5‰。其中回族4169人。

2012年年末，全区有少数民族41个，少数民族人口8319人，比2011年年末增加313人，占总人口数的8.8‰。其中回族4242人。

到2013年年底，江宁区共有42个少数民族族别，少数民族人口8612人，比2012年年末增加293人，占总人口数的9.0‰。其中回族4361人。有四个相对集中的聚居地，两个民族社区(村)：湖熟街道湖熟社区、禄口街道石埝社区。少数民族以原住回民为主，约4000人，400人以上的民族有满族、蒙古族、土家族，200~400人的民族有苗族、壮族、朝鲜族，100人以下的民族有35个；有2276个少数民族家庭，少数民族家庭人均收入略高于全区家庭的平均收入；有少数民族民贸企业11家，产值约3.8亿元。

表8　2013年年末江宁区少数民族人口情况

单位：人

民族	总人数	男性	女性	民族	总人数	男性	女性
土家族	596	200	396	彝族	197	43	154
蒙古族	496	198	298	高山族	7	6	1
哈尼族	12	3	9	畲族	40	19	21
回族	4361	2107	2254	壮族	333	94	239
傣族	31	14	17	水族	16	5	11
藏族	53	15	28	布依族	243	49	194
黎族	61	26	35	纳西族	13	2	11
维吾尔族	112	36	76	朝鲜族	278	127	151
傈僳族	4	2	2	土族	16	7	9
苗族	372	111	261	满族	952	451	501
羌族	13	5	8	侗族	162	49	113
鄂伦春族	2	2	—	瑶族	67	28	39
仫佬族	8	3	5	白族	81	25	56

续表

民族	总人数	男性	女性	民族	总人数	男性	女性
达斡尔族	11	8	3	锡伯族	23	10	13
仡佬族	20	3	17	哈萨克族	12	4	8
鄂温克族	1	—	1	毛南族	3	—	3
阿昌族	1	—	1	布朗族	1	1	—
佤族族	3	2	1	拉祜族	7	1	6
赫哲族	1	1	—	俄罗斯族	2	1	1
景颇族	4	—	4	普米族	1	—	—
怒族	1	—	1	柯尔克孜族	1	—	1
乌孜别克族	1	—	1	裕固族	2	1	1
门巴族	1	—	1	总计	8612	3659	4953

二、宗教信仰状况

江宁县解放前后，县内佛教只存庙宇 4 所，尼姑庵 8 所。有和尚 13 人，尼姑 16 人。有基督教传教堂口 7 个，牧师 5 人，传道 2 人，外籍神职人员 11 人，共有教徒 666 人。文化大革命期间，宗教活动被迫停止，寺庙庵堂、教堂、清真寺、道观多被毁坏，或改作他用。中共十一届三中全会后，根据党的宗教政策，各宗教活动场所得到部分恢复或重建，重新开放，民众信仰和宗教活动逐步正常，农村信教群众所占比例较大。

佛教、道教、伊斯兰教、基督教、天主教在江宁区均有活动场所和数量不等的信徒，金陵协和神学院、基督教爱德印刷厂落户在江宁区。目前，全区依法登记的宗教合法场所共有 53 处，其中佛教活动场所有方山定林寺、宏觉寺、藏龙寺、上国安寺、小丹阳观音寺、佛顶寺 6 处；伊斯兰教活动场所有湖熟清真寺 1 处；基督教场所有 44 处；道教南京方山洞玄观正在积极筹建中。佛教在册僧人 32 人（不固定），常住佛教俗家弟子 360 余人，每年在区内参与佛事的信徒约 50000 人；有阿訇 2 人，穆斯林 300 余人（包括外地流动伊斯兰教信徒和在校信仰伊斯兰教的大学生）；基督教在册信徒 17000 多人，有牧师 2 人，长老 3 人，市基督教两会认定备案的传道人员 68 人；天主教陶吴教堂，属南京市石鼓路天主教堂直管，有信徒 120 余人。

第二章　地方政治体系与社会团体

第一节　中共地方组织

一、历史沿革

早在第一次国内革命战争时期,中国共产党就在江宁县境传播马克思列宁主义,进行反帝反封建的革命斗争。民国十七年(1928),江宁县第一区的晓庄创建了中共南京晓庄师范支部。民国二十四年(1935)夏,中共党员魏今非在江宁县成立中共地下党支部。

抗日战争时期,江宁县是新四军创建的茅山抗日根据地重要组成部分。随着新四军东进,游击区的开辟,在部队的帮助下,江宁县境内建立了中国共产党的各级组织和党领导下的抗日政权、地方武装、统一战线、群众团体组织系统。当时,由于处在战争环境,敌强我弱,日伪军占领城镇交通要道,新四军占领广大农村边区,江宁县被分割成两大块,即南京至郎溪的京建公路以西,以横山为中心的江宁、当涂、溧水三县交界的“江当溧”地区(今江宁区西半部、马鞍山市全部和当涂、溧水县部分地区),建立了中共江当溧县委,后改称中共横山县委,下设组织部、宣传部、军事部、青年部和妇女部。中共江当溧县(工)委先后属新四军二支队政治部、中共苏皖特委、中共江当溧句中心县委领导;京建公路以东,以郭庄庙、龙都为中心的江宁、溧水、句容三县交界的“江溧句”地区(今江宁区东半部和溧水、句容部分地区),建立中共江溧句县委,后改称中共江句县委、江宁县委。另外,江宁县麒麟至汤山、作厂的京杭国道(今宁杭公路)以外的一小部分地区,属中共句北县委管辖。民国三十一年(1942)1月,中共江句(江宁)县委正式建立县委领导下的区级党、政机构,设区委、区公所、办事处和建立抗日地方武装大队。首先成立龙都区委,同年7月改组划分为秦淮、方山2个区委。民国三十三年(1944)春统计,秦淮区共有党员80多人,索墅区和土东北办事处合并成立索北区,民国三十一年(1942)8月改为青龙区,设区委。民国三十二年(1942)2月,郭庄庙地区与索南办事处合并成立赤山区,设区委,辖4个党支部,20多名党员。虬山区委于民国三十二年(1942)2月成立。同年7月,设江句中心区委,先辖青龙、赤山、虬山3个区委,后辖青龙、赤山2个区委。民国三十三(1944)年5月中心区委撤销后,青龙、赤山2个区委由江宁县委直接领导。句北工委于民国二十九(1940)年3月成立南片、中片2个分区委和西南、西北2个区委。至民国三十三(1944)年12月,江宁县委下辖区委7个,党支部76个,有党员467人。

民国三十四年(1945)5月,建立中共上元县委,下辖尧化门、栖霞、龙潭、下蜀、南圩(长江北岸)5个区委。同年10月初,新四军主力部队奉命北撤,横山、江宁、上元等县委撤销,随新四军北撤。新四军北撤后,分别建立了江宁、横山留守处和武工队,坚持斗争。横山地区留守处和武工队一直坚持到中国人民解放军渡江,横山地区解放。

1949年江宁县解放后,于5月成立中共江宁县委,由胡宏任书记,县所辖7个区和1个直属镇的基层党组织也相继建立。县委隶属中共镇江地委领导。工作机构只有秘书处、组织部、宣传部和民运部;10月,增设青年工作委员会。

1953年8月,中共江苏省委确定江宁县为农村工作试点县,并批准县委设立常委会。从县委成立至1956年4月,县委领导成员先后由中共华中工委、苏南区党委、江苏省委和镇江地委任命。1956年4月,中共江宁县第一次代表大会召开,此后,中共江宁县委员会组成人员均由党的代表大会选举产生。1957年县委工作机构增至14个,同年7月,实行精编简政,通过撤、并、合署办公等形式,工作机构减为7个。1958年7月,因行政区划调整,江宁划归南京市管辖,江宁县委隶属中共南京市委领导。

1959年3月,经中共南京市委批准,中共江宁县委设立书记处,由李崇任书记处第一书记。

1962年5月,根据省委关于“市属县归还原建制”的通知精神,江宁县重新划归镇江行署管辖,县委又归镇江地委领导。同年8月,经镇江地委研究,省委批准,撤销县委书记处,书记处第一书记改称书记,书记处书记改称副书记。工作机构又增至12个;是年6月,贯彻中央“八字”方针,再次精简至8个。1966年2月,结合“四清”运动后期整改和组织建设,工作机构只保留6个:办公室、组织部、宣传部、监察委员会、农村政治部和城镇政治部;直属单位2个:机关党委和党校。这期间,还根据工作需要,相继设立过保密委员会、市镇工作委员会、县委肃反工作五人小组办公室、审干办公室、整风办公室、“三反”办公室、生产办公室和长江、东山、湖熟区工委等临时性或虚设的机构。

文化大革命初期,中共江宁县第三届委员会仍在行使职权。1967年1月,县委受“造反派”冲击,被迫停止工作。同年4月,江苏省军事管制委员会作出对江宁县实行军事管制的决定。1968年3月,江宁县革命委员会成立,实行党政“一元化”领导。

1969年2月,建立中共江宁县革命委员会核心领导小组。

1970年8月,召开中共江宁县第四次代表大会,选举产生了中共江宁县第四届委员会。自此,中共江宁县革委会核心领导小组消失,中共江宁县委恢复。1971年3月,江宁县由镇江地区划归南京市管辖,此后中共江宁县委一直由中共南京市委领导。

至2000年12月,中共江宁县委名称没有变化。

2000年12月21日,国务院国函〔2000〕131号文批复,同意撤销江宁县,设立南京市江宁区。中共江宁县委亦改为中共南京市江宁区委。至今没有变化。

二、组织框架

1. 县委工作机构及直属单位

1997年7月,江宁县进行党政机构改革。县委机构改革以加强和改善党的领导,巩固党的执政地位为出发点,重点是理顺关系,改善干部结构,适当精简人员,提高工作效率。经过改革调整,县委机关共设6个工作机构:县委办公室、县委组织部、县委宣传部(县精神文明建设委员会设在县委宣传部)、县委统一战线工作部(县委台湾工作办公室与其合署,同时挂县政府民族宗教事务办公室牌子)、县委农村工作部(同时挂县政府农村集体资产管理办公室牌子)、县委政法委员会(同时挂县社会治安综合治理委员会办公室牌子)。设部门管理机构3个:县级机关党委、县委老干部局、县委机要局(县保密局与其合署)。此外,县纪律检查委员会机关、县监察局合署,一个机构两块牌子;县机构编制委员会办公室,列党委序列,为县机构编制委员会的常设办事机构,与县人事局合署。机构改革后,县委直属事业单位有:县委党校(同时挂县农校和县行政学校牌子)、县委党史工作办公室(县志办与其合署)、江宁报社。至2000年12月底,县委工作机构及直属单位没有变化。

2. 区委工作机构及直属单位

2001年1月起,原县委工作部门和直属单位改为区委工作部门和直属单位。同年12月,市委、市政府批准《江宁区党政机构改革方案》(宁委〔2001〕233号)。

经过调整改革,区委机构设置为:区纪律检查委员会机关(区监察局与其合署办公)、区委办公室〔挂"区委保密委员会办公室(区国家保密工作局、区委机要局)"牌子〕、区委组织部(区级机关工作委员会与其合署办公)、区委宣传部(挂"区精神文明建设指导委员会办公室"牌子)、区委统一战线工作部(区民族宗教事务局列政府序列,与区委统战部实行两块牌子,一套班子,挂"区政府侨务办公室"牌子)、区委政法委员会(区社会治安综合治理委员会办公室与其合署办公)、区委农村工作办公室(挂"区政府农村集体资产管理办公室"牌子)、区机构编制委员会办公室(为区机构编制委员会的常设办事机构,列区委工作机构序列,挂"区事业单位登记管理局"牌子,与人事局合署,不计机构个数)。部门管理机构3个:区委老干部局;区信访局;区委台湾工作办公室(挂"区政府台湾事务办公室"牌子)。区委直属事业单位3个:区委党校(江宁区行政学校,不再挂"区农校"牌子);江宁日报社;区委党史工作办公室(区志办与其合署)。上述单位机构规格均为正处级。此次改革后至今,没有变化。

三、主要机构工作职责

1. 区委政法委及区社会治安综合治理委员会职责

中共南京市江宁区委政法委员会是区委领导、管理全区政法工作的工作部门。区社会治安综合治理委员会是协助区委、区政府领导全区社会治安综合治理工作的常设议事机构。区委政法委员会机关与区社会治安综合治理委员会办公室(以下简称区综治办)合署办公,是一个机构、两块牌子。主要职责:

(1)根据党的路线、方针和区委、区政府、市委政法委、市综治办的部署,统一政法、综合治理各部门的思想和行动。

(2)对一定时期内的全区政法、综合治理工作作出全局性部署,并督促贯彻落实。

(3)组织协调、指导维护全区社会稳定的工作。

(4)承办区依法治区领导小组办公室的日常工作,组织、协调、指导、督促全区依法治理工作。

(5)检查政法部门执行法律法规和党的方针政策情况,结合实际,研究制定严格执法、落实党的方针政策的具体措施。

(6)大力支持和严格监督政法各部门依法行使职权,指导和协调政法各部门在依法相互制约的同时密切配合,督促、推动大案要案的查处工作,研究、协调有争议的重大、疑难案件。

(7)组织、协调社会治安综合治理和平安建设工作,推动各项措施的落实。

(8)指导区委610办公室做好防范与处理邪教工作、组织开展全区国家安全人民防线各项工作,维护社会政治稳定和国家安全。

(9)组织推动政法、综合治理战线的调研和宣传工作,探索政法、综合治理工作改革,总结新经验,解决新问题。

(10)研究加强政法队伍建设和领导班子建设的措施,协助区委及其组织部门考察、管理区政法部门的领导干部,协助纪检、监察部门查处涉及政法领导干部的大案要案。

(11)指导下级政法委、综治办工作。

(12)办理区委、区政府和市委政法委、市综治办交办的其他事项。

2. 中共南京市江宁区纪律检查委员会南京市江宁区监察局职责

(1)主管全区党的纪律检查工作。负责贯彻落实党中央和省、市、区委关于加强党风廉政建设的决定,维护党的章程和其他党内法规,检查党的路线、方针、政策和决议的执行情况;负责全区党风廉政建设和反腐败的组织协调工作;协助区委、区政府对下一级党政领导班子和领导工作人员执行党风廉政责任制的情况进行检查考核。

(2)主管全区行政监察工作。贯彻落实中央和省、市、区有关行政监察工作的决定,监督检查区政府各部门及其工作人员、区政府任命的其他人员和各镇政府及其主要负责人执行国家政策和法律法规、国民经济和社会发展计划以及国务院和省、市、区政府颁发的决议、决定和命令的情况。

(3)检查和处理区级机关各部门、区直属单位(含党组织关系在我区的单位)、各街道党的组织和区管党员领导工作人员违反党的章程以及其他党内法规的案件,决定或取消对这些案件中的党员的处分;受理党员的控告和申诉,必要时直接查处下级党的纪律检查部门管辖范围内的比较重要或复杂的案件。

(4)受理对国家行政机关、国家公务员和国家行政机关任命的其他人员违反行政纪律行为的控告、检举;调查处理国家行政机关、国家公务员和国家行政机关任命的其他人员违反行政纪律的行为;受理国家公务员和国家行政机关任命的其他人员不服主管行政机关给予行政处分决定的申诉,以及法律、法规规定的其他由监察机关受理的申诉。

(5)负责作出关于维护党纪的决定,制订党风党纪教育规划,会同有关部门做好党的纪律检查、行政监察工作方针、政策和法律法规的宣传工作,教育党员、国家机关工作人员遵纪守法、清正廉洁。

(6)对党的纪律检查工作和党风廉政建设及其政策问题进行调查研究,拟定有关党风廉政建设的政策规定和有关行政监察的规范性文件。

（7）会同区委组织部以及区级机关有关部门、各街道党组织和政府做好纪检监察工作人员的管理工作，审核各街道纪工委领导班子和监察室领导工作人员人选；负责区级机关各部门纪检组（纪工委）、监察室领导工作人员人选的提名、考察（其中纪检组长、纪工委书记人选的考察会同区委组织部共同进行），按工作人员管理权限任免或提出任免意见；组织和指导全区纪检监察系统工作人员培训工作。

（8）承办区委、区政府授权和交办的其他事项。

3. 中共南京市江宁区委组织部职责

（1）按照中央和省、市、区委的要求，全面深入地研究和指导全区党组织特别是党的基层组织建设，探索和指导各类新经济组织中党组织的设置和活动方式；主管全区党员的管理和发展工作，研究、指导和协调党员教育工作；以改革的精神研究和解决新形势下党的建设面临的理论和现实问题。

（2）提出区委管理的领导班子调整、配备的意见和建议，研究和指导领导班子的思想政治和作风建设；深化干部人事制度改革，积极推行公开选拔、竞争上岗等工作，努力建设一支高素质的干部队伍；负责区管干部的考察，办理区管干部的任免、职级待遇、退（离）休审批等手续；负责指导参照国家公务员制度管理工作；承担垂直管理部门、双重管理单位领导班子和领导干部的协调管理工作。

（3）负责干部人事制度改革的宏观指导工作；制定或参与制定全区组织、干部、人事工作的重要政策和制度。

（4）研究制订干部队伍建设规划；组织落实对中青年干部的培养、选拔工作。

（5）调查了解人才工作情况，宏观指导全区人才工作；联系优秀专家和中青年拔尖人才，抓好科技人才队伍建设。

（6）规划、指导、协调、检查干部教育工作；组织区委管理的干部和部分中青年干部以及组工干部的教育培训。

（7）负责组织工作和干部工作的督促检查，及时向区委和上级组织部门反映重要情况，提出建议；负责对选拔任用干部和区管干部的监督，承办有关干部问题的审查和调查核实工作。

（8）管理区委老干部局；制定或参与制定老干部工作的有关政策规定，指导、协调和配合有关部门做好退（离）休干部工作。

（9）协助区委做好区委组织员的管理和区党代表的联络服务工作。

（10）承办区委、区政府和上级组织部门交办的其他事项。

（11）负责落实区级机关和本部门质量、环境和职业健康安全管理目标方针并每年进行改进。

4. 中共南京市江宁区委宣传部职责

（1）负责组织和指导全区的理论学习、理论宣传和理论研究工作；配合区委组织部做好党员教育工作。

（2）负责引导社会舆论，指导、协调新闻单位的工作；对区广播电视局、江宁报社以及区广播电视台在方针政策和重大宣传方面实施指导；负责指导、协调和管理全区网络新闻宣传工作。

(3)负责从宏观上指导全区文化艺术工作和精神产品的生产，指导文化市场管理；联系区文化局，代管区文学艺术界联合会，并在政治方面和方针政策方面实施指导。

(4)负责规划、部署全区性的宣传思想工作，会同有关部门加强和改进基层群众思想教育工作；负责指导、协调和组织全区社会宣传工作；承担区委思想政治工作联席会议的日常工作。

(5)负责全区精神文明建设工作的规划和组织实施；负责组织、协调、指导和监督全区各类群众性精神文明创建活动；承担区精神文明建设指导委员会办公室的日常工作。

(6)负责全区对外宣传工作的总体规划，组织、指导和管理全区的对外宣传工作；组织协调全区重大对外宣传活动。

(7)区委委托，与区委组织部共同考究了解宣传系统区管领导干部，并提出任免意见；组织和指导全区宣传文化系统干部的培训工作；配合有关部门做好宣传文化系统知识分子和老干部工作；负责全区新闻出版和企业政工专业职称评审、岗位培训工作。

(8)贯彻落实中央和省委、市委及区委关于宣传文化事业发展的指导方针，并提出具体贯彻意见；从宏观上指导全区宣传文化系统发展有关产业，推进各项改革；按照区委统一部署，协调宣传文化系统各部门之间的工作关系。

(9)承办区委、区政府和上级宣传部门交办的其他事项。

5. 中共南京市江宁区委统战部职责

(1)贯彻执行区级机关和统战部管理方针、管理目标，确保本部门管理目标的实现。

(2)严格执行标准化管理体系的文件规定、法律法规和其他有关要求。

(3)积极开展新时期统一战线理论和政策的宣传教育，使各级党组织进一步重视统战工作，提高广大党员干部统战意识，自觉执行党的统战方针政策。

(4)认真贯彻《中共中央关于进一步加强中国共产党领导的多党合作和政治协商制度建设的意见》，积极支持各民主党派和有关团体开展工作，为各民主党派参政议政创造条件。

(5)认真贯彻党的知识分子政策，做好党外知识分子工作。

(6)认真贯彻落实中共中央〔1991〕15 号文件，加强对工商联的领导，支持帮助工商联开展工作。

(7)协助有关部门做好对党外人士的培养、考察和选拔工作，举荐德才兼备的党外干部进入各级领导班子。营造与党外人士合作共事的良好氛围。

(8)做好对台工作，加强与台湾有影响的政治团体以及各界代表人士的联系和沟通，促进祖国和平统一。

(9)认真贯彻党的民族宗教政策,依法加强对民族宗教事务的管理,支持帮助民族宗教团体开展有益社会的工作。尤其防止境外敌对宗教势力渗透。

(10)积极开展海外统战工作,联谊交友,广交朋友,团结“三胞”,加强同有关人士和社团的联系,为我区经济建设服务。

(11)主动围绕区委中心工作,大力开展经济统战工作。

(12)加强统战部自身建设。

6. 中共南京市江宁区委农村工作委员会职责

(1)宣传、贯彻、落实党中央、国务院和省市关于农业和农村工作的各项方针、政策;牵头指导协调全区“三农”工作,对全区农业和农村工作中的重大问题进行调查研究、综合分析、提出意见供区委、区政府决策;参与研究拟定农业和农村经济工作的重大政策、工作措施;会同有关部门研究拟定全区农业和农村经济发展的规划;协助区委、区政府对农村工作做出部署。

(2)指导全区农村改革,研究拟定深化农村经济体制改革的意见;承担研究制定农村改革试验示范区、农村“三大合作”改革、目标及措施,构建农村新型集体经济发展的动力机制;指导农业社会化服务体系建设、村(社区)集体经济组织和合作经济组织建设;指导农村经营体制改革;负责有关改革项目的组织实施。

(3)对农村的产业政策、产业结构调整、农业资源配置、多种经济成分等情况进行调查研究,提出建议,供区委、区政府决策。

(4)负责农村土地承包、土地使用权流转、承包合同管理工作和农业适度规模经营发展,负责农村土地承包纠纷仲裁工作;指导监督农村集体资产经营管理;指导村(社区)集体经济组织的财务管理和会计、审计工作;稳定完善农村基本经营制度、政策,调节农村经济利益关系;参与对街道经济工作考核,指导农村经济的收益分配。

(5)负责农业、农村现代化的规划和项目的组织实施,配合有关部门拟定农业结构调整和农业产业化经营的方针政策、实施规划;负责全区农业资源的区划和可持续发展工作。

(6)研究提出帮促工作规划、政策和措施,负责经济薄弱村的帮促工作。

(7)负责指导农民增收工作;负责农民负担的监督、管理和减负工作,会同有关部门查处加重农民负担的违法行为。

(8)负责全区新农村建设,研究提出推进新农村建设工作的重大政策和工作措施;牵头实施农村实事工程;负责扶持农民创业就业工作。

(9)牵头负责全区统筹城乡一体化发展工作,提出城乡统筹发展思路、重点项目、政策措施,组织督查考核;承担区统筹城乡发展工作委员会办公室的日常工作。

(10)指导涉及农业、农村、农民的区级社团组织工作;协助有关部门抓好全区农村组织、宣传和精神文明建设;指导基层农经干部队伍建设。

(11)承办区委、区政府交办的其他事项。

第二节　江宁区人大及其常委会

江宁区人民代表大会作为地方国家权力机关，经历了半个多世纪艰难曲折的探索和实践，贯彻执行宪法和法律，坚持和完善人民代表大会制度，依法履行人民代表大会及其常委会的职权，充分发挥人大代表的作用，不断规范对“一府两院”的法律监督和工作监督，不断加强区域社会主义民主法制建设，不断增强人大代表的整体素质，从而保证国家法律、法规和中共中央路线、方针、政策在江宁区的贯彻实施，为推进社会主义政治文明、物质文明、精神文明和生态文明建设做出应有贡献。

一、历史沿革

江宁地区权力机关经历了从各界人民代表会议到人民代表大会的过程。新中国成立初期，人民代表大会制度尚未建立，先以县各界人民代表会议作为人民参政行使权力的过渡组织形式。从1949年10月的第一届一次会议到1954年3月，历经3届9次会议。江宁县各界人民代表会议依照《江宁县各界人民代表会议组织通则》的规定开展工作，成为中共江宁县委、县政府宣传贯彻党的方针政策的重要渠道和动员与团结社会各界人士的重要纽带。

1954年，实行人民代表大会制度，在完成普选的基础上，县第一届人民代表大会第一次会议召开。1966年文化大革命开始，第六届人民代表大会未能召开。1967年后，县人民委员会先后为县军事管制委员会（以下简称军管会）和革命委员会所取代，实行党政军“一元化领导”，中心工作是开展文化大革命运动，民主法制遭到严重破坏。中共十一届三中全会后，县人民代表大会恢复。1978年12月，县第七届人民代表大会召开。1980年9月，在召开的县第八届人民代表大会第一次会议上，选举产生县人民代表大会的常设机构——人民代表大会常务委员会（以下简称人大常委会）。从1954年至2014年，全区（县）共召开过16届50次人民代表大会。区（县）人民代表大会作为地方国家权力机关，按照宪法和法律赋予的职权，审查和批准区域内国民经济和社会发展计划、财政预算及其执行情况的报告；选举产生新一届区（县）人大常委会组成人员、区（县）政府正副区（县）长、区（县）人民法院院长、区（县）人民检察院检察长；选举出席省市人民代表大会代表；听取和审议人大常委会、人民政府、人民法院、人民检察院工作报告；讨论决定行政区域内政治、经济、教育、科技、文化、卫生、民政等重大工作事项。

1954～2002年，江宁区（县）各乡镇共召开16届人民代表大会，从2002年开始，区人大常委会在街道设立街道工作委员会，作为区人大常委会派出在街道的工作机构。

二、组织机构

1. 人民代表大会

1954年3月，江宁县第一届人民代表大会第一次会议召开，标志着人民代表大会制度在江宁县正式实施。从此次会议开始，江宁县各界人民代表会议不再代行江宁县人民代表大会的职权，由它产生的江宁县各界人民代表会议协商委员会仍作为全县的统一战线机构,继续履行政治协商、民主监督、参政议政的职能作用。在此基础上,于 1961 年 5 月筹备成立中国人民政治协商委员会江宁县委员会。

2. 常务委员会

新中国成立初期的江宁县第一届各界人民代表会议期间,先是设立江宁县人民代表会议协商委员会,并于次年的一届二次会议上选举产生常务委员会。江宁县人民代表大会第一届至第七届不设常务委员会。自 1980 年 9 月召开的第八届人民代表大会起,县人大常委会成为常设机构,在县人民代表大会闭会期间按法律规定开展各项工作。江宁区(县)人大常委会由每届人民代表大会第一次会议选举产生,由主任、副主任、委员组成。

内设机构:江宁县人大常委会七届以前(含各界人民代表会议),未见明确的内部机构设置;第八届开始,先后设置办公室、法制(内务司法)工作委员会、财政经济工作委员会、科教文卫(社会事业)工作委员会、农村工作委员会、人事代表工作委员会、研究室等工作机构。2014 年其内设机构包括:办公室(研究室)、内务司法工作委员会、财政经济工作委员会、教育科学文化卫生工作委员会、农村工作委员会、人事代表工作委员会、环境资源城乡建设工作委员会。

派出工作机构:为适应东山镇撤镇设街道后工作需要,根据《中华人民共和国地方各级人民代表大会和地方各级人民政府组织法》第 53 条"常务委员会根据工作需要,设立办事机构和其他工作机构"的规定,2002 年 6 月 2 日,区十三届人大常委会第三十四次会议决定在东山和百家湖两个街道设立人大常委会街道工作委员会(以下简称区人大街道工委),作为区人大常委会的派出工作机构,并接受中共街道工作委员会的领导。2003 年 3 月,方山街道设立人大工作委员会并挂牌。2004 年经过区划调整后,设立 2 个镇、7 个街道,分别对增设的淳化、上坊、东善桥、秣陵 4 个街道设立区人大街道工委。至 2014 年,全区派出机构共有 9 个人大街道工委、三个开发区(园)工作委员会。区人大工委的设立,有利于加强基层政权建设,为反映民情民意、活跃人民代表大会闭会期间的代表工作提供重要渠道。

3. 乡镇人大

1953 年,全县各乡镇在普选人大代表基础上,召开第一届人民代表大会。人民群众通过人民代表大会形式,充分行使民主政治权利。至 2002 年,各乡镇召开第 16 届人民代表大会,审议各乡镇人民政府工作报告,选举乡长和副乡长、镇长和副镇长等。

1954 ~ 2002 年,各乡镇人大先后历经 16 届。乡镇人大每次换届选举,其每届选举委员会主席(主任)由县选举委员会批准,人大代表的产生均为等额选举,分别在不同时期选举产生正副乡镇长或正副社长、革委会正副主任、管委会正副主任。

各乡镇人大主席团在乡镇人民代表大会召开期间,负责筹备、召集和主持乡镇人民代表大会会议。在闭会期间,履行法律赋予的职权,监督乡镇人民代表大会通过的奋斗目标、财政预算和有关决议的贯彻执行;督办代表建议;对乡镇政府实施法律监督和工作监督,听取乡镇政府组成人员述职;负责组织代表活动,安排代表学习,发挥代表作用,保证宪法和法律、法规在该行政区域内的贯彻实施。

三、常务委员会工作职责

1. 实施法律监督与工作监督

在人民代表大会闭会期间,区(县)人大常委会通过常委会议和主任会议,听取和审议区(县)"一府两院"工作汇报及法律、法规实施情况汇报,并不定期组织区(县)人民代表开展专题调研、视察,对其进行全程跟踪监督。

2. 审议决定重大事项

区(县)人大常委会选择经济社会发展和人民群众关注的重大问题,适时把中共江宁区(县)委的意图经过法定程序转为地方国家意志。据不完全统计,区(县)人大紧紧抓住区域内事关经济和社会发展、民主法制建设的一系列重大问题,认真审议、讨论,依法作出决定决议200多个。

3. 任免地方国家机关工作人员

在区(县)人民代表大会闭会期间,根据区(县)长提名,决定副区(县)长的个别任免;在区(县)长、人民法院院长和人民检察院检察长因故不能担任职务时,从区(县)人民政府、人民法院、人民检察院副职领导人员中决定1名代理人选;决定区(县)人民政府各职能部门正职领导人员的任免,如各局局长,各委员会、办公室主任;根据区(县)人民法院院长提名,任免副院长、审判委员会委员、庭长、副庭长、审判员;根据区(县)人民检察院检察长提名,任免副检察长、检察委员会委员、检察员;根据人大常委会主任会议提名,任免人大常委会办公室主任、副主任,各工作委员会主任、副主任,决定各工作委员会组成人员;决定是否接受人大常委会组成人员,区长、副区长,法院院长、检察院检察长提出的辞职。区(县)人大常委会任命和决定任命的人员,由区(县)人大常委会主任签署颁发任命书。

4. 视察调研

江宁区(县)人大常委会围绕全区(县)国民经济、社会发展和改革开放以及人民群众普遍关心的热点问题,每年选定议题,组织委员和人大代表进行视察和调查研究。列为专题调查的项目,调查组均写出调查报告,为中共江宁区(县)委、区(县)人大常委会和区(县)人民政府提供决策依据。这些调查和视察,对于贯彻国家法律和地方法规,推动各项工作的开展,促进全区社会主义物质文明和精神文明建设以及民主法制建设,解决人民群众的切身利益问题,都起到积极作用。

5. 代表活动

人大代表小组是代表活动的主体。区(县)人大常委会按乡镇、系统普遍建立代表小组,以便组织代表活动,履行监督职能。同时,推举或指定1名代表为小组联络员(也称信息员),作为人大常委会与代表沟通联系的桥梁。区(县)人大常委会按期组织代表小组活动,交流工作情况,开展小型调查和视察,评议人大常委会和"一府两院"的工作,反映人民群众的意见和呼声。同时,人大常委会也对人民的来信来访进行受理,对各项工作进行评议,并指导乡镇人大的工作。

第三节　江宁区人民政府

一、历史沿革

1. 江宁县人民政府

1949 年 4 月 28 日，胡宏率南下接管工作队进驻东山镇，接管国民政府江宁县政府，宣布江宁县人民政府成立，由宋波任县长，王凤先任副县长。7 个区人民政府也相继成立。1951 年 11 月，宋波调离，苏南人民行政公署任命李亦新为县长。1952 年 8 月，苏南人民行政公署批准赵松任副县长。1953 年 4 月，李亦新调离，江苏省人民政府任命史成仁为县长。同年 8 月，江苏省委批准颜景詹兼任副县长。在 1954 年 3 月江宁县第一届人民代表大会第一次会议召开以前，县人民政府领导人均由上级任命。

2. 江宁县人民政府委员会

1954 年 3 月 25～29 日，召开江宁县第一届人民代表大会第一次会议，这次会议采取无记名投票方式，选举了江宁县县长、副县长和县人民政府委员。史成仁任县长，王希宝、刘益生任副县长；于文等 18 人任政府委员。第一次建立了民主选举的县政府领导机构。

3. 江宁县人民委员会

根据《地方各级人民代表大会和地方各级人民委员会组织法》规定，1955 年 12 月，召开江宁县第一届人民代表大会第五次会议，决定江宁县人民政府委员会改称江宁县人民委员会，并选举江宁县人民委员会组成人员。李锦荷任县长，王希宝任副县长。刘天友等 17 人任委员。1957 年 1 月、1958 年 5 月、1961 年 5 月和 1964 年 4 月，分别召开江宁县第二、三、四、五届人民代表大会，选举产生人民委员会领导机构。因文化大革命，未能如期召开第六届人民代表大会。

4. 江宁县军事管制委员会

1967 年 4 月 1 日，江苏省军事管制委员会决定，对江宁县实行军事管制。10 日，经镇江专区军事管制委员会批准，江宁县军事管制委员会成立。军管会由 11 人组成。军管会主任委员陈国梁，副主任委员：曹振球、陈世祥、寇耀明。下设革命委员会、生产委员会和办公室。

5. 江宁县革命委员会

1968 年 3 月 7 日，经中共陆军第二十七军委员会批准，江宁县革命委员会成立。江宁县革命委员会由 47 人组成，常委 15 人。主任委员张立生，副主任委员：曹振球、史中哲、徐凤琴、张秀华。至 1978 年 11 月，江宁县革命委员会先后任命革委会主任 5 名，革委会副主任 17 名。

1978 年 12 月 27～30 日，召开江宁县第七届人民代表大会第一次会议。根据 1975 年和 1978 年颁布的《宪法》有关地方各级革命委员会是地方各级人民代表大会的常设机关或执行机关，同时又是地方各级人民政府的规定，大会仍选举产生江宁县革命委员会，会议选出县革委会委员 63 名，主任 1 名，副主任 10 名。

6. 江宁县人民政府

1980 年 9 月，在江宁县第八届人民代表大会上，撤销县革命委员会，恢复建立县人民政府。全县各公社、镇革委会也随之撤销，建立公社管理委员会和镇人民政府。

7. 江宁区人民政府

2000 年 12 月，江宁县撤县设区。2001 年 1 月，成立南京市江宁区人民政府。

二、组织机构

1. 工作部门

至 2014 年年底，江宁区人民政府工作部门为 26 个：政府办公室（接待与协作办公室、外事办公室、双拥共建办公室、法制办公室、行政服务中心）、发展和改革局（中小企业管理局、物价局、对外贸易合作局）、教育局、科学技术局、监察局、南京市公安局江宁分局、民政局、司法局、财政局（国有资产监督管理办公室）、人社局、审计局、统计局、环境保护局、安全生产监督管理局、市容管理局（执法局）、建设局、规划局、房产管理局、交通局、水利局、农业局、林业局、粮食局、文化局、卫生局、人口和计划生育局、民族宗教事务局。

常设办事机构 1 个：人民防空办公室（民防局）。

派出机构 4 个：江宁经济技术开发区管委会办公室、江宁科学园管委会办公室、江宁滨江经济技术开发区管委会办公室、投资发展有限公司。

政府事业局 5 个：商务局、广播电视局、体育局、建筑工程局、旅游局。

区直属事业单位 6 个：地方志办公室（与区委党史办合署办公）、档案局、职工培训中心、农业资源开发局、国有资产经营（控股）有限公司、禄口机场经济圈发展委员会办公室。

2. 垂直机构

区有垂直机构 10 个：国家税务局、地方税务局、国土资源局江宁分局、邮政局、省电信公司江宁分公司、南京市质量技术监督局江宁分局、工商行政管理局、食品药品监督局、烟草专卖局（烟草公司）、气象局。此外，有区属企业 3 家：汤山林场、东善桥林场、茶场。

3. 派出机构：街道办事处

2002 年 3 月，撤销东山镇人民政府，设立东山、百家湖 2 个街道办事处。是年 10 月，将东山街道办事处管辖的原方山镇地域划出，设立方山街道办事处。是年年底，全区共设 17 个镇人民政府，3 个街道办事处。2004 年，淳化镇、东善桥镇、秣陵镇、上坊镇撤镇设立街道。是年年底，全区共设 13 个镇人民政府，7 个街道办事处。2005 年，江宁镇、汤山镇撤镇设立街道。是年年底，全区有 11 个镇人民政府，9 个街道办事处。

2006 年，区域内开展大规模区划调整工作，将 11 个镇人民政府、9 个街道办事处调整合并为东山、秣陵、汤山、淳化、禄口、江宁、谷里 7 个街道办事处和湖熟、横溪 2 个镇人民政府。2007 年 12 月，湖熟、横溪撤镇设立街道。至是年年底，全区共设 9 个街道办事处。2007 年 12 月，撤销湖熟镇、横溪镇，设立湖熟街道办事处、横溪街道办事处。

2011年5月5日，经江苏省人民政府批准，汤山街道桦墅村、孟北村划归栖霞区西岗街道管辖。至年末，全区共有10个街道，124个社区居委会、75个社区村委会。2013年年末江宁区共有十个街道办事处：东山、秣陵、汤山、淳化、禄口、江宁、谷里、湖熟、横溪、麒麟。

第四节　政治协商会议江宁委员会

一、概况

1949年10月，组成江宁县各界人民代表大会协商委员会，作为临时协商机构，代行江宁县人民代表大会职权。1954年3月，江宁县人民代表大会制度建立，县协商委员会完成代行其职权的历史使命，但它仍继续保留代行政协地方委员会的职权。1961年5月，正式组成政协江宁县委员会，县协商委员会自行结束。文化大革命期间，县政协机构被迫停止活动。中共十一届三中全会后，县政协恢复工作。2000年12月江宁县撤县设区，2001年1月，政协江宁县委员会更名为政协南京市江宁区委员会。

从1949年10月至2007年12月，江宁县协商委员会经历3届，江宁区(县)政协经历10届。现为政协南京市江宁区第十一届委员会。现有十一届区政协委员270多名，分别来自中共界、民主党派界、工会界、共青团界、妇联界、农业和农村界、经济界、科技界、医卫界、教育界、文体界、民族宗教界、侨台港界、工商联界、社会科学界及特邀界16个界别。2012年3月25~28日，召开政协南京市江宁区第十一届委员会第一次会议，选举产生新一届政协常务委员会，现设有政协办公室及提案委员会、城镇建设指导委员会、经济科技委员会[财经组、科技(金融)组、农业组、工商企业组]、教卫文体和文史委员会(教育组、医卫组、文体组)、社会法制和民族宗教委员会(社会法制组、统战组)、委员工作委员会6个专门委员会和东山、秣陵、汤山、淳化、禄口、江宁、谷里、湖熟、横溪、麒麟和江宁开发区、高新园、滨江开发区等13个街道(园区)政协工作委员会。全体委员按界别构成，结合地域、行业特点，编入各个委组，组织开展各项活动。

在中共江宁区(县)委领导下，坚持“长期共存，互相监督，肝胆相照，荣辱与共”的方针，团结全区各党派团体、各界人士、港澳台同胞和海外侨胞，紧紧围绕党和政府在各个历史时期工作中心、重大决策和目标任务，认真履行“政治协商、民主监督、参政议政”的主要职能。提出许多意见和建议，促进党委和政府决策的科学化和民主化；拓宽民主监督渠道，推进社会主义民主政治建设；发挥政协整体功能和系统优势，发挥委员的主体作用，发挥党派团体在政协中的重要作用，发挥常务委员会的领导作用，发挥专门委员会的基础作用。同时加强政协组织间的纵横联系，加强政协机关自身建设，为全区“三个文明”建设做出贡献。

历届政协委员，由中国共产党、人民团体、非中共和无党派人士、少数民族、各界别代表人士组成。常设机构为政协常务委员会，常委会闭会期间，由主席会议处理日常工作。随着工作的开展，先后建立若干专门委员会(工作组)、地区联络组、办公室等工作机构。

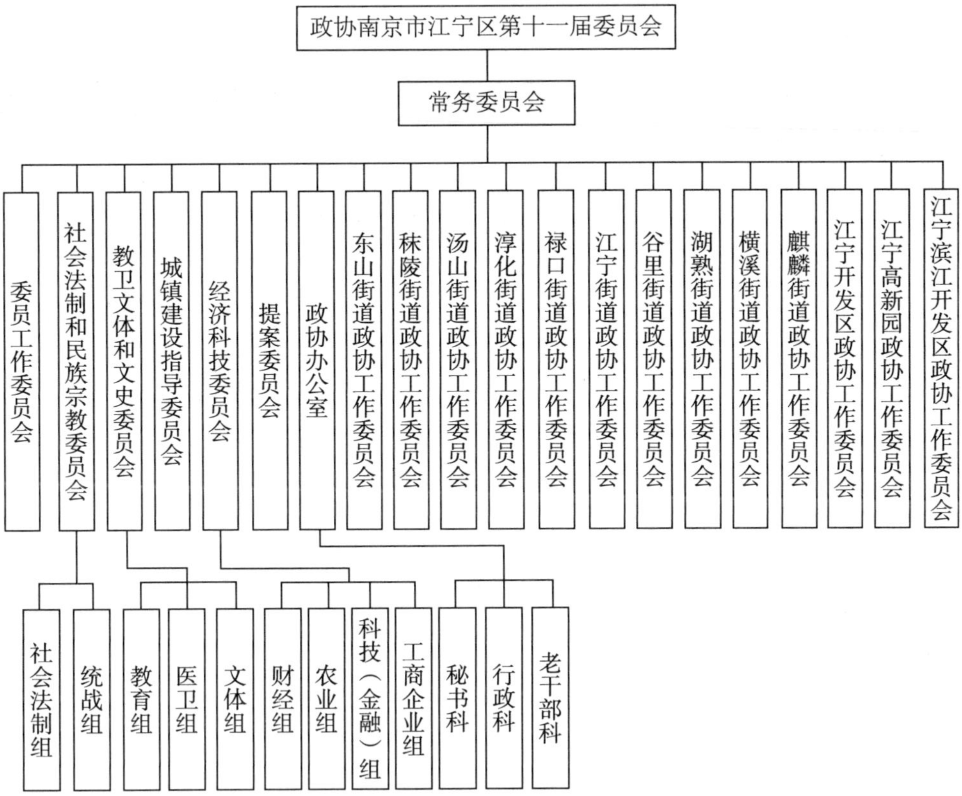

江宁政协机构设置示意图

二、运行机制

1. 政协委员会议

江宁区(县)政协全体委员会议由常务委员会召集并主持(每届第一次全体会议由预备会议选出的大会主席团主持),一般每年举行一次。每次会议在听取并审议区(县)政协常委会工作和提案工作报告的同时,均列席召开的区(县)人民代表大会,听取和讨论区(县)政府工作报告和其他报告,对全区(县)经济建设和社会事业发展的年度计划、任务和措施,进行讨论,建言献策。全会期间,根据需要,可以进行政协主席、副主席、秘书长和常务委员的选举及进行其他人事任免事项;讨论通过这届委员会有关决议。

其中,委员产生有四个步骤:第一,协商提名推荐。由区政协参加单位的中共党组织根据分配的名额和要求(界别、党派、性别等),分别召开民主党派、群众团体及无党派人士会议进行协商,提出推荐名单。第二,确定建议名单。区政协换届领导小组(第一届为筹备委员会)对各提名单位推荐的名单进行初步审议,综合平衡,确定建议名单,再放到原单位进行协商。其间,中共党员委员的资格条件由区(县)委组织部把关审定。非中共党员委员的资格条件由区(县)委统战部把关审定。第三,常委会通过。将换届领导小组的建议名单提交区政协常委会协商并表决通过(首届政协委员由筹备委员会决定)。第四,张榜公布。委员产生后发给证书,按统一格式张榜向社会公布。

自第四届始,区(县)政协换届工作与区人大代表选举工作同步进行。

2. 常务委员会

江宁区(县)政协设常务委员会主持日常工作。常务委员会组成人员有主席、副主席、秘书长以及常务委员。

主席会议主要实施对政协重要日常工作的领导,一般每一个月到两个月一次。常委会闭会期间,讨论和处理常务委员会的重要事务工作,决定常务委员会会务中的重大问题;协商讨论如何贯彻实施党和国家的大政方针、地方重要决策以及群众生活中普遍关心的重点问题,提出建议和意见;审查以政协委员会名义向中共江宁区(县)委、人大、政府提出的重要建议案;听取区(县)政府及其他有关部门提出的政策说明或工作报告或通报情况,进行协商讨论,提出更改和意见;决定常委会议召开的日期、议程,审议提交常委会的文件;审议新增的正、副秘书长和委员名单,审议政协机构设置和各部门负责人名单;讨论决定政协委员视察、参观和调查的重要活动;审议政协专门委员会和政协委员工作小组活动计划及其他有关工作。审查专门委员会及工作组的工作报告及重大视察报告、专题调查报告和提案;决定该届委员会工作机构设置和变动,并任命其领导成员。

三、主要职能

江宁区政协按照《中国人民政治协商会议章程》要求,在中共江宁区委的领导下,贯彻中国共产党"长期共存、互相监督、肝胆相照、荣辱与共"的方针,把握人民政协的性质,围绕各个时期党政工作中心、重大决策和目标任务,以及江宁政治、经济、文化和社会生活中的重要问题,履行政治协商、民主监督、参政议政的基本职能。

履行职能具体工作有:协商讨论政府工作报告;参与政治、经济、社会、文化等方面重大举措的协商和决策;发动委员在调查研究的基础上,撰写提案,并推动有关部门认真办理和落实;组织委员学习,加强自身建设,提高委员参政议政水平;组织委员在政治、经济、教育、科技、文化艺术、医药卫生、体育方面开展调查、视察活动,广开言路、集思广益,充分发挥委员的优势和作用;宣传和参与贯彻执行国家关于统一祖国的方针政策,积极开展同台湾同胞、港澳同胞和海外侨胞的联系和团结,鼓励他们为江宁的建设事业和统一祖国大业做贡献;充分发挥区政协人才荟萃的优势,进行江宁历史人文资料的征集、撰写、研究和出版工作。

第五节 社会团体

一、历史发展概况

抗日战争时期,县内各地农民抗日救国协会纷纷建立。1949 年 10 月,成立县农民协会。1964 年 5 月,改组为县贫下中农协会(以下简称贫协)。农民团体在抗日救国、抗美援朝、恢复经济、兴修水利等方面发挥重大作用,1981 年 12 月,撤销县贫协机构。

1949 年 4 月江宁县解放后,先后建立妇女联合会、共青团、工会、科学技术协会、红十字会等社会团体。文化大革命开始后,各人民团体组织瘫痪,停止工作。1973 年,妇女联合会、共青团先后恢复。1978 年，总工会恢复。区总工会、团区委、区妇联分别作为工人阶级、先进青年、各族妇女的群众组织，积极发挥党委联系群众的桥梁和纽带作用，围绕党的中心工作，积极开展多项活动，团结广大工人、青年、妇女学政治、学文化、学科学、学技术，提高政治素质和业务技能；投身增产节约、改革开放，促进生产和经济发展；开展文化体育活动，活跃文娱生活。根据各自特点开展工作：工会通过职工代表大会，动员职工参加劳动竞赛，参与企业民主管理，履行社会监督；团区委开展学雷锋等先进人物活动，充分发挥青年突击队作用；区妇联开展巾帼建功活动，运用法律武器，维护妇女、儿童的合法权益。

20 世纪 80 年代，县内相继恢复和建立科学技术协会、文学艺术界联合会、红十字会。1991 年，成立县残疾人联合会。他们围绕各个时期中心工作和发展大局，认真宣传贯彻党的基本路线和方针政策，全面履行各自职能，组织科普宣传、扶贫助残、文艺创作等一系列活动，在促进经济发展，推动社会事业进步中发挥重要作用。

二、区总工会

（一）概况

南京市江宁区总工会是江宁区工会组织的领导机关。1950 年 6 月，以中共江宁县委书记苏进程为主任成立江宁县总工会筹备委员会，指导基层及各镇先后建立基层工会 39 个、镇工会筹委会 14 个、镇工会联合会 2 个、矿产工会 3 个、教育工会 1 个，共组织职工 5788 人，入会 2899 人。1951 年 8 月，召开首届全县工人代表大会，选举产生江宁县首届执行委员会，正式成立江宁县总工会。在党的领导下，在提高工人阶级的主人翁地位，尊重和维护工人民主权利，组织工人投入社会主义革命和建设等方面，起到了积极的推动作用。1953 年年底，江宁县总工会更名为江宁县工会联合会，1963 年上半年，复名江宁县总工会。文化大革命时期，“造反派”的“工代会”非法夺权，各级工会陷于瘫痪状态。1978 年，县总工会恢复，江宁县工会组织的发展与建设进入新时期。1985 年下半年起，开始试点组建乡镇企业工会，当年组建 400 个，发展会员 4 万余人。同时，加强中间层次工会建设，组建乡镇工会 24 个，产业、局系统工会 8 个。1986 年，县级机关成立工会组织，为工会工作开辟新的领域。至 1998 年年底，全县有基层工会 745 个，其中乡镇工会 23 个、产业工会 9 个、局系统工会 18 个、直属单位工会 19 个，形成县总工会、中间层次（乡镇、产业、系统）、基层三级工会组织网络。2000 年江宁县撤县设区，是年 12 月 21 日，江宁县总工会更名为江宁区总工会。截至 2012 年年底，全区共建立基层工会组织 6995 家，其中独立工会 2349 家，会员达 33.9 万人。

50 多年来，区总工会坚决贯彻执行党的全心全意依靠工人阶级指导方针，全面履行工会的各项职能，充分发挥了党联系职工群众的桥梁、纽带和国家政权的重要社会支柱作用。

近年来，区总工会围绕中心，服务大局，争先创优，取得了很好的成绩。区总工会先后荣获全国工会系统“五五普法”先进单位、全总职工书屋建设先进单位、全总职工帮扶工作先进单位、全国工会职工法律援助等维权示范单位，多次被评为全国工会财务先进集体。

1999 年,我县首批进入江苏省工会工作"十强县"行列。2006 年 8 月,我区又被省总工会授予首批"全省工会工作模范区"称号。2011 年 5 月 7 日,时任中央政治局委员、全国人大常委员副委员长、中华全国总工会主席王兆国同志视察了江宁区工会职工援助服务中心,对区总工会的各项工作给予了充分肯定。

（二）区总工会的性质和主要职责

南京市江宁区总工会是中共江宁区委和省、市总工会领导下的全区各级工会的领导机关和代表机关,是职工自愿结合的工人阶级的群众组织。是党联系职工群众的桥梁和纽带,是国家政权的重要社会支柱,是会员和职工利益的代表。工会维护工人阶级领导的、以工农联盟为基础的人民民主专政的社会主义国家政权,协助人民政府开展工作,在政府行使国家行政权力过程中,发挥民主参与和社会监督作用。工会在企业、事业单位中,支持行政依法行使管理权力,组织职工参加民主管理和民主监督,与行政方面建立协商制度,保障职工的合法权益,调动职工的积极性,促进企业、事业的发展。

其主要职责是:

1. 贯彻执行党的路线、方针和政策,根据区委,区政府,省、市总工会的中心工作和党的工运方针,研究制定每个时期工会工作的方针和任务,指导全区各级工会工作。

2. 负责工运理论政策的调研,组织对工会工作中重大问题的调查研究。向区委、区政府反映职工群众的情绪、呼声和要求,就有关涉及职工群众利益的改革进行调查研究,提出建议或方案。参与有关法律、法规的制定,并监督执行。

3. 依照法律和工会章程,组织和指导各级工会认真履行工会的职能。贯彻执行江宁区工会代表大会和江宁区总工会常委会决议,开展工会的各项业务工作。根据各镇、街、产业、局系统、区各直属单位工会和基层工会的意见和要求,解决需要由区总工会与有关党政方面协商解决的问题。

4. 负责全区工会的组织建设和制度建设,与区委有关部委协商推荐各镇、街、产业、局系统、区各直属单位工会和基层工会的主要领导人选。研究制定各级工会干部的管理制度和培训教育规划,并组织实施。

5. 协助区政府做好全国、省、市级劳动模范的推荐工作,负责全国、省"五一"劳动奖章(状)的推荐工作,负责全区劳动模范的各项管理工作。

6. 负责全区工会经费的收支核算,工会专项资金的筹措、使用、管理、审查和审计工作,负责全区工会事业的指导协调工作,研究制定兴办和管理工会事业的有关政策和规定。负责全区工会积极分子和职工的疗休养工作。

7. 负责区总工会机关干部和所属事业单位干部职工的管理以及区总工会系统资产的管理,领导直属事业单位。

（三）组织机构和运行机制

1. 组织机构

据 2007 年年底的统计数据,区总工会下辖街道工会联合会 9 个、系统工会联合会 26 个、直属工会 49 个,有基层工会组织 3374 个、村(社区)工会 204 个、非公有制经济组织工会 2569 个、外资企业工会 457 个。职工 24.01 万人(女职工 8.20 万人),工会会员

23.80 万人,专职工会干部 1687 人。截至 2012 年年底,全区共建立基层工会组织 6995 家,其中独立工会 2349 家,会员达 33.9 万人。

表 9　1951 ~ 2007 年部分年份江宁区工会组织情况

单位:人,个

年份	职工总数	基层工会数	会员数	年份	职工总数	基层工会数	会员数
1951	10000	59	2899	1987	88749	586	64394
1953	—	135	4671	1988	95170	636	68391
1954	5567	87	4295	1989	96112	635	69281
1955	5135	97	3958	1990	103070	645	73489
1962	6589	101	3676	1991	104371	699	74309
1963	5743	85	4203	1992	96081	645	68665
1964	6075	88	4355	1993	98341	737	84360
1974	7447	89	6122	1996	99037	712	89489
1975	8453	92	6024	1997	108500	723	90870
1977	10797	105	6558	1998	110600	745	109500
1978	7652	146	10016	1999	115700	998	110800
1979	20097	159	12164	2000	119000	1924	113000
1980	21991	214	14249	2001	119500	1987	113600
1981	26530	230	18353	2002	119813	2444	116000
1982	26752	235	20359	2003	125634	2200	118000
1983	27853	238	21598	2004	130200	2249	118300
1984	29027	245	24401	2005	150960	2523	120000
1985	32504	259	26999	2006	210800	2805	205000
1986	71921	487	53405	2007	240100	3374	238000

2. 运行机制——代表大会

1951 年 8 月,江宁在湖熟镇召开首届工人代表大会,选举产生江宁县总工会第一届委员会,正式成立江宁县总工会。后于 1953 年、1956 年、1962 年、1973 年,在东山镇分别召开第二、第三、第四、第五、第六次工会会员代表大会,选举产生第二至第六届委员会。1982 年第七次工会会员代表大会后,每 5 年召开一次会员代表大会。至 2014 年年底,江宁区总工会共召开 14 次会员代表大会,选举产生历届委员会。

三、共青团江宁区委员会

(一)发展概况

民国十年(1921),江宁县城区即有中国共产党领导的社会主义青年团秘密活动。民国十二年(1923),中国社会主义青年团第二次全国代表大会在县内的东南大学举行,中共中央代表邓中夏、少年共产国际代表瞿秋白曾参加这次大会指导工作。民国十七年(1928),县第一区晓庄师范学校内建立党团支部,有社会主义青年团员10余人。民国二十七年(1938),新四军进入江宁,部队党组织派出民运工作人员在县境内组建青年抗敌协会(亦称“青抗团”)。中共江当溧、江溧句县(工)委成立后,都设青年部领导发展青抗会组织。民国二十九年(1940),属中共江句县委领导的青抗会有11个,会员632人。

民国三十八年(1949)4月江宁县解放,5月,中共江宁县委即筹备建团。同年9月,成立中国新民主主义青年团苏南区江宁县工作委员会。当年发展新团员429人。至1952年年底,全县基层团组织有区工委10个、镇工委1个、支部174个,团员3123人。全县农村乡镇、县区机关、中等学校和百人以上的公私企业,都建立团的基层组织。1957年7月1日,团县工委改名为中国共产主义青年团江宁县委员会(以下简称团县委)。文化大革命初期,团的各级组织为“红卫兵”取代。1973年1月,恢复团县委,逐步整顿、恢复、建立基层团组织。至2007年年底,全区共青团组织有基层团(工)委46个、团总支20个、团支部1115个,团员3.75万人。

(二)性质和主要职责

中国共产主义青年团是中国共产党领导的先进青年的群众组织,是广大青年在实践中学习共产主义的学校,是党的助手和后备军,是党联系青年的桥梁和纽带,是国家政权的重要社会支柱之一。中国共产主义青年团南京市江宁区委员会是全区各级团组织的领导机关。其机关的主要职责是:

1. 领导全区共青团工作,围绕全区改革、发展、稳定大局开展工作,组织全区共青团组织和团员青年围绕我区富民强区、实现“两个率先”开展各项活动;带领团员青年在四项建设中发挥生力军和突击队作用。

2. 围绕区委、区政府中心工作,推进全区青少年精神文明建设;负责指导并组织实施全区青少年的思想理论教育、宣传文化活动,培养、选拔、推荐、表彰优秀青少年;指导全区青年志愿者工作的开展。

3. 负责全区团的组织建设,研究指导全区团的组织建设和干部队伍建设,推进全区团的基层组织建设;协助党组织管理、培养、选拔团的干部;指导全区共青团组织协助有关部门开展青年人力资源开发工作。

4. 参与制定全区青少年事业发展规划和青少年工作方针、政策;参与有关青少年法规的实施工作,维护青少年的合法权益;协助党和政府处理、协调与青少年利益相关的事务。

5. 调查青年思想动态和青年工作状况,研究全区青少年运动和青少年思想教育问题,提出加强青少年思想教育工作的意见,采取切实措施,提高团员青年素质。

6. 指导和帮助区青联、区少先队工作委员会开展工作,协助政府教育部门做好中小学学生的教育管理工作,维护学校稳定和社会安定团结。

7. 规划建设全区共青团系统的活动阵地,指导全区青少年事业发展的有关工作。

8. 承办区委、区政府和上级团组织交办的其他事项。

（三）组织机构和运行机制

1. 组织机构

团区委内设组织部、宣传部、青工（农）部、统战部、学少部、志工部、权益部。在10个街道设有街道团工委：东山街道团工委、麒麟街道团工委、汤山街道团工委、湖熟街道团工委、秣陵街道团工委、江宁街道团工委、禄口街道团工委、横溪街道团工委、淳化街道团工委、谷里街道团工委；6个园区团工委：江宁开发区团工委、汤山温泉团工委、高新园团工委、滨江开发区团工委、台创园团工委、紫金（江宁）团工委；还有8个学校团委：职培中心团委、秦淮中学团委、临江高级中学团委、秣陵中学团委、职教中心团委、江宁高级中学团委、天印高中团委、江宁技校团委以及5个企业团委：交建集团团委、众彩物流团委、城建集团团委、商务商贸集团团委、金箔集团团委。

2. 运行机制——代表大会

1952年12月24～27日，新民主主义青年团江宁县第一次代表大会召开，选举产生中国新民主主义青年团江宁县第一届委员会，委员15名。在全体委员会议上，选出常务委员和副书记。从第一次团员代表大会至2014年，江宁区先后召开过19次团员代表大会。

四、区妇女联合会

（一）发展概况

民主主义革命时期，本县妇女运动屡挫屡起，不折不挠。抗日战争时期，中共横山、江句两县工、县委都设有妇女部，负责宣传发动妇女投身抗日救亡工作。在抗日根据地的区、乡普遍组织妇女抗日协会（简称妇抗会），县一级成立妇女抗日联合会。早在1941年，江句县委辖区就已成立"妇抗会"21个，入会妇女798人，葛文英（王一民）、舒成、周喆等参加了横山、江句两县早期妇女组织领导工作。

解放后，中共江宁县委民运部于1949年5月初筹建江宁县民主妇女联合会（以下简称民主妇联），6月1日正式成立。至1950年年底，已有会员27497人，另有妇女5235人参加农民协会。1951年3月11日至13日，江宁县第一次妇女代表大会召开，出席会议的正式代表246人。到1953年2月，全县11个区、1个直属镇，125个乡镇都建立了民主妇联基层组织。1956年，县民主妇联更名为江宁县妇女联合会，227个农业社建立妇女工作委员会。1962年，以生产大队为单位，队队设妇女代表会，每个生产小队设妇女代表1至2人。1966年文化大革命开始后，妇联组织也因受到冲击而停止活动。1973年重新恢复县妇联，整顿恢复各级妇女代表会。1978年各级妇联组织更为规范。至1985年，全县共有27个乡（镇）妇联，380个行政村妇代会，5643个自然村妇女代表小组，共有会员18万人。其后，全县乡、镇级妇联组织随着区划调整中的乡镇设置变化而有所增减。2000年，江宁县撤县设区，江宁县妇女联合会更名为江宁区妇女联合会，下设7个街道妇联有两个镇妇联。2007年12月，湖熟、横溪两镇撤镇设街道。全区有妇联组织217个，其中街道妇联组织9个、妇委会4个，村（社区）妇联组织204个。区妇联先后被评为省"三八"红旗集体、市妇女工作先进集体、市文明单位等。

（二）性质和工作职能

南京市江宁区妇女联合会是全区各族各界妇女在区委领导下为争取进一步解放而联合起来的社会群众团体，是党和政府联系妇女群众的桥梁和纽带。

基本职能：代表和维护妇女权益，促进男女平等。具体包括：

1. 团结、动员妇女投身改革开放和社会主义现代化建设，促进经济发展和社会全面进步。

2. 教育、引导广大妇女，增强自尊、自信、自立、自强精神，全面提高素质，促进妇女人才成长。

3. 代表妇女参与国家和社会事务的民主管理，民主监督，参与有关妇女儿童法律、法规、规章的制定，维护妇女儿童合法权益。

4. 加强与社会各界的联系，协调和推动社会各界为妇女儿童办实事。

5. 巩固和扩大各族各界妇女的大团结，加强同港、澳、台地区及华侨妇女的联谊，促进祖国统一大业。积极发展同各国妇女的友好交往，增进了解和友谊，维护世界和平。

（三）内设机构和具体工作

1. 内设机构

区妇联内设：办公室，其工作职能是：机关办公室事务，综合性材料的撰写，开展家庭精神文明创建活动，向社会宣传妇女。负责本部门机关人事、党建工作。城乡部，其工作职能是：开展"双学双比""巾帼建功"两大主题活动，负责组织联络工作。权益部，其工作职能是：维护妇女儿童权益，宣传法律法规，接待信访，开展少儿活动。妇儿工委办，其工作职能是：制定、实施全区妇女儿童发展规划，协调推动政府有关部门妇女儿童发展事业。

2. 区妇联的具体工作——以2013年江宁区妇女工作意见为例

2013年2月28日，江宁区妇女联合会发布江宁妇发〔2013〕1号文，部署一年的妇女工作。以此可见妇联的具体工作内容。

2013年江宁区妇女工作意见

2013年是全面贯彻落实党的十八大、全省妇女工作会议和市十三次妇代会精神的开局之年。全区妇女工作的指导思想是：以学习贯彻落实党的十八大精神为指导，以争当全省妇女儿童发展工作示范区为目标，以全面实施妇女素质提升、美丽家庭建设、流动留守妇女儿童关爱等六大行动为路径，以"争第一、创唯一"精气神，坚持"抓重点、创品牌、树特色"工作思路，抢抓机遇，开拓创新，进一步提升妇女综合素质，强力推进妇女创新创业，着力维护妇女儿童合法权益，开创江宁妇女儿童工作新局面。

一、深入学习贯彻党的十八大精神，引领全区妇女投身率先基本实现现代化的新征程

学习宣传贯彻党的十八大精神是当前和今后一个时期的首要政治任务，各级妇联要迅速掀起学习宣传贯彻党的十八大精神的热潮。深刻领会学习党的十八大的鲜明主题，深刻领会科学发展观的历史地位和指导意义，全面把握科学发展观的科学内涵，切

实把科学发展观贯彻到推进妇女事业发展的各个方面。深刻领会中国特色社会主义事业“五位一体”总体布局，找准妇联参与“五大建设”的切入点，最大限度激发广大妇女的创造活力与参与热情，在增创江宁科学发展新优势上发挥积极作用。深刻领会党的建设新的伟大工程的艰巨任务，坚持党建带妇建、妇建服务党建，全面提升妇联自身建设的科学化水平。深刻领会男女平等基本国策首次写入党的全国代表大会工作报告的重大意义，进一步增强做好新形势下妇女工作的责任感和使命感，继续推进妇女与经济社会同步发展、男女两性平等和谐发展、妇女自身全面发展。积极选树宣扬典型，提振女性精气神，要以“三八”纪念活动为契机，选树各类先进典型，弘扬中华民族传统美德，推动社会主义核心价值体系建设。区妇联将评选表彰一批好婆媳、好翁婿、好姑嫂妯娌、好兄弟姐妹、好夫妻，深化推进“亲情五线谱”文明家庭创建活动。

二、大力实施女性素质提升行动，塑造新时代女性精神

依托“母亲学堂”基地，以“四自”精神和“四德”教育为重点，融入时代精神和人文精神教育，弘扬中华传统美德教育，塑造新时期女性“自强　创新　博雅　厚德”的现代形象，全面发挥女性在“五位一体”的五个文明建设中的作用，大力提高社会对女性性别的认可度，真正促进男女平等社会氛围的形成，从而促进和谐社会构建。

切合实际，强调针对性。针对机关事业单位女干部女职工、妇联干部、企业女职工、社区妇女群众、流动妇女等不同群体特点和需求，针对性开展形象礼仪、普法维权、婚姻家庭、科学育儿和心理卫生等知识，提升广大妇女文明素质。

上下联动，提高影响力。区妇联采取自上而下，“一季一主题”巡讲的方式，以“流动母亲学堂”为载体，实施“十个街道巡讲”行动，举办4期以上“幸福女性大讲堂”。街道妇联围绕主题自主开展培训活动，将活动延伸到所有社区，达到“百村巡讲”的教育效果。

突出重点，增强实效性。突出宣传党的十八大精神、全省妇女工作会议和市妇代会精神，社会主义核心价值观等内容，引领广大女性积极争做“爱国、敬业、诚信、友善”的倡导者和“自尊、自信、自立、自强”的实践者，努力践行社会公德、职业道德、家庭美德，提升个人品德。

三、大力实施妇女创业创新就业促进行动，激发妇女参与经济发展新活力

紧紧围绕以“巾帼创新功、岗位争优秀”为主题，不断深化“巾帼科技创新联盟行动”“巾帼牵手创业就业援助行动”“巾帼家庭服务创牌行动”三大行动，促进全区广大妇女创业就业，在服务经济建设中求作为。

深入开展巾帼牵手科技创新行动。深入女企业家企业进行调研，联合科技局、科协等部门，组织女科技人员与女企业家开展产学研对接活动。组织女科技人员深入企业、乡村，提供科研成果、推广新品种。多渠道多方式宣传女性科技创新的先进典型，努力在全社会营造支持女性科技创新、鼓励女性科技创新的氛围。

持续实施巾帼牵手就业创业援助行动。一是利用“三八”契机，继续开展“春风送岗位”活动，通过举办女性专场招聘会、项目推介会等工作，把岗位信息送到女性求职者手中，帮助女性实现就业。二是加强对创业妇女的扶持，切实抓好妇女小额担保贷款贴息

工作,鼓励有创业愿望和创业能力的妇女积极创办企业,带动更多的妇女实现就业。积极培育发展女性创业品牌,激励妇女挖掘自主创业能力。三是大力开展女大学生创业SYB行动,充分利用女企业家协会的平台,组建巾帼创业导师团,着重吸纳不同层次、不同类别的创业成功女性,培育女大学生创业实践基地10个,为女性创业提供实习实践机会。

大力推动巾帼家庭服务创牌行动。要进一步加大宣传力度,深入引导广大妇女转变择业观念,引导她们积极投身家庭服务业。争取相关部门的支持,积极开展巾帼家庭服务技能培训活动,通过开办巾帼家政服务人员培训班,提高从业人员从事家庭服务的专业能力和全面素质。同时,加大“好苏嫂”“宁姨”等妇联系统家政服务品牌的宣传,更好地服务社会家庭。

深入推进“巾帼文明岗”创建工作。广泛开展“巾帼创新业、建功‘十二五’”主题活动,把“巾帼文明岗”创建重点向科技创新、传统产业、女性集中的基层一线推进,号召和引领岗位女性立足本职,建功立业。以“巾帼创新业,成才在岗位”为主题,利用“三八”节等契机,组织各级巾帼文明岗以业务技能比赛、才艺表演、送温暖等形式的活动展示巾帼风采,提高广大岗位成员创新、创造、创业的热情,积极引导女性岗位建功,提升巾帼文明岗的形象和社会影响力。

四、大力实施美丽家庭建设行动,推进幸福和谐新江宁建设

坚持以人为本,以生态为基,以文化为魂的指导方针,进一步深化“五好文明家庭”“平安家庭”“美德在农家”等传统文明创建活动内涵,开展“美丽家庭建设年”,大力提升广大妇女及家庭的文明素养。

加强协调,形成宣传合力。联合环保、城管等部门,启动“家庭与生态文明”公益宣传进社区活动,开展以“低碳环保伴我行”和“垃圾分类我做主”等绿色环保主题宣教活动,提升群众对垃圾分类的知晓率和参与率,营造爱护社会环境的良好氛围。

丰富形式,开展主题活动。利用植树节,开展巾帼志愿服务活动,倡导广大妇女植树护绿、美化庭院;利用地球保护日,开展“停电一小时”“手洗一次衣服”“停开一天车”等低碳环保活动。开展“巾帼护家园”活动,让环境更优美、百姓更满意,为建设国家级现代化生态区出力。

典型引路,营造浓厚氛围。以“节约女标兵、护绿女能手、低碳好主妇”等群众喜闻乐见的评选表彰活动为抓手,倡导绿色、健康、科学的生活方式,大力提升广大妇女及家庭的文明素养,促进形成积极健康向上的社会文化环境。

五、继续深化妇女维权行动,提高妇女参与社会管理创新的主体性

深入开展普法宣传。全面推进妇联系统“六五”普法宣传工作,深入开展“百万妇女学法律、家庭平安促和谐”等活动,抓住“三八”维权周、“12.4”法制宣传日等特定节日,面向广大妇女、家庭开展内容丰富、形式多样、生动活泼的普法宣传活动,教育引导妇女学法、懂法、用法、守法,不断提高广大妇女的法治意识。

深化妇女维权机制建设。发挥婚姻家庭纠纷调解工作室阵地作用,探索建立集信访接待、法律援助、人民调解、心理疏导于一体的参与社会管理创新工作模式,引导广大

妇女依法理性有序表达利益诉求，培育选树一批基层婚姻家庭纠纷调解品牌，争取与区法院、公安部门联合下发《关于反家庭暴力的实施意见》，强化妇儿维权工作机制。

深化“平安家庭”创建活动。积极推进参与社会矛盾的排查和化解，多形式开展综治、禁毒、防艾工作，有效参与配合社会管理和综合治理，促进社会和谐稳定。充分发挥各级维护妇女儿童权益协调小组和维权机构的作用，深化“妇女维权示范岗”创建，推进社会化维权体系和机制建设。

六、大力实施妇联组织活力培育行动，提升服务大局服务妇女的战斗力执行力

加强妇联组织多元化建设。以召开江宁区妇女第十七次代表大会为契机，推动妇联组织建设全面发展。进一步深化党群共建创先争优活动，深入基层调查，着力推进机关事业单位及“两新”组织中的妇女组织建设，年内新建妇女组织2家以上。

加强妇联阵地标准化建设。推进社区“妇女儿童之家”标准化建设，巩固提升省、市“妇女儿童之家”示范点建设水平，进一步因地制宜、分类指导，提升综合水平，开展“妇女儿童之家”的规范化创建。充分发挥“妇女之家”在宣传培训、维权服务、家庭教育、帮扶救助等方面的作用，增强基层组织活力，夯实妇女工作基础。年内新增10个“妇女儿童之家”示范点。

加强妇联队伍建设，不断提升工作水平。大力加强妇联机关干部能力和作风建设，不断提高妇联干部做好妇女群众工作的能力。以党群共建创先争优活动为载体，在妇联组织中开展“下基层、访妇情、办实事”活动，切实转变工作作风，深入开展调查研究，真诚帮助妇女群众解决实际问题，在服务妇女群众的实践中提高妇联组织的凝聚力、号召力和影响力。

加强女性人才培养举荐工作。加强与相关部门的联系，分步分层次分类建立女性人才库，使人才库成为发现女性人才、举荐妇女人才的源头活水。通过组织开展丰富多彩的活动，为各类女性人才搭建岗位建功的平台、学习交流的平台、服务社会的平台。通过多形式、多渠道的宣传，扩大女性人才的社会影响力，进一步优化女性人才发展的环境。

七、大力发挥妇儿工委办组织协调作用，不断开创妇女儿童工作新局面

大力营造关爱妇女儿童良好氛围。不断强化党政领导和社会各界的社会性别意识，切实提高各级政府贯彻落实妇女儿童规划的主动性和自觉性。通过举办“五好文明家庭评选活动”“巾帼创业明星评选活动”“学法竞赛”“母亲学堂”等活动，努力形成全社会共同关心妇女儿童的浓厚氛围，维护妇女儿童合法权益。

着力推动广大妇女投身率先大业。鼓励广大妇女积极投身“两个率先”大业中，在推动发展中、促进发展中再立新功，造就更多的女性骨干人才、领军人才。完善妇女创业就业服务体系，特别是加大对贫困妇女就业的帮扶，使妇女在经济社会建设中更好地发挥作用。广泛宣传弘扬妇女中的先进模范、道德模范，推动妇女积极参与和谐江宁建设，引领妇女做创新发展的建设者、先进文化的推动者、社会稳定的维护者的倡导者。

全力实施事关妇女儿童实事项目。协调各有关部门把妇女儿童实事纳入本部门发展规划，纳入政府年度重点工作任务，融入民生工作全局，通过政府主导、加大投入、强

化措施，为实施妇女儿童实事项目提供良好的政策环境和必要的经费保障。重点推进街道妇女儿童活动中心的建设工作，力求年底全部建成，扎实为妇女儿童做好事办实事，推动妇女儿童事业健康发展。

完善妇女儿童工作体制机制。完善目标管理机制和协作配合机制，加强监测评估制度、信息互通制度、联合调研制度、联动执法制度，逐步形成部门之间的责权明确、协调联动、运转高效的协作配合机制，形成"党委领导、政府主导、部门负责、社会参与"良好工作格局，不断提升全区妇女儿童事业发展的整体合力。

五、区科学技术协会

（一）概况

1956年5月27日，成立江宁县科学技术普及协会。下设农、医、理3个学组，会员272人，科普宣传员11人。1960年3月23日，在科技工作大会上成立江宁县科学技术协会（简称科协），并将这次会议作为县科协第一次代表大会。当时没有成立专门的办事机构。1966年文化大革命开始后，县科协被迫停止工作。1980年11月23日，召开了江宁县科协第二次代表大会，恢复建立江宁县科学技术协会，与江宁县科学技术委员会合署办公。1984年3月29日，县科协配备专职正、副主席各1人，结束县科委、县科协两块牌子一套班子的状况。江宁县撤县设区后，更名为江宁区科学技术协会。

1985年4月17日，江宁县编制委员会〔1985〕5号文核定江宁县科协编制为7人。区科协机关下设办公室、学会咨询部、科普信息部作为内设机构。经南京市科学技术协会批准，经有关部门登记备案，成立集体企业性质的江宁县科技咨询服务公司，为各部门、单位、专业户及个体户开展科技服务。1997年6月，根据《中共江宁县委、江宁县人民政府关于江宁县党政机构改革方案的实施意见》（江宁委发〔1997〕26号）文确定的指导思想和基本原则，制定《江宁县科学技术协会机关机构改革方案》并报县人事局备案，设立办公室、学会工作部、科普工作部3个职能部门，机关行政编制为6名，行政附属编制1名。2002年6月5日，中共南京市江宁区委办公室下达江宁区委办发〔2002〕44号文《关于印发〈南京市江宁区科学技术协会机关机构改革方案〉的通知》，进一步明确了区科协机关的八项任务，确认区科协机关内设立2个职能部门及其相应的职能，机关行政编制为6名，行政附属编制1名。

（二）性质和组织机构

1.性质

江宁区科学技术协会（以下简称江宁区科协），是江宁区科学技术工作者的群众组织，由区级学会、协会、研究会和镇（街道）科协、企事业科协组成，是江宁区委领导下的全区科技工作者的群众团体。

2.组织机构

江宁区科协代表大会和它所产生的委员会是区科协的领导机构。区科协机关是江宁区科学技术协会代表大会常务委员会的办事机构。江宁区科协代表大会和他所产生的委员会是区科协的领导机构。江宁区科协代表大会每五年举行一次，由区科协委员会召集。其代表由区级学会（协会、研究会）和镇（街道）、企事业科协及有关方面民主协商、选举产生。区科协代表大会行使下列职权：(1)讨论并决定江宁区科协的工作方针和任务、审议和批准区科协委员会工作报告；(2)修改并通过区科协章程；(3)选举产生区科协委员会；(4)决定其他重大事项。区科协委员会闭会期间，常委会行使区科协委员会职权。

乡、镇(街道)科协是区科协的组成部分，受同级党委领导，业务上受区科协指导。由乡、镇(街道)科普协会及农村专业技术协会、研究会组成。是镇(街道)党委联系广大农村科技人员、能工巧匠、土专家、专业户的桥梁和纽带。

区级学会(协会、研究会)是按自然科学、技术科学及其相关学科或科普业务组建，具有跨部门、跨行业、跨地区横向联系特点的学术性或科普性群众团体，是区科协的组成部分，其办事机构受区科协和挂靠单位的双重领导。

1956 年 5 月 27 日，县科学普及协会成立时建立了农、医、理三个学组，一年以后组建了林业学组，这是江宁县县级学会的最初组织形式。1960 年 3 月 23 日，县科协第一次代表大会召开，成立了农业、农机、林业、畜牧、水利、医药、矿冶、化工及轻工业建筑材料学会等 9 个学会。1981 年县农业部门成立农学会。1984 年成立了县中医学会、养蜂协会、科教电影协会。1985 年组建了县工业学会、农业机械学会、水利工程学会，以及西瓜研究会、青少年科技辅导员协会。1986 年成立县医学会、食用菌协会、教育学会。1988 年成立县水产协会、江宁县林学会。1989 年成立县卫生协会。1992 年成立财会学会、珠算协会。1994 年成立县金融学会。1996 年成立县计量测试学会。1998 年成立县建筑业协会。2002 年成立锅炉压力容器和特种设备安全协会。2005 年成立江宁区奶业协会。上述学会(协会、研究会)有的因为已完成历史使命而终结了活动；有的几度变迁后经过重新组合和整顿得到了很大的提高和发展；有的经过民政局重新登记以后，其宗旨和性质发生变化而不再是区科协的组成单位。到目前为止，属于区科协的学会(协会、研究会)的组成单位有 18 个，具体名称见下表：

表 10　江宁区科协学会(协会、研究会)一览

序号	名称	成立日期	社证字号	会员数	
				团体	个人
1	江宁区农学会	1981 年 10 月	00032	1	280
2	江宁区中医药学会	1984 年 6 月	00036	29	314
3	江宁区农业机械学会	1985 年 1 月	00030	12	665
4	江宁区水利学会	1985 年 1 月	00031	71	83
5	江宁区教育学会	1986 年 8 月	00006	78	1088
6	江宁区医学会	1986 年 10 月	00002	54	1881
7	江宁区林学会	1988 年 1 月	00027	—	79
8	江宁区水产协会	1988 年 4 月	00029	28	95
9	江宁区卫生协会	1989 年 12 月	00001	28	3671

续表

序号	名称	成立日期	社证字号	会员数	
				团体	个人
10	江宁区财政会计学会	1992 年 3 月	00025	200	2400
11	江宁区珠算协会	1992 年 4 月	00026	26	240
12	江宁区建筑业协会	1998 年 9 月	98060	72	—
13	江宁区锅炉压力容器和特种设备安全协会	2002 年 6 月	02043	51	5
14	江宁区奶业协会	2005 年 3 月	—	5	122
15	江宁区青少年科技教育协会	2004 年 12 月	—	23	96
16	江宁区质量管理学会	2004 年 2 月	00018	150	200
17	江宁区计划生育协会	—	00023	321	—
18	江宁区红十字会	—	—	111	11598

企事业科协是企事业党组领导下的科技工作者的群众团体，是企事业党组和厂长（经理）联系本企业（事业）科技工作者的纽带和桥梁，是企事业开展科技工作推进科技进步的主要社会力量。企事业科协是区科协的基层组织，业务上受区科协指导。

农村专业技术协会是一种以专业户为基础、以技术为核心、以发展商品经济为目的的新型合作经济组织，具有“民办、民管、民受益”的基本特征。1982 年，江宁县第一个农村专业技术协会——禄口水产协会成立。至 1990 年年底，全县共有乡（镇）级专业技术协会、研究会 72 个，会员 3197 人。随着农村产业结构的调整，至 1999 年年底，全县农村专业技术协会共有 28 个，会员 1185 人。随着江宁经济和社会事业的持续发展及农村种植业、养殖业产品结构的调整，有些专业技术协会、研究会自行消亡，有些巩固和发展，有些则被“公司 + 农户”形式取代。至 2007 年年底，全区有农村专业技术协会 21 个。具体见下表：

表 11　江宁区农村专业技术协会一览

序号	专业技术协会名称
1	南京市江宁区江宁街道农副产品协会
2	南京市江宁区陶吴镇花卉苗木种植协会
3	南京西甜瓜协会
4	南京市江宁区横溪瓜菜协会
5	南京市江宁区其林农副产品协会
6	南京市江宁区秣陵街道种植业协会
7	南京市江宁区汤山街道养鸡协会
8	南京市江宁区汤山街道奶业协会

续表

序号	专业技术协会名称
9	南京市江宁区花茶协会
10	南京市奇水水产协会
11	南京市江宁区东善桥农业技术协会
12	南京市江宁区东善桥獭兔养殖协会
13	南京市江宁区湖熟鸭业协会
14	南京市江宁区土桥水产协会
15	南京市江宁区土桥稻米协会
16	江宁区上坊种植业协会
17	江宁区禄口水产协会
18	江宁区禄口蚕桑协会
19	江宁区禄口花木协会
20	江宁区秣陵街道水产协会
21	江宁区土桥珍珠养殖协会

（三）科协机关的主要工作

第一，开展学术交流，活跃学术思想，繁荣学术园地；评选自然科学优秀学术论文，组织科技研讨，促进学科发展、知识创新，推动地方科技发展和科技成果的转化。

第二，按照国家和省、市、区有关科普工作的方针、规划，拟定全区科协系统科普工作的具体计划，并组织实施；动员社会各方面力量，组织开展以科学知识、科学方法和科学思想为主要内容的日常性、群众性、社会性的科普活动和青少年科技教育活动，推广先进技术。

第三，全心全意为科技工作者服务，反映科技工作者的意见和要求，维护科技工作者合法权益；参与科技政策的制定，组织科技工作者参政议政；协助有关部门做好知识分子的工作；表彰奖励优秀科技工作者；做好科技人才的举荐工作。

第四，组织科技人员开展科技咨询服务工作；接受委托承担项目评估、成果鉴定等任务。

第五，协助有关部门开展民间国际科技交流与合作；发展与香港、澳门特别行政区和台湾地区科技界及海外科学技术团体和科技工作者的民间交往与联系。

第六，加强科普工作队伍的建设工作；负责对区级科技类学会（协会、研究会）、科技类社会团体进行监督、管理；对镇（街道办事处）、企事业科协工作进行业务指导；协助有关部门开展科技人员的继续教育和技术培训工作。

第七，组织开展崇尚科学、破除迷信和反对邪教活动。

第八，承办区委、区政府交办的其他事项。

（四）内设机构及其主要工作任务

办公室（学会工作部与其合署）。负责组织协调、处理机关日常工作和有关会议决定事项的督办;负责文电处理、机要保密、安全保卫、档案管理、机关财务、固定资产管理的行政事务;负责机关人事、干部考核工作;负责拟定全区科协工作规划、年度计划,并组织实施;负责科协系统专兼职干部的教育培训工作;指导基层科协工作。负责对区级科技类学会(协会、研究会)、科技类社会团体进行监督、管理;接受委托承担项目评估、成果鉴定等任务;组织全区科技工作者开展科技咨询;参与科技政策的制定;负责我区农村专业技术协会发展规划、组织建设和管理工作;负责"金桥工作""厂会协作"年度计划的编制、管理和实施中的组织协调;反映科技工作者的意见和要求,维护科技工作者的合法权益;协助有关部门做好知识分子的工作,举荐人才、评选表彰优秀科技工作者;指导所属学会的学术活动、继续教育和技术培训工作;承办优秀学术论文评选、表彰工作。

科普工作部。制定科协系统科普工作规划和年度计划,并组织实施;组织开展全区科学技术的普及宣传教育等活动;负责全区科普网络建设,指导镇(街道办事处)科协的业务工作;组织开展农村实用技术培训和推广工作;组织开展群众性、社会性、经常性科普工作和青少年科技教育工作;组织开展崇尚科学、破除迷信和反对邪教活动;负责开展民间民际科技交流与合作。

六、区残疾人联合会

(一)发展概况

1991 年 10 月 30 日,江宁县政府发出《关于成立江宁县残疾人联合会的通知》,并成立残联筹备工作领导小组。11 月 6 日,召开残联第一次代表大会,到会代表 137 名,其中残疾人代表 72 名。经大会选举产生江宁县残疾人联合会第一届主席团及执行理事会成员。至此,江宁县残疾人事业进入一个新的发展阶段。县残联是江宁县人民政府批准的事业团体,隶属于江宁县民政局。随着县残联和理事会的建立,至 1993 年,各乡(镇)相继建立残联理事会,由分管民政的副乡(镇)长担任理事长。

根据中残联和市政府文件精神,1994 年 7 月,江宁县政府下发文件,批准成立残疾人工作协调委员会。委员会由县政府、县委宣传部、民政、财政、劳动、教育、卫生、工商、税务等 14 个部门的领导人组成,具体工作由县残联承担。2000 年,县残联升格为正科级机构,同年 12 月江宁县撤县设区,更名为江宁区残疾人联合会。2001 年,区残联升格为正处级机构。至是年年底,各乡(镇)残联相继调整充实专、兼职工作人员,形成从上到下一专多能、全心全意为残疾人服务的工作者队伍。同时,全区 336 个村建立残疾人领导小组,37 家福利企业建立残疾人协会,形成较为完善的残疾人工作网络。

2003 年 4 月 3 日,区残联召开第二届第三次委员会会议。大会审议同意区残联成立 4 个专门协会,即盲人协会、聋哑协会、肢残协会、智力和精神残疾人亲友会,加强残联的基层组织建设。2004 年 10 月,区残联实行单列,从民政局划出。区残联执行理事会贯彻、执行主席团决议,下设综合科(办公室)、教育就业科、康复宣文科。实行理事长负责制,主持残联和各专业协会的日常工作,指导各乡(镇)和企事业单位建立相应的基层组织和各类残疾人专门协会,构成纵横交错的网络体系,发挥"代表、服务、管理"残疾人的职能。

区残联多次被评为南京市残疾人工作先进单位。2002年，被评为省残疾人扶贫工作先进集体。2006年，被评为全省残疾人社区康复先进区。

残联内设综合科（办公室）、教育就业科、康复宣文科，下属事业单位残疾人就业管理所、残疾人综合服务基地。区残联下设盲人协会、聋人协会、肢残人协会、智力和精神残疾人亲友会4个专门协会。10个街道残联实行独立挂牌，统一配备了理事长、专职干部和残疾人专职委员，199个村（社区）成立了残疾人协会，并选聘了残疾人专职委员。

（二）残疾人联合会的宗旨与任务

残疾人联合会履行“代表、服务、管理”职能，代表残疾人共同利益，维护残疾人合法权益，开展各项业务和活动，直接为残疾人服务，承担政府委托的部分行政职能，发展和管理残疾人事业。残疾人联合会的宗旨是：弘扬人道主义，发展残疾人事业，保障残疾人平等地充分参与社会生活，共享社会物质文化成果。

其主要任务是：（1）听取残疾人意见，反映残疾人需求，维护残疾人权益，为残疾人服务。（2）团结、教育残疾人，遵守法律，履行应尽的义务；发扬乐观进取精神，自尊、自信、自强、自立，为社会主义建设贡献力量。（3）弘扬人道主义，宣传残疾人事业，沟通政府、社会与残疾人之间的联系，动员社会理解、尊重、关心、帮助残疾人。（4）开展残疾人康复、教育、劳动就业、文化、体育、科研、用品用具供应、福利、社会服务、无障碍设施和残疾人预防工作，创造良好的环境和条件，扶助残疾人平等参与社会生活。（5）协助政府研究、制定和实施残疾人事业的法规、政策、规划和计划，对有关业务领域进行指导和管理。（6）承担政府残疾人工作协调委员会的日常工作，做好综合、组织、协调和服务。（7）指导和管理各类残疾人社团组织。（8）开展残疾人事业的国际交流与合作。（9）准确调查、掌握残疾人的状况和需求，建档立卡。（10）核发“中华人民共和国残疾人证”。（11）承担政府交办的其他工作。

（三）组织机构及其工作职责

1. 执行理事会

执行理事会是残联主席团的常设执行机构，由理事长、副理事长和理事组成，理事会成员一般是残联专职工作者。理事长由残联主席团推举，政府任命，任期不超过两届。副理事长由理事长提名，主席团通过，政府任命。理事由理事长提名，主席团通过。执行理事会实行理事长负责制。主要职责是：贯彻执行代表大会和主席团的决议，主持残联日常工作，制定组织实施工作计划；任免权限内的残联干部；向主席团负责并报告工作，接受主席团的监督。

2. 办公室

综合协调机关政务、事务；制定机关工作制度并监督实施；负责理事会议、办公会及残联工作会议，组织安排和议定事项的督办，负责起草重要文件；负责机关信息文秘、档案及行政事务等工作；开展残疾人事业调研工作；承担区人民政府残疾人工作委员会的日常工作。负责残疾人组织的自身建设；指导各街道残联工作；负责机关组织人事日常事务；负责财务实施与管理以及统计工作。负责信访、“12345”政务服务平台接待及稳定工作，协调和提供残疾人法律援助和法律救助服务，牵头联系残疾人专门协会的日常工作。

3. 康复宣文科

组织拟定和实施残疾人康复工作计划;指导和协调残疾人康复机构的业务工作;推动开展社区残疾人康复工作;指导残疾人用品用具开发、供应、服务工作;组织康复人才培训;承担区残疾人康复工作办公室,协调精神病防治康复工作、无障碍设施建设工作。组织拟定并实施残疾人事业的宣传和文体工作计划,宣传国家发展残疾人事业的方针、政策,宣传优秀残疾人和扶贫、助残的先进事业;开展残疾人文化、艺术、体育活动,营造有利于残疾人事业发展的舆论氛围和社会环境。

4. 教育就业科

组织拟定并实施残疾人教育和劳动就业工作计划,促进开展残疾人学前教育、义务教育、职业教育和成人教育;研究拟定残疾人职业技能培训的规划、政策和实施办法;拟定残疾人劳动就业工作计划。会同有关部门组织实施残疾人分散按比例就业;负责残疾人劳动服务网络的建设工作。参与研究拟定残疾人生活保障的政策,协助开展与残疾人相关的社会保障工作;组织实施残疾人扶贫解困工作;调查残疾人状况,管理和发放残疾人证。负责管理残疾人就业服务所的日常工作。

5. 就业管理所

负责制定本区残疾人就业服务工作计划并组织实施;负责组织实施区域内按比例安排残疾人就业;负责开展残疾人职业培训、农村实用技能培训、失业登记、职业指导、职业介绍等服务;帮助残疾人自谋职业和自主创业,为农村残疾人从事种植业、养殖业、手工业和其他形式的生产劳动,提供信息、技术、培训等方面的支持和服务;负责对盲人按摩机构、工疗机构及其他集中安置残疾人用人单位进行资格认定;负责建立完善残疾人就业信息网,信息与公共就业服务信息网共享;负责残疾人证核发管理工作。

七、区红十字会

(一)发展概况

1958 年 6 月 23 日,江宁县红十字会正式成立,下设办公室,与县除害灭菌办公室一套班子。并召开第一次委员会,通过《江宁县红十字会组织章程(草案)》。1959 年,先后有 15 个公社、3 个厂矿、3 个中学建立红十字会组织,并设立 53 个红十字卫生站,发展会员 1415 人。1964 年 2 月,召开第二次会员代表会议,对红十字会组织进行整顿。全县有红十字会基层委员会 16 个,红十字卫生站 11 个,会员 239 人。文化大革命期间,县红十字会组织解体,活动停止。

1987 年 11 月 5 日,县政府下文恢复江宁县红十字会。1988 年,县红十字会组织有团体会员 29 个,基层组织 41 个,成人会员 1697 人,学生会员 918 人。2000 年 6 月 27 日,江宁县红十字会第三次会员代表大会召开,选举产生第三届理事会、常务理事会,理事 60 名。2002 年,区红十字会办公室正式成立,挂靠区卫生局,负责区红十字会日常事务管理工作。2006 年 10 月 23 日,江宁区红十字会召开第四次会员代表大会,出席会议正式代表 127 名。会上表彰 31 个先进集体、60 名先进个人。选举产生红十字会第四届理事会、常务理事会,理事 67 名。2007 年,全区有团体会员 30 个,基层组织 109 个,成人会员4472人,学生会员4882人。2009年11月19日,江宁区机构编制委员会发文,区红十字会管理体制调整为区委工作部门、区政府领导联系,机构单独设置,按正处级群团机关管理。内设综合科、发展筹资部、宣传部、赈济救护部、学校部5个部室。区财政全额拨款。

区红十字会的权力机关是会员代表大会,每五年召开一次,由区红十字会理事会召集。区红十字会建立理事会和常务理事会,任期五年。县级红十字会名誉会长由同级理事会聘请当地主要领导担任。城市街道(社区)、农村乡镇(村、组)、企业和事业单位、学校、医疗机构和其他组织中建立的红十字会为基层组织。红十字会基层组织的主要职责是:宣传普及红十字知识,开展人道主义的救助活动,举办初级救护培训、群众性健康知识普及及其他符合红十字宗旨的活动。

(二)主要工作内容

区红十字会,是从事人道主义工作的社会救助团体,以发扬人道、博爱、奉献精神,保护人的生命和健康,促进人类和平进步事业为宗旨,遵循国际红十字运动基本原则(人道、公正、中立、独立、志愿服务、统一、普遍),依照《中华人民共和国红十字会法》独立自主地开展工作。

1. 开展救灾的准备工作,在自然灾害和突发事件中对伤病人员和其他受害者进行救助。

2. 普及卫生救护和防病知识,进行初级卫生救护培训,组织群众参加现场救护。

3. 参与输血献血组织与宣传工作,推动无偿献血。

4. 开展社区服务及社区红十字服务工作;组织会员,志愿工作者在社区开展社会服务、宣传培训、募捐救助活动。

5. 推动遗体(器官组织)捐献工作,开展预防控制艾滋病宣传和健康教育以及关心爱护艾滋病病毒感染者、患者等相关救助工作。

6. 开展有益于青少年身心健康的红十字青少年活动。

7. 开展捐献造血干细胞的宣传动员和组织工作。

8. 依法开展募捐活动,在公共场所设置红十字募捐箱并进行管理,依照法律法规自主处理募捐款物。

9. 参与国际人道主义救援工作。

10. 承办区委、区政府交办的其他事项。

八、区工商界联合会

(一)概况

区工商联合会根据中华工商业联合会章程,为促进全区两个健康发展(促进非公经济代表人士健康成长,促进非公企业健康发展)而设立。它是中国共产党领导的面向工商界、以非公有制企业和非公有制经济人士为主体的人民团体和商会组织,是党和政府联系非公有制经济人士的桥梁和纽带,是政府管理和服务非公有制经济的助手。工商联工作是党的统一战线工作和经济工作的重要内容。工商联事业是中国特色社会主义事业的重要组成部分。

江宁区工商联于2006年11月召开了第九届会员代表大会,选举产生了新的领导班子成员,2008年1月又增选4名副会长,目前,会长、副会长共19人,秘书长1人,常务委员会委员39人,执行委员会委员67人。常委中,除5名机关干部外,其余为私营企业主。2009年会员1827家,其中私营企业1227家,占会员总数的67.2%,股份制企业205家,占会员总数的11.2%,合资企业78家,占会员总数的4.3%,个体工商户290家,占会员总数的15.8%,其他人士27名,占会员总数的1.5%。另外,为加强对本会的指导与联系,本会特聘请区发改局、教育局、科技局、公安局、民政局、司法局、财政局、劳动局、审计局、环保局、建设局、房产局、规划局、市容局、卫生局、商务局、广电局、建工局、国税局、地税局、国土局、工商局、质监局23家政府职能部门为本会的顾问单位。全区10个街道全部成立了街道商会。各街道商会的会长全部由私营企业主担任,秘书长由各街道统战委员兼任,各街道党委分管党群口的副书记被聘请为街道商会名誉会长。

自2002年8月起,本会成立第一家地区商会"南京市江宁浙江商会"(后更名为"南京浙江商会"),到目前为止,共成立9家行业(地区)商会和2家社区商会。它们分别是:南京浙江商会、塑料业商会、餐饮业商会、女企业家商会、摄影业商会、服装业商会、轻纺业商会、湖熟鸭业商会、淳化茶叶商会、江宁清修商会、淳化田园商会。

工商联的决策机构是工商联执行委员会,经费来源:财政拨款;本会设在区委统战部,现有工作人员4人,其中,调研员1人,专职副会长1人,秘书长1人,秘书1人,无单独机构编制。

(二)主要工作职能

1. 参与区委、区政府大政方针及政治、经济、社会生活中的重要问题的政治协商,发挥民主监督作用,积极参政议政。

2. 密切与会员的联系,畅通反映意见建议的渠道,表彰宣传他们中的先进典型,做好工商界代表人士政治安排的推荐工作。

3. 加强和改进非公有制经济人士思想政治工作。引导会员共建社会主义核心价值体系,树立中国特色社会主义共同理想,学习、贯彻党和国家的方针政策,发扬自我教育的优良传统,自觉地把自身企业的发展与国家的发展结合起来,把个人富裕与全体人民的共同富裕结合起来,把遵循市场法则与发扬社会主义道德结合起来,爱国、敬业、诚信、守法、贡献,当好中国特色社会主义事业建设者。引导会员弘扬中华民族传统美德,致富思源、富而思进,积极承担社会责任,热心公益事业,投身光彩事业。加强企业文化建设,支持企业党建工作和工会建设。

4. 引导会员按照科学发展观的要求,转变经济发展方式,加强能源资源节约,重视生态环境保护,建立和谐劳动关系。遵守国家的法律、法规,规范经营、照章纳税,建立现代企业制度,维护市场经济秩序。

5. 代表并维护会员的合法权益,反映会员的意见、要求和建议,参与经济纠纷的调解、仲裁。

6. 为会员提供培训、融资、科技、法律、信息咨询等服务,提供对内、对外经贸交流服务，提供公共关系沟通协调服务，帮助会员增强自主创新能力，提高核心竞争力和可持续发展能力。

7. 增强与香港、澳门特别行政区和台湾地区工商界人士的联系，开展促进经贸合作和促进祖国统一的工作；增进与国外工商社团的交往，为国家扩大对外开放、企业走向国际市场服务。

8. 加强自身建设，体现特色，提高履行职责和发挥作用的能力，增强凝聚力。

9. 依法加强会产管理。

10. 承办政府和有关部门委托事项。

九、江宁区归侨侨眷联合会

（一）概况

区侨联第一次代表大会于2006年12月27日召开，第二次归侨侨眷代表大会2010年9月28日召开。决策机构是执行委员会，由选举产生，属于人民团体性质，目前没有编制。总数49人；性别结构：男37人、女12人；学历结构：高中以下8人，高中文化6人，大学25人，研究生学历4人，博士6人。设立目的是服务广大侨界群众、广泛团结归侨侨眷、联系海外华人华侨、为促进对外经贸合作等方面积极实践探索，为促进江宁改革开放和经济建设，为富民强区、加快发展，全面建设小康社会做贡献。

（二）主要职责

江宁区归侨侨眷联合会（以下简称江宁区侨联）是中共江宁区委领导的由全区归侨、侨眷组成的人民团体，是党和政府联系归侨、侨眷和海外侨胞的桥梁与纽带。其主要职责是：

1. 宣传贯彻《归侨侨眷权益保护法》，执行党和政府的侨务工作方针、政策，依法维护归侨、侨眷合法权益和海外侨胞在国内的合法权益。

2. 配合有关部门做好侨界人大代表、政协委员的推荐工作，为代表、委员履行参政议政、民主监督职能提供服务。

3. 密切联系广大归侨、侨眷和海外侨胞，促进海外侨胞与我区进行经济合作科技交流。

4. 加强与海外侨胞、港澳同胞及其社团的联系，开展海内外文化、艺术交流。

5. 组织开展形式多样、健康向上的文体活动、丰富归侨、侨眷的文化生活。

6. 加强基层侨联组织建设，指导基层侨联开展工作。

7. 做好国内外侨情的调查研究，了解侨情民意，反映广大侨胞的意见和呼声。

8. 承办区委、区政府及省、市侨联交办的其他事项。

第三章　行政执法与公安法治

第一节　行 政 执 法

一、行政执法机构的变迁

(一)自有建制以来至清末江宁县治概况

西晋太康二年(281)2月,临江县更名为江宁县,江宁县治所在今江宁区江宁街道。主管政事的主官为县令。永宁二年(302),江宁县县令为周氏,宜兴人。此后,在江宁地域曾先后出现过秣陵、丹阳、江乘、湖熟、临江、江宁、同夏、建业、建邺、建康、归化、安业、金陵、白下、上元15个县。杨吴天祐十四年(917),分上元县西南19个乡及当涂县北2个乡复置江宁县,并与上元县在金陵府城同城而治,这种状况历经南唐、两宋、元、明、清各代,一直至清末,长达千年之久。

上元县和江宁县的县衙署均先后迁治7次。唐始改上元县时,县署于永寿宫东(《肇城志》),后治于石头城,位于清凉山北(即在明城定淮门与清江门之间)。几经迁治,明清时迁治于大司令府,在《金陵新志·元集庆路城图》上有所标注,具体位置在明城通济门内,中正街东头,今属南京市秦淮区。汉代所设的秣陵县,县治在秣陵(今江宁区秣陵街道);江宁县治所在今江宁街道。几经迁治,明清时迁治于银作坊,即在今南京中华路以西,长乐路西段偏南,今中山南路以东这一区域。县署立于此历时520多年。

县行政长官,汉代至南唐为县令;宋代为知县;元代为达鲁花赤、县尹等;明代设知县;清官吏、机构设置基本沿袭明制。按照《清史稿·职官志》,上元县、江宁县均设知县、县丞、典史、教谕、训导、巡检、阴阳学训术、僧会司与道会司、驿丞等官职。

1. 县衙主要官员

自西汉至清末,江宁县县级政府机构称衙署,行政长官称谓每朝各不相同。

汉代,江宁区域设有秣陵侯国、秣陵县、丹阳侯国、胡孰侯国等。侯国设侯,县设县令。西汉初年,实行郡县制和分封制。县有大小两种,万户以上设县令,不足万户设县长。江宁地域县均设县令,佐官有县丞,掌治安有县尉,属官有斗食佐官等。王莽建新朝初,县令改称县宰。东汉,仍设县令一名,佐官有县丞一名、县尉两名。

西晋至唐朝,江宁区域更易不定的县名有:江宁县、秣陵县、丹阳县、建邺县、湖熟县、江乘县、建康县、临沂县、上元县等,上述县均设县令。东晋初,以建康为京县,同西晋以洛阳为京县一样,置六部都尉、狱丞1人,左部尉1人,中郎将4人,方略史4人,乡各啬夫(啬夫为秦汉开始设的乡官,掌管诉讼和赋税)1人,治书史1人,佐各2人,正1

人,校官掾(掾,古代属官的统称)1 人,文学掾 2 人,主簿录事史 1 人。南梁还给建康县增加平正监二员,但那时秣陵、江宁二县不是京县,就不设平正监。

按唐制,大唐县有赤、畿、望、紧、上、中、下七等。望县为除京畿、京郊之外县中等级最高的县。开元四年(716),升江宁县为望县。上元二年(761),改江宁县为上元县。据《元和郡县图志》记载,元和年间,上元县为上县中的第三等“紧县”,设县令、县丞、主簿各一人,还设县录事、司户、司法、仓督、典狱、市会等职。

宋代,江宁地域设上元县和江宁县,均为次赤县,县官称知事(宋代普通县称县令,大县、重要县称知县)。次赤县又曰剧县,设令一员,正七品;丞一员,正九品;主簿一员,正九品;尉一员,正九品。

元至元十二年(1275),上元、江宁二县依城归附元朝后,二县均为中县,仍由建康路管辖。两县均为附郭七品,各设达鲁花赤一员,兼提控捕盗,县尹一员,兼劝家事;主簿一员,县尉一员,印典史一员,儒学设教谕,阴阳、医学各设管勾、教谕。其中,江宁县辖江宁、秣陵两镇巡检司,有印,各设巡检;设金陵、秣陵两税务,有印,各设都监、同监;置江宁马站、大城港水站,有印,各设提领;南门外破街口还设江宁养济新院。上元县辖竹筱、龙都两巡检司,有印,各设巡检;设龙湾、湖熟两税务,有印,各设提领大使、副使;置龙湾水站,有印,设提领。此外,至元十九年,还在上元县花林市(在今栖霞区甘家巷一带)设淘金总管府,管提领所八处。至元二十三年,改为淘金提举司,为五品衙门,辖淘金户 7365 户、金场 70 余所。至元二十九年,因江南金课扰民,淘金提举司被罢撤。

明、清两代,上元、江宁两县县域及市镇、乡里、驿铺设置大体承袭宋、元之旧。清《江宁新志》卷三・秩官表载:明代以江宁为京县,有知县 1 人、县丞 1 人、主簿 1 人、典史 1 人、儒学教谕 1 人、训导 2 人。县属官还有大胜驿、江宁马驿驿丞各 1 人,医学训科 1 人,阴阳学训术 1 人,僧会司僧会 1 人,道会司道会 1 人。清代,仍有知县 1 人,秣陵镇巡检司 1 人,江宁驿驿丞 1 人,阴阳学训术、医学训科各 1 人,僧会司、道会司各 1 人。

2. 县官品级与职责

据清《上江两县志》载:上元县、江宁县知县都是正七品(明清规定又分正从二级,一般正为上阶,从为下阶),养廉 1800 两(白银)。上元县丞和江宁粮捕水利县丞都是正八品,养廉 60 两(白银);两县各设教谕一员正八品,上元复设训导一员从九品,江宁复设训导一员从八品,养廉皆 40 两(白银);上元淳化镇巡检和江宁司(在江宁镇)巡检都是从九品,两县还各设典史一员。

按照《清史稿・职官志》,知县的职权是掌一县治理,决讼断辟,劝农赈贫,讨猾除奸,兴养立教。《后汉书・百官志》注曰:令长(即后来的知县)掌治民、显善、劝义、禁奸、罚恶、理讼、平贼、恤血。

县丞:为县令的辅佐之官。上江两县都有专门的县丞署。清初,江宁县与上元县设同样的主簿和清军城捕二丞。康熙五年(1666),清军奉命裁,后主簿亦被裁,故从乾隆朝开始,江宁县改设粮捕水利县丞。

典史:为知县下掌管缉捕、监狱的属官,品级不高,但很重要。如县丞、主簿空缺,常由典史兼领其职。

教谕:主掌文庙祭祀、教育和管束所属生员,为学官的主要负责人。

训导:地位略次于教谕,协助同级学官管理教育所属生员。

巡检:巡检司多设于距域较远的关隘要地。巡检常以武臣充任,负责巡查、检束一方。

阴阳学训术:为地方设立的天文占卜学校,教学内容为天文和术数。术指方术,数被理解为气数。教育人们以种种方术观察自然界可注意的现象,并以之推测人和某地区的气数和命运,包含相当多的封建迷信内容。

僧会司与道会司:分别执掌佛教徒事务与道教徒事务。明朝开始设置,清代沿袭。主掌佛教徒事务的官署省设僧纲司,州设僧正司,县设僧会司;主掌道教徒事务的省设道纪司,州设道正司,县设道会司。

驿丞:也是官名。明清时在省和个别州县设置,掌管驿站。清代的邮政制度,各省内地所设的叫驿,专为军报而设的叫站。明清江宁县都在江宁镇等处设驿站,专供传递公文的人或来往官员途中换马、歇宿,直至清末举办邮局后废除。

(二)民国时期县级政权

1. 民国时期县治概况

民国开基,江宁成为京畿地区。自南唐之后一直存在的上元、江宁两县再次合并,先为南京府,后为江宁县。民国十六年(1927),南京再次成为民国首都,步入江宁发展史上极为重要的时期。首先是城乡分界,在城为南京市,中央直辖;在乡为江宁县,江苏省辖。其次,由于密迩首都,事系观瞻,完全是乡村地域的江宁县如何发展引起了广泛关注。民国二十二年(1933)2月10日,南京政府将江宁辟为自治实验县。江宁的实验以政府自上而下的强力推动为特色,政府以免解省税等方式给予大量的资金支持,实际操作者则以中央政治学校为主的高校精英人才,在一定程度上有力推进江宁的近代化进程。特别是公路、水利、教育、农业等方面的基础建设,乃至现代观念的普及,在之后数十年间仍可见其成绩。原定四年的实验期甫一结束,江宁便遭遇日军侵华的巨大灾难,好不容易取得的一些实验成果大多付之东流。

八年抗日战争,日、伪、国、共四方势力在江宁展开激烈的角逐,反抗侵略,争取胜利是这一艰苦卓绝时期的主旋律。中国军队在江宁淳化、汤山、牛首山等地顽强阻击日本侵略军,在江宁历史上留下了甚为悲壮的一页。新四军和中共地方组织进入南京周边开展抗日斗争,在日伪统治中心开辟游击区,建立根据地,江宁县域成立了三个县级抗日政权,历尽艰辛曲折,付出重大牺牲,为抗战胜利作出了不可磨灭的贡献。日伪政权自始至终未能在江宁建立牢固的统治,其县政权经常被迫躲在城内办公,沦陷区的许多基层伪政权也暗中为抗日政权办事,成为所谓“两面派”,这正是江宁人民英勇不屈、坚持抗日的结果。

抗日战争胜利后,国民党政权很快全面复员。复员后的国民党县政府在江宁着手实施抗战时期形成的新县制,其主要内容有成立民意机关、增强县政府职能,裁撤区署、建立乡镇公所、调整保甲、整理警卫、普及教育等。在基础公共设施方面,也开展了许多恢复和重建工作。但是随着内战的全面爆发和经济的迅速崩溃,这些巩固其统治的种种措施不能挽救国民党失败的命运。民国三十八年(1949)4 月 24 日,随着江宁县的解放,国民党江宁县政府土崩瓦解。

2. 民国时期县政府机构

(1)南京府公署。民国元年(1912)1 月 3 日,临时政府合并上元、江宁两县,结束延续千年的两县同城的历史,并以两县县域设置南京府,定为国都。南京府直隶内务部,设府知事治理地方行政,同盟会会员方潜为首任知事。府公署设置极简,据 3 月 10 日公布的《南京府官制》规定,府公署仅设一厅四科,即秘书厅、民治科、劝业科、主计科、庶务科,从知事到科员编制共 18 名。

(2)江宁县公署。民国二年(1913)12 月 16 日,撤销南京府,复设包括江宁、上元两县县域的江宁县。上元县名称除抗战末期被中共抗日政权短期沿用外,退出了历史舞台。江宁县定为江苏省省会。江宁县长官称县知事,以原南京府知事辛汉的秘书陆维理(字莲孙)擢任。县公署仍驻城内三坊巷。按照民国三年(1914)5 月颁行的《县官制》规定:江宁县属于一等县,县知事下设 4 名职官,分掌民政、财政、司法、教育等事务,并设戒烟所、警务所、警务长、管狱员,职员设置较为完备。张勋攻陷南京后,江宁县知事一度复称知县。据民国十三年(1924)《中国年鉴》记载,知县权限包括:执行县内行政事务;为执行法律、教令、省道章程之委任,发布县单行章程;县内之警察监狱及辅佐各员之处分,认为违反法令,妨害公益,或侵越权限时,得停止或撤销之;遇特别重要事件,于呈报尹道外,得经呈省长;调用县内驻屯之警备队;于非常事变之际需用兵力,或为防卫起见需用兵时,得呈由省长或道尹,请驻屯附近之陆军或军监长官,派兵处理。

(3)江宁县政府。民国十六年(1927)4 月,江宁县改辖城外乡郊,辖区为原南京明代外郭以外地域,列为一等县。县政府仍设在城内三坊巷(今长乐路西端),直隶于江苏省政府。这是江宁县建县之后县域范围首次退出城区,而且此格局一直延续至 2000 年 12 月撤县设区为止。江宁县退至城外后,改县公署为县政府,设县长。县长职权比县知事减少,县政府在省政府指挥监督下,处理全县行政,监督地方自治事务,并在中央及省的法令范围之内发布或制定县单行法规。县长经省政府议决任用,有秘书 1 人。由于经济等原因,江宁县初期未设局。后设财政、建设、教育三局,又增设警察局、土地局等。各局职权:警察局,掌户籍、警卫、消防、防疫、卫生、救灾及保护森林渔猎等事项;财政局,掌征税、募债,管理公产及其他地方财政等事项;建设局,掌土地、农矿、森林、水利、道路、桥梁、工程、劳工、公营业等事项及其他公共事业;教育局,掌学校、图书馆、博物馆、公共体育场、公园等事项及其他文化社会事业;土地局,掌全县土地的测量调查以及其他地政事项。

(4)江宁自治实验县政府。民国二十二年(1933)2 月 10 日,以江宁县“地近首都,中外观瞻所系,各种制度方法,易得各方之协助与指导”,定江宁县为自治实验县,以为“改革下层政治”的试点。实验县直隶江苏省政府。省政府聘任 9 ~ 13 人组成县政委员会,代表省政府负责全权指挥监督县政之推行。县长由县政委员会在委员中推定1人兼任，报省政府任命。县长秉承省政府之命令及县政委员会指导，处理全县政务。

江宁自治实验县县长，自民国二十二年(1933)2月成立起，至民国二十六年(1937)12月日军侵占南京前，均由梅思平担任。实验县认为要推行自治，必须"养教兼施"，建立一个"廉洁与强有力的政府"。故裁并县政府所辖各局改设为科，以求指挥灵稳，行政效能增加。县政府分秘书室和民政、财政、公安、建设、教育、土地6科，合计114人。具体职位和人员分布：

秘书室13人：秘书2人、科员6人、办事员2人、书记3人；

民政科23人：科长1人、科员4人、办事员3人、书记1人、统计员3人、自治指导员8人及卫生顾问、卫生专员、医官各1人；

财政科12人：科长1人、科员6人、办事员3人、书记2人；

公安科13人：科长1人、科员4人、督察3人、办事员2人、书记3人；

建设科33人：科长1人、科员2人、技术主任1人、技士1人、农业技士2人、技佐4人、技术员1人、蚕桑技术员1人、农业技术员2人、合作指导员2人、办事员1人、度量衡检定员1人、工务员9人、书记5人；

教育科13人：科长1人、科员4人、社会教育总指导员1人、教育视导员2人、办事员2人、书记3人；

土地科6人：科长1人(兼秘书)、科员3人、办事员2人。

县长梅思平作为知名政治学学者，大量延聘高学历人才。据民国二十三年(1934)10月统计，改制后县政府人员共110人，其中大学毕业48人(留学者3人)，大学肄业5人，专科学校毕业13人，中等学校毕业38人，其他6人。科长6人及各科骨干均为国民党中央政治学校毕业生。实验县政府知识层次之高，堪称精英政府。

民国二十四年(1935)5月13日，江宁县政府从南京城内迁到土山，并在新建的县政府礼堂举行县署迁治仪式。土山以别名改称东山镇。"东山"从此作为正式的区划名称沿用至今。

实验县成立至抗日战争前的4年，开展户籍整理、税制改革、警政整顿、治安管理、农村救济、农技推广、教育普及、卫生倡导、风俗改良等诸多乡村治理工作。尽管对于其实际效果，时人也有不同看法，但作为国民党的乡村改良更多地体现为以行政改良为特色的农村综合治理，大量先进的政治、经济、社会等方面的理念与手段被集中推行，对江宁的现代化治理具有开创之功，对江宁人民具有开展现代化启蒙的积极意义。

民国二十六年(1937)12月10日，侵华日军占领江宁并对南京城发起全面进攻。12月，县长林杞逃往当涂，县政府流亡外县，在边境时现时隐。日军占据的铁路、主要公路线上的大集镇，附逆汉奸组织维持会。

(5)复员江宁县政府。民国三十四年(1945)10月，国民党江宁县政府由溧阳复员至江宁东山。12月，复员的县长蔡为端因贪污被免，黄相忱任江宁县县长。复员后的江宁县政府设秘书、民政、财政、教育、建设、社会、保安、地政、田粮、会计、军法、合作指导8

科4室。据卢前于民国三十七年(1948)10月撰写的《东山备乘》记载,当时县政府除设主任秘书外,另分5科,有人员66人。县级机构则有田赋粮食管理处、民众自卫总队、警察局、县党部、保安大队、税捐处、卫生院、县专用电信所、农业推广所、县地籍整理处、文献委员会、公有款产管理委员会、积谷保管委员会、县银行、县立中学、民众教育馆、新生活运动促进委员会、童子军理事会江宁分会。

民国三十八年(1949)4月24日,江宁县解放。国民党江宁县政府瓦解,上、中层官员及其地方武装、警察部队大部南逃。4月28日,中共南下干部工作队接管江宁,成立江宁县人民政府。

(三)新中国成立以来江宁人民政府

江宁人民政府隶属关系几经变化。1958年7月前,隶属镇江专员公署领导;1958年7月至1962年5月,划归南京市人民委员会领导;1962年5月后,重新归属原镇江专员公署领导。1971年3月,再次由镇江专区划归南京市管辖,江宁县革命委员会由镇江地区革命委员会领导改为南京市革命委员会领导。县(区)政府机关驻地一直在东山镇。

1. 江宁县人民政府

1949年4月28日,胡宏率南下接管工作队进驻东山镇,接管国民政府江宁县政府,宣布江宁县人民政府成立,由宋波任县长,王凤先任副县长7个区人民政府也相继成立。从此,江宁县结束了国民党的统治,开始进入新的历史时期。1951年11月,宋波调离,苏南人民行政公署任命李亦新为县长。1952年8月,苏南人民行政公署批准赵松任副县长。1953年4月,李亦新调离,江苏省人民政府任命史成仁为县长。同年8月,江苏省委批准颜景詹兼任副县长。在1954年3月江宁县第一届人民代表大会第一次会议召开以前,县人民政府领导人均由上级任命。

政府机构:江宁县人民政府成立后,工作部门设9个科局:秘书室、民政科、粮食局、教育科、税务科、工商科、公安局、财务科、建设科。干部配备:县长级1人、科长级9人、区长级14人、科员级70人、办事员273人,合计367人。另外,还有留用人员51人。随着形势发展和工作需要,至1955年12月,县人民政府工作部门增至20个。分别是办公室、民政科、粮食局、教育科、文化科、卫生科、税务局、公安局、财粮科、农业科、林业科、水利科、畜牧科、工业科、商业科、手工业管理科、交通科、计划统计科、计划委员会、人事科。直属单位3家,分别是供销合作社、人民银行江宁支行、农业银行江宁支行。

2. 江宁县人民政府委员会

1954年3月25~29日,召开江宁县第一届人民代表大会第一次会议,会议采取无记名投票方式,选出正、副县长和政府委员,第一次建立了民主选举的县政府领导机构。这次会议选举了江宁县县长、副县长和县人民政府委员。史成仁任县长,王希宝、刘益生任副县长;于文等18人任委员。

3. 江宁县人民委员会

根据《中华人民共和国地方各级人民代表大会和地方各级人民委员会组织法》规定,1955年12月,召开江宁县第一届人民代表大会第五次会议,决定将江宁县人民政府委员会改称江宁县人民委员会,并选举江宁县人民委员会组成人员。李锦荷任县长,王希宝任副县长。刘天友等17人任委员。1956年5月,经中共镇江地委批准,县人民委员会决定,沈锦霖等4人为代理副县长,并于同年9月,在江宁县第一届人民代表大会第六次会议上,被选为副县长。

1957年1月17~22日,召开江宁县第二届人民代表大会第一次会议。选举产生县长1名,副县长5名,委员15名。届内县长辞职,补选县长1名。

1958年5月13~15日,召开江宁县第三届人民代表大会第一次会议。选举产生县长1名,副县长4名,委员16名。届内有2名副县长辞职,补选副县长2名,补选县人民委员会委员5名。

1961年5月5~7日,召开江宁县第四届人民代表大会第一次会议。选举产生县长1名,副县长3名,委员19名。届内补选副县长2名,中共镇江地委批准新任副县长1名。

1964年4月26~30日,召开江宁县第五届人民代表大会第一次会议。选举产生县长1名,副县长4名,委员20名。届内有2名县长被免职,经中共江苏省委和镇江地委批准,继任县长2名;1966年5月,县长张立业调离(此后县长空缺)。届内中共镇江地委批准新任副县长5名。

因文化大革命,未能如期召开第六届人民代表大会。

政府机构:1955年12月,将县人民政府改为江宁县人民委员会。到1957年,县人委工作部门增至33个。同年7月,根据精简上层、加强基层的原则,县级机关进行了精简整编,通过采取撤、并、合署办公等措施,县人委工作部门由33个减至24个,设有办公室、民政科、粮食局、文教局、公安局、检察院、财政局、农业局、林业局、水利局、工业局、交通科、商业局、供销合作社、计划统计科、计划委员会、经济工作委员会、人民银行江宁支行、人事科、劳动科、卫生科、监察室等。1960年和1962年,县人委工作部门先后作相应调整。1966年2月,在实现机关革命化中,县人委工作部门再次精简压缩,只保留办公室、民政局、公安局、检察院、农业局、多管局、水利机电局、文教卫生局、工业交通局、财政局、粮食局、商业局、计划委员会和人民银行江宁支行14家单位。

这期间,由于工作需要,县人委还先后设立过兵役委员会、编制委员会、扫盲业余教育委员会、物价委员会、市场管理委员会等一些虚设和临时性机构。

4. 江宁县军事管制委员会

1967年4月1日,江苏省军事管制委员会决定,对江宁县实行军事管制。10日,经镇江专区军事管制委员会批准,江宁县军事管制委员会成立。军管会由11人组成。军管会主任委员陈国梁,副主任委员:曹振球、陈世祥、寇耀明。下设革命委员会、生产委员会和办公室。

5. 江宁县革命委员会

1968年3月7日,经中共陆军第二十七军委员会批准,江宁县革命委员会成立,并于当日召开成立大会。南京军区政委杜平到会讲话。会议通过《给毛主席的致敬信》和《告全县人民书》。江宁县革命委员会由47人组成,常委15人。主任委员张立生,副主任委员:曹振球、史中哲、徐凤琴、张秀华。至1978年11月,江宁县革命委员会先后任命革委会主任5名,革委会副主任17名。

1978年12月27～30日,召开江宁县第七届人民代表大会第一次会议。根据1975年和1978年颁布的《中华人民共和国宪法》有关地方各级革命委员会是地方各级人民代表大会的常设机关或执行机关,同时又是地方各级人民政府的规定,大会仍选举产生江宁县革命委员会,会议选出县革委会委员63名,主任1名,副主任10名。

政府机构:1968年3月,江宁县革命委员会成立后,工作部门设办事组、政治组、生产指挥组和人民专政组,同年12月,人民专政组改称政法组。县革委会"四大组"成立后,均有军代表主持工作,直到1970年2月才正式公布正、副组长。1968年10月,县革委会常委会作出决定,建立江宁县"五七"干校,同时成立江宁县"五七"干校革命委员会。

根据"斗、批、改"任务和战备工作的需要,1970年8月,经县革委会研究决定,工作部门增设人事局、文教局(隶属政治组),工业交通局、农林局、水电局、商业局、卫生局、财政局(隶属生产指挥组)。

1971年11月,根据中共南京市委《关于健全体委机构的通知》,县革委会决定设立江宁县革命委员会体育运动委员会。

1973年年初,根据中共南京市委《关于调整县区体制、办事机构和人员定编的通知》,江宁县革命委员会对工作部门作出调整,撤销县革委会办事组、政工组、生产指挥组和政法组,设立县革委会办公室、计划委员会、工交财贸办公室、农林水利办公室、人民法院、公安局、物资局、粮食局;工业交通局分设为工业局、交通局;农林局分设为农业局、林业局。同时恢复设立中国人民银行江宁县支行。

1976年4月,江宁县革命委员会工商行政管理局设立。同年6月,江宁县革命委员会水电局撤销,设立江宁县革命委员会水利局、农机局。至1980年9月,县革委会工作部门又作了几次调整,先后增设农业机械办公室(1981年改为农机局)、社队企业管理办公室(1978年4月改为社队工业管理局)、视察室、科学技术委员会、科技局(1979年6月撤销)、劳动局、民政局、多种经营管理局。农林水办公室改为农村工作办公室;人事局和县委组织部合署办公;撤销工交财贸办公室,改设工交办公室和财贸办公室。另外,设立农业银行江宁支行、建设银行江宁支行和县供销合作社。

6. 江宁县人民政府

1980年9月21～25日,召开江宁县第八届人民代表大会第一次会议。这次大会根据全国第五届人民代表大会第二次会议通过的《中华人民共和国地方各级人民代表大会和地方各级人民政府组织法》的规定,决定建立县人民代表大会常务委员会,作为地方国家权力机关的常设机构;取消江宁县革命委员会名称,改称江宁县人民政府,作为县级人民政权的执行机关。选举产生江宁县第八届人民政府县长1名,副县长5名。届内,1名县长被免职,任命代理县长1名,免去副县长职务6名,任命副县长6名。

1984年5月5～10日,召开江宁县第九届人民代表大会第一次会议。选举产生江宁县第九届人民政府县长1名,副县长5名。届内,1名县长职务被免,任命代理县长、增选县长1名;免去副县长职务1名,任命副县长4名。

1987年4月23~29日,召开江宁县第十届人民代表大会第一次会议。选举产生江宁县第十届人民政府县长1名,副县长5名。届内,1名县长职务被免,任命副县长、代理县长1名;免去副县长职务3名,任命副县长4名。

1990年4月24~28日,召开江宁县第十一届人民代表大会第一次会议。选举产生江宁县第十一届人民政府县长1名,副县长5名。届内,免去副县长职务3名,任命副县长6名。

1993年2月14~18日,召开江宁县第十二届人民代表大会第一次会议,选举产生江宁县第十二届人民政府县长1名,副县长7名。届内,1名县长职务被免,选举县长1名;免去副县长职务4名,任命副县长7名。

1998年1月4~7日,召开江宁县第十三届人民代表大会第一次会议,选举产生江宁县第十三届人民政府县长1名,副县长6名。届内,1名县长职务被免,选举县长1名;1名区长职务被免,任命代区长1名;免去副县(区)长职务4名,任命副县(区)长7名。

政府机构:1980年9月,县革委会撤销后,县人民政府建立,原作为县革委会工作部门的办公室、视察室、计划委员会、科学技术委员会、体育运动委员会、农村工作办公室、工交办公室、财贸办公室、劳动局、人事局、物资局、交通局、工业局、社队工业管理局、农业局、林业局、多种经营管理局、水利局、农机局、工商行政管理局、财政局、商业局、粮食局、文教局、卫生局、民政局、公安局、知青办、人民银行江宁支行、农业银行江宁支行、建设银行江宁支行、供销合作社均作为县政府工作部门和直属单位。

自1980年10月至1984年3月,县政府撤销了视察室、农村工作办公室、知青办等工作部门,增设司法局、气象局、计划生育办公室、广播事业局、统计局、审计局、税务局、基本建设局、环境保护局、体制改革办公室、农村工作委员会。

1984年3月,在县级机关机构改革中,县政府工作部门通过撤、并、改、合署办公等形式,精简机构,精简后的工作部门有办公室、计划经济委员会、科学技术委员会、体育运动委员会、计划生育委员会、劳动局、人事局、统计局、物资局、交通局、工业局、乡镇工业局、城乡建设环境保护局、农业局、林副业局、水利农机局、审计局、工商行政管理局、财政局、税务局、商业局、粮食局、文教局、卫生局、广播电视局、民政局、司法局、公安局、档案局和人民银行江宁支行、农业银行江宁支行、建设银行江宁支行、供销合作社。

1984年4月至1987年12月,增设经济协作委员会、标准计量局、建筑工程局、体制改革委员会、县志办公室和工商银行江宁支行。

这期间先后还设有物价委员会、工农教育委员会、爱国卫生运动委员会、人民武装委员会、编制委员会等虚设机构。

1988~1994年,经南京市人民政府批准,江宁县人民政府的工作机构及直属单位作相应调整或变更。1988年4月,撤销物价委员会,成立物价局、土地管理局和监察局;

1988年6月,设立对外经济贸易委员会;1989年3月,信访办公室(原属江宁县委)改为信访局(隶属县政府);同年12月,成立环境保护局,城乡建设环境保护局改名为城乡建设局;1990年8月,成立法制局(为县政府办事机构)、文化局,文教局改为教育局;1994年9月,实行分税制财政体制,撤销税务局,分别组建国家税务局和地方税务局。至1994年12月,县政府的工作部门、直属办事机构由1987年12月的35个增至43个。1997年,经过改革调整,县政府机构精简至34个,机关行政编制由901名精简为810名,减少91名,精简10.10%。

7. 江宁县(区)人民政府

2000年12月江宁县撤县设区,故第十三届人民政府(1998年1月至2003年1月)2000年12月前为县人民政府,2001年后为区人民政府。

8. 江宁区人民政府

2003年1月6~10日,召开江宁区第十四届人民代表大会第一次会议。选举产生江宁区第十四届人民政府区长1名,副区长7名。届内,1名区长职务被免,任命副区长、代区长、区长1名;免去副区长职务5名,任命副区长5名,助理巡视员1名。

政府机构:2000年12月,江宁县撤县设区。2001~2002年,区委、区政府按照转变职能、理顺关系、精简机构、提高效能的原则,积极稳妥地完成江宁区党政机构和镇事业单位机构改革工作。改革调整后,江宁区政府工作部门有25个:政府办公室(经济体制改革办公室、法制办公室、外事办公室、双拥办公室)、发展计划与经济局(乡镇企业管理局、安全生产监督管理局、物价局)、教育局、科学技术局、公安局、民政局(残疾人联合会)、司法局、财政局、人事局(机构编制委员会办公室)、劳动和社会保障局、国土资源局、审计局、统计局、环境保护局、建设局、房产局、交通局、水利局、农业局、林副业局、对外贸易经济合作局、粮食局、文化局、卫生局、计划生育局;常设办事机构1个:人民防空办公室;派出机构3个:江宁经济技术开发区管委会办公室、江宁科学园管委会办公室、江宁农业高新技术综合开发区管委会办公室;区政府事业局6个:商业贸易局、广播电视局、体育局、建筑工程局、市容管理局、旅游局;区直属事业单位5个:档案馆(档案局)、职工培训中心、禄口机场经济圈、农业资源开发局、国有资产经营(控股)有限公司;区级机关行政编制由773名精简为649名,减少124名,精简比例为16%;行政附属编制由90名精简为65名。

有垂直机构11个:区供销合作总社、区国家税务局、区地方税务局、区供电公司、区邮政局、省电信南京分公司江宁区分公司、区工商行政管理局、南京市药品监督管理局江宁分局、南京市质量技术监督局江宁分局、区烟草专卖局、区气象局。此外,有区属企业3家:汤山林场、东善桥林场、茶场。

2005年2月,再次进行职能整合和机构调整。将区发展计划与经济局改组为区发展和改革局,为区政府工作部门。区经济体制改革职能并入发改局,不再保留区经济体制改革办公室牌子。将区安全生产监督管理局调整为区政府工作部门。将区对外贸易经济合作局和区商业贸易局合并组建商务局,为区政府事业局性质的机构。国有资产监督管理职能并入区财政局,在区财政局增挂“区国有资产监督管理办公室”牌子。区计划生育局更名为区人口和计划生育局。将区卫生局承担的保健品审核有关职能划入区食品药品监督管理局。将区市容管理局由事业局调整为区政府工作部门。将区国土资源局改为南京市国土资源局江宁分局。将区公安局更名为南京市公安局江宁分局。职能整合和机构调整后区政府工作部门为20个,派出机构3个,议事协调机构1个,政府事业局5个。

2007年12月底,江宁区人民政府工作部门为28个:政府办公室(接待与协作办公室、外事办公室、双拥共建办公室、法制办公室、行政服务中心)、发展和改革局(中小企业管理局、物价局、对外贸易合作局)、教育局、科学技术局、监察局、南京市公安局江宁分局、民政局、司法局、财政局(国有资产监督管理办公室)、人事局、劳动和社会保障局、审计局、统计局、环境保护局、安全生产监督管理局、市容管理局(执法局)、建设局、规划局、房产管理局、交通局、水利局、农业局、林副业局、粮食局、文化局、卫生局、人口和计划生育局、民族宗教事务局。常设办事机构1个:人民防空办公室(民防局)。派出机构4个:江宁经济技术开发区管委会办公室、江宁科学园管委会办公室、江宁滨江经济技术开发区管委会办公室、投资发展有限公司。政府事业局5个:商务局、广播电视局、体育局、建筑工程局、旅游局。区直属事业单位6个:地方志办公室(与区委党史办合署办公)、档案局、职工培训中心、农业资源开发局、国有资产经营(控股)有限公司、禄口机场经济圈发展委员会办公室。

区有垂直机构10个:国家税务局、地方税务局、国土资源局江宁分局、邮政局、省电信公司江宁分公司、南京市质量技术监督局江宁分局、工商行政管理局、食品药品监督局、烟草专卖局(烟草公司)、气象局。此外,有区属企业3家:汤山林场、东善桥林场、茶场。

2010年实施新一轮政府机构改革。2010年,江宁区委、区政府颁布实施《关于南京市江宁区人民政府机构改革的实施意见》,启动了江宁区新一轮的政府机构改革。江宁区现行政府机构框架也是依据该实施意见来加以确定。此轮机构整合调整后,区政府机构设置包括25个工作部门:区政府办公室(挂区政府法制办公室、区政府外事办公室、区接待办公室牌子);区发展和改革局(挂区经济协作办公室牌子);区工业和信息化局;区住房和城乡建设局(挂区建筑工程局、区人民防空办公室牌子);区科学技术局(挂区知识产权局牌子);区教育局;区民政局;区司法局;区财政局(挂区政府国有资产监督管理办公室牌子);区人力资源和社会保障局(挂区公务员局牌子);区审计局;区统计局;区物价局;区安全生产监督管理局;区投资促进局;区环境保护局;区城市管理局(挂区城市管理行政执法局牌子);区交通运输局;区农业局(挂区林业局、区农业资源开发局、区政府农村集体资产管理办公室牌子);区水利局;区商务局(挂区粮食局牌子);区旅游局;区文化广电局;区卫生局(挂区食品药品监督管理局牌子);区人口和计划生育局。列入政府工作部门序列,不计政府机构个数4个:区监察局,与区纪律检查委员会机关合署;市公安局江宁分局;市国土资源局江宁分局;区民族宗教事务局,与区委统战部实行两块牌子,一套班子。

2014年南京市江宁区人民政府由25个工作部门、4个列入政府序列不计政府机关工作部门、7个派出机构、1个事业局、4个直属事业单位、6个相对独立运行机构、1个集体经济组织组成；有区长1名、副区长12名（其中焦龙、许志瑜7月任，周宁7月免）、副巡视员1人。

中共南京市江宁区委　南京市江宁区人民政府
关于南京市江宁区人民政府机构改革的实施意见

（江宁委发〔2010〕26号）

根据党的十七大和十七届二中全会关于深化行政管理体制改革的精神，按照《中共南京市委、南京市人民政府关于印发〈南京市江宁区人民政府机构改革方案〉的通知》（宁委〔2010〕173号）和市委、市政府关于区县政府机构改革的具体要求，为积极稳妥地做好我区政府机构改革工作，确保完成各项改革任务，现提出如下实施意见。

一、机构改革的指导思想和基本原则

（一）指导思想

高举中国特色社会主义伟大旗帜，以邓小平理论和“三个代表”重要思想为指导，深入贯彻落实科学发展观，坚持以人为本、执政为民，从江宁区实际出发，突出建设责任政府的目标，以政府职能转变为核心，按照精简统一效能的原则，进一步理顺职责关系，明确和强化责任，优化政府组织结构，规范机构设置，完善管理体制和运行机制，推进依法行政，提高行政效能，逐步做到权责一致、分工合理、决策科学、执行顺畅、监督有力，为推动江宁转型发展、创新发展和跨越发展提供体制机制保障。

（二）基本原则

1. 突出重点。以建设责任政府为目标，转变政府职能为核心，明确城区政府的职责重点，完善行政管理体制和运行机制。

2. 上下衔接。积极探索实行职能有机统一的大部门体制，职能调整和机构设置与市政府机构改革相衔接。

3. 平稳推进。把到2020年建立比较完善的行政管理体制的长远目标，与建设责任政府的当前任务有机结合，根据省、市的统一部署，统筹规划，循序渐进，稳妥实施。

二、机构改革的主要任务

（一）转变政府职能

结合江宁区实际，加快推进政企分开、政资分开、政事分开、政府与市场中介组织分开，把不该由政府管理的事项转移出去，进一步下放管理权限，深化行政审批制度改革，减少行政许可，从制度上更好地发挥市场在资源配置中的基础性作用，更好地发挥基层政府、公民和社会组织在社会公共事务管理中的作用。

在全面履行职责的基础上，突出管理和服务重点，确保党的路线、方针、政策和国家法律法规的有效落实；加强对全区经济社会事务的统筹协调，更加注重社会管理和公共服务，健全基层社会管理体制，完善基层公共服务体系，着力解决民生问题；强化执行和执法监管职责，增强处置突发公共事件和社会治安综合治理的能力。

按照权力阳光运行的要求，强化直接面向基层和群众的服务“窗口”建设，健全办事制度，公开办事依据，简化办事流程，转变管理方式和工作作风，提高政府服务水平、服务效能和公信力。

（二）理顺职责关系

结合区政府各部门“三定”工作，对交叉重复的职能进行梳理归并，切实解决部门职责交叉和关系不顺的问题，逐步建立和完善部门间协调配合机制，形成工作合力。

（三）明确和强化责任

把明确和强化责任作为区政府机构改革的重要内容。按照有责才有权、有权必有责、权责相一致的要求，在明确区政府各部门责任的基础上，赋予部门相应的职权。推进政务公开、绩效考评、行政问责等工作，强化责任追究，提高政府部门的执行力。

（四）优化组织结构

1. 组建区工业和信息化局。将区发展和改革局工业经济发展管理的职责、信息化管理的职责和直属行政机构中小企业管理局的相关职责，以及区科学技术局软件业管理的职责，整合划入区工业和信息化局。区工业和信息化局承担统筹协调推进工业经济发展、中小企业发展以及信息化的责任。不再保留中小企业局。不再保留区乡镇企业管理局牌子。

2. 组建区住房和城乡建设局，挂区建筑工程局、区人民防空办公室牌子。将区建设局的相关职责、区房产管理局的职责、区建筑工程局的职责、区人民防空办公室的职责，整合划入区住房和城乡建设局。区住房和城乡建设局承担推进城乡基础设施建设、住房保障、城乡规划、建筑业发展和人民防空的责任。不再保留区建设局、区房产管理局、区建筑工程局、区人民防空办公室。不再保留区民防局牌子。

3. 组建区人力资源和社会保障局，挂区公务员局牌子。将区人事局、区劳动和社会保障局的职责，整合划入区人力资源和社会保障局。区人力资源和社会保障局承担人才管理、公务员管理、促进就业、劳动权益保护和完善社会保障体系的责任。不再保留区人事局、区劳动和社会保障局。

与区人事局合署办公的区机构编制委员会办公室单独设置，列区委机构序列，既是区委工作机构，又是区政府工作机构。

4. 组建区城市管理局，挂区城市管理行政执法局牌子。将区市容管理局的职责、区建设局部分城市管理的职责，整合划入区城市管理局。不再保留区市容管理局。

5. 组建区农业局，挂区林业局、区农业资源开发局、区政府农村集体资产管理办公室牌子。将区林副业局的职责、区农业资源开发局的职责、区水利局农机管理的职责和区政府农村集体资产管理办公室的职责，整合划入区农业局。区农业局承担统筹协调农业和农村经济发展的责任。不再保留区林副业局、区农业资源开发局。

区委农村工作办公室更名为区委农村工作委员会。

6. 组建区文化广电局。将区文化局、区广播电视局的职责，整合划入区文化广电局。不再保留区文化局、区广播电视局。

7. 组建区投资促进局。将区对外贸易经济合作局外资管理的职责、开发园区协调管理的职责，以及区发展和改革局等部门有关投资促进等职责，整合划入区投资促进局。区投资促进局承担对外来投资的促进、管理和服务责任。不再保留区对外贸易经济合作局牌子。

8. 区政府办公室挂区政府法制办公室、区政府外事办公室、区接待办公室牌子。

9. 区发展和改革局挂区经济协作办公室牌子。将区接待和协作办公室有关经济协作的职责整合划入区发展和改革局。

10. 区科学技术局挂区知识产权局牌子。

11. 区财政局挂区政府国有资产监督管理办公室牌子。

12. 区卫生局挂区食品药品监督管理局牌子。按照食品药品监督管理机构由省以下垂直管理改为由地方政府分级管理的要求，将南京市江宁食品药品监督管理局的职责划入区卫生局。不再保留南京市江宁食品药品监督管理局。

13. 区交通局更名为区交通运输局。

14. 区商务局由事业局调整为区政府工作部门，挂区粮食局牌子。将区对外贸易经济合作局有关内贸外贸管理等职责、区粮食局的职责，以及区发展和改革局、区科学技术局等部门有关生产性服务业、现代物流业、服务外包业、会展业等各类服务业的发展引导职责，整合划入区商务局。区商务局承担推进内外贸融合以及现代服务业发展的责任。不再保留区粮食局。

15. 区旅游局由事业局调整为区政府工作部门。

16. 区物价局由合署办公机构调整为区政府工作部门。

机构整合调整后，区政府机构设置如下：

工作部门25个：区政府办公室（挂区政府法制办公室、区政府外事办公室、区接待办公室牌子）；区发展和改革局（挂区经济协作办公室牌子）；区工业和信息化局；区住房和城乡建设局（挂区建筑工程局、区人民防空办公室牌子）；区科学技术局（挂区知识产权局牌子）；区教育局；区民政局；区司法局；区财政局（挂区政府国有资产监督管理办公室牌子）；区人力资源和社会保障局（挂区公务员局牌子）；区审计局；区统计局；区物价局；区安全生产监督管理局；区投资促进局；区环境保护局；区城市管理局（挂区城市管理行政执法局牌子）；区交通运输局；区农业局（挂区林业局、区农业资源开发局、区政府农村集体资产管理办公室牌子）；区水利局；区商务局（挂区粮食局牌子）；区旅游局；区文化广电局；区卫生局（挂区食品药品监督管理局牌子）；区人口和计划生育局。

列入政府工作部门序列，不计政府机构个数4个：区监察局，与区纪律检查委员会机关合署；市公安局江宁分局；市国土资源局江宁分局；区民族宗教事务局，与区委统战部实行两块牌子，一套班子。

全面清理议事协调机构，撤销工作任务已完成的议事协调机构，不单独设置实体性办事机构。挂牌机构不单独制定“三定”规定，不单独核定领导职数。

（五）完善管理体制

按照财力与事权相匹配的原则，科学配置区政府的财力，增强提供公共服务的能力。进一步理顺和明确垂直管理部门与区政府的权责关系，完善区、街管理体制，建立健全配合制约机制，严格执法监管。

（六）严格控制机构编制和领导职数

严格控制机构数量。不突破省、市规定的区政府机构限额。对自行设置的机构进行调整归并，不在限额外设立承担行政职能的事业单位。对已经设立的承担行政职能的事业单位进行清理归并，逐步解决行政职能体外循环问题。

严格控制行政编制。确保改革后不突破市委、市政府核定的行政编制总额。原有各类自定编制（含老干部服务人员编制）一律取消，不得再使用或核定自定编制，不得混用事业编制。

严格控制领导职数。区政府工作部门的机构规格为正处级，部门领导职数按上级有关规定核定。按规定程序经上级正式批准设立工委（党委）并与部门合署的，可增加正职1名、副职1名。部门内设机构规格为正科级，每个内设机构领导职数按1～2名配备。逐步解决行政机关人员超编和领导干部超职数问题，并对行政机关的编外用工实施专项清理规范。

严格执行机构编制审批程序，加强对机构编制规定执行情况的监督检查，对违反规定的要认真查处，限期纠正。建立健全机构编制管理与组织人事、财政预算管理相衔接的配合制约机制，积极实施党政领导干部“三责联审”制度，建立机构编制考核评估和责任追究制度，严格执行机构编制实名制管理制度。严禁上级业务部门干预下级机构设置和编制配备。

三、机构改革的组织实施

（一）对新组建机构，由新组建机构领导班子抓紧制定实施机构组建工作计划，并按照“人员编制随职能走”的原则，将相关机构、编制及人员合并到新机构中，待“三定”规定确定后，尽快完成职能调整、内设机构整合、人员定编定岗等工作。

（二）对其他保留、更名及改变性质的机构，由部门负责制定实施机构改革工作计划。待“三定”规定确定后，尽快完成职能调整、内设机构整合、人员定编定岗等工作。

（三）对职能划转到多个部门后不再保留的机构，明确责任部门，认真做好人员划转（含离退休人员）、资产分割、工作衔接、安全稳定等工作，并尽快完成所涉下属事业单位的相应划转。

（四）其他配套措施。区政府办公室负责对办公用房进行集中调整安排，本次合并调整机构原则上集中办公；对印章统一刻制以及对作废印章的统一收集和销毁。区财政局负责资金渠道、经费预算调整和国有资产划转工作。区档案局负责指导协调文书档案划转归并工作。区委组织部、区编办、区人力资源和社会保障局负责做好人员划转（含离退休人员）、超编和超职数人员安置工作。区政府法制办公室负责对涉及相关行政主体的地方性法规和规章进行修订。区委组织部、区编办、区审计局负责做好机构改革有关部门领导干部“三责联审”工作。

四、关于“三定”工作

不论是新组建部门还是未作调整的部门，都必须在进一步落实转变职能的前提下，做好部门“定职能、定内设机构、定人员编制和领导职数”规定的制定或修订工作。

（一）“三定”工作程序

区政府部门“三定”（定职责、定内设机构、定人员编制和领导职数）工作，是机构改革的重要内容。各部门要根据本轮机构改革的要求，成立本部门机构改革领导小组和专门工作班子，明确专人负责。对职能转变、内设机构设置和人员编制配备进行认真梳理和分解，在此基础上，形成本部门“三定”规定草案，及时上报区编办审核、修改。区编办在征求有关领导和部门意见后，按规定程序，提交区编委会讨论后报区委或区政府审批，正式印发“三定”规定。

（二）“三定”规定的内容

“三定”规定主要包括：

1. 职责调整。即提出新增、取消和加强的职责。

2. 主要职责。即全面、准确地提出本部门的主要职责。

3. 内设机构。即提出部门内设机构的数量、名称和职责。

4. 人员编制。即提出机关行政编制和部门、内设机构两级领导职数。

5. 其他事项。即需要特别说明的事项。

6. 附则。

（三）“三定”工作的具体要求

1. 准确界定部门职能。以转变政府职能为核心，职能转变要突出“三个发展”“城乡统筹”的要求，按照政企分开、政资分开、政事分开、政府与市场中介组织分开的要求，将不该由政府管理的事项转移出去，将可由下级政府承担的事务交给下级政府，将技术性和具体事务交给事业单位或中介组织，切实把政府该管理的事项管理好，认真履行涉及群众切身利益、关系国计民生的经济社会事务管理职责。新增、取消和加强的职能保持与上级对口部门的衔接。

2. 着力解决部门职责交叉问题。坚持一件事情原则上由一个部门负责，对确需多个部门管理的事项明确牵头部门，分清主次责任。在精简和规范议事协调机构的同时，建立健全部门间行之有效的协调、会商和沟通机制，切实形成工作合力。

3. 切实强化部门责任。配置部门职能应明确相应的责任，做到权责对等，避免权责脱节，为推行行政问责制、加强责任追究提供依据。

4. 优化设置部门内设机构。区政府各工作部门的内设机构均为正科级。内设机构要体现大科室制的要求，按照全面正确履行职能的要求，全面整合、精干设置部门内设机构。各部门内设机构原有数量不能增加，不超过上级对口部门的内设机构数，不允许两个以上科室与上级对口部门的一个机构相对应，不设 3 人以下科室。按照议事协调机构不设实体性办事机构的要求，议事协调机构的办事机构不设业务科室，其日常工作由相关业务科室承担。

5. 严格控制人员编制,严格按规定配备领导职数。人员编制要体现优化调整和不突破原有数额的要求。对职能弱化的部门,适当精简编制;对职能强化、工作任务增加的部门,通过整合资源、调整机构、创新体制机制等办法解决编制紧缺问题;对相关部门合并共同组建新机构的,人员编制按照精简原则重新核定;对新设立的部门,人员编制从相关部门按职能一并划转,并统筹调剂部分综合科室的人员编制;对部门之间职能调整的,人员编制随职能划转。各部门原有各类地方自定编制(含老干部服务人员编制)一律取消,后勤服务人员编制另行明确。部门领导职数按规定配备,科室领导职数按照大科室设置要求从紧核定。

五、加强对机构改革工作的领导

根据要求,区政府机构改革于2010年6月基本完成。机构改革涉及工作格局和多方面利益关系的调整,关系改革、发展和稳定大局,必须加强党委和政府对机构改革工作的领导,统筹规划、周密部署,积极稳妥地推进。区政府各部门要切实增强对机构改革工作的认识,加强组织领导,明确专人负责,精心谋划、规范运作,做到思想不散、秩序不乱,保持各项工作正常运转。区纪检监察、组织、财政、人事、编制、审计等有关部门要各司其职、强化配合,认真做好职能、机构、编制、人员、资产划转等各项工作;要大力加强思想政治工作,严肃各项改革纪律,严禁超编进人,禁止突击提拔干部,严防国有资产流失,确保机构改革顺利进行。机构改革工作结束后,区编办组织力量对"三定"规定实施情况进行督查,对违反政策规定的做法及时纠正,并按规定验收。做好迎接上级机构编制部门检查验收工作。

二、江宁区行政执法主体概况

截至2015年,江宁区44家行政机关、49个法律法规授权的组织、1个受委托的组织具有行政执法资格。

1. 行政机关(44个):发改局、监察局、工信局、住建局、科技局、教育局、民政局、司法局、财政局、人社局、审计局、统计局、物价局、安监局、投促局、环保局、城管局、交通运输局、农业局、水利局、商务局、旅游局、文广局、卫生局、食药监局、人口计生局、公安分局、国土分局、规划分局、林业局、建工局、人防办、粮食局、民宗局、征收办、体育局、档案局、国税局、地税局、工商局、质监局、烟草专卖局、气象局、保密局。

2. 法律法规授权的组织(49个):运输管理所、运政稽查大队、公路管理站、汽车维修(驾培)行业管理所、地方海事处、航道管理站、航运管理所、动物卫生监督所、林业有害生物检疫防治站、渔政监督大队、地震办、爱卫办(12个)。出入境管理大队、交通巡逻警察大队、消防大队、东山派出所、开发区派出所、高新园派出所、上坊派出所、岔路派出所、百家湖派出所、麒麟派出所、淳化派出所、秣陵派出所、汤山派出所、上峰派出所、土桥派出所、禄口派出所、江宁派出所、湖熟派出所、谷里派出所、横溪派出所、丹阳派出所、铜山派出所、龙都派出所、陶吴派出所、东善桥派出所、滨江派出所、陆郎派出所、江宁地税征收税务分局、江宁地税稽查局、江宁地税第一税务分局、第二税务分局、第三税务分局、第四税务分局、第五税务分局、第六税务分局、第七税务分局、第八税务分局(37个)。

3. 受委托组织(1个):江宁经济技术开发区

三、抽象行政行为

表 12　江宁区政府规范性文件目录。共 34 件，不包括政府工作部门规范性文件

序号	发布机关	文件文号	文件名称	发布时间	生效时间
1	江宁区政府	江宁政发〔2008〕51 号	关于扩大江宁区养犬重点管理区范围的通告	2008 年 3 月 21 日	2008 年 3 月 21 日
2	江宁区政府	江宁政发〔2008〕210 号	江宁区艾滋病防治暂行办法	2008 年 11 月 5 日	2008 年 11 月 5 日
3	江宁区政府	江宁政发〔2009〕75 号	关于人民防空建设经费筹集管理的规定	2009 年 3 月 18 日	2009 年 3 月 18 日
4	江宁区政府	江宁政规发〔2009〕3 号	江宁区水利工程管理和保护实施细则	2009 年 10 月 9 日	2009 年 11 月 11 日
5	江宁区政府	江宁政规发〔2009〕5 号	江宁区新型合作医疗管理办法	2009 年 12 月 1 日	2010 年 1 月 1 日
6	江宁区政府	江宁政规发〔2010〕1 号	关于调整城镇职工医疗保险有关政策的通知	2010 年 2 月 12 日	2010 年 2 月 12 日
7	江宁区政府	江宁政规发〔2010〕3 号	江宁区规范性文件制定和备案管理办法	2010 年 5 月 31 日	2010 年 5 月 31 日
8	江宁区政府	江宁政规发〔2010〕7 号	江宁区汤山温泉资源保护和管理暂行办法	2010 年 11 月 14 日	2010 年 11 月 15 日
9	江宁区政府	江宁政规发〔2010〕10 号	江宁区廉租住房保障实施细则	2010 年 10 月 20 日	2010 年 12 月 10 日
10	江宁区政府	江宁政规发〔2010〕11 号	江宁区经济适用住房管理实施细则	2010 年 10 月 20 日	2010 年 12 月 10 日
11	江宁区政府	江宁政发〔2011〕72 号	江宁区被征地人员社会保障实施细则	2011 年 3 月 21 日	2011 年 1 月 1 日
12	江宁区政府	江宁政规发〔2011〕3 号	江宁区区级行政事业单位国有资产出租出借管理暂行办法	2011 年 4 月 29 日	2011 年 6 月 1 日
13	江宁区政府	江宁政规发〔2011〕2 号	江宁区保障性住房建设资金管理办法	2011 年 6 月 27 日	2011 年 8 月 1 日
14	江宁区政府	江宁政规发〔2011〕4 号	江宁区户口准入登记暂行办法	2011 年 7 月 4 日	2011 年 7 月 4 日
15	江宁区政府	江宁政规发〔2011〕5 号	江宁区农业机械安全监督管理办法	2011 年 7 月 7 日	2011 年 9 月 1 日
16	江宁区政府	江宁政规发〔2011〕6 号	江宁区水利建设融资资金使用管理办法	2011 年 8 月 11 日	2011 年 9 月 1 日
17	江宁区政府	江宁政规发〔2011〕7 号	江宁区农村土地流转管理办法	2011 年 9 月 28 日	2011 年 10 月 1 日
18	江宁区政府	江宁政规发〔2011〕12 号	江宁区工业项目基本建设工程联合竣工验收实施意见	2011 年 10 月 22 日	2011 年 10 月 22 日

续表

序号	发布机关	文件文号	文件名称	发布时间	生效时间
19	江宁区政府	江宁政发〔2005〕249 号	关于印发南京市江宁区征地留用地管理办法的通知	2005 年 11 月 27 日	2005 年 11 月 27 日
20	江宁区政府	江宁政发〔2005〕286 号	江宁区城镇最低收入家庭住房租金补贴办法（试行）	2005 年 12 月 23 日	2005 年 12 月 23 日
21	江宁区政府	江宁政发〔2006〕36 号	关于印发南京市江宁区行政许可实施程序规定的通知	2006 年 3 月 3 日	2006 年 3 月 3 日
22	江宁区政府	江宁政发〔2006〕192 号	关于全区义务教育阶段学生免收杂费的工作意见	2006 年 8 月 25 日	2006 年 8 月 25 日
23	江宁区政府	江宁政发〔2007〕147 号	关于南京市江宁区工业用地招标拍卖挂牌出让实施细则的通知	2007 年 6 月 21 日	2007 年 6 月 21 日
24	江宁区政府	江宁政规发〔2012〕2 号	江宁区城乡居民社会养老保险办法	2012 年 7 月 1 日	2012 年 7 月 1 日
25	江宁区政府	江宁政规发〔2012〕3 号	江宁区食品安全举报奖励办法	2012 年 7 月 10 日	2012 年 9 月 1 日
26	江宁区政府	江宁政规发〔2012〕4 号	江宁区食品安全工作责任制和责任追究办法	2012 年 8 月 15 日	2012 年 9 月 1 日
27	江宁区政府	江宁政规发〔2012〕5 号	江宁区学生小饭桌食品安全监督管理规定	2012 年 8 月 31 日	2012 年 9 月 1 日
28	江宁区政府	江宁政规发〔2012〕7 号	关于印发江宁区免除殡葬基本服务费用实施细则的通知	2012 年 10 月 26 日	2012 年 11 月 1 日
29	江宁区政府	江宁政规发〔2012〕8 号	江宁区社区集体资金资产资源监督管理办法	2012 年 11 月 16 日	2012 年 11 月 16 日
30	江宁区政府	江宁政规发〔2012〕9 号	江宁区房屋征收和征地拆迁监督管理办法	2012 年 11 月 29 日	2013 年 1 月 1 日
31	江宁区政府	江宁政规发〔2013〕1 号	南京市江宁区城市夜景灯光管理办法	2013 年 3 月 5 日	2013 年 5 月 1 日
32	江宁区政府	江宁政规发〔2013〕2 号	南京市江宁区公共租赁住房保障实施细则	2013 年 9 月 12 日	2013 年 10 月 1 日
33	江宁区政府	江宁政规发〔2013〕3 号	江宁区城镇职工基本医疗保险实施办法	2013 年 10 月 17 日	2014 年 1 月 1 日
34	江宁区政府	江宁政规发〔2013〕4 号	江宁区烟草制品零售点总布局管理规定	2013 年 12 月 2 日	2014 年 1 月 1 日

南京市江宁区人民政府其他重要规范性文件

2013 年江宁区人民政府其他重要规范性文件目录

江宁政发〔2013〕1 号关于下达南京市江宁区 2013 年国民经济和社会发展奋斗目标的通知

江宁政发〔2013〕5 号关于印发《江宁区环境综合整治行动第二阶段拆违治乱整破任务目标菜单》的通知

江宁政发〔2013〕10 号关于印发《江宁区城市综合管理标准化建设工作实施方案》的通知

江宁政发〔2013〕15 号关于调整公布江宁区文物保护单位的通知

江宁政发〔2013〕16 号关于印发《南京市江宁区主次干道两侧开敞空间景观建设要点及管理规定》的通知

江宁政发〔2013〕23 号关于印发《全区渣土运输专项整治工作实施方案》的通知

江宁政发〔2013〕25 号关于印发《关于推进全区“优二进三”工作的实施意见（试行）》的通知

江宁政发〔2013〕26 号关于加强冬季流浪乞讨人员救助工作的通知

江宁政发〔2013〕28 号关于明确“上秦淮”片区范围管理权限的通知

江宁政发〔2013〕35 号关于印发《加快推进全区基层社区文体事业发展意见》的通知

江宁政发〔2013〕37 号关于转发《南京市关于将部分康复项目纳入基本医疗保障范围的通知》的通知

江宁政发〔2013〕39 号关于切实做好农民工工资清欠工作的紧急通知

江宁政发〔2013〕45 号关于批准实施全区 2013 年重大产业项目的通知

江宁政发〔2013〕49 号关于印发《江宁区城镇职工基本医疗保险定点医疗机构支付方式改革实施意见》的通知

江宁政发〔2013〕52 号江宁区关于做好扬尘污染防治工作的实施意见

江宁政发〔2013〕60 号关于下达 2013 年度“绿色江宁”工程建设任务的通知

江宁政发〔2013〕61 号关于明确农村宅基地确权登记发证工作相关问题实施意见的通知

江宁政发〔2013〕72 号关于进一步巩固露采矿山关停整治成果建立长效监管机制的通知

江宁政发〔2013〕73 号关于印发 2013 年区政府主要工作目标任务分解落实方案的通知

江宁政发〔2013〕94 号关于印发贯彻实施《南京市汤山旅游资源保护条例》实施方案的通知

江宁政发〔2013〕98 号关于江宁区投资环境及产业发展方向的报告

江宁政发〔2013〕101 号关于印发《江宁区出租汽车扩容实施方案》的通知

江宁政发〔2013〕104 号关于印发《江宁区 2013 年城乡建设行动计划》的通知

江宁政发〔2013〕105 号关于进一步转变工作作风、加强勤政廉政建设的规定

江宁政发〔2013〕106 号江宁区关于加快培育和发展战略性新兴产业实施意见

江宁政发〔2013〕107 号江宁区 2013～2015 年节能降耗实施方案

江宁政发〔2013〕115 号关于下发《江宁区消防总体规划 2013 年度实施计划》的通知

江宁政发〔2013〕118 号关于转发《南京市城乡困难居民医疗救助暂行办法》的通知

江宁政发〔2013〕127 号关于印发市下达《江宁区 2013 年综合考核目标监测统计实施办法》的通知

江宁政发〔2013〕131 号关于批转《江宁区 2013 年绿荫道创建实施计划》的通知

江宁政发〔2013〕136 号关于印发《江宁区 2013～2015 年名牌创建工作规划》的通知

江宁政发〔2013〕143 号关于印发《江宁区防治重大动物疫病应急预案》的通知

江宁政发〔2013〕144 号关于印发《2013 年江宁区突出环境问题集中挂牌整治工作方案》的通知

江宁政发〔2013〕145 号关于印发 2013 年江宁区区长环境保护工作目标的通知

江宁政发〔2013〕162 号关于下达全区土地综合整治工作任务和加快土地整治项目申报实施的通知

江宁政发〔2013〕166 号关于加快南京江宁建材市场建设的实施意见

江宁政发〔2013〕175 号关于印发《江宁区创建国家级和省级农村职业教育和成人教育示范县(区)实施方案》的通知

江宁政发〔2013〕180 号关于进一步加强全区统计基础工作规范化建设的意见

江宁政发〔2013〕181 号关于印发《江宁区青年大学生创业扶持政策实施细则》的通知

江宁政发〔2013〕191 号关于印发《江宁区环境综合整治行动第三阶段拆违治乱整破任务目标菜单》的通知

江宁政发〔2013〕206 号关于成立江宁区城市治理委员会(公务委员)的通知

江宁政发〔2013〕211 号关于开展 2012 年度土地矿产卫片执法检查工作的通知

江宁政发〔2013〕214 号关于印发江宁区公共服务配套设施类资产移交工作要求的通知

江宁政发〔2013〕222 号关于进一步加强文物保护和管理工作的通知

江宁政发〔2013〕229 号关于印发 2013 年第二届亚青会举办期间环境质量保障临时管控措施的通知

江宁政发〔2013〕231 号关于印发《江宁区深入推进行政权力网上公开透明运行工作方案》的通知

江宁政发〔2013〕251 号关于印发《江宁区公众参与城市治理实施办法(试行)》的通知

江宁政发〔2013〕253 号关于印发《对回族等 10 个少数民族居民发放牛羊肉补贴的

实施意见》的通知

江宁政发〔2013〕272 号关于印发《江宁区黄标车淘汰补贴工作方案》的通知

江宁政发〔2013〕278 号关于加强农业现代化建设加快推进农业保险工作的意见

江宁政发〔2013〕304 号关于调整 2013 年全区重大产业项目的通知

江宁政发〔2013〕306 号关于南京空港枢纽经济区总体发展规划研究的优化建议

江宁政发〔2013〕319 号关于印发 2013 年江宁区公共文化服务体系建设任务菜单的通知

江宁政发〔2013〕325 号关于进一步明确住宅区物业管理工作中的有关执法边界、责任边界的通知

江宁政发〔2013〕335 号关于成立江宁区和谐劳动关系创建工作委员会的通知

江宁政发〔2013〕337 号关于印发《江宁区土地利用规划空间管理暂行办法》的通知

江宁政发〔2013〕339 号关于《江宁区基本农田划定实施方案审查意见》的报告

江宁政发〔2013〕344 号关于成立江宁美丽乡村示范区重点工程项目建设指挥部的通知

江宁政发〔2013〕349 号关于贯彻市“12345”效能提升行动实施意见

江宁政发〔2013〕352 号关于印发《推行行政指导工作的实施意见》的通知

江宁政发〔2013〕360 号关于印发《江宁区国资房地产企业退出一般商品房开发领域工作实施意见》的通知

江宁政发〔2013〕372 号关于调整 2013 年财政收入征收计划的通知

江宁政发〔2013〕374 号关于加强全区违法用地管理和考核工作的实施意见

江宁政发〔2013〕380 号关于印发《2013 年度江宁区生活垃圾分类工作实施方案》的通知

江宁政发〔2013〕382 号关于开展全民健康生活方式行动的通知

江宁政发〔2013〕391 号《关于全区节能减排工作的审议意见》落实情况的报告

江宁政发〔2013〕402 号关于成立江宁区大气污染预警与应急指挥中心的通知

江宁政发〔2013〕403 号关于印发《江宁区大气污染预警与应急处置工作方案》的通知

江宁政发〔2013〕406 号关于下达 2014 年水利建设土方任务的通知

江宁政发〔2013〕432 号关于成立江宁区城乡规划委员会实施方案

江宁政发〔2013〕433 号关于印发《进一步加快建筑业发展的实施意见》的通知

江宁政发〔2013〕436 号关于调整区环境综合整治指挥部办公室专业组设置及主要职责的通知

江宁政发〔2013〕447 号关于印发《美丽江宁西部生态旅游走廊公共交通基础设施建设实施方案》的通知

江宁政规发〔2013〕1 号关于印发《南京市江宁区城市夜景灯光管理办法》的通知

江宁政规发〔2013〕2 号关于印发《江宁区公共租赁住房保障实施细则》的通知

江宁政规发〔2013〕3 号关于印发《江宁区城镇职工基本医疗保险实施办法》的通知

江宁政规发〔2013〕4 号关于印发《江宁区烟草制品零售点布局管理规定》的通知

2012 年江宁区人民政府其他重要规范性文件目录

江宁政发 19 号关于成立江宁区社会信用体系建设工作领导小组的通知

江宁政发 52 号关于印发《创新经济薄弱村帮扶工作实施意见》的通知

江宁政发 53 号关于成立江宁区创建国家现代农业示范区工作领导小组和建立联席会议制度的通知

江宁政发 55 号关于印发《江宁区加快软件和信息服务业发展实施意见》的通知

江宁政发 83 号关于印发《江宁区对银行业金融机构支持地方经济发展的考评奖励办法》的通知

江宁政发 84 号关于加强行政调解工作的实施意见

江宁政发 88 号关于印发《南京市江宁区法治政府建设实施方案》的通知

江宁政发 93 号关于组织实施 2012 年度全区稳定价格和治乱减负目标责任制的通知

江宁政发 98 号关于印发《江宁区全民健身实施计划》的通知

江宁政发 101 号关于印发《江宁区基本实现体育现代化工作实施意见》的通知

江宁政发 107 号关于印发《江宁区 2012 年城乡建设行动计划》的通知

江宁政发 112 号关于印发《南京市江宁区妇女发展规划(2011 ~2015 年)》和《南京市江宁区儿童发展规划(2011 ~2015 年)》的通知

江宁政发 116 号江宁区流动人口服务管理工作实施意见

江宁政发 129 号关于印发《江宁区矿业秩序整治工作实施方案》的通知

江宁政发 131 号关于建立江宁区流浪乞讨人员救助管理工作联席会议的通知

江宁政发 133 号关于印发《江宁区社区(行政村)“10 分钟体育健身圈”建设实施方案》的通知

江宁政发 137 号关于印发《江宁区 2012 年“三高两低”企业整治工作方案》的通知

江宁政发 141 号关于印发《江宁区突发公共事件医疗卫生救援应急预案》的通知

江宁政发 143 号关于印发《江宁区创建国家卫生应急综合示范区工作方案》的通知

江宁政发 145 号关于印发《南京市江宁区水利现代化建设 3 年行动方案》的通知

江宁政发 147 号关于下发开展全区机动车违停“百日整治”行动工作方案的通知

江宁政发 162 号关于印发《江宁区长江沿岸砂石码头船厂专项整治工作方案》的通知

江宁政发 163 号关于建立全区突发事件卫生应急处置协调联动机制意见的通知

江宁政发 173 号关于转批《南京市江宁区 2012 年度地质灾害防治工作方案》的通知

江宁政发 215 号关于印发《江宁区率先基本实现现代化指标体系监测统计实施办法(试行)》的通知

江宁政发 219 号关于印发《南京市江宁区基本农田划定工作方案》的通知

江宁政发 227 号关于开展质量强区工作的实施意见

江宁政发 228 号关于加快推进全区电网规划建设的工作意见

江宁政发 229 号关于印发《江宁区粘土砖瓦窑企业集中关停工作方案》的通知

江宁政发 238 号关于印发《江宁区促进股权投资基金发展的若干政策》的通知

江宁政发 241 号关于印发《江宁区财政预算管理制度改革方案》等 3 个财政转型创新配套方案的通知

江宁政发 252 号关于切实做好 2012 年农村实事工程的实施意见

江宁政发 274 号关于印发《江宁区高效节水灌溉试点重点县资金整合工作实施方案》的通知

江宁政发 275 号关于印发《南京市江宁区政府融资平台公司管理暂行办法》的通知

江宁政发 277 号关于印发《江宁区促进软件和信息服务业发展的政策意见》的通知

江宁政发 281 号关于印发《江宁区精神疾病患者免费治疗实施细则》的通知

江宁政发 297 号关于公车购置和车改后续管理工作的实施意见

江宁政发 303 号关于规范全区停车场管理工作的实施意见(试行)

江宁政发 305 号关于印发《南京市江宁区动迁拆违治乱整破暨环境综合整治行动实施方案》的通知

江宁政发 317 号关于做好全区第五届社区居委会换届选举工作的实施意见

江宁政发 321 号关于印发《2012 年江宁区食品安全系列专项整治工作方案》的通知

江宁政发 326 号关于印发《江宁区乡村旅游区(点)管理指导意见》的通知

江宁政发 336 号关于印发《加快推进全区农业保险工作实施意见》的通知

江宁政发 362 号关于印发《江宁区汤铜路沿线整治方案》的通知

江宁政发 375 号关于印发《江宁区扶持中小微工业企业加快发展的若干政策》的通知

江宁政发 391 号关于印发《南京市江宁区国资投资项目工程建设监督管理办法》的通知

江宁政发 395 号关于印发《江宁区垃圾分类工作试点方案》的通知

江宁政发 396 号关于印发《江宁区餐厨废弃物管理工作方案》的通知

江宁政发 398 号关于印发《江宁区公共停车设施市场化运作方案》的通知

江宁政发 400 号关于印发《进一步加强全区城市亮化建设工作的实施方案》的通知

江宁政规发 1 号关于印发《江宁区个人独资企业转办有限责任公司暂行办法》的通知

江宁政规发 2 号关于印发《南京市江宁区城乡居民社会养老保险办法》的通知

江宁政规发 3 号关于印发《江宁区食品安全举报奖励办法》(试行)的通知

江宁政规发 4 号关于印发《江宁区食品安全工作责任制与责任追究办法(试行)》的通知

江宁政规发 5 号关于印发《江宁区学生小饭桌食品安全监督管理规定》的通知

江宁政规发 7 号关于印发《江宁区免除殡葬基本服务费用实施细则》的通知

江宁政规发 8 号关于印发《南京市江宁区社区集体资金资产资源监督管理办法》的通知

江宁政规发9号关于印发《南京市江宁区房屋征收和征地拆迁监督管理办法》的通知

2011年江宁区人民政府其他重要规范性文件目录

江宁政发1号关于下达南京市江宁区2011年国民经济和社会发展奋斗目标的通知

江宁政发2号关于印发《南京市江宁区国民经济和社会发展第十二个五年规划纲要》的通知

江宁政发5号关于成立江宁区劳动人事争议仲裁委员会的通知

江宁政发19号关于对江宁开发区旧城改造区域实行冻结的通知

江宁政发22号关于对"东吉谷""上秦淮"等地区建设项目进行规划管理控制的通知

江宁政发30号关于下达2011年度"绿色江宁"工程建设任务的通知

江宁政发40号关于印发江宁区城市道路交通综合整治工作方案的通知

江宁政发41号关于印发南京市江宁区2011年城乡规划建设管理任务计划的通知

江宁政发49号关于印发江宁区推动企业上市扶持办法的通知

江宁政发55号关于调整公共租赁住房相关政策文件部分内容的通知

江宁政发59号关于成立江宁区高速公路沿线广告设施整治工作领导小组的通知

江宁政发61号关于印发《南京市江宁区"十二五"突发事件应急体系建设规划(2011～2015)》的通知

江宁政发65号关于印发《江宁区制造业项目准入综合评价管理暂行办法》的通知

江宁政发71号关于确定2011年重大产业项目的通知

江宁政发72号关于印发《江宁区被征地人员社会保障实施细则》的通知

江宁政发83号关于区人民政府领导分工的通知

江宁政发87号关于组织实施2011年稳定价格和治乱减负目标责任制的通知

江宁政发90号关于印发《南京市江宁区2011年推进依法行政工作要点》的通知

江宁政发97号关于举办2011年"和谐江宁大舞台"群众文化活动的通知

江宁政发102号关于印发《南京市江宁区清水行动计划(2011～2015)》的通知

江宁政发103号关于印发《南京市江宁区生态文明示范区建设行动计划(2011～2015)》的通知

江宁政发104号关于印发《南京市江宁区蓝天行动计划(2011～2015)》的通知

江宁政发109号关于对2011年度重大火灾隐患整改实行政府挂牌督办的通知

江宁政发113号关于完善全区街道、开发园区财政管理体制的通知

江宁政发125号关于进一步完善全区土地出让收支管理的通知

江宁政发126号关于进一步做好经济薄弱村帮扶工作的实施意见

江宁政发130号关于批转《南京市江宁区2011年度地质灾害防治工作方案》的通知

江宁政发139号关于印发《南京市江宁区畜禽规模养殖业清理整顿工作方案》的通知

江宁政发146号关于印发《江宁区整治"人力三轮车"工作方案》的通知

江宁政发161号关于进一步加强政府自身建设的意见

江宁政发162号关于印发《南京市江宁区人民政府工作规则》的通知

江宁政发220号关于切实做好2011年农村实事工程的意见

江宁政发222号关于印发《江宁区创业投资引导基金管理暂行办法》的通知

江宁政发224号关于印发《南京市江宁区关停整改“三高两低”企业工作方案》的通知

江宁政发236号关于印发《开展“城中村”安全管理专项治理工作实施意见》的通知

江宁政发238号关于印发《南京市江宁区国家知识产权强县工程试点区实施方案》的通知

江宁政发239号关于调整2011年全区重大产业项目的通知

江宁政发284号关于下发《江宁区“社区六进”工程考核实施办法》的通知

江宁政发286号关于印发《江宁区区级非经营性政府投资建设项目代建资金管理暂行办法》的通知

江宁政发287号关于进一步加强“12345”工作的意见

江宁政发288号关于印发《江宁区加快现代服务业发展工作方案》的通知

江宁政发308号关于印发《南京市江宁区促进智能电网产业发展若干政策意见》的通知

江宁政发317号关于印发《江宁区2011年度营职以下(含专业技术)军队转业干部安置实施办法》的通知

江宁政发329号关于转发《关于规范和加强征地(收)拆迁工作的实施意见》的通知

江宁政发348号关于印发《东山城区大型户外商业广告设施整治工作方案》的通知

江宁政发413号关于印发《江宁区开展安全社区创建工作实施意见》的通知

江宁政规发1号关于印发《南京市江宁区企业国有资产监督管理暂行办法》的通知

江宁政规发2号关于印发《南京市江宁区保障性住房建设资金管理暂行办法》的通知

江宁政规发3号关于印发《江宁区区级行政事业单位国有资产出租出借管理暂行办法》的通知

江宁政规发4号关于批转《南京市江宁区户口准入登记暂行办法》的通知

江宁政规发5号关于印发《南京市江宁区农业机械安全监督管理办法》的通知

江宁政规发6号关于印发《南京市江宁区水利建设融资资金使用管理办法》的通知

江宁政规发7号关于批转《江宁区农村土地承包经营权流转管理实施办法》的通知

江宁政规发8号关于印发《南京市江宁区征地拆迁补偿安置办法》的通知

江宁政规发9号关于印发《南京市江宁区人民政府关于公布征地拆迁补偿安置标准通知》的通知

江宁政规发10号关于印发《南京市江宁区建设项目审计监督暂行办法》和《南京市江宁区建设项目审计实施细则》的通知

江宁政规发11号关于转发《江宁区智能电网产业发展专项资金使用管理办法》的通知

江宁政规发12号江宁区工业项目基本建设工程联合竣工验收实施意见

四、具体行政行为概况

1. 2012 年行政执法情况

表 13　2012 年南京市江宁区行政执法案件统计报

种类	行政许可					行政处罚																		行政强制								强行执行		
项目		审批结果		重大许可备审		案件	行政处罚种类										重大处罚决定备案		适用处罚程序				罚没款收缴		行政强制种类					重大强制备审				
								罚款												一般程序														
单位	申请许可总数	准予许可总数	不予许可总数	实际报备数	经审查纠正数	总数	警告	案件数	金额	没收违法所得	没收非法财物	责令停产停业	暂扣证照	吊销证照	行政拘留	其他行政处罚	实际上报备案数	经审查纠正数	简易程序	总数	告知权利	听证数	当场收缴	入库金额	限制公民人身自由	查封场所或设施或者财物	扣押财物	冻结存款或汇款	其他行政强制措施	实际报备数	经审查纠正数	其他具体行政行为	行政机关依法执行数	申请法院执行数	法院实际执行数
单位	件	件	件	件	件	件	件	件	万元	万元	件	件	件	件	件	件	件	件	件	件	件	件	万元	万元	人	件	件	万元	件	件	件	件	件	件	件
代码	1	2	3	4	5	6	7	8	9	10	11	12	13	14	15	16	17	18	19	20	21	22	23	24	25	26	27	28	29	30	31	32	33	34	35
合计																																			
区政府																																			
组成部门																																			
发改局																																			
工信局																																			
住建局	141	141																																	
科技局																																			
教育局	7	7																																	
民政局	94	94																																	
司法局																																			
财政局																																			
人社局						10		10	7										10					7											
审计局																																			
统计局						4	4												4																
物价局						21	3	19	14	1																									
安监局						4		4	47								4			4	4			47											
投促局	172	172																																	

续表

种类	行政许可					行政处罚																			行政强制							其他具体行政行为	强行执行		
项目		审批结果		重大许可备审		案件	行政处罚种类										重大处罚决定备案		适用处罚程序				罚没款收缴		行政强制种类					重大强制备审					
								罚款												一般程序															
单位	申请许可总数	准予许可总数	不予许可总数	实际报备数	经审查纠正数	总数	警告	案件数	金额	没收违法所得	没收非法财物	责令停产停业	暂扣证照	吊销证照	行政拘留	其他行政处罚	实际上报备案数	经审查纠正数	简易程序	总数	告知权利	听证数	当场收缴	入库金额	限制公民人身自由	查封场所或设施或者财物	扣押财物	冻结存款或汇款	其他行政强制措施	实际报备数	经审查纠正数		行政机关依法执行数	申请法院执行数	法院实际执行数
单位	件	件	件	件	件	件	件	件	万元	万元	件	件	件	件	件	件	件	件	件	件	件	件	万元	万元	人	件	件	万元	件	件	件	件	件	件	件
代码	1	2	3	4	5	6	7	8	9	10	11	12	13	14	15	16	17	18	19	20	21	22	23	24	25	26	27	28	29	30	31	32	33	34	35
环保局	487					193	1	192	364			147					1			192	192			294										32	6
城管局	230	230						9864	606								10		8649	1215	1215														
交通局	1283	1283				7036		7036	2036								13		318	7036	7036			2036											
农业局	338	338				6	3	3	0.3											3	3			0.3											
水利局																																			
商务局																																			
旅游局																																			
文广局	6	6				201		201	33.4										142	59	59			33.4											
卫生局	2529	2529				60	18	42	6.9									17	43	43															
计生局																																			
药监局	1308	1308				42	17	25	18	11	3	1							17	25	25			29			3							1	1
规划局	986	851	135																																
民宗局																1							50 元												
挂牌机构																																			
建工局（住建局）	304	304						20	35.8											20	20			35.8											
人防办（住建局）	82	82																																	
林业局（农业局）	593	443	150			37		37	35.9		3						1			37	37			35.9											
集体资产管理办公室（农业局）																																			
粮食局（商务局）																																			

续表

种类	行政许可					行政处罚																			行政强制							其他具体行政行为	强行执行		
项目／单位	申请许可总数	审批结果		重大许可备审		案件	行政处罚种类										重大处罚决定备案		适用处罚程序				罚没款收缴		行政强制种类					重大强制备审					
		准予许可总数	不予许可总数	实际报备数	经审查纠正数	总数	警告	罚款		没收违法所得	没收非法财物	责令停产停业	暂扣证照	吊销证照	行政拘留	其他行政处罚	实际上报备案数	经审查纠正数	简易程序	一般程序			当场收缴	入库金额	限制公民人身自由	查封场所或设施或者财物	扣押财物	冻结存款或汇款	其他行政强制措施	实际报备数	经审查纠正数		行政机关依法执行数	申请法院执行数	法院实际执行数
								案件数	金额											总数	告知权利	听证数													
单位	件	件	件	件	件	件	件	件	万元	万元	件	件	件	件	件	件	件	件	件	件	件	件	万元	万元	人	件	件	万元	件	件	件	件	件	件	件
代码	1	2	3	4	5	6	7	8	9	10	11	12	13	14	15	16	17	18	19	20	21	22	23	24	25	26	27	28	29	30	31	32	33	34	35
区政府事业局																																			
体育局																																			
区政府直属单位																																			
档案局																																			
双重领导																																			
国土局						59		59	1902	158	42									59	59			1902											
街(镇)																																			
东山街道																																			
秣陵街道																																			
谷里街道																																			
江宁街道																																			
横溪街道																																			
禄口街道																																			
淳化街道																																			
湖熟街道																																			

续表

种类	行政许可					行政处罚																			行政强制							其他具体行政行为	强行执行		
项目 单位	申请许可总数	审批结果		重大许可备审		案件	行政处罚种类										重大处罚决定备案		适用处罚程序				罚没款收缴		行政强制种类					重大强制备审					
		准予许可总数	不予许可总数	实际报备数	经审查纠正数	总数	警告	罚款		没收违法所得	没收非法财物	责令停产停业	暂扣证照	吊销证照	行政拘留	其他行政处罚	实际上报备案数	经审查纠正数	简易程序	一般程序			当场收缴	入库金额	限制公民人身自由	查封场所或设施或者财物	扣押财物	冻结存款或汇款	其他行政强制措施	实际报备数	经审查纠正数		行政机关依法执行数	申请法院执行数	法院实际执行数
								案件数	金额											总数	告知权利	听证数													
单位	件	件	件	件	件	件	件	件	万元	万元	件	件	件	件	件	件	件	件	件	件	件	件	万元	万元	人	件	件	万元	件	件	件	件	件	件	件
代码	1	2	3	4	5	6	7	8	9	10	11	12	13	14	15	16	17	18	19	20	21	22	23	24	25	26	27	28	29	30	31	32	33	34	35
汤山街道																																			
麒麟街道																																			
其他组织																																			
区残联																																			
爱卫办																																			
地震办																																			
备注	表格栏空白表示该项内容数据为零																																		

2. 2013 年行政执法情况

表 14　2013 年上半年行政执法情况（2013 年 1～6 月）

种类 / 项目 / 单位	行政许可：申请许可总数	行政许可：许可审批结果：准予许可总数	行政许可：许可审批结果：不予许可总数	行政许可：重大许可备审：实际报备数	行政许可：重大许可备审：经审查纠正数	行政执法案件：立案数	行政处罚：案件：总数	行政处罚种类：警告	行政处罚种类：罚款：案件数	行政处罚种类：罚款：金额	行政处罚种类：没收违法所得	行政处罚种类：没收非法财物	行政处罚种类：没收非法财物	行政处罚种类：责令停产停业	行政处罚种类：暂扣证照	行政处罚种类：吊销证照	行政处罚种类：行政拘留	行政处罚种类：其他行政处罚	重大处罚决定备案：实际上报备案数	重大处罚决定备案：经审查纠正数	适用处罚程序：简易程序	适用处罚程序：一般程序：总数	适用处罚程序：一般程序：告知权利	适用处罚程序：一般程序：听证数	罚没款收缴：当场收缴	罚没款收缴：入库金额	行政强制种类：限制公民人身自由	行政强制种类：查封场所或设施或者财物	行政强制种类：扣押财物	行政强制种类：冻结存款或汇款	行政强制种类：其他行政强制措施	重大强制备审：实际报备数	重大强制备审：经审查纠正数	行政征收	其他具体行政行为	强行执行：行政机关依法执行数	强行执行：申请法院执行数	强行执行：法院实际执行数
单位	件	件	件	件	件	件	件	件	件	万元	万元	件	万元	件	件	件	件	件	件	件	件	件	件	件	万元	万元	人	件	件	万元	件	件	件	件	件	件	件	件
代码	1	2	3	4	5	6	7	8	9	10	11	12	13	14	15	16	17	18	19	20	21	22	23	24	25	26	27	28	29	30	31	32	33	34	35	36	37	38
合计	5126	5186	4	615		8535	8239	4999	8150	3232.0624	43.3816	34713	11.21	66					28		819	3794	3732	6	11.15	1439.53			12		1			604		612	37	25
区政府																																						
工作部门																																						
发改局	32	32																																				
工信局																																						
住建局	79	79																																143			4	1
科技局																																						
教育局	6	6																																				
民政局	121	121																																				
司法局							20	20																														
财政局																																						
人社局						318			3	15												3	3			2.5												

续表

种类/项目/单位	行政许可-申请许可总数	行政许可-许可审批结果-准予许可总数	行政许可-许可审批结果-不予许可总数	行政许可-重大许可备审-实际报备数	行政许可-重大许可备审-经审查纠正数	行政执法案件-立案数	行政处罚-案件-总数	行政处罚种类-警告	行政处罚种类-罚款-案件数	行政处罚种类-罚款-金额	行政处罚种类-没收违法所得	行政处罚种类-没收非法财物	行政处罚种类-没收非法财物	行政处罚种类-责令停产停业	行政处罚种类-暂扣证照	行政处罚种类-吊销证照	行政处罚种类-行政拘留	行政处罚种类-其他行政处罚	重大处罚决定备案-实际上报备案数	重大处罚决定备案-经审查纠正数	适用处罚程序-简易程序	适用处罚程序-一般程序-总数	适用处罚程序-一般程序-告知权利	适用处罚程序-一般程序-听证数	罚没款收缴-当场收缴	罚没款收缴-入库金额	行政强制种类-限制公民人身自由	行政强制种类-查封场所或设施或者财物	行政强制种类-扣押财物	行政强制种类-冻结存款或汇款	行政强制种类-其他行政强制措施	重大强制备审-实际报备数	重大强制备审-经审查纠正数	行政征收	其他具体行政行为	强行执行-行政机关依法执行数	强行执行-申请法院执行数	强行执行-法院实际执行数
单位	件	件	件	件	件	件	件	件	件	万元	万元	件	万元	件	件	件	件	件	件	件	件	件	件	件	万元	万元	人	件	件	万元	件	件	件	件	件	件	件	件
代码	1	2	3	4	5	6	7	8	9	10	11	12	13	14	15	16	17	18	19	20	21	22	23	24	25	26	27	28	29	30	31	32	33	34	35	36	37	38
审计局																																						
统计局						3	3	3													3																	
物价局						14	5		5	1.0024	1.0116											14	14															
安监局	27	27		9		2	2		2	12									1			2	2			12												
投促局	124	124																																				
环保局	897	897				111	111		96	199				65					2			96	96			82								364			9	
城管局	150	150				4899	4899	4899	4899	268									6		433	568	568			268												
交通局	901	901				2953	2953		2953	940.35									11		44	2909	2909			940.35												
农业局	140	140																																				
水利局	8	8				1	22	20	2	8												2				8					1							
商务局																																						
旅游局																																						
文广局						30	30	30	30	6		34428	10.5								10	20	20		1	6												
卫生局	610	606	4	606		19	29	7	22	3.35		10		1					1		7	22	20	1	0.25	2.95												
计生局	544	544				91																												91			23	23
药监局	786	786				64	45	20	25	16.54	42.37	272	0.71						1		13	60	60			32.69			12								1	1
规划局	445	445																																		612		

续表

种类	行政许可					行政执法案件																														强行执行		
项目	申请许可总数	许可审批结果		重大许可备审		立案数	行政处罚																		行政强制									行政征收	其他具体行政行为	行政机关依法执行数	申请法院执行数	法院实际执行数
							案件	行政处罚种类											重大处罚决定备案		适用处罚程序				罚没款收缴		行政强制种类					重大强制备审						
									罚款			没收非法财物										一般程序																
单位		准予许可总数	不予许可总数	实际报备数	经审查纠正数		总数	警告	案件数	金额	没收违法所得			责令停产停业	暂扣证照	吊销证照	行政拘留	其他行政处罚	实际上报备案数	经审查纠正数	简易程序	总数	告知权利	听证数	当场收缴	入库金额	限制公民人身自由	查封场所或设施或者财物	扣押财物	冻结存款或汇款	其他行政强制措施	实际报备数	经审查纠正数					
单位	件	件	件	件	件	件	件	件	件	万元	万元	件	万元	件	件	件	件	件	件	件	件	件	件	件	万元	万元	人	件	件	万元	件	件	件	件	件	件	件	件
代码	1	2	3	4	5	6	7	8	9	10	11	12	13	14	15	16	17	18	19	20	21	22	23	24	25	26	27	28	29	30	31	32	33	34	35	36	37	38
征收办	6	6																																6				
民宗局																																						
挂牌机构																																						
建工局（住建局）		118				9	9		9	79.6																												
人防办（住建局）	46	46																	3			9	9			79.6												
林业局（农业局）	150	150				22	22		22	13.7		3										22	17	5	2.1	2.1												
集体资产管理办公室（农业局）																																						
粮食局（商务局）																																						

续表

种类 / 项目 / 单位	行政许可：申请许可总数	行政许可：许可审批结果：准予许可总数	行政许可：许可审批结果：不予许可总数	行政许可：重大许可备审：实际报备数	行政许可：重大许可备审：经审查纠正数	行政执法案件：立案数	行政执法案件：行政处罚：案件：总数	行政处罚种类：警告	行政处罚种类：罚款：案件数	行政处罚种类：罚款：金额	行政处罚种类：没收违法所得	行政处罚种类：没收非法财物	行政处罚种类：没收非法财物	行政处罚种类：责令停产停业	行政处罚种类：暂扣证照	行政处罚种类：吊销证照	行政处罚种类：行政拘留	行政处罚种类：其他行政处罚	重大处罚决定备案：实际上报备案数	重大处罚决定备案：经审查纠正数	适用处罚程序：简易程序	适用处罚程序：一般程序：总数	适用处罚程序：一般程序：告知权利	适用处罚程序：一般程序：听证数	行政强制：罚没款收缴：当场收缴	行政强制：罚没款收缴：入库金额	行政强制种类：限制公民人身自由	行政强制种类：查封场所或设施或者财物	行政强制种类：扣押财物	行政强制种类：冻结存款或汇款	行政强制种类：其他行政强制措施	重大强制备审：实际报备数	重大强制备审：经审查纠正数	行政征收	其他具体行政行为	强行执行：行政机关依法执行数	强行执行：申请法院执行数	强行执行：法院实际执行数
单位	件	件	件	件	件	件	件	件	件	万元	万元	件	万元	件	件	件	件	件	件	件	件	件	件	件	万元	万元	人	件	件	万元	件	件	件	件	件	件	件	件
代码	1	2	3	4	5	6	7	8	9	10	11	12	13	14	15	16	17	18	19	20	21	22	23	24	25	26	27	28	29	30	31	32	33	34	35	36	37	38
区政府事业局																																						
体育局																																						
区政府直属单位																																						
档案局																																						
双重领导																																						
国土局	54						49		42	1665.98								7				49																
街(镇)																																						
东山街道																			3		273	14	14		7.8	7.8												
秣陵街道																																						
谷里街道																																						
江宁街道																																						
横溪街道																																						
禄口街道																																						
淳化街道																																						

续表

种类	行政许可					行政执法案件																														强行执行		
项目 / 单位	申请许可总数	许可审批结果		重大许可备审		立案数	行政处罚																		行政强制									行政征收	其他具体行政行为	行政机关依法执行数	申请法院执行数	法院实际执行数
							案件	行政处罚种类											重大处罚决定备案		适用处罚程序				罚没款收缴		行政强制种类					重大强制备审						
		准予许可总数	不予许可总数	实际报备数	经审查纠正数		总数	警告	罚款		没收违法所得	没收非法财物		责令停产停业	暂扣证照	吊销证照	行政拘留	其他行政处罚	实际上报备案数	经审查纠正数	简易程序	一般程序			当场收缴	入库金额	限制公民人身自由	查封场所或设施或者财物	扣押财物	冻结存款或汇款	其他行政强制措施	实际报备数	经审查纠正数					
									案件数	金额												总数	告知权利	听证数														
单位	件	件	件	件	件	件	件	件	件	万元	万元	件	万元	件	件	件	件	件	件	件	件	件	件	件	万元	万元	人	件	件	万元	件	件	件	件	件	件	件	件
代码	1	2	3	4	5	6	7	8	9	10	11	12	13	14	15	16	17	18	19	20	21	22	23	24	25	26	27	28	29	30	31	32	33	34	35	36	37	38
湖熟街道																																						
汤山街道																																						
麒麟街道							40		40	3.54											36	4				3.54												
其他组织																																						
区残联																																						
爱卫办																																						
地震办																																						
备注	数据栏空白表示该项数据为零																																					

表15　2013年下半年行政执法情况（2013年7～12月）

种类	行政许可					行政执法案件																														强行执行		
						立案数	行政处罚																		行政强制									行政征收	其他具体行政行为			
项目	申请许可总数	许可审批结果		重大许可备审			案件	行政处罚种类											重大处罚决定备案		适用处罚程序				罚没款收缴		行政强制种类					重大强制备审						
单位		准予许可总数	不予许可总数	实际报备数	经审查纠正数		总数	警告	罚款：案件数	罚款：金额	没收违法所得	没收非法财物		责令停产停业	暂扣证照	吊销证照	行政拘留	其他行政处罚	实际上报备案数	经审查纠正数	简易程序	一般程序：总数	一般程序：告知权利	一般程序：听证数	当场收缴	入库金额	限制公民人身自由	查封场所或设施或者财物	扣押财物	冻结存款或汇款	其他行政强制措施	实际报备数	经审查纠正数			行政机关依法执行数	申请法院执行数	法院实际执行数
单位	件	件	件	件	件	件	件	件	件	万元	万元	件	万元	件	件	件	件	件	件	件	件	件	件	件	万元	万元	人	件	件	万元	件	件	件	件	件	件	件	件
代码	1	2	3	4	5	6	7	8	9	10	11	12	13	14	15	16	17	18	19	20	21	22	23	24	25	26	27	28	29	30	31	32	33	34	35	36	37	38
合计	6202	6199	11			8921	8754	62	3910	2127.6	14.6	205	0.73		5			11	21		4730	3951	3951	4		1333.7								148		29	60	55
区政府																																						
工作部门																																						
发改局																																						
工信局																																						
住建局	84	84																																				
科技局																																						
教育局																																						
民政局	108	108																																				
司法局						26	26	26																														
财政局	113	113																																				
人社局	16	14	2			1	1		1	1.2												1	1			1.2												
审计局																																						
统计局																																						
物价局						10	10		10	6.9	1.01											10	10			7.9												
安监局	25	22	3			4	4		4	22									2			4	4			22												

续表

种类	行政许可					行政执法案件																																	强行执行		
						立案数	行政处罚																		行政强制									行政征收	其他具体行政行为			
项目	申请许可总数	许可审批结果		重大许可备审			案件	行政处罚种类											重大处罚决定备案		适用处罚程序				罚没款收缴		行政强制种类					重大强制备审						
单位		准予许可总数	不予许可总数	实际报备数	经审查纠正数		总数	警告	罚款		没收违法所得	没收非法财物		责令停产停业	暂扣证照	吊销证照	行政拘留	其他行政处罚	实际上报备案数	经审查纠正数	简易程序	一般程序			当场收缴	入库金额	限制公民人身自由	查封场所或设施或者财物	扣押财物	冻结存款或汇款	其他行政强制措施	实际报备数	经审查纠正数			行政机关依法执行数	申请法院执行数	法院实际执行数
									案件数	金额												总数	告知权利	听证数														
单位	件	件	件	件	件	件	件	件	件	万元	万元	件	万元	件	件	件	件	件	件	件	件	件	件	件	万元	万元	人	件	件	万元	件	件	件	件	件	件	件	件
代码	1	2	3	4	5	6	7	8	9	10	11	12	13	14	15	16	17	18	19	20	21	22	23	24	25	26	27	28	29	30	31	32	33	34	35	36	37	38
投促局																																						
环保局	408	408				173	173		151	409					5				5			173	173	1		201											26	26
城管局						5360	5360		591	102.41									8		4679	591	591			102.41											1	
交通局	814	814				2989	2989		2989	840.33									3		30	2959	2959			840.33												
农业局																																						
水利局	2	2				1	1		1	1																1												
商务局																																						
旅游局																																						
文广局	9	9				14	23	23	21	4.6											9	14	14			4.6												
卫生局	788	788				41	41	7	34	7.51		168	0.03								7	34	34			7.51												
计生局	1424	1424				151																												148		29	29	29
药监局	1488	1488				70	54	6	47	21.35	13.6	32	0.6						1		5	70	70			34.95												
规划局	464	464																																				
征收办																																						
民宗局																																						
挂牌机构																																						
建工局（住建局）	152	152					13															13	13			97.2												

续表

种类 / 项目 / 单位	行政许可：申请许可总数	行政许可：许可审批结果：准予许可总数	行政许可：许可审批结果：不予许可总数	行政许可：重大许可备审：实际报备数	行政许可：重大许可备审：经审查纠正数	行政执法案件：立案数	行政执法案件：行政处罚：案件：总数	行政执法案件：行政处罚：行政处罚种类：警告	行政执法案件：行政处罚：行政处罚种类：罚款：案件数	行政执法案件：行政处罚：行政处罚种类：罚款：金额	行政执法案件：行政处罚：行政处罚种类：没收违法所得	行政执法案件：行政处罚：行政处罚种类：没收非法财物	行政执法案件：行政处罚：行政处罚种类：没收非法财物	行政执法案件：行政处罚：行政处罚种类：责令停产停业	行政执法案件：行政处罚：行政处罚种类：暂扣证照	行政执法案件：行政处罚：行政处罚种类：吊销证照	行政执法案件：行政处罚：行政处罚种类：行政拘留	行政执法案件：行政处罚：行政处罚种类：其他行政处罚	行政执法案件：行政处罚：重大处罚决定备案：实际上报备案数	行政执法案件：行政处罚：重大处罚决定备案：经审查纠正数	行政执法案件：行政处罚：适用处罚程序：简易程序	行政执法案件：行政处罚：适用处罚程序：一般程序：总数	行政执法案件：行政处罚：适用处罚程序：一般程序：告知权利	行政执法案件：行政处罚：适用处罚程序：一般程序：听证数	行政执法案件：行政强制：罚没款收缴：当场收缴	行政执法案件：行政强制：罚没款收缴：入库金额	行政执法案件：行政强制：行政强制种类：限制公民人身自由	行政执法案件：行政强制：行政强制种类：查封场所或设施或者财物	行政执法案件：行政强制：行政强制种类：扣押财物	行政执法案件：行政强制：行政强制种类：冻结存款或汇款	行政执法案件：行政强制：行政强制种类：其他行政强制措施	行政执法案件：行政强制：重大强制备审：实际报备数	行政执法案件：行政强制：重大强制备审：经审查纠正数	行政执法案件：行政征收	行政执法案件：其他具体行政行为	强行执行：行政机关依法执行数	强行执行：申请法院执行数	强行执行：法院实际执行数
单位	件	件	件	件	件	件	件	件	件	万元	万元	件	万元	件	件	件	件	件	件	件	件	件	件	件	万元	万元	人	件	件	万元	件	件	件	件	件	件	件	件
代码	1	2	3	4	5	6	7	8	9	10	11	12	13	14	15	16	17	18	19	20	21	22	23	24	25	26	27	28	29	30	31	32	33	34	35	36	37	38
人防办（住建局）	71	71																																				
林业局（农业局）	116	116				27	27		27	18.27		5	0.1						2			27	27	3		18.27												
集体资产管理办公室（农业局）																																						
粮食局（商务局）																																						
区政府事业局																																						
体育局																																						
区政府直属单位																																						
档案局																																						
双重领导																																						

续表

种类 \ 项目 \ 单位	行政许可：申请许可总数	行政许可：许可审批结果：准予许可总数	行政许可：许可审批结果：不予许可总数	行政许可：重大许可备审：实际报备数	行政许可：重大许可备审：经审查纠正数	行政执法案件：立案数	行政处罚：案件：总数	行政处罚种类：警告	行政处罚种类：罚款：案件数	行政处罚种类：罚款：金额	行政处罚种类：没收违法所得	行政处罚种类：没收非法财物	行政处罚种类：没收非法财物	行政处罚种类：责令停产停业	行政处罚种类：暂扣证照	行政处罚种类：吊销证照	行政处罚种类：行政拘留	行政处罚种类：其他行政处罚	重大处罚决定备案：实际上报备案数	重大处罚决定备案：经审查纠正数	适用处罚程序：简易程序	适用处罚程序：一般程序：总数	适用处罚程序：一般程序：告知权利	适用处罚程序：一般程序：听证数	行政强制：罚没款收缴：当场收缴	行政强制：罚没款收缴：入库金额	行政强制种类：限制公民人身自由	行政强制种类：查封场所或设施或者财物	行政强制种类：扣押财物	行政强制种类：冻结存款或汇款	行政强制种类：其他行政强制措施	重大强制备审：实际报备数	重大强制备审：经审查纠正数	行政征收	其他具体行政行为	强行执行：行政机关依法执行数	强行执行：申请法院执行数	强行执行：法院实际执行数
单位	件	件	件	件	件	件	件	件	件	万元	万元	件	万元	件	件	件	件	件	件	件	件	件	件	件	万元	万元	人	件	件	万元	件	件	件	件	件	件	件	件
代码	1	2	3	4	5	6	7	8	9	10	11	12	13	14	15	16	17	18	19	20	21	22	23	24	25	26	27	28	29	30	31	32	33	34	35	36	37	38
国土局	121	115	6			54	45		34	694								11				45	45														4	
街(镇)																																						
东山																																						
秣陵																																						
谷里																																						
江宁																																						
横溪																																						
禄口																																						
淳化																																						
湖熟																																						
汤山																																						
麒麟																																						
其他组织																																						
区残联																																						
爱卫办																																						
地震办																																						
备注	1. 数据栏空白表示该项数据为零。2. 垂直部门及双重管理的国土分局未统计																																					

五、江宁区行政复议与行政应诉情况(2010～2014年)

表16　行政复议案件统计报

2010年1月至2010年12月

表　　号:国法复统字1号
制表机关:国务院法制办公室
批准机关:国家统计局
批准文号:国统制〔2007〕123号
有效期至:2009年11月29日

填表单位(盖章):南京市江宁区人民政府法制办公室

行政管理类别		件数 \ 项目	上期结转	本期新收：总计	本期新收：复议前置	本期新收：选择复议	来件处理：受理	来件处理：不予受理	来件处理：告知	来件处理：转达	来件处理：其他	申请人：类别：公民	申请人：类别：法人或者其他组织	申请人：申请人总数	被申请人：乡镇政府	被申请人：县级政府的部门	被申请人：县级政府	被申请人：市(地)级政府的部门	被申请人：市(地)级政府	被申请人：省级政府的部门	被申请人：省部级行政机关	被申请人：其他
			1	2	3	4	5	6	7	8	9	10	11	12	13	14	15	16	17	18	19	20
公安	治安	1																				
	劳教	2																				
	其他	3																				
	小计	4																				
国家安全		5																				
劳动和社会保障		6		23		23						3	20			23						
司法行政		7																				
民政		8																				
农林环资	土地	9																				
	地矿	10																				
	环保	11				1	1						1			1						
	农业	12																				
	水利	13																				
	林业	14																				
	其他	15																				
	小计	16																				

行政管理类别		件数 \ 项目	复议机关：县级政府的部门	复议机关：县级政府	复议机关：市(地)级政府的部门	复议机关：市(地)级政府	复议机关：省级政府的部门	复议机关：省部级行政机关	申请复议事项：行政处罚：拘留	行政处罚：没收	行政处罚：罚款	行政处罚：其他	行政强制措施：对人身的强制措施	行政强制措施：对不动产的强制措施	行政强制措施：对其他财产的强制措施	行政征收：征收土地	行政征收：征税	行政征收：收费	要求履行其他义务	行政许可	行政确权	干预经营自主权	信息公开	行政不作为	其他
			21	22	23	24	25	26	27	28	29	30	31	32	33	34	35	36	37	38	39	40	41	42	43
公安	治安	1																							
	劳教	2																							
	其他	3																							
	小计	4																							
国家安全		5																							
劳动和社会保障		6		23																	23				
司法行政		7																							
民政		8																							
农林环资	土地	9																							
	地矿	10																							
	环保	11		1							1														
	农业	12																							
	水利	13																							
	林业	14																							
	其他	15																							
	小计	16																							

行政管理类别		件数 \ 项目	已审结：总计	已审结：驳回	已审结：维持	已审结：确认违法	已审结：撤销	已审结：变更	已审结：责令履行	已审结：调解	终止：和解协议	终止：自愿撤回申请	终止：被申请人改变后撤回申请	终止：其他	已审结：其他	未审结	行政赔偿：件数	行政赔偿：赔偿数额(元)
			44	45	46	47	48	49	50	51	52	53	54	55	56	57	58	59
公安	治安	1																
	劳教	2																
	其他	3																
	小计	4																
国家安全		5																
劳动和社会保障		6		1	15							5	2					
司法行政		7																
民政		8																
农林环资	土地	9																
	地矿	10																
	环保	11										1						
	农业	12																
	水利	13																
	林业	14																
	其他	15																
	小计	16																

续表

项目 件数 行政管理类别				本期新收			来件处理					申请人			被申请人								复议机关						申请复议事项																	已审结														行政赔偿	
												类别																	行政处罚				行政强制措施			行政征收																		终止							
			上期结转	总计	复议前置	选择复议	受理	不予受理	告知	转达	其他	公民	法人或者其他组织	申请人总数	乡镇政府	县级政府的部门	县级政府	市(地)级政府的部门	市(地)级政府	省级政府的部门	省部级行政机关	其他	县级政府的部门	县级政府	市(地)级政府的部门	市(地)级政府	省级政府的部门	省部级行政机关	拘留	没收	罚款	其他	对人身的强制措施	对不动产的强制措施	对其他财产的强制措施	征收土地	征税	收费	要求履行其他义务	行政许可	行政确权	干预经营自主权	信息公开	行政不作为	其他	总计	驳回	维持	确认违法	撤销	变更	责令履行	调解	和解协议	自愿撤回申请	被申请人改变后撤回申请	其他	其他	未审结	件数	赔偿数额(元)
			1	2	3	4	5	6	7	8	9	10	11	12	13	14	15	16	17	18	19	20	21	22	23	24	25	26	27	28	29	30	31	32	33	34	35	36	37	38	39	40	41	42	43	44	45	46	47	48	49	50	51	52	53	54	55	56	57	58	59
城建	规划	17																																																										
	拆迁	18																																																										
	房屋登记	19				1	1					1				1								1																	1						1														
	其他	20																																																										
	小计	21																																																										
工交商事	工商	22																																																										
	质监	23																																																										
	商务	24																																																										
	物价	25																																																										
	能源	26																																																										
	交通	27																																																										
	信息产业	28																																																										
	邮政	29																																																										
	烟草专卖	30																																																										
	小计	31																																																										
财政金融	税务	32																																																										
	人民银行	33																																																										
	证监	34																																																										
	保监	35																																																										
	银监	36																																																										
	外汇	37																																																										

续表

行政管理类别	项目/件数			本期新收			来件处理					申请人			被申请人								复议机关						申请复议事项																	已审结														行政赔偿	
												类别																	行政处罚				行政强制措施			行政征收																		终止							
			上期结转	总计	复议前置	选择复议	受理	不予受理	告知	转达	其他	公民	法人或者其他组织	申请人总数	乡镇政府	县级政府的部门	县级政府	市(地)级政府的部门	市(地)级政府	省级政府的部门	省部级行政机关	其他	县级政府的部门	县级政府	市(地)级政府的部门	市(地)级政府	省级政府的部门	省部级行政机关	拘留	没收	罚款	其他	对人身的强制措施	对不动产的强制措施	对其他财产的强制措施	征收土地	征税	收费	要求履行其他义务	行政许可	行政确权	干预经营自主权	信息公开	行政不作为	其他	总计	驳回	维持	确认违法	撤销	变更	责令履行	调解	和解协议	自愿撤回申请	被申请人改变后撤回申请	其他	其他	未审结	件数	赔偿数额(元)
			1	2	3	4	5	6	7	8	9	10	11	12	13	14	15	16	17	18	19	20	21	22	23	24	25	26	27	28	29	30	31	32	33	34	35	36	37	38	39	40	41	42	43	44	45	46	47	48	49	50	51	52	53	54	55	56	57	58	59
财政金融	财政	38																																																										
	统计	39																																																										
	审计	40																																																										
	海关	41																																																										
	商检	42																																																										
	小计	43																																																										
教科文卫	药监	44																																																										
	卫生	45																																																										
	计划生育	46																																																										
	教育	47																																																										
	文化	48																																																										
	专利	49																																																										
	商标	50																																																										
	版权	51																																																										
	旅游	52																																																										
	小计	53																																																										
其他		54																																																										
其他		55																																																										

填表人:李哲明　　核表人:马林瑞　　电话:025－52280090　　填表时间:2010年11月17日

表 17 行政复议案件统计报

2011 年 1 月至 2011 年 12 月

表　　号：国法复统字 1 号
制表机关：国务院法制办公室
批准机关：国家统计局
批准文号：国统制〔2007〕123 号
有效期至：2011 年 12 月 29 日

填表单位（盖章）：

行政管理类别	项目	件数	上期结转	本期新收·总计	本期新收·复议前置	本期新收·选择复议	来件处理·受理	来件处理·不予受理	来件处理·告知	来件处理·转达	来件处理·其他	申请人·类别·公民	申请人·类别·法人或者其他组织	申请人·申请人总数	被申请人·乡镇政府	被申请人·县级政府的部门	被申请人·县级政府	被申请人·市（地）级政府的部门	被申请人·市（地）级政府	被申请人·省级政府的部门	被申请人·省部级行政机关	被申请人·其他	复议机关·县级政府的部门	复议机关·县级政府	复议机关·市（地）级政府的部门	复议机关·市（地）级政府	复议机关·省级政府的部门	复议机关·省部级行政机关	申请复议事项·行政处罚·拘留	申请复议事项·行政处罚·没收	申请复议事项·行政处罚·罚款	申请复议事项·行政处罚·其他	申请复议事项·行政强制措施·对人身的强制措施	申请复议事项·行政强制措施·对不动产的强制措施	申请复议事项·行政强制措施·对其他财产的强制措施	申请复议事项·行政征收·征收土地	申请复议事项·行政征收·征税	申请复议事项·行政征收·收费	申请复议事项·要求履行其他义务	申请复议事项·行政许可	申请复议事项·行政确权	申请复议事项·干预经营自主权	申请复议事项·信息公开	申请复议事项·行政不作为	申请复议事项·其他	已审结·总计	已审结·驳回	已审结·维持	已审结·确认违法	已审结·撤销	已审结·变更	已审结·责令履行	已审结·调解	已审结·终止·和解协议	已审结·终止·自愿撤回申请	已审结·终止·被申请人改变后撤回申请	已审结·终止·其他	已审结·其他	未审结	行政赔偿·件数	行政赔偿·赔偿数额（元）
			1	2	3	4	5	6	7	8	9	10	11	12	13	14	15	16	17	18	19	20	21	22	23	24	25	26	27	28	29	30	31	32	33	34	35	36	37	38	39	40	41	42	43	44	45	46	47	48	49	50	51	52	53	54	55	56	57	58	59
公安	治安	1																																																										
公安	劳教	2																																																										
公安	其他	3																																																										
公安	小计	4																																																										
国家安全		5																																																										
劳动和社会保障		6		33	33		33					2	31			33								23	8																33							27							2				4		
司法行政		7																																																										
民政		8																																																										
农林环资	土地	9																																																										
农林环资	地矿	10																																																										
农林环资	环保	11																																																										
农林环资	农业	12																																																										
农林环资	水利	13		1		1		1				1				1								1																					1																
农林环资	林业	14																																																										
农林环资	其他	15																																																										
农林环资	小计	16																																																										

续表

项目 / 件数 / 行政管理类别			上期结转	本期新收			来件处理					申请人			被申请人								复议机关						申请复议事项																	已审结													未审结	行政赔偿	
												类别																	行政处罚				行政强制措施			行政征收																	终止							
				总计	复议前置	选择复议	受理	不予受理	告知	转达	其他	公民	法人或者其他组织	申请人总数	乡镇政府	县级政府的部门	县级政府	市（地）级政府的部门	市（地）级政府	省级政府的部门	省部级行政机关	其他	县级政府的部门	县级政府	市（地）级政府的部门	市（地）级政府	省级政府的部门	省部级行政机关	拘留	没收	罚款	其他	对人身的强制措施	对不动产的强制措施	对其他财产的强制措施	征收土地	征税	收费	要求履行其他义务	行政许可	行政确权	干预经营自主权	信息公开	行政不作为	其他	总计	驳回	维持	确认违法	撤销	变更	责令履行	调解	和解协议	自愿撤回申请	被申请人改变后撤回申请	其他	其他		件数	赔偿数额（元）
			1	2	3	4	5	6	7	8	9	10	11	12	13	14	15	16	17	18	19	20	21	22	23	24	25	26	27	28	29	30	31	32	33	34	35	36	37	38	39	40	41	42	43	44	45	46	47	48	49	50	51	52	53	54	55	56	57	58	59
城建	规划	17		1		1						1				1									1															1								1													
城建	拆迁	18		1		1							1			1								1											1															1													
城建	房屋登记	19		1		1							1			1								1							1												1									1										1		
城建	其他	20																																																									
城建	小计	21																																																									
工交商事	工商	22																																																									
工交商事	质监	23																																																									
工交商事	商务	24																																																									
工交商事	物价	25																																																									
工交商事	能源	26																																																									
工交商事	交通	27																																																									
工交商事	信息产业	28																																																									
工交商事	邮政	29																																																									
工交商事	烟草专卖	30																																																									
工交商事	小计	31																																																									
财政金融	税务	32																																																									
财政金融	人民银行	33																																																									
财政金融	证监	34																																																									
财政金融	保监	35																																																									
财政金融	银监	36																																																									
财政金融	外汇	37																																																									

续表

行政管理类别	件数 / 项目		上期结转	本期新收 总计	本期新收 复议前置	本期新收 选择复议	来件处理 受理	来件处理 不予受理	来件处理 告知	来件处理 转达	来件处理 其他	申请人 类别 公民	申请人 类别 法人或者其他组织	申请人 申请人总数	被申请人 乡镇政府	被申请人 县级政府的部门	被申请人 县级政府	被申请人 市(地)级政府的部门	被申请人 市(地)级政府	被申请人 省级政府的部门	被申请人 省部级行政机关	被申请人 其他	复议机关 县级政府的部门	复议机关 县级政府	复议机关 市(地)级政府的部门	复议机关 市(地)级政府	复议机关 省级政府的部门	复议机关 省部级行政机关	申请复议事项 行政处罚 拘留	申请复议事项 行政处罚 没收	申请复议事项 行政处罚 罚款	申请复议事项 行政处罚 其他	申请复议事项 行政强制措施 对人身的强制措施	申请复议事项 行政强制措施 对不动产的强制措施	申请复议事项 行政强制措施 对其他财产的强制措施	申请复议事项 行政征收 征收土地	申请复议事项 行政征收 征税	申请复议事项 行政征收 收费	申请复议事项 要求履行其他义务	申请复议事项 行政许可	申请复议事项 行政确权	申请复议事项 干预经营自主权	申请复议事项 信息公开	申请复议事项 行政不作为	申请复议事项 其他	已审结 总计	已审结 驳回	已审结 维持	已审结 确认违法	已审结 撤销	已审结 变更	已审结 责令履行	已审结 调解	已审结 终止 和解协议	已审结 终止 自愿撤回申请	已审结 终止 被申请人改变后撤回申请	已审结 终止 其他	已审结 其他	未审结	行政赔偿 件数	行政赔偿 赔偿数额(元)
			1	2	3	4	5	6	7	8	9	10	11	12	13	14	15	16	17	18	19	20	21	22	23	24	25	26	27	28	29	30	31	32	33	34	35	36	37	38	39	40	41	42	43	44	45	46	47	48	49	50	51	52	53	54	55	56	57	58	59
财政金融	财政	38																																																										
财政金融	统计	39																																																									
财政金融	审计	40																																																									
财政金融	海关	41																																																									
财政金融	商检	42																																																									
财政金融	小计	43																																																									
教科文卫	药监	44																																																									
教科文卫	卫生	45																																																									
教科文卫	计划生育	46																																																									
教科文卫	教育	47																																																									
教科文卫	文化	48		1		1	1					1				1									1															1								1													
教科文卫	专利	49																																																									
教科文卫	商标	50																																																									
教科文卫	版权	51																																																									
教科文卫	旅游	52																																																									
教科文卫	小计	53																																																									
其他		54																																																									
其他		55		38	33	5	37	1				3	30			38								28	10						1			1						2	33			1				30							2				5		

填表人：李哲明　　核表人：马林瑞　　电话：025－52280090　　填表时间：2011年12月10日

表 18 行政复议案件统计报

2012 年 1 月至 2012 年 11 月

表　　号：国法复统字 1 号
制表机关：国务院法制办公室
批准机关：国家统计局
批准文号：国统制〔2007〕123 号
有效期至：2012 年 12 月 29 日

填表单位（盖章）：南京市江宁区人民政府法制办公室

项目/件数/行政管理类别			上期结转	本期新收：总计	本期新收：复议前置	本期新收：选择复议	来件处理：受理	来件处理：不予受理	来件处理：告知	来件处理：转达	来件处理：其他	申请人类别：公民	申请人类别：法人或者其他组织	申请人总数	被申请人：乡镇政府	被申请人：县级政府的部门	被申请人：县级政府	被申请人：市（地）级政府的部门	被申请人：市（地）级政府	被申请人：省级政府的部门	被申请人：省部级行政机关	被申请人：其他	复议机关：县级政府的部门	复议机关：县级政府	复议机关：市（地）级政府的部门	复议机关：市（地）级政府	复议机关：省级政府的部门	复议机关：省部级行政机关	申请复议事项：行政处罚：拘留	行政处罚：没收	行政处罚：罚款	行政处罚：其他	行政强制措施：对人身的强制措施	行政强制措施：对不动产的强制措施	行政强制措施：对其他财产的强制措施	行政征收：征收土地	行政征收：征税	行政征收：收费	要求履行其他义务	行政许可	行政确权	干预经营自主权	信息公开	行政不作为	其他	已审结：总计	已审结：驳回	已审结：维持	已审结：确认违法	已审结：撤销	已审结：变更	已审结：责令履行	已审结：调解	终止：和解协议	终止：自愿撤回申请	终止：被申请人改变后撤回申请	终止：其他	已审结：其他	未审结	行政赔偿：件数	行政赔偿：赔偿数额（元）
			1	2	3	4	5	6	7	8	9	10	11	12	13	14	15	16	17	18	19	20	21	22	23	24	25	26	27	28	29	30	31	32	33	34	35	36	37	38	39	40	41	42	43	44	45	46	47	48	49	50	51	52	53	54	55	56	57	58	59
公安	治安	1		1		1	1					1				1								1					1																	1		1													
公安	劳教	2																																																											
公安	其他	3																																																											
公安	小计	4																																																											
国家安全		5																																																											
劳动和社会保障		6		16	16		16					1	15			16								16																	16					14		11							2	1			2		
司法行政		7																																																											
民政		8																																																											
农林环资	土地	9																																																											
农林环资	地矿	10																																																											
农林环资	环保	11																																																											
农林环资	农业	12																																																											
农林环资	水利	13																																																											
农林环资	林业	14																																																											
农林环资	其他	15																																																											
农林环资	小计	16																																																											

续表

行政管理类别	项目	件数	上期结转	本期新收			来件处理					申请人			被申请人								复议机关						申请复议事项																	已审结													未审结	行政赔偿	
												类别																	行政处罚				行政强制措施			行政征收																		终止							
			上期结转	总计	复议前置	选择复议	受理	不予受理	告知	转达	其他	公民	法人或者其他组织	申请人总数	乡镇政府	县级政府的部门	县级政府	市(地)级政府的部门	市(地)级政府	省级政府的部门	省部级行政机关	其他	县级政府的部门	县级政府	市(地)级政府的部门	市(地)级政府	省级政府的部门	省部级行政机关	拘留	没收	罚款	其他	对人身的强制措施	对不动产的强制措施	对其他财产的强制措施	征收土地	征税	收费	要求履行其他义务	行政许可	行政确权	干预经营自主权	信息公开	行政不作为	其他	总计	驳回	维持	确认违法	撤销	变更	责令履行	调解	和解协议	自愿撤回申请	被申请人改变后撤回申请	其他	其他	未审结	件数	赔偿数额(元)
			1	2	3	4	5	6	7	8	9	10	11	12	13	14	15	16	17	18	19	20	21	22	23	24	25	26	27	28	29	30	31	32	33	34	35	36	37	38	39	40	41	42	43	44	45	46	47	48	49	50	51	52	53	54	55	56	57	58	59
城建	规划	17		1		1	1					1			1									1																1																			1		
	拆迁	18		2		2	1	1				1	1		1	1								2										1											1	1			1												
	房屋登记	19		1		1	1					1				1								1																	1																		1		
	其他	20		6		6	6					2	4			6								6							1			5												5			5										1		
	小计	21																																																											
工交商事	工商	22																																																											
	质监	23																																																											
	商务	24																																																											
	物价	25		1		1	1					1					1							1																				1		1									1						
	能源	26																																																											
	交通	27																																																											
	信息产业	28																																																											
	邮政	29																																																											
	烟草专卖	30																																																											
	小计	31																																																											
财政金融	税务	32																																																											
	人民银行	33																																																											
	证监	34																																																											
	保监	35																																																											
	银监	36																																																											
	外汇	37																																																											

续表

项目/件数/行政管理类别				本期新收			来件处理					申请人			被申请人								复议机关						申请复议事项																	已审结														行政赔偿	
												类别																	行政处罚				行政强制措施			行政征收																		终止							
			上期结转	总计	复议前置	选择复议	受理	不予受理	告知	转达	其他	公民	法人或者其他组织	申请人总数	乡镇政府	县级政府的部门	县级政府	市(地)级政府的部门	市(地)级政府	省级政府的部门	省部级行政机关	其他	县级政府的部门	县级政府	市(地)级政府的部门	市(地)级政府	省级政府的部门	省部级行政机关	拘留	没收	罚款	其他	对人身的强制措施	对不动产的强制措施	对其他财产的强制措施	征收土地	征税	收费	要求履行其他义务	行政许可	行政确权	干预经营自主权	信息公开	行政不作为	其他	总计	驳回	维持	确认违法	撤销	变更	责令履行	调解	和解协议	自愿撤回申请	被申请人改变后撤回申请	其他	其他	未审结	件数	赔偿数额(元)
			1	2	3	4	5	6	7	8	9	10	11	12	13	14	15	16	17	18	19	20	21	22	23	24	25	26	27	28	29	30	31	32	33	34	35	36	37	38	39	40	41	42	43	44	45	46	47	48	49	50	51	52	53	54	55	56	57	58	59
财政金融	财政	38																																																									
	统计	39																																																									
	审计	40																																																									
	海关	41																																																									
	商检	42																																																									
	小计	43																																																									
教科文卫	药监	44																																																								
	卫生	45																																																									
	计划生育	46																																																									
	教育	47																																																									
	文化	48																																																									
	专利	49																																																									
	商标	50																																																									
	版权	51																																																									
	旅游	52																																																									
	小计	53																																																									
其他		54		1		1		1				1										1		1																					1																
其他		55		29		29	27	2				9	29			2	25					1		29					1		1			8						1	17			1	2	22		18							3	1			5		

填表人:李哲明　　核表人:马林瑞　　电话:025－58322684　　填表时间:2012年11月20日

表19　行政复议案件统计报

2012年12月11日至2013年12月10日

表　　号：国法复统字1号
制表机关：国务院法制办公室
批准机关：国家统计局
批准文号：国统制〔2010〕103号
有效期至：2012年8月26日

填表单位（盖章）：南京市江宁区人民政府法制办公室

项目/件数/行政管理类别		上期结转	本期新收	受理	申请人总数	被申请人								复议机关						申请复议事项					
						乡镇政府	县级政府的部门	县级政府	市（地）级政府的部门	市（地）级政府	省级政府的部门	省部级行政机关	其他	县级政府的部门	县级政府	市（地）级政府的部门	市（地）级政府	省级政府的部门	省部级行政机关	行政处罚：拘留	行政处罚：没收	行政处罚：罚款	行政处罚：其他	行政强制措施：对人身的强制措施	行政强制措施：对财产的强制措施
		1	2	3	4	5	6	7	8	9	10	11	12	13	14	15	16	17	18	19	20	21	22	23	24
公安	1		2	2	2		2								2							2			
国家安全	2																								
劳动和社会保障	3		8	8	8		8								8										
司法行政	4																								
民政	5																								
土地	6																								
地矿	7																								
环保	8		1	1	1		1								1							1			
农业	9																								
水利	10																								
林业	11																								
城市规划	12		22	22	31	2	20								22										17
房屋拆迁	13																								
房屋登记	14																								
工商	15																								
质监	16		2	2	2		2								2										

项目/件数/行政管理类别		申请复议事项							已审结													未审结	行政赔偿	
		行政征收	行政许可	行政确权	行政确认	信息公开	行政不作为	其他	总计	驳回	维持	确认违法	撤销	变更	责令履行	调解	终止：和解协议	终止：自愿撤回申请	终止：被申请人改变后撤回申请	终止：其他	其他		件数	赔偿数额（元）
		25	26	27	28	29	30	31	32	33	34	35	36	37	38	39	40	41	42	43	44	45	46	47
公安	1								2		1							1						
国家安全	2																							
劳动和社会保障	3			7				1	8		7										1			
司法行政	4																							
民政	5																							
土地	6																							
地矿	7																							
环保	8								1		1													
农业	9																							
水利	10																							
林业	11																							
城市规划	12		4	1					22	1	17										4			
房屋拆迁	13																							
房屋登记	14																							
工商	15																							
质监	16							2	2									1			1			

续表

项目 / 件数 / 行政管理类别		上期结转	本期新收	受理	申请人总数	被申请人								复议机关						申请复议事项													已审结													未审结	行政赔偿	
																				行政处罚				行政强制措施																	终止							
						乡镇政府	县级政府的部门	县级政府	市(地)级政府的部门	市(地)级政府	省级政府的部门	省部级行政机关	其他	县级政府的部门	县级政府	市(地)级政府的部门	市(地)级政府	省级政府的部门	省部级行政机关	拘留	没收	罚款	其他	对人身的强制措施	对财产的强制措施	行政征收	行政许可	行政确权	行政确认	信息公开	行政不作为	其他	总计	驳回	维持	确认违法	撤销	变更	责令履行	调解	和解协议	自愿撤回申请	被申请人改变后撤回申请	其他	其他		件数	赔偿数额(元)
		1	2	3	4	5	6	7	8	9	10	11	12	13	14	15	16	17	18	19	20	21	22	23	24	25	26	27	28	29	30	31	32	33	34	35	36	37	38	39	40	41	42	43	44	45	46	47
商务	17																																															
物价	18																																															
能源	19																																															
交通	20																																															
信息产业	21																																															
邮政	22																																															
烟草专卖	23																																															
税务	24		1	1	1		1								1											1							1											1				
人民银行	25																																															
证监	26																																															
保监	27																																															
银监	28																																															
外汇	29																																															
财政	30																																															
统计	31																																															
审计	32																																															
海关	33																																															
商检	34																																															
药监	35																																															

续表

项目 / 件数 / 行政管理类别		上期结转	本期新收	受理	申请人总数	被申请人·乡镇政府	被申请人·县级政府的部门	被申请人·县级政府	被申请人·市（地）级政府的部门	被申请人·市（地）级政府	被申请人·省级政府的部门	被申请人·省部级行政机关	被申请人·其他	复议机关·县级政府的部门	复议机关·县级政府	复议机关·市（地）级政府的部门	复议机关·市（地）级政府	复议机关·省级政府的部门	复议机关·省部级行政机关	申请复议事项·行政处罚·拘留	申请复议事项·行政处罚·没收	申请复议事项·行政处罚·罚款	申请复议事项·行政处罚·其他	申请复议事项·行政强制措施·对人身的强制措施	申请复议事项·行政强制措施·对财产的强制措施	申请复议事项·行政征收	申请复议事项·行政许可	申请复议事项·行政确权	申请复议事项·行政确认	申请复议事项·信息公开	申请复议事项·行政不作为	申请复议事项·其他	已审结·总计	已审结·驳回	已审结·维持	已审结·确认违法	已审结·撤销	已审结·变更	已审结·责令履行	已审结·调解	已审结·终止·和解协议	已审结·终止·自愿撤回申请	已审结·终止·被申请人改变后撤回申请	已审结·终止·其他	已审结·其他	未审结	行政赔偿·件数	行政赔偿·赔偿数额（元）
		1	2	3	4	5	6	7	8	9	10	11	12	13	14	15	16	17	18	19	20	21	22	23	24	25	26	27	28	29	30	31	32	33	34	35	36	37	38	39	40	41	42	43	44	45	46	47
卫生	36																																															
计划生育	37																																															
教育	38																																															
文化	39																																															
专利	40																																															
商标	41																																															
版权	42																																															
旅游	43																																															
其他	44		3	3	3	3									3																3		3												3			
合计	45	0	39	48	5	34	0	0	0	0	0	0	0	0	39	0	0	0	0	0	0	3	0	0	17	1	4	8	0	0	3	3	39	1	25	0	0	0	0	0	0	2	0	1	9	0	0	0

填表人：李哲明　　单位负责人：马林瑞　　电话：025－52286696　　填表时间：2014 年 1 月 5 日

表20 行政复议案件统计报

2014 年 1 月至 2014 年 12 月

表　　号：国法复统字 1 号
制表机关：国务院法制办公室
批准机关：国家统计局
批准文号：国统制〔2010〕103 号
有效期至：2012 年 8 月 26 日

填表单位（盖章）：南京市江宁区人民政府法制办公室

项目 / 件数 / 行政管理类别						被申请人								复议机关						申请复议事项													已审结													未审结	行政赔偿	
																				行政处罚				行政强制措施																	终止							
		上期结转	本期新收	受理	申请人总数	乡镇政府	县级政府的部门	县级政府	市（地）级政府的部门	市（地）级政府	省级政府的部门	省部级行政机关	其他	县级政府的部门	县级政府	市（地）级政府的部门	市（地）级政府	省级政府的部门	省部级行政机关	拘留	没收	罚款	其他	对人身的强制措施	对财产的强制措施	行政征收	行政许可	行政确权	行政确认	信息公开	行政不作为	其他	总计	驳回	维持	确认违法	撤销	变更	责令履行	调解	和解协议	自愿撤回申请	被申请人改变后撤回申请	其他	其他		件数	赔偿数额（元）
		1	2	3	4	5	6	7	8	9	10	11	12	13	14	15	16	17	18	19	20	21	22	23	24	25	26	27	28	29	30	31	32	33	34	35	36	37	38	39	40	41	42	43	44	45	46	47
公安	1		1	1	1		1								1					1													1		1													
国家安全	2																																															
劳动和社会保障	3		17	17	17		17								17														16			1	17		17													
司法行政	4																																															
民政	5																																															
土地	6		2	2	2		2								2															1		1	2		1										1			
地矿	7																																															
环保	8		1	1	1		1								1							1											1		1													
农业	9																																															
水利	10																																															
林业	11																																															
城市规划	12		13	13	14	3	10								13										7		2		2	1		1	13		11									1	1			
房屋拆迁	13		6	6	8	2	3	1							6															4		2	5		3				1						1	1		
房屋登记	14		1	1	1		1								1													1					1		1													
工商	15		1	1	1		1								1																	1	1		1													
质监	16		4	4	4		4								4															3	1	4	1		2							1			1			

续表

项目 / 件数 / 行政管理类别						被申请人								复议机关						申请复议事项													已审结														行政赔偿	
																				行政处罚				行政强制措施																		终止								
		上期结转	本期新收	受理	申请人总数	乡镇政府	县级政府的部门	县级政府	市(地)级政府的部门	市(地)级政府	省级政府的部门	省部级行政机关	其他	县级政府的部门	县级政府	市(地)级政府的部门	市(地)级政府	省级政府的部门	省部级行政机关	拘留	没收	罚款	其他	对人身的强制措施	对财产的强制措施	行政征收	行政许可	行政确权	行政确认	信息公开	行政不作为	其他	总计	驳回	维持	确认违法	撤销	变更	责令履行	调解	和解协议	自愿撤回申请	被申请人改变后撤回申请	其他	其他	未审结	件数	赔偿数额(元)
		1	2	3	4	5	6	7	8	9	10	11	12	13	14	15	16	17	18	19	20	21	22	23	24	25	26	27	28	29	30	31	32	33	34	35	36	37	38	39	40	41	42	43	44	45	46	47
商务	17																																															
物价	18																																															
能源	19																																															
交通	20																																															
信息产业	21																																															
邮政	22																																															
烟草专卖	23																																															
税务	24																																															
人民银行	25																																															
证监	26																																															
保监	27																																															
银监	28																																															
外汇	29																																															
财政	30																																															
统计	31																																															
审计	32																																															
海关	33																																															
商检	34																																															
药监	35																																															

续表

项目 / 件数 / 行政管理类别		上期结转	本期新收	受理	申请人总数	被申请人								复议机关						申请复议事项													已审结													未审结	行政赔偿	
																				行政处罚				行政强制措施																	终止							
						乡镇政府	县级政府的部门	县级政府	市（地）级政府的部门	市（地）级政府	省级政府的部门	省部级行政机关	其他	县级政府的部门	县级政府	市（地）级政府的部门	市（地）级政府	省级政府的部门	省部级行政机关	拘留	没收	罚款	其他	对人身的强制措施	对财产的强制措施	行政征收	行政许可	行政确权	行政确认	信息公开	行政不作为	其他	总计	驳回	维持	确认违法	撤销	变更	责令履行	调解	和解协议	自愿撤回申请	被申请人改变后撤回申请	其他	其他		件数	赔偿数额（元）
		1	2	3	4	5	6	7	8	9	10	11	12	13	14	15	16	17	18	19	20	21	22	23	24	25	26	27	28	29	30	31	32	33	34	35	36	37	38	39	40	41	42	43	44	45	46	47
卫生	36																																															
计划生育	37																																															
教育	38																																															
文化	39																																															
专利	40																																															
商标	41																																															
版权	42																																															
旅游	43																																															
其他	44		4	4	5	2	1						1		4															2		2	4		3										1			
合计	45	0	50	50	54	7	41	1	0	0	0	0	1	0	50	0	0	0	0	1	0	1	0	0	7	0	2	1	18	8	3	9	49	0	41	0	0	0	1	0	0	1	0	1	5	1	0	0

附件一

表 21　行政复议案件统计报

2011 年 1 月至 2011 年 12 月

表　　号:国法复统字 1 号
制表机关:国务院法制办公室
批准机关:国家统计局
批准文号:国统制〔2007〕123 号
有效期至:2011 年 12 月 29 日

填表单位(盖章):

行政管理类别	件数	项目		原告		应诉机关级别								应诉机关			复议后应诉情况											未经复议直接应诉情况											
			上期结转	公民	法人或其他组织	乡镇政府	县级政府的部门	县级政府	市(地)级政府的部门	市(地)级政府	省级政府的部门	省部级行政机关	其他	总计	原具体行政行为机关	复议机关	总计	驳回申请	驳回诉讼请求	维持	确认违法	撤销	变更	限期履行职责	撤诉	其他	未审结	总计	驳回申请	驳回诉讼请求	维持	确认合法或有效	确认违法或无效	撤销	变更	限期履行职责	撤诉	其他	未审结
			1	2	3	4	5	6	7	8	9	10	11	12	13	14	15	16	17	18	19	20	21	22	23	24	25	26	27	28	29	30	31	32	33	34	35	36	37
公安	治安	1																																					
	劳教	2																																					
	其他	3																																					
	小计	4																																					
国家安全		5																																					
劳动和社会保障		6																																					
司法行政		7																																					
民政		8																																					
农林环资	土地	9		2				2							2															1	1								
	地矿	10																																					
	环保	11																																					
	农业	12																																					
	水利	13																																					
	林业	14																																					
	其他	15																																					
	小计	16																																					

续表

项目 / 件数 / 行政管理类别			上期结转	原告		应诉机关级别								应诉机关			复议后应诉情况											未经复议直接应诉情况											
				公民	法人或其他组织	乡镇政府	县级政府的部门	县级政府	市（地）级政府的部门	市（地）级政府	省级政府的部门	省部级行政机关	其他	总计	原具体行政行为机关	复议机关	总计	驳回申请	驳回诉讼请求	维持	确认违法	撤销	变更	限期履行职责	撤诉	其他	未审结	总计	驳回申请	驳回诉讼请求	维持	确认合法或有效	确认违法或无效	撤销	变更	限期履行职责	撤诉	其他	未审结
			1	2	3	4	5	6	7	8	9	10	11	12	13	14	15	16	17	18	19	20	21	22	23	24	25	26	27	28	29	30	31	32	33	34	35	36	37
城建	规划	17																																					
	拆迁	18																																					
	房屋登记	19																																					
	其他	20																																					
	小计	21																																					
工交商事	工商	22																																					
	质监	23																																					
	商务	24																																					
	物价	25																																					
	能源	26																																					
	交通	27																																					
	信息产业	28																																					
	邮政	29																																					
	烟草专卖	30																																					
	小计	31																																					
财政金融	税务	32																																					
	人民银行	33																																					
	证监	34																																					
	保监	35																																					
	银监	36																																					
	外汇	37																																					

续表

项目 / 件数 / 行政管理类别			上期结转	原告		应诉机关级别								应诉机关			复议后应诉情况											未经复议直接应诉情况											
				公民	法人或其他组织	乡镇政府	县级政府的部门	县级政府	市（地）级政府的部门	市（地）级政府	省级政府的部门	省部级行政机关	其他	总计	原具体行政行为机关	复议机关	总计	驳回申请	驳回诉讼请求	维持	确认违法	撤销	变更	限期履行职责	撤诉	其他	未审结	总计	驳回申请	驳回诉讼请求	维持	确认合法或有效	确认违法或无效	撤销	变更	限期履行职责	撤诉	其他	未审结
			1	2	3	4	5	6	7	8	9	10	11	12	13	14	15	16	17	18	19	20	21	22	23	24	25	26	27	28	29	30	31	32	33	34	35	36	37
财政金融	财政	38																																					
	统计	39																																					
	审计	40																																					
	海关	41																																					
	商检	42																																					
	小计	43																																					
教科文卫	药监	44																																					
	卫生	45																																					
	计划生育	46																																					
	教育	47																																					
	文化	48																																					
	专利	49																																					
	商标	50																																					
	版权	51																																					
	旅游	52																																					
	小计	53																																					
其他		54																																					
其他		55																																					

填表人：李哲明　　核表人：马林玲　　电话：025－52286696　　填表时间：2010 年 11 月 17 日

附件一

表22　行政复议案件统计报

表　　号:国法复统字1号
制表机关:国务院法制办公室
批准机关:国家统计局
批准文号:国统制〔2007〕123号
有效期至:2009年11月29日

填表单位(盖章):

项目/件数/行政管理类别			上期结转	本期新收			来件处理					申请人			被申请人								复议机关						申请复议事项																	已审结													未审结	行政赔偿	
												类别																	行政处罚				行政强制措施			行政征收																		终止							
			上期结转	总计	复议前置	选择复议	受理	不予受理	告知	转达	其他	公民	法人或者其他组织	申请人总数	乡镇政府	县级政府的部门	县级政府	市(地)级政府的部门	市(地)级政府	省级政府的部门	省部级行政机关	其他	县级政府的部门	县级政府	市(地)级政府的部门	市(地)级政府	省级政府的部门	省部级行政机关	拘留	没收	罚款	其他	对人身的强制措施	对不动产的强制措施	对其他财产的强制措施	征收土地	征税	收费	要求履行其他义务	行政许可	行政确权	干预经营自主权	信息公开	行政不作为	其他	总计	驳回	维持	确认违法	撤销	变更	责令履行	调解	和解协议	自愿撤回申请	被申请人改变后撤回申请	其他	其他	未审结	件数	赔偿数额(元)
			1	2	3	4	5	6	7	8	9	10	11	12	13	14	15	16	17	18	19	20	21	22	23	24	25	26	27	28	29	30	31	32	33	34	35	36	37	38	39	40	41	42	43	44	45	46	47	48	49	50	51	52	53	54	55	56	57	58	59
公安	治安	1																																																								
公安	劳教	2																																																							
公安	其他	3																																																							
公安	小计	4																																																							
国家安全		5																																																							
劳动和社会保障		6																																																							
司法行政		7																																																							
民政		8																																																							
农林环资	土地	9																																																							
农林环资	地矿	10																																																							
农林环资	环保	11																																																							
农林环资	农业	12																																																							
农林环资	水利	13																																																							
农林环资	林业	14																																																							
农林环资	其他	15																																																							
农林环资	小计	16																																																							

续表

行政管理类别		项目/件数	上期结转	本期新收 总计	本期新收 复议前置	本期新收 选择复议	来件处理 受理	来件处理 不予受理	来件处理 告知	来件处理 转达	来件处理 其他	申请人 类别 公民	申请人 类别 法人或者其他组织	申请人 申请人总数	被申请人 乡镇政府	被申请人 县级政府的部门	被申请人 县级政府	被申请人 市(地)级政府的部门	被申请人 市(地)级政府	被申请人 省级政府的部门	被申请人 省部级行政机关	被申请人 其他	复议机关 县级政府的部门	复议机关 县级政府	复议机关 市(地)级政府的部门	复议机关 市(地)级政府	复议机关 省级政府的部门	复议机关 省部级行政机关	申请复议事项 行政处罚 拘留	行政处罚 没收	行政处罚 罚款	行政处罚 其他	行政强制措施 对人身的强制措施	行政强制措施 对不动产的强制措施	行政强制措施 对其他财产的强制措施	行政征收 征收土地	行政征收 征税	行政征收 收费	要求履行其他义务	行政许可	行政确权	干预经营自主权	信息公开	行政不作为	其他	已审结 总计	已审结 驳回	已审结 维持	已审结 确认违法	已审结 撤销	已审结 变更	已审结 责令履行	已审结 调解	终止 和解协议	终止 自愿撤回申请	终止 被申请人改变后撤回申请	终止 其他	已审结 其他	未审结	行政赔偿 件数	行政赔偿 赔偿数额(元)
			1	2	3	4	5	6	7	8	9	10	11	12	13	14	15	16	17	18	19	20	21	22	23	24	25	26	27	28	29	30	31	32	33	34	35	36	37	38	39	40	41	42	43	44	45	46	47	48	49	50	51	52	53	54	55	56	57	58	59
城建	规划	17																																																										
城建	拆迁	18																																																										
城建	房屋登记	19																																																										
城建	其他	20																																																										
城建	小计	21																																																									
工交商事	工商	22																																																									
工交商事	质监	23																																																									
工交商事	商务	24																																																									
工交商事	物价	25																																																									
工交商事	能源	26																																																									
工交商事	交通	27																																																									
工交商事	信息产业	28																																																									
工交商事	邮政	29																																																									
工交商事	烟草专卖	30																																																									
工交商事	小计	31																																																									
财政金融	税务	32																																																									
财政金融	人民银行	33																																																									
财政金融	证监	34																																																									
财政金融	保监	35																																																									
财政金融	银监	36																																																									
财政金融	外汇	37																																																									

续表

行政管理类别	项目		上期结转	本期新收：总计	本期新收：复议前置	本期新收：选择复议	来件处理：受理	来件处理：不予受理	来件处理：告知	来件处理：转达	来件处理：其他	申请人：类别：公民	申请人：类别：法人或者其他组织	申请人：申请人总数	被申请人：乡镇政府	被申请人：县级政府的部门	被申请人：县级政府	被申请人：市（地）级政府的部门	被申请人：市（地）级政府	被申请人：省级政府的部门	被申请人：省部级行政机关	被申请人：其他	复议机关：县级政府的部门	复议机关：县级政府	复议机关：市（地）级政府的部门	复议机关：市（地）级政府	复议机关：省级政府的部门	复议机关：省部级行政机关	申请复议事项：行政处罚：拘留	行政处罚：没收	行政处罚：罚款	行政处罚：其他	行政强制措施：对人身的强制措施	行政强制措施：对不动产的强制措施	行政强制措施：对其他财产的强制措施	行政征收：征收土地	行政征收：征税	行政征收：收费	要求履行其他义务	行政许可	[illegible]	干预经营自主权	信息公开	行政不作为	其他	已审结：总计	驳回	维持	确认违法	撤销	变更	责令履行	调解	终止：和解协议	终止：自愿撤回申请	终止：被申请人改变后撤回申请	终止：其他	其他	未审结	行政赔偿：件数	行政赔偿：赔偿数额（元）
			1	2	3	4	5	6	7	8	9	10	11	12	13	14	15	16	17	18	19	20	21	22	23	24	25	26	27	28	29	30	31	32	33	34	35	36	37	38	3[illegible]	40	41	42	43	44	45	46	47	48	49	50	51	52	53	54	55	56	57	58	59
财政金融	财政	38																																																									
财政金融	统计	39																																																									
财政金融	审计	40																																																									
财政金融	海关	41																																																									
财政金融	商检	42																																																									
财政金融	小计	43																																																									
教科文卫	药监	44																																																									
教科文卫	卫生	45																																																									
教科文卫	计划生育	46																																																									
教科文卫	教育	47																																																									
教科文卫	文化	48																																																									
教科文卫	专利	49																																																									
教科文卫	商标	50																																																									
教科文卫	版权	51																																																									
教科文卫	旅游	52																																																									
教科文卫	小计	53																																																									
其他		54																																																									
其他		55																																																									

填表人：　　　　核表人：　　　　电话：　　　　填表时间：　　年　　月　　日

表 23　行政应诉案件统计报

2012 年 1 月至 2012 年 11 月

表　　号：国法复统字 1 号
制表机关：国务院法制办公室
批准机关：国家统计局
批准文号：国统制〔2007〕123 号
有效期至：2012 年 12 月 29 日

填表单位（盖章）：

项目 / 件数 / 行政管理类别			上期结转	原告		应诉机关级别								应诉机关			复议后应诉情况											未经复议直接应诉情况											
				公民	法人或其他组织	乡镇政府	县级政府的部门	县级政府	市（地）级政府的部门	市（地）级政府	省级政府的部门	省部级行政机关	其他	总计	原具体行政行为机关	复议机关	总计	驳回申请	驳回诉讼请求	维持	确认违法	撤销	变更	限期履行职责	撤诉	其他	未审结	总计	驳回申请	驳回诉讼请求	维持	确认合法或有效	确认违法或无效	撤销	变更	限期履行职责	撤诉	其他	未审结
			1	2	3	4	5	6	7	8	9	10	11	12	13	14	15	16	17	18	19	20	21	22	23	24	25	26	27	28	29	30	31	32	33	34	35	36	37
公安	治安	1		3			3							3	3													3	1								2		
	劳教	2																																					
	其他	3		13			13							13	13													13									13		
	小计	4		16			16							16	16													16	1								15		
国家安全		5																																					
劳动和社会保障		6		6	23		29							29	29		16		2						12		2	13		2							10		1
司法行政		7																																					
民政		8		2			2							2	2													2									2		
农林环资	土地	9		7	1		5	3						8	8													8									5		3
	地矿	10																																					
	环保	11																																					
	农业	12																																					
	水利	13																																					
	林业	14																																					
	其他	15																																					
	小计	16																																					

续表

行政管理类别	件数	项目	上期结转	原告		应诉机关级别								应诉机关			复议后应诉情况											未经复议直接应诉情况											
				公民	法人或其他组织	乡镇政府	县级政府的部门	县级政府	市（地）级政府的部门	市（地）级政府	省级政府的部门	省部级行政机关	其他	总计	原具体行政行为机关	复议机关	总计	驳回申请	驳回诉讼请求	维持	确认违法	撤销	变更	限期履行职责	撤诉	其他	未审结	总计	驳回申请	驳回诉讼请求	维持	确认合法或有效	确认违法或无效	撤销	变更	限期履行职责	撤诉	其他	未审结
			1	2	3	4	5	6	7	8	9	10	11	12	13	14	15	16	17	18	19	20	21	22	23	24	25	26	27	28	29	30	31	32	33	34	35	36	37
城建	规划	17		2			2							2	2		2								1		1												
	拆迁	18		4	3	3	4							7	7													7									4		3
	房屋登记	19		5	2		7							7	7													7									4		3
	其他	20			3		3							3	3													3									2		1
	小计	21																																					
工交商事	工商	22		1	1		2							2	2													2											2
	质监	23																																					
	商务	24																																					
	物价	25																																					
	能源	26																																					
	交通	27																																					
	信息产业	28																																					
	邮政	29																																					
	烟草专卖	30																																					
	小计	31																																					
财政金融	税务	32																																					
	人民银行	33																																					
	证监	34																																					
	保监	35																																					
	银监	36																																					
	外汇	37																																					

续表

项目/件数/行政管理类别			上期结转	原告		应诉机关级别								应诉机关			复议后应诉情况											未经复议直接应诉情况											
				公民	法人或其他组织	乡镇政府	县级政府的部门	县级政府	市(地)级政府的部门	市(地)级政府	省级政府的部门	省部级行政机关	其他	总计	原具体行政行为机关	复议机关	总计	驳回申请	驳回诉讼请求	维持	确认违法	撤销	变更	限期履行职责	撤诉	其他	未审结	总计	驳回申请	驳回诉讼请求	维持	确认合法或有效	确认违法或无效	撤销	变更	限期履行职责	撤诉	其他	未审结
			1	2	3	4	5	6	7	8	9	10	11	12	13	14	15	16	17	18	19	20	21	22	23	24	25	26	27	28	29	30	31	32	33	34	35	36	37
财政金融	财政	38																																					
	统计	39																																					
	审计	40																																					
	海关	41																																					
	商检	42																																					
	小计	43																																					
教科文卫	药监	44																																					
	卫生	45		1			1							1	1													1	1										
	计划生育	46																																					
	教育	47																																					
	文化	48																																					
	专利	49																																					
	商标	50																																					
	版权	51																																					
	旅游	52																																					
	小计	53																																					
其他		54		1	1		2								2													2									2		
其他		55		45	34	3	73	3						77	79		18		2						13		3	61	2	2							44		13

填表人:李哲明　　核表人:马林瑞　　填表时间:2012年11月20日

表 24 行政应诉案件统计报

2012 年 12 月 11 日至 2013 年 12 月 10 日

填表单位（盖章）：

项目 件数 行政管理类别			本期发生		应诉机关级别								应诉机关		一审结案情况																	
															判决											裁定						
																撤销											撤诉					
																		其中														
		上期结转	复议后应诉	未经复议直接应诉	乡镇政府	县级政府的部门	县级政府	市（地）级政府的部门	市（地）级政府	省级政府的部门	省部级行政机关	其他	原具体行政行为机关	复议机关	维持	全部	部分	重新做出具体行政行为	变更	履行法定职责	确认合法或有效	确认违法或无效	驳回诉讼请求	赔偿	不予赔偿	驳回起诉	原告主动撤诉	被告改变原具体行政行为原告撤诉	移送	终结	其他	行政赔偿调解	未审结
		1	2	3	4	5	6	7	8	9	10	11	12	13	14	15	16	17	18	19	20	21	22	23	24	25	26	27	28	29	30	31	32
公安	1			7		7							7														5						2
国家安全	2																																
劳动和社会保障	3		2	26		28							28										6			2	14						6
司法行政	4																																
民政	5			1		1							1														1						
土地	6			14		14							14										2				9						3
地矿	7																																
环保	8																																
农业	9																																
水利	10																																
林业	11																																
城市规划	12			10		10							10														8		1				1
房屋拆迁	13			11	2	9							11													1	7						3
房屋登记	14			3		3							3													1	2						
工商	15			3		3							3																				3
质监	16																																

续表

项目 件数 行政管理类别		上期结转	本期发生		应诉机关级别								应诉机关		一审结案情况																	未审结
															判决											裁定						
			复议后应诉	未经复议直接应诉	乡镇政府	县级政府的部门	县级政府	市（地）级政府的部门	市（地）级政府	省级政府的部门	省部级行政机关	其他	原具体行政行为机关	复议机关	维持	撤销			变更	履行法定职责	确认合法或有效	确认违法或无效	驳回诉讼请求	赔偿	不予赔偿	驳回起诉	撤诉		移送	终结	其他	行政赔偿调解	
																全部	部分	其中：重新做出具体行政行为									原告主动撤诉	被告改变原具体行政行为原告撤诉					
		1	2	3	4	5	6	7	8	9	10	11	12	13	14	15	16	17	18	19	20	21	22	23	24	25	26	27	28	29	30	31	32
商务	17																																
物价	18																																
能源	19																																
交通	20			2		2							2										1				1						
信息产业	21																																
邮政	22																																
烟草专卖	23																																
税务	24																																
人民银行	25																																
证监	26																																
保监	27																																
银监	28																																
外汇	29																																
财政	30																																
统计	31																																
审计	32																																
海关	33			1		1							1										1										
商检	34																																
药监	35																																
卫生	36																																

续表

项目 件数 行政管理类别		上期结转	本期发生		应诉机关级别								应诉机关		一审结案情况																		未审结
															判决											裁定							
																撤销											撤诉						
																		其中															
			复议后应诉	未经复议直接应诉	乡镇政府	县级政府的部门	县级政府	市（地）级政府的部门	市（地）级政府	省级政府的部门	省部级行政机关	其他	原具体行政行为机关	复议机关	维持	全部	部分	重新做出具体行政行为	变更	履行法定职责	确认合法或有效	确认违法或无效	驳回诉讼请求	赔偿	不予赔偿	驳回起诉	原告主动撤诉	被告改变原具体行政行为原告撤诉	移送	终结	其他	行政赔偿调解	
		1	2	3	4	5	6	7	8	9	10	11	12	13	14	15	16	17	18	19	20	21	22	23	24	25	26	27	28	29	30	31	32
计划生育	37			3		3							3														3						
教育	38																																
文化	39																																
专利	40																																
商标	41																																
版权	42																																
旅游	43																																
其他	44			2	2								2														1						1
合计	45	0	2	83	4	81	0	0	0	0	0	0	85	0	0	0	0	0	0	0	0	0	10	0	0	4	51	0	1	0	0	0	19

填表人：李哲明　　单位负责人：马林瑞　　电话：025－52286696　　填表时间：2014年1月5日

表 25　行政应诉案件统计报

2012 年 12 月 11 日至 2013 年 12 月 10 日

制表机关：国务院法制办公室
批准机关：国家统计局
批准文号：国统制〔2010〕103 号
有效期至：2012 年 8 月 26 日

填表单位(盖章)：

项目 / 件数 / 行政管理类别		上期结转	本期发生		应诉机关级别								应诉机关		一审结案情况																		未审结
															判决											裁定							
																撤销											撤诉						
			复议后应诉	未经复议直接应诉	乡镇政府	县级政府的部门	县级政府	市(地)级政府的部门	市(地)级政府	省级政府的部门	省部级行政机关	其他	原具体行政行为机关	复议机关	维持	全部	部分	其中：重新做出具体行政行为	变更	履行法定职责	确认合法或有效	确认违法或无效	驳回诉讼请求	赔偿	不予赔偿	驳回起诉	原告主动撤诉	被告改变原具体行政行为原告撤诉	移送	终结	其他	行政赔偿调解	
		1	2	3	4	5	6	7	8	9	10	11	12	13	14	15	16	17	18	19	20	21	22	23	24	25	26	27	28	29	30	31	32
公安	1		1	6		7							7														5						2
国家安全	2																																
劳动和社会保障	3		6	22		28							28										8				14						6
司法行政	4																																
民政	5			1		1							1														1						
土地	6		2	11	2	11							13													1	9						3
地矿	7																																
环保	8																																
农业	9																																
水利	10																																
林业	11																																
城市规划	12			3		3							3														2		1				
房屋拆迁	13		1	16	5	4	8						17											1		1	7						8

续表

项目 件数 行政管理类别		上期结转	本期发生		应诉机关级别								应诉机关		一审结案情况																		未审结
			复议后应诉	未经复议直接应诉	乡镇政府	县级政府的部门	县级政府	市（地）级政府的部门	市（地）级政府	省级政府的部门	省部级行政机关	其他	原具体行政行为机关	复议机关	判决											裁定							
															维持	撤销			变更	履行法定职责	确认合法或有效	确认违法或无效	驳回诉讼请求	赔偿	不予赔偿	驳回起诉	撤诉		移送	终结	其他	行政赔偿调解	
																全部	部分	其中 重新做出具体行政行为									原告主动撤诉	被告改变原具体行政行为原告撤诉					
		1	2	3	4	5	6	7	8	9	10	11	12	13	14	15	16	17	18	19	20	21	22	23	24	25	26	27	28	29	30	31	32
房屋登记	14			4		4							4							1							2						1
工商	15			4		4							4																				4
质监	16																																
商务	17																																
物价	18																																
能源	19																																
交通	20			2		2							2										1				1						
信息产业	21																																
邮政	22																																
烟草专卖	23																																
税务	24																																
人民银行	25																																
证监	26																																
保监	27																																
银监	28																																
外汇	29																																
财政	30																																
统计	31																																
审计	32																																
海关	33			1		1							1										1										

续表

行政管理类别	件数	上期结转	本期发生/复议后应诉	本期发生/未经复议直接应诉	应诉机关级别/乡镇政府	应诉机关级别/县级政府的部门	应诉机关级别/县级政府	应诉机关级别/市(地)级政府的部门	应诉机关级别/市(地)级政府	应诉机关级别/省级政府的部门	应诉机关级别/省部级行政机关	应诉机关级别/其他	应诉机关/原具体行政行为机关	应诉机关/复议机关	一审结案情况/判决/维持	一审结案情况/判决/撤销/全部	一审结案情况/判决/撤销/部分	一审结案情况/判决/撤销/其中:重新做出具体行政行为	一审结案情况/判决/变更	一审结案情况/判决/履行法定职责	一审结案情况/判决/确认合法或有效	一审结案情况/判决/确认违法或无效	一审结案情况/判决/驳回诉讼请求	一审结案情况/判决/赔偿	一审结案情况/判决/不予赔偿	一审结案情况/裁定/驳回起诉	一审结案情况/裁定/撤诉/原告主动撤诉	一审结案情况/裁定/撤诉/被告改变原具体行政行为原告撤诉	一审结案情况/裁定/移送	一审结案情况/裁定/终结	一审结案情况/裁定/其他	一审结案情况/行政赔偿调解	未审结
		1	2	3	4	5	6	7	8	9	10	11	12	13	14	15	16	17	18	19	20	21	22	23	24	25	26	27	28	29	30	31	32
商检	34																																
药监	35																																
卫生	36																																
计划生育	37			2		2							2														2						
教育	38																																
文化	39																																
专利	40																																
商标	41																																
版权	42																																
旅游	43																																
其他	44			12	1	10	1						2													1	7						4
合计	45	0	10	83	8	76	9	0	0	0	0	0	93	0	0	0	0	0	0	1	0	0	10	0	0	3	50	0	1	0	0	0	28

六、江宁区行政执法与法治政府建设

(一)政府法制工作

1. 2012 年政府法制工作

2012 年,区政府法制工作部门落实国务院《关于加强法治政府建设的意见》和《2012 年法治南京建设工作要点》,围绕区党代会确定的目标任务,深入开展服务型机关建设,坚持法制工作与政府中心工作相结合,推进依法行政各项工作规范化,基本完成各项政府法治建设任务。是年,江宁区被省法制办授予“2011 ~2012 年省依法行政示范点”。

规范性文件审查备案:区政府法制工作部门继续加大政府规范性文件审查力度,推进前置审查,从严控制规范性文件数量。全年制定并发布规范性文件 10 件,其中 2012 年 7 月 3 日生效的《南京市江宁区城乡居民社会养老保险办法》,实现了与南京市新办法的对接和统一的操作规范,并着眼区位和经济发展水平,增加了一次性丧葬费补助等惠民政策,得到群众广泛认可。在审查过程中,严格按照《江宁区规范性文件制定和备案管理办法》,对部门提交的审查报告进行审核,确保报送备案率、审查纠错率、公开发布率达到 100% ,并建立规范性文件基础数据库。

行政复议应诉工作:区政府法制工作部门根据市法制办《关于推进行政复议规范化建设的意见》,在队伍建设、保障措施、职能履行、法律文书等方面进行规范。针对全区行政行为面广量大的实际,有效运用协调手段化解争议,注重效果,及时纠错。执行《南京市江宁区政府行政应诉案件处理程序》《南京市江宁区行政机关负责人出庭应诉工作暂行规定》等配套制度,全年受理行政复议案件 34 件,其中维持 27 件,驳回申请不予受理 3 件,终止 4 件。

行政执法监督工作:区政府法制工作部门加强对行政执法行为监督工作,努力提高执法人员水平与执法效能,参与和指导相关执法部门开展沿江砂场整治、渣土车整治和控违拆违等专项治理行动。做好执法人员证件申办和年检工作,组织 224 名新办执法证件人员集中参加资格考试,从严把好入口关。是年,完成执法人员证件年检审查 1762 件。

法制宣传教育:区政府法制工作部门突出重点对象的法制教育,制定重点人员普法实施意见,增强宣传实效。突出行政执法人员和领导干部的法制教育,按上级要求制订和落实法律知识培训计划,并进行考核验收。加强行政执法机关依法行政理论培训,构建政府法制信息平台。制定下达政府行政执法部门法制宣传考核指标,促进部门间、系统间和行业间的信息互通,资源共享。通过网上电子信息平台全年向市政府报送专项法制信息 200 余条,及时反映区政府依法行政情况。

2. 2013 年政府法制工作

2013 年,区政府法制工作部门坚持以构建法治政府为主题,以创建全国法制工作先进区为目标,围绕中心、服务大局,充分发挥参谋助手和法律顾问作用,积极探索制度创新,扎实推进依法行政,为江宁区经济社会又好又快发展提供法制保障。是年,江宁区被江苏省全面推进依法行政工作领导小组办公室授予“2012 ~2013 年度省级依法行政示范点”，被南京市全面推进依法行政工作领导小组办公室评为“2013 年度行政执法案卷评查工作优胜区”。

规范性文件审查备案：区政府法制工作部门继续加大政府规范性文件审查力度，建立规范性文件基础数据库，下发《南京市江宁区重大行政许可备案审查规定》，严格落实备案审查的程序和要求，从严控制规范性文件的数量和质量。全年审核《南京市江宁区农村公路路政管理办法》《南京市江宁区公共租赁住房保障实施细则》《南京市江宁区职工医疗保险办法》等重要文件 35 件（政府规范性文件 4 件）、重大处罚案件备案审查 59 件。

行政复议应诉：区政府法制工作部门执行《南京市江宁区政府行政应诉案件处理程序》《南京市江宁区行政许可听证程序规定》《南京市江宁区行政机关负责人出庭应诉工作暂行规定》，针对全区行政行为点多、面广、量大实际，始终围绕“以人为本、复议为民”要求，注重运用调解手段化解行政纠纷，减少行政争议负面效应，努力做到案结事了，不断提升政府形象，维护群众合法权益。全年受理行政复议案 38 件，其中维持 26 件，驳回申请不予受理 1 件，终止 2 件。

行政执法监督：区政府法制工作部门加强对行政执法行为监督工作，努力提高执法人员水平与执法效能。不断探索行政执法体制改革，完善行政执法监督工作，邀请部分人大代表、政协委员担任特邀行政执法监督员。以全市行政执法大检查工作为契机，按照市委、市政府统一部署，采取自查互查、重点检查抽查方式，在全区范围内组织开展行政执法大检查，进一步理清权力事项，规范行政执法工作。下发《关于进一步明确住宅区物业管理工作中的有关执法边界、责任边界的通知》，南京市法制办给予肯定。做好执法人员证件换发和管理工作，组织执法人员教育培训 2137 人次，完成 1853 名执法人员证件年审注册以及换发工作。

行政裁决：区政府法制工作部门围绕政府中心工作，为完成市“363”考核和区经济建设、民生工程、征地拆迁、城市管理等重点工作提供法律咨询服务，充分发挥参谋助手作用，依法保障重点工作的顺利推进。特别是在省道 337 和省道 122 道路建设，以及火车南站、诚信大道、高新园、骆家渡、泥塘工业园、胜利一小区征收拆迁过程中，区政府法制办领导带头参与，全程跟踪指导和监督协调，经过广泛调查，多方听取意见，提出合理化意见和建议，确保征收拆迁工作有序推进，为区政府依法科学决策把好法律关、事实关，确保重大决策的合法性。全年完成 7 批次 168 户房屋拆迁行政裁决工作。

法治宣传教育：区政府法制工作部门加强执法机关依法行政理念教育，制定重点人员普法实施意见。下达政府行政执法部门法治宣传考核指标，促进各部门、各系统、各行业间的信息互通、资源共享。结合部门信访接待和政府信访复查等工作，及时向到访群众介绍法制机构职能、作用，引导公民利用法律武器解决问题，化解矛盾。加大对外宣传力度，构建政府法制信息平台，建立江宁区行政执法大检查工作网站，通过信息平台报送法制信息 1500 余条，及时反映区依法行政工作情况。

政府自身建设：

（1）着力打造效能政府，切实履职尽责，提升行政执行力。全面深化法治政府建设，健全完善重大事项决策机制，依法开展行政复议、行政诉讼、司法听证，行政行为进一步规范。狠抓区委各项决策部署的落实，主动接受人大、政协和社会监督，认真办理人大代表建议、政协委员提案，办成率保持在80%以上。切实加大政府组织、协调、督查力度，强化行政服务中心职能，严格落实首问负责、限时办结等制度，确保重大事项和重点工程顺利推进。强化考核奖惩，明确激励导向，完善“责任、监控、评价”三位一体的科学发展绩效考评体系，着力创树江宁政府绩效管理的特色品牌。

(2)着力打造服务政府，优化政府服务，增强发展推动力。深入开展领导干部下基层活动，倾听民声、收集民意，竭力为基层和企业解难事、办实事，建设亲民、爱民政府。扎实推进项目审批代办、审批事项清理，简化工作流程，压缩办事时限。340项行政审批事项进入行政服务中心，现场办结率提高到60%以上；扎实开展“三个服务”、领导干部驻点调研等活动，出台中小微企业扶持政策；大力推进政风行风建设，加大“12345”政府服务热线办理力度，群众综合满意率86.8%，进一步畅通信访渠道，开展领导干部“大接访”，信访量减少30%以上，完善诉求表达、利益协调、权益保障和矛盾纠纷调处机制，切实维护群众的合法权益，营造了良好的发展环境。

(3)着力打造法治政府。坚持依法行政，自觉接受区人大及其常委会的工作监督、法律监督，积极支持政协履行政治协商、民主监督、参政议政职能，广泛听取社会各界的意见建议，高质量办理人大代表建议和政协委员提案。深化和扩大政务公开，完善政府新闻发布制度。深入推进“法治江宁”“平安江宁”建设，加强和创新社会管理，构建区、街、村社会管理服务中心三级平台，不断提高人民群众的安全感、幸福感和满意度。

(4)着力打造廉洁政府，加强廉政建设，提高政府公信力。严格落实党风廉政建设责任制，扎实推进惩治和预防腐败体系建设，强化对工程建设、动迁拆违等重点领域、敏感环节的全程监督审计，从源头上预防和治理腐败。切实改进作风，端正政风行风。厉行勤俭节约，严控行政支出，压缩公用经费，树立清正廉洁的政府形象。严格政府投资项目资金管理，完善经营性地块出让、招投标、政府采购、产权交易、国有资产监管等制度，加强监督审计，坚决打击不法行为。严格财政预算编制执行，严控公务支出，加强公务用车管理，一般性行政经费零增长。坚决反腐倡廉，严肃查处查办了一批违法违纪案件，反腐败工作取得实效。在肯定成绩的同时，我们也清醒地看到政府工作还存在一些矛盾和不足，主要是：对照率先基本实现现代化指标体系，部分薄弱指标攻坚力度需要进一步加大；先进制造业、现代服务业实体大项目和战略性新兴产业领军人才的引进需要进一步强化；公共服务配套设施相对滞后，城市功能品质需要进一步提升；加强和创新社会管理的方式、路径需要进一步探索；效能、作风、廉政建设需要进一步加强。

(二)法治政府建设

近些年来，江宁区政府坚持依法行政，运用项目化方式加快法治政府建设步伐(见表26)。

表 26 2013 年法治江宁建设十件实事项目

序号	项目名称	内容举措	完成时限	牵头单位
1	维护公众环境权益	深化工业废水废气、工地扬尘、餐饮油烟、秸秆焚烧等污染治理;依法开展节能减排,关停整治"三高两低"企业 20 家;环境综合质量指数达到 80 分	制订方案,按序时推进,年底前完成	环保局
2	依法实施城市治理	开展《南京市城市治理条例》专项宣传活动,推动城市管理规范执法;严格市场准入和审批管理,强化渣土运输污染治理;加强城区环境治理,城区生活垃圾分类收集覆盖率达 45%	制订方案,按序时推进,年底前完成	城管局
3	强化食品市场监管	保障亚青会期间地产食品安全;强化亚青会期间市场价格监管;依法严厉打击私屠滥宰,生猪定点屠宰率达 99%;加强"放心粮油店"粮油产品质量的追溯体制建设,保障粮油安全供给	6 月前建立长效机制,年底前完成	质监局 物价局 商务局 粮食局
4	推动就业创业保障	积极推动更高质量就业,新增城镇就业人数 2 万人,援助就业困难人员实现就业人数 400 人,培育自主创业人数 400 人,困难家庭高校毕业生初次就业达 100%	年底前完成	人社局
5	深化居家养老服务	建立政府购买居家养老惠民新机制,为高龄独居老人提供家政服务,启动"安康通"紧急呼叫系统"应装尽装"工程,安装"安康通"呼叫器 400 台,发放 GPS 定位手机 500 部	年底前完成	民政局
6	法律服务便民利民	开展"邀请万名市民走进法院"活动;打造半小时法律援助服务圈,全年实现办理法律援助案件 1200 件;构建三级工会法律援助服务网络,新建工会法律援助站(点)突破 50 家	制订方案,按序时推进,年底前完成	法院 司法局 总工会
7	强化知识产权保护	开展知识产权保护专项工作,加大知识产权司法保护力度;依法打击侵犯注册商标专有和销售假冒伪劣商品的违法行为,新增中国驰名商标 2 件,省著名商标 6 件、省名牌产品 5 个	制订方案,按序时推进,年底前完成	法院 检察院 工商局
8	依法规范公共交通	开展交通运输市场环境综合整治活动,依法打击"黑车"等违法行为,加强公共客运市场建设,大力发展绿色公交,新增或更新公交车 200 辆,新增公共自行车 1000 辆	制订方案,按序时推进,年底前完成	交通运输局

续表

序号	项目名称	内容举措	完成时限	牵头单位
9	保障居民安居乐业	加大对房地产市场监测监管，规范房地产市场运行行为；全面加快社会保障性住房建设，保障性安居工程开工建设面积 240 万平方米，保障性安居工程竣工面积 110 万平方米	年底前完成	住建局 城建集团
10	维护社会公共安全	开展"信访积案化解提速攻坚"活动，信访积案化解稳控率达 90%；推进企业安全生产标准化建设，规模以上企业全部通过三级以上标准化考评，亿元 GDP 安全生产事故死亡率低于 0.13%	制订方案，按序时推进，年底前完成	信访局 安监局

表 27　2014 年法治江宁建设十件实事项目

序号	项目名称	内容举措	牵头单位
1	全面推进司法公开	依法实行审判活动全面全程公开，加快实体和网上诉讼服务中心提档升级，让人民群众在每一个司法案件中都感受到公平正义；深入推进 12309 检察民生服务热线工作，积极打造"信（来信）、访（来访）、网（网络）、电（电话）、巡（巡访）、通（检务直通车）"六位一体的接访平台	法　院 检察院
2	提升服务发展能力	推进公司登记制度改革，营造更加宽松的准入环境；认真落实"321"税收优惠政策，营造良好的科技人才创业环境；开展知识产权培训"百企千人行动"，营造科技创新环境	工商局 地税局 科技局
3	依法实施城市治理	深化"9322"环境综合整治行动，强力推进违建管控和拆除，依法规范渣土运输管理；推进城中村危旧房动迁工程，完成总动迁面积约 50 万平方米；依法加强户外广告监管，确保"青奥会"期间户外广告合法、规范、美观	城管局 征收办 工商局
4	依法保护生态环境	建立完善生态环境联合执法机制，加大环保执法和司法打击力度，确保"青奥会"期间不出现重大环境事件；推进废弃矿山环境治理工作，有效提升江宁环境质量、城市景观品质	环保局 国土分局 司法部门
5	规范文化旅游市场	开展"迎青奥，文化市场专项整治行动"，加强文化市场监管力度，有效整顿和规范文化市场秩序；开展旅游市场迎"青奥"专项整治行动，着力解决旅游行业中存在的突出问题，推动全区旅游行业健康发展	文广局 旅游局
6	依法保障民工权益	推进建筑业农民工权益保障，逐步将 10 万名建筑业农民工纳入我区工伤保险和大病保险范围；加强建筑工地从业人员法律知识培训，每季度培训 500 人次、全年共 2000 人次	人社局 建工局

续表

序号	项目名称	内容举措	牵头单位
7	鼓励发展社会组织	鼓励发展与公共利益、基层自治等相关的社会组织，推行各类社会组织直接登记，降低城乡社区服务类社会组织登记门槛，培育发展社会组织250个；推进政府购买公共服务，激发社会组织参与社会管理的活力	民政局 财政局
8	深化拓展法律服务	加大法律援助力度，全年办理法律援助案件1200件以上；推动司法救助、刑事案件被害人救助纳入社会救助制度体系，不断拓展司法救助、刑事案件被害人救助的受惠范围	司法局 法　院 政法委
9	深化普法教育工作	建立完善"法律六进"长效机制，开展"一街一品"普法品牌建设；开展"宁姐工作坊"服务进社区活动，提升妇女自觉维权意识，帮助妇女排解心理压力；开展食品药品监管方面法律常识宣传，提高识别假劣食品药品等方面的知识	司法局 妇　联 食药监局
10	维护社会和谐稳定	开展进京非访"百日整治"专项行动，力争实现进京非访总量同比下降90%以上；深化社区防范工程，不断清理、控制和压缩社区可防性案件的发案空间，严密防范打击街面抢劫、抢夺、网络电信诈骗、入室盗窃、盗窃电动自行车等多发性侵财犯罪，维护"青奥会"期间社会和谐稳定	信访局 公安分局

表28　2015年法治江宁建设十件实事项目

序号	项目主题	内容举措	完成时限	责任单位
1	严格落实行政机关负责人出庭应诉制度	落实行政机关负责人出庭应诉情况统计报告和通报制度；加大督促指导力度，实施出庭提示、季度、年度通报	全年	法院 法制办 依法治区办
2	全力打造社区里的110、家门口的派出所	完成全区107个社区警务室的标准化建设（含公安网的接入、视频监控的联网）；抓好警务室22项便民服务项目的细化落实；社区民警白天不参加值班接处警，扎根社区开展社区警务工作	10月底前	公安分局
3	建立失信被执行人信用惩戒机制	加大依法强制执行力度，加快建设执行指挥中心网络，完善落实失信被执行人信用监督、威慑和惩戒制度，切实解决执行难问题，依法保障胜诉当事人及时实现权益	全年	法院
4	完善落实国家司法救助制度	认真落实国家司法救助制度，建立司法救助专项资金，强化国家司法救助资金保障和资金使用管理，维护社会和谐稳定，提升司法公信力	全年	政法委 财政局

续表

序号	项目主题	内容举措	完成时限	责任单位
5	深入推进公共法律服务体系建设	完善区、街两级法律顾问工作运行机制；全面落实一社区（村）一法律顾问制度建设，社区、村至少配备一名法律顾问；坚持以群众需求为导向，将法律顾问纳入政府购买公共服务项目	全年	司法局
6	创新完善12345政务服务热线运行机制	加快12345数据化建设，推动工单办理全程信息化；深化12345督查督办，构建疑难工单快速协调机制；细化首接协办单位职责划分，细化环节将全部纳入计算机系统	全年	行政服务中心
7	完善蔬菜市场溯源管理体系建设	严格执行《农产品质量安全法》，产品交易采取电子化管理方式，全面推进蔬菜市场产品质量电子化管理，确保产品质量可追踪，有效维权	11月底前	农副物流
8	深入推进检务便民服务体系建设	加快推进检察为民服务中心建设，加大案件流程性信息和文书信息同步录入互联网，实现网上网下“一站式”服务	全年	检察院
9	依法推进征地拆迁和保护群众合法权益	深入推进阳光征迁、依法征迁，大力推行“全面公示”“联合确认”“跟踪审计”三大机制；依据南京市即将出台的新的征地补偿安置政策，开展征地标准的提高、征地补偿安置程序的完善、进保人员的界定、补偿安置资金的发放等政策细化的调研调整工作	全年	征收办 国土分局
10	依法保障劳动就业和开展农民工法治教育	建设江宁区人力资源市场暨服务产业园，促进高质量就业创业；组织开展农民工“同享法治阳光，共筑美好家园”主题法治系列教育活动，依法维护和保障农民工合法权益	全年	人社局 建工局

附件：法治政府建设的重要依据：《南京市江宁区法治政府建设实施方案》

南京市江宁区法治政府建设实施方案

（2012年3月25日）

国务院颁布《全面推进依法行政实施纲要》以来，区政府及各部门认真贯彻，法治建设立足科学发展思路，服务区域经济发展，加快行政管理体制改革，探索基层法治服务模式，取得了明显成效，成为首批“省依法行政示范点”和“县级政府法制工作规范化建设示范单位”。当前，我区进入率先基本实现现代化的关键时期，在经济社会又好又快发展的同时，社会结构和利益格局深刻调整，一些领域社会矛盾有所增加，行政管理和行政执法中还存在薄弱环节。这与努力把江宁全面建设成创新型、国际化、高科技产业新城区和幸福乐居生态品质新城区的总体发展目标不相适应。为此，必须把推进依法行政、建设法治政府摆在更加突出位置，作为重要基础性工作来抓。根据《国务院关于加强法治政府建设的意见》《省政府关于加快推进法治政府建设的意见》和《南京市法治政府建设行动计划》，结合我区依法行政工作实际，制定本方案。

一、总体要求和主要目标

1. 总体要求。坚持以邓小平理论和“三个代表”重要思想为指导，深入贯彻落实科学发展观，以保障和促进全区率先基本实现现代化为目的，以事关依法行政全局的体制机制创新为突破口，以解决重点领域和重点环节存在问题为着力点，以提高人民群众对依法行政的满意度为评判标准，大力推进政府行政管理工作制度化、规范化、程序化，大力提高区政府及各街道(园区)、部门的执行力和公信力，全面提升全区经济整体实力和综合竞争力，为努力打造创新型、国际化、高科技产业新城区和幸福乐居生态品质新城区提供扎实的法治保障。

2. 主要目标。以国务院《纲要》确定的目标和青奥会召开为时间节点，到2012年年底，基本实现法治政府建设的阶段性工作目标：政府职能转变基本到位，经济调节、市场监管、社会管理、公共服务水平明显提高；行政管理规范、协调、透明、高效的体制基本形成，行政效能、行政执行力、公信力明显提高；行政决策科学化、民主化、法制化基本实现，行政决策水平明显提高；行政执法规范、高效运行体制基本建立，行政执法监督和公众监督程度明显提高；行政机关工作人员特别是领导干部法律意识不断增强，依法行政的能力不断提高；区、街道(园区)两级政府的依法行政工作成效初显，保持依法行政工作在全省的领先地位，人民群众对法治政府建设成效基本满意。2014年，全面完成法治政府建设的阶段性任务。

二、加快政府职能转变

3. 深入建设服务型政府。强化政府基本公共服务功能。构建终身教育、就业服务、社会保障、基本医疗卫生、文化体育服务、住房保障、养老服务“七大体系”，建设“和谐江宁”，提升人民群众的幸福指数。建立完善有利于转变发展方式的财税体制，增强区政府提供基本公共服务的能力。推进部门预算改革和国库集中收付制度改革，合理调整财政支出结构，财政支出安排向社会保障、就业再就业、公共卫生、义务教育、科教文化等方面倾斜。继续完善各项社保制度，在完善居民养老、失地农民保障等制度的同时，继续把促进就业、鼓励创业摆在更加突出的位置，健全与经济发展水平和财政保障能力相适应的社会保障体系。继续促进教育优先发展，落实好国家医药卫生体制改革的各项政策，推动社会主义文化事业大发展大繁荣，支持公交优先，推进社会治安防控体系建设。建立支农资金稳定增长机制，大力支持现代农业，促进农民增加收入，推进城乡统筹发展。实施社会管理创新工程、法制化工程。完善“党委领导、政府负责、社会协同、公众参与”的社会管理工作格局，健全诉求表达、矛盾排查和预警、矛盾调处、应急管理、社会公共安全管理五项机制，重点推进基层社会管理和服务体系建设，开展社会管理创新试点，抓好新建社区、流动人口、特殊人群以及互联网等管理；支持、引导社会组织参与社会管理和服务。健全公共突发事件应急管理机制，提高突发事件预防、预警、应急处置、应急保障能力。

4. 深化政企分开，加强国有资产整合。加大国资工作转型力度，有序推进国资优化组合。充分发挥国有经济在我区新一轮优化发展中的引领性、基础性和功能性作用。以优化资源配置、放大资源效益为导向，进一步健全国有资产监督管理体制，促进国有资产保值增值，在全区“两个率先”中发挥先导作用。深入推进国有资产优化整合，优化资产结构，构建全新资本要素平台，以园区化、集团化、专业化的现代企业集团代替传统政企合一的融资平台；创新资本运作手段和金融体制，把分散闲置的国有资产转化为高效流动的国有资本，有效破解资金瓶颈难题。明确事权划分，实行政企分开。按照现代企业制度的要求，将国企集团与原行政主管部门完全脱离，使国有企业成为自主经营、自负盈亏的市场主体和法人实体。

5. 改革完善行政管理方式。继续开展行政审批事项清理工作，减少审批事项，提高审批效率，加强审批监督。建立完善行政指导、行政合同、行政裁决等制度。开展相对集中行政许可权试点工作。建立多部门“联审会办”以及相对集中行政许可权运行机制，加强政务大厅建设，不断完善区行政服务中心“一站式办理、阳光下操作、规范化管理、并联式审批”服务模式。创新完善行政许可方式，进一步完善功能，提高群众对行政服务中心办事的满意率。完善面向市民的“12345”政府服务呼叫中心及督办制度，积极开展各类便民服务，发挥服务群众、化解矛盾的作用。改进和加强市场监管，着力规范建筑市场、食品市场、文化市场、旅游市场、集贸市场秩序。认真贯彻《中华人民共和国物权法》等法律法规，建立区级行政机关对管理相对人造成财产损失的依法补偿机制，依法维护公共权益，提升政府的公信力。以政府信用、企业信用和个人信用为重点，建立健全诚信及信用服务监管平台，加强信用制度建设，加大守信激励与失信惩戒机制建设力度。促进社会诚信，保护公众权益。

6. 深化政府信息公开。加大主动公开工作的监督力度，重点推进财政预算、公共资源配置、重大建设项目审批和实施、社会公益事业建设等领域的信息公开。严格执行《关于进一步做好政府信息依申请公开工作暂行办法》（江宁政办发〔2011〕74 号），切实解决少数单位不履行应公开义务的问题。建立完善办事公开制度，所有面向社会服务的政府部门以及医院、学校、公交、公用等公共企事业单位，都要严格按照政府信息公开条例规定的内容、程序和方式，及时、准确地向社会公开单位职责、服务承诺、收费项目、工作规范、办事程序、监督渠道等，切实保障公民对政府事务的知情权、参与权、表达权，接受社会监督；完善新闻发布制度和突发公共事件向社会公开制度；改进和加强政府网站管理工作，克服信息发布不及时、不准确、不全面现象。健全政府信息公开监督机制，避免发生因申请信息公开而发生行政复议或行政诉讼案件。区政府对街道（园区）及各部门信息公开情况每年进行评议考核并向社会公布。

7. 完善行政权力阳光运行机制。按照“优化、完善、规范”的要求，完善应用，加强监控，开展网上并联审批、行政执法案卷监控评查，实现全区 100% 的行政许可审批和行政处罚事项网上运行,并不断拓展延伸办理事项。杜绝行政权力事项网上登记、网下办理的现象。进一步规范办事程序,固化办事流程,减少办事环节,缩短办事时限,不断完善权力阳光政务网的功能,加强行政权力库、网上政务大厅、行政服务中心、行政监察平台、政府法制监督平台建设与管理的衔接,完善行政权力网上运行评议考核办法。

三、提升政府制度建设水平

8. 加强规范性文件制定工作。围绕创新驱动、内生增长、绿色发展,加快建立完善与之相适应的政策体系。突出政策重点,在科技创业创新、产业转型升级、统筹城乡建设、城市综合管理、生态文明建设、文化建设、民生社会建设、综合改革、法制建设以及政府自身建设等方面出台相关政策,使政策与本区经济社会发展相适应。积极参与上级立法工作,完成交办的《汤山旅游资源保护条例》等立法项目起草任务。完善区政府规范性文件制定工作的调研制度和咨询论证制度。创新规范性文件的起草机制,采取区政府法制办组织起草、部门起草、委托专家起草等多种起草方式。完善公众参与机制,凡涉及民生的决策,都要公开听证并公布意见采纳情况。每年对涉及发展全局和民生的规范性文件执行情况进行检查,选取1~2件规范性文件,进行执行情况全面评估。

9. 严格规范性文件管理,实行规范性文件定期清理制度。严格落实《南京市江宁区规范性文件制定和备案管理办法》,进一步规范制定主体、严格制定程序,继续落实政府法制机构前置审查制度,未经法制办合法性审查、区政府常务会议讨论决定不得发布施行。对涉及行政相对人权利义务重大调整、实施后对本地区经济社会发展有重大影响,以及涉及公共安全、社会稳定的规范性文件,要经过充分的调研论证,严格执行规范性文件“规字”管理制度,所有规范性文件均列编“规字”统一登记、编号、公布。加强规范性文件报备审查,做到报备率、及时率、规范率达到100%。依法及时处理行政相对人提出的审查建议,对违法或者不当的规范性文件,按有关程序及时进行纠正,并按相关规定重新发布和报备。规范性文件每2年集中清理一次,及时将清理结果向社会公布。对不符合经济社会发展要求、调整对象已消失、已过时效、与上位法相抵触或者不一致,以及规范性文件相互之间不协调的,要予以修改或者废止。认真执行规范性文件5年有效期制度,规范性文件的施行原则上不超过5年,过期的要及时予以废止,因部门职能和工作需要确需继续使用的,按有关程序重新审查认定和发布。

四、坚持依法科学民主决策

10. 完善行政决策程序。完善行政决策程序制度,认真落实《南京市重大行政决策程序规则》,按照《南京市江宁区重大决策程序规定》,明确重大行政决策的具体范围、事项及量化标准,并向社会公布。把公众参与、专家论证、风险评估、合法性审查、集体讨论决定作为重大决策的必经程序,保证行政决策合法、科学、民主。凡涉及公共利益和公众切身利益的重大决策事项,都要进行听证,并运用网络、问卷等方式,加强意见和建议的收集整理、分析研究和反馈。对专业性、技术性、政策性较强的重大决策事项,要组织专家进行充分论证。重大决策事项应当在政府常务会议或者部门领导班子会议研究决定前,交由法制部门进行合法性审查,未经审查或者经审查不合法的,不得列入讨论决策程序。落实重大决策报告制度。

11. 完善行政决策风险评估机制。建立部门论证、专家咨询、公众参与、专业机构测评相结合的风险评估工作机制。凡事关经济社会发展全局和人民群众切身利益的重大政策、重大项目等决策事项，都要进行合法性、合理性、可行性、可控性评估。包括：行政决策是否符合法律法规、国家和省、市的政策，是否符合本地经济社会发展实际，是否做到公开、公正、公平，是否为绝大多数群众所接受，出台时机是否成熟，配套措施是否完善，所涉及的资金是否到位等。通过综合评估，确定风险等级，制定相应控制预案。凡风险不可控或者无控制预案的，不得列入决策程序。

12. 完善行政决策后评估和责任追究机制。决策机关要跟踪重大决策实施情况，通过民意反映、抽样调查、评估审查，及时发现问题，纠正偏差，必要时作出停止执行的决定。区政府每年要选取1~2件关系民生、对经济社会发展有较大影响的重大行政决策进行重点评估。严格执行决策责任追究制度，对超越法定权限、违反决策规定的决策行为，以及因决策失误造成重大损失的，按照谁决策谁负责的原则，追究有关领导和直接责任人的责任。

五、严格规范公正文明执法

13. 创新行政执法机制，加强重点领域执法。推进综合执法和联合执法体系建设，构建职能集中、管理规范、层级协调、上下一致、运行有效的综合执法体系。在食品卫生、文化市场、资源环境、交通运输等领域，实现综合执法体制和机制新突破。推进城市管理制度创新，建立高位协调、综合执法、基层自治、公众参与、社会监督5项机制，推进城市管理法制化、规范化、现代化、数字化。选择条件相对成熟的街道，成立综合执法机构，开展食品卫生、水环境综合执法试点工作。加强行政执法信息化建设，实现执法信息共享。围绕促进发展、保障民生，进一步规范涉及投资环境的执法行为，加大对食品、安全生产、环境保护、工程建设、城市管理、征地和房屋拆迁、文化市场的监管力度，建立覆盖到社区的三级监管网络，完善长效管理机制。

14. 推进行政执法规范化建设。开展行政执法规范化活动，加强执法主体、执法人员、执法行为、执法监督的规范化建设，切实解决不作为、乱作为等问题，提升新市区行政执法水平，确保群众满意率达到90%以上。各行政执法部门要认真落实执法责任制，依法明确执法机构、执法岗位、执法人员职责并向社会公布。继续推进行政执法“贯标”工作。充分利用在全国率先创造的区级政府行政管理的“江宁模式”，在区级行政执法机关推行标准化管理，以ISO9001质量管理体系、ISO4001环境管理体系、GB/T28001职工健康安全管理体系三个标准为基础，结合江宁区情，形成与江宁实际紧密结合的政府行政执法管理模式，创造公开、公平、公正、透明的依法行政环境，逐步实现行政执法规范化、服务监督社会化、服务生产生态化以及服务主体健康化的转变，进一步提升行政效能。完善行政执法程序规则，严格按程序执法，规范执法检查活动，克服执法扰民、扰企现象，保持良好的投资环境。创新行政执法方式，推行说理式执法、行政监管劝勉、执法事项提示、轻微问题告诫、突出问题约谈、重大案件回访等柔性执法方式。结合《南京市规范行政执法裁量权规定》，进一步落实行政处罚自由裁量权标准，统一执法尺度，保障公正、公开，做到对事实、性质、情节、后果相似的违法行为的处理轻重程度相当。

落实《南京市行政执法协管人员管理办法》,加强对协助执法人员的管理。完善执法经费财政保障机制,实施罚缴分离,避免执法经费与罚没收入挂钩的现象。加强行政执法案件监督审查制度,重大案件提前介入审查,做好重大行政处罚的备案审查和重大行政许可的前置审查工作。对重大行政执法活动实施维稳评估,建立行政执法风险防范机制。

六、强化行政监督和问责机制

15. 健全行政监督制度。构建科学合理的行政绩效评估指标体系和评估机制,建立行政机关依法行政档案,增强行政机关层级监督的针对性和实效性。支持审计、监察部门依法独立行使监督权。审计部门要加强财政专项资金和预算执行、重大投资项目、国家机关和国有企业领导人经济责任,以及社会保障基金、住房公积金、扶贫救灾资金等公共资金使用情况的审计。监察部门要抓好行政问责和政府绩效管理监察。贯彻落实新修订的《行政监察法》,全面履行纪检监察两项职能。以区督查组织体系为抓手,建立健全区、街道、机关部门全员参与的督查工作责任体系,形成分工细化、责任落实的组织架构,进一步延伸督查工作触角。结合专项治理、案件查处、责任追究等方面工作,充分发挥群众参与、评议问责等全方位督查手段,不断提高监督检查工作的社会参与度,提高监督检查工作的整体质量和水平。积极探索法制、监察、审计等部门就违法行政行为信息互通、案件会审、联合检查等联动协作的监督机制;试行依法行政社会监督员制度,初步建立依法行政监督网络。各街道(园区)及区政府部门在自觉接受人大监督、政协民主监督和人民法院依法实施监督的同时,要更加重视群众监督和舆论监督,完善群众举报投诉制度,依法保障群众监督政府的权利。支持媒体对违法或者不当行政行为进行曝光,对群众和新闻媒体反映的问题,要及时作出处理和回应。健全网络监督工作机制,加强网络问政建设。

16. 严格实施行政问责制度。严格执行《行政监察法》《公务员法》《行政机关公务员处分条例》《党政领导干部问责暂行规定》,完善行政问责配套制度,细化问责范围和对象,增强可操作性。严格落实《中共南京市江宁区委关于开展党政领导干部问责工作的实施意见》,进一步加大责任追究力度,落实行政过错责任追究制度,把行政不作为、失职渎职、滥用权力和严重损害群众利益的行为作为问责重点,做到有错必究、有责必问。对因违法行政导致严重后果或恶劣影响的,依法依纪追究有关领导直至行政首长的责任。问责决定一般应当向社会公开。

七、依法防范和化解社会矛盾

17. 健全社会矛盾纠纷行政调解机制。建立行政调解、人民调解、信访调解、司法调解相衔接的大调解联动机制,实现各类调解主体有效互动、形成合力。完善行政调解制度,2012 年,建立由区政府负总责、区法制办牵头、各职能部门为主体的行政调解工作体制。建立健全行政调解工作组织网络,建立完善行政调解各项工作制度,科学界定调解范围,规范调解程序,发挥行政机关在化解行政争议和民事纠纷中的作用。加强民商仲裁、医患纠纷、交通事故、工伤认定等调解工作。认真实施人民调解法,推进法律援助、司法救助、社会救助制度对接,实行法院与司法行政部门指导人民调解。支持社区、村委会等基层组织开展人民调解工作,及时解决民间纠纷。建立健全群体性事件预防和处理机制,有效化解社会矛盾纠纷。

18. 充分发挥行政复议解决矛盾纠纷的作用。畅通行政复议渠道,简化申请手续,引导相对人通过行政复议解决行政争议。建立被申请机关负责人重大复议案件出席应诉制度。落实《南京市行政复议调解与和解实施办法》,注重运用调解、和解方式解决纠纷,实施行政复议建议书制度,完善行政机关自我纠错机制,努力做到案结事了。改革行政复议案件审理机制,吸收专家学者和社会力量参与审理。加强复议制度、机构、队伍和业务工作规范化建设,定期组织全区行政复议人员参加学习、培训,落实专职行政复议人员资格制度和行政复议报告制度,健全适应复议工作特点的激励机制和经费装备保障机制。加强行政复议与信访、监察、司法行政、人民法院衔接,形成化解行政争议的合力。

19. 依法做好行政应诉工作。完善行政应诉制度,支持人民法院依法独立行使审判权。对人民法院受理的行政案件,行政机关要依法积极应诉,积极参与法院的诉前调解。落实行政机关负责人出庭应诉制度,完善行政机关负责人出庭应诉的督促考核制度,提高应诉出庭率。开展行政机关领导干部行政应诉培训,每年组织行政机关领导干部不少于两次旁听重大行政诉讼案件。建立健全重要行政诉讼案件的报告、通报制度。

20. 推动信访工作制度化、规范化和法治化。健全"大信访"工作体系,完善"党委政府统一领导、信访主管部门统一管理、职能部门各司其职、纪检监察机关督促检查、社会齐抓共管"的信访工作大格局。进一步完善区政府信访复查复核工作机制,对重大或群体性信访案件,相关职能部门共同参与协调处理。在做好信访调解工作的同时,推进信访工作法治化,对可以通过行政复议、行政诉讼等法律程序解决的信访事项,引导当事人通过法律途径解决。

八、提高各级行政机关依法行政的意识和能力

21. 加强行政机关人员依法行政意识与能力的培养。各级领导干部要切实增强敬畏法律、敬畏人民、敬畏权力的意识,牢固树立法治理念,带头学法、遵法、守法、用法,自觉养成依法行政、依法办事的习惯和作风,提高运用法治思维和法律手段解决经济社会发展中突出矛盾和问题的能力。在干部使用中,重视选拔使用依法行政意识强、善于运用法律手段解决问题、推动发展的优秀干部。

22. 完善领导干部和公务员学法制度。落实领导干部学法制度和依法行政知识培训计划,加强督促检查。用2年左右时间,将区政府及街道(园区)、部门领导班子成员轮训一遍。区政府常务会议以及街道(园区)、部门领导班子每年集中学法不少于2次,每年组织区政府法制联络员培训不少于2次。区行政学校和公务员培训机构要把依法行政知识纳入教学内容,每年组织法律知识轮训和新法律法规专题培训。建立健全公务员和行政执法人员长效学法制度,通过集中培训、专题讲座、网上学习等多种形式进行法律知识学习,并作为考核和晋升的依据之一。改进学习培训方式,增强针对性和实效性。落实拟任领导职务干部任前法律知识测试和依法行政情况考察制度,测试考察结果作为任职基本依据。公务员录用要注重法律知识测试,对拟从事政府法制、行政执法工作的人员,要组织专门法律知识考试。

23. 加强行政执法队伍建设。落实行政执法人员编制,保证执法人员与应履行职责

相适应。加强行政执法人员岗前培训、日常培训,推行行政执法人员网上学法和检查考核制度,每年培训时间不少于15天,培训考核不合格者不得上岗执法。加强行政执法证件资格管理,完善区、执法主体二级行政执法人员电子档案管理制度。落实行政执法人员亮证执法制度,公开行政执法人员信息,建立网上投诉监督机制,接受群众监督。法制办要加强对行政执法人员的监督力度,每季度不少于一次对具体行政执法行为的现场进行监督检查,对执法不作为、乱作为、滥用执法权力、粗暴执法的人员,经教育不改的要依法处理并调离执法岗位。

九、加强法治政府建设的领导

24. 健全领导体制。区政府及各街道(园区)、部门要把法治政府、法治机关建设,作为保障率先基本实现现代化目标顺利实现的重大举措,建立政府和部门行政首长负责的依法行政领导工作小组,统一领导和推进本地区、本部门的法治政府、法治机关建设。行政首长对依法行政工作负总责,每年要将法治政府、法治机关建设与其他工作一起部署、落实和考核。政府常务会议、部门办公会议每年至少听取2次法治政府、法治机关建设情况汇报,解决存在的突出问题,加强督促指导和监督检查。区政府每年要向区委和人大报告法治政府建设工作。各级依法行政工作领导小组办公室要充分发挥在法治政府、法治机关建设中的组织协调作用,对成绩突出的单位和个人给予表彰,对工作不力的予以通报。要按照全区法治政府建设实施方案,结合各自实际,制订法治机关(街道、园区)建设的具体方案。

25. 强化督促考核。科学设定考核指标并纳入政府目标考核、绩效考核评价体系,考核结果作为对领导班子和领导干部综合考核评价的重要内容。加强对重点领域、重点部门的督促考核,解决人民群众关注的热点问题,促进经济发展和社会和谐,提高政府各部门依法行政水平。建立干部"德能勤绩廉法"六位一体述职述廉述法考评机制。

26. 加强区政府及部门法制机构建设。区政府及各部门要充分发挥法制机构在推进依法行政、建设法治政府、法治机关方面的组织协调和督促指导作用。加强区政府及部门法制机构规范化建设,保证法制机构规格、设置、编制、人员与其承担的职责和任务相适应,法制机构办公、办案经费全部纳入财政预算。按照省级依法行政示范点的要求,到2012年年底,增设区法制办相关业务科室,到2014年,落实所需核定岗位人员的编制。各部门法制机构及其工作人员要切实提高全局意识,进一步发挥部门法制参谋助手和顾问作用。要加大法制干部培养、使用和交流力度,重视选拔政治素质高、法律素质好、工作能力强的干部到法制岗位工作。推进政府法制工作电子化,实现法制机构业务联网、全程办理。加强对部门法制机构指导,推动街道(园区)依法行政工作,发挥他们在基层法治建设和法律事务中的作用。

27. 完善法律顾问制度,提升法律业务水平。将区政府各街道(园区)、部门的法律顾问资源统一纳入管理,重大行政决策征求法律顾问的意见建议,各单位要最大限度发挥法律顾问的作用,提升政府部门法制意识和法律工作业务水平。

28. 营造良好的法制建设氛围。加大法治政府建设工作的宣传教育力度,弘扬社会主义法治精神,增强公务员的依法行政意识,公民依法维护权利、自觉履行义务的意识。

深入开展“六五”普法工作，创新教育方式，增强实效性，大力推进法治文化建设，建成一批在省市有影响的法治文化主题公园、法治文化街区、法治画廊、法治广场等，覆盖街道和村(社区)，在全社会形成良好法治环境。

(三)江宁区行政执法工作情况调研报告(2010～2012年)

1.行政执法概况

我区目前共有行政执法机关47个(不含垂直部门)，其中部门34个，街道10个，园区3个；行政执法人员1828人，已全部取得行政执法证件。目前，共有行政权力2368项，其中行政许可190项，行政处罚1866项，行政强制85项。2010～2012年，共办理行政许可案件12000余件，行政处罚案件59938余件(不含公安和垂直部门)，行政强制200余件，制定规范性文件32件。2010～2012年，共发生行政诉讼254件，无一败诉，其中胜诉33件，撤诉221件。2010～2012年，共办理行政复议102件，其中审查后决定不予受理4件，撤回复议申请21件，维持77件，维持案件的胜诉率达100%。

2.行政执法的主要成效

近年来，我区行政执法工作精心部署，分步推进，点面结合，为推进依法行政、建设法治政府奠定了良好基础，取得了显著成效，简单地说就是“六个更加”。

第一，行政执法队伍建设更加加强。全区高度重视行政执法队伍建设，积极建立和完善执法机构，不少执法量大的部门均专设了法规科，严把执法质量关。加强执法人员培训，结合理论授课、典型案例评析、案件审理观摩等形式，着力提高执法人员的专业素养和行政执法能力。如区建工局成立依法行政工作领导小组，将依法行政作为“一把手”工程，每年专门制订工作计划、实施方案，加强目标管理和责任考核；区城管局创新运用网上考试系统，还举办了“周末大讲堂”，走在了全市执法业务培训工作的前列；区药监局除组织执法人员法制培训外，还加强对行政相对人的培训，将法治的要求从事后查处向事前规范延伸，仅2012年就对餐饮单位食品安全管理员和药品经营企业质量负责人培训45期共1875人，增强了从业人员的法律意识和整体素质。执法机构的建立和完善、执法队伍的加强为顺利开展行政执法工作奠定了基础。

第二，行政执法制度更加完善。区政府根据国家、省、市的有关规定，积极探索，大胆创新，建立并完善各项制度，相继出台了《江宁区农村公路管理办法》《汤山温泉资源保护和管理办法》《江宁区廉租住房保障实施细则》《江宁区征地拆迁补偿安置办法》等多个规范性文件。区政府还专门下发了《关于进一步细化完善行政处罚自由裁量标准的通知》，指导各单位制定、完善行政处罚自由裁量标准，并将自由裁量标准纳入执法质量评查内容。行政处罚自由裁量标准尽可能地减少了人为因素的干扰，避免了工作上的随意性，提高了“钢性”执法的科学性。各部门还结合自身特色，出台了一系列制度。如区工商局从行政执法管理的角度出发，制定了法制备案管理制度、行政执法建议书制度、说理式行政办案文书制度、一般程序行政处罚案件程序管理规定、重大行政处罚集体讨论定案制度、法制员年度考核规定、行政执法过错责任追究办法等，有力推进了行政执法的规范化。制度的建立，为顺利开展行政执法工作发挥了良好的作用，使行政执法工作在整体上有了“使法必行之法”。

第三,行政执法行为更加规范。主要体现在五个方面。一是继续推进执法规范化建设,强化行政执法监督的前期指导、中期服务、后期监督功能。二是积极开展行政执法案卷评查工作,通过行政执法案卷这个执法活动的客观记录载体,量化评估执法质量,规范、监督执法行为。2010 年以来,区政府通过自查、互查、抽查等形式,对全区 34 个部门的执法案卷共 230 余份进行了评查,评查结束后,采取个案点评、全区通报等,从立案、证据收集、告知、送达、决定、执行、案卷装订等多个方面进行规范,有效地规范了全区行政执法行为。2012 年,区政府参加市案卷评查,行政执法案卷被评为全市优良单位。三是认真落实行政执法主体资格制度,开展全区行政执法证件换证工作,组织对全区 1828 名行政执法人员进行执法培训考试后换领证件。四是行政执法文书更加规范。区政府组织专门力量,将行政许可、行政处罚的规范化法律文书格式制定好后输入权力阳光政务内网,供各执法部门下载使用,并加大对窗口服务人员的能力培养,提高行政执法文书质量。五是权力运行更加规范。进一步加强行政服务中心建设,坚持"一个窗口对外",进一步解决多部门在"联审会办"和"并联审批"中存在的协调、衔接问题,行政权力事项已基本实现全部网上运行。

第四,行政执法监督力度更加加大。区政府坚持执法监督同年度考核相结合,坚持执法监督同专项检查相结合,坚持执法监督同复议诉讼相结合,进一步加强对规范性文件的备案审查,加强对重大行政处罚的备案审查,进一步拓宽行政救济途径,积极开展依法行政考核。2010 年以来,共审查发布 35 份规范性文件,审查重大行政处罚备案 280 件。各部门也充分发挥行政执法监督作用,创造了许多行之有效的行政执法监督制度和机制,为进一步规范和加强行政执法监督工作打下了良好的基础。如区交通局在采取自查、互查、反馈、整改等方式,开展执法质量评查、加强内部监督的同时,还将各种规章制度、行政许可流程等内容公示上墙主动接受群众监督,并聘请了 14 名行政执法行风监督员,定期召开行风监督员座谈会,落实社会监督。目前,通过狠抓执法监督,已经在促进全区依法行政上彰显成效。2012 年,我区连续两届(共计 8 年)被评为全省政府法制工作先进集体,行政复议工作也被评为省先进集体。

第五,行政执法问责更加严格。区政府认真清理执法主体,严格梳理执法依据,依法界定执法职权,科学建立行政执法评议考核机制,狠抓行政执法责任落实,不断深化行政执法责任制工作。理清了权力清单。2012 年,根据市政府文件精神,对照机构改革后的"三定"方案和综改方案,全区各级行政执法机关对行政执法主体、执法依据、执法职权进行了全面清理,共清理、确认 2368 项行政权力项目,并将所有这些行政权力的法律依据、办理程序等在网上进行了公布,切实做到执法权限法定化、执法责任明晰化、执法程序公开化、执法行为规范化,严格落实责任追究制度,提高行政公信力。如 2012 年依照《江苏省行政执法证件管理办法》规定,暂扣了 4 名违规执法人员的行政执法证件。

第六,行政执法群众满意度更加的高。目前,人民群众对我区行政执法工作的满意度明显提高,主要体现在两方面。一是区政府通过"一站式"管理、执法和服务,省去了企业和群众多头奔走之苦及多次重复接受检查之弊,极大地减轻了企业和社会负担,方便了群众办事,让群众切身体会到改革带来的便捷。二是针对近年来人民群众利益诉求日益增多与矛盾纠纷解决时间长的现象，区政府于2012年年底在全区初步建立了行政调解制度，与人民调解、司法调解一起发挥“解决矛盾纠纷、促进社会稳定”的作用。在行政调解过程中，秉持群众利益至上，原则和灵活相结合，调解时，不拘形式，不拘场地，不拘人员，在政策许可的范围内，尽可能地帮群众争取利益，千方百计地尽最大可能帮助群众解决问题。如在火车南站建设、上坊保障房建设、汤山温泉旅游度假区建设、滨江码头拆迁等过程中，通过裁决、调解等手段，解决了很多难题，较好的促进了这些重点工作的推进，也得到了群众的认可。

3. 行政执法工作存在的主要问题

自国务院《全面推进依法行政实施纲要》颁布以来，经过全区各行政执法机关的共同努力，行政执法质量和效率得到明显提升，取得了明显成效，但与推进依法行政、建设法治政府的要求相比，还存在一定差距，尚需做到“四个进一步”。（1）依法行政的意识和水平有待进一步提高，主要体现在三方面：一是行政执法理念滞后，以人为本、执法为民的理念还需进一步深化；二是依法行政意识淡漠，重实体轻程序现象仍然存在；三是法律知识匮乏，执法能力和水平低。比如，案卷考评中暴露出来的适用法律依据不准，告知不规范问题折射出执法人员水平的不足，而暴露出来的送达超期甚至不送达等问题，则折射出程序意识淡薄、执法思想不端正。（2）行政执法力量有待进一步整合。行政执法部门之间的协调配合尚嫌不够，部门之间职责交叉重复，执法力量分散，多头执法，执法监督力量不足，执法管理水平还需进一步提高，如区城管局反映的小区内“破墙开门”问题，出现多个部门可管却都不愿意管的怪象；区环保局也反映仅靠环保局一家很难对建筑施工扬尘污染问题进行有效管控。（3）法制监督体系有待进一步完善。行政执法督察、行政执法争议协调在一些部门的认知度不高，复议决定、行政执法督察决定的权威性和社会公信力需要进一步增强。各种监督制度尚未有效整合，政府法制与审计、监察等专门机关的联动监督机制尚未有效形成；行政复议渠道还需进一步畅通；规范性文件审查的启动机制、审查机制和纠错机制还不够健全，依法查处并纠正违法发布规范性文件的程序制度需要进一步完善。（4）执法保障有待进一步加强。加强行政执法保障工作，对提高行政执法的质量和水平具有十分重要的意义。但从调研来看，还存在不少问题：一是机构不健全。法制部门承担着推进依法行政、建设法治政府的繁重任务。但目前法制部门的设置还比较薄弱，与其工作任务明显不相适应，有些行政执法部门甚至没有法制部门或者法制员。二是执法人员缺乏。有些部门受人员编制所限，行政执法人员组成极其复杂，影响了行政执法队伍的整体素质。三是部分行政执法部门执法装备、科技建设、基础设施不到位，行政执法工作条件比较差，行政执法效能不高。

4. 解决行政执法问题的思考

党的十八大报告明确提出到2020年实现“依法治国基本方略全面落实，法治政府基本建成”，要实现建成法治政府的目标任务，必须加强和改进行政执法工作，区政府将以构建法治政府为主题、以创新制度建设为切入点、以提高执法素质为核心、以规范行政执法行为为重点、以提升执法监督效能为关键、以创先争优为动力、以实现行政执法严格规范、公正文明为目的，着力狠抓以下十件实事，争创全国依法行政示范区。

（1）以构建法治政府为主题，提升法制保障水平。深化执法机制创新。建立完善行政指导、行政合同、行政裁决等制度，大力推进政府职能转变，努力实现法律效果与社会效果的统一。建立行政执法级别管辖制度，整合行政执法资源，深化推进相对集中行政处罚权，在开发园区、窗口地区和重点领域实现综合执法改革新突破。服务保障创新创业。立足街道、园区，组织协调相关部门为我区经济发展、创新创业提供法制服务保障。引用高校资源，对依法行政进行“顶层设计”，探索研究我区依法行政新思路；借用省市知名律师事务所力量，选聘知名律师对区政府及各部门的重大决策、行政诉讼、行政复议及重大合同审议及规范性文件合法性审查等进行法律风险评估，推进我区依法行政工作再创新亮点。完善执法制度体系。健全重大、疑难、复杂案件通案制度，完善重大执法事项集体研究制度和执法问题研判通报制度。建立完善重大行政处罚、行政许可、行政强制备案制度。进一步明确、规范、细化常见行政案件的裁量标准，压缩自由裁量空间，规范自由裁量权行使。

（2）以提高执法素质为核心，加强执法主体建设。加强执法教育培训。加强领导干部、公务员学法用法培训，立足实用、实战、实效，整合执法培训资源，完善培训机制。加强行政执法资格证件的考试、考核，鼓励各部门组织实战练兵，开展以案说法、以案析理，加强新型案件、疑难复杂案件的指导。把基层法制员作为重点培训对象，着重加强对新颁布的《行政强制法》、修订后的《民事诉讼法》《刑事诉讼法》的学习培训和掌握应用。培养高端法律人才。建立法律专（行）家制度，组建全区行政执法专家咨询委员会和行政复议委员会，对重大、疑难、复杂案件进行集体研究会商。鼓励执法人员参加研究生学历教育和国家司法考试。

（3）以提升执法监督效能为关键，加强执法管理体系。完善执法质量考评。深入贯彻落实中央政法委《关于建立健全政法机关执法办案考评机制的指导意见》，科学设定执法考评的内容、项目和标准，建立涵盖案件质量、行政管理、执法安全、社会矛盾化解、执法能力、执法问题整改、群众社会评价、倒逼机制结果等内容的执法质量考评指标体系。开展日常考评、动态考评、个案考评和现场考评，开展执法突击检查，突出执法考评的针对性。加强对执法人员个人执法业绩的考评及考评结果的运用，真正在选人用人上把执法业绩作为衡量工作能力的根本标准，作为领导班子和干部调整、选拔任用、晋职晋级、评优评先的重要依据，实行执法办案质量“一票否决”。完善政府法制监督系统。整合纪委、审计、信访等部门的监督合力，整合部门、街道（园区）力量，充分发挥各行政执法部门齐抓共管执法监督的职能作用，加强对各执法环节的监督力度。向社会聘请行政执法监督员，邀请部分人大代表、政协委员担任特邀行政执法监督员，深化、拓展特邀行政执法监督员监督方式和监督形式，为全区经济社会的发展创造公平正义的法治环境。创新行政复议申请方式，畅通复议渠道，改进行政复议案件审理方式，全面开展行政复议规范化建设，把行政复议建设成为解决行政争议主渠道。加强依法行政示范单位创建工作。通过走访、调研，挖掘经验亮点并进行深度提炼，大力进行推广；通过监督、考评，评选优秀执法示范单位、优秀执法卷宗，促进各行政执法单位进一步规范执法行为，促进法治政府建设目标按时实现。争创全国依法行政示范区，在街道试点市级依法行政示范点建设。

(4)以创先争优为动力,加强法治基础建设。加强法制队伍建设。开展"十佳法制员"评选活动。抓好法制员制度的贯彻执行,进一步明确法制员的责、权、利和工作标准、流程,落实好法制员工作的各项政策保障,培育一批业务精通、工作扎实、爱岗敬业的优秀法制员。深化执法典型选树,着力打造法制人才"111"工程,即1名首席专家、10名法制标兵、100名执法示范岗位,充分发挥典型示范引领作用,建立完善执法示范单位培养、推广和应用机制,精心打造一批叫得响、有影响的执法品牌。加强法治基础建设。各行政执法部门、街道(园区)从经费、装备、办公设施和信息化建设等方面为法制部门提供必要的硬件保障。深入实施法治城市建设,大力开展法制宣传教育,实施法治文化工程。

(四)行政执法和刑事司法衔接机制

江宁区关于健全行政执法和刑事司法衔接机制的实施意见

为进一步健全行政执法和刑事司法衔接机制,根据《行政执法机关移送涉嫌犯罪案件的规定》(国务院令第310号)《中共中央办公厅、国务院办公厅转发国务院法制办等部门〈关于加强行政执法与刑事司法衔接工作的意见〉的通知》(中办发〔2011〕8号)《省委办公厅、省政府办公厅关于转发〈江苏省行政执法与刑事司法衔接工作实施办法〉的通知》(苏办发〔2014〕26号)《市委办公厅、市政府办公厅印发〈关于健全行政执法和刑事司法衔接机制的实施意见〉的通知》(宁委办发〔2014〕80号),结合我区实际,制定本实施意见。

一、总体要求

认真贯彻党的十八届三中、四中全会提出的完善、健全行政执法和刑事司法衔接机制要求及国家、省、市有关部署,把行政执法和刑事司法衔接(以下简称两法衔接)作为强化依法行政、推进公正司法、维护社会稳定的重要举措,建立协调顺畅、制度规范、信息共享、监督有力的两法衔接机制,进一步加强和改进行政执法,加大对各类违法犯罪活动的打击力度,维护良好的法治环境,推动我区两法衔接工作走在全市前列。

二、主要任务

(一)建立联席会议制度。建立区两法衔接工作联席会议,政府法制工作分管领导为召集人,检察院主要领导为副召集人,检察院、法院、政府法制、公安、司法、人社、政务服务管理部门和信息中心为成员单位。联席会议办公室设在政府法制部门。区两法衔接工作联席会议负责指导、组织全区两法衔接工作,制定工作制度和规范,协调解决工作中的重要问题,组织年度评估和考核工作。

(二)建立信息共享平台。利用现有电子政务网络,建立两法衔接信息共享平台。年前,向检察院开放权力阳光运行电子政务系统端口,授予其查询、调阅行政处罚案件的相关权限;年前,区环保局、区药监局、区工商局、区质监局、区安监局、区文广局等部门先行与检察院实现数据对接;年底前,基本建成区级互联互通的信息共享平台,行政执法部门与检察院实现数据全面对接,信息共享平台管理规定制定完成。

(三)建立案件移送标准。

1.建立移送罪名目录。对接行政执法事项目录、刑事司法罪名目录,明确"涉嫌犯罪”的具体情形，形成移送案件罪名目录清单，作为行政执法案件的移送标准和刑事司法的立案标准。

2. 建立证据移送标准。对接行政执法、刑事司法证据标准，明确证据收集、固定、采信的具体要求以及行政执法机关和刑事司法机关的职责分工，保证证据移送顺畅有效。

（四）推进重点领域两法衔接工作。2014 年重点推进生态环境、交通运输、渣土运输、食品药品安全、侵权假冒、非法传销、安全生产、产品质量、文物保护等重点领域的两法衔接工作，组织开展上述领域打击违法犯罪专项行动；2015 年全面推进各领域的两法衔接工作。

三、保障措施

（一）加强组织领导。在区委、区政府领导下，两法衔接工作纳入年度依法行政工作报告和依法行政考核。各街道（园区）、各部门建设信息共享平台，执行全市统一的案件移送标准，结合区情推进重点领域两法衔接工作。各行政执法机关和刑事司法机关要明确分管领导和责任机构，制订实施方案，落实两法衔接工作措施。政府法制部门要切实履行联席会议办公室职责，加强两法衔接工作指导、协调、推进和监督，建立情况通报制度，会同检察机关开展专项检查和评估考核。

（二）明确责任分工。各行政执法机关和公检法机关要严格执行案件移送标准和工作规范，依法行使处罚权、侦查权、法律监督权、审判权。行政执法机关在执法中发现涉嫌犯罪的，应当移送公安等机关处理，不得以罚代刑；公安等机关对移送案件应当依法立案、办理；检察机关应当对行政执法部门和刑事司法机关工作进行法律监督；法院对提起公诉的案件应当依法立案、审判，并对两法衔接中普遍性问题提出司法建议。

（三）制定实施细则。联席会议应当根据本意见制定全区两法衔接工作实施细则，对行政执法机关和刑事司法机关职责分工，移送立案标准、程序和时限，信息共享和管理，监督检查等作出具体规定。

（四）严格监督问责。对符合移送标准的案件，行政执法机关及其工作人员不移送或者逾期移送，造成证据灭失或者严重后果的，由其主管机关或者纪检监察机关追究责任；公安等机关及其工作人员对符合移送标准的案件不予立案、办理，造成严重后果的，由检察机关、主管机关或者纪检监察机关追究责任。

各单位在实施过程中相关事宜，可与区两法衔接工作联席会议办公室联系。

（五）行政执法边界、责任边界制度：以住宅区物业管理为例

关于进一步明确住宅区物业管理工作中的有关执法边界、责任边界的通知

江宁政发〔2013〕325 号

各街道办事处，区政府各办局，区各直属单位：

为进一步厘清政府职能部门分工，强化联动协作、齐抓共管，提高行政管理效能，加强和规范我区住宅区物业管理工作，促进和谐社会建设，针对区住建局、规划局、城管

局、区“12345”政府服务呼叫中心等单位梳理反映出的问题，按照《关于开展全市行政执法大检查工作的通知》（宁委办发〔2013〕41号）“分清空间边界、执法边界、责任边界，克服推诿扯皮等问题”的要求，根据《江苏省物业管理条例》《南京市城市治理条例》等法律法规的规定并结合各部门“三定”方案以及我区实际工作情况，现对我区住宅区物业管理工作中的有关执法边界、责任边界做进一步明确通知如下。

一、指导思想

以科学发展观为指导，以体制创新为核心，构建“统一领导、分级负责、条块结合、属地管理”的物业管理新体制，充分发挥街道、园区和社区作用，把物业管理纳入社区管理体系，强化住宅小区物业管理工作，促进物业管理行业向社会化、市场化、专业化、规范化发展，确立“分类管理、质价相符”的服务消费理念，发挥“依法行政、监管有力”的政府职能作用，形成“整洁有序、平安和谐”的小区环境氛围，及时化解物业管理领域的各类矛盾问题，提高服务质量，推进长效管理，提升社会和市民对住宅区物业管理的满意度，不断推进社区稳定和谐与社会文明进步。

二、基本原则

（一）业主自治原则。按照“谁受益谁出资”“民事民议民定”的精神实行业主自治。业主委员会（住委会）会同物业服务机构根据提供服务的内容和标准，共同商定物业服务费的收取标准，并督促业主（居民）每月按时缴纳物业服务费；征得大多数业主（居民）和市政管理部门的同意后，可将小区内公共区域和资源合理公开出租、收费，公共收益优先用于该区域内的物业管理服务；对侵犯公共利益的通过业主公约、民事诉讼等形式进行维权。街道和政府相关部门做好指导服务工作，对危害后果较重、反响较大或不听业委会（居委会、村委会）劝止的违法行为，做好行政管理、保障工作。

（二）服务和管理并重原则。一方面，物业企业要对人加强服务，对物加强管理，特别是对小区内的秩序要严格管理，保障大多数业主权益。另一方面，不能抛开政府的管理，只谈物业企业的服务，也不能抛开物业企业的服务，只谈政府的管理。物业行业主管部门也要加强对物业服务企业的指导和管理，督促、规范物业服务企业做好对住宅小区的服务管理工作。

（三）属地管理、统筹协调原则。将物业管理工作重心下移，纳入各街道城镇综合管理体系，强化住宅区物业管理。以街道为主，统筹协调各相关部门，逐步实现联合执法由突击性、集中性向规范化、长效化、常态化转变。

（四）各司其责、有效监督原则。依法行政，做到不越权、不越位、不错位；完善“首查责任”“网格化管理”“处理结果反馈”等制度，责任到人，通过机制规范保障各部门的衔接及有效监督。

三、主要法律依据及法律适用原则

（一）主要法律依据

城市房地产管理法、城乡规划法、物业管理条例、江苏省城乡规划条例、江苏省物业管理条例、南京市房屋装饰装修管理条例、南京市城市房屋安全管理条例、南京市绿化条例、南京市城市治理条例、南京市房屋租赁管理办法、南京市房屋安全管理实施意见、建设工程质量管理条例、南京市停车场建设管理办法、南京市市容管理条例等。

(二)竞合适用原则

对一个违法行为触犯不同法律法规的规定的竞合类(包括法条竞合和想象)行政违法行为,择一重处罚。

(三)牵连适用原则

对数个违法行为触犯数个法律法规的规定,但各行为之间存在因果、手段目的关系的牵连性行政违法行为,择一重从重处罚。

(四)拆违与处罚并用原则

对擅自搭建建筑物、构筑物同时侵占小区空间、构成消防隐患等的违法行为,拆违与行政处罚同时并用。拆违不以行政处罚为前提,行政处罚也不以拆违为前提,同时也不能简单地用拆违代替行政处罚,或者用行政处罚代替拆违。

四、疑难复杂问题责任边界界定

(一)房屋租赁类

1. 街道办事处牵头,派出所、居(村)民委员会及流管办、租赁办等相关机构共同参与,加强出租房屋登记管理,建立出租房屋管理台账,完善房屋租赁巡检、发现与报告机制,实现对房屋租赁的动态监管。

2. 区住建局对出租房屋未按规定办理登记手续、出租存在建筑安全隐患房屋的行为进行查处,并会同相关行政部门加强对房地产经纪机构违法违规行为的综合治理。

3. 区公安分局对出租房屋存在治安、消防安全隐患,妨碍他人正常工作、生活的行为,以及当事人不配合执法检查等行为依法严肃处理。

4. 区规划局对建设工程规划许可证中规划建筑性质不明确的,予以明确。

(二)装饰装修类

1. 街道办事处牵头,派出所、物业服务企业、居(村)民委员会、业主委员会及住建、建工等相关行政部门共同参与,指导规范装饰装修合同的订立,加强对装饰装修房屋的有关许可、登记备案,完善巡检、发现与报告机制,实现对拆改房屋行为的动态监管。

2. 区住建局对"拆改承重梁、柱、板和基础结构;拆除承重墙或者在承重墙上开挖壁柜、门窗洞口;超过设计标准增大荷载;在楼面结构层开凿洞口或者扩大洞口;为增加房屋使用空间降低房屋地面地坪标高;拆改商场、宾馆、饭店、影剧院、体育场馆等大型建筑中具有房屋抗震、防火整体功能的非承重结构"六种应经许可未取得许可的行为以及"将没有防水要求的房间或者阳台改为卫生间、厨房间的,或者拆除连接阳台的砖、混凝土墙体的"违法行为进行查处。

3. 区城管局对未经规划局批准,擅自搭建建筑物、构筑物违法行为进行查处。

4. 区建工局对房屋建筑使用者在装修过程中擅自变动房屋建筑主体和承重结构以及涉及建筑主体或者承重结构变动的装修工程,对没有设计方案擅自施工的违法行为进行查处,并加强对施工单位的监管以及对装饰装修企业的管理,督促其按标准施工、及时履行保修义务等。以精装修作为交付标准的房屋,装修质量问题属于房屋质量保修范围,在保修期内的,由区建工局进行查处。

5. 区公安分局对存在治安、消防安全隐患，妨碍他人正常工作、生活的行为，以及当事人不配合执法检查等行为依法严肃处理。

（三）改变房屋用途类

1. 街道办事处牵头，派出所、物业服务企业、居（村）民委员会、业主委员会及规划、工商等相关行政部门共同参与，完善巡检、发现与报告机制，实现对改变房屋用途行为的动态监管。

2. 区住建局对建设单位擅自处分属于业主的物业共用部位、共用设施设备的所有权或者使用权，物业服务企业擅自改变物业管理用房的用途以及单位或个人擅自改变物业管理区域内按照规划建设的公共建筑和共用设施用途的违法行为进行查处。

3. 区城管局对擅自将住宅改为经营性用房的违法行为进行查处。

4. 区规划局对物业用房、公共建筑、住宅等房屋的用途予以明确，对改变房屋用途的出具书面认定书。

5. 区工商局对经营场所不合规的重新审核、不予年检。

6. 区公安分局对存在治安、消防安全隐患，妨碍他人正常工作、生活的行为，以及当事人不配合执法检查等行为依法严肃处理。

（四）侵占公共空间类问题

1. 街道办事处牵头，派出所、物业服务企业、居（村）民委员会、业主委员会及相关行政部门共同参与，完善巡检、发现与报告机制，实现对侵占公共空间行为的动态监管。

2. 区城管局对未经规划局批准，擅自搭建建筑物、构筑物以及占用、毁坏小区绿地的违法行为进行查处。

3. 区住建局对擅自占用物业管理区域内道路、场地的违法行为进行查处。

4. 区公安分局对存在治安、消防安全隐患，妨碍他人正常工作、生活的行为，以及当事人不配合执法检查等行为依法严肃处理。

附件：相关部门查处物业管理中违法行为的执法边界

（1）区住建局执法边界

编号	执法主体	违法行为	执法权限	执法依据
1	区住建局	未取得资质等级证书或者超越资质等级从事房地产开发经营的	责令限期改正，处5万元以上10万元以下的罚款	《城市房地产开发经营管理条例》第35条
2	区住建局	擅自预售商品房的	责令停止违法行为，没收违法所得，可以并处已收取的预付款1%以下的罚款	《城市房地产开发经营管理条例》第39条
3	区住建局	不具备相关条件从事白蚁防治业务的	责令改正，并可处以1万元以上3万元以下的罚款	《城市房屋白蚁防治管理规定》第13条

续表

编号	执法主体	违法行为	执法权限	执法依据
4	区住建局	房屋白蚁防治单位不按相关规范和操作程序进行房屋白蚁防治的	并处以1万元以上3万元以下的罚款	《城市房屋白蚁防治管理规定》第14条
5	区住建局	白蚁防治单位使用不合格药物的	责令限期改正,并处以3万元的罚款	《城市房屋白蚁防治管理规定》第15条
6	区住建局	房地产开发企业在进行商品房销(预)售时,未向购房人出具该项目的《白蚁预防合同》或者其他实施房屋白蚁预防的证明文件,提供的《住宅质量保证书》中未包括白蚁预防质量保证的内容的	并处以2万元以上3万元以下的罚款	《城市房屋白蚁防治管理规定》第16条
7	区住建局	建设单位对新建、改建、扩建装饰装修房屋没有进行白蚁预防的	并处以1万元以上3万元以下的罚款	《城市房屋白蚁防治管理规定》第16条
8	区住建局	房屋所有人、使用人或者房屋管理单位未委托白蚁防治单位进行灭治或不配合白蚁防治单位进行白蚁的检查和灭治工作的	可以对责任人处以1000元的罚款	《城市房屋白蚁防治管理规定》第17条
9	区住建局	专业经营单位拒不承担维修、养护或者更新责任的	责令限期改正,造成业主损失的,应当依法承担赔偿责任	《江苏省物业管理条例》第81条
10	区住建局	物业服务企业承接物业未进行查验的	责令限期改正,并记入物业服务企业信用档案	《江苏省物业管理条例》第82条
11	区住建局	物业服务企业未将物业承接查验情况在物业管理区域内显著位置公告的	责令限期改正;逾期不改正的,处1万元以上10万元以下罚款	《江苏省物业管理条例》第83条
12	区住建局	被解聘的物业服务企业未按照规定办理移交手续,或者除物业服务合同另有约定外,被解聘的物业服务企业在办理交接至撤出物业管理区域前的期间内不维持正常的物业管理秩序的	处5万元以上20万元以下罚款,并可以提请颁发资质证书的部门依法降低其资质等级直至吊销资质证书	《江苏省物业管理条例》第87条

续表

编号	执法主体	违法行为	执法权限	执法依据
13	区住建局	被解聘的物业服务企业拒不撤出物业管理区域的	处5万元以上20万元以下罚款，并可以提请颁发资质证书的部门依法降低其资质等级直至吊销资质证书	《江苏省物业管理条例》第87条
14	区住建局	建设单位将未出售或者未附赠的车位、车库不优先出租给本区域内业主，或者将多余车位、车库出租给本物业管理区域外使用人的租赁期限超过六个月的	责令限期改正，没收违法所得；逾期不改正的，处5万元以上10万元以下罚款	《江苏省物业管理条例》第88条
15	区住建局	建设单位对业主要求承租的车位、车库只售不租的	责令限期改正，逾期不改正的，处10万元以上50万元以下罚款	《江苏省物业管理条例》第88条
16	区住建局	未经许可进行房屋拆改或者未按许可的方案施工的	责令限期办理许可手续，采取纠正措施，对当事人处以1千元以上5万元以下的罚款；情节严重的，可处以5万元以上10万元以下的罚款；造成经济损失的，依法承担赔偿责任	《南京市城市房屋安全管理条例》第31条
17	区住建局	房屋安全鉴定机构提供虚假鉴定报告的	没收非法所得，并可对房屋安全鉴定机构处以2千元以上5万元以下的罚款；造成经济损失的，依法承担赔偿责任	《南京市城市房屋安全管理条例》第32条
18	区住建局	未将房屋的主体结构、承重结构、抗震防火结构和房屋的设计使用年限等事项书面告知购房人，或者未按规定将房屋建筑资料移交前期物业管理企业的	责令改正，可处以5千元以上3万元以下的罚款	《南京市城市房屋安全管理条例》第33条
19	区住建局	拒不委托房屋安全鉴定危害公共安全的	责令限期办理房屋安全鉴定。逾期仍不委托鉴定的，区住建局委托鉴定机构进行安全鉴定，鉴定费用由责任人承担，并可对当事人处以1千元以上1万元以下罚款；因拒不委托鉴定造成后果的，可处以5千元以上3万元以下的罚款	《南京市城市房屋安全管理条例》第34条

续表

编号	执法主体	违法行为	执法权限	执法依据
20	区住建局	房屋建设工程施工前,不实施白蚁预防处理的	责令改正,并可处以1千元以上3万元以下的罚款;情节严重的,可处以5千元以上5万元以下的罚款	《南京市城市房屋安全管理条例》第35条
21	区住建局	建设单位办理房屋销(预)售和产权登记时,未向房产行政主管部门出具白蚁预防处理的证明文件,并告知购房人,或者白蚁预防质量保证内容未载入《住宅质量保证书》的	责令改正,可以处以2千元以上3万元以下的罚款	《南京市城市房屋安全管理条例》第35条
22	区住建局	不使用国家规定的药物或者不按规定使用药物的	可处以1千元以上3万元以下的罚款	《南京市城市房屋安全管理条例》第35条
23	区住建局	房屋租赁未办理登记备案手续的	责令限期办理。逾期仍未办理的,可以对住宅租赁当事人处以1百元以上1千元以下的罚款;对非住宅租赁当事人处以1千元以上1万元以下的罚款	《南京市房屋租赁管理办法》第26条
24	区住建局	将不符合房屋出租条件的房屋出租的	责令限期改正,并可处以5百元以上2千元以下的罚款	《南京市房屋租赁管理办法》第27条
25	区住建局	房屋租赁经纪机构代理不符合出租条件房屋的,以及从事房屋租赁代理业务未通过银行代收、代付租金的	责令限期改正,并可处以1千元以上1万元以下罚款	《南京市房屋租赁管理办法》第28条
26	区住建局	将不符合房屋出租条件的房屋出租的	责令限期改正,对没有违法所得的,可处以5千元以下罚款;对有违法所得的,可以处以违法所得一倍以上3倍以下,但不超过3万元的罚款	《商品房屋租赁管理办法》第21条
27	区住建局	分割房间出租以及将厨房、卫生间、阳台和地下储藏室出租给人居住的	责令限期改正,逾期不改正的,可处以5千元以上3万元以下罚款	《商品房屋租赁管理办法》第22条

续表

编号	执法主体	违法行为	执法权限	执法依据
28	区住建局	未登记备案或及时变更的	责令限期改正；个人逾期不改正的，处以 1 千元以下罚款；单位逾期不改正的，处以 1 千元以上 1 万元以下罚款	《商品房屋租赁管理办法》第 23 条
29	区住建局	装修人因住宅室内装饰装修活动侵占公共空间，对公共部位和设施造成损害的	责令改正，造成损失的，依法承担赔偿责任	《住宅室内装饰装修管理办法》第 34 条
30	区住建局	装修人违反本办法规定，将住宅室内装饰装修工程委托给不具有相应资质等级企业的	责令改正，处 5 百元以上 1 千元以下的罚款	《住宅室内装饰装修管理办法》第 36 条
31	区住建局	将没有防水要求的房间或者阳台改为卫生间、厨房间的，或者拆除连接阳台的砖、混凝土墙体的	责令改正，对装修人处 5 百元以上 1 千元以下的罚款，对装饰装修企业处 1 千元以上 1 万元以下的罚款	《住宅室内装饰装修管理办法》第 38 条
32	区住建局	损坏房屋原有节能设施或者降低节能效果的	责令改正，对装饰装修企业处 1 千元以上 5 千元以下的罚款	《住宅室内装饰装修管理办法》第 38 条
33	区住建局	擅自拆改供暖、燃气管道和设施的	责令改正，对装修人处 5 百元以上 1 千元以下的罚款	《住宅室内装饰装修管理办法》第 38 条
34	区住建局	未经原设计单位或者具有相应资质等级的设计单位提出设计方案，擅自超过设计标准或者规范增加楼面荷载的	责令改正，对装修人处 5 百元以上 1 千元以下的罚款，对装饰装修企业处 1 千元以上 1 万元以下的罚款	《住宅室内装饰装修管理办法》第 38 条
35	区住建局	物业管理单位发现装修人或者装饰装修企业有违反本办法规定的行为不及时向有关部门报告的	给予警告，可处装饰装修管理服务协议约定的装饰装修管理服务费 2 至 3 倍的罚款	《住宅室内装饰装修管理办法》第 42 条
36	区住建局	住宅物业的建设单位未通过招投标的方式选聘物业服务企业或者未经批准，擅自采用协议方式选聘物业服务企业的	责令限期改正，给予警告，可以并处 10 万元以下的罚款	《物业管理条例》第 57 条

续表

编号	执法主体	违法行为	执法权限	执法依据
37	区住建局	建设单位擅自处分属于业主的物业共用部位、共用设施设备的所有权或者使用权的	处5万元以上20万元以下的罚款；给业主造成损失的，依法承担赔偿责任	《物业管理条例》第58条
38	区住建局	不按规定移交有关资料的	责令限期改正；逾期仍不移交有关资料的，对建设单位、物业服务企业予以通报，处1万元以上10万元以下的罚款	《物业管理条例》第59条
39	区住建局	未取得资质证书或以欺骗手段取得资质证书从事物业管理的	没收违法所得，并处5万元以上20万元以下的罚款；给业主造成损失的，依法承担赔偿责任	《物业管理条例》第60条
40	区住建局	物业服务企业聘用未取得物业管理职业资格证书的人员从事物业管理活动的	责令停止违法行为，处5万元以上20万元以下的罚款；给业主造成损失的，依法承担赔偿责任	《物业管理条例》第61条
41	区住建局	物业服务企业将一个物业管理区域内的全部物业管理一并委托给他人的	责令限期改正，处委托合同价款30%以上50%以下的罚款；情节严重的，由颁发资质证书的部门吊销资质证书；追回委托收益	《物业管理条例》第62条
42	区住建局	挪用专项维修资金的	追回挪用的专项维修资金，给予警告，没收违法所得，可以并处挪用数额2倍以下的罚款	《物业管理条例》第63条
43	区住建局	建设单位在物业管理区域内不按照规定配置必要的物业管理用房的	责令限期改正，给予警告，没收违法所得，并处10万元以上50万元以下的罚款	《物业管理条例》第64条
44	区住建局	未经业主大会同意，物业服务企业擅自改变物业管理用房的用途的	责令限期改正，给予警告，并处1万元以上10万元以下的罚款；有收益的，所得收益用于物业管理区域内物业共用部位、共用设施设备的维修、养护，剩余部分按照业主大会的决定使用	《物业管理条例》第65条

续表

编号	执法主体	违法行为	执法权限	执法依据
45	区住建局	擅自改变物业管理区域内按照规划建设的公共建筑和共用设施用途的;擅自占用、挖掘物业管理区域内道路、场地,损害业主共同利益的;擅自利用物业共用部位、共用设施设备进行经营的	责令限期改正,给予警告,个人有前款规定行为之一的,处1千元以上1万元以下的罚款;单位有前款规定行为之一的,处5万元以上20万元以下的罚款;所得收益,用于物业管理区域内物业共用部位、共用设施设备的维修、养护,剩余部分按照业主大会的决定使用	《物业管理条例》第66条
46	颁发资质证书的部门	以欺骗手段取得资质证书的	吊销资质证书	《物业管理条例》第60条
47	颁发资质证书的部门	物业服务企业挪用专项维修资金,情节严重的	吊销资质证书	《物业管理条例》第63条

(2)区行政执法局(城管局)执法边界

编号	执法主体	违法行为	执法权限	执法依据
1	区城管局	在城市、镇规划区内,未取得建设工程规划许可证进行建设,或者未按照建设工程规划许可证确定的内容进行建设,或者利用失效的建设工程规划许可证进行建设,尚可采取改正措施消除对规划实施的影响的	责令停止建设,限期改正,处以建设工程造价5%以上10%以下的罚款	《江苏省城乡规划条例》第62条
2	区城管局	在城市、镇规划区内,未取得建设工程规划许可证进行建设,或者未按照建设工程规划许可证确定的内容进行建设,或者利用失效的建设工程规划许可证进行建设,无法采取改正措施消除影响的	责令停止建设,限期拆除,不能拆除的,没收实物或者违法收入,可以并处建设工程造价5%以上10%以下的罚款	《江苏省城乡规划条例》第62条
3	区城管局	在城市、镇地下空间开发利用中建设单位或者个人未依法办理建设工程规划审批手续的	责令停止建设,限期改正,处以建设工程造价5%以上10%以下的罚款	《江苏省城乡规划条例》第63条

续表

编号	执法主体	违法行为	执法权限	执法依据
4	区城管局	在城市、镇地下空间开发利用中建设单位或者个人在经城乡规划主管部门核实后的建筑内擅自新建地下建筑物、构筑物的	责令停止建设,限期改正,处以建设工程造价5%以上10%以下的罚款	《江苏省城乡规划条例》第63条
5	区城管局	在城市、镇地下空间开发利用中建设单位或者个人擅自改变经规划审批的地下空间的使用功能、层数和面积的	责令停止建设,限期改正,处以建设工程造价5%以上10%以下的罚款	《江苏省城乡规划条例》第63条
6	区城管局	未经城乡规划主管部门批准,擅自将住宅改变为经营性用房的	责令限期改正,逾期不改正的,可以处以1万元以上3万元以下的罚款	《江苏省城乡规划条例》第65条
7	区城管局	正在建设的违法建设行为	立即责令停止建设、限期拆除。当事人不停止建设或者逾期不拆除的,由市、区、县人民政府责成有关部门查封施工现场,实施强制拆除	《南京市城市治理条例》第24条
8	区城管局	移动、损毁路牌和城市桥涵设施的	责令限期改正,并可以处2千元以上2万元以下罚款	《南京市城市治理条例》第39条
9	区城管局	在路灯照明设施杆塔基础或者地下管线安全地带堆放物品、挖掘取土、倾倒腐蚀性废液(渣)	在路灯照明设施杆塔基础或者地下管线安全地带堆放物品的,处以5百元以上2千元以下罚款;挖掘取土、倾倒腐蚀性废液(渣)的,处以2千元以上2万元以下罚款	《南京市城市治理条例》第39条
10	区城管局	违法堵塞、占压、拆卸、移动、挖掘城市排水设施	处以2千元以上2万元以下罚款	《南京市城市治理条例》第39条,建议区法制办进一步明确我区的市政排水的处罚权是否移权至我局

续表

编号	执法主体	违法行为	执法权限	执法依据
11	区城管局	未经许可占用、挖掘城市道路	未经许可占用城市道路的，处以1千元以上1万元以下罚款；未经许可挖掘城市道路的，责令停止挖掘，恢复原状，并处以5千元以上2万元以下罚款，情节严重、社会影响恶劣的，城市管理行政执法部门应当书面告知工商行政主管部门记入其社会信用档案，并向社会公示	《南京市城市治理条例》第42条
12	区城管局	在店铺门窗垂直投影之外进行经营、作业或者展示商品等活动的	责令限期改正，并可以处1百元以上5百元以下罚款；情节严重、社会影响恶劣的，城市管理行政执法部门应当书面告知工商行政主管部门记入其社会信用档案，并向社会公示	《南京市城市治理条例》第42条
13	区城管局	在城市道路、公共场地清洗机动车辆的	处以2百元以上5百元以下罚款；情节严重、社会影响恶劣的，城市管理行政执法部门应当书面告知工商行政主管部门记入其社会信用档案，并向社会公示	《南京市城市治理条例》第42条
14	区城管局	机动车辆清洗场(站)清洗后的废水未经过沉淀，排入排水管道	责令限期改正，并可以处1千元以上5千元以下罚款；情节严重、社会影响恶劣的，城市管理行政执法部门应当书面告知工商行政主管部门记入其社会信用档案，并向社会公示	《南京市城市治理条例》第42条
15	区城管局	擅自将批准建成或者投入使用的停车场挪作他用	责令限期改正，并可以处5万元以上20万元以下罚款	《南京市城市治理条例》第47条
16	区城管局	公共停车场停车信息不纳入城市公共停车信息系统的	责令限期改正；拒不改正的，处以1万元以上5万元以下罚款	《南京市城市治理条例》第47条

续表

编号	执法主体	违法行为	执法权限	执法依据
17	区城管局	未经许可设置户外广告设施的	责令限期改正，其中未经许可设置大型户外广告设施的，处以2万元以上10万元以下罚款；未经许可设置其他户外广告设施的，处以5千元以上2万元以下罚款	《南京市城市治理条例》第53条
18	区城管局	伪造、涂改、出租、出借、倒卖或者以其他形式非法转让户外广告设施设置许可证件	处以1万元以上5万元以下罚款	《南京市城市治理条例》第53条
19	区城管局	未采取招投标、拍卖等方式利用公益性户外广告设施发布商业性广告	处以1万元以上3万元以下罚款	《南京市城市治理条例》第53条
20	区城管局	未按照规定进行户外广告设施安全检测或者未履行安全防范义务	责令限期改正；逾期未改正的，处以5千元以上2万元以下罚款	《南京市城市治理条例》第53条
21	区城管局	未按照规定设置门头店招、标识标志	责令限期改正；拒不改正的，处以5百元以上5千元以下罚款	《南京市城市治理条例》第53条
22	区城管局	在公共场所散发、张贴小广告传单	责令限期改正，清除广告传单，并可以对广告宣传单位或者散发人处以2百元以上5百元以下罚款	《南京市城市治理条例》第53条
23	区城管局	建筑物顶部、主干道两侧建筑物的阳台外侧搭置建筑物，堆放、吊挂物品影响市容	经教育拒不改正的，对单位处以2百元以上2千元以下罚款，对个人处以50元以上2百元以下罚款	《南京市市容管理条例》第37条
24	区城管局	超出门、窗在店外占道经营、作业	经教育拒不改正的，处以1百元以上5百元以下罚款	《南京市市容管理条例》第37条
25	区城管局	违反有关规定在道路两侧和公共场地摆摊设点影响市容	经教育拒不改正的，处以20元以上2百元以下罚款；情节严重的，可以暂扣经营的物品	《南京市市容管理条例》第37条

续表

编号	执法主体	违法行为	执法权限	执法依据
26	区城管局	在建筑物、公共设施以及树木上涂写、刻画、随意悬挂、张贴的	处以1百元以上5百元以下罚款	《南京市市容管理条例》第37条
27	区城管局	擅自在道路两侧、公共场地堆放物品或者举办节庆、文体、商业等活动结束后未及时拆除临时设施、清除废弃物的	对单位处以2百元以上1千元以下罚款，对个人处以50元以上2百元以下罚款	《南京市市容管理条例》第37条
28	区城管局	未经批准设置大型户外广告的	处以1万元以上10万元以下罚款，责令限期拆除，逾期不拆除的，予以强制拆除	《南京市市容管理条例》第37条
29	区城管局	设置户外广告、霓虹灯等设施不符合市容管理规定的	处以5百元以上5千元以下罚款	《南京市市容管理条例》第37条
30	区城管局	随地吐痰、便溺、乱倒污水、乱扔口香糖等废弃物的	责令纠正违法行为，采取补救措施，处以20元以上2百元以下罚款	《江苏省城市市容和环境卫生管理条例》第51条
31	区城管局	乱倒垃圾、粪便的	责令纠正违法行为，采取补救措施，处以50元以上2百元以下罚款	《江苏省城市市容和环境卫生管理条例》第51条
32	区城管局	收旧、车辆清洗、维修、饮食等单位或者个人污染环境的	责令纠正违法行为，采取补救措施，处以50元以上2百元以下罚款	《江苏省城市市容和环境卫生管理条例》第51条
33	区城管局	在实施城市生活垃圾分类处理的区域，将废电池、荧光灯管、电子显示屏等有毒有害垃圾倒入生活垃圾容器或者任意排放、遗弃的	责令纠正违法行为，采取补救措施，处以50元以上2百元以下罚款	《江苏省城市市容和环境卫生管理条例》第51条
34	区城管局	在露天场所和公共垃圾容器内焚烧树叶、垃圾或者其他废弃物的	责令纠正违法行为，采取补救措施，处以20元以上2百元以下罚款	《江苏省城市市容和环境卫生管理条例》第51条

续表

编号	执法主体	违法行为	执法权限	执法依据
35	区城管局	在设区的市市区饲养家禽家畜和食用鸽的	责令纠正违法行为，采取补救措施，按照每只（头）处以20元以上50元以下罚款	《江苏省城市市容和环境卫生管理条例》第51条
36	区城管局	饲养宠物和信鸽污染环境的	责令纠正违法行为，采取补救措施，处以20元以上2百元以下罚款	《江苏省城市市容和环境卫生管理条例》第51条
37	区城管局	在树木上刻画、钉钉，缠绕绳索，架设电线电缆或者照明设施	恢复原状，赔偿损失，并处以50元以上2百元以下罚款	《南京市城市绿化条例》第52条
38	区城管局	擅自采摘花果、采收种条、采挖中草药或者种苗	恢复原状，赔偿损失，并处以50元以上2百元以下罚款	《南京市城市绿化条例》第52条
39	区城管局	损毁草坪、花坛或者绿篱	恢复原状，赔偿损失，并处以5百元以5千元以下罚款；情节严重的，处以5千元以上2万元以下罚款	《南京市城市绿化条例》第52条
40	区城管局	挖掘、损毁花木	恢复原状，赔偿损失，并处以5百元以上5千元以下罚款；情节严重的，处以5千元以上2万元以下罚款	《南京市城市绿化条例》第52条
41	区城管局	擅自在绿地内取土，搭建建（构）筑物，围圈树木，设置广告牌	恢复原状，赔偿损失，并处以5百元以上5千元以下罚款；情节严重的，处以5千元以上2万元以下罚款	《南京市城市绿化条例》第52条
42	区城管局	在距离树干1.5米范围内埋设影响树木生长的排水、供水、供气、电缆等各种管线或者挖掘坑道	恢复原状，赔偿损失，并处以5百元以上5千元以下罚款；情节严重的，处以5千元以上2万元以下罚款	《南京市城市绿化条例》第52条
43	区城管局	在花坛、绿地内堆放杂物，倾倒垃圾或者其他影响植物生长的有毒有害物质	恢复原状，赔偿损失，并处以5百元以上5千元以下罚款；情节严重的，处以5千元以上2万元以下罚款	《南京市城市绿化条例》第52条

续表

编号	执法主体	违法行为	执法权限	执法依据
44	区城管局	损坏绿化设施	恢复原状,赔偿损失,并处以5百元以上5千元以下罚款;情节严重的,处以5千元以上2万元以下罚款	《南京市城市绿化条例》第52条
45	区城管局	损坏城市绿地的地形、地貌	按照同等面积处以每平方米5百元以上1千元以下罚款;导致不能恢复绿化用地,按照同等面积处以所在区域当年基准地价一倍罚款	《南京市城市绿化条例》第52条
46	区城管局	临时占用城市绿地超过批准期限、面积,或者期满后未恢复原状的	责令限期退还、恢复原状,可以并处所占绿化用地每平方米5百元以上1千元以下罚款;造成损失的,承担赔偿责任	《南京市城市绿化条例》第53条
47	区城管局	建设单位经批准占用城市绿地,具备补建同等面积绿地条件但未补建的	责令限期改正;逾期不改正的,按照同等面积处以所在区域当年基准地价的1倍以上2倍以下罚款	《南京市城市绿化条例》第54条
48	区城管局	擅自移植树木的,或者经批准移植但未按照规定补植的	责令限期改正,处以每棵2千元以上2万元以下罚款	《南京市城市绿化条例》第55条
49	区城管局	砍伐、擅自移植以及其他行为导致古树名木损坏或者死亡的	责令停止侵害,按照规定的标准赔偿,并处以损失1倍以上5倍以下罚款	《南京市城市绿化条例》第56条
50	区城管局	公共停车场违反以下规定的:划设明显的车位标志、停泊方向标志、车辆进出引导标志,进口匝机应当与城市道路保持安全距离;停车信息接入城市公共停车信息系统,并按照规定设置停车场电子诱导屏;配备停车收费人员和具备相应知识、技能的管理人员,并进行职业道德教育和服务技能培训,佩戴统一标志上岗、规范经营、诚信经营;有健全的安全和消防管理制度并严格执行,保障停泊车辆安全;有完善的设施维护保养制度和经营管理制度;定期清点场内车辆,发现长期停放的或者可疑的车辆,及时向公安机关报告;不得出售或者以专用车位形式出租公共停车位	责令限期改正,逾期未改正的,处以1千元罚款;造成严重后果的,处以1万元以上3万元以下罚款	《南京市停车场建设和管理办法》第35条

续表

编号	执法主体	违法行为	执法权限	执法依据
51	区城管局	公共停车场违反以下规定的：(十)建立市容环卫责任区制度,提供干净整洁、秩序良好的停车环境	责令限期改正,逾期未改正的,处以1百元以上1千元以下罚款	《南京市停车场建设和管理办法》第35条
52	区城管局	停车场未按照规定进行备案的	责令限期办理备案手续;逾期仍未办理备案手续的,处以1万元罚款	《南京市停车场建设和管理办法》第35条
53	区城管局	在道路停车设施收费系统设备上涂抹、刻画或者张贴悬挂广告、招牌、标语等物品;破坏道路停车设备、设施;使用伪造、变造的缴费停车卡逃避缴费	责令改正,并处以1千元以上3千元以下罚款;造成损失的,依法承担赔偿责任	《南京市停车场建设和管理办法》第35条
54	区城管局	将平时用作停车位的人民防空工程不向全体业主开放、出租停车位的租赁期限超过3年或者将停车位出售、附赠的	责令限期改正,没收违法所得;逾期不改正的,处5万元以上20万元以下罚款	《江苏省物业管理条例》第89条,因区人防的执法权已移权至我局,建议责任主体改为区城管局

(3)区工商局执法边界

编号	执法主体	违法行为	执法权限	执法依据
1	区工商局	未取得营业执照,擅自从事房地产开发经营的	责令停止房地产开发经营活动,没收违法所得,可以并处违法所得5倍以下的罚款	《城市房地产开发经营管理条例》第34条
2	区工商局	未取得资质等级证书或者超越资质等级从事房地产开发经营的,逾期不改正的	吊销营业执照	《城市房地产开发经营管理条例》第35条
3	区工商局	将验收不合格的房屋交付使用的,情节严重的	吊销营业执照	《城市房地产开发经营管理条例》第37条

(4)区国土分局执法边界

执法主体	违法行为	执法权限	执法依据
区国土分局	擅自转让房地产开发项目的	责令停止违法行为，没收违法所得，可以并处违法所得5倍以下的罚款	《城市房地产开发经营管理条例》第38条

(5)区建工局执法边界

编号	执法主体	违法行为	执法权限	执法依据
1	区建工局	未组织竣工验收，擅自交付使用的	责令改正，处工程合同价款2%以上4%以下的罚款；造成损失的，依法承担赔偿责任	《建设工程质量管理条例》第58条
2	区建工局	验收不合格，擅自交付使用的	责令改正，处工程合同价款款2%以上4%以下的罚款；造成损失的，依法承担赔偿责任	《建设工程质量管理条例》第58条
3	区建工局	对不合格的建设工程按照合格工程验收的	责令改正，处工程合同价款款2%以上4%以下的罚款；造成损失的，依法承担赔偿责任	《建设工程质量管理条例》第58条
4	区建工局	施工单位不履行保修义务或者拖延履行保修义务的	责令改正，处10万元以上20万元以下的罚款，并对在保修期内因质量缺陷造成的损失承担赔偿责任	《建设工程质量管理条例》第66条
5	区建工局	涉及建筑主体或者承重结构变动的装修工程，没有设计方案擅自施工的	责令改正，处50万元以上100万元以下的罚款	《建设工程质量管理条例》第69条
6	区建工局	房屋建筑使用者在装修过程中擅自变动房屋建筑主体和承重结构的	责令改正，处5万元以上10万元以下的罚款	《建设工程质量管理条例》第69条
7	区建工局	施工方使用的装饰装修材料或者设备无产品质量检验合格证明，或者无中文标明的产品名称、无生产厂厂名等产品标识，且装修人无过错的	责令改正，并对施工方处以无标识材料或者设备总额1倍以上3倍以下的罚款	《南京市装饰装修管理条例》第46条

续表

编号	执法主体	违法行为	执法权限	执法依据
8	区建工局	造价在30万元以上或者建筑面积在3百平方米以上单独发包的建筑装饰装修工程,装修人未取得施工许可证擅自施工的	责令停止施工,限期改正,可处以工程合同价款1%以上2%以下的罚款	《南京市装饰装修管理条例》第47条
9	区建工局	对公共场所和公共设施的建筑装饰装修工程项目,装修人未将装饰装修材料委托检测,或者施工方使用未经检测或者检测不合格的装饰装修材料的	责令限期改正,可处以5千元以上5万元以下的罚款;情节严重的,可处以5万元以上20万元以下的罚款	《南京市装饰装修管理条例》第48条

(6)区物价局执法边界

编号	执法主体	违法行为	执法权限	执法依据
1	区物价局	物业服务企业未在物业管理区域内显著位置公示服务内容、服务标准、收费项目、收费标准、物业服务费用和经营设施收益收支情况、公共水电费分摊情况或者公示失实信息的	责令限期改正;逾期不改正的,处1万元以上5万元以下罚款	《江苏省物业管理条例》第85条
2	区物价局	物业服务企业在接受委托代收有关费用时向业主收取手续费等额外费用的	责令限期改正,并退还已收取的费用	《江苏省物业管理条例》第86条

(7)区公安分局执法边界

执法主体	违法行为	执法权限	执法依据
区公安局交警大队	擅自设置或者停用、撤除道路临时停车泊位,或者在泊位内设置障碍影响机动车停放的	处以100元以上500元以下罚款	《南京市停车场建设和管理办法》第35条

第二节　公安机关

一、公安概况

(一)历史沿革

清宣统二年(1910),江宁、上元两县始设警察局。

民国二年(1913)5月,成立江宁县警察局。民国二十二年(1933),建立江宁自治实验县警察局,直隶中央警察厅。下设石埠桥、孝陵卫、汤山镇、秣陵关、淳化镇、湖熟镇、江宁镇、上新河、陶吴镇、谢村镇分局10个、分驻所22个、派出所20个、警察大队2个。抗日战争胜利后,国民政府江宁县政府在东山设立江宁县警察局,有17人。下设警察所4个,分驻所6个。至民国三十七年(1948)5月,县警察局下设江宁、秣陵、湖熟、栖霞4个分局,东山、板桥、陶吴、丹阳、土桥、青林6个分驻所,全县共有警官、警员324名。

民国三十八年(1949)4月江宁县解放后,江宁县政府设立江宁县公安局,隶属苏南行政公署公安处领导;同年12月2日,中共中央华东局决定,将江宁划归南京市领导。内设行政、调查、司法股和看守班。是年,首建湖熟公安分局。开展搜捕残敌盗匪、镇压反革命,取缔反动会道门,查禁烟馆、妓院、赌档,整顿户籍,健全地方保卫组织。1950年1月划回镇江专区管辖。公安局工作从镇压反革命运动转向治安管制和法制建设。1951年,县公安局增设劳改股,管辖石山采石场和建国、甘泉、淳化、东山农场5个劳改单位。是年,局内有编制120人。1953年,南京市管辖的汤山派出所划归江宁县领导,江宁县管辖的栖霞派出所划给南京市领导。1957年7月,江宁县公安局进行整编后,设治安、政保、预审和秘书4个股,有湖熟、汤山、东山和秣陵4个派出所,有干警71名。1966年6月文化大革命开始后,县公安局受到冲击。工作陷于瘫痪。

1967年3月,公安工作由中国人民解放军江宁县军事管制委员会接管,成立江宁县公检法军事管制委员会。1968年3月,江宁县革命委员会政法组与公检法军管会合署办公。

1973年1月,恢复成立江宁县公安局。1971年3月11日,江宁县又划归南京市管辖至今。期间,江宁县公安局随着县域隶属关系的变化,同样或隶于镇江专区公安处,或隶于南京市公安局领导。至1985年,局内设秘书、治安、刑警、政保、内保、技术、预审、消防、看守等11个股所队组;有派出所20个、公安组7个,公安干警186人。1990年,有股(组)、队、所13个,派出所27个。1997年,全县实有警力352人,其中派出所146人,交警88人、机关科室118人,另外工勤人员7人。

2000年,江宁县公安局共有民警398人(其中交巡警110人),内设、派出机构43个,其中局机关17个部门计145人。原巡警大队并入交警大队,更名为交巡警大队,设3股1所8个中队。26个派出所(其中含东善桥、汤山林场派出所,县公安局只派1名所长)共有民警143人。

2001年4月18日,江宁县公安局更名为南京市江宁区公安局,内设10个职能科室,7个直属机构,现役机构即消防科(消防大队)1个,派出机构有27个,另设纪检监察室1个。2002年1月18日,江宁区公安局领导机关从江宁区政府大院内搬迁至天元路原江宁科学园办公大楼。江宁区公安局共有民警437人(含交巡警120人),其中局机关20个部门157人,交通巡逻警察大队干警120人,设3股1所10个中队,消防大队为武警部队建制。2005年3月,江宁区公安局改称为南京市公安局江宁分局,有12个内设机构、8个直属机构、28个派出机构。2005年3月改称为南京市公安局江宁分局,同年3月8日启用南京市公安局江宁分局标牌及印章,内设机构、派出机构和党群机构相应更名。2007年江宁公安分局共有民警942人,有12个内设机构、8个直属机构、28个派出所及1个保安公司。

(二)工作职能

1. 贯彻执行党和国家有关公安工作的方针、政策和法律、法规;统一领导、指挥全区公安工作。

2. 掌握影响稳定、危害国内安全和社会治安的情况,向区委、区政府和市公安局及时提供相关重要信息,分析、研究对策并组织实施。

3. 负责公安民警队伍的管理、教育和训练工作。

4. 受理公民报警求助;依法预防、制止和侦查违法犯罪活动;处置重大案件、治安事故和骚乱,防范、打击恐怖活动。

5. 依法查处危害社会治安秩序行为;积极预防、妥善处置突发性事件、群体性事件,维护社会稳定;依法管理集会、游行、示威活动;依法管理户籍、居民身份证、枪支弹药、危险物品和特种行业等工作。

6. 负责由公安机关依法承担的执行刑罚工作;依法承担全区劳动教养、收容教养案件的审核、呈报工作;依法决定采取刑事强制措施、行政强制措施、行政处罚等案件的工作;负责区看守所、拘留所的建设和管理。

7. 负责全区道路交通安全管理,维护交通秩序,承担车辆、驾驶员交通安全管理工作。

8. 依法管理出境入境事务和外国人在我区居留、旅行有关事务。

9. 负责全区公共信息网络安全监察工作。

10. 负责来我区党和国家领导人、重要外宾的安全警卫工作及其他重要警卫任务的组织协调。

11. 组织实施全区公安科学技术工作;制订公安信息技术、刑事技术、行动技术等建设规划并组织实施。

12. 指导、监督全区国家机关、社会团体、企事业单位和重点建设工程的治安保卫工作以及群众性治安保卫组织的治安防范工作。

13. 组织开展公安警务督察工作;指导、检查、监督全区公安机关及人民警察的执法活动。

14. 负责全区公安机关装备、被装配备和专项经费管理等警务保障工作。

15. 领导全区消防部队建设,组织实施消防工作;对武警部队执行公安任务及相关业务建设实施领导和指挥。

16. 领导全区森林公安机构实施有关森林及野生动植物资源保护等执法工作。

17. 承办区委、区政府和上级公安机关交办的其他事项。

(三)内设机构

南京市公安局江宁分局内设机构包括政治工作办公室、3个综合管理机构(办公室、警务保障室、审计科)、15个执法勤务机构(指挥室、警务督察大队、国内安全保卫大队、单位内部安全保卫大队、治安警察大队、刑事警察大队、禁毒大队、交通巡逻警察大队、出入境管理大队、网络安全保卫大队、法制大队、巡特警大队、人口管理大队、经济犯罪侦查大队、治安巡逻管理警察大队)。管辖机构包括:区看守所、区拘留所、区维护稳定工作领导小组办公室。现役机构包括:消防科(区公安消防大队)。派出机构26个包括:东山派出所、开发区派出所、岔路派出所、方山派出所、百家湖派出所、上坊派出所、秣陵派出所、禄口派出所、铜山派出所、湖熟派出所、龙都派出所、淳化派出所、土桥派出所、周岗派出所、汤山派出所、麒麟派出所、上峰派出所、陶吴派出所、横溪派出所、东善桥派出所、丹阳派出所、江宁派出所、陆郎派出所、铜井派出所、谷里派出所、滨江经济开发区派出所。

(四)人员结构

1. 2007年以前的人员结构情况

(1)1949～1965年江宁公安干警配备情况。

表29　1949～1965年江宁公安干警配备情况一览

<table>
<tr><th rowspan="2">年份</th><th rowspan="2">总人数</th><th rowspan="2">局领导</th><th colspan="2">局直属机关</th><th colspan="2">派出机构</th><th rowspan="2">乡公安</th><th rowspan="2" colspan="2">备注</th></tr>
<tr><th>中层干部</th><th>一般干部</th><th>派出所</th><th>所辖区公安</th></tr>
<tr><td>1949</td><td>—</td><td>2</td><td>5</td><td>—</td><td>3个7人</td><td>公安股长7</td><td>无</td><td colspan="2">—</td></tr>
<tr><td>1950</td><td>44</td><td>1</td><td>5</td><td>24</td><td>2个5人</td><td>公安员10</td><td>无</td><td colspan="2">工务2人</td></tr>
<tr><td>1951</td><td>157</td><td>1</td><td>5</td><td>19</td><td>2个6人</td><td>公安员10</td><td>乡公安员116</td><td colspan="2">—</td></tr>
<tr><td>1952</td><td>54</td><td>2</td><td>6</td><td>24</td><td>2个6人</td><td>公安员10</td><td>乡公安员116</td><td colspan="2">女警1人</td></tr>
<tr><td>1953</td><td>63</td><td>3</td><td>6</td><td>34</td><td>3个23人</td><td>公安助理6</td><td>乡公安员116</td><td colspan="2">—</td></tr>
<tr><td>1955</td><td>81</td><td>4</td><td>6</td><td>51</td><td>3个20人</td><td>区特派员9</td><td>乡公安员116</td><td colspan="2">—</td></tr>
<tr><td>1956</td><td>136</td><td>5</td><td>9</td><td>69</td><td>3个20人</td><td>特派员6</td><td>武警49</td><td colspan="2">—</td></tr>
<tr><td>1957</td><td>113</td><td>4</td><td>6</td><td>60</td><td>2个11人</td><td>特派员7</td><td>武警42</td><td colspan="2">—</td></tr>
<tr><td>1958</td><td>81</td><td>1</td><td>5</td><td>53</td><td>2个11人</td><td>特派员7</td><td>武警27</td><td colspan="2">"下放"8人</td></tr>
<tr><td>1960</td><td>71</td><td>1</td><td>5</td><td>41</td><td>2个11人</td><td>特派员7</td><td>—</td><td colspan="2">—</td></tr>
<tr><td>1961</td><td>56</td><td>1</td><td>4</td><td>51</td><td>—</td><td colspan="2">人民警察24</td><td colspan="2">后充实8人</td></tr>
<tr><td>1962</td><td>67</td><td>3</td><td>8</td><td>44</td><td>2个14人</td><td colspan="2">公社保卫干部20</td><td colspan="2">—</td></tr>
<tr><td>1963</td><td>66</td><td>3</td><td>9</td><td>57</td><td>—</td><td colspan="2">—</td><td>—</td><td>女2人</td></tr>
<tr><td>1964</td><td>67</td><td>3</td><td>14</td><td>21</td><td>—</td><td colspan="2">特派员19</td><td>人民警察9</td><td>工勤2人</td></tr>
<tr><td>1965</td><td>45</td><td>3</td><td colspan="7">当年全县共有政法干部65人,其中公安45人</td></tr>
</table>

(2)1966～1976年干警队伍变化。1966～1968年,江宁公安局机关24人、派出所19人、特派员8人、"下放"调离11人;政法口计75人留18人,其余去干校劳动11人、下放14人、调离23人,自杀病故各1人。至1968年,江宁公安工作归江宁县革命委员

会政法组管辖。当时政法组从公安局、检察院、法院原工作人员中抽调69人组成。

1971年，江宁县划属南京市移交时政法组的基本情况：公检法军管会（由治保、办案、办事、政工四大组组成）实有定编人员25人，尚缺11人；各派出所有17人（东山、湖熟、秣陵、陶吴、江宁各2人，汤山、麒麟各3人，机场保卫组1人）；材料组11人；运动办公室4人；各公社政法干事14人，缺6人。

1973年江宁县公安局重新设立以后，逐步扩充队伍，调整内设机构，努力履行公安职责。年底江宁公安局实有75人（含女4人）。其中领导2人，秘书、行政7人，政保15人，治保10人，预审5人，公安特派员14人，民警22人，有城镇派出所7个。

1974年有76人（含女4人）。其中领导3人，秘书、行政8人，政保11人，治保6人，预审6人，公安特派员17人，户籍21人，工勤人员4人。

1975年81人（含女4人）。其中领导3人，政工1人，秘书、行政5人，政保4人，技侦8人，治安7人，预审6人，公安员21人，派出所长7人；人民警察16人，其中户籍7人，治安9人；工勤人员4人。另有厂矿企业等专职保卫干部2名；城镇派出所3个，农村派出所4个；看守所1个，有看守员2名。

1976年实有80人（含女4人）。其中领导3人，政工1人，秘书、行政5人，政保5人，技侦8人，治安5人，预审7人，公安员20人，派出所长7人；人民警察16人，其中户籍警7人，治安9人；工勤人员3人。另有厂矿企业等专职保卫干部2名；看守所1个，看守员2名。

（3）1977～1996年干警配备。

表30　1977～1996年江宁公安干警配备情况一览

<table>
<tr><th rowspan="2">年份</th><th rowspan="2">总数</th><th rowspan="2">其中女</th><th rowspan="2">领导</th><th colspan="4">局机关</th><th rowspan="2">特派员</th><th rowspan="2">人民警察</th><th rowspan="2">工勤</th></tr>
<tr><th>科级</th><th>股级</th><th>科员</th><th>办事员</th></tr>
<tr><td>1977</td><td>82</td><td>4</td><td>3</td><td colspan="3">30</td><td>—</td><td>—</td><td>19</td><td>3</td></tr>
<tr><td>1978</td><td>66</td><td>5</td><td>4</td><td colspan="3">39</td><td>—</td><td>—</td><td>23</td><td>3</td></tr>
<tr><td>1979</td><td>119</td><td>4</td><td>3</td><td colspan="3">67</td><td>—</td><td>23</td><td>23</td><td>3</td></tr>
<tr><td>1980</td><td>115</td><td>—</td><td>4</td><td colspan="3">64</td><td>—</td><td>23</td><td>22</td><td>—</td></tr>
<tr><td>1981</td><td>88</td><td>—</td><td>4</td><td colspan="3">60</td><td>—</td><td>—</td><td>23</td><td>1</td></tr>
<tr><td>1982</td><td>149</td><td>—</td><td>5</td><td colspan="3">67</td><td>—</td><td>18</td><td>58</td><td>1</td></tr>
<tr><td>1985</td><td>188</td><td>—</td><td>5</td><td>46</td><td colspan="2">129</td><td>—</td><td>—</td><td>—</td><td>1</td></tr>
<tr><td>1987</td><td>184</td><td>—</td><td>5</td><td colspan="2">51</td><td>18</td><td>110</td><td>10</td><td>—</td><td>—</td></tr>
<tr><td>1994</td><td>331</td><td>11</td><td>4</td><td>23</td><td>90</td><td>110</td><td>92</td><td>—</td><td>—</td><td>5</td></tr>
<tr><td>1995</td><td>455</td><td>17</td><td>4</td><td>38</td><td>96</td><td>136</td><td>80</td><td>—</td><td>—</td><td>5</td></tr>
<tr><td>1996</td><td>349</td><td>17</td><td>4</td><td>63</td><td>92</td><td>132</td><td>—</td><td>—</td><td>—</td><td>—</td></tr>
</table>

（4）2000年以来干警配备。

随着地域经济社会发展和城市化进程加快，江宁公安工作越来越显示出其重要性和工作的艰巨性，从而应加强公安干警的正规化、专业化、现代化建设，按照专业分工调备人员，实行科学规范管理。

2000 年，共有民警 398 人（其中交巡警 110 人），内设、派出机构 43 个，其中局机关 17 个部门计 145 人。原巡警大队并入交警大队，更名为交巡警大队，设 3 股 1 所 8 个中队。26 个派出所（其中含东善桥、汤山林场派出所，县公安局只派 1 名所长）共有民警 143 人。

2001 年 4 月 18 日，江宁县公安局更名为南京市江宁区公安局，内设 10 个职能科室，7 个直属机构，现役机构即消防科（消防大队）1 个，派出机构有 27 个，另设纪检监察室 1 个。

2002 年年底，江宁区公安局共有民警 437 人（含交巡警 120 人），其中局机关 20 个部门 157 人，交通巡逻警察大队干警 120 人，设 3 股 1 所 10 个中队，消防大队为武警部队建制。

2005 年 3 月，江宁区公安局改称为南京市公安局江宁分局，有 12 个内设机构、8 个直属机构、28 个派出机构。

2007 年年末，江宁公安分局共有民警 942 人，有 12 个内设机构、8 个直属机构、28 个派出所及 1 个保安公司。

根据 2015 年公开发表的资料，江宁公安分局实有在职人数为：行政编制 1116 人，行政附属编制 19 人，离休 2 人，退休 115 人。

（五）局领导履职情况

江宁公安局从设置至今，历任局领导履行职责、严格管理、身先士卒、克己奉公，为公安工作作出杰出贡献。局长负责主持全局工作，抓好公安队伍建设、公安业务工作及思想政治工作、党的建设；政委（教导员）负责抓好全局思想政治工作、党的组织建设，协助抓好全局业务工作，完成分管工作。副职领导（副局长、副政委等）在抓好分管业务工作同时，协助局主要领导抓好全局业务工作和思想政治工作。局领导班子根据中共江宁区委、区政府中心工作和公安工作任务，认真贯彻执行党的路线、方针、政策，学习马列主义、毛泽东思想，学习公安业务，学习法律法规和科学文化知识，不断提高干警政治、业务素质，努力实现公安队伍的革命化、知识化、专业化、军事化。

1949 年以来江宁县公安局局长更替情况如下：

杨永恒（1949.4 ~ 1949.6）

陈达新（1950.6 ~ 1953.7）

朱则尧（1953.7 ~ 1953.9）

林堂（1953.9 ~ 1954.6）

华子泉（1954.6 ~ 1956.3）

郭振峰（1956.3 ~ 1956.6）

孙道生（1956.6 ~ 1958.7）

谷金周（1958.7 ~ 1960.6）

薛殿华（1959.10 ~ 1967.3）

薛殿华(1973. 1 ~ 1984. 3)

田家柿(1984. 3 ~ 1993. 2)

陈世慨(1993. 3 ~ 1999. 9)

黎昌祥(1999. 9 ~ 2000. 12)

胡士宁(2003. 6 ~ 2009. 6)

周　宁(2009. 6 ~　)

(六)公安工作基本情况

公安工作基本情况(2011 ~ 2014 年)

项目	单位	2011 年	2012 年	2013 年	2014 年
全年接处警	起	1456630	1388900	1262231	1349903
社会治安案件	起	19651	20415	32941	34998
刑事案件发案	起	12321	13077	15073	15509
八类案件数	起	132	192	238	327
交通和火灾事故	起	29705	22351	22483	22419
技防乡镇、村(社区)	%	828	473	602	765
社会治安防控卡口检查站	个	5	5	5	5
在职民警数量	名	1116	1116	1099	1085
公安派出所	个	24	24	24	25

二、刑事执法工作

(一)国内安保工作

1. 机构与职责

新中国成立初期至改革开放前,江宁县公安内设有政治保卫股(科),承担地方国内安全保卫(以下简称"政保科")职责。1998 年 9 月召开全国国内安全保卫工作会议之后,县公安局将政保科更名为国内安全保卫科(以下简称"国安科"),重新明确公安机关国内安全保卫工作的职责任务和工作方针;此后又设置出入境管理科,具体负责中国公民、外国人的出入境管理工作。此外治安科等其他科室、所辖派出所及直属单位,均在江宁公安统一领导下密切配合,共同履行国内安全保卫工作职责。

适时调整职责任务。在 1949 年新中国诞生的新旧社会转换期间,江宁区公安国内安全保卫工作主要是:(1)打击反革命分子的破坏活动和不法奸商投机捣乱行为;(2)加强社会治安工作;(3)加强对粮食、合作社、银行等重要部门的内部保卫,做好护仓护粮工作;(4)严密防范与及时扑灭可能发生的暴动、骚乱。

1959 年开始,江宁公安国内安全保卫工作的基本任务和职责是稳定社会秩序,巩固人民政权,打击各类反革命破坏活动,查禁取缔各种非法宗教迷信和邪教组织,对"敌特"案件和"反革命"煽动案件加强侦查和及时控制打击。文化大革命期间,安保工作受到冲击未能正常展开工作。

1979年后，主要职责是保障经济发展和打击犯罪分子的破坏活动。

1995年后，主要职责是打击哄抢、盗窃国有资产的犯罪活动，消除危害社会治安的隐患，全面落实社会治安综合治理措施，正确处理改制中的群体性闹事事件，开展对全县国有大中型企业及周边治安秩序集中整治行动，为企业的改革和发展创造良好的治安环境。

1998年主要职责是搜集、掌握、处理涉及江宁社会政治稳定和国家安定繁荣的活动和案件、事件。近几年，主要职责是对社会主义市场经济体制进程中的各种社会矛盾和热点问题，不断强化县内安全保卫基础工作。

建立基层治安保卫组织。20世纪50年代，机构为境内乡、村两级民兵组织。其主要职责是抢险抗灾、生产突击；在县公安、武装部门领导下，维持地方治安、打击“敌特反革命”活动。1982年，主要职责是打击现行犯罪活动，严密治安管理，积极开展“四防”安全活动，落实安全防范措施，加强对违法犯罪人员的教育改造。

部门建“国保”秘密力量。改革开放之前的主要职责是调查境外的可疑对象。改革开放之后的职责主要是帮助企业落实安全措施提高对群体性事件、重大案件、重大事故的防范查处能力，突出抓好金融单位的防盗、防诈骗工作，保护国有资产和职工的人身安全。

强化出入境管理。机构为江宁公安内设机构，主要职责是贯彻执行国家对外政策，依法做好外事管理工作，加强政保基础和情报信息建设以维护政治稳定。

2. 重要活动安全保卫

近60年来江宁县曾先后举行一系列大型活动和外事活动。活动幕后的安全保卫工作任务十分繁重江宁公安高度重视，超前施策，周密部署，狠抓各项安全措施落实，全力以赴的做好安全保卫工作。

重要节日安全保卫。每年的“五一”“八一”“十一”、元旦、春节，是全民的盛大节日。为保障节日期间人民生命和财产的安全，江宁公安一直是提前制订计划，落实措施，安排警力组织实施节日保卫工作。每年相同的节日，此次类似的会议，饱含公安干警的心血汗水，带来的是全县人民的安宁和社会稳定。新中国成立初期，节日期间的安保工作显得尤为重要。1951年，江宁公安局为节日期间的保卫工作，对东山镇进行全面户口普查，并进行四防安全制度和保密制度建设。改革开放后，江宁公安局既要防爆炸、防火灾、防事故、防盗窃，又要做好社会治安和稳定工作。

大型会议庆典保卫。江宁公安每逢中央历次代表大会、全国人大历次会议及省市县(区)同类会议的召开，以及当地政府及境内各党政机关和各企业事业单位主办的庆典活动等，都十分重视，认真部署和做好安全保卫工作。江宁公安在历次庆典活动中，都动员干警全力以赴投入保卫工作社会治安和社会稳定以及安全隐患等问题进行严密的排查工作。

3. 查禁取缔邪教组织

新中国成立初期取缔反动会道门斗争取得很大成绩。但一旦有风吹草动，一些邪教组织便死灰复燃，在一些地区发展蔓延，对社会稳定构成威胁。20世纪60年代后，江苏省已发现有"呼喊派""被立王""买卖教""门徒门""全范围教会""圣灵重建教会""耶稣家庭""观音法门""中华大陆行政执事站"和"法轮功"等20多个邪教组织。江宁县境内有"买卖教""全能教""全范围教会""观音法门""法轮功"等10多个邪教组织。这些邪教来自江苏淮阴、宝应,安徽郎溪、南陵等地。对此江宁公安不断加强政保基础工作,严密社会面管控,积极预防和打击一些扰乱社会秩序的邪教组织和宗教非法活动,惩处邪教违法犯罪行为。

粉碎反动会道门复辟。1960年江宁公安取缔众多反动会道门,没收大量的道具,并依法判处这些道首。1982年,又打击取缔一些道门复辟活动,并给予积极参加的成员警告、具结悔过、行政拘留等处分。

取缔邪教组织。江宁的邪教组织是自20世纪90年代从国内外传到江宁的。江宁公安机关坚持严打严抓,全市统一部署,取得了不错的成绩。这些组织已经出现了较为先进的管理模式,以及采用光盘、书籍等工具进行宣传活动,并且成员已经扩展到了小学生。

取缔法轮功。1999年,以丽红之为首的"法轮功"邪教组织渗透到江宁县境内,涉及22个乡镇229处活动点,练功人员300余人。江宁公安机关按照中央关于处置"法轮功"问题的统一部署,在江宁县处置行动指挥部统一领导下,及时收集掌握"法轮功"深层次、预警性情报信息,严密控制重点地区、重点人头、重点场所和要害部门,严防少数人煽动策划大规模聚集闹事活动。此后几年,江宁公安认真做好"法轮功"控制工作,严防原练习者在敏感时期举行前往省市或进京上访、非法聚集、公开会功等非法活动。2003年加大对"法轮功"顽固分子的打防控力度,以确保无上访、无聚众闹事、无发生插播事件。2005年加大对"法轮功"顽固分子的打防控力度,有效防止其串联滋事和破坏捣乱等宣传煽动。

防范民族分裂的教育活动。达赖集团以"藏青会"等宗教迷信方式,发动不明真相的信徒,多次组织叛乱武装,对西藏进行干扰。20世纪90年代以来,新疆出现"疆独",建立所谓的"东突厥斯坦共和国"的民族分裂和暴力恐怖活动。国外反华势力,借助"法轮功""中国民主党"问题,以"侵犯人权"为借口在联合国多次提出反华议案。江宁公安机关按省、市公安专项工作会议精神,时刻保持高度警惕,严密防范"藏独""疆独"等分裂势力将触角伸向江宁境内,同时向广大群众进行安全保卫形势教育。

(二)刑事侦查工作

1.刑侦队伍

江宁公安机关为适应不断发展的对敌斗争形势需要,大力加强刑侦队伍建设,开展刑侦骨干业务培训,培养一批侦查、技术以及基础工作等方面的业务骨干,促进刑侦队伍的健康有序发展,形成侦查、技术、隐藏力量、联防、情报资料等比较齐全的刑侦工作体系,努力提高刑侦队伍的凝聚力和战斗力,为改革开放的经济建设创造良好的治安环境。

刑侦机构组成。新中国成立初期,江宁区的刑侦工作由县公安局治安部门负责,隶属于治安股。1956年刑侦工作从治安股分离出来,单列为刑事侦察股。1960年3月刑事侦察股并入治安股。1962 年又再次成立刑事侦察股。1978 年 4 月又重新并入治安股。1982 年江宁县公安局刑侦股更名为江宁县公安局刑警队。1998 年，撤销预审中队，实现侦审机构合并。2007 年，东山区、开发区、科学园 3 个刑警中队创建为公安部一级责任区刑警中队。

特情队伍建设。江宁公安在 1954 年调查大吉“穷江行”盗窃组织活动中，在 49 名被打击对象中建立耳目 8 人，在之后的一系列斗争中加强刑事特情工作，建立一个较为权威全面系统的特情团队，包括正式特情、试用特情，工作关系等等成员，并与刑警大队、各中队、派出所三大支柱建立二级建情三级管理制度。截至目前，全县已有特情 225 名，且在各种重大案件中发挥着重要作用。

2. 刑侦技术检验

根据全国刑侦技术工作会议精神，江宁公安不断建立健全痕迹、文检、法医、照相、指纹等业务项目，按照公安部标准配备装备设备，加快刑事技术装备和技术用房建设。同时加强对一线民警的刑侦技术培训和指导，实行跟班轮训制度，举办刑侦情报信息工作培训，提高全局整体刑侦工作水平。2003 年江宁公安刑事科学技术室通过公安部专家组验收，成为全市首家公安部一级达标单位。2005 年江宁公安刑事科学技术室被列为全市首家公安部一级达标单位。2005 年江宁公安刑事科学技术室被列为全市必创一级示范技术室的三个分局之一，并列为南京市创建全国科技强警示范城市的一项重要内容。根据公安部《公安刑事技术室等级评定办法》和《公安刑事科学技术装备标准》的有关规定，对照创建标准，江宁公安刑事科学技术室培养培训技术人才、添置先进器材装备，创建工作顺利实现预定目标。江宁刑侦的痕迹检验工作始于 1956 年。痕迹检验主要包括手印、足迹（包括步法）、工具痕迹、枪弹痕迹、车辆痕迹和牲畜痕迹、牙齿痕迹、整体分离痕迹、钥匙开锁和破锁痕迹一级纺织品遗留的痕迹等。江宁区的痕迹检验工作发展迅速为许多大的案件破案发挥了明显成效。

区技术检验主要有：

法医检验。江宁的法医检验工作始于 1956 年。主要内容包括死亡原因研究、机械性损伤、中毒症状、个人识别方法，研究与犯罪有关的各种物证以及民事责任事故的鉴定等。20 世纪 80 年代开始，江宁区开始根据损伤特征推断和认定凶器种类的研究。并利用 DNA 生物检测技术破案，在认定犯罪嫌疑人方面发挥着重要作用。

理化检验。理化检验通常分毒物检验和物证检验两类。江宁的理化检验工作始于 1957 年，近些年来，开始采用大量的先进设备进行理化检验，提高刑事侦查水平。

文件检验。文件检验的主要内容为笔记检验和文件技术检验两种。20 世纪 70 年代开始，江宁公安在刑侦办案中开始进行书法特征分类、模仿字迹检验、见帖子检验、书法检验理论研究、人像检验新理论、新实践等项工作研究。20 世纪 90 年代，逐步添置多功能对比投影仪、人像结合仪等设备，展开文件检验工作，是文件检验工作适应形势发展的要求。

指纹管理。指纹管理主要有罪犯的十指指纹、单指纹和现场指纹管理等项内容，分为分析、储存、查对三个环节。江宁区的指纹管理工作始于 1957 年，对反革命等重大案件罪犯适用,在“文革”期间停止指纹管理工作。1974年开始恢复十指指纹管理工作,并在1980年由江宁公安建立单指指纹档案。现在的案件现场广泛的使用指纹来协助抓捕犯罪嫌疑人,效果显著。

技术规范。江宁公安技术防范工作,于1979年公安部召开石家庄会议后开始。抓好基本队伍建设和不断巩固提高,技术防范工作逐步走向正规化。江宁公安投入大量资金购置现场准用勘查车、多波段警用光源等先进设备,协助破获重大影响案件。江宁公安刑警大队刑事科学技术室也因此被公安部命名为“公安部一级示范科学技术室”。

照相录像。刑事照相与录像主要包括现场、痕迹物证、辨认和照相、录像等方面。江宁公安刑事照相工作始于1957年,但当时的器材较为简陋,使用年限均很长。20世纪80年代后,照相器材有较大改观,并配备大量进口相机。江宁公安录像工作起步较晚,但发展很快,主要承担重、特大案件和各类突发事件的录像工作,在配合宣传部门搞好法治宣传和案例剖析等方面发挥较好的作用。1981年开始使用彩色照相业务。

3. 线索资料管理

刑事犯罪情报资料工作,是江宁公安刑侦部门的一项基础业务和侦查手段,于20世纪80年代开始建立和逐步强化。其主要任务是以系统论、信息论、控制论为指导,将公安机关通过各种途径获得的刑事犯罪情报资料,运用现代科学技术和管理手段进行搜集、加工、分析、储存、检索和传递,为侦查破案和发现犯罪提供线索,为立案侦查提供依据,为揭露犯罪提供证据,为预防犯罪提供方向。新中国成立初期,江宁公安在建立流窜犯资料档案过程中,仅靠人工搜集流窜犯罪的现有资料,工作中存在很大局限性。改革开放后,随着社会进步和科学技术的发展,江宁公安刑侦部门建立人头材料档案卡中心。1980年,江宁公安通过推进信息现代化、增添新设备、对系统进行更新升级,有效提高了搜寻犯罪嫌疑独享的资料进度。1990年,通过集中评估、传递和查证,有力推动江宁刑事犯罪情报资料工作的开展。2000年后,江宁公安通过刑事犯罪线索管理,破获了大量重大案件,全年全区侦破大要案件考核在全市各分(县)局中名列第一。2014年6月,江宁公安开展刑事案件立案统计口径调整工作。各派出所按照新的标准统计口径,完善资料。

4. 案件侦查方法

在打击刑事犯罪活动中,江宁公安不断提高队伍攻坚水平,坚持开展以命案为代表的暴力犯罪,以黑势力为代表的有组织犯罪、以“两抢一盗”为代表的多发性侵财犯罪案件的侦查工作。近年已经形成条块结合紧密,警力配置合理的刑侦格局,整体协同作战能力不断增强,新的侦查途径和侦查方法,侦查谋略不断在侦查实践中得到较好运用并发挥作用,全局刑侦工作运行机制也逐步得到完善并步入良性发展轨道。始终以命案必破为目标,攻坚克难,全面提升公安机关破案攻坚能力水平。

重点立案侦查。新中国成立初期,江宁境内反动残余势力向新生的人民政权发起挑战,刑事犯罪活动和反革命活动猖獗。进入20世纪80年代,刑事案件大幅度上升,团伙犯罪突出,流窜犯罪猖獗,集团化、暴力化、智能化愈趋明显,重大案件上升。20世纪90年代,对刑事案件立案标准和案件统计做出调整修改,完成刑事立案与刑法、刑事诉讼法的接轨，江宁公安刑事侦查工作在规范化、科学化、制度化方面迈出重要的一步。2000 年以后，更加注重危害群众切身利益的抢劫、抢夺、盗窃等多发性侵财性犯罪。2006 年，进一步树立执法为民观念，建设平安江宁。

立线侦查。立线侦查是在抓好“由案到人”侦查的同时，突出“由人到案”的侦查，即对重大刑事犯罪嫌疑分子开展立线调查、立案侦查。立案立线侦查始于新中国成立初期。在巩固新生的红色政权和打击刑事犯罪活动中，立案立线侦查取得显著成绩。文化大革命期间，由于一些与之相关的秘密侦查手段被彻底否定，这一工作也随之停止。直到 20 世纪 80 年代中期，为适应新的斗争形势的需要，江宁公安开始逐步重建这项工作。20 世纪 80 年代，江宁公安对重大刑事犯罪嫌疑分子开展立案侦查，广泛开辟线索来源，不断增强破案意识和能力。20 世纪 90 年代，充分认识对重点人口管理的重要意义。2003 年，以刑侦信息化建设为导向，不断促进刑侦信息化。

串案并案侦查。随着国家社会由封闭向开放型转变，1980 年前后刑事犯罪活动中多发性、连续性、系列性、区域性案件急剧增多，大范围流窜犯罪突出。一些犯罪分子和犯罪团伙混进流动人中跨地区作案，对社会治安形成极大威胁，给侦查破案带来极大难度。江宁公安自 20 世纪 80 年代开始到现在一直致力于侦查这些多发性、连续性、区域性的重大刑事犯罪案件，串并工作经常位列全市各分(县)局第一。

群众排查线索。刑事破案专门工作与群众路线相结合，是江宁公安的基本方针和重要举措。江宁公安长期坚持相信群众、依靠群众，打击各类刑事犯罪活动。1953 ~ 1956 年，广泛发动群众，大大缩小了“反革命”分子和各种犯罪分子进行破坏活动的空间。20 世纪 90 年代起，随着市场经济的逐步建立，江宁公安充分利用公开信、短讯、公告等形式，尤其是在悬赏缉捕逃犯提供犯罪线索中收到显著成效。刑侦人员充分依靠基层治保组织和广大群众，认真研判群众提供的犯罪分子有关线索，破获了多起重大案件。

网上跟踪追逃。网上追逃是江宁公安刑侦工作的一项重要内容。通过网络信息纽带，利用全国公安系统和广大网民力量，追缉境内外逃人犯，同时也为外地提供逃来案犯的信息。江宁刑警大队积极大胆运用各种侦查手段与各种网上作战方法进行追捕逃犯。

5. 历年侦破刑事案件

江宁公安在刑侦中恪尽职守，缜密细致，及时破获各类刑事犯罪案件，严厉打击各类犯罪分子。新中国成立以来的 60 多年中，不同时期刑事案件有不同特点，侦查破案有不同策略和方法，大致分为四个阶段。

新中国成立初期。1949 年 5 月起至 1965 年年底。这一期间刑事犯罪活动多为土匪、武装匪特、敌伪地下组织、反动会道门及其复辟、四类分子的破坏，以及民间社会上盗窃、抢劫、强奸和奸污妇女、破坏国家集体财产和农作物、纵火、滥杀耕牛等大型牲畜。江宁公安刑侦重点是依靠广大群众及时破案，严厉打击犯罪分子的破坏活动，以巩固社会主义制度。

表 31　1949 年 5～1965 年 7 月底打击处理情况表

单位：起，人

年度	发案数	破案	逮捕	拘留	其他处理			总计	判决人数
					小计	教养	不捕管		
1949	23	23	346	—	—	—	—	346	—
1950	91	91	603	—	—	—	—	603	113
1951	—	—	1483	—	267	—	267	1745	1369
1952	—	—	159	—	181	—	181	340	557
1953	—	—	34	—	23	—	23	57	506
1954	—	—	135	—	52	—	52	187	426
1955	187	158	790	—	223	—	223	1013	775
1956	70	59	463	—	55	—	55	518	286
1957	70	186	207	196	23	—	23	429	260
1958	198	166	542	605	598	70	528	1743	1242
1959	106	105	112	400	171	28	143	685	301
1960	43	40	326	1434	44	12	32	1801	363
1961	167	155	210	706	47	5	42	963	277
1962	162	133	102	267	30	15	15	501	162
1963	171	151	150	131	26	—	26	305	156
1964	—	—	108	73	13	—	15	196	167
1965	—	—	36	44	7	2	5	87	55

因文化大革命影响，江宁县公安局被撤销，刑事侦查破案工作先由解放军江宁县军管会后由江宁县革命委员会政法组负责。期间除打砸抢抄抓未立为刑事案件外，政治性案件急剧上升。

表 32　1966～1977 年刑侦破案情况一览表

单位：起，人

时间	政治、刑事案件				依法处罚				犯罪类别		
	立案	破案	其中政治案件		逮捕	刑拘	教养	管制	现反	历反	刑事
			立案	破案							
1966	42	38	12	12	38	55	37	—	1	2	—
1967	39	30	19	19	31	90	31	—	19	—	133
1968	117	111	95	95	85	125	84	—	101	—	176
1969	94	90	52	52	79	39	—	27	78	—	138
1970	222	176	127	121	122	19	122	37	27	—	114
1971	172	136	6	6	51	69	—	—	63	—	177

续表

时间	政治、刑事案件				依法处罚				犯罪类别		
	立案	破案	其中政治案件		逮捕	刑拘	教养	管制	现反	历反	刑事
			立案	破案							
1972	88	72	18	17	—	—	—	—	—	—	—
1973	76	71	2	2	76	—	—	—	1	—	74
1974	95	84	—	—	84	70	—	—	—	—	—
1975	114	102	—	—	141	115	—	—	—	—	—
1976	168	137	6	5	—	—	—	—	—	—	—
1977	162	147	2	2	85	126	—	—	—	—	—

改革开放头20年。1979～2000年实行经济体制改革，江宁公安刑侦工作积极适应新形势。江宁作为南京以至长三角地区改革开放的热土宝地，随着人流、物流、信息流的交会聚散，刑事案件发生率骤增、重特大案件频见、团伙犯罪及流窜作案多发。面对严峻挑战，江宁公安强化队伍整体素质，采取得力应对举措，获得显著成效。

表33　1979～2000年刑侦破案情况一览

时间	立案	破案	其中重特大案		惩办案犯				摧毁团伙		查获逃犯
			件数	破案	抓获	逮捕	直诉	劳少数	个	人	
1979	203	177	—	—	—	101	刑拘35、劳教8、行拘45				—
1980	228	147	—	—	1043	213	刑拘47、行拘435				—
1981	325	242	—	—	—	315	刑拘179、行拘367				—
1982	367	303	—	—	—	274	刑拘226、行拘445				—
1983	615	260	42	39	—	151	刑拘98、行拘140				—
1985	325	269	43	41	—	193	—	—	—	—	—
1986	343	254	—	—	—	196	刑拘117、收审107、行拘284				—
1987	385	267	47	41	—	162	—	4	—	—	—
1988	586	337	112	73	451	27	10	24	—	—	—
1989	754	479	92	63	1442	195	—	—	50	50	—
1990	1053	480	106	—	740	327	刑拘187、收审158				—
1991	—	1016	256	181	746	—	—	—	—	—	—
1992	1061	740	287	113	813	346	52	3	—	—	—
1993	765	489	—	—	—	343	68	68	—	—	—
1994	810	570	199	136	—	—	—	113	—	—	—
1995	823	650	245	175	—	401	25	200	—	—	39

续表

时间	立案	破案	其中重特大案		惩办案犯				摧毁团伙		查获逃犯
			件数	破案	抓获	逮捕	直诉	劳少数	个	人	
1996	919	729	268	186	—	374	21	160	19	81	32
1997	770	621	292	210	365	252	21	132	8	42	62
1998	—	1064	337	244	—	314	30	65	20	93	106
1999	1310	774	577	—	552	328	32	—	—	—	—
2000	3097	2626	—	—	1323	—	—	—	—	—	—

撤县设区以来。2001年年初撤县以来，江宁公安以深入开展严打整治斗争为重点，积极探索切合实际的运行机制，多管齐下综合施策，努力多破案、快破案、破大案。2001~2002年破获各类刑事案件4587起，抓获刑事作案成员3061名。其中逮捕753名、直诉208名、劳教少数127名，追获网上逃犯241名，摧毁犯罪集团192个834人，挽回经济损失3882.5万元。

表34　2001~2008年刑事案件立案破案情况一览

<table>
<tr><th rowspan="2">年度</th><th rowspan="2">立案</th><th rowspan="2">破案</th><th colspan="2">其中八类案</th><th rowspan="2">抓获案犯人数</th><th colspan="4">依法打击数</th><th rowspan="2">追获网上逃犯</th></tr>
<tr><th>立案</th><th>破案</th><th>总数</th><th>逮捕</th><th>直诉</th><th>劳少数</th></tr>
<tr><td>2001</td><td>3694</td><td>2592</td><td rowspan="2">—</td><td rowspan="2">—</td><td rowspan="2">3061</td><td rowspan="2">1088</td><td rowspan="2">753</td><td rowspan="2">208</td><td rowspan="2">127</td><td rowspan="2">241</td></tr>
<tr><td>2002</td><td>3336</td><td>1995</td></tr>
<tr><td>2003</td><td>3313</td><td>1523</td><td>—</td><td>—</td><td>1142</td><td>534</td><td>333</td><td>164</td><td>37</td><td>84</td></tr>
<tr><td>2004</td><td>3218</td><td>1536</td><td>140</td><td>124</td><td>1423</td><td>830</td><td>532</td><td>262</td><td>36</td><td>140</td></tr>
<tr><td>2005</td><td>8372</td><td>3451</td><td>283</td><td>241</td><td>—</td><td>1224</td><td>789</td><td>286</td><td>149</td><td>292</td></tr>
<tr><td>2006</td><td>8620</td><td>3639</td><td>291</td><td>249</td><td>—</td><td>1617</td><td>957</td><td>434</td><td>226</td><td>486</td></tr>
<tr><td>2007</td><td>9323</td><td>3960</td><td>—</td><td>—</td><td>320</td><td>1787</td><td>854</td><td>798</td><td>135</td><td>586</td></tr>
<tr><td>2008</td><td>9372</td><td>3949</td><td>250</td><td>215</td><td>2896</td><td>1745</td><td>813</td><td>761</td><td>171</td><td>645</td></tr>
</table>

（因种种原因，无法显示2009年至今的刑事案件侦破情况）

（三）羁押看管与刑罚执行

江宁看守所依法收押被逮捕、刑事拘留处于侦查、起诉、审判阶段的犯罪嫌疑人，被判处有期徒刑1年以下，或余刑在1年以下，不便送往劳动改造场所执行的人犯，以及代为监管被收容审查人员和拘役犯。江宁看守所由预审部门统一领导和管理，根据《劳动改造条例》，制定《监房规则》《犯人守则》等规定，推进看守所管理的规范化。中共十一届三中全会“拨乱反正”后，随着对犯罪嫌疑人实行教育、改造、挽救方针的重新确立，看守工作逐步恢复。进入21世纪，江宁看守工作制度不断完善，管教水平不断提高，不仅圆满完成监管任务，保障刑事诉讼工作顺利进行，而且为侦查破案提供大量线索，为社会治安综合治理作出贡献。

1. 在押人犯管理机构:江宁看守所

江宁公安按照公安部《关于进一步加强看守所工作的意见》和《看守所等级评定办法》要求不断健全看守所组织机构和提升看守所管理水平。

1949 年 4 月江宁县人民政府接管国民党时期遗留下的旧监所,更名为看守所,由县司法科主管。同年 5 月江宁县公安局内设审讯股,代管看守所、看守班。1951 年,改为江宁县公安局管理。1973 年,在麒麟南庄划出部分土地建立劳动管教队。1993 年,在上坊乡泥塘村建造江宁县看守所,占地面积 1. 33 公顷,设有 4 个监区 40 间监室,人均占地面积 1. 50 平方米,可关押犯罪嫌疑人 400 人。实际使用监室 30 间。2000 年,对看守所内的 24 个监室及民警办公室进行维修改造,改造面积近 1000 平方米。绿化总面积 600 平方米。监所环境整洁、卫生,监室通风、采光条件良好。2006 年,在淳化街道大连山新建看守所,占地面积 8. 67 公顷,建筑面积约 2. 50 万平方米,工程总投资约 4000 万元。是年,江宁县看守所经省公安厅审核,被评定为三级看守所。

干警配置、装备及日常工作。1953 年江宁看守所配副所长 1 名、看守警 1 名。1984 年,看守所设所长 1 名、看守警 4 名、事务长 1 名、炊事员 3 名。看守工作由县武警中队负责。1993 年江宁看守所配备民警 16 名,配有囚车 1 辆,生产用车 1 辆,监控设备 1 套。1999 年江宁看守所有所长 1 名,指导员 1 名,副所长 2 名,民警 20 名,并配备专职值机员 8 名,专职管教员 7 名。看守所装备计算机 1 台、传真机 1 台、电话 1 部,囚车 2 辆、生产用车 1 辆、监控设备 1 套。所内建有武警执勤岗楼 2 座,执勤岗亭 1 座。2002 年江宁县看守所有所长、指导员、副所长各 1 名,民警 21 名,正式职工 3 名,临时工 7 名。看守所装备:计算机 1 台、传真机 1 台、电话 1 部,囚车 2 辆、生产用车 1 辆、监控设备 1 套,建成武警执勤岗楼 2 座,执勤岗亭 1 座。2005 年看守所警力达 22 人,其中所长 1 人,副政治指导员 1 人,副所长 2 人,民警 18 人,装备警车 3 辆,对讲机 2 部,手铐 30 副,脚镣 10 副。2007 年看守所有民警 24 人,占全所民警总数的 80% 。配备车辆 4 辆,电话 3 部。

创建三级看守所。根据公安部《看守所等级评定办法》和江苏省、南京市公安机关要求,江宁看守所不断深化等级创建工作,监管工作和队伍建设取得明显进步。确保监所安全。江宁看守所认真落实《公安机关看守所安全大检查与值班巡视暂行规定》,以确保监所安全为中心工作,杜绝任何事故的发生。监所人员严格按照规定的要求,管理好所内各项事务。

严格出入制度。江宁看守所在创建中,按规定对被收押人员进行健康检查和人身以及随身携带物品检查,并将收押材料及时录入看守所管理信息系统,建立在押人员档案。

强化教育。江宁看守所在创建中建立健全教育制度,制定全年教育计划,对在押人员的集体教育每月不少于一次,针对在押人员,每月进行一次专题教育,排定重点教育对象。

2. 在押人犯管理制度

江宁看守所严格规范在押人犯管理,主要有:对在押人员实行制度化管理,执行各项管理制度和要求；切实保障在押人员的合法权益，严厉打击牢头狱霸，杜绝大骂、体罚、虐待在押人员；在押人员坚持由民警直接管理，杜绝在押人员管理在押人员的现象。

收押人犯手续办理。看守所收押人犯，一律凭县级以上公安机关、国家机关签发的逮捕证、刑事拘留证，或者县级以上公安机关、国家安全机关、监狱、劳动改造机关和人民法院、人民检察院追捕、押解人犯临时寄押的证明文件。对精神病人、急性传染病者，患有其他严重疾病在羁押中有生命危险或生活不能自理的，以及怀孕或者正在哺乳自己不满1周岁婴儿的妇女，均不予收押。对收押人犯依次进行以下工作：核实逮捕、拘留证件和有关文件，办理人犯登记，进行人身、物品检查，对规定捺印指纹的人犯捺取指纹，登记财物，编定号码，宣布监规。

看守所工作制度。数十年来，江宁公安看守部门先后制定《看守守则》《看守须知》，规定看守所职责、看守人员守则、带班人员职责及犯人守则，制定《监所规则》《监所规则具体细则》《看守工作中应注意事项》《看守工作六项纪律》，建立值班、检查制度，印发《看守所工作制度》《看守所犯人守则》等。

3. 在押人犯安全监管

江宁看守所依法对被羁押的在押人员实行武装警戒看守，对在押人员安全监督，从管理在押人员的生活卫生做起，预防和制止在押人员暴狱、行凶、逃跑、自残、自杀，预防和制止犯罪分子对监所实施破坏活动和劫持在押人员，维护监所秩序，保障监所安全，保障刑事诉讼的顺利进行。2008年，连续保持28年监所安全无事故发生。

收押入监管控。2000年以来，江宁看守所依法凭证收押，并按规定对被收押人员进行健康检查和人身以及随身携带物品检查。建立在押人员档案。在押人员档案一人一档，离所前由管教民警和内勤共同保管，离所后装订成卷，年终送江宁公安机关档案部门归档。(1)实行分别关押、分类管理；(2)建立并实行换押制度；(3)建立并严格实行监区出入制度；(4)实行提讯、押解和在押人员会见、通信制度；(5)建立并实行规范化管理制度；(6)推行监情动态信息化管理。

安全防范监管。21世纪以前。1960~1961年江宁看守所根据江苏省公安厅《关于切实加强监管工作的通知》，进行自我检查、整顿，加强对在押犯的安全监管。之后的1976年，1985年，1992年都对监狱安全监管制度逐步的规范化和制度化，对牢头狱霸和有牢头狱霸行为的人犯，从重处罚。21世纪以来。江宁看守所2000年以前连续保持20年安全无事故。进入21世纪以后，坚持每半个月至少进行一次安全重大检查，重大节日前或必要时随时进行，不留死角，并有文字记录。为确保安全，对刑事拘留和逮捕的人员实行严密的羁押和看管，并开展警示教育工作。2007年，江宁看守所落实并加强两个监管的管理，强化在押人员的动态管理，设置过渡室集中关押新入监人员。期间同时加强监所硬件设施建设：监墙上加固防护网；门禁加装密码锁；监区内划定警戒线；收押室安装防盗门；监区内安装手机屏蔽仪等，进一步确保监所安全。

4. 在押人犯生活管理和思想教育

对在押人犯的思想教育和生活卫生管理，是看守所一项经常性的繁重而又细致的工作。做好在押人员的思想教育工作和生活卫生管理，对稳定在押人员思想情绪，确保监所安全,保证审讯、审判工作的顺利进行有重要意义,也是中国共产党和人民政府从根本上改造人犯的宗旨所在。

在押人犯伙食管理。新中国成立之初,江宁县实行的是人头包干的方法,由上级机关和有关部门解决粮食问题。1953 年国家实行统购统销定量供应。1963 年由于进入经济困难时期,标准下降。文化大革命期间,标准又有所下降。1981 年开始恢复标准,并保证吃饱、吃热、吃的卫生。之后的一些年里,都不断的提高伙食标准。2002 年江宁看守所执行"一严格、三固定、四清洁、五条线"的内务管理标准,由所指导员分管伙食,保证在押人员伙食卫生、吃上热饭热菜,并经常调剂改善伙食。

在押人卫生管理。江宁看守所建立初期没有医务室,人犯生病一般由当地卫生部门派医师来所诊治,药品也由其提供。1952 ~ 1953 年,江宁看守所对监房、厕所及所内环境多次进行清洁卫生大扫除,初步建立洗衣、理发、洗澡、放风以及卫生轮流执勤制度。1954 年"镇压发革命"导致看守所内人数严重超负荷。看守所内卫生制度,定期放风、大扫除,及时喷洒"666"或"223"药剂和注射防疫针,扑灭白虱和跳蚤,这期间看守所内未发生大的流行疫病。1956 年,增添医疗设备和改善卫生环境与个人生活条件,严防疾病流行和人犯死亡。1979 年江宁看守所配备兼职医生,同时对人犯出外就医指定医院和医生负责医疗防疫。1980 年江宁看守所严格执行收费制度。1981 年,开始实行医务人员岗位责任制。之后的一些年,继续加大对医疗卫生方面的投入,并同医疗卫生部门全面合作,同时注重改善医疗设施、卫生设施以及预防措施。2003 年加强非典预防工作,严格消毒,制定严密的预防方案。2004 年,江宁看守所投入 106 万元,改善监所硬件设施。2006 年江宁看守所在押人员日常生活做到内务标准化,达到"一严格、三固定、四清洁、五条线"。

在押人犯思想教育。(1)以形势、政策教育为主。新中国成立之初,由小组长负责对在押犯教育。1953 年和 1954 年对在押犯进行系统的节约粮食和认罪伏法教育工作。1955 年和 1956 年,在押人犯的教育工作都与当时的国家政策相结合,第一个五年计划和党的"八大精神",对社会主义美好前景和辉煌成就的前途教育。1957 年,对不同类型的在押人犯进行感化和教育。1958 年,看守所根据国内外形势,结合典型案例,对在押人犯进行教育。1959 年,看守所管教工作进行全面整顿,建立案犯管教制度,以特赦为中心,对在押犯集中进行政策法制教育。1964 年对在押犯的教育是引导其跟着共产党走社会主义道路。文化大革命期间对在押犯着重进行毛泽东思想教育,学习毛泽东语录。(2)教育、转化为主。十一届三中全会后,确立对罪犯实行"教育、挽救、感化、改造"的工作方针。1979 年,在押人员的教育模式由"封闭式""经验式"转为"开放式""科学式"。20 世纪 80 年代,教育工作采用新的形式,如"坦白从宽、戴罪立功"的集中教育活动,并让在押人犯阅读政治书籍,进行法制教育、大课教育、组织谈话和谈心等。20 世纪 90 年代,江宁看守所教育工作转向文明执法、文明管理的方向,组织干警学习,邀请电视台、电台等单位来报道,开展闻名监室评比和各项考核制度工作。2000 年后,着重对在押人员进行集中教育和个别教育,并从教育活动中获得大量重要线索,破获众多案件,抓捕了大量的违法人员。

在押人犯劳动教育。新中国成立初期,看守所对已结案的人犯组织生产劳动。生产项目主要为农业生产和简单的手工,如种植粮食、蔬菜,编织袜子、搓麻绳等。对未决犯一般不组织生产劳动。1954 年颁布了《中华人民共和国劳动改造法》。直到 1961 年之前,还有未决犯在进行劳动改造,劳动收入需要上交,便于管理。1961 年,江宁看守所停止未决犯的生产劳动,一律送劳改单位。1979 年开始,注重改善人犯的生活条件和关押环境,并不断完善劳动教养制度,对身体不便的,减轻其任务,且个人的劳动收入用于补助人犯生活、购买劳动工具和书报杂志,并且生产项目也在不断地随着社会的进步而变化着。1989 年起江宁看守所生产劳动项目发展到自行车、玩具、家用电器等。人犯劳动收入也逐年增长。看守所逐一改善人犯的生活条件和关押环境,从劳动生产收入中拿出一部分对人犯进行生活补贴。

三、公共安全监管

(一)户籍管理工作

户籍管理主要包括对居住在城市的城镇常住户口、集体户口、暂住(寄)住户的户口登记、变动登记及户口迁移和调查工作,提供准确的户口统计资料。内容包括户政管理机构、区划设置调整、常住人口管理、流动人口管理、人口统计和普查、居民身份证管理。本部分拟选取其中户政管理机构、常住人口管理、流动人口管理三部分内容着重叙述。

1. 户籍管理主体

新中国成立初期江宁公安户政管理工作采取将江宁户籍人口区一级管理方式,由各区派出所具体实施,区民政助理、乡镇民族干部协助管理。江宁公安 1965 年起,统一户口管理工作,会同民政、粮食等部门,依靠基层单位、乡镇、村组织,进行户口登记和户口整顿。此后又根据国家统一部署,开展多次人口调查统计,建立并不断完善江宁公安户籍人口管理制度。1950 年江宁县乡公安员 44 名,完成作厂、东山、湖熟、江宁 4 个镇的户口工作,初步建立户口制度和开展特种户口管理。截至 1955 年,特别是实行粮食统购统销,全县户政管理废旧建新,分为城镇户口和农村户口两种登记管理制度。1956 年江宁公安对未建派出所的乡镇均设公安特派员管理户籍人口,日常户口登记手续则由各区区政府会计兼办。1957 年撤区并乡后多数乡镇先后建立派出所,未设派出所的乡镇则没有公安组,户籍户口由派出所或公安组实施管理。1965 年,江宁公安建立并初步完善户口登记管理制度,户口管理步入法制化轨道。1975 年江宁公安户口专用章由江苏省公安厅重新统一刻发。1979 年,放宽户籍政策。20 世纪 90 年代,实行信息化管理户籍制度。2001 ~2008 年江宁公安户政科围绕各年度工作目标,以人民满意为标准,加快步伐,提高人口管理工作基础的总体水平。

2. 常住人口管理

居民户口管理。1950 年开展全国户口登记,江宁各地逐步建立起城镇居民户口管理制度。江宁公安根据居民居住、生产、经营等处所情况确定分户标准及种类,规定街道里弄门牌号编排,设置户口登记表、居民户口簿和迁移证,对居民申报出生、注销死亡、办理迁入迁出、移居、结婚离婚、分居、并居、失踪寻回、收养认领、雇工解雇、开张歇业、临时常住、变更更正统一反革命分子和刑事犯罪分子。1951 年开始,每半年对户口核实一次。1953 年在江宁、湖熟、东山、作厂等地展开户口调查,建立居民小组。1959～1961 年,由于处于三年经济困难时期,户口管理制度一度出现混乱,之后得到调整。1964 年进行第二次人口普查工作。1982 年,进行第三次人口普查工作,普查后均按户发放户口簿。1985 年 9 月调查摸底,登记造册,并对 7100 名城镇暂住人口发放暂住证。

蓝印户口管理。1992 年 6 月开始,江宁县政府为筹集城镇建设资金,发展地方经济,解除一部分进城务工、经商人员的后顾之忧,逐步办理一批地方城镇户口。需每人缴纳 8000 元办理地方城镇户口。地方城镇户口人员,在粮食、燃煤供应及其子女入托、入学、招工等方面,享受与城镇居民同等的待遇,其户口本上虽为红色封皮,但印鉴却为蓝色,又称为“蓝印户口”。

小城镇户口制度改革。1996 年下半年开始,江宁公安组织实施农村户口城市化管理工作。通过户口核对、信息采集、更换新常住人口登记表、换发户口簿、装订村落门牌等,开展常住人口信息计算机管理。截至 1997 年年底,境内各派出所全部配置计算机。1998 年将暂住人口和其他治安管理工作中需要的人员信息全部录入计算机。1999 年全面实施小城镇户籍管理制度改革,对在规划建成区内居住的常住农业户口、暂住人口、地方居民户口、定销户口、蓝印户口一级“半家户”等各类人员,有条件的办理小城镇常住户口。2001 年,大力推进小城镇户籍制度改革。江宁公安整改纠错,解决为落实常住人口办理户口的问题。2006 年 4 月完成江宁区常住人口地址信息更新工作,有效保障区划调整后全区人口管理工作顺利进行。

农村人口管理。1949～1956 年,江宁县农村户口登记管理由县民政科负责,江宁公安主要起协助配合作用。1953 年,江宁县人民委员会部署第一次全县人口普查登记,核实全县农村地区户口管理工作,为建立户口登记管理制度建立基础。1956 年江宁公安从县民政科接管江宁农村户口管理工作后,全面开展户口整顿工作。1957 年撤区并乡后,不少乡镇户口管理流于形式,无人管理。1959 年由于“左”的思潮及三年饥荒影响,农村人口外流剧增,非正常死亡突出。1963 年,境内逐步建立公社、生产队两级户口登记簿册。文化大革命期间,农村户口主要由乡文书或民政助理负责。1982 年第三次人口普查,江宁公安清理农村旧的户口簿册,重新填写、换发新簿册。1982 年后江宁公安按照城市户口现行管理办法改革农村户口管理工作,实行农村户口城市化管理,逐步建立“一村一图一册、一户一簿一牌”制度,在村一级设立户口室,各聘户口协管员 1 人,落实责任,健全工作制度。1986 年结合颁布居民身份证,江宁公安对农村人口全面推进调查核对,变更登记,纠正不少登记项目差错。1996 年,花费大量人力物力推进农村户口城市化管理工作。同年 10 月开始进行启用新常住人口登记表和换发新户口簿工作,至 1997 年全部完成。1998 年年底,境内各派出所户口管理均达到一村一图、一册、一员、一户籍室,一户一牌、一簿、一人一档的规范标准。

船舶人口管理。船舶户口是指以船舶为家或常年在水上从事运输、捕捞、养殖等作业,以船为单位形成的户口。江宁境内有长江、秦淮河两大水系,中小湖泊 10 多个,水面面积 50 多万亩,内河航道发达,多数村庄临水通河。1954 年江宁县人口普查小组和江宁公安对以船为家的常年从事捕捞、运输、手工业的船户进行调查,重点弄清户口性质待定人员。1992～1997年江宁公安针对水上人员流动量日益加大、许多船只无证无牌、私招乱雇帮工、人口底数不清、管理失控等问题，加强水上治安管理。

人口信息查询。人口查询主要依据是人口卡片。1951年江宁公安所辖各派出所结合办理户口，开展人口卡片建设。1956年，进一步加强卡片工作。文化大革命期间，人口卡片填写、上报工作时有中断。1986年江宁公安，着手建立人口信息计算机管理系统，确定姓名、性别、年龄等个人基本信息。1992年以人口信息管理为重点，江宁公安从基层派出所抓起，按人口信息规划工作分业务数据项目需求，经宣传发动、户口核对、数据录入、数据核对、前台实现计算机办理户口、前台办公等阶段，于1994年基本完成。1995年年底全面完成社会关系采集和户口核对工作。1996年江宁公安开始实施农村户口城市化管理工作。1998年后进一步对暂住人口和其他治安管理工作中需要掌握的人员信息全部录入计算机。2006年因社区调整修改错误的证件，受到社会广泛的欢迎。并逐步建立外来流动人口查询系统。

3. 流动人口管理

流动人口管理是指离开常住户口所在地，城市跨区、农村跨乡镇生产生活或从事其他活动的人员。暂住人口是指流动人口中在暂住地拟住1个月以上且已暂住3日以上人员。江宁公安对流动人口管理总体要求是：管理严密，服务到位，疏导有力，流动有序，维护稳定，促进发展。随着江宁城市化进程的加快，大量农村和外地劳动力涌入城市，流动人口剧增，导致增大社会治安管理的难度。江宁公安坚持齐抓共管、综合治理的原则，坚持服务、教育、疏导与管理并重的方法，坚持保护合法与取缔非法、打击犯罪并举方针，因势利导兴利除弊，使流动人口管理逐渐步入法治化、规范化轨道，流动人口违法犯罪上开势头不断得到有效遏制。

户口迁移管理。户口迁移是公民跨越一定行政区划界线改变其常住户口居住地址，按照国家制定的户口管理规定，办理户口迁出迁入登记手续的过程。控制农村户口迁移。1954年江宁农村开始执行户口迁移制度，江宁公安对盲流流入城市的农村人口进行清理劝返工作。1959年，江宁公安限制农村人口盲目外流，动员外流人口回乡参加生产。1964年江宁公安建立人口普查试点工作。1965年对于外来人口流入城市的加以限制，小城市流入小城市的适当限制。改变文化大革命造成的户口迁移混乱状况。在这期间，领导干部和群众受到迫害，资本家被强制去劳动，广大干部下放劳动，知识青年下乡去。使得居民户口性质也随之改变。1977年江宁公安建立户口审批和凭证落户制度。特定时期户口“农转非”。改革开放初期，户籍制度也为经济建设的发展做贡献，为引进人才及其子女提供便利。1985年，对担任副乡镇长以上职务者及其家属给予便利。1989年江宁县政府把“农转非”纳入全县社会经济与发展计划中，实行计划管理。1992年，对冤假错案受到错误处理一方的夫妻给予便利，不受户口指标或本人职务、学历等限制。1993年，为农村劳动力给予便利，可以安排到全民或集体企业去工作，其户口也可以“农转非”。加强对流动人口的综合管理。2000年江宁县政府成立流动人口综合治理办公室。2001年，流动人口在全区总人数比重中达到80%，警方出动人员对流动人口进行整治，依法处罚违反管理规定的人员。2007年为妥善解决无户口、无依靠人员，江宁公安根据公安部《关于解决无户口人员落户问题的通知》的要求来妥善解决。

暂住人口管理。暂住人口管理是公安户籍管理制度中的重要组成部分，是保障异地居住公民合法权益，防范、发现、控制和打击违法犯罪活动，维护社会治安，促进经济建设的重要措施。暂住人口登记管理1958年对城镇暂住人口全面实施登记管理工作。文化大革命期间，人口登记工作基本停止。发放暂住证，加强管理。1985年起，对单位内部人口，暂住的成年人和外来工作人员，发给进住证。1988年，为打击流窜犯罪，对暂住人口进行整顿，强化登记管理工作。20世纪90年代，结合实际，对东山地区私房出租户和暂住人口依法加强管理。适应新形势，实有人口分类管理。21世纪以来，江宁地区改革向全方位、多层次方向推进。强化房屋和人口登记工作。在多地进行核发许可证，并重点管理外国人。

管理重点与措施。新中国成立以来的60多年中，对境外流动人口、暂住人口的管理，不同时期有不同重点，也有不同的管理方法与措施。（1）构建管理组织体系。建立镇街、园区流动人口管理机制，实行“党委政府统一领导，政法综治牵头协调，职能部门齐抓共管，条块结合、属地管理”工作机制。（2）强化协管员队伍。江宁公安借鉴外地管理经验，支持行政单位，用工单位共建流动人口管理站，按每250～300名暂住人口聘1名协管员。（3）加强住宿场所管理。对住宿场所实行登记备案制度。（4）针对突出问题实施管理。江宁公安着重控制好外来人口的犯罪活动和流动人口中容易发生的超计划生育问题。对流动人员中的三无人员，有违法犯罪嫌疑人员及娱乐场所作为重点关注对象。同时，坚持查暂住户的婚育证明、婚育状况、住宿情况、行李情况和同行人员情况。（5）给外来人口同城同等待遇。江宁区政府会商公安、劳动、教育、计生、工商等部门决定，给外来人员同城同等待遇。同时还清理和整顿中介机构，指导和督促为外来人员提供合法劳动中介服务。使外来人员子女享受同等待遇，外来人员在生活、就医等方面提供服务。

4.居民身份证管理

1985年9月6日《居民身份证条例》公布施行后，1986年7月，江苏省公安厅下发《关于统一居民身份证申领登记手续和〈常住户口登记表〉使用规定的通知》。1987年4月11日，江宁县公安局布置全面开展颁发居民身份证工作。其间，组织力量逐户、逐人、逐项、逐条对户口进行核对，共核对178146户、519226人，更正项目181728项。当年，全县应发证51.49万人，制证30.50万余人。1991年，办理居民身份证、临时身份证12336张。2001年，制发居民身份证26882份，临时身份证2619份。2003年，办理居民身份证62359张，其中申领居民身份证19481张，换领、补居民身份证42878张，销毁居民身份证7995张，实有持证人数674894人。

根据《居民身份证法》和国务院关于换发第二代居民身份证（以下简称二代证）工作的部署要求，2005年9月9日，江宁公安结合实际情况制订《江宁区换发第二代居民身份证的工作方案》。至是年12月31日，全区已受理二代证23663份，制发一代居民身份证33870份，临时身份证4867份，边境通行证108张。2006年，全年受理二代证41.60万份，修改因区划及社区调整引起的证件错误3万余条，16周岁以上换证率

58%，完成全年换证计划。截至2007年年底，基本完成全区集中换发二代证工作。

2013年，区公安机关顺应新形势下群众工作需要，不断深化社区警务改革，夯实公安基层基础。强化信息采集，要求各派出所社区民警勤走居民小区、勤访重点单位、勤查在建工地。根据江宁实际情况，制订《关于小区群租房、日租房集中清理整顿行动实施方案》，要求在开展群租房、日租房清理整顿行动的同时，加强流动人口、暂住人口和重点人员管理。全年清理登记群租房、日租房556户，登记暂住人口54235人，暂住人口登记数量列全市第一；实地抽查日租房、群租房登记率和承租人员登记率均为98%。通过清理整治取缔群租房、日租房67户；依法处罚违规房37人，治安处罚92人，刑事拘留52人，抓获"三逃"人员5人。加强社区平安建设，壮大治安信息员队伍，联合物管公司自防组织和社区群防力量，及时发现破案线索，切实履行保一方平安职责。贯彻科技惠民方针，引进"车卫士"电动自行车定位系统，并在全区推广。缩短户口办理期限，户口办理时间控制在10日内，通过加班加点、简化审核程序等措施，将审批期限由30个工作日压缩至20个工作日。针对秋季学生入学、部分群众就业急办社保等情况，开辟绿色通道，做到随到随办，由行政服务中心户政窗口民警审核材料后直接签发准迁证。各基层派出所户籍窗口通过打造"不午休服务窗口"，急民所需，为民所想，连续推出一系列贴心举措，赢得群众好评。通过发放户籍证件服务便民单、清理整治门牌、疑难户口集体通案等便民措施，不断提高服务水平。全年在行政服务中心窗口办理户口迁移12991户23383人，更改姓名1008人、民族76人、出生日期87人，办理居民身份证40984张，临时身份证16869张，军人身份证452张。

（二）公共秩序管理

江宁公安按照不同历史阶段治安管理要求，以促进社会主义精神文明建设为目的，正确处理促进繁荣与严格管理的关系，不断加大公共娱乐、饮食服务场所和音像市场的整治管理力度，落实派出所对辖区公共场所和特种行业的日常治安管理责任制，加强对重点人口的帮教、管理，采取公秘结合、突击检查等多种手段，查禁取缔黄、娼、赌、毒等社会丑恶现象，净化社会环境。改革开放后，江宁地区城市化进程加快，人口急剧增加，各项文化娱乐、饮食服务等迅猛发展。江宁公安为适应新时期城市建设和经济社会发展的需要，治安管理方面采取"服务在先，管在其中，积极引导，依法管理"的做法。针对社会上不断出现的治安新问题，如利用管制刀具、仿真枪犯罪案件增多；群体性突发事件呈上升势头等，江宁公安除适时修订相应的管理制度外，以建立社区警务室、运用社区矫正等管理新模式，发动群众，共保一方平安。进入21世纪后，江宁公安实行"谁主管，谁负责"的管理原则，依靠各方力量，加强监督和指导，进一步把各项治安管理工作落到实处。

禁毒　民国三十八年（1949）4月前，江宁县一些集镇有20%以上的住户开烟馆，30岁以上的年龄层中有40%的人口吸烟。还有一些青壮年吸食鸦片，许多人吸毒成瘾，不仅身体受到极大损害、劳动能力丧失，还导致很多家庭日渐贫穷甚至陷入家破人亡的境地，进而引发许多社会问题。1950年2月，组织开展禁毒斗争，逮捕20名贩毒分子。1951年3月23日，经苏南人民行政公署批准，江宁县政府颁发禁止种植罂粟（鸦片原料)的布告,这是江宁县自新中国成立后在根治吸毒方面采取的重要措施之一。是年8月,破获贩运、销售、吸食鸦片烟毒案29起,缴获烟具11套(件)和烟土、烟膏、白粉等毒品2公斤多,并对37名案犯,视情节轻重分别予以判处徒刑或教育释放。1952年,成立禁鸦片烟办公室,当年缴获鸦片烟96.65公斤、烟枪83把,破获贩毒案496起。

1953年禁毒运动后至20世纪90年代,境内毒品危害由滥到治,直至相对稳定。其间对偶尔出现的少数私种罂粟行为,及时进行依法严肃查处。1992年4~5月,共铲除非法种植罂粟808株。1999年9月,摧毁一重大吸贩毒犯罪团伙,缴获海洛因22.50克、毒资7000元,抓获余俊等7名涉案成员。

2001年,开展创建"无毒社区""无毒场所""不让毒品进我家"等活动,破获非法种植罂粟案件10起,打击处理10人,铲除罂粟1296株。2005年4月,在东山街道大市口广场举办以"远离毒品,珍爱生命"为主题的大型禁毒宣传活动,共接待群众咨询500多人,发放禁毒宣传材料2000多份。2006年,全年破获涉毒刑事案件7起、治安案件80起,打击处理72人,缴获海洛因200余克。是年,东山街道被评为创建无毒社区示范单位。2007年,全年破获涉毒案件26起,依法打击处理28人,缴获毒品700克。

禁娼　新中国成立后,江宁县娼妓活动有所收敛,不少妓女有的从良,也有的转为暗娼。1950年年初,江宁县人民政府宣布关闭妓院,取缔娼妓活动。公安机关及街道干部深入妓院,分头进行教育工作,使妓院老板意识到娼妓活动的危害,主动停业或转业。同时对妓女进行政策和前途教育,使其改恶从良,重新做人。

20世纪80年代,卖淫嫖娼活动一度猖獗,不但败坏社会风气,还诱发犯罪,危害社会治安。1981~1985年,根据公安部《关于坚决制止卖淫嫖娼活动的通知》和公安部批转《关于进一步制止卖淫活动和查禁淫秽书画、淫秽物品意见的报告》精神,做好取缔和打击处理工作。1989年,对路边店发生的敲诈勒索、强奸等案件进行调查,共抓获各类违法犯罪人员64人。1990年,先后收容、教育卖淫嫖娼人员60余人,治愈性病患者10余人。1995年,全年查获卖淫嫖娼人员286人,破获卖淫嫖娼案件532起,逮捕5人,劳教13人,收容教育32人,治安处罚236人,对12家有卖淫嫖娼行为的公共娱乐场所进行处罚。1996~2000年,摧毁流氓恶势力团伙数十个,打击处理犯罪嫌疑人数百人,有力地维护社会治安稳定。2007年,抓获吸毒、卖淫嫖娼和容留、介绍他人卖淫等违法犯罪人员69人,破获刑事、治安案件34起。

禁赌　1953年冬至1965年5月,先后集中开展3次较大规模的禁赌专项行动,组织查禁人员1429人,编成178个小组,深入陶吴、禄口、上峰、谷里等112个乡、村,发动群众捣毁赌窝148处,查获赌场894起,抓获惯赌、窝赌分子425人,并依法处理赌头、赌棍47人,使赌博之风有所收敛。

20世纪80年代,赌博活动一度回潮,涉及范围广、人数多、输赢大、花样新,一些赌博严重地区村村赌,严重危害社会治安,影响生产和工作。1983~1985年,组织查赌行动13次,共抓赌1551场,抓获参赌人员5048人次,捣毁赌窝304处,没收赌具1325副,收缴赌资23265元,依法逮捕赌头、赌棍141人,行政拘留667人,有4241人主动交代赌博问题,上交赌具1067副。1988年1月后,多次开展禁赌专项治理。1989年12月1日至1990年3月底，全县共抓赌1246场5155人，缴获赌资11.42万余元，行政拘留25人，罚款3.30万元；召开违法人员座谈会311次，有2956人参加，其中有210名赌博等违法人员投案自首。1999年10月，查破赌博案件43起，收缴赌资24.10万元。

2005年1~2月，组织开展集中打击赌博违法犯罪活动专项行动，查破涉赌案件12起，抓获违法犯罪嫌疑人104人，缴获赌资17.30万余元。2006年，查缴赌博机225台，抓获以“推牌九”方式进行赌博的18名赌徒，缴获赌资10万余元。抓获聚众赌博犯罪嫌疑人43人，当场缴获仿“五四”式手枪一支、赌资18万余元。2007年，东山、百家湖与江宁派出所会同刑警大队，先后摧毁以“押宝猜牌”、麻将机、“摇单双”等方式进行聚众赌博的3个窝点，抓获涉赌人员87人，收缴赌资5万余元及一批赌博工具。

（三）网络安全管理

网络安全管理制度包括人事资源管理、资产物业管理、教育培训、资格认证、人事考核鉴定制度、动态运行机制、日常工作规范、岗位责任制度等。建立健全网络安全管理机构和各项规章制度，江宁公安分局做好以下几个方面工作：

1. 完善管理机构和岗位责任制。计算机网络系统的安全涉及整个系统和机构的安全、效益及声誉。系统安全保密工作由单位主要领导负责，必要时设置专门机构，如安全管理中心SOC等，协助主要领导管理。重要单位、要害部门的安全保密工作分别由安全、保密、保卫和技术部门分工负责。所有领导机构、重要计算机系统的安全组织机构，包括安全审查机构、安全决策机构、安全管理机构，都建立和健全各项规章制度。

完善专门的安全防范组织和人员。各单位须建立相应的计算机信息系统安全委员会、安全小组、安全员。安全组织成员应由主管领导、公安保卫、信息中心、人事、审计等部门的工作人员组成，必要时可聘请相关部门的专家组成。安全组织也可成立专门的独立、认证机构。对安全组织的成立、成员的变动等应定期向公安计算机安全监察部门报告。对计算机信息系统中发生的案件，应当在规定时间内向当地区（县）级及以上公安机关报告，并受公安机关对计算机有害数据防治工作的监督、检查和指导。

制定各类人员的岗位责任制，严格纪律、管理和分工的原则，不准串岗、兼岗，严禁程序设计师同时兼任系统操作员，严格禁止系统管理员、终端操作员和系统设计人员混岗。

专职安全管理人员具体负责本系统区域内安全策略的实施，保证安全策略的长期有效：负责软硬件的安装维护、日常操作监视，应急条件下安全措施的恢复和风险分析等；负责整个系统的安全，对整个系统的授权、修改、特权、口令、违章报告、报警记录处理、控制台日志审阅负责，遇到重大问题不能解决时要及时向主管领导报告。

安全审计人员监视系统运行情况，收集对系统资源的各种非法访问事件，并对非法事件进行记录、分析和处理。必要时将审计事件及时上报主管部门。

保安人员负责非技术性常规安全工作，如系统周边的警卫、办公安全、出入门验证等。

2. 健全安全管理规章制度。建立健全完善的安全管理规章制度，并认真贯彻落实非常重要。常用的网络安全管理规章制度包括以下7个方面：

系统运行维护管理制度。包括设备管理维护制度、软件维护制度、用户管理制度、密钥管理制度、出入门卫管理值班制度、各种操作规程及守则、各行政领导部门的定期检查或监督制度。机要重地的机房应规定双人进出及不准单人在机房操作计算机的制度。机房门加双锁,保证两把钥匙同时使用才能打开机房。信息处理机要专机专用,不允许兼作其他用途。终端操作员因故离开终端必须退出登录画面,避免其他人员非法使用。

计算机处理控制管理制度。包括编制及控制数据处理流程、程序软件和数据的管理、拷贝移植和存储介质的管理,文件档案日志的标准化和通信网络系统的管理。

文档资料管理。各种凭证、单据、账簿、报表和文字资料,必须妥善保管和严格控制;交叉复核记账;各类人员所掌握的资料要与其职责一致,如终端操作员只能阅读终端操作规程、手册,只有系统管理员才能使用系统手册。

操作及管理人员的管理制度。建立健全各种相关人员的管理制度,主要包括:(1)指定具体使用和操作的计算机或服务器,明确工作职责、权限和范围;(2)程序员、系统管理员、操作员岗位分离且不混岗;(3)禁止在系统运行的机器上做与工作无关的操作;(4)不越权运序,不查阅无关参数;(5)当系统出现操作异常时应立即报告;(6)建立和完善工程技术人员的管理制度;(7)当相关人员调离时,应采取相应的安全管理措施。如人员调离时马上收回钥匙、移交工作、更换口令、取消账号,并向被调离的工作人员申明其保密义务。

机房安全管理规章制度。建立健全机房管理规章制度,经常对有关人员进行安全教育与培训,定期或随机地进行安全检查。机房管理规章制度主要包括:机房门卫管理、机房安全工作、机房卫生工作、机房操作管理等。

其他的重要管理制度。主要包括:系统软件与应用软件管理制度、数据管理制度、密码口令管理制度、网络通信安全管理制度、病毒的防治管理制度、实行安全等级保护制度、实行网络电子公告系统的用户登记和信息管理制度、对外交流维护管理制度等。

风险分析及安全培训:定期进行风险分析,制订意外灾难应急恢复计划和方案。如关键技术人员的多种联络方法、备份数据的取得、系统重建的组织。建立安全考核培训制度。除了应当对关键岗位的人员和新员工进行考核之外,还要定期进行计算机安全方面的法律教育、职业道德教育和计算机安全技术更新等方面的教育培训。对于从事涉及国家安全、军事机密、财政金融或人事档案等重要信息的工作人员更要重视安全教育,并应挑选可靠素质好的人员担任。

3.坚持合作交流制度。计算机网络在快速发展中,面临严峻的安全问题。维护互联网安全是全球的共识和责任,网络运营商更负有重要责任,应对此高度关注,发挥互联网积极、正面的作用,包括对青少年在内的广大用户负责。各级政府也有责任为企业和消费者创造一个共享、安全的网络环境,同时也需要行业组织、企业和各利益相关方的共同努力。因此,应当大力加强与相关业务往来单位和安全机构的合作与交流,密切配合共同维护网络安全,及时获得必要的安全管理信息和专业技术支持与更新。国内外也应当进一步加强交流与合作，拓宽网络安全国际合作渠道，建立政府、网络安全机构、行业组织及企业之间多层次、多渠道、齐抓共管的合作机制。

(四)特种行业管理

1949年，江宁县人民政府在接管政权、建立人民公安组织的同时，着手把容易被犯罪分子用于藏身和进行非法活动的一些工商业和服务性行业纳入特种行业管理。列入特种行业的主要有四类:娱乐场所，包括电影院、戏院、茶馆、歌舞厅、咖啡馆、俱乐部、书场等;复杂营业，包括旅馆业、刻字印刷业、佣工介绍所、占卜业、旧货业、交通运输公司、摊贩、理发店、澡堂等;有关风化的不正当行业，如妓院、淫书淫画业;有关一般公共安全的行业，如鞭炮店和其他易发生火灾的营业场所。1952年，对全县58家旅馆业、印铸刻字业、维修业、旧货业进行全面调查登记，实行治安行政管理。1970年后，江宁县公检法军管会逐步恢复对特种行业管理。列管范围大致包括旅馆业、刻字业、寄售业、废品收购业以及自行车、钟表、收音机等修理业和浴池、照相等行业。

1986年，对全县310个收购点逐个进行过堂清理、登记整顿，对收赃、无证收购和不符合条件的收购点坚决取缔，共取缔107家，停业6家，吊销营业执照8家，发现收购赃物的27家，捣毁收销窝点81家。结合“严打”等清理整顿。1983年“严打”斗争中，江宁公安在调查摸底的基础上，以管理混乱、治安问题突出、漏管失控的旅馆、对外营业的单位招待所、住客浴室、停车场和个体旅店为重点，会同工商、税务等部门，依靠行业职工进行整顿。1986年江宁公安结合“严打”斗争第三战役开展旅馆业的清理整顿，坚持打、治、建结合，加强旅馆业治安基础工作，落实管理措施。1987年《江苏省旅馆业治安管理办法》颁布后，江宁公安会同工商、商业等部门组织力量，采取自查与互查相结合、普查与抽查相结合的方法，对开办经营的旅馆，对照《办法》，在开业审批手续、安全条件、保卫力量等方面进行检查验收。1989年江宁公安根据公安部、省公安厅指示精神，加强对旅馆业的控制，经常检查、督促及时发现问题及清查追捕通缉在案的犯罪分子。

1990年，对全县94家印刷业、80家旅馆业、94家收购站进行调查，并重新换发营业许可证，对不符合条件的不予发证。1992～1996年，江宁公安机关按照公安部《关于认真贯彻执行全国人大常委会〈关于严禁卖淫嫖娼的决定〉的通知》，相继组织在区域内旅馆、宾馆、饭店、娱乐等场所开展打击取缔卖淫嫖娼专项斗争。1993年，对全县收旧行业集中整顿。与此同时，对全县21家影剧院、63家录像点、32家歌舞厅、132家桌球、52家游戏室经营内容与治安责任人进行摸底登记，以掌握情况。对在公共娱乐场所寻衅滋事的55名违法犯罪人员从严惩处，逮捕劳教10人，治安处罚32人。1997年7月，县公安局会同文化、工商、卫生等部门，出动300多人次，以县城地区公共娱乐服务场为重点，进行集中整治。检查歌舞厅、美容美发屋、录像放映出租点等193家，查获“三陪”女21人、涉嫌卖淫嫖娼人员12人，并对72家无证和证照不全的娱乐服务场所业主和黄娼赌违法人员依法进行治安处罚。

2001年，全年打击、处理涉黄人员37人。同时，为规范娱乐市场，根据上级规定的硬件设施要求，对全区娱乐市场进行逐家检查，发出整改通知书87份，责成停业限期整顿5家,吊销治安合格证3家,取缔无证经营场所5家。2002年,对全区344家印刷企业逐一过堂检查,检查中发现有2家无证经营的印刷企业,当场予以取缔,对一家违规经营的印刷企业当场下发《责令整改通知书》。2005年6月14日,组织开展公共娱乐服务场所专项检查行动,检查各类场所200多家,查处违法违规经营场所9家,查破治安案件8起。

利用现代手段强化管理。2002年治安大队建立旅馆业信息中心站,为14家大型宾馆安装信息录入传输系统,对江宁区旅馆住宿登记实行微机化管理。各旅馆同意使用新式旅客住宿登记单,填写后报送至中心站或当地派出所。中心站将当日旅客住宿登记情况录入微机,上报至市公安局中心库,实现信息共享。2005年,在全区集中开展旅馆业治安管控会战。强化源头信息采集登记、信息资源综合利用、日常检查监督和依法查处打击工作,构建发现及时、控制严密、打击精确的旅馆业治安管控长效机制。对中小旅馆、家庭式旅馆、单位内部招待所和留客住宿的浴室、车站码头、集贸市场周边以及城郊结合部等治安复杂地区的旅馆,按规定严格执行验证登记、信息报送等管理制度。重点整治经常发生治安问题、存在重大治安隐患和无证无照经营的旅馆。2006年3月江宁公安制定《关于加强娱乐场所闭路电视监控设施建设工作的实施意见》。围绕“服务两个率先,建设平安江宁”创建活动和构建城区治安防控体系总体要求,分三个阶段进行娱乐场所闭路电视监控建设工作,2007年覆盖全区娱乐场所,包括出入口、收银台和主要通道等重要公共区域的闭路电视监控设施基本安装完毕,监控的信息资源也实现了共享的科学利用,同时建立和完善监控设施运行、维护、管理、检索及图像资料查询等工作机制,确保系统管理规范、运转正常。

(五)民用危险物品管理

1958年,以钢铁基地和危险物品管理为中心,进行防火大检查。1978年,对全县各公社使用爆炸危险物品的单位进行“摸清底数,分类排队”,了解炸药、雷管储存和管理情况,并对上坊、横溪、其林、汤山等地出现的问题进行检查和处理。1980年,对全县119家开采单位进行检查,发现有的单位没有爆炸物品专用仓库,或有库房不符合国家规定要求,以及物品领取、使用、保管制度不健全,存在转借、转卖爆炸物品和个人开采现象,督促这些单位进行整改。1986年,对厂矿企业进行严格的安全检查,检查重点在采石场和宕口,主要检查爆炸物品贮存的安全状况和防范措施。是年,全县爆炸事故比1985年下降85.70%,火灾起数下降19%。其中轻工系统烟花爆竹行业没有发生一起事故。对全县218家使用爆炸物品的单位举办防火防爆学习班2次,印发5000份消防条例、治安处罚条例,发放“四员”(安全员、爆破员、保管员、押运员)证书1336人,设立337名专职安全员。

1990年,全县对采石场进行检查,对不符合安全规定的单位和看守不严的仓库严加处理。检查后,对违章人员罚款1400多元,拘留处罚4人,发警告通知书4人。1992年3月,与30家生产、使用、储存爆炸物品的单位签订“爆炸物品安全管理责任状”,全县23家乡镇工业公司经理、安全科长和7家县属企业法人代表参加签字仪式。

2001年,全年查禁收缴非法伪劣烟花爆竹400余万响(支、发),依法打击处理6人。2002年,收缴散失社会的炸药403公斤、雷管12876发、导火索910米,并在上峰镇销毁收缴的204万余响（支、发）非法伪劣烟花爆竹。2003年，组织开展治安大检查行动，其中检查使用爆炸物品从事开采的企业221家，烟花爆竹销售点599个，剧毒化学品、民用爆炸物品生产、经营储存使用单位59家，发现隐患13处，发出整改意见书17份，查处违法、违规经营单位7家，收缴非法烟花爆竹9.40万余响（支、发）。2006年，查获并收缴641箱伪劣烟花爆竹。

剧毒化学品管理　1961年4月，全县组织相关企业保管员、采购员、运输员、营业员分期分批学习“六个办法”和化学危险物品知识，对采购员、运输员和保管员进行审核和考试，成绩合格发采购证、押运证、运输证。1983～1987年，对全县接触危险物品的人员，每隔1～2年进行一次审核换证。2002年，对涉及危险物品单位开展“拉网式”安全检查，责令28家存在事故隐患的单位逐一落实整改措施。同时加大对“毒鼠强”等剧毒化学品销售渠道的查禁力度，共收缴“毒鼠强”等剧毒急性鼠药91.91公斤，其他禁用鼠药101公斤、剧毒化学品7.54公斤，依法打击处理6人。2003年，全年收缴“毒鼠强”等剧毒化学药品4公斤，其他禁用杀鼠剂20余公斤，破获此类案件5起，依法打击处理5人。2004年以来，发动各方力量，组织开展危险物品“治安防范百日竞赛”活动，群策群防。

犬类管理　1949年，规定江宁城镇范围内凡三个月以上的犬类应到当地派出所登记，领取号牌悬挂颈下，否则以野犬论处；对无主野犬，由公安派出所捕捉处理。1979年6月，根据江苏省农业厅、卫生厅、公安厅联合发出《关于迅速扑灭狂犬病的通知》，发动群众开展灭杀病犬工作，加强家犬管理，并禁止在县城养狗。1984～1998年，进行广泛宣传，并成立联合检查组，定期赴狂犬病疫区检查，督促灭犬工作；加强对县城养犬的审批，处理违章养犬。2001～2007年，采取管、免、灭相结合的综合措施，预防控制狂犬病，维护社会治安，保障人民生命安全。

防止犬类伤人，保持市容整洁，是对人民生命安全和环境的负责。1949年，江宁公安根据苏南行政公署公安局《苏南各城镇公安局犬类管理暂行办法》的规定，规定江宁城镇范围内凡三个月以上的犬类应到当地派出所登记，领取号牌挂领下，否则以野犬论处；对无主野犬，由公安派出所捕捉处理。1979年，江宁公安发动群众开展灭杀病犬工作，加强家犬管理，并禁止在县城养狗。1981年江宁公安根据省政府《关于控制和消灭狂犬病的通知》和《江苏省家犬管理条例》，规定县城除科研、教学用犬和警犬、猎犬外，一律禁止养狗。1982年，根据省政府办公厅和省农业厅、卫生厅、公安厅《关于进一步做好狂犬病防治工作的联合通知》，江宁公安与农林、卫生等部门密切配合，做好被犬咬人员预防注射、家犬免疫和消灭病犬等工作。1984～1998年江宁公安进行广泛宣传，做好预防检查工作。2001年以来，江宁公安在中共江宁区委、区政府领导下。协同卫生、农林等部门，把犬类管理作为治安管理的一项日常工作来抓，贯彻“预防为主”的方针，采取管、免、灭相结合的综合措施，预防控制狂犬病，维护社会治安，保障人民生命安全。

四、保卫工作

（一）企业单位保卫

1. 国有、集体企业保卫

江宁公安对国有、集体企业的保卫分为几个阶段：新中国成立初期治安保卫委员会阶段。新中国成立初期,江宁县公安局在公营工厂(公司)内设立治安保卫委员会,并在治安保卫委员会下面设立纠察队、消防队、居民工作组,其成员由工厂企业职工组成。这是当时工厂企业群众性防范工作的组织基础。企业内保组织阶段。后来,江宁公安结合安全检查,继续大力加强群众性防范工作,单位内部治安保卫组织有很大的发展。但文化大革命中,企业保卫工作一度处于瘫痪状态,至20世纪70年代初才得以恢复。护厂队阶段。1980年4月,根据江苏省公安厅党组《关于全省经济文化保卫工作会议的情况报告》,江宁公安协助、指导境内的大型重要企事业、科研单位、重要物资仓库等建立护厂队。护厂队的主要任务是在本单位保卫组织领导下,负责门卫、内部及周围的巡逻,做好防破坏、防盗窃、防治安事故工作,维护内部治安秩序,确保安全。1988年江宁公安对护卫队的隶属关系、职责任务、力量配备、队员吸收条件、日常管理、教育训练、福利待遇、着装和奖励等作出明确规定。从此,护卫队作为企事业单位一支不可缺少的治安保卫力量,在执勤、巡逻、预防犯罪、维护内部治安等方面发挥重要作用。企业内保机构完善阶段。1982年在企业整顿和机构改革中,江宁公安根据中央〔1981〕4号和国务院〔1980〕117号以及中共江苏省委〔1980〕20号、47号文件精神,在县属单位建立、完善保卫组织。县属厂矿在500人以上的单位,根据3‰(情况特殊的单位可高于此比例)的规定,建立保卫科(组),配备相应的保卫干部;职工在300人左右的单位,配备1名专职保卫干部,专管保卫工作。从1985年6月江宁公安根据公安部《关于企业公安机构组建工作的通知》,从严掌握批建一批企业公安机构。企业公安机构行政上受本单位领导,业务上受公安机关指导。1990年江宁公安根据公安部《关于清理整顿企事业公安机构的通知》和暂停组建企事业公安机构的精神,有步骤地对企业公安机构采取“自上而下、以块为主、条块结合、逐个审核”的方法,进行清理整顿,从中发现问题逐一进行整改。江宁公安敦促企业把安保工作各项具体指标,列为企业经济承包责任制的一项重要内容,把内部安保责任落实到车间、工段、班组和个人。

2. 乡镇企业保卫

初期乡镇企业的保卫工作一般都是由乡镇派出所或乡公安特派员负责管理。1985年江苏省内保工作座谈会要求加强乡镇企业保卫工作,江宁公安加强对乡镇企业安全保卫业务指导:在公安内部业务分工上,内保部门主要抓好乡镇企业内部安全防范工作的典型指导,其日常管理工作包括政治、刑事、治安案件的查处,实行以块为主,仍由公安机关负责;在保卫机构设置上,公安内保部门根据实际需要,指导和督促规模较大的乡镇企业成立保卫组织或设立专职保卫干部。至此,江宁境内乡镇企业保卫工作纳入全县各级公安内保部门实行一般指导的工作范围。1987年江宁公安规定在200人以上的乡镇企业建立保卫科、组,较小单位设立专职或兼职保卫干事,年底共有360个200人以上单位建立保卫科、组,建立护厂队79个。1991~1993年江宁公安根据省内保工作会议精神,把国营、集体企业的保卫工作形式延伸到乡镇企业,将其纳入内保工作范围,从组织上、措施上加强对乡镇企业保卫工作的组织领导和业务指导。同时向村级企业延伸《内保条例》,扩大防范覆盖面,对50人以上、50万元产值以上以及重点单位签订《治安责任书》,并根据各自特点有重点地落实“四合格”。至年底,全县签订《治安责任书》的乡村企业695家,其中村级企业333家,有合格门卫638家、合格车间864个、合格仓库710家、合格财会室726家。通过落实《内保条例》,江宁县乡村1993年度企业盗窃案件的发生数比1992年下降21.2%。1997年江宁公安根据江苏省公安厅、南京市公安专项工作会议要求,进一步建立专门机构,落实管理力量,明确专门人员,负责对乡镇企业保卫工作的业务指导。

2000年以来江宁公安进一步转变观念,调整布局,切实把乡镇企业保卫工作作为农村公安保卫工作的重点,从指导思想、组织机构、职责任务、工作措施等方面,强化乡镇企业保卫工作建设,提供安全服务和法律保护,从而推动乡镇企业保卫工作迈上新的台阶,保障和促进乡镇企业的顺利发展。

3.“三资”企业保卫

1987年江宁公安内保部门根据江苏省公安厅指示,开始把“三资”企业安全保卫工作纳入业务指导和管理范围,通过调查研究,从“三资”企业聘请法律顾问、会计顾问加强内部经营管理的做法中得出启示,研究制定在“三资”企业设立保卫顾问的方案,以保卫顾问的合法身份参与企业管理,推进各项安全防范措施的落实。江宁公安于1998年起对江宁经济技术开发区的“三资”企业排队摸底,从中选择有一定影响和代表性的合资、独资、合作、私营企业为加强安全保卫工作试点单位,取得经验后加以推广,受到“三资”和私营企业老板们的普遍赞扬。2000年后,根据江苏省“三资”企业保卫工作会议精神,江宁公安进一步解放思想、更新观念、转变作风,切实做好“三资”企业保卫工作,更好地为发展外向型经济保驾护航,从宣传、指导和监督等方面推进“三资”企业保卫工作。江宁公安主要做法是:配合有关部门,向外商宣传中国的法律法规使其在法律法规许可范围内从事合法经营活动,并理解和支持公安保卫工作;区别不同情况,依法督促“三资”企业落实好防火、防盗、防治安灾害事故等措施,增强自防自治能力;加强外商集中住地、场所的治安防范工作,确保外商的人身和财产安全;注重调查研究,不断探索为发展外向型经济服务的新路子。

(二)事业单位保卫

重点介绍学校保卫情况如下:根据国务院、教育部、公安部及江苏省、南京市的有关文件精神和要求,江宁公安在全县范围内多次开展中小学、幼儿园安全管理专项整治行动。通过专项整治行动,坚决遏制侵害中小学生和少年儿童人身财产安全的恶性案件,减少重、特大安全事故的发生,净化学校及周边环境,消除各种安全隐患和事故苗头,强化安全责任制和责任追究制,探索建立中小学、幼儿园及少年儿童安全管理工作的长效工作机制,建成管理有序、防控有利、环境整洁、安全文明的场所,为广大学生创造良好的学习环境和条件。

1.设立学校保卫组织

1950年起,江宁公安会同江宁县有关机关,采取先厂矿后企业、先机关后学校的方法,有重点地逐步建立保卫工作组织机构,设专职保卫干部。1999年针对江宁全县389所学校,江宁公安与有关部门联合成立江宁县校园及周边治安环境整治工作领导小组,制订实施方案,深入宣传发动。并从公安、教委等部门抽调12人,成立3个工作小组,分3个片督促检查和指导验收。

2002年9月江宁公安成立集中整治校园及周边治安秩序专项行动领导小组；2004年8月10日制定《关于在全区中小学设立“校园110”警务室的工作意见》，在江宁全区中小学设立“校园110”警务室，建立学校与派出所的联动机制。至2005年5月全区10余所大学、10所高中、27所初中和30所中心小学，全部实现“110”进校园和社区民警进校园。江宁公安共安排38名民警担任全区67所学校的法制副校长，每学期到学校上两次法制课，对在学校学生进行假期安全、人身权利、交通安全等方面内容的法制宣传教育，增强师生的法制观念和安全防范意识。2006年1月江宁公安会同有关单位，按照中央五部委《关于实行社会治安综合治理领导责任制的若干规定》和《关于深入开展平安建设的意见》的精神，成立南京市江宁区驻区高校建设平安校园工作领导小组。

2. 加强学校法制教育

2001年江宁公安根据国务院办公厅、教育部、公安部《关于进一步加强学校安全保卫工作意见的紧急通知》，深入各校进行调查了解近期校园安全工作现状，研究学校安全工作中存在的问题，提出整改意见，落实防范措施。江宁公安利用多种形式，有组织、有计划地对学生进行法制教育、消防安全、交通安全、卫生疾病和饮食安全教育以自护自救的知识教育；落实安全保卫工作制度，做到目标责任明确，规章制度健全，措施得力；建立健全专群结合、人员防范与技术防范相结合的安全防范体系；建立学校与公安的安全保卫工作联席会议制度，定期沟通情况、交流信息、分析动态，对容易诱发安全事故的问题，妥善化解和处理。

3. 开展校园专项整治

2001年江宁公安又会同教育、工商、文化等部门，数次组织开展集中整治校园及周边地区治安秩序行动，坚决清理取缔违法违章经营的电子游戏机经营场所、网吧、音像图书出租点、录像厅、歌舞厅和违章建筑、无证经营的饮食摊点等，加大周边地区交通秩序和接送学生车辆的管理力度，严厉打击侵害师生人身、财产权利的各类违法犯罪活动。同时加强对师生的法制教育，增强自身防范意识，维护学校正常的教学、生活秩序。2002年江宁公安成立专项整治工作领导小组，整治的重点是：严厉打击盗窃、敲诈、抢劫师生财物、侵害师生人身权利的各类违法犯罪活动，以及校园及周边地区存在的流氓和黑恶势力团伙；坚决取缔和清理整顿校园及周边地区非法经营的网吧、电子游戏厅、录像厅、歌舞厅、音像书刊点和违章建筑、无证经营的饮食、食品、生活用品摊点以及出租房屋等；整顿交通秩序，减少交通事故和人员伤亡。2004年组织开展为期两个月的校园及周边地区治安秩序专项整治行动，严厉打击侵犯师生人身和财产权利的各类违法犯罪活动，整顿校园及周边交通秩序，优化教学环境。2006年江宁区实行条块结合的原则，开展专项整治工作。江宁公安成立专项整治工作领导小组，负责全区专项整治工作的组织领导和具体组织实施。2007年江宁公安制定专项整治工作方案。通过整治行动，学校及周边地区刑事和治安案件明显下降，危害师生人身财产安全的各类事故明显减少；人防、技防、设施防有机结合，学校自防能力进一步提升。“校园110”覆盖率、内网建设达标率均达100%;学校门前及周边无无证摊点、商贩和违章经营活动,无非法出版物、淫秽色情出版物、盗版教材及盗版教辅读物,无黑网吧,固定营业场所无违法、违规经营行为,学校门前及周边道路交通安全设施完备,上学放学高峰时段无交通拥堵或混乱现象;校车管理规范,无非法营运的“黑校车”“黑出租”现象。

(三)部门系统保卫

本课题中采用金融系统作为部门系统代表介绍江宁公安对部门系统保卫情况,现重点介绍金融系统保卫情况如下:在严重暴力性犯罪案件中,银行系统已经成为刑事犯罪分子袭击的重要目标之一。江宁公安根据江苏省公安厅、省商业厅等五个部门《关于连续发生取送现金途中被抢被盗案件的通报》要求,采取有力措施,加强银行安全防范工作。

1. 金融单位防范设施和制度建设

1964年江宁公安以某些地方银行被抢、盗、骗等案例为鉴,为保障国家财产和人身安全,把驻区银行部门特别是基层机构列为重点保卫对象。1980年来,江宁公安要求各银行金库建设必须为钢筋混凝土结构,安装保险门、铁栏杆、报警器;守库值班室紧靠库房,坚持双人管库、双人守库制度;管库员必须按规定妥善保管库房,严格执行一系列金库管理制度。1986年江宁公安从银行安全角度出发,敦促各家银行教育职工忠于职守,保持警惕,确保国家财产万无一失;经常开展安全自查,定期分析研究各项制度执行情况和安全防范工作中的问题,及时消除可资犯罪分子利用的隐患,提高自防自卫能力;各基层营业点现金取送,坚持用运钞车双人押运,严防丢失、被抢、被盗等事件。组织力量对全县按照金融系统营业场所安全合格标准,逐一考核验收,颁发《金融系统营业场所安全合格证》。

2. 金融网点营业款寄存公安派出所

江宁公安根据国家法律法规和《南京市金融机构上门收款安全保卫工作暂行规定》,把上门收款安全工作列为“三防一保”工作的重点之一,确保上门收款工作万无一失。2001年7月,为确保农行资产免遭不法分子的侵害和农行员工的生命安全,充分发挥110联网报警功能,江宁农行和江宁公安就农行各乡镇网点营业库款寄存当地派出所的事项达成共识,作出《关于江宁农行乡镇网点库款寄存当地派出所工作》的通知,决定将汤山、麒麟等12个乡镇网点的营业库款寄存于当地派出所,提高安全防范的保险系数,确保金融资产和员工人身安全。2002年1月6日江宁公安将汤山、丹阳等19个乡镇邮储网点的营业款寄存当地派出所。2003年江宁公安制定《派出所接送库款包的安全管理规定》《金融单位寄库安全管理工作规定》,严格按照金融防范新标准,对现有营业网点、运钞车、金库等内部防范设施进行升级换代,安装视频监控系统,提升金融防范的层次和水平。2003年3月20日将汤山等18个乡镇信用社网点的营业款寄存于当地派出所。至2005年5月全区已有51家网点的库存款寄存当地派出所。

3. 金盾押运护卫

2004年来,为江宁金融单位提供专业化的有偿安全防范服务,已成为服务“两个率先”、建设“平安江宁”、争创治安安全区，打造服务型江宁公安的重要内容。2006 年 5 月 16 日，经南京市公安局批准，江宁公安分局成立南京市金盾押运公司江宁分公司。同年 8 月 29 日，南京市金盾押运护卫中心同意江宁公安分局组建金盾押运分中心，由江宁公安分局与南京市公安局共同投入 1100 多万元组建。该中心有押运车 14 辆，专业押运人员 100 名，承担全区 7 家金融单位 102 个网点的款包押运任务。

五、公安法制工作

（一）执法监察机构

新中国成立之初，江宁公安机关内部没有设置专门的执法监督机构，相关工作由局长、副局长、教导员（政委）负责。1990 年 5 月，江宁县公安局组成由一名局领导负责，刑、治、预等股、所 10 人参加的工作班子，对收审的 207 人、劳教 14 人、治安处罚 1019 人次及交通管理、户口管理等进行执法大检查，发现问题，制定整改措施。1999 年 5 月 2 日，江宁公安成立执法监督委员会和推行执法责任制领导小组。推行执法责任制领导小组主要负责执法责任制的制定、实施、检查、考评工作。2006 年根据公安部规定设立法制部门。

（二）执法责任分解

根据 2006 年公安部制定的《公安机关法制部门工作规范》规定，县级公安机关法制部门领导本辖区的公安法制工作，组织、规划、协调、推动本辖区公安法制建设。具体职责是：（1）综合研究公安执法问题，组织、推动解决本辖区公安执法问题；（2）组织或者协助起草、审核、清理、汇编有关公安工作的规范性文件；（3）审核、呈报劳动教养、收容教养案件；（4）办理听证、行政复议、国家赔偿案件，代理行政诉讼案件；（5）组织、开展执法质量考核评议、执法检查、个案调查、执法过错责任认定等内部执法监督工作；（6）参与研究、处理重大、疑难案（事）件，提出法律意见和建议；（7）依照规定对有关案件进行法律审核；（8）管理公安法律文书；（9）依照规定组织、开展民警法律学习培训工作；（10）组织、开展法律服务、法制宣传和信访工作，办理执法问题的请示；（11）办理领导交办的其他法律事务。

江宁公安按照法律法规，理顺主体执法和协同执法关系，依照“谁主管，谁负责”原则，建立以领导责任为核心的执法责任制，分解和量化执法任务，以局领导、执法部门和执法民警三个层次，确定各自执法责任范围、执法职责、执法程序、执法权限、执法目标，把执法任务层层落实到执法机构、执法岗位，实现执法权限确定化，执法责任明晰化。

法制科。承担分局执法责任制领导小组日常工作，对执法工作承担指导、监督、检查和考评职责，对各项执法制度的贯彻执行情况实施监督，对公安行政复议、诉讼和国家赔偿等事项承担指导职责，督促各业务主管部门履行规范执法的责任；负责劳教案件的审核办理和执法规范化实施监督；承办少年管教执法事项。

督察队。负责对各部门及民警履行职责、行使职权和遵守纪律情况进行监督，受理和现场处置群众投诉举报，对报警求助电话录音系统实施监管。

纪委。接待并受理公民、法人和其他组织对本局各部门及民警违法违纪、失职渎职行为的控告,受理对本局所作出的处理决定或检验鉴定结论等不服而提出的申诉;受理控告申诉以外的其他信访问题。

指挥室。对全区 110 接处警工作承担指导、监督、检查和规范职责,确保各类警情先期处置符合规范,对警务综合信息平台中接处警数据质量实施监管。

治安大队。指导治安行政案件查处,承办治安管理类行政许可,依法对特种行业、公共场所、危险物品及互联网上网营业服务场所实施治安管理,对本局警务综合信息治安行政执法数据的完整性、准确性承担监管职责;依法查处网吧治安行政违法案件,依法履行互联网上网服务营业场所信息网络安全受理职责。

刑警大队。组织开展全区重大恶性案件、上级交办案件的侦查工作,对全区普通刑事案件的立案和侦查活动实施指导、监督、规范管理,对全区刑事执法质量履行监管职责,对不捕不诉和增捕增诉案件实施监督考评,对分局警务综合信息平台刑事执法数据的完整性、准确性承担监管职责。

经侦大队。承办全区经济犯罪案件,对全区经济犯罪案件侦查工作履行指导、监督、规范管理职责,对分局警务综合信息平台刑事执法数据的完整性、准确性承担监管职责;对全区侦查经济犯罪案件质量实施考评。

禁毒科。对全区涉毒案件侦查工作承担指导、监督、规范职责,依法查处毒情突出的公共场所,对易制毒化学品第(二)(三)类购用实施备案,对(三)类运输依法实施许可和监管。

看守所。规范管理全部在押人员,督促、配合办案部门加强对在押人员的期限管理,对被监管人员随身财物履行妥善保管和及时发还义务。

消防大队。查出消防行政违法案件,依法承办涉及消防安全的行政许可、检查,负责各类火灾事故的调查处理,对消防器材、设备销售应用依法实施监督。

交巡警大队。对区内道路交通安全秩序实施管理职责,依法查处交通违法和道路交通安全事故,承办涉及道路交通安全的行政许可,依法履行交通行为执法告知,对本警种道路交通安全执法工作实施考评。

国保大队。对危害国内安全的案件和事件进行侦查、控制、防范、处置,对涉及邪教及各类有害气功组织违法犯罪案件依法进行查处。

经文保科。依法监督指导内部单位的安全保卫工作,对重大责任事故类案件履行指导、监督、检查和规范的职责。

户政科。对区内常住人口、暂住人口登记和户口迁移工作依法进行管理,依法履行居民身份证办证受理、临时身份证制证、发放和审核签发边境通行证职责,指导房屋出租户的治安管理。

出入境管理科。负责区内公民因私出国(境)受理、报批及外国人、华侨、港澳台居民在境内住宿、居留等事务的管理;负责赴港澳旅游、探亲、商务的受理、报批及因私赴台的受理、报批;对区内违反出入境管理法律、法规及其他涉外案(事)件的查处实施监管。

（三）行政复议工作

表 35　江宁公安局 2008～2015 年行政复议工作的具体情况

单位：起

年份	2008	2009	2010	2011	2012	2013	2014	2015
行政拘留	1041	956	1024	1366	1293	824	1119	1361
刑事拘留	1481	1496	1818	1529	1818	1238	1269	1127
逮捕	755	876	956	905	1069	707	633	570
行政复议	—	—	—	—	31	51	129	119
诉讼	—	—	—	—	11	7	50	7

六、干部队伍建设

1. 规范执法行为　践行执法为民

2009 年以来，江宁分局按照区委、区政府、区委政法委和上级公安机关部署和要求，紧紧围绕服务“两个率先”、构建和谐社会的主题，以开展“规范执法行为，促进执法公正”“社会主义法治理念教育”为重要抓手，采取多项措施，大力提高执法质量，全面推进执法规范化建设，深入推进警务公开，为全区经济社会又快又好发展提供了优质高效的服务。

第一，深入开展社会主义法治理念思想教育活动，不断打牢执法为民的思想基础。

我局始终将进行社会主义法治理念教育作为全局思想政治工作的重中之重来抓，并紧密结合当前正在开展的科学发展观学习实践活动，通过开展集中培训、个人自学、查摆剖析、贯彻落实、网上考试等多种途径和形式，组织广大民警认真学习，深入讨论。彻底清除不符合社会主义法治理念的思想观念，牢固树立执法为民的意识、严格依法办事的意识、平等保护的意识、清廉从警的意识，不断打牢执法为民的思想基础。真正把社会主义法治理念根植到每一个民警的头脑中，落实到每一个民警的实际行动中，贯彻到每一项执法活动和执法环节，切实从源头上解决执法不规范问题。同时注意收集、剖析本地和外地近年来发生的社会影响较大的正反两方面典型案例，释法析理，进行正面示范和反面警示教育，使全体民警学会运用和谐稳定的思维执法执勤，不断提高执法水平。

第二，不断推进执法规范化建设，进一步提高执法水平和执法公信力。

一是深入落实办案安全防范工作。我局认真贯彻落实中央政法委以及省厅、市局关于办案安全防范的指导意见，专门成立了由分局局长任组长，副局长任副组长，相关业务部门主要负责人为成员的办案安全防范工作领导小组和办案场所安全管理小组。一方面，进一步加强对执法民警的法律教育培训，使执法民警能够熟知、熟用《110 接处警工作规则》《公安派出所执法执勤工作规范》《人民警察法》《人民警察使用警械和武器条例》等应知应会的法律、法规和办案程序，切实增强人权意识、证据意识、程序意识和法治意识。另一方面，进一步落实办案安全防范责任人和办案安全防范责任追究制度。明确办案单位负责人为安全防范工作第一责任人，案件主办人为主要责任人，案件协办人和具体承担安全防范任务的人员为直接责任人,将责任落实到人。纪检、督察、法制等部门不定期对各单位的防范措施落实情况进行督促检查,对在执法办案中因安全防范措施未落实,造成非正常死亡的执法过错案件将依法予以追究,并记入单位和民警的执法档案。

二是大力推进说理式执法。我局认真贯彻落实省厅、市局关于推行说理式执法的有关意见精神,以“务实、创新、高效、廉洁”执法要求,进一步创新执法理念、改进执法方式,完善执法规范、加强执法管理,着力提高广大民警执法能力和公安机关整体执法水平,积极构建和谐警民关系,教育全体民警用和谐稳定的思维开展执法,不断打牢民警“理性、平和、文明、规范”的执法思想基础。一方面,我局法制部门将理性、平和的执法理念贯穿于案件审核,促进民警理性执法能力的全面提升;另一方面,在事故处理、纠纷调解、窗口单位等执法执勤热点岗位积极推进说理式执法,把矛盾疏导、教育转化、法制宣传纳入执法的必经程序,向当事人说清法理、事理、情理,有效化解当事人的对立情绪,缓解社会矛盾,最大限度争取群众理解和支持。通过以上活动的开展,为树立良好执法形象,实现法律效果、政治效果和社会效果的有机统一,奠定了良好的基础。

三是条块结合、齐抓共管、形成合力。我局各业务条线部门按照分局制定的执法责任制分解要求,在分局执法质量考评工作领导小组的统一领导下,各司其职开展执法质量考评工作。各条线分别制定了本部门的考核方案和细则,并建立执法台账,每季度对其条线执法考核事项进行执法检查,将检查情况报分局法制部门进行汇总并通报排名。同时我局还不断完善执法联席会议制度,定期召开由各监督部门和业务部门参加的执法监督联席会议,及时沟通执法监督信息,分析研判倾向性、方向性的执法问题,建立预警通报制度,提出执法过错责任追究的意见,并对本季度全分局各部门各条线的执法工作进行汇总、分析和交流,会后把条线上的考评内容及其结果,全面纳入法制部门的执法质量考评结果当中,同时作为分局绩效考核的重要内容。在全局形成齐抓共管、条块结合的执法联动机制。

第三,推进警务公开,增强便民意识,进一步实践立警为公,执法为民理念。

一是设置警务岗亭,服务便民向街面延伸。根据市局“时空化巡防”要求和分局领导指示,为充分发挥警务岗亭便民利民作用,切实为预防和打击违法犯罪活动起到应有的作用,我局在辖区内人口密集部位和治安防范重点地段设置了 26 个固定警务岗亭。警务岗亭装备便民服务设施,电台、电话、空调、办公用品、警务用品等装备一应俱全,确保 24 小时民警、保安在岗在位,全天候进行受理群众报警、求助、咨询等工作。使每个警务岗亭都成为具有日常巡视、定时巡查、接受报警、警务补给、为民服务等功能的综合实战“堡垒”。在运作机制上,警务岗亭从横向体系上实现与社区警务室、街面巡逻警力无缝对接,纵向体系上与值班室、监控室形成“点对点”扁平化指挥机制,时空化巡防体系被全盘激活,极大地降低了街面违法犯罪的发生,增强了人民群众的安全感。

二是扎实开展行风评议工作。我局根据市、区关于行风评议工作的总体部署和要求,以创建“市行风建设示范窗口”为目标,立足行风评议重点和公安工作实际,进一步查找全区公安机关在执法服务工作中存在的薄弱环节和群众关心的热点、难点问题,深刻剖析问题根源,重点在整改责任、整改措施、整改时限、整改实效上狠下功夫。积极采取设立投诉电话和意见箱、开展问卷调查、受理网上投诉咨询等方式,及时发现群众关注的“急、难”问题;采取邀请行风评议监督员深入重点单位、重点部位、重点窗口明察暗访的方式,主动接受行风评议监督员的监督,帮助查找在行风建设方面长期存在的深层次问题;采取走访基层单位和服务对象、召开行风评议听证对话会、座谈会等方式,加强与服务对象的沟通联系,广泛征求社会各界的意见建议,虚心听取群众的批评,认真疏理在执法服务过程中存在的重点问题,积极整改,取得良好效果。

三是服务的窗口,又是体现公安队伍正规化建设的窗口。全局各窗口单位将学习贯彻“三个代表”重要思想、“八荣八耻”和大练兵活动紧密结合,加强窗口便民化、人情化、亮丽化、规范化“四化”建设,不断增强民警为民服务的宗旨意识,严格落实各项便民、利民措施,积极打造人民满意的服务窗口,受到广大人民群众的一致好评。为进一步构建和谐警民关系,将便民利民措施真正落到实处,方便群众办事,切实提高车管业务工作效率。近期,交巡警大队抓住有利契机,在车管所实行“一窗式”服务,全面推行“周末工作制”和“延时服务”,大大提高了工作效率和群众满意度,赢得广大群众一致好评。便民措施实施四个月以来,共办理汽车新车上牌 12169 辆,驾驶证补证、换证 6229 本。同时我局交巡警大队创新工作思路,拓展工作渠道,适时推出交通事故处理“绿色通道”便民服务新举措,建立健全快速理赔服务中心各项制度和机制建设,确保交通事故保险理赔中心投入正常运转,充分发挥快速理赔服务中心的功能和作用,进一步提高交通事故处理效率,有效缓解交通拥堵矛盾,提升道路通行能力,确保城市道路交通安全畅通、井然有序。不断提高交通管理服务水平,真正以实际行动践行科学发展观。我局户政科出台了“一换、二多、三笑、四心、五样”政策。要求各户籍窗口民警要“一换”即换位思考;“二多”即多为群众想一点,为群众多做一点;“三笑”即接待群众要微笑,面对群众误解要微笑,面对繁重的工作压力要微笑;“四心”即接待群众要热心,回答问题要耐心,业务工作要细心,为民解忧要尽心;“五样”即熟人生人一样,领导群众一样,对内对外一样,检查平时一样,大事小事一样,坚决杜绝冷、硬、横、推的问题发生。各派出所户籍窗口努力为群众创造温馨舒适的办事环境,在接待场所设立警民联系箱、意见簿、群众投诉记录簿,提供办事指南,公开咨询、监督投诉电话,按照统一规范要求摆放了饮水机、座椅、报刊等便民设施,触摸式服务指南显示屏保持正常运行,内容及时更新,保证随时为群众提供自动查询服务。并将民警姓名、职责、联系电话、办事程序、制度、纪律、收费的项目、标准、依据,以及投诉电话等在警务公开栏上墙公开。同时针对双休日部分群众感到“我有时间,你关门;我没时间,你开门”的不便,规定每周六由户政科一名负责人和一名民警在窗口值班,而各派出所办证窗口则实行每周七天工作制,极大地方便了群众。

2. 党风廉政建设

江宁公安党组织坚持以党性党纪教育为主线,同时针对队伍存在问题开展思想、作风、纪律整顿和教育,组织干警学习有关文件和案例,严肃查处违纪事件。

推行中层干部领导责任追究制,是江宁公安廉政教育的主要措施。开展专项纪律作风整顿，加大纠正行业不正之风的力度，着重解决基层一线在执法办案、治安管理等方面存在的违法违纪问题，坚决纠正“三乱”现象，确保严肃公正执法。继续抓好《公安机关督察条例》贯彻落实，突出重点，抓住难点，加大现场督察力度，推动反腐败斗争和党风廉政建设深入进行。

坚持领导带头廉政，充分调动全员清廉的自觉性、主动性。深入贯彻落实“五条禁令”“八个不准”规定，进一步加强党风廉政建设。在此基础上，局党委与各派出所签订党风廉政建设工作目标管理责任书，组织中层以上领导干部和部分民警300多人，前往江宁监狱开展警示教育活动，同时举行预防职务犯罪警示教育基地挂牌仪式，进一步增强广大民警尤其是领导干部的廉洁自律意识和防腐拒变能力。

七、基层基础建设

（一）公安科技建设

2001年以来，江宁公安机关紧紧围绕“发案少、秩序好、社会稳定、群众满意、党委政府放心”的目标，主动将科技强警工作融入推动“三基”工程建设、深化平安创建的工作计划，以科技强化三级示范建设为载体，大力实施科技强警战略，在科技强警研究与建设、管理与应用以及运行机制等各方面取得一批丰硕成果。

1. 治安巡逻防控体系建设

江宁公安始终坚持巡逻防控体系建设，逐步形成街面巡逻力量与社会面治安监控系统相互协调、相互补充的网络化巡逻防控体系，大力提高巡逻民警基本装备的配备。如提高350兆无线电台配备率，配备必需的警用装备、数码相机、录音笔可现场采集取证设备等；提高巡逻力量与监控系统的协同作战能力，完善运行机制；完善巡逻防控工作的监督管理和考核机制，探索通过科技手段进一步提高自身管理监督水平的方法；提高街警巡逻力量信息通信能力，装备移动警务通等通信工具提高巡逻民警现场信息收集上报的效率。结合全区地域特点，分别在江宁、横溪建设两个省际治安卡口，在土桥、汤山建设两个市际治安卡口，形成道路治安卡口堵控网络。2008年，江宁公安把所有治安卡口的监控图像与分局指挥室进行连接，适时共享，加大快速反应能力，成为打击、防范、控制违法犯罪的重要屏障，处置突发事件的应急防线，查处重点交通违法和预防重特大交通事故的重要阵地。

2. 治安监控系统建设

2004年，在中共江宁区委、区政府的大力支持下，东山派出所建成东山街道治安监控系统，并于同年10月开通运行。2005年、2006年，先后投资2000余万元相继建成上峰集镇、上坊集镇、禄口街道、麒麟集镇和开发区社会面监控系统，并建成东山街道监控系统一期建设，使监控覆盖面向社区延伸。2006年，全区建成296个监控摄像点，覆盖主要街道的治安监控系统。在监控系统硬件建设的同时，还进一步探索监控系统应用的新模式、新方法，通过引入智能化应用方式，缓解目前人工值守中存在的问题，如值班人员的主观和经验依赖性强、关注力有限、容易疲劳、无法同时关注多个位置等。

3. 刑事侦查技术室的建设

2003年江宁公安刑事科学技术室通过一级刑事科学技术室验收，2006年通过一级示范刑事科学技术室验收。同时江宁分局除加强刑警大队刑事技术装备配备外，还进一步加强各基层派出所刑事技术装备的配备和基层刑事技术人员的培养，2007 年进一步充实技术人员达到 30 人，大力提升现场勘查率和现场勘查水平。

4. 看守所建设

进一步加强江宁区看守所管理水平，通过科技手段提高管理效率。2007 年投资 3000 万元，启动新的看守所建设，全面提升江宁区看守所的信息化水平；同时加强对看守所民警的科技培训，提高看守所全体民警科技应用意识和能力。

5. 交巡警大队建设

交巡警大队建设。2006 年 3 月，江宁公安借区交巡警大队被市公安局列为全市 26 个“科技强警示范所队”建设单位之机，成立大队创建“科技强警示范所队”建设工作领导小组，建立科技管理员制度，物色 15 名具有科技应用基础的民警作为科技管理员信息员，不断完善交通管理科技应用指导和技术保障工作。此后，江宁公安筹措资金数千万元，在全区 187 个路口安装了多相位、倒计时信号灯，设置交通隔离栏 20 公里，漆划交通标线 720 公里。同时大队还通过科技投入先后推出全市首家“彩色路面”设计、全市交巡警大队中第一个专门的道路交通管理规划和全市首家“流动车管所”建设。通过“科技强警示范区”的创建，进一步加快交通管理科技建设步伐，确保顺利通过市级考核验收，成为首批创建“科技强警示范所队”的达标单位。

6. 技防工程建设

科技强警以创安工作为载体、科技创安以技防为标准，在各级党委、政府的统一领导下，由区综合治理办公室牵头组织，公安分局、房产局、建设局、规划局、广电局、市容局、供电公司等部门为成员单位，成立领导小组，下设办公室在区综治办，具体负责科技创安工作的组织、协调、检查、督导、验收等；技防建设的设备准入和技术保障由公安分局负责。各镇（街道、园区）依托现有技防设施，在主要位置、公共复杂场所增设监控点，逐步完善，合理调配，适当延伸，并与公安派出所实现联动，注重“技防一条街”的建设。区独立办公的机关单位，在重点部位安装监控、联网报警、电子巡查等技防设施，建成符合标准要求的“技防单位”，2001 年内实现 70% 的机关单位的技防建设达到“技防单位”标准。驻区高校和全区中小学、幼儿园建立预留图像传输接口的视频监控系统和联网报警系统，主要出入口安装 24 小时全天候摄像机，关键部位安装入侵报警装置或监控装置。2001 年内驻区高校和全区中小学、幼儿园 100% 建设达标。强化区监控系统的建设和应用管理，提升监控系统应用管理和效能，围绕完善社会治安防控机制、增强群众安全感的目标，整合社会监控资源，加强监控系统的互联互动建设，形成有重点、高效能、广覆盖、多层次的防范强化和完善管理机制建设，形成规范化、系统化的管理应用平台和体系，最大限度地发挥科技防范设施的整体效能；加快建立城乡一体的全方位、全时空的监控防范网络，提高在动态、复杂环境下驾驭、控制社会治安局势的能力。

7. 信息化建设

江宁公安顺应时代发展和社会变革要求，高度重视信息化建设工作，将其作为主导警务、引领实战的切入点和着力点，不遗余力推进信息化发展。2003 年按照“金盾工程”建设总体部署，开展四级接入网工程建设，江宁公安信息化建设成绩斐然。

通信装置。1984年12月江宁公安开通长途电话、电话会议、文字传真三项业务，安装供电式人工电话交换机。1991年更换KG110基地转接台，构成公安有线通信自动网络。1994年购置密码机、传真机、专用保险柜等机要通信设备。1996年投资5万元购置一套新保安监控系统，对网络中的用户实施盗警、火警、紧急呼叫报警等多种报警服务。截至1996年8月，江宁公安27个派出所和7个交警中队都开通长途直拨电话，并配置基地电台和车载电台。2004年1月江宁公安全面完成四级通信接入网工程建设。2008年江宁公安内线程控电话容量达到1000门。

报警装置。1996年9月28日江宁公安指挥中心暨110报警服务台在南京市五县中率先建成，将全县23个乡镇110报警线全部归口到报警中心，110接处警开通。江宁公安还新增车载、基地电台13台，手持台40台，传真机24台。2004年江宁公安为顺利实施110、122、119报警“三台合一”工作。并在110指挥中心建350兆基地台1个。2007年下半年江宁公安投资40多万元开展110报警系统升级改造工作，在此基础上分设110报警台和江宁区122社会求助服务台。

办公自动化装置。1995年江宁公安购置一批计算机，初用于东山镇人口管理试点工作。2002年年初江宁公安在公安网络上设置主页，坚持每年1月改版更新一次。2002年5月对江宁区旅馆住宿登记实行微机化管理。同年7月江宁公安通过租用广电部门光纤的方式，开通政务信息网。2003年1月江宁公安开通局机关公安网络。2005年始，江宁公安全面实行计算机网上考核、网络传输、网络查询、网络审批等网络自动化办公。2005年江宁公安各基层派出所添置计算机100台。2006年江宁公安投入127万元，对网络服务系统进行升级扩容改造。2008年根据《南京市公安局单警装备管理暂行规定》要求，结合江宁公安实际，制定单警装备管理使用规定。

治安监控装置。2002年江宁公安在东山、禄口、上坊、麒麟、上峰等地相继建成社会治安图像监控系统。2006年江宁公安与有关部门积极配合，继续加大投入，因地制宜加强电视监控、防盗报警、楼宇对讲、周界防范、出入口控制等技防系统建设。江宁全区街头盗窃、诈骗、“两抢”案分别下降11%、19%和21%。

交通监控装置。江宁公安1995年引进全自动汽车安全检测线。2000年逐步建立全自动、半自动、引进的、国产的汽车、摩托车安全检测线。2003年由江宁区政府协调，在宁杭公路汤铜路口、104国道汤铜路口、淳湖路汤铜路口、宁丹公路汤铜路口、宁溧公路汤铜路口增设5组交通信号灯。2004年在东山地区重点部位、主要干道等安装球型电子监控探头。2005年在江宁区政府的统筹安排下，江宁公安协调有关部门投入数千万元，加大道路交通安全建设，先后在120个路口安装交通信号灯、60个路口安装道路监控系统、34个路口安装电子警察，使道路交通管理有较大提升。

（二）公安派出所建设

1. 派出所设置

2006年3月，江宁实行镇街区划调整，由20个乡镇并为9个街道、乡镇，部分派出所管辖范围有变化，但是基本上维持原有的乡镇派出所设置。

江宁区公安局下辖派出所26个包括：东山派出所、开发区派出所、岔路派出所、方山派出所、百家湖派出所、上坊派出所、秣陵派出所、禄口派出所、铜山派出所、湖熟派出所、龙都派出所、淳化派出所、土桥派出所、周岗派出所、汤山派出所、麒麟派出所、上峰派出所、陶吴派出所、横溪派出所、东善桥派出所、丹阳派出所、江宁派出所、陆郎派出所、铜井派出所、谷里派出所、滨江经济开发区派出所。

2. 职责权限

江宁公安派出所法定职责为在江宁公安领导下开展相关工作，具体职责包括：贯彻公安法规；户口管理；管控落实重点人口；接受群众报警、求助、处置群众性治安事件；加强阵地控制，严格治安管理；协助交警、消防、民政部门管理；组织开展群防群治工作。其执法权限包括：治安管理权；行政强制措施权；治安管理处罚权；对辖区内发生的一般刑事案件和治安行政案件有侦破权力；依法使用武器和警械的权力；有限乘坐公共交通工具权；检查指导权；执行社会监督改造、监督考察权。

（三）警务经费保障

南京市江宁区公安分局2015年度部门“三公”经费预算财政拨款总额为3109.4万元。其中，因公出国（境）费预算0万元，和上年预算一样；公务用车购置预算600万元；较上年预算减少25%，主要是更新购置60辆执法执勤用车；公务用车运行维护费预算2338.4万元；南京市江宁区公安分局2015年度部门预算收入41506.58万元，主要来源为财政拨款和其他收入。其中：财政拨款为41006.58万元，其他收入为500万元。2015年部门预算支出为41506.58万元，为基本支出和项目支出。其中基本支出为25535.28万元，主要包括：

（1）工资和福利支出18033.08万元，为在职人员和聘用人员的工资和福利支出。

（2）商品和服务支出3702.5万元，为办公费、印刷费、水电费、物业管理费、网络租赁等。

（3）对个人和家庭补助支出3001.7万元，为离退休人员工资和住房改革支出等。

（4）不可预见费支出798万元，主要为年度增人增支支出，须经财政审批后方可动用。

项目支出15971.3万元，主要为以下项目：

（1）公安办案经费4564.8万元；

（2）车管所工作业务经费540万元；

（3）公安车辆更新购置经费600万元；

（4）道路交通事故及违法车辆保管经费400万元；

（5）东山老城区道路交通漆画线及维护经费150万元；

（6）辅警经费550.8万元；

（7）公安“四级”网租金及网络维护经费120万元；

（8）交警大队办公楼装饰改造经费300万元；

（9）交通设施及流动电子警察维护经费80万元；

（10）交通事故理赔服务中心运行经费130万元；

(11)交通指挥中心运行经费405万元;

(12)看守所经费587万元;

(13)社区治安管理补贴资金4043.7万元;

(14)数字警务系统运行及设备维护经费718万元;

(15)特巡警大队经费1195万元;

(16)基站新建及数字化档案加工费158万元;

(17)网安大队维护经费100万元;

(18)社区警务室改造专项经费330万元;

(19)治安、人口大队房租专项经费160万元;

(20)应急指挥中心接线员经费204万元;

(21)基层所队协勤补助经费500万元;

(22)见义勇为、"维稳"等专项经费135万元。

1.预算管理

江宁公安年度财务计划预算编制,按照江苏省、南京市公安机关每年下达的公安行政任务,遵循"一要吃饭,二要建设量入为出、收支平衡、留有余地"的原则,依据定员定额和收支标准,对计划年度的货币收支所作的预计(收入预算和支出预算)。江宁公安财务部门负责全局预算的编制、审核、汇总、上报和预算执行过程中的综合平衡工作。在汇总、整理各单位预算建议数的基础上,根据局年度工作任务,提出预算建议数上报县(区)财政。根据县(区)财政下达的预算控制数,结合工作需要与财力可能,按照保证重点、兼顾一般的原则,提出预算草案,经江宁公安党委研究决定后编制正式预算,报县(区)财政局审核、区人大审批。基层各单位及保安公司执行县(区)人大批准、县(区)财政下达,经局党委批准的预算。根据批准的预算拟定相应实施计划,制定项目建设具体实施方案及用款计划。经费预算一经批准不得调整,特殊情况需调整预算项目的,由各单位提出申请,报局党委审批。

2.收入管理

江宁区公安分局的收入包括:财政拨款收入、预算外资金收入、上级拨款收入及其他收入。财政预算拨款收入是指财政部门核定的公安机关经费年度预算拨款;预算外资金收入是指财政部门从财政专户核拨的部门和单位上缴的预算外资金;上级拨款收入是指上级公安部门下拨的各项办案补助经费、办案奖励经费、专项补助经费等;其他收人是指公安机关取得的利息收入、捐赠收入、赞助收入、变价收入等其他的各项收入。其中财政拨款收入是江宁公安收入的主要资金来源,按照财政部门的有关规定进行管理,预算外收入、上级拨款收入、利息收入、捐赠收入、赞助收入、变价收入等由局财务部门统一核算、统一管理。

3.支出管理

江宁公安财务部门按照财务支出管理要求,各项经费开支根据局党委批准的预算执行,按规定的开支范围和开支标准支出。江宁公安各项经费支出实行"一支笔"审批制度,由各单位主要负责人审批,严格经费报销审批制度;同时严格遵守上级相关规定,进一步完善经费支出内控制度;江宁公安财务进入江宁区核算中心,行政装备科进一步加强经费的审查、审批程序和进一步明确经费报销人、审核人、签票人各自的责任,把有限的资金用于公安业务工作的刀刃上。

4. 监察、审计

财务检查和监督是财务管理的重要组成部分。江宁公安通过财务检查与监督,维护财经纪律,保证国家财务法规的贯彻执行。2001 年始,江宁公安行政装备科建立和完善内部稽核制度和岗位责任制,加强日常财务监督。审计部门定期对局属各单位及保安公司的会计工作进行审计。同时江宁公安以造价控制为核心,把好工程量、定额套用、材料差价、取费标准审计关,严格坚持工程造价审计。

第四章　法院、检察院与司法行政

第一节　法　　院

一、组织形态

（一）机构编制

江宁县历史上的审判活动实行审判与行政合一的体制，即地方行政长官兼有司法审判权。至宣统年间，南京最早的独立审判机构——江宁地方审判厅成立。

1. 清末审判机构

清末，南京城以内桥为界分置 2 县，内桥以南为江宁县，以北为上元县。上元县衙负责审理南京城内桥以北地区的一审刑、民事案件，其衙署自明代初期迁至今白下路 101 号处，衙署大堂建筑至今犹在；江宁县衙负责审理内桥以南地区的一审刑、民事案件，其衙署多次迁徙，自明洪武元年（1368）迁于银作坊（后南京内桥西南长乐路江苏省邮电专科学校处）。

2. 民国时期审判机构

江宁地方法院：民国十六年（1927）11 月 1 日，江宁地方法院成立，直接受理江宁县的民事、刑事诉讼。院址在南京长乐路。

首都地方法院：民国二十四年（1935）10 月，江宁地方法院改组为首都地方法院，院址未变。直隶司法行政部，管辖南京特别市及江宁县的第一审案件。抗日战争期间，原址毁于战火。抗日战争结束后，首都地方法院恢复办公，院址迁至白下路 133 号（今白下路 101 号南京市公安局第五处处址）。至民国三十八年（1949）4 月终止。

汪伪国民政府首都地方法院：民国二十九年（1940）5 月 1 日，汪伪新政府设伪首都地方法院，内设民事庭、刑事庭、民事执行处、书记室、登记处、公证处与提存处等，附设检察处，地址在今南京市瞻园路 126 号。汪伪首都地方法院直接受理南京市区第一审案件，并在江宁、江浦、句容、天长、溧水、高淳 6 县设审判分庭，受理第一审案件。上诉审法院是汪伪江苏省高等法院（驻苏州）。民国三十四年（1945）8 月终止。

江宁县国民政府司法室：民国三十四年（1945）10 月，江宁县政府设司法室，审判、检察工作事权分开。司法室主要实施民事、刑事案件的侦查，提起公诉移交江宁地方法院（后改组为首都地方法院）审理。

3. 新中国成立以后审判机构

新中国成立后，江宁县人民政府先后设立民政科和司法科，负责处理一般民事案件。1950 年 10 月，成立江宁县人民法庭。12 月，江宁县人民法院成立。1950 年 1 月，江宁县人民政府设司法科,负责受理民事案件和一般刑事案件。1950 年 10 月 4 日,成立江宁县人民法庭,并在全县 10 个区分别建立分庭。是年 12 月 8 日,正式成立江宁县人民法院。1955 年,内设刑事审判庭、民事审判庭。1966 年文化大革命期间,县人民法院停止行使审判权。1967 年春,成立江宁县公检法军事管制委员会(以下简称军管会),统一行使审判职权。

1973 年 3 月,恢复江宁县人民法院,内设刑事审判庭、民事审判庭和秘书室,并先后恢复和建立江宁、陶吴、湖熟、汤山等 7 个人民法庭。1980 年,设立审判委员会。

2001 年 2 月 15 日,经最高人民法院批准,撤销江宁县人民法院,设立南京市江宁区人民法院。2007 年年底,区法院共设 14 个职能部门:办公室、政治处、研究室、司法行政科、审判管理办公室、立案庭、刑事审判庭、未成年人案件审判庭、民事审判第一庭、民事审判第二庭、行政审判庭、审判监督庭、执行局、监察室;1 个直属机构:司法警察大队;4 个派出机构:汤山人民法庭、淳化人民法庭、禄口人民法庭和江宁人民法庭。

目前,江宁区法院设有立案庭(合署司法鉴定科)、刑事审判庭、民事审判第一庭、民事审判第二庭、民事审判第三庭、行政审判庭、未成年人案件审判庭、审判监督庭、民事执行局、行政案件执行局以及政治处、办公室、研究室、司法行政科、纪检监察室、审判管理办公室、司法警察大队 17 个机关部门和汤山、淳化、禄口、江宁、开发区 5 个派出人民法庭。

(二)人员结构

1950 年 12 月,县法院成立时,有工作人员 16 人,除代理院长由苏南行政公署任命以外,主要由外地调进的司法干部和旧有司法人员组成。1952 年司法改革,对旧有司法人员进行组织清理,法院人员主要由新调司法干部和原有法院工作人员组成,全院人数一直保持在 10 人左右。1955 年和 1956 年,法院人员增加较多,分别达到 23 人和 25 人。1958 年后,一度实行公检法合署办公,法院司法干部削减至 15 人左右。至文化大革命前夕,县法院实有 8 人。

1973 年,县法院恢复建制时,有司法干部 13 人,人员主要源自县公安局干部、原法院工作人员、“军管会”调入的干部以及抽调进的部分中小学教师。1979 ~ 1982 年,从外单位调进法院的干部职工和安置的部队转业干部呈上升趋势,其中 1979 年调入人员 11 人;1982 年,15 名部队转业干部走进法院,是历年中最多的一次。

1985 年,根据上级指示,县法院首次通过考试形式,面向社会公开招收法院干部(简称招干)。是年,招收青年司法干部 12 人。此后,法院在 1989 ~ 1995 年,再次通过招干形式,招录青年司法干部 21 人,在一定程度上改变法院原有人员中年龄偏大、文化程度偏低的现象。

1986 年开始,陆续有一些大专院校的政法专业毕业生走进法院。至 1999 年,此类毕业分配的人员达 24 人,为法院审判队伍增添了新生力量。其中 1988 年居多,达 5 人。

1998 年后,大学毕业生走向人才市场,毕业分配的形式不再保留,国家审判机关招录新进人员,必须通过公务员考试,“凡进必考”的方式逐步被人们所接受。2000 ~ 2007 年,法院采用此种方式招录 5 名公务员和 12 名“聘任制书记员”。

2007 年,区法院 19 个部门,在编干警 144 人(含附属编制 8 人),其中法官 81 人,书记员 27 人,司法警察 25 人,其他人员 11 人。本科以上学历 111 人,占全院在编干警的 77.10%。

全院现有人员173人,正式在编人员中,本科以上学历占总人数的95.9%,其中硕士74人,占总人数的42.7%。法院队伍呈现出知识化、年轻化、专业化的特点。江宁法院现设有立案庭、刑事审判庭、民事审判第一庭、民事审判第二庭、民事审判第三庭、未成年人案件审判庭、行政庭,审判监督庭、民事案件执行局、行政案件执行局,汤山、淳化、禄口、江宁、开发区5个人民法庭,政治处、办公室、研究室、纪检监察室、审判管理办公室、司法行政科、司法警察大队共计22个部门。

江宁县人民法院成立至今,获得各级各类集体荣誉称号200多项(次)。其中,1991年2月,被市中院评为全市法院系统先进集体。1999年,被市中院评为1998年度全市法院系统先进法院;2000年4月,被省高院评为全省文明法院;2006~2007年,连续两年被省高院评为全省优秀法院。2010年12月被最高人民法院评为"全国优秀法院",2011年6月被中央政法委评为"全国政法系统先进基层党组织"。江宁法院先后开展争当"文明法官""人民满意法官"等活动,"全国人民满意的好法官"李国忠(区人民法院)、"全省人民满意的政法干警"张勇、省"十佳法官"吕润进(区法院淳化法庭)等,已经成为全院干警争相学习的好榜样。

表36 1950~2014年江宁区人民法院主要负责人更迭情况

姓 名	任职时间	备 注
王希宝	1950年1月至1950年10月	县政府司法科科长
苏进程	1950年10月至1950年12月	县人民法庭审判长
王希宝	1950年12月至1952年8月	代理院长
	1952年8月至1954年7月	—
陈 亮	1954年7月至1956年12月	—
路维成	1957年1月至1962年9月	—
郭忠坚	1962年9月至1967年4月	—
郦建海	1973年1月至1984年5月	—
张星原	1984年5月至1993年2月	—
虞国富	1993年2月至2000年1月	—
朱伯华	2000年1月至2005年12月	—
朱绚凌	2006年1月至2010年12月	—
史兆祥	2011年3月	—

二、案件审理

(一)2007年以前案件受理和审理情况

1. 2004年,江宁区法院面对严峻的社会治安形势,全年共受理刑事案件496件,比上年上升46.3%,是1983年"严打"以来最多的一年,全年审结486件,比上年上升46.8%。其中,对严重危害人民群众生命财产安全和社会秩序的犯罪,进行了依法"从重从快"的严惩,这体现在对679名被告人,处10年以上有期徒刑的18人,处5年以上10年以下有期徒刑45人。对经济犯罪加大了打击力度,在受理的28件经济犯罪案件中,审结26件,对部分较有影响案件的被告人判处10年以上有期徒刑。同时,加大了罚金刑的处罚力度,单处和并处罚金、没收财产350人271.4万元,执行到位额198.4万元。

民商事方面,江宁区法院全年受理案件4541件,审结4206件,解决案件争议金额2.44亿元。其中,案件分布较为集中的是房地产纠纷(585件)、劳动争议纠纷(211件)、道路和非道路损害赔偿纠纷(323件)和离婚纠纷(842件),且基本上得到了妥善的处理。

2. 2005年,江宁区法院全年受理各类案件8545件,居当时13家基层法院之首。

就刑事案件而言,受理的案件数为576件,比上年上升16.84%。其中,本年度中本区域内杀人、伤害、强奸等暴力犯罪较为突出,盗窃、抢劫、诈骗等侵财型犯罪占较高比例,团伙犯罪与往年相比增多,未成年和在校生犯罪也有较大幅度的增长。全年共判处被告人1011人,其中处15年以上20年以下有期徒刑6人,10年以上15年以下有期徒刑24人,5年以上10年以下有期徒刑50人,5年以下有期徒刑、拘役764人。本年度江宁区法院加大了对合同诈骗、票据诈骗、伪造公司企业印章等经济犯罪的打击力度。坚持宽严相济的刑事政策,全年有263人被依法适用缓刑,2人免刑;单处或并处罚金、没收财产618人376万元。

就民商事案件而言,全年共受理案件5079件,比上年上升12.07%;审结4687件,比上年上升11.68%;解决案件诉讼金额3.04亿元。随着法制建设的完善和市场经济的发展,江宁区民商事案件出现了许多新情况和新问题,一些传统民事案件出现了新的法律适用问题,交通事故损害赔偿、劳动争议、房地产和拆迁等矛盾易激化案件大幅上升,群体性诉讼增多。

就行政案件而言,全年共受理案件42件,涉及公安、教育、劳动、规划、交通等行政机关;审结39件,其中裁定驳回起诉9件,判决驳回诉讼请求6件,原告撤诉20件,判决撤销具体行政行为2件,判决确认具体行政行为违法1件。对非诉行政执行案件,依法认真履行执行前的听证审查程序,共听证审查非诉行政案件40件,执结非诉行政执行案件176件。

3. 2006年,江宁区法院全年共受理各类案件10999件,办结10512件,同比分别上升28.72%和35.77%,收结案件数首次突破万件大关,位居南京市法院之首。

就刑事案件而言,共受理案件730件,审结723件,同比分别上升26.74%和29.11%。在受理案件中,仍以盗窃、交通肇事、故意伤害、抢劫为主,分别为319件、98件、71件、47件。另外,介绍容留卖淫、聚众斗殴、强奸、寻衅滋事等案件有不同程度地上升,分别为11件、20件、22件、21件。共判处被告人1205人,同比上升20.3%,其中,被判处15年以上有期徒刑4人,10年以上不满15年31人,5年以上不满10年80人,3年以上不满5年120人。多次拦路强奸、入户强奸、多次抢劫、猥亵妇女、盗窃公民财物的被告人秦祥被数罪并罚,判处有期徒刑20年,剥夺政治权利4年;摩托大盗杨文初等18人盗窃团伙主犯被判处有期徒刑13年;因婚外情而报复杀人的傅传妨被判处有期徒刑10年。同时,江宁区法院充分贯彻宽严相济的刑事政策,最大限度地减少社会对抗,共对395名被告人判处缓刑,单处或并处罚金1049人,免刑2人。尤其值得关注的是,江宁区法院帮助10名贫困未成年人就学,结对帮教10名未成年缓刑犯,走进校园上10堂法制教育课,扩大了未成年人案件的审判效果。全年未成年犯罪人数呈下降趋势,共判处146人,同比减少了25人。

就民商事案件而言,全年共受理案件6153件,审结5875件,同比分别上升21.14%和25.34%。其中买卖合同、道路交通事故赔偿、婚姻家庭、劳动争议、房地产等案件仍占民商事案件主流。共受理买卖合同案件1542件,审结1491件;受理道路交通事故损害赔偿案件1204件,审结1161件;受理婚姻家庭纠纷案件786件,审结762件;受理劳动争议和劳务合同案件411件,审结401件;受理房地产开发经营合同案件183件,审结158件。

就行政案件而言,全年共受理行政诉讼案件44件,涉及公安、房产、工商、建设、国土、水利、卫生、计生等行政机关;受理非诉行政执行案件203件,涉及税务征收和行政处罚、环境污染行政处罚、社会抚养费征收、道路交通运输管理费追缴等具体行政行为的执行,共执结202件。另外,全年通过协调方式审结的行政诉讼和非诉行政执行案件137件,占审执结案件总数的58%,且无一案件矛盾激化。

4.2007年,江宁区法院全年共受理各类案件12655件,办结12309件,继续保持在全市法院高位运行的地位。同比分别上升19.33%和17.1%,审判人员人均结案183.7件,高居全市基层法院之首。

就刑事案件而言,全年共受理953件,审结946件,同比分别上升30.55%和30.84%,为历年来之最。全年共判处被告人1668人。其中,全年共受理贪污、受贿、合同诈骗等经济犯罪案件41件,审结40件。在对犯罪分子适用人身刑的同时,加大财产刑的处罚力度,全年共判处罚金和没收财产571件1128人。

就民商事案件而言,全年共受理7364件,审结7181件,同比分别上升19.91%和22.45%,解决案件诉讼标的额5.56亿元。其中,审结劳动争议和劳务合同案件1018件,同比上升153.23%;交通事故赔偿案件在2006年出现井喷现象后,上升趋缓,共审结1124件,同比只增长3.1%。此外,审结传统的婚姻家庭、相邻纠纷、人身损害赔偿案件2400件;审结农业承包、土地流转等涉农案件63件。

就行政案件而言,全年共受理并审结行政诉讼案件53件,同比上升26.19%。值得关注的是,通过沟通协调,撤诉20件;通过积极推行辖区内行政首长出庭制,全年行政机关负责人出庭应诉率达54.1%,这受到上级法院的充分肯定;进一步规范了非诉行政案件执行听证审查工作,共受理非诉行政执行案件231件,办结230件,同比分别上升15%和13.86%。

表37 1950～1979年部分年份江宁县人民法院刑事案件收、结案情况

单位:件

年 份	收案数	结案数	年 份	收案数	结案数
1950	428	414	1962	183	157
1951	483	441	1963	170	147
1952	507	414	1964	217	176
1953	547	492	1965	153	146
1954	539	503	1966	76	69
1955	889	848	1974	106	82
1956	380	368	1975	119	83
1957	224	210	1976	146	110
1958	1204	1202	1977	152	106
1959	287	270	1978	103	71
1960	371	359	1979	93	82
1961	294	257	合 计	7671	7007

说明:除1950年外,收案数均含上年未结数,结案数则为当年实际结案数。下同

表38　1980～1996年江宁县人民法院刑事案件审理情况

单位：件

项目			年份	1980	1981	1982	1983	1984	1985	1986	1987	1988	1989	1990	1991	1992	1993	1994	1995	1996
受理				171	261	242	435	364	190	206	212	228	318	312	246	275	279	293	324	409
审结	总数			153	234	218	426	350	182	193	204	220	306	307	244	271	274	290	319	409
审结	其中	侵犯人身权利、民主权利罪	杀人	1	2	1	7	5	6	8	2	3	6	4	3	3	5	4	3	4
审结	其中	侵犯人身权利、民主权利罪	强奸、奸淫幼女	22	41	36	51	54	37	33	34	23	27	27	39	25	24	20	27	22
审结	其中	侵犯人身权利、民主权利罪	伤害	35	34	22	35	14	15	25	50	40	53	50	45	37	32	39	38	51
审结	其中	侵犯人身权利、民主权利罪	其他	1	4	2	3	2	3	4	5	2	1	—	—	—	—	—	—	2
审结	其中	侵犯财产罪	抢劫	—	2	1	4	2	1	—	—	3	8	5	4	9	15	10	15	24
审结	其中	侵犯财产罪	盗窃	52	68	81	130	101	56	60	70	85	147	139	80	131	129	146	133	190
审结	其中	侵犯财产罪	诈骗	8	20	15	12	22	12	10	8	1	14	18	12	8	6	8	5	12
审结	其中	侵犯财产罪	贪污	1	7	16	23	10	13	25	4	9	4	19	10	6	16	34	20	3
审结	其中	危害公共安全	放火	—	1	—	4	2	1	—	—	2	—	2	—	—	—	—	—	—
审结	其中	危害公共安全	重大责任事故	7	8	2	3	—	1	—	2	—	—	—	—	—	—	—	—	—
审结	其中	危害公共安全	交通肇事	—	—	—	—	—	—	—	—	—	—	—	10	13	9	4	11	19
审结	其中	危害公共安全	其他	1	1	7	12	5	4	1	5	16	16	15	—	—	—	—	—	—
审结	其中	破坏社会主义经济秩序罪	投机倒把	—	—	3	3	—	—	—	—	—	—	1	—	—	—	—	—	1
审结	其中	破坏社会主义经济秩序罪	偷税、抗税	—	—	—	1	—	—	—	—	—	—	—	2	1	1	—	8	13
审结	其中	破坏社会主义经济秩序罪	盗伐、滥伐林木	—	—	—	4		1	1	—	—	1	—	—	—	—	—	—	3
审结	其中	破坏社会主义经济秩序罪	流氓	—	—	—	95	107	12	14	5	10	11	6	8	13	11	10	10	20
审结	其中	破坏社会主义经济秩序罪	妨害公务、拒不执行法院判决	—	—	—	3	—	—	—	—	—	—	2	—	—	—	—	—	1
审结	其中	破坏社会主义经济秩序罪	赌博	—	—	—	—	—	2	4	—	9	2	2	—	—	—	—	—	—
审结	其中	破坏社会主义经济秩序罪	其他	19	34	26	29	12	1	3	3	—	—	2	—	—	—	—	—	—
审结	其中	妨害婚姻、家庭	妨害婚姻、家庭	6	7	5	—	—	—	—	—	—	—	—	—	—	—	—	—	—
审结	其中	妨害婚姻、家庭	重婚	—	—	—	3	11	11	2	12	14	10	6	6	4	4	1	3	5
审结	其中	妨害婚姻、家庭	其他	—	—	—	1	1	2	1	2	1	1	1	—	—	—	—	—	—
审结	其中	其他		—	5	1	3	2	4	2	2	2	5	8	25	21	22	14	46	39

表 39　1997～2007 年江宁区人民法院刑事案件审理情况

单位:件

项目		年份	1997	1998	1999	2000	2001	2002	2003	2004	2005	2006	2007
受理			261	343	317	368	491	352	340	493	578	729	953
审结	总数		260	337	315	366	488	348	332	478	562	703	946
	其中	杀人	3	5	3	4	1	5	16	17	8	14	10
		抢劫	10	15	18	22	21	16	12	19	36	45	55
		强奸、奸幼	16	18	14	16	14	19	12	23	17	23	28
		重婚	1	2	1	—	—	1	1	2	2	—	—
		伤害	61	52	61	61	94	71	77	93	79	69	105
		盗窃	110	136	112	130	150	142	102	173	224	313	404
		诈骗	1	3	3	8	11	5	12	6	21	19	20
		贪污	5	1	7	5	8	1	1	1	—	—	1
		寻衅滋事	—	—	7	15	—	—	—	28	24	23	33
		交通肇事	24	33	25	31	47	43	51	64	66	97	105
		破坏电力设备	—	—	1	—	7	3	2	4	5	1	8
		其他	29	72	63	74	135	42	46	48	80	99	177

表 40　1950 ~ 1966 年江宁县人民法院民事案件收、结案情况

单位:件

年　份	收案数	结案数	年　份	收案数	结案数
1950	312	278	1959	145	136
1951	303	208	1960	182	127
1952	1421	1371	1961	406	327
1953	777	722	1962	486	401
1954	453	295	1963	629	466
1955	455	438	1964	598	413
1956	258	241	1965	496	401
1957	296	255	1966	267	174
1958	127	125	合　计	7611	6378

表 41　1974～1990 年江宁县人民法院民事案件审理情况

单位:件

年份			1974	1975	1976	1977	1978	1979	1980	1981	1982	1983	1984	1985	1986	1987	1988	1989	1990
受理			126	158	150	121	125	155	219	270	251	353	369	358	400	478	607	733	693
审结	总数		55	91	82	70	84	116	166	219	197	303	304	332	373	427	535	674	625
	其中	婚姻家庭	47	74	58	50	56	73	79	127	131	212	220	251	284	330	371	428	370
		房屋、土地纠纷	5	14	17	15	19	28	60	64	38	49	26	25	14	9	7	14	5
		债务	—	—	—	—	—	—	2	1	2	1	10	9	9	33	71	103	126
		赔偿	—	2	2	—	—	—	15	21	20	35	39	31	65	50	82	124	108
		其他	3	1	5	5	9	15	10	6	6	6	9	16	1	5	4	5	16

表 42　1991～2001 年江宁区人民法院民事案件审理情况

单位:件

年　份			1991	1992	1993	1994	1995	1996	1997	1998	1999	2000	2001
受　理			752	723	659	662	754	1046	1321	1335	1762	2269	2300
审结	总　数		719	672	638	646	741	1037	1296	1314	1722	2233	2229
	其中	婚姻家庭	413	420	418	396	439	552	580	592	637	629	658
		房　产	6	15	14	10	7	12	25	56	56	64	80
		债　务	145	99	71	105	158	299	452	448	778	1186	1021
		赔　偿	127	116	120	127	124	168	221	203	235	272	367
		其　他	19	22	15	8	13	6	18	15	16	82	103

表 43　1983 ~ 2001 年江宁区人民法院审理经济案件情况

单位:件

年份			1983	1984	1985	1986	1987	1988	1989	1990	1991	1992	1993	1994	1995	1996	1997	1998	1999	2000	2001
受理			29	71	132	254	399	678	777	595	419	384	394	515	728	1019	930	1283	1412	1366	1443
审结	总数		24	56	110	222	339	538	674	513	386	349	377	495	708	998	913	1260	1391	1338	1411
	其中	购销合同	20	29	67	132	226	351	419	330	255	254	254	350	461	646	592	707	857	734	687
		建设工程承包合同	1	—	7	4	2	8	3	3	1	4	5	7	21	22	6	4	1	—	3
		加工承揽合同	2	—	—	19	42	61	49	44	35	32	51	62	90	108	123	93	155	183	135
		货物运输合同	1	5	16	23	16	61	56	30	—	5	9	6	18	18	3	11	7	12	9
		借款合同	—	1	—	2	7	5	51	60	36	29	31	38	65	129	101	341	289	316	297
		财产租赁合同	—	1	1	—	—	3	3	3	5	3	2	6	3	10	22	22	28	18	29
		农村承包合同	—	18	12	12	24	17	23	21	17	11	12	14	17	8	3	1	3	5	8
		联营合同	—	—	—	—	—	1	8	2	5	3	5	5	5	8	2	1	3	2	1
		其他合同纠纷	—	2	7	30	22	31	62	20	32	8	8	7	28	49	61	80	48	68	242

表 44　2002～2007 年江宁区人民法院审理民商事案件情况

单位:件

年　份			2002	2003	2004	2005	2006	2007
受　理			3368	4209	4541	5079	6153	7364
审结	总　数		3237	4081	4206	4687	5875	7181
	其中	婚姻家庭	698	764	810	808	762	880
		继　承	8	8	3	8	11	17
		财产权属纠纷	24	23	21	10	45	21
		财产损害赔偿	14	14	24	35	30	43
		相邻关系	17	11	14	27	31	46
		人身损害赔偿	300	388	501	917	1402	1457
		买卖合同	947	982	1117	1055	1491	1445
		房地产开发经营合同	57	60	14	146	158	97
		借款合同	385	633	436	353	450	787
		租赁合同	113	113	150	197	247	303
		建设工程合同	78	87	109	17[illegible]	162	218
		运输合同	37	39	35	34	39	43
		承揽合同	145	167	199	215	175	197
		经营合同	36	35	50	38	46	22
		农村承包合同	—	—	—	21	—	14
		电信合同	43	391	205	21	39	1
		服务合同	29	18	33	28	34	78
		劳动争议	132	79	138	234	318	888
		劳务合同	63	85	70	125	83	130
		其　他	111	184	277	244	352	494

说明:自 2002 年起,民商事案件不再按民事一审案件和经济纠纷一审案件填报,改为按婚姻家庭、继承纠纷一审案件、合同纠纷一审案件和权属、侵权纠纷及其他民事一审案件填报,故 2002 年起的民商事案件合并进行统计。

表 45　1991～2007 年江宁区人民法院审理行政案件情况

单位:件

年份			1991	1992	1993	1994	1995	1996	1997	1998	1999	2000	2001	2002	2003	2004	2005	2006	2007
受理			1	3	8	11	22	18	13	13	13	25	23	34	53	85	42	45	53
审结	总数		1	3	8	11	22	18	12	13	13	23	22	33	48	82	39	42	52
	其中	公安	—	2	7	4	7	2	6	5	8	7	5	9	2	11	2	4	4
		土地	—	—	1	4	4	14	1	3	—	—	—	2	1	2	5	5	4
		工商	—	—	—	—	1	—	—	—	—	—	—	1	4	1	—	3	1
		税务	—	—	—	—	1	—	—	—	—	2	—	—	1	—	—	—	—
		交通运输	1	—	—	—	—	—	—	2	2	2	1	—	2	—	1	—	3
		城建	—	1	—	—	—	1	2	—	—	5	9	4	8	58	12	8	13
		技术监督	—	—	—	—	—	—	—	—	—	—	—	—	14	—	—	—	—
		环保	—	—	—	1	—	—	—	—	—	—	—	—	1	—	—	—	—
		劳动和社会保障	—	—	—	—	—	—	—	—	—	—	—	10	4	2	9	18	26
		其他	—	—	—	2	9	1	3	3	3	7	7	7	11	8	10	4	1

表 46 1975～2007 年江宁区人民法院来信来访情况

单位:人次,件次

年 份	接待来访	处理来信	年 份	接待来访	处理来信
1975	294	318	1991	1101	1395
1976	216	314	1992	1356	1590
1977	130	198	1993	3975(信访合计数)	
1978	266	662	1994	1219	1295
1979	762	1483	1995	1829	1303
1980	941	1290	1996	5255(信访合计数)	
1981	1178	1157	1997	2718	2828
1982	925	1099	1998	3044	2052
1983	946	1086	1999	2767	3422
1984	1090	1145	2000	7420(信访合计数)	
1985	906	1152	2001	6178(信访合计数)	
1986	1817	1598	2003	8662(信访合计数)	
1987	1152	1649	2004	8648(信访合计数)	
1988	1089	1901	2005	8000(信访合计数)	
1989	831	1682	2006	2012(信访合计数)	
1990	2957(信访合计数)		2007	2211(信访合计数)	

表 47 1986～2007 年江宁区人民法院执行案件情况

年份	收案(件)	结案(件)	执结率(%)	标的(万元)	年份	收案(件)	结案(件)	执结率(%)	标的(万元)
1986	43	39	90. 70	23	1998	2234	2073	92. 79	17804
1987	67	53	79. 10	16	1999	2767	2676	96. 71	7597
1988	193	166	86. 01	57	2000	3048	2943	96. 56	7130
1989	247	210	85. 02	97	2001	3237	3118	96. 32	4227
1990	267	206	77. 15	108	2002	3189	2836	88. 93	11000
1991	249	167	67. 07	183	2003	3209	3088	96. 23	11111
1992	633	538	84. 99	408	2004	2523	2251	89. 22	10008
1993	659	515	78. 15	746	2005	2785	2398	86. 10	6764
1994	599	566	94. 49	610	2006	3491	3196	91. 55	15490
1995	621	594	95. 65	881	2007	3520	3393	96. 39	14597
1996	889	846	95. 16	1916	合计	35693	33087	—	113012
1997	1223	1215	99. 34	2239					

（二）2007年以后案件受理和审理情况

1.2008年案件受理和审理情况

2008年，江宁区法院全年共受理各类案件16666件，办结16404件，同比分别上升31.69%和33.27%，审判人员人均结案达到247.8件。

就刑事案件而言，全年共受理977件，审结965件，同比分别上升2.52%和2.01%，判处被告人1364人。其中，依法从重从快从严审判了庞某等被告人非法制造、买卖、运输、储存爆炸物案，公安部挂牌督办的被告人孙某非法传销案等一批严重危害社会治安的犯罪，及时审判了一批盗窃、抢劫、抢夺、故意伤害、故意杀人、强奸等严重危害人民群众安全的犯罪以及各种妨害社会秩序的犯罪，促进社会治安持续好转。

就民商事案件而言，全年共受理10248件，审结10093件，同比分别上升39.16%和40.55%，是历年来案件量增加最多的一项审判工作。在民商事审判工作中，随着专业化审判的推进，江宁区法院依法妥善审理了涉农、工伤、劳动争议、婚姻家庭、人身损害赔偿等事关民生和群体性纠纷，全年共审结交通事故赔偿案件1488件，人身损害赔偿案件1774件，劳动争议案件2046件，婚姻家庭案件1001件。同时，依法调节经济关系，有效规范和引导市场主体行为，加大了对因国家宏观经济调控引发的企业信贷系列案件的协调处理力度，维护金融市场正常秩序和防止国有资产流失。此外，强化了知识产权审判力度，全年共受理知识产权案件6件，全部审结。

就行政案件而言，全年共受理行政案件55件，全部审结。在行政审判中，江宁区法院进一步大力加强行政协调工作，针对麒麟锦绣花园150多户业主违章搭建，受害业主多次举报、上访，全区20多家企业拖欠职工社会保险费等现象，主动到有关行政机关进行执法指导。同时，进一步推动行政机关负责人出庭应诉工作，主动与行政机关沟通联系，提高行政机关负责人出庭应诉意识和出庭应诉率，全年行政机关负责人与分管负责人出庭率占开庭案件数的62%。此外，加大非诉行政案件执行力度，共受理各类非诉行政执行案件235案件，执结234件。

2.2009年案件受理和审理情况

2009年，江宁区法院全年共受理各类案件17207件，办结各类案件16785件，同比分别上升3.25%和2.32%。

就刑事案件而言，去年共新收刑事案件933件，审结935件，同比分别下降3.81%和3.11%，判处罪犯1448人，其中判处五年以上有期徒刑的148人。这是近年来，江宁区法院刑事案件立案首次出现了下降，社会治安形势趋于好转。

就民商事案件而言，去年共新收各类民商事案件10519件（含知识产权案件26件），审结10207件（含知识产权案件24件），同比分别上升3.11%和1.45%，解决案件争议金额12.33亿元。结案数居前3位的是劳动争议案、道路交通事故损害赔偿案和买卖合同纠纷案，分别为1786件、1698件和1609件。另外，共审结婚姻家庭案件1147件、民间借贷案件656件、人身损害赔偿案件313件、涉农案件109件。

就行政案件而言，全年共新收行政诉讼案件81件，审结76件，同比分别上升47.27%和38.18%；全年通过协调处理案件48件，占结案总数的63%。新收非诉行政执行案件256件,办结257件,同比分别上升9.36%和9.83%。值得一提的是,江宁区法院行政庭进一步创新非诉行政案件执行听证审查工作,对案情相同的批案进行集中听证,这一做法被江苏省法院吸纳进新制定的听证审查工作规定,在全省推广。

3. 2010年案件受理和审理情况

2010年,江宁区法院诉前调解案件2663件,新收各类案件15163件,办结14771件,审判人员人均结案214.1件,居南京市法院之首。

就刑事案件而言,全年共新收刑事案件981件,审结962件,判处罪犯1410人,其中判处10年以上有期徒刑的31人,同比下降48.3%。较为明显的是,本年度江宁区法院坚持依法严厉打击各类危害国家安全、扰乱社会治安、侵害群众利益、破坏市场秩序等重大刑事犯罪,切实维护区域社会和谐稳定;坚持宽严相济刑事政策,准确把握处罚幅度,对具有法定从轻、减轻处罚情节的,依法从宽处理,共判处缓刑610人,单处罚金117人。同时,刑庭积极推进量刑规范化工作,统一刑事审判量刑尺度,努力实现量刑的公正和平衡;加大重大敏感性案件的审理工作,在各部门的齐心配合下,妥善审结以周家宝为首的18名组织成员的黑社会性质组织犯罪案件,被南京市打黑除恶工作领导小组授予“2010年度全市打黑除恶工作先进单位”荣誉称号。此外,未成年人犯罪审判庭坚持教育感化方针,审结未成年人犯罪案件61件。

就民商事案件而言,全年共新收民事案件9847件,审结9468件,涉案标的额11.4亿元。其中,审结人身损害赔偿纠纷案件1876件,审结婚姻家庭纠纷案件1184件,审结劳动争议案件1126件,审结农村土地承包纠纷案件82件,审结知识产权纠纷案件30件。应当说,江宁区法院民一庭高度重视涉及民生的医疗损害、房屋买卖、劳动争议、人身损害等案件的审理工作,坚持急事急办、特事特办,实行快保全、快结案,防止重大群体性事件的发生,全年共妥善处理涉及区级医院的重大医疗事故纠纷5起,涉及园区劳动争议纠纷20余起;民二庭妥善受理大陆中电破产案件,协调相关法院保全破产财产,收到了良好的效果。

就行政案件而言,全年共新收行政诉讼案件87件,审结行政案件89件,依法审查非诉行政案件59件,裁定准予执行55件。本年度中,江宁区法院行政庭认真履行司法审查职责,通过依法审理行政案件,监督、促进行政机关依照法定权限管理公共行政事务;强化行政协调和解工作,促进当事人关系和谐,原告主动撤诉72件,撤诉率为80.9%,居于南京市基层法院首位。

4. 2011年案件受理和审理情况

2011年,江宁区法院共新收各类案件17247件,审结17355件,同比分别上升13.75%和17.51%,人均结案数和审判人员人均结案数分别为106.47件和289.25件,均居南京市基层法院首位。

就刑事案件而言,全年共新收刑事案件975件,审结985件,同比分别下降0.41%和上升2.39%,判处罪犯1403人。本年度,刑事案件审理较为明显的特征是:其一,严格贯彻宽严相济刑事政策。具体为,判处10年以上有期徒刑43人,对579名罪行较轻的被告人依法判处缓刑、管制或单处罚金;严厉惩治贪污贿赂等犯罪,依法妥善审理了章鸿宾等12件职务犯罪案件;新收刑事附带民事诉讼案件53件,其中43件达成调解协议,调解率为81.13%;新收刑事自诉案件9件,以调解撤诉方式结案4件。其二,重视保护刑事被害人。建立刑事被害人救助制度,对7名被害人及其家属实施救助15.84万元。其三,积极保护未成年人的合法权益。为40名未成年被告人指定了辩护律师,对49人作出非监禁刑的判决,非监禁刑的适用率为61.25%。同时,积极探索"禁止令"的适用,作出南京首例禁止令判决,并扎实做好"四好"关工委创建工作,定期走访、定期开展心理疏导和矫治,尽力挽救失足青少年。其四,规范化定罪量刑。对13件案件更正了公诉机关在定性、量刑情节和适用法律方面的错误,并加快了量刑规范化改革工作,对公诉机关提出的407件量刑建议采纳387件。

就民商事案件而言,全年共新收民商事案件12399件,审结12493件,同比分别上升25.93%和31.96%,诉讼标的额16.68亿元。其中,以调解方式结案6198件,调解率为50.32%;以撤诉方式结案2571件,撤诉率为20.58%。也就是说,2011年江宁区法院民商事案件的调解撤诉率为70.9%。具体来看,民一庭新收案件4048件,审结4088件,结收案比100.99%,调解撤诉率为61.02%,审判人员人均结案数292件。其中,交通巡回法庭收、结案分别为2188件和2215件。民二庭新收案件1461件,审结1476件,结收案比101.03%,调解撤诉率为68.44%,审判人员人均结案数246件。汤山法庭新收民商事案件1145件,审结1153件,结收案比100.69%;新收执行案件298件,执结298件,执结率100%;调解撤诉率为78.5%,审判人员人均结案数362.75件。淳化法庭新收民商事案件985件,审结993件,结收案比100.81%;新收执行案件207件,执结207件,执结率100%;调解撤诉率为73.47%,审判人员人均结案数400件;同时所有诉讼案件均进行诉前调解,诉前调解成功率86.24%。禄口法庭新收民商事案件1352件,审结1341件,结收案比99.19%;新收执行案件350件,执结352件,执结率100%;调解撤诉率为73.57%,审判人员人均结案数423.25件。江宁法庭新收民商事案件1088件,审结1095件,结收案比100.64%;新收执行案件226件,执结226件,执结率100%;调解撤诉率为77.45%,审判人员人均结案数440.33件,为各审判业务部门之最。

就行政案件而言,本年度新收行政诉讼案件83件,审结82件,同比分别下降4.61%和7.87%,结收案比100%;新收行政非诉审查案件111件,同比上升88.14%;新收非诉行政执行案件83件,执结84件,执结率100%;行政案件一审撤诉率为91.57%,审判人员人均结案数55.33件。可以说,以下方面集中体现了江宁区法院本年度法治的进步:其一,完善落实行政诉讼与行政执法联席会议制度和行政审判年报制度,深入推进行政机关负责人出庭应诉工作,建立健全重点敏感案件报告、会商制度,切实深化行政争议综合协处机制,不断推动行政审判与行政执行良性互动。其二,积极应对《国有土地上房屋征收与补偿条例》实施后对我区的影响,加强调查研究,及时向区政府提交司法建议,制定相关工作细则。其三,主动服务旧城改造升级工作,切实做好区住建局申请的拆迁行政裁决案件,依法保障万达广场项目拆迁工作,对所涉实小南村的拆迁裁决案件加大工作力度,制定一户一策的工作方案,后均已搬迁完毕。其四,大力服务绿色发展,参与江宁区"三高两低"企业环保专项整治活动,加强对环保等部门行政执法工作的法律指导，依法关停南京麒麟电镀有限责任公司等高污染企业。

5. 2012 年案件受理和审理情况

2012 年，江宁区法院全年共受理各类案件 20124 件，审执结 19849 件，同比分别增长 16. 68% 和 14. 37%，收结案件数均达到历史新高，均居江苏省基层法院首位。

从案件类型来看，本年度共受理刑事案件 1072 件，审结 1050 件，同比分别增长 9. 72% 和 6. 59%；受理民事案件 13848 件，审结 13654 件，同比分别增长 11. 69% 和 9. 29%；受理行政诉讼案件 84 件，审结 80 件，同比分别增长 1. 21% 和下降 2. 43%；受理执行案件 5092 件，执结 5041 件，同比分别增长 35. 17% 和 33. 61%；受理申诉复查案件 29 件，审结 25 件，同比分别增长 38. 09% 和 13. 64%。

从审判效率指标来看，结收案比 98. 63%，同比下降 2. 03%；结案均衡度 75. 27%，同比增长 9. 72%；法定正常审限内结案率 96. 71%，同比增长 1. 05%；案件平均审理天数 28. 23 天，同比减少 4. 94 天；审判人员平均结案 234. 41 件，同比增加 31. 28 件。

从审判质量指标看，江宁区法院一审判决案件改判发回重审率 0. 09%，同比下降 0. 31%；生效案件改判发回重审率 0. 01%，同比下降 0. 01%。

从审判效果指标看，调解率 54. 39%，同比增长 14. 81%；一审服判息诉率 93. 96%，同比增长 0. 49%；调解案件申请执行率 11. 39%，同比下降 12. 6%；裁判自动履行率 72. 71%，同比下降 5. 43%；信访投诉率 0. 03%，同比下降 0. 04%。

从执行相关指标看，执结率 98. 5%，同比下降 0. 82%；实际执结率 97. 64%，同比增长 6. 47%；执行标的到位率 99. 5%，同比增长 4. 88%。

不难发现，2012 年江宁区法院上述与案件有关的数据，有力地反映了法治的进步，值得肯定。同时，调解工作的实效和司法为民措施的实效，也是法治取得长足发展的征表。就前者而言，诉前调解工作本年度进一步得到推进，人民调解和行政调解对司法的指导力度得到重视，并取得实效。共诉前调解案 7084 件，调解成功 3461 件，诉前调解成功案件数占新收一审民事案件数的比率为 25. 45%。矛盾纠纷和谐调处被强化，调解被自觉贯穿于审判执行的各个领域和各个环节，案件调解率为 54. 39%，执行案件和解率为 48. 42%，行政案件撤诉率为 90%。法律释明和判后答疑也得到了加强，由此一审服判息诉率为 93. 96%，南京市法院交办的 28 件释明案件已办结 18 件，回诉率仅为 13. 51%。

就后者而言，江宁区法院全面加强诉讼服务中心建设，积极履行案件查询、诉讼指导、法律咨询、约见法官、判后答疑、执行督促等职能，切实为群众提供全方位、“门诊式”服务，共为当事人提供各类诉讼服务 9433 人次。强化巡回审判力度，共巡回审理案件 5829 件。不断加大司法救助力度，为确有困难的 33 件案件当事人缓减免诉讼费 13. 89 万元，为 221 件 361 名符合救助条件的案件当事人发放执行救助金 100 万元。扎实推进裁判文书上网工作，全年 846 份裁判文书网上发布。积极开展法院开放日活动，组织法院开放日 10 次，240 人次来院参加庭审和参观。落实人民陪审员制度，在全区“海选”人民陪审员 166 名，进行集中培训，人民陪审员共参审案件 4876 件，陪审率为 98. 7%。认真接受人大、政协监督，全年上门走访代表、委员 37 人次，邀请代表、委员 132 人次旁听案件庭审和评议法院工作。

6. 2013 年案件受理和审理情况

2013 年,江宁区法院共受理各类案件 21469 件,同比上升 6. 68%,审、执结 19483 件,同比下降 1. 84%。其中,审结刑事案件 1079 件,同比上升 2. 76%;审结民商事案件 12100 件,同比下降 11. 38%;审结行政案件 97 件,同比上升 21. 25%;执结案件 6105 件,同比上升 21. 11%。这就是说,江宁区法院人均结案数和一线法官人均结案数分别达到了 112. 4 件和 260. 88 件,这都居于南京市基层法院第一。

本年度,江宁区法院的法治体现出稳中有进的态势,这在司法便民、司法公开和司法民主上较为明显。具体而言:其一,江宁区法院强化了司法便民举措。制定《关于为保障和改善民生工作提供司法保障的实施意见》,切实维护群众权益;注重人性化的诉讼服务,诉讼服务中心和诉讼服务站提前半小时对当事人开放,累计为当事人提供诉讼服务 9137 人次;加强涉诉信访工作,全年接访 2144 人次,其中江宁区法院领导接访 687 人次,提前半年化解了本省市法院确定的 95 件集中化解涉诉信访案件。积极落实司法救助制度,依法减缓免收诉讼费用 85. 83 万元,向 569 名生活困难的信访终结案件当事人、刑事案件被害人和执行案件权利人发放司法救助金 100 万元;深入开展"万名党员干部带万户"活动和城乡结对文明共建活动,组织全院党员与 80 户困难群众结成帮扶对子,与秣陵火炬村进行文明共建,本年度累计提供帮扶资金 14 万余元。其二,强化司法公开工作,创新司法公开方式。江宁区法院在诉讼服务中心休息区和立案等候区配置了电子显示屏和电子触摸屏,将庭审视频信号引入电子触摸屏,供群众随时点播观看;扎实推进裁判文书上网、庭审"三同步"和网络庭审直播工作,庭审"三同步"率为 65. 97%,裁判文书上网率为 60. 43%,录制网络庭审直播 6 期;扎实推进"邀请万名群众进法院"活动,邀请社会各界群众 13180 余人次走进法院旁听庭审,收集群众意见建议 410 条。其三,强化司法民主。江宁区法院开通院长信箱,方便人民群众网上咨询、反映意见建议;加强代表政协委员的联络工作,组织 38 名中层以上干部与 38 名市人大代表进行一对一的联络,邀请人大代表、政协委员旁听庭审 90 余人次;全面推进人民陪审员工作,在五个人民法庭试点陪审制大合议庭改革工作,得到了省市法院以及社会各界的高度关注,经验做法已经在全市法院推广。汤山法庭、禄口法庭等部门认真谋划、精心组织、积极参与,为陪审制大合议庭制度改革提供了重要的经验素材。

7. 2014 年案件受理和审理情况

2014 年,江宁区法院共新收各类案件 20475 件,审执结 20418 件,结案首次突破 20000 件,同比分别下降 4. 62% 和上升 4. 79%,人均结案数和一线法官人均结案数分别为 127. 61 件和 304. 75 件,继续居南京市基层法院第一。

从案件类型来看,本年度江宁区法院共新收刑事案件 971 件,审结 982 件,同比分别下降 12. 99% 和 8. 99%。共新收民商事案件 12451 件,审结 12347 件,同比分别下降 7. 97% 和上升 2. 04%。亮点是,民一庭大力推行劳动争议案件要素式审判,达到"一庭结案"的效果,受到了上级法院的一致肯定。共新收行政案件 170 件,审结 179 件,同比分别上升 51. 78% 和 84. 54%。判决行政机关败诉的 9 件,行政机关败诉率为 22%。共新收各类执行案件 6836 件,执结 6864 件,同比分别上升 3. 56% 和 12. 43%。同时,民事执行局稳步推进网上司法拍卖工作，入驻“淘宝网”司法拍卖平台，已成功拍卖涉案资产22件，拍卖金额为7545.56万元。审监庭共新收申诉案件46件，审结44件。

本年度，江宁区法院在推进法治发展上可圈可点，特别是以下三个方面：第一，落实诉讼服务举措。立案庭扎实推进诉讼服务中心建设，建成网上诉讼服务中心，提供网上立案缴费、材料收转、法律咨询、案件查询、保全申请、判后答疑、司法救助等多项服务，在院诉讼服务中心导诉台设置了“旁听群众接待席”，专门接待来院旁听群众，共为当事人提供诉讼服务8477件次，提供网上诉讼服务3356件次。完善便民诉讼措施，诉讼服务中心在午休期间设立值班窗口，按照“即来即办”要求，及时为当事人办理各类诉讼事务。第二，深入推进民生工程。加大司法救助力度，对经济确有困难的当事人，依法进行司法救助，全年共对84名案件当事人缓减免诉讼费45.93万元，为457名申请执行人发放执行救助金100万元。强化巡回审判工作，主动深入社区上门调查、开庭、调解，减轻当事人诉累，共有4200余件民商事案件开展巡回审判。大力开展涉民生案件专项集中执行活动，先后组织开展2次集中执行，梳理出的37件涉民生案件已全部执结，司法拘留6人，罚款3人，实际执行到位金额431.86万元。第三，做好涉诉信访工作。认真组织开展进京非正常上访“百日整治”专项行动，召开专题会议研究讨论重点涉诉信访案件化解方案，对重点信访人头采取稳控措施，实现了两会期间我院进京非正常“零上访”。坚持院领导接待日、领导干部包案负责等信访工作机制，畅通信访渠道，引导群众依法、理性表达诉求，共接待和处理群众来信来访1860人次，其中院领导接待群众来访和处理群众来信1029人次。

8. 2015年上半年案件受理和审理情况

2015年上半年，江宁区法院新收各类案件11881件，同比增长20.89%，审执结9132件，同比增长13.47%。同时，在案件的审执结上，刑事案件审结454件，判处罪犯546人，民商事案件审结6543件，行政案件审结71件，各类案件执结1981件。该时段，作为法治体现较为醒目的是：其一，不断健全工作机制。江宁区法院完善了司法便民工作机制，在加强传统诉讼服务中心建设的同时，加快网上诉讼服务中心和12368司法服务热线建设，当事人和律师投诉的不立不裁和司法不文明等问题显著减少，司法服务更加便捷、规范、文明，司法的服务属性更加突显。健全了司法公开工作机制，推进审判流程信息公开，通过案件信息管理系统自动向当事人发送诉讼信息。大力推进裁判文书上网，上半年江宁区法院生效裁判文书上网4620份。官方微博、微信建设得到推进，新媒体手段向社会公开审判审务工作被充分运用。连续三年向社会公开发布审判工作白皮书，分析审判工作中发现的风险隐患，提出了预防和化解社会矛盾的对策建议。加强了执行指挥中心建设，完善快速反应和执行联动机制，全力化解人民群众反映突出的执行难问题。其二，稳步推进司法改革。坚持低调务实、稳扎稳打的原则，大力推进司法改革工作，在还权于法官、合议庭建设、深化审委会制度改革、实行院庭长办案、强化审判服务与管理等方面均取得了一定的进展。开发区法庭在开展审判权运行机制改革试点取得阶段性成果，为全院范围内推行审判权运行机制改革奠定了基础。启动轻微刑事案件速裁程序试点工作，在全省范围内率先对5起刑事案件适用快速办理机制，取得了较好的效果。人民陪审员制度改革成效显著,2015 年 2 月份在最高人民法院召开的人民陪审员改革座谈会上,江宁区法院专题汇报的陪审制大合议庭改革工作,得到了最高人民法院领导和与会专家的一致肯定。在最高人民法院公布的《人民陪审员制度改革试点方案》中,大合议庭改革被列为完善人民陪审员参审机制的重要内容。

(三)案件审结与执行情况

表 48　2004 年以来江宁区法院刑事案件审结情况

单位:件,%

年度	江宁区法院刑事案件			
	新收	审结	结案率	未结
2004	496	486	97.98	10
2005	576	—	—	—
2006	730	723	99.04	7
2007	953	946	99.27	7
2008	977	965	98.77	12
2009	933	935	100	—
2010	981	962	98.06	19
2011	975	985	100	—
2012	1072	1050	97.95	22
2013	—	1079	—	—
2014	971	982	100	—

表 49　2004 年以来江宁区法院民商事案件审结情况

单位:件,%

年度	江宁区法院民商事案件			
	新收	审结	结案率	未结
2004	4541	4206	92.62	335
2005	5079	4687	92.28	392
2006	6153	5875	95.48	278
2007	7364	7181	97.51	183
2008	10248	10093	98.49	155
2009	10519	10207	97.03	312
2010	9847	9468	96.15	379
2011	12399	12493	—	—
2012	13848	13654	98.60	194
2013	—	12100	—	—
2014	12451	12347	99.16	104

表 50　2004 年以来江宁区法院行政案件①审结情况

单位:件,%

年度	江宁区法院行政案件			
	新收	审结	结案率	未结
2004	—	—	—	—
2005	42	39	92.86	3
2006	44	—	—	—
2007	53	—	—	—
2008	55	55	100	0
2009	81	76	93.83	5
2010	87	89	100	—
2011	83	82	98.79	1
2012	84	80	95.24	4
2013	—	97	—	—
2014	170	190	—	—

表 51　2004 年以来江宁区法院案件执行情况

单位:件,%

年度	江宁区法院案件执行			
	新收	执结	结案率	未结
2004	2524	2250	89.14	274
2005	2785	2398	86.10	387
2006	—	3310	—	—
2007	3517	3391	96.42	126
2008	4886	4840	99.06	46
2009	5067	5076	100	—
2010	4233	4238	100	—
2011	3767	3773	—	—
2012	5092	5041	99.00	51
2013	—	6510	—	—
2014	6836	6864	—	—

三、江宁区法院建设

(一)推进阳光司法

2012 年,区院切实做好以庭审同步录音录像、同步记录、同步显示为主要内容的“三

① 此处仅统计行政诉讼案件的情况,对非诉情况暂不统计。

同步”工作,增强庭审工作透明度。推进裁判文书上网工作,863 份裁判文书网上公布。开展法院开放日活动,组织法院开放日 10 次,240 次到院参加庭审和参观。落实人民陪审员制度,开展人民陪审员重新选任工作,在全区“海选”人民陪审员 166 名,并进行集中培训,人民陪审员参审案件 4797 件,陪审率 98.68%。自觉接受人大、政协监督,就行政审判工作向区人大常委会作专题报告,深入开展“感知法庭——迎请代表、委员看法庭”活动,全年上门走访代表、委员 37 人次,邀请代表、委员 132 人次旁听案件庭审。

评议法院工作。法院深入开展“邀请万名群众进法院”活动,通过邀请群众旁听庭审、深入街道和村(社区)巡回开庭、晚间法庭等方式,仅 2013 年就邀请社会各界群众 13180 余人次走进法院、走进法庭,收集群众意见、建议 410 条。全面实行对外庭审视频直播,在诉讼服务中心休息区和立案等候区配置 3 台电子显示屏和电子触摸屏,将庭审视频信号引入电子触摸屏,方便群众点击观看。开展庭审“三同步”工作,庭审“三同步”案件 6946 件,庭审“三同步”率 63.81%。推进裁判文书上网,有 3280 份裁判文书网上公布,裁判文书上网率 60.32%。开通“院长信箱”,方便人民群众网上咨询、反映意见和建议,促进法院工作的不断改进。加强与人大代表、政协委员联络工作,全院 38 名中层以上干部与 38 名市人大代表实行一对一联络。开展邀请人大代表、政协委员旁听庭审活动,邀请 90 余人次人大代表、政协委员旁听案件庭审。

(二)深化司法民主,推动江宁区法院进行陪审制大合议庭改革

2013 年起,区法院推进人民陪审员工作,在全院进行 1 名法官加 4 名陪审员的“5 人制”合议庭和 2 名法官加 5 名陪审员的“7 人制”合议庭的陪审制大合议庭改革试点,人民陪审员参加审理案件 3013 件,陪审率 98.72%。

江宁区法院在法院建设上突出的成果体现为陪审制大合议庭改革方面。详细介绍如下:

1. 推动江宁区法院进行陪审制大合议庭改革的背景

陪审制大合议庭制度改革的出发点主要是通过增加合议庭中人民陪审员的数量,拓宽人民群众有序参与司法的渠道,加强司法与社会的互动,增强裁判的民意基础。其理论背景:

一是有利于贯彻中央改革精神。党的十八届三中全会强调,要“广泛实行人民陪审员、人民监督员制度,拓宽人民群众有序参与司法渠道”;党的十八届四中全会对人民陪审制度改革提出了更加具体的要求。我国《民事诉讼法》和《行政诉讼法》规定一审案件中合议庭成员的人数为单数,并没有对人数作出限制性的规定。因此,实行陪审制大合议庭制度,在现行法律框架内让更多的群众有序参与司法权的行使,符合党的十八届三中、四中全会的司法改革精神。

二是有利于践行党的群众路线。对人民法院而言,群众路线中的“一切依靠群众”和“从群众中来”主要反映在如何让人民群众广泛参与司法的问题。人民群众参与司法的方式多种多样,如可以通过来信来访反映诉求,可以通过电话网络提出意见,可以通过人大代表监督司法,也可以直接参与司法审判。与其他方式相比,通过陪审制大合议庭扩大群众的司法参与,无疑是更为直接、更为规范、更为深入的方式。

三是有利于深化司法民主。司法权作为国家权力的重要组成部分，在权力属性上也具有人民性和民主性。实行陪审制大合议庭制度，可以扩大司法权监督主体，增加司法权行使的广泛性和人民性。而且在陪审制大合议庭制度中，陪审员在人数的绝对优势也可以增强陪审员的心理优势，有助于人民陪审员自由意志的充分表达，从而保障司法民主的功能落到实处。

四是有利于深化司法公开。司法公开在某种程度存在一定的限度，不可能将所有的过程和内容都向社会公布，如涉及国家秘密、商业秘密和个人隐私的案件一般不公开审理，合议庭的评议不对当事人公开等。而实行陪审制大合议庭制度，将审判的各个环节和各个阶段向通过正当程序产生的更多的群众代表全面公开，无疑增加了司法公开的广度和深度。

五是有利于促进公正司法。实行陪审制大合议庭，随机抽取产生的众多人民陪审员具备不同的社会经验和生活阅历，可以根据自己的经验剖析和挖掘案件。这样同一案件可以被多角度地加以审视，能够给法官以必要的启发，裁判的理由将更具说服力，裁判的结果将更加公正。

六是有利于提升司法公信。司法公信危机的一个重要的原因是长期以来我国司法制度所具有的行政化色彩和司法职权主义，造成司法和普通民众之间存在一道“鸿沟”，使得司法缺乏必要的民意基础。在这样的背景下，实行陪审制大合议庭制度，让更多的普通群众参与司法审判工作，可以让司法裁判更加体现民意，也可以让社会更加了解司法，从而增进民意与司法的互动，填补司法与社会之间的“鸿沟”，不断提升司法的公信力。

七是有利于保障依法独立行使审判权。一方面，众多的人民陪审员是临时抽取出来的具有不同背景的人，他们受到外界干扰特别是行政因素干扰的可能性要小得多；另一方面，陪审制大合议庭本质上是一种多人参与的集体决策机制，决策主体的复数性决定了它具有很强的抗干扰性。

探索陪审制大合议庭制度改革是为了解决或者在实施过程中注重解决当前人民陪审制度存在的一些突出问题。

一是参审陪审员的代表性不强。司法权的人民性和民主性属性，要求参审陪审员应当具有广泛性和代表性。在传统“3 人制”的合议庭中，参审陪审员的数量仅为 1～2 人。在这种合议庭构成中，陪审员存在广泛性和代表性不强的问题，只能体现和反映少数社会阶层的意见。而陪审员缺乏广泛性和代表性，是人民陪审制度难以取得社会认同的重要原因之一。我院的调研显示，在接受调查的群众中，对人民陪审制度“只了解一些”或“一点不了解”的占 65%，认为人民陪审制度“没什么作用”的占 24%。2013 年，我院陪审员参与审理的 4000 余件案件中，没有 1 件案件通过当事人申请的方式启动人民陪审程序。

二是陪审员“陪而不审”问题突出。“陪而不审”指的是陪审员虽然参与司法审判但没有真正发挥作用的状况，反映了当前人民陪审制度在一定程度上出现职能异化和制度虚设的问题。陪审员受职业背景、知识体系、缺乏信心等因素的影响，在传统合议庭中的“弱势地位”比较明显，很难争取到与职业法官平等的话语权，这在一定程度上造成了“陪而不审，审而不议，议而不决”的现象。以往的调查显示，在庭审阶段“基本不向当事人提问"或"从未向当事人提问"的陪审员占71%，仅有8%的陪审员"经常向当事人提问"；在合议阶段"基本不发表意见"或"从来不发表意见"的占43%，只有14%的陪审员"经常发表意见"；当与法官意见不一致时，87%的陪审员选择"服从法官意见"或"被法官说服"，只有13%的陪审员选择"坚持自己意见"。

三是陪审员"请而不来"现象严重。一方面，陪审员主要来自机关、团体和企事业单位，拥有固定职业，容易造成本职工作与审判工作的冲突。另一方面，虽然目前的法律和制度明确了参加审判是陪审员的义务并且规定"无正当理由，拒绝参加审判活动，影响审判工作正常进行的"可以取消陪审员资格。但是对于什么是正当理由并没有明确规定，而且对于违反法定义务对陪审员和对所在单位也缺乏有力的处罚措施，导致实践中时常出现陪审员以种种理由拒不参加审判的现象。调查中，75%的陪审员反映工作忙、没有时间参审；43%的陪审员反映工审矛盾冲突时，单位不怎么支持或不支持参审；66%的陪审员认为当前的人民陪审制度对自己基本没有约束或没有约束；83%的一线法官反映陪审员"请而不来"现象比较突出。

四是部分陪审员异化为"编外法官"。由于陪审员"编制"有限，部分陪审员又"请而不来"，一些法院特别是基层法院在案多人少的压力下，通常选择为业务庭和人民法庭配备固定的陪审员。这些陪审员没有其他职业，常年在法院工作，成为了法院的"编外法官"。有些陪审员甚至还同时兼具书记员、内勤等多重身份，承担着庭审记录、卷宗装订及其他事务性工作。"编外法官"的出现意味着陪审权集中由部分陪审员行使，背离了陪审制度所应当体现的司法民主的价值目标。调查中，61%的一线法官认为陪审员的主要功能是"解决法院人手不够的问题"。在一些法院，有的陪审员一年参审案件达到了200多件，而有的陪审员一年甚至没有参加过1次陪审。

2. 江宁区法院陪审制大合议庭改革的基本情况

截至2015年1月，江宁区法院已决定对30件重大民商事案件适用陪审制大合议庭程序审理，已经开庭审理了24起，案件类型包括合同纠纷、生命权健康权身体权纠纷、家事纠纷、相邻权纠纷、民间借贷等，分别占总数的25.0%、20.8%、16.7%、8.3%、16.7%。24件案件中，按照1∶4模式（1名法官和4名人民陪审员）审理的案件有20件，占总数的83.3%，适用2∶5模式审理的案件3件（2名法官和5名人民陪审员），占12.5%，适用1∶6模式审理的案件1件（1名法官和6名陪审员），占4.2%。在开庭审理的24件案件中，审结案件23件，其中判决结案15件，占总数的65.2%，调撤案件8件，调撤率为34.8%。在判决结案的15件案件中，合议庭存在2种以上不同意见的案件有9件，占总数的60%，其中法官意见被陪审员否定的案件有4件，占总数的26.7%。在审结的23件案件中，上诉案件11件，上诉率为47.8%，其中被上级法院发改案件2件，案件的发改率为18.2%。陪审制大合议庭案件判决率、上诉率和发改率等质效指标相对较高的情况反映了此类案件属于重大复杂案件的特征。

3. 江宁区法院陪审制大合议庭改革的主要内容

（1）科学划定适用范围。陪审制大合议庭主要适用于社会关注度高并且与群众联系密切的重大民商事案件和行政案件，具体包括：涉及公共利益或公共政策问题的案件，如环境保护、消费者权益保护、劳动者权益保护等类型案件；社会关注度高、在本地区有重大影响的案件；重大、疑难、复杂案件。

（2）合理确定组织模式。陪审制大合议庭的组织模式主要包括1名法官和4名陪审员、1名法官和6名陪审员以及2名法官和5名陪审员三种模式。这种制度设计主要考虑以下因素：首先，陪审员应当在合议庭中占绝对多数，这样有利于增强陪审员的心理优势，保障陪审员作用的发挥。其次，合议庭应当具有较大的规模，这是因为从决策心理学的角度来看，由于陪审员在决策能力上弱于职业法官，必须组成较大规模的群体才能保证司法裁判的质量。而且，较大规模的合议庭组成也有利于增强民意的广泛性和代表性。再次，合议庭的人数不宜过多，具体来说在数量上最好不超过10人，这样不仅有利于节约司法成本、提高司法效率，也有利于保证每位陪审员对案件的实质性参与。最后，在具体的组织模式选择上，对于案情不复杂但社会关注的重大案件，优先适用1名法官和4名陪审员及1名法官和6名陪审员的构成模式，突出对民意的吸纳；对于疑难复杂的重大案件，优先适用2名法官和5名陪审员的构成模式，做到专业化和大众化的有机结合。调查中，参与过陪审制大合议庭制度的陪审员中，认为参审信心和积极性有了“很大提升”和“较大提升”的占90%以上，其中42%的陪审员认为信心提升的主要原因是“陪审员在人数上占绝对优势”。

（3）注重优化配套制度。针对陪审员异化为“编外法官”的问题，江宁区法院在推行陪审制大合议庭的过程中，一方面要求取消“驻庭陪审员”，不允许辖区法院聘用固定的陪审员；另一方面要求严格按照随机抽取的方式选取参与审判的陪审员，并且注重通过信息化手段保障随机抽选制度落到实处。

针对陪审员“请而不来”的问题，江宁区法院在推行陪审制大合议庭的过程中，首先，学习借鉴南京其他兄弟法院的做法，探索在选任环节要求陪审员填写参审时间表，明确每周能够参与审判的时间，在不能参审的时间内该陪审员不纳入随机抽取的范围；其次，加强对陪审员的工作考核，建立健全陪审员履职信息档案，要求各业务庭做好缺勤登记工作；最后，做好工作考核与退出机制的对接，明确工作忙、没时间等不得作为拒绝参审的“正当理由”，对于累计两次无正当理由不参加陪审制大合议庭审理的，则建议陪审员主动请辞或者提请人大常委会免除其职务。

针对陪审员“陪而不审”的问题，江宁区法院在推行陪审制大合议庭制度的过程中注重从审判各个阶段和各个环节进行程序优化：在庭前准备阶段，要求法官安排陪审员阅卷并介绍案情。在庭审中，要求法官询问陪审员是否有问题提问。在评议表决阶段，要求法官对涉及的法律条文作出法律解说和法律提示，引导陪审员有序充分地发表意见；在评议表决顺序上，要求按照陪审员、承办法官、审判长的顺序进行，防止法官对陪审员的不当影响；在合议庭表决环节，切实赋予陪审员与法官同等的权力，要求严格按照少数服从多数的原则确定裁判结果，法官的少数意见不能限制或否定合议庭的多数意见，法官和院庭长也不得要求合议庭重新合议案件。调查显示在陪审制大合议庭中陪审员的作用得到了有效发挥，89%的陪审员在开庭前对案情有了初步了解；78%的陪审员在庭审时向当事人进行了提问；85%以上的陪审员表示充分发表了意见，其中80%

以上的陪审员认为即使与法官意见不一致也能坚持自己的意见。

4. 江宁区法院陪审制大合议庭改革中发现的问题

在一年多的改革试点工作中，江宁区法院发现陪审制大合议庭实践主要存在以下问题：

一是部分审判人员未能充分引导释明。职业法官对陪审员的引导和释明是参审制国家通行的做法。虽然实施意见强调了审判人员的引导释明义务，要求“法官应当根据案件审理与合议的情况，就合议庭存在争议的证据采信、事实认定、当事人责任承担和分配等方面归纳出具体、明确的表决事项，供合议庭表决”。在改革实践中，大部分法官也能够积极引导人民陪审员充分发表意见，但是仍有一些承办法官由于对意见精神学习领会不够、对引导释明的重要性认识不足或者引导释明能力不强等原因，未能充分引导释明，影响了人民陪审员作用的发挥。

二是人民陪审员对法律适用难以作出判断。在十八届四中全会之前，陪审员基本与法官享有同等的权力，既要负责认定事实，也要负责适用法律。而且大陆法系属于成文法系，法律具有系统性和规范性的特点，对于不具备法律素养的人民陪审员来说，适用法律本身确实较为困难，特别是让陪审员对复杂的程序事项作出判断时更是难上加难。江宁区法院在适用陪审制大合议庭审理案件的过程中，时常出现这样的情况，审判长或承办法官对诸如诉讼时效等程序性事项做出了详细的解释，但是一些人民陪审员仍然表示无法理解和做出判断，认为这些问题应当由法官决定。

三是适用范围受刑事诉讼法限制。我国《刑事诉讼法》第 178 条第 1 款、第 2 款、第 4 款规定：“基层人民法院、中级人民法院审判第一审案件，应当由审判员三人或者由审判员和人民陪审员共三人组成合议庭进行，但是基层人民法院适用简易程序的案件可以由审判员一人独任审判。高级人民法院、最高人民法院审判第一审案件，应当由审判员三人至七人或者由审判员和人民陪审员共三人至七人组成合议庭进行。人民法院审判上诉和抗诉案件，由审判员三人至五人组成合议庭进行。”可见，根据《刑事诉讼法》的规定，只有高级人民法院和最高人民法院在审理一审刑事案件时，才有可能适用陪审制大合议庭。实际上，高级人民法院和最高人民法院受理的一审刑事案件数量极少，而一些地方的中级人民法院甚至基层人民法院却审理着大量重大复杂的刑事案件。这些重大刑事案件，触及了司法审判的核心问题，其中许多案件更是民众关注高、社会影响大的重大案件。

5. 完善陪审制大合议庭制度的方向

第一，将重大刑事案件纳入陪审制大合议庭的审理范围。西方各国，无论是英美法系国家还是大陆法系国家，几乎所有适用陪审团或参审制（大合议庭）审理的案件范围都包括重大刑事案件，在法国、日本、意大利、瑞典等国家陪审制度只适用于刑事案件。刑事案件适用陪审制度的作用和价值可见一斑。我国的陪审制大合议庭也有必要向重大刑事案件推广，为此应当对我国《刑事诉讼法》第 178 条进行修改，建议改为“人民法院审判案件，应当由审判员或者由审判员和人民陪审员组成合议庭进行，合议庭成员须为单数。但是基层人民法院适用简易程序的案件可以由审判员一人独任审判”。关于适用陪审制大合议庭刑事案件的范围,借鉴各国的经验建议并结合我国刑事案件的特点,建议明确为“公众关注高、社会影响大并且可能判处十年以上有期徒刑、无期徒刑或者死刑的重大案件”。

第二,探索法官对法律问题的专断权。根据党的十八届四中全会精神,针对陪审制大合议庭改革实践中出现的人民陪审员对法律问题难以作出准确判断的问题。可以说,法律适用问题往往依赖于专业的法律素养和丰富的审判经验。对那些人民陪审员难以理解的法律问题,如果强迫人民陪审员作出表态,通常会出现两种结果,一个是人民陪审员盲目服从法官,致使合议失去意义甚至有可能成为法官转移责任的手段;另一个是容易出现法律适用的错误,影响案件的公正裁判。因此,对于法律适用问题,可以赋予法官以专断权并承担相应的责任。

第三,强化职业法官的引导释明责任。针对实践中出现的个别法官引导释明不充分的问题,应将进一步细化实施意见关于法官引导释明的规定,具体要求法官对专业性的法律术语,需要以通俗易懂的语言向人民陪审员进行详细的解释。当人民陪审员对法律规定、程序设置、证据规则等事项不明确时,法官有义务进行释明。而且在解释释明时,法官还不得诱导和干预人民陪审员作出自由心证。在法庭评议阶段,法官应当简要归纳案情,向人民陪审员陈述无争议的事实或现有证据可以认定的事实,明确双方证据相互冲突的内容以及案件的争议焦点,并引导人民陪审员围绕案件的争议焦点发表意见。案件的争议焦点宜逐个讨论,在讨论每个争点时,法官都应当认真听取并引导人民陪审员充分发表意见。

第四,进一步做好人民陪审员的选任工作。一方面,应进一步增加人民陪审员的数量。增加人民陪审员的人数是保证民意广泛性的基础,是深化司法民主的前提条件。目前江宁区法院人民陪审员的数量已经达到了法官数量的 2 倍,率先实现了人民陪审员“倍增计划”,人民陪审员的广泛性有所增强。为了进一步增强人民陪审员的代表性,按照南京市中级人民法院的要求,江宁区法院将积极争取按照法官人数的 3 ~ 4 倍提请人大常委会考核、选任人民陪审员。另一方面,要注重选取社会各阶层的代表。没有代表性的陪审制,就不会有民主性的根基。作为民主的产物,陪审制应当能够体现和代表社会各个阶层的意志。因此,在审核和录用人民陪审员的过程中,应借鉴阶层划分的方法,防止审判工作中的“民意”为部分社会阶层所“垄断”,让社会各个阶层的代表都有机会参与。

(三)司法便民

1952 年,县法院通过司法改革,总结过去两年司法工作在土地改革和镇压反革命等各种社会改革运动中所采取的巡回审判工作经验,开始试行建立巡回审判制度。1953 年年初,县法院组织 3 个巡回审判小组,深入乡村。在 40 天巡回审判活动中,不仅很快清理积案,而且极大方便当事人,节省务农时间和辗转往返的路费。是年年底,以普选法庭为基础,先后成立 4 个巡回法庭,每庭 4 ~ 5 人,庭长 1 人,审判员、书记员各 2 人,管辖 2 ~ 3 个区。1953 年年底至 1954 年年初,巡回审理判决确定案件 20 件、21 人。1956 年,经省司法厅批准,各巡回法庭陆续改建为固定人民法庭,原先的巡回审理工作转由固定人民法庭承担。江宁、陶吴、汤山以及湖熟人民法庭在巡回审理中,围绕辖区内人民群众最关心、最直接、最现实的问题开展审判工作。

文化大革命前后的一段时间,固定人民法庭一度撤销,巡回审理工作基本陷于无所作为的状态。直到20世纪70年代末和80年代中期,人民法庭相继恢复建立。

1995年,丹阳镇巡回法庭率先挂牌,该法庭在运作一段时间后因故未能继续,于2004年上半年再度恢复。

2002年,江宁经济技术开发区巡回法庭设立,这是进入新世纪后最早设立的巡回法庭。江宁经济技术开发区巡回法庭受理案件范围包括:婚姻家庭纠纷、追索劳动报酬纠纷、房地产纠纷、一般合同纠纷及在辖区内有重大影响、具有典型宣传教育意义、有利于扩大办案社会效果的纠纷案件以及当事人因健康等原因到庭参加诉讼确有困难而预约巡回审理的案件等。2004~2006年,审结各类民商事案件1100余起,诉讼标的8000余万元。

2004年,陶吴、丹阳、陆郎、铜井、土桥、周岗、麒麟、上峰等巡回法庭相继建立。

2005年4月,《道路交通安全法》实施后,大量的交通事故损害赔偿案件涌向法院。区法院首开先河,于是年7月成立常驻交警大队的全日制巡回审判的“交通事故巡回法庭”。2005年7月至2006年6月,全庭共受理交通事故人身和财产损害赔偿案件747件,审结685件,其中调解撤诉398件,调解撤诉率58.10%,判决287件,结案标的额3400余万元,案件平均审理天数仅21天;接待群众咨询1100多人次,采取诉前保全、先予执行和诉讼保全措施173件,涉案金额60余万元。

2006年2月,区法院发出《关于调整开发区等巡回法庭设置的通知》,决定对原设江宁经济技术开发区巡回法庭等巡回审理机构进行调整或增设。不久,为深入贯彻落实《江苏省高级人民法院关于人民法庭巡回审理工作的指导意见》,法院全面加强和规范巡回审理工作。在汤山人民法庭搬迁至汤山街道上峰集镇新的审判楼办公后,原上峰巡回法庭撤销,改设汤山巡回法庭(后改为巡回审判点),原江宁经济技术开发区、陶吴、丹阳、陆郎、铜井、土桥、周岗等巡回法庭均相应改为巡回审判点。这些巡回审判点隶属民一庭、民二庭和4个固定人民法庭,位于不驻庭的园区、街道、镇。其中江宁经济技术开发区审判点主要受理房地产、劳动争议以及各种商事纠纷;麒麟、汤山巡回审判点主要审理房地产、运输合同纠纷;土桥、周岗巡回审判点主要审理相邻、赡养等纠纷;丹阳、陶吴巡回审判点主要审理农副产品销售纠纷、建筑劳务纠纷;铜井、陆郎巡回审判点主要审理土地承包、土地流转案件等。

2010年起,全面推进诉讼服务中心一体化、规范化、标准化建设。2012年,区法院依托规范化诉讼服务中心,配备触摸屏案件查询系统,履行案件查询、诉讼指导、法律咨询、约见法官、判后答疑、执行督促等职能,为群众提供全方位、“门诊式”服务,为当事人提供各类诉讼服务8181人次。回应群众对诉讼便捷的新期待,不断转变审判作风,加大巡回审判力度,将庭审开到学校、社区、田间地头,巡回审理案件5829件,让人民群众更加便捷地参加诉讼。实施司法救助,全年为确有困难的33件案件当事人缓减免诉讼费13.89万元,为426名符合救助条件的案件当事人发放司法救助金100万元。2013

年全年为当事人提供诉讼指导、法律咨询、案件查询等诉讼服务 9137 人次。加大司法救助力度，为 33 名经济困难当事人缓、减、免诉讼费 85.83 万元，向 569 名当事人发放执行救助资金 100 万元。

（四）司法能力建设

2012 年，区法院组织开展“庭审评查和裁判文书评查”活动，着力提升干警的司法能力和水平。加强干警业务能力的培养，组织干警参加上级法院业务培训、公务员网上培训、公务员能力培训等活动，培训干警 920 余人次。加大青年法官的培养力度，建立新任法官“导师制”，成立青年法官沙龙，举办青年法官论坛，安排新进人员到信访岗位锻炼，不断增强青年干警从事群众工作和化解矛盾纠纷的能力。强化应用法学研究，提升法官司法理论水平，全年在省级以上刊物发表调研文章 68 篇，连续 6 年在《最高人民法院公报》刊登指导案例。

2013 年，区法院开展庭审、裁判文书、定案把关“三评查”活动，倒逼业务部门和办案法官重视司法能力提升。强化法官业务培训，以新《民事诉讼法》《刑事诉讼法》为重点累计培训 910 余人次。制定书记员工作规范，开展业务培训，明确工作职责，提高书记员工作技能。注重青年法官培养，建立新任法官“导师制”，30 名青年法官分别与 24 名指导老师签署指导合约，组织开展“庭长示范，青年观摩”系列活动，举办青年法官论坛，提高青年法官综合能力。是年，区法院有 1 篇案例在《最高人民法院公报》发布，连续第 7 年在《最高人民法院公报》刊载案例。

2014 年 1 月，最高人民法院把南京市江宁区人民法院于 2012 年 9 月 10 日作出（2012）江宁开民初字第 646 号民事判决“孙银山诉南京欧尚超市有限公司江宁店买卖合同纠纷案”遴选为第 23 号指导性案例。

青岛中南物业管理有限公司南京分公司诉徐献太、陆素侠物业管理合同纠纷案（《最高人民法院公报》2007 年第 9 期）

王春生诉张开峰、江苏省南京工程高等职业学校、招商银行股份有限公司南京分行、招商银行股份有限公司信用卡中心侵权纠纷案（《最高人民法院公报》2008 年第 10 期）

李维祥诉李格梅继承权纠纷案（《最高人民法院公报》2009 年第 12 期）

葛宇斐诉沈丘县汽车运输有限公司、中国人民财产保险股份有限公司周口市分公司、中国人民财产保险股份有限公司沈丘支公司道路交通事故人身损害赔偿案（《最高人民法院公报》2010 年第 11 期）

段天国诉中国人民财产保险股份有限公司南京市分公司保险合同纠纷案（《最高人民法院公报》2011 年第 3 期）

高尔夫（南京）房地产有限公司诉吴咏梅供用热力合同纠纷案（《最高人民法院公报》2012 年第 12 期）

梁介树诉南京乐府餐饮管理有限公司劳动争议案（《最高人民法院公报》2013 年第 6 期）

陈爱华诉南京市江宁区住房和城乡建设局不履行房屋登记法定职责案（《最高人民

法院公报》2014 年第 8 期)

第二节 检 察 院

一、检察机关设置与职能

(一)民国以降检察机关设置沿革

清王朝统治者接受资产阶级改良主义者"维新变法"的主张,自光绪三十二年(1906)始,陆续颁布《大理院审判编制法》《高等以下各级审判厅试办章程》及《法院编制法》,实行司法制度改革。宣统二年(1910),江苏组建江苏高等检察厅和江苏高等审判厅,首次出现独立于行政和审判的检察机关,并逐步取代延续数千年的行政司法合一的封建司法体制。同年 11 月,江宁地方检察厅在江南盐法道江宁府城江宁县新廊旧厘局成立,并设第一、第二初级检察厅。地方检察厅管辖江宁、上元、句容、溧水、高淳、江浦、六合七县。江宁地方检察厅设有承审员,协助县知事处理民事、刑事案件。

民国元年(1912),南京临时政府北迁后宣布各项法制暂沿用清制。是年江苏继续筹设各地审判、检察机关。第一高等检察分厅管辖区域内除原设江宁、丹徒两处地方检察厅外,又增设江浦、六合、句容、溧水、高淳等地方检察厅。民国二年(1913)10 月,北京政府颁令裁并、更置审判、检察两厅。江苏裁江宁第一、第二初级检察厅,并入江宁地方检察厅。民国十六年(1927),南京国民政府进行司法改革,要旨为每县设一地方法院。10 月,国民政府司法部训令各省改审判厅为法院、裁撤各级检察厅。原有检察长改称法院首席检察官,独立行使职务。11 月 1 日,撤江宁地方检察厅,并入江宁地方法院,另置办公处独立行使职务,后不久改称地方法院检察处。民国二十四年(1935)10 月 1 日,根据国民政府公布的《首都地方法院组织大纲》,江宁地方法院暨检察处易名为首都地方法院暨检察处。民国三十四年(1945)10 月,建立江宁县政府司法室,内设承审员 2 名,书记员 2 名,办事员 1 名。司法行政由县长兼管,实施民事、刑事案件的侦查,提起公诉,移交江宁地方法院审理。民国三十五年(1946)4 月,国民政府首都高等法院成立后,首都及江宁两地方法院暨检察处划归其管辖。1949 年 4 月 24 日,江宁解放,国民政府在江宁的司法机构彻底解体。

中华人民共和国成立初期,江宁县未设检察机构,检察业务由公安机关承担。1953 年 1 月,江苏省人民检察署成立。6 月 24 日,经江苏省人民政府批准建立江宁县人民检察署。江宁检察业务受省检察署镇江分署管辖。王敏生任检察长。县检察署内设秘书、侦查、一般监督和批捕起诉 4 个组,有 10 名工作人员。

根据 1954 年《宪法》和《人民检察院组织法》的有关规定,1955 年 1 月,江宁县人民检察署改称江宁县人民检察院,谢保生任检察长。1957 年夏季整风、"反右"运动后,人民检察院的法律监督地位和作用受到指责,一般监督和侦查监督工作停止。1958 年开始的人民公社化和"大跃进运动",使县政权机关组织形式发生重大变化与机构设置进行调整。1958 年年初,机构精减缩减人员,县检察院从原来的 4 个组减为一个批捕起诉组,有检察长 1 名,检察员 3 名。在全省部分县、市开始撤销公、检、法三机关,合并成立政法公安部之类机构的情况下，9 月 30 日，经中共江宁县委批准，检察院与法院、公安局合署办公，成立政法联合办公室。办公室下设秘书组、政保组、治安刑侦组、审判组和武装民警队，将检察工作划入审判组，不设专人专职。1959 年 3 月，省检察院在与公安、法院联合召开的省“三长”会议上要求必须保留对外的检察院名称和职能，并设检察科（组），县检察院与公安、法院对外仍挂 3 块牌子，但未设检察科（组）。1961 年 6 月，根据省检察院“业务环节，仍应由公、检、法 3 机关各司其事各负其职”要求，县公、检、法三机关分开办公。1966 年 5 月，文化大革命开始，人民检察院被冲砸，不能正常履行检察职能。1967 年 4 月 1 日，省军事管制委员会决定，对江宁县实行军事管制，由主任委员陈国梁等 11 人组成江宁县军事管制委员会，检察职能由军管会接管。1968 年 3 月 7 日，经中共陆军第 27 军委员会批准，江宁县革命委员会成立，张立生为主任委员，县革委会下设办事组、政工组、生产指挥组、人民专政组。1975 年 1 月，《宪法》公布后，从法律上取消了检察机关，检察职权由公安机关行使。

1978 年 3 月 5 日，第五届全国人民代表大会第一次会议通过的《中华人民共和国宪法》再次规定设置人民检察机关。是年 8 月 2 日，中共江苏省委下发苏委发〔1978〕66 号通知，要求各市、县人民检察院在同级人民代表大会没有召开，检察长尚未选举产生之前，可先组成检察院筹建小组，并以代理检察长名义执行任务，开展工作。9 月，中共江宁县委决定重建江宁县人民检察院，调陈宝禄（代检察长）、陈修华（副检察长）负责县检察院筹建工作。12 月 27 日，县第七届人民代表大会第一次会议选举陈宝禄为县检察院检察长，并报请省人大常委会批准任命。1979 年 1 月 1 日，县检察院正式挂牌办公。根据《人民检察院组织法》的规定，检察机关内设机构成立了一室四科，即办公室、刑事检察科、批捕科、经济检察科、法纪检察科。

1980 年 6 月 8 日，根据南京市编委〔1980〕12 号文《关于市区县人民检察院内部机构设置的通知》精神，对内设机构作了调整，撤销批捕科，设置刑事检察科、经济检察科、法纪检察科和办公室，批捕业务由刑事检察科负责。1982 年 5 月 5 日增设监所检察科。1987 年 6 月，根据中共江宁县委〔1987〕15 号文精神，县经济案件办公室建制移交给县检察院管理，作为县检察院内设机构。1987 年在县税务局机关派驻了税务检察室。1988 年 7 月成立经济罪案举报室，不久改为举报中心，其业务由控告申诉检察科承担。1989 年 9 月 19 日，根据市检察院〔1989〕15 号文，决定撤销内设机构“经济案件办公室”。

1992 年 8 月 3 日，根据上级关于侦、捕、诉分开的精神，县检察院决定设置刑事检察一科和刑事检察二科，撤销原刑事检察科和起诉科。刑事检察一科负责刑事案件的批捕起诉，刑事检察二科负责自侦案件的批捕起诉。1994 年 3 月，根据最高人民检察院《关于印发〈人民检察院乡（镇）检察室工作条例〉的通知》精神，成立 23 个乡镇检察室，聘任了 23 名检察助理员。1994 年年底，全院对外设立了国税局、地税局机关等单位和乡镇检察室共 27 个。1995 年 6 月，经上级批准撤销经济检察科，设立江宁县人民检察院反贪污贿赂局，为二级局机构。同年 11 月，反贪局正式挂牌成立，下设三个科室：侦查一科，侦查二科，综合科，同时设立专职纪检员。1996 年 12 月，为加强思想政治工作，设立政工科。为贯彻上级关于捕诉分开的指示精神,加强内部监督,将刑事检察一科、刑事检察二科重组,再设审查批捕科和审查起诉科。1997 年 8 月,根据修改后的《刑事诉讼法》关于涉税犯罪案件的侦查管辖规定,决定撤销县检察院驻国税局、地税局检察室。1998 年 3 月,根据最高人民检察院有关规定,增设举报中心办公室和刑事赔偿办公室。为加强职务经济犯罪的预防工作,在反贪污贿赂工作局内增设预防贪污贿赂犯罪检察科。6 月,根据最高人民检察院关于清理整顿乡(镇)非检察机关编制人员检察助理员职称的指示精神,决定撤销 23 个乡镇检察室,解聘检察助理员,同时在乡镇聘任 23 名检风监督员。10 月,设立纪检组。1999 年 9 月,成立法警大队。1999 年 1 月 15 日,建立江宁监狱大连山劳教所派驻检察室。3 月 26 日,建立江苏省金陵监狱派驻检察室。

2000 年 12 月,经国务院批准,江宁撤县设区,根据省人大决定和最高人民检察院批复,2001 年 4 月江宁县人民检察院更名为南京市江宁区人民检察院。5 月 29 日,在全区 12 个乡镇和社区设立民事行政检察服务站,并聘请 12 名民事行政检察联络员,进一步加强民事行政检察工作的网络化建设。2002 年 6 月 5 日,根据《宪法》《人民检察院组织法》的有关规定,以及江苏省委关于《江苏省市县人民检察院机构改革意见》、中共南京市委《关于南京市区县人民检察院机构改革的指导意见》等有关文件的精神,江宁检察院结合实际,制订"三定"(人员编制、内设机构、工作职责)机构改革方案,并报中共江宁区委批准。确定区检察院内设 11 个职能部门,即办公室、政治处、侦查监督科、公诉科、反贪污贿赂局(下设综合科、侦查一科、侦查二科和职务犯罪预防科,挂"区预防职务犯罪工作指导委员会办公室"牌子)、监所检察科、民事行政检察科、控告申诉检察科(挂"区人民检察院举报中心""区人民检察院刑事赔偿办公室"的牌子)、渎职侵权检察科、法警大队、法律政策研究室(区检察院检察委员会办公室)。9 月 14 日,设立监察室。2004 年 8 月 23 日,经省检察院批复同意,区机构编制委员会下发(江宁编字〔2004〕27 号)《关于设立江宁区人民检察院驻开发园区检察室的批复》,设立江宁开发园区检察室。2005 年 2 月 24 日区机构编制委员会下发(江宁编字〔2005〕8 号)《关于区检察院设立人民监督员办公室的批复》,增设人民监督员办公室,与法律政策研究室合署。10 月 7 日,区编制委员会下发(江宁编字〔2005〕45 号)《关于检察院渎职侵权检察科更名批复》,渎职侵权检察科更名为反渎职侵权局。

2012 年江宁区检察院共有 14 个内设机构,分别是:办公室、政治处、监察室、侦查监督科、公诉科、反贪污贿赂局、监所检察科、民事行政检察科、控告申诉检察科(挂"区检察院举报中心""区检察院刑事赔偿办公室"的牌子)、反渎职侵权局、法警大队、法律政策研究室(区检察院检察委员会办公室、人民监督员办公室)、案件监督管理办公室、驻江宁经济技术开发区检察室。

2014 年江宁区检察院共有 20 个内设机构,分别是:办公室(下设检察技术科)、政治处、监察室、侦查监督科、公诉科、未成年人刑事检察科、反贪污贿赂局、反渎职侵权局、监所检察科、民事行政检察科、控告申诉检察科(挂"区检察院举报中心""区检察院刑事赔偿办公室"的牌子)、职务犯罪预防局、法警大队、法律政策研究室(区检察院检察委员会办公室、人民监督员办公室)、案件监督管理科、派驻江宁经济技术开发区检察室、派驻汤山街道检察室、派驻禄口街道检察室、派驻湖熟街道检察室、派驻江宁街道检察室。

(二)检察机关职能的变迁

1. 清末、民国时期检察机关职能

清末《法院编制法》规定,检察机关实行长官负责制,即全省各级检察官除应服从本厅检察长指挥外,尚应服从高等检察厅检察长之指挥。宣统三年(1911),江苏省高等检察厅检察长制定的《江苏各级检察厅职务纲要》和《江苏各级检察厅办事规则》规定,江苏各级检察厅检察官之职权,对于刑事遵照刑事诉讼律及其他法令所定实行搜查处分,提起公诉,并监察判断之执行;对于民事及其他事件遵照民事诉讼律及其他法令所定为诉讼当事人或公益代表人实行特定事宜。其大要如左(原文为竖排):(1)刑事提起诉讼,(2)收受诉状,(3)指挥司法警察官逮捕犯罪者,(4)调查事实搜集证据,(5)民事保护公益陈述意见,(6)监察审判并纠正其违误,但不得限制审判上所执事务及审权,(7)监视判决之执行,(8)查核审判统计表。检察官遇有紧急事宜,在呈明该管检察长后可于管辖区域处执行职务。各厅候补(包括帮办)检察官得受其长官之指挥分别辅助检察官执行检察事务。凡刑事案件以及民事案件中的婚姻、亲族、嗣续等案件在审判前,审判厅须片(一种司法公文格式)请检察厅派员莅庭监审,检察厅在确定莅庭人员后应即片复审判厅查照。此项规定适用于预审公判。检察官莅庭监察可以纠正审判之违误,但不得限制审判上所执事务和审判权限,无论预审、公判、审判,检察官莅庭时均着靴、帽常服。各级审判厅审判统计报表非经各该检察厅查核不得申报。检察官得随时调阅审判厅一切审判案卷,但须于24小时内交还。

民国初期仍用清制。民国三年(1914)4月北京政府公布《县知事兼理司法事务暂行条例》,规定县知事在办理司法事务时受高等审判厅长、高等检察厅检察长监督,并监督承审员。民国十六年(1927)12月13日国民政府同时公布《高等法院检察官办事权限暂行条例》和《地方法院检察官办事权限暂行条例》规定:检察官之职权:(1)刑事,依照刑事诉讼法规及其他法令所定实行搜查处分、提起公诉、实行公诉并监察判决之执行;(2)民事及其他事件,依照民事诉讼法规定及其他法令所定为诉讼当事人或公益代表人实行特定事宜。对未规定者准沿用《法院编制法》及其他法令之规定。

2. 中华人民共和国成立后检察机关职能

1949年12月20日,《中央人民政府最高人民检察署试行组织条例》公布(1951年9月4日施行),规定人民检察署"对反革命及其他刑事案件实行检察,提起公诉"和"对各级审判机关之违法或不当裁判提起抗议"。根据中共中央《关于镇压反革命活动的指示》,最高人民检察署华东分署要求各级人民检察署应将"镇压反革命活动"作为中心工作布置。1954年6月26日县检察署成立后,即制订下半年工作计划,刑事检察主要是配合公安局、法院审查清理反革命案件。

1955年5月3日,全省检察业务座谈会强调,"今后应加强对党委的请示报告,以取得党委的支持"。同时"必须和公安、法院互相配合,互相制约,互相支持,团结合作,发挥'三股绳一个劲'的作用,以便打击犯罪,保障民主"。要求各级检察长亲自动手,通过典型试验，有重点地开展检察业务工作，首先担负起审查批捕任务，建立相应制度，在取得经验后，再逐步开展其他各项检察业务。7 月下旬，县检察院贯彻 7 月上旬省委召开的部署第二次“镇压反革命”会议精神，全部承担起审查批捕人犯和审查起诉工作。年底，根据中共中央的指示，江苏将审查批捕权下放到中共县级党委和检察院。确定 1956 年全省各级检察机关要从法律上保证继续深入地进行镇压反革命的斗争，并密切配合农业合作化运动和对私改造等中心工作以批捕起诉为中心大力开展和加强侦查工作，及时打击破坏中心工作的现行犯。同时积极加强一般监督工作和监所、劳改监督工作。

1955 年起，根据《人民检察院组织法》规定，县检察院开展“一般监督”和自侦刑事案件的工作。1956 年 6 月《江苏省公安机关、人民检察院、人民法院受理案件的试行办法》规定，检察机关对妨害经济管理秩序、侵犯公民人身权利、破坏公共秩序的案件及国家机关工作人员渎职的案件等四类 27 种犯罪独立行使侦查权。

1957 年最高人民检察院发出“一般监督只保留武器，备而不用”的指示，县检察院自此强调检察机关的专政职能，停止“一般监督”工作。同时中共江苏省委决定，检察机关不再担负侦查任务。县检察院于下半年集中主要力量，配合有关部门，对粮食投机奸商的犯罪活动展开斗争，同时加强了人民来信、来访的接待工作。

1958 年人民公社化以后，随着机构调整、业务收缩、人员减少，检察院仅承担刑事案件的审查批捕、审查起诉工作。按个人阅卷、集体研究、党委审批的规定，检察员于阅卷后形成的处理意见必须经中共地方党委批准，方能采取相应措施和办理相应手续。由于机构合并，其工作方法由检察员独立办案，改为“一员代三员”“一竿到底”，检察员已无检察职责可言。1959 年 2 月，根据中共中央批示，中共江苏省委决定将审查批捕权收归各专区党委。

1961 年 6 月，公、检、法三机关分开办公，各司其职，检察机关监督职能开始恢复。1962 年省检察院根据中共江苏省委确定的“三统一，一分工”的精神重申在保证统一对敌的前提下，检察机关必须履行法律监督职责，按照公、检、法三机关各负其责，互相配合，互相制约的原则，坚持检察人员独立办案。是年，检察机关对刑事案件的侦查工作有所恢复。

1962 年 11 月，最高人民法院、最高人民检察院、公安部作出《关于公、检、法三机关受理普通刑事案件的职责范围的试行规定》，将属于国家机关工作人员、基层干部和企业的职工中贪污侵吞公共财产、基层干部和企业的职工中贪污侵吞公共财产、侵犯人身权利等严重行为，已经构成犯罪需要依法处理的刑事案件划归检察机关受理。

1963 ~ 1965 年检察机关在党委统一领导下，参加城市“五反”运动和农村社会主义教育运动，发动群众制服并改造有破坏行为的“四类分子”和其他犯罪分子，依靠群众办理批捕、不批捕和起诉、不起诉案件。

1966 年文化大革命开始后，人民检察院不能正常行使检察职权。1975 年颁布的《宪法》规定由公安机关行使检察职权。

1978 年，检察院重建后，首先开展审查批捕和审查起诉工作，并抓好来信来访的接待处理。1979 年 7 月，《人民检察院组织法》公布。该法规定各级人民检察院检察长统一领导检察院工作，并按民主集中制的原则主持检察委员会讨论重大案件和其他重大问题。《人民检察院组织法》规定检察机关行使下列职权：(1)对于叛国案、分裂国家案以及严重破坏国家的政策、法律、法令、政令统一实施的重大犯罪案件，行使检察权。(2)对于直接受理的刑事案件进行侦查。(3)对于公安机关侦查的案件，进行审查决定是否逮捕、起诉或者免予起诉；对于公安机关的侦查活动是否合法，实行监督。(4)对于刑事案件提起公诉，支持公诉；对于人民法院的审判活动是否合法，实行监督。(5)对于刑事案件判决、裁定的执行和监狱、看守所、劳动改造机关的活动是否合法，实行监督。并规定：人民检察院依照法律规定独立行使检察权，不受其他行政机关、团体和个人的干涉。

1980 年 1 月 1 日开始施行的《刑事诉讼法》和最高人民法院、最高人民检察院、公安部《关于执行刑事诉讼法规定的案件管辖范围的通知》规定：人民检察院直接受理“贪污罪、侵犯公民民主权利罪、渎职罪以及人民检察院认为需要自己直接受理的其他案件”。1982 年 12 月 14 日，全国五届人大五次会议通过《宪法》明确规定：中华人民共和国人民检察院是国家的法律监督机关。

1990 年 10 月 1 日起施行的《行政诉讼法》第 10 条规定：“人民检察院有权对行政诉讼实行法律监督。”第 64 条规定：“人民检察院对人民法院已经发生法律效力的判决、裁定，发现违反法律、法规规定的，有权按照审判监督程序提出抗诉。”

1991 年 4 月 9 日起施行的《民事诉讼法》规定，地方各级人民检察院对地方各级人民法院已经发生法律效力的民事判决、裁定，发现有下列情形之一的，应当提请上级人民检察院按照审判监督程序提出抗诉：(1)原判决、裁定认定事实的主要证据不足的；(2)原判决、裁定适用法律确有错误的；(3)违反法定程序，可能影响案件正确判决、裁定的；(4)审判人员在审理案件时有贪污受贿、徇私舞弊、枉法裁判行为的。

1997 年 1 月 1 日起施行的《刑事诉讼法》第 18 条第 2 款规定：“贪污贿赂犯罪，国家工作人员的渎职犯罪，国家机关工作人员利用职权实施的非法拘禁、刑讯逼供、报复陷害、非法搜查的侵犯公民人身权利的犯罪以及侵犯公民民主权利的犯罪，由人民检察院立案侦查。对于国家机关工作人员利用职权实施的其他重大的犯罪案件，需要由人民检察院直接受理的时候，经省级以上人民检察院决定，可以由人民检察院立案侦查。”《刑事诉讼法》第 87 条规定了检察机关对公安机关的刑事立案有监督权。

（三）检察机关人员编制及组织管理

1. 检察人员情况

1954 年 5 月，省检察署根据中央关于“在第一个五年经济建设计划期间，有计划有步骤地把全国各级人民检察署的组织和工作建立健全起来”的批示精神，陆续增设市、县检察署。6 月 24 日，经江苏省人民政府批准同意建立江宁县人民检察署。江宁检察业务受省检察署镇江分署管辖。王敏生任检察长。县检察署内设秘书、侦查、一般监督和批捕起诉 4 个组，有 10 名工作人员。

根据江苏省检察院 1956 年干部编制方案规定，由于中共江宁县委的重视，县检察院完成干部调配任务，工作人员增加到 17 名，有检察长 1 名，副检察长 2 名，检察员 6

名,助理检察员4名,书记员4名。

1958年年初,机构精减缩减人员,县检察院从原来的4个组减为一个批捕起诉组,有检察长1名,检察员3名。

1962年3月,吴传芳任副检察长。是年,共有工作人员8名,其中3名抽调去搞"肃反运动",1963年工作人员减至7人,直至1965年年底。

1979年1月1日,县检察院正式挂牌办公。配备正、副检察长各1名,检察员3名,助理检察员1名,书记员2名。后从机关企事业单位和转业干部中抽调充实,至年底共有干警39人。

1985年年底,全院有检察长1名,副检察长2名,检察员2名,正副科长(主任)13名,检察员17名,助理检察员14名,书记员3名,法警4名,计56名检察干警。

1998年在编人数增至89人。2000年在编人数增至93人。2005年年底,区检察院政法专项编制为92名(含纪检监察人员2名)。另有行政附属编制10名。其中,老干部服务人员编制1名,后勤服务人员编制9名。区检察院实有人员:政法89名,附编11名。

2007年区检察院实有在编人员106名,检察辅助人员8名。有检察长1名,副检察长4名。检察员54名,占50.9%;助理检察员5名,占4.7%;书记员26名,占24.5%。硕士研究生3名,本科学历70名,其中法律本科51名,本科以上学历占68.8%;大专学历26名,占24.5%。

2014年年底,区检察院有在编人员111人(编制数119名),另有检察辅助人员31人。在编人员中,助理检察官以上人员74人,拥有本科以上学历人员99人,占人员总数的89.19%。

2. 检察长

表52 检察机关恢复重建以来历任检察长任免情况

姓名	任(免)职时间
王敏生	1954.6~1955.5
谢保生	1956.9~1957.2
姚佩琪	1957.2~1959.7
孙 斌	1960.6~1966.6
陈宝禄	1978.12~1984.5
陈修华	1984.5~1993.2
邵长生	1993.2~2000.3
汤在勉	2001.3~2007.12
王 俊	2007.12~2012.4
金 波	2012.4.~

3. 检察委员会

为认真贯彻落实最高人民检察院《关于改进和加强检察委员会工作的通知》,江宁检察院以"民主、高效、科学"为目标,切实改善检察委员会年龄、文化、专业知识结构,健全完善检察委员会运作机制,坚持民主集中制、实事求是、服从大局3个原则,强化审查指导作用、参谋协调作用,发挥督办落实作用,有力保障检察委员会高效运转。1993年6月22日,县检察院根据《人民检察院检察委员会组织条例》《最高人民检察院检察委员会议事规则》和最高人民检察院有关规定,制定《检察委员会议事规则》,其中明确了检察委员会的任务:(1)讨论、决定在本县检察工作中贯彻执行国家法律、政策方面的重大问题;(2)总结检察工作经验,研究检察工作中的新情况、新问题;(3)讨论、通过本院有关检察工作的规定、规则和办法;(4)讨论本院受理案件的立案、决定(批准)逮捕、审查移送起诉、提请(提起)抗诉等事项;(5)讨论、通过向县人民代表大会及其常委会提出的议案;(6)讨论、通过向县人民代表大会及其常委会的工作报告;(7)讨论、决定其他需要提请检察委员会讨论的事项。检察委员会一般每月召开一次,必要时可以临时召开或者延迟召开。

江宁县人民检察院重建后,1980年11月7日,县第八届人大常委会第二次会议,任命陈宝禄、周毓、陈修华、杨志明、秦德林、江荣翔、戎友序任检察委员会委员。1982年7月1日,县第八届人大常委会第十四次会议,任命杨良才、程冰为检察委员会委员。1984年7月27日,县第九届人大常委会第二次会议,任命陈修华、杨良才、邵长生、杨志明、秦德林、戎友序、江荣翔、冯家安为检察委员会委员。1987年8月29日,县第十届人大常委会第四次会议,任命朱大同、秦家文、易信照、薛国琪为检察委员会委员。1992年6月20日,县第十一届人大常委会第十四次会议,任命胥承家、陶相富、倪士军、丁万柏、陶永胜、张兴福为县检察委员会委员。1993年7月22日,县第十二届人大常委会第四次会议,任命汤在勉为检察委员会委员。1995年9月28日,县第十二届人大常委会第二十一次会议,任命张茂发、张德义为检察委员会委员。1997年3月24日,县第十二届人大常委会第三十四次会议,任命聂德祥、韩家林、赵强为检察委员会委员。1999年5月27日,县第十三届人大常委会第十一次会议,任命陶相富、刘毅、汤文国、易家春为检察委员会委员。2000年3月20日,县第十三届人大常委会第十八次会议,任命李兵为检察委员会委员。2003年4月26日,区第十四届人大常委会第二次会议,任命马林瑞、刘国华、杨林富、王宝国、周敦明为检察委员会委员。2006年11月30日,区第十四届人大常委会第二十九次会议,任命张咏梅、陈耀、张波为检察委员会委员。2007年9月24日,区第十四届人大常委会第三十五次会议,任命陈正平、钱启玉为检察委员会委员。2007年11月15日,区第十四届人大常委会第三十六次会议,任命王俊为检察委员会委员。2009年11月30日江宁区第十五届人大常委会第十四次会议任命鲁礼军为南京江宁区人民检察院检察委员会委员;2011年10月27日江宁区第十五届人大常委会第二十九次会议任命葛勇、赵迅、迟玉先为南京市江宁区人民检察院检察委员会委员;2012年4月任命金波为江宁区人民检察院检察长。

4. 检察队伍建设

县检察院建院初期,根据中共中央组织部规定的条件和中共江苏省委的指示,从县级机关和基层单位调配检察干部。1954年9月《人民检察院组织法》公布施行后,县检察机构逐步健全。1956 年 5 月 14 日省检察院党组《关于本省各级人民检察院1956、1957 年编制方案及对检察干部配备的意见》，要求各级党委在调配检察干部工作中必须根据中共中央组织部规定的，政治可靠、立场坚定、作风正派、办事公正、能联系群众、并有一定的经验与文化水平，各级检察员必须是共产党员的条件调配干部。检察干部的来源，按中共江苏省委指示，从县级机关和基层单位调配，不从社会上另行吸收。至 1966 年文化大革命前，县检察人员的配备情况基本没有变化。

1978 年 8 月 2 日，中共江苏省委根据中共中央的指示下发〔1978〕6 号文件通知，要求各级党委在重建检察机关时应参照、并高于“文化大革命”前的实有人数，把党性强、作风好、懂得党的政策，在党的“第十一次路线斗争”中觉悟高表现好的同志调做检察工作。并调一部分“文化大革命”前做过检察工作，身体健康的老同志作为骨干。1978 年9 月县检察院决定重建后，原检察院部分干部归队，中共江宁县委又从县级机关和基层单位干部中选调。

1980 年实施的新《人民检察院组织法》规定：地方各级人民检察院对本级人民代表大会和本级人民代表大会常务委员会负责并报告工作，因而检察人员任免制度发生了重要变化。即县院检察长由县人民代表大会选举产生，并报省市人大常委会批准；副检察长和检察员由县人大常委会任免；助理检察员和书记员由县检察院检察长任命。

1981 年 8 月 15 日，中共江苏省委组织部转发中共中央组织部批准中共最高人民检察院党组《关于检察干部任免手续的暂行规定》。其中明确规定对各级人民检察院检察员和助理检察员的任免，须经检察院的中共党组讨论决定。检察员须报同级中共党委审批后，由检察长提请本级人民代表大会常务委员会任免。助理检察员由本院检察长任免。对各级检察院的正、副处(科)长、主任等中层干部的任免须经党组讨论决定，并按干部管理权限办理报批和任免手续。1984 年，根据中共中央关于要使干部年轻化、革命化、知识化、专业化的要求调整检察院领导班子，使班子成员的年龄结构和文化结构得以改善。根据省检察院关于从社会上招录检察人员的年龄限制和文化程度的要求。

1988 ~ 1995 年前后四次公开向社会招录青年干部 13 人，年龄在 30 岁以下，其中具有大专文化的 12 人。同时，检察院先后采取向社会招干、接受军转干部和从外单位调干等途径，由于注重把好进入质量关，从而初步改变了检察队伍文化偏低，年龄偏高的状况。采用函授、自学和办“检察专业证书班”等多种途径培养在职干部，使全院干警大专以上文化程度的比例由 1990 年年底的 45% 上升到 85% 。

1995 年《检察官法》首次全面规定了担任检察官的条件。县检察院于 1996 年、1998 年和 2000 年，连续三次开展了“中层干部竞争上岗，一般干部双向选择”活动，实现了干警在各科室、各岗位之间的正常流动，促进了人力资源的合理配置。中层干部竞争上岗、干警岗位轮换，实现了干警在各科室、各岗位之间的正常流动，促进了人力资源的合理配置，增强了队伍的合力。至 2000 年年底，五年间先后有 56 人参加法律专业自学考试和各类专科升本科考试，已取得法律专业大专文凭和非法律专业本科文凭 30 人；19 人参加全国检察机关助理检察员、检察员职称资格考试。至 2000 年年底在编干警 93 人（含职工 9 人）中具有专科以上文化的 83 人，占总人数的 89%，其中硕士学历的 3 人。

2001 年《检察官法》对检察官任职条件进行了调整：一是提高了对检察官的学历要求和工作经验要求；二是提高了初任检察官考试的规格，从过去检察系统组织考试改为由国家组织统一司法考试。2001 年全院干警参加了全国检察人员基本素质考试，通过率为 100%。2001～2002 年，开展了第四次“中层干部竞争上岗、一般干部双向选择”活动。两年中全院 40% 以上干警轮换过岗位。

2002 年起面向全省、全国招贤揽才，加快了队伍年轻化、专业化建设进程。对全院业务骨干大胆使用，全力培养、鼓励、支持他们向更高层次发展。

2003 年，有 21 人获得法律专业本科文凭，全院本科以上学历人数达 61 人，占干警的 68%。3 人通过国家司法考试。对 16 名有发展潜力的年轻干警进行重点培养，选派 4 人参加跨行业和出国学习，为检察工作发展储备人才。

2004 年，区检察院成为南京市首批进行检察人员分类化管理改革的基层检察院，推动检察官队伍的专业化、职业化建设。在中共江宁区委、区政府大力支持下，区检察院积极推进检察改革，加强检察队伍建设。7 月 14 日，江宁区下发《关于试行发放江宁区检察官等级津贴的通知》文件。津贴每月随工资发放，所需经费列入区财政预算。发放对象限于在职检察官和书记员，依照检察官等级确定津贴标准，适当拉开差距。实施检察官等级津贴制度，符合国家检察制度改革要求，有利于推动检察官队伍的专业化、职业化建设。是年，改革人才培养机制，首次引入科长助理制度，增加了中层干部后备梯队的厚度。

2005 年，以分类化管理改革为抓手，稳步推进专业化队伍建设。作为分类化管理改革试点单位，根据分类管理资源整合的初步要求，对全院机构职能逐步进行调整。强化犯罪预防科的职能，将全院的青少年犯罪预防与控制、职务犯罪预防等职能集中到一起，实行大预防格局；将反贪、渎检部门人员统一调配，内部实行办案组负责制，做到人力资源共享，实行大侦查格局；进一步完善分类管理所需要的监督机制，建立健全督导室，完善有关工作机制。针对人员的特点及部门工作需要，调整了 20 名干警和部分中层干部，充实了主要业务部门，逐步实现人才使用相对专业化。为正式实行分类化管理打好基础，实现了顺利过渡。

区检察院始终保持着三项纪录：多年无一例违法违纪事件；多年无一起重大泄密和安全事故；多年无一人要求调离检察机关。全院 90% 的干警受到过最高人民检察院及省、市、区的各类表彰，队伍的良好形象得到了外界的广泛认可。

江宁检察院自 1979 年重建后，按照“班子是核心，中层是关键，人才是保障”的工作思路，大力推进检察队伍建设，全院干警奋发向上，团结奋斗，取得了良好业绩。经过 20 多年的建设，特别是近十年来的努力，江宁区检察院各项检察工作取得了长足的发展，在严厉打击严重刑事犯罪、查办职务犯罪以及法律监督等方面均取得了突出的成绩，为当地的社会稳定、发展作出了积极贡献。江宁检察院（含所属科室）先后获集体荣誉称号223项（次），其中国家级20项（次），省级34项（次），市级70项（次），区（县）级99项（次）；获得个人荣誉称号411人（次），其中国家级9人（次），省级8人（次），市级184人（次），县（区）级210人（次）。在最高人民检察院第三、第四次“双先”表彰中，连续两次被荣记集体一等功，2000年被江苏省委、省政府荣记集体一等功；2001年成为首批全国“人民满意检察院”，2005年2月跨入第一批“全国先进检察院”行列，2006年2月又成功实现争创“全国模范检察”的目标。2007年2月又获得了全国检察机关基层院建设最高荣誉称号——“全国十佳基层检察院”。2008年被最高人民检察院表彰为“全国检察机关文明接待示范窗口”。

二、职务犯罪侦查和预防

（一）职务犯罪立案查处情况

1. 贪污贿赂案件立案查处情况

1979年县检察院重建后，建立经济检察科，有重点地侦查处理直接受理的经济犯罪案件。1982年3月，贯彻中共中央、国务院《关于打击经济领域中严重犯罪活动的决定》和全国人大常委会《关于严惩严重破坏经济的罪犯的决定》，全面开展对经济犯罪案件的侦查工作。1982～1992年，十年共立案查处经济犯罪案件243件，挽回经济损失589.71万元。1993年成立反贪污贿赂领导小组。1995年6月，撤销经济检察科，成立反贪污贿赂局。1993～1997年，反贪污贿赂斗争掀起高潮。五年共立案查处贪污贿赂犯罪案件226件，其中万元以上大案165件，挽回经济损失5550万元。1998年年初，实施修改后的《刑法》和《刑事诉讼法》，检察机关自侦案件的受理范围缩小，江宁检察院积极探索新的工作思路，反贪污贿赂斗争深入发展。1998～2007年，十年共立案查处贪污贿赂犯罪案件181件，挽回经济损失7155万元。1980～2007年，共立案查处贪污贿赂等犯罪案件669件，其中贪污案333件，贿赂案109件，挪用公款案61件，偷税漏税案35件，假冒商标案7件，其他案124件；审结645件，起诉471件，免诉159件，销案15件；挽回经济损失13297.94万元。

2008年，共初查各类线索42件，立案查处贪污、受贿、渎职侵权等职务犯罪案件13件13人，通过办案为国家挽回直接经济损失800余万元。

2009年，共立案查办贪污、贿赂、渎职等职务犯罪案件11件12人，通过办案为国家挽回经济损失600余万元，所办案件均实现了当年立案、当年侦结、当年起诉。

2010年，共查处各类职务犯罪线索61件，立案查办贪污、贿赂等职务犯罪案件14件16人，其中渎职犯罪案件2件4人，通过办案挽回直接经济损失600余万元。

2011年，加大工作力度，统筹推进反贪污贿赂、反渎职侵权和预防职务犯罪工作。共立案侦查贪污贿赂犯罪案件45件48人，其中涉案金额50万元以上的大案14件，处级以上干部要案13人。立案侦查渎职侵权犯罪案件11件14人。所有职务犯罪案件均100%移送起诉，100%有罪判决，相继有三起案件入选2009年和2011年全省“十大反贪、反渎精品案件”。

2012年，共立案查办职务犯罪案件14件19人，其中渎职案件2件3人。所办案件均为10万元以上大案，2件涉案金额超过200万元，处级以上干部犯罪要案3件。通过办案为国家挽回直接经济损失 2100 余万元。

2013 年，积极适应修改后刑事诉讼法对侦查办案工作的新要求，主动转变侦查方式，加强与纪检部门的配合，加大查办贪污、贿赂、渎职等职务犯罪大案、要案的力度，全年共立案查办各类职务犯罪案件 13 件 23 人，其中渎职案件 1 件 4 人，50 万元以上大案 9 人，处级领导干部要案 2 人，通过办案为国家挽回经济损失 930 余万元。

2014 年，共立案侦查各类职务犯罪案件 20 件 25 人，其中渎职犯罪案件 3 件 3 人，挽回国家直接经济损失 1200 余万元。

表 53　1979～2014 年江宁区检察院立案查处贪污贿赂案件情况

单位：件，万元

年份	立案							处理				挽回经济损失
	小计	贪污	贿赂	挪用	偷税抗税	假冒商标	其他	小计	起诉	免诉	销案	
1980	6	3	—	—	—	—	3	3	1	1	1	0.85
1981	13	6	—	—	—	—	7	13	8	4	1	2.38
1982	32	23	1	—	—	—	8	32	21	11	—	11.80
1983	14	9	—	—	—	—	5	14	10	3	1	2.26
1984	15	11	—	—	—	—	4	15	10	5	—	4.89
1985	23	15	—	—	—	—	8	21	17	4	—	142.80
1986	25	17	—	—	—	—	8	25	12	12	1	14.10
1987	11	9	1	—	1	—	—	10	6	4	—	25.00
1988	17	12	—	—	—	—	5	16	10	6	—	47.88
1989	42	33	—	—	—	—	9	42	19	23	—	146.00
1990	24	14	3	4	1	—	2	24	18	6	—	20.98
1991	24	18	2	—	—	—	4	24	16	8	—	54
1992	16	14	—	—	—	—	2	16	9	6	1	120
1993	45	20	7	9	7	2	—	35	24	16	5	500
1994	46	20	1	9	8	3	5	45	24	20	1	850
1995	40	19	3	8	7	2	1	40	22	17	1	1500
1996	55	5	13	9	7	—	21	55	52	2	1	1200
1997	40	12	6	5	4	—	13	40	37	2	1	1500
1998	28	7	10	7	—	—	4	28	26	1	1	755
1999	17	8	6	3	—	—	—	17	17	—	—	400
2000	36	15	14	1	—	—	6	36	36	—	—	600
2001	20	10	9	1	—	—	—	20	20	—	—	1200

续表

年份	立案							处理				挽回经济损失
	小计	贪污	贿赂	挪用	偷税抗税	假冒商标	其他	小计	起诉	免诉	销案	
2002	16	11	5	—	—	—	—	16	14	2	—	1000
2003	12	5	4	—	—	—	3	12	12	—	—	300
2004	17	—	10	4	—	—	3	17	17	—	—	300
2005	15	5	6	1	—	—	3	15	15	—	—	600
2006	14	6	8	—	—	—	—	14	14	—	—	1700
2007	6	6	—	—	—	—	—	—	—	6	—	300
2008	13	13	—	—	—	—	—	—	—	—	—	800
2009	11	11	—	—	—	—	—	—	—	—	—	600
2010	14	14	—	—	—	—	—	—	—	—	—	600
2011	34	34	—	—	—	—	—	—	—	—	—	—
2012	12	12	—	—	—	—	—	—	—	—	—	2100
2013	12	12	—	—	—	—	—	—	—	—	—	930
2014	17	17	—	—	—	—	—	—	—	—	—	1200

2. 渎职侵权案件立案查处情况

江宁县检察院从1955年起,根据《人民检察院组织法》的规定,受理一般监督案件87件,自办4件。1957年,停止一般监督。1959年处理严重违法乱纪8人。1961～1964年,处理基层干部违法乱纪行为的人民来信98件。1979年江宁县检察院重建后设法纪科,受理有关法纪方面的信访及案件。1985年开始,受理法纪案件呈逐年上升趋势。当年受理法纪案件16件,立案4件。1996年受理法纪案件上升至47件,立案11件。1997年,由于修改后的《刑事诉讼法》的全面施行,检察机关法纪案件管辖范围较以前有所缩小,法纪案件的受理数和立案数也有所下降,当年受理法纪案件26件,起诉2件,以后逐年下降。2002年6月,法纪检察科更名为渎职侵权检察科。2005年2月,渎职侵权检察科更名为反渎职侵权局。1980～2007年,共受理渎职侵权案件457件,立案115件。其中,渎职案件79件,有重大责任事故案36件,玩忽职守案件35件,滥用职权案8件;侵权案件23件,有非法拘禁案17件,诬告陷害案3件,非法侵宅案3件;其他案13件。2008年,共初查各类线索42件,立案查处贪污、受贿、渎职侵权等职务犯罪案件13件13人。2009年,共立案查办贪污、贿赂、渎职等职务犯罪案件11件12人,通过办案为国家挽回经济损失600余万元,所办案件均实现了当年立案、当年侦结、当年起诉。2010年,共查处各类职务犯罪线索61件,立案查办贪污、贿赂等职务犯罪案件14件16人,其中渎职犯罪案件2件4人。2011年,共立案侦查贪污贿赂犯罪案件45件48人,其中涉案金额50万元以上的大案14件,处级以上干部要案13人。立案侦查渎职侵权犯罪案件 11 件 14 人。2012 年，共立案查办职务犯罪案件 14 件 19 人，其中渎职案件 2 件 3 人。2013 年，立案查办各类职务犯罪案件 13 件 23 人，其中渎职案件 1 件 4 人。2014 年，立案侦查各类职务犯罪案件 20 件 25 人，其中渎职犯罪案件 3 件 3 人，挽回国家直接经济损失 1200 余万元。2014 年立案侦查 3 起。

表 54　1979～2014 年江宁区检察院立案查处渎职侵权案件情况

单位：件

年份	受理数	立案案件										处理情况	
		小计	重责事故	玩忽职守	滥用职权	非法拘禁	非法侵宅	徇私舞弊	诬告陷害	伪证	其他	起诉	免诉
1980	5	5	1	1	—	—	—	—	—	—	3	2	3
1981	2	2	—	—	—	—	2	—	—	—	—	1	1
1982	3	3	—	—	—	—	—	—	1	—	2	3	—
1983	1	1	—	—	—	—	—	—	—	—	1	—	1
1984	6	4	2	—	—	—	—	—	—	—	2	4	—
1985	16	4	—	1	—	1	—	—	—	—	2	—	—
1986	32	5	3	2	—	—	—	—	—	—	—	1	4
1987	30	5	2	3	—	—	—	—	—	—	—	2	3
1988	36	3	3	—	—	—	—	—	—	—	—	1	2
1989	19	7	7	—	—	—	—	—	—	—	—	2	5
1990	20	6	—	4	—	2	—	—	—	—	—	1	5
1991	27	7	1	3	—	2	—	—	1	—	—	3	3
1992	32	5	4	1	—	—	—	—	—	—	—	—	5
1993	35	7	2	3	—	2	—	—	—	—	—	1	6
1994	36	8	3	1	—	3	—	—	1	—	—	2	6
1995	35	9	6	2	—	1	—	—	—	—	—	3	5
1996	47	11	2	6	—	2	1	—	—	—	—	5	6
1997	26	6	—	3	—	1	—	—	—	2	—	2	2
1998	10	—	—	—	—	—	—	—	—	—	—	—	—
1999	8	1	—	1	—	—	—	—	—	—	—	1	—
2000	4	2	—	1	—	—	—	1	—	—	—	1	1
2001	6	3	—	—	3	—	—	—	—	—	—	3	—
2002	7	2	—	—	2	—	—	—	—	—	—	[illegible]	[illegible]
2003	2	—	—	—	—	—	—	—	—	[illegible]	[illegible]	[illegible]	[illegible]

续表

年份	受理数	立案案件										处理情况	
		小计	重责事故	玩忽职守	滥用职权	非法拘禁	非法侵宅	徇私舞弊	诬告陷害	伪证	其他	起诉	免诉
2004	2	2	—	2	—	—	—	—	—	—	—	2	—
2005	3	3	—	1	2	—	—	—	—	—	—	3	—
2006	1	1	—	—	1	—	—	—	—	—	—	1	—
2007	6	3	—	—	—	3	—	—	—	—	—	—	—
2008	13	13	—	—	—	—	—	—	—	—	—	—	—
2010	2	2	—	—	—	—	—	—	—	—	—	—	—
2011	11	11	—	—	—	—	—	—	—	—	—	11	—
2012	2	2	—	—	—	—	—	—	—	—	—	2	—
2013	1	1	—	—	—	—	—	—	—	—	—	1	—
2014	3	3	—	—	—	—	—	—	—	—	—	3	—

（二）职务犯罪侦查工作机制研究

1. 职务犯罪侦查机构和侦查人员的组织和保障

我国检察机关管辖的职务犯罪案件分为以下几类：贪污贿赂犯罪案件、渎职犯罪案件、职务侵权犯罪案件和其他重大职务犯罪案件。贪污贿赂案件和渎职侵权案件分别由检察机关的反贪污贿赂部门和渎职侵权检察部门具体办理。我国的职务犯罪侦查队伍是以“块块为主”的地方管理机制。检察机关内设的反贪污贿赂机构和渎职侵权检察机构都自上而下形成系统，但这种系统性主要体现在侦查业务的管理，其机构从属于各级检察院，辖域从属于相应的行政区域。职务犯罪侦查机构内部也是按照检察院内设机构进行管理，按行政层级和称谓进行组建。职务犯罪侦查人员是在各级检察院总编制名额内进行配置，检察院编内人员由地方党委组织部和政府人事部门进行选任，然后履行法律程序。职务犯罪侦查人员纳入检察官系列管理，其待遇、晋升、奖惩等完全套用行政管理模式和严格对应行政级别，实行的是行政系列制，按行政干部管理，地方党政机关掌握着职务犯罪侦查检察官的任免、升降大权。

2. 案件管理机制

涉案情报信息管理，是指对有关职务犯罪的线索、情报、消息等内容的收集、传递、储存、利用等方面的流程和规范。检察机关依法收集职务犯罪信息的方式主要有两种：一是接受报案、控告、举报和自首；二是自行发现的职务犯罪信息。人民检察院设有专门机构——举报中心，负责统一接受职务犯罪信息，并负责职务犯罪案件的受案审查工作。举报中心对所接受的犯罪信息进行审查后，对其中涉嫌职务犯罪依法应当由人民检察院管辖的，予以直接受理；对不属于人民检察院管辖的，移送有关主管机关处理。

举报中心对属于检察机关管辖的职务犯罪信息，经研究确定分流方案后，按照管辖权限和职能分工，分别移送有管辖权的人民检察院和本院有关职能部门，依法进行立案侦查。

3. 案件侦查机制

职务犯罪案件的侦查管理，主要包括线索的初查管理、立案管理、侦查工作管理。人民检察院举报中心收到涉案信息进行审查后，根据管辖规定，将涉嫌职务犯罪的线索进行分流、备案。检察机关侦查部门对举报中心移交的职务犯罪案件线索进行审查后，认为需要进行初查的，报检察长或检察委员会决定。初查由侦查部门进行，可以采取不限制被查对象人身、财产权利的调查措施，如进行询问、查询、调取证件材料等，但不得对被查对象采取强制措施，不得查封、扣押、冻结被查对象的财产。对职务犯罪一经立案，即启动了侦查程序。侦查工作在检察长的领导下，由反贪污贿赂部门、渎职侵权检察部门等职能机构具体实施。职务犯罪侦查工作实行上级检察院对下级检察院的领导、管理和业务指导，对于需要若干个检察院共同侦查或者需要统一部署侦查的重大案件，由共同的上级检察院成立办案组织，统一指挥协调侦查工作。在坚持要案分级办理的同时，上级院可视具体情况，将本院办理的案件交下一级检察院立案侦查，同时加强组织指挥和参办、督办工作。

与我国职务犯罪侦查工作机制一样，江宁检察院基本上是套用行政机关工作的运行模式。例如，领导自上而下地层层批办案件，侦查终结后又自下而上地层层研究讨论、请示汇报、审查把关。甚至为进行个案的侦查而成立的临时侦查组织中，其侦查办案工作也是严格由办案组长督办、主办检察官承办、其他检察官参办，按照行政层级按部就班地运作，无论是下级对上级汇报工作，还是上级对下级的指挥，一般都不得越级，基本上属于行政化的管理模式。

4. 职务犯罪侦查机制存在的问题

职务犯罪侦查机构和人员的管理机制不适应侦查职能的需要。职务犯罪侦查的专业技术性很强，侦查队伍应当是一个专业化的群体。但在现行的行政管理机制下，侦查决策完全由领导定夺，侦查人员无需专业要求，学识、能力、技术、经验得不到应有的重视，不利于优秀侦查人员的脱颖而出，缺乏生机与活力，难以提高侦查检察官的独立办案能力和创新工作能力，最终导致职务犯罪侦查工作长期在低水平徘徊。职务犯罪侦查的行政化程序不适应职务犯罪侦查的一体化要求。职务犯罪嫌疑人大多是高职务、高智能，有的还涉及高技术犯罪，有的还会利用职权、智能、科技进行反侦查活动。因此，对侦查工作的时效性、统一性和协调性要求很高，稍微不慎就会“打草惊蛇”，导致丧失破案良机。我国长期以来实行的司法化职能和行政性管理畸形结合的职务犯罪侦查办案机制，在侦查中采用层层讨论研究、逐级请示汇报、领导审核决策的行政机关工作程序，在很多情况下会延误侦查破案时机，降低办案效率，模糊职责界限。特别是这种行政化的办案程序使第一线的办案人员容易受到各种人情、权势的干扰和影响，既不利于侦查工作的统一组织指挥和协调，又不利于侦查前沿有效地排除阻力，迅速及时侦破案件。

线索的获取和管理运行缺乏主动性、科学性。目前,检察机关获取职务犯罪案件线索的途径主要包括人民检察院直接发现、被害人报案、有关单位或者个人主动报案或举报、犯罪人的自首四种;承担线索管理工作的机构主要是挂靠在控告申诉部门的举报中心以及侦查部门内设的线索管理机构或人员。然而,从线索相关制度在实践中的运行情况来看,难以符合侦查工作特点,与侦查活动的需要差距很大。举报线索目前仍然是查办职务犯罪案件的主要来源。《人民检察院刑事诉讼规则》规定各级人民检察院举报中心是检察机关受理、管理举报案件线索的专门机构,对各类举报线索实行统一管理、归口办理、分级负责的原则。自侦部门不直接面向社会受理案件线索,将侦查工作与案件线索的受理、管理相分离。在这种模式下,举报线索有两条运行轨道,一条是通过举报中心逐级运行,主要解决的是线索如何分流的问题;另一条是通过侦查部门逐级运行,主要解决的是初查与否的问题。如果以内勤呈送审批(或移交线索)和回收线索为一个环节,那么一条线索一般至少要经过七个环节七人(举报中心内勤、控申部门负责人、分管举报控申检察长、侦查部门内勤、侦查部门负责人、分管侦查部门检察长、初查侦查人员)之手,重大线索要经过八个环节八人之手(重大线索经检察长审批),若出现部门或分管检察长意见不同情况,线索流转往返又增加多个环节才能到达侦查人员手中。从司法经济和效率角度看,线索运转的环节过多,运行的时间较长,线索的流转效率低,增加了办案成本,降低了办案效率。线索的获取缺乏主动性。职务犯罪本身具有隐秘性,往往也没有具体的被害人,相关单位和群众难以发现,这就决定了职务犯罪侦查活动在很大程度上需要依靠侦查机关自身力量主动收集和发现犯罪线索。侦查部门的主动出击往往是作为被动受理线索不足的补充,具有随机性和临时性。

初查程序启动不规范,初查基本原则空置、整体配合机制不健全。初查是指检察机关对线索进行调查,以判明其是否符合立案条件的诉讼活动,既是立案的前提,又是立案后侦查工作乃至职务犯罪诉讼全程的基础。最高人民检察院《人民检察院刑事诉讼规则》明确将初查规定为立案的一个环节,这标志着初查制度的正式确立。但自始至终,初查制度都没有列入法定诉讼程序,《刑事诉讼法》中并没有"初查"的相关规定。

侦查职能配置忽视侦查体系的整体构建,内设机构易产生本位主义。目前,形成的侦查职能配置架构改变了以往的"大自侦"格局,强调案件侦查和线索受理分别归口、统一管理,出发点在于实现侦查职能的规范管理和制约控制,但由于其忽视了侦查体系的整体构建以及职务犯罪侦查与法律监督之间的密切联系,不尽符合侦查工作规律的要求,一定程度上形成了内设机构的本位主义。影响了检察机关内部的侦查工作运行上的顺畅,主要表现在:侦查部门与线索管理部门脱节。反贪与渎检部门的合力难以形成。

5. 职务犯罪侦查机制的完善建议

职务犯罪侦查机制完善建议如下:

(1)强化职务犯罪侦查机构、人员和经费的独立保障,改变现行的"分级管理、分级负担"的职务犯罪侦查经费保障机制。(2)建立科学、高效的案件线索管理和运行机制,如对区域内线索信息的统一汇总和分级管理制度,强化上级院的线索情报服务功能,建立线索资源机动调配机制。(3)赋予初查以明确的法律地位,规范初查制度。(4)由侦查机构直接管理案件线索,合理配置侦查职能,从有利于正确高效行使检察权,强化职务犯罪侦查的角度出发,可以以主任侦查检察官办案模式为依托,对职务犯罪线索的管理、职务犯罪初查权、侦查权进行新的合理配置。将举报中心改由职务犯罪侦查部门直接管理,建立举报线索直达机制。(5)建立职务犯罪侦查、指挥的一体化机制。职务犯罪侦查一体化,是指针对职务犯罪跨地区、跨行业,作案手段隐蔽、狡猾,办案阻力大等新情况、新特点而采取的以侦查指挥中心为组织形式,以提办、督办、交办、参办等为主要办案形式,以上下一体、区域联动、整体作战为主要表现形式,实行区域内案件线索统一管理和经营,侦查人才和技术装备统一调配使用,重要侦查活动统一组织指挥,执法环境统一营造的侦查新机制。近年来,最高人民检察院和各地人民检察院在职务犯罪侦查一体化方面进行了积极探索,相继出台了一些规范性文件。2006 年 9 月最高人民检察院出台了《关于健全职务犯罪侦查工作一体化机制的若干规定》,2008 年最高人民检察院出台了《关于查办重大复杂职务犯罪案件工作的规定》,这一规定进一步为各级检察机关探索职务犯罪侦查一体化机制指明了方向。我们要建立一体化的办案机制、一体化的案件线索管理机制、一体化的情报信息收集利用机制和一体化的侦查人才资源管理机制,形成纵向指挥有力、横向协作紧密、运作高效有序的职务犯罪侦查机制。

(三)职务犯罪预防

1. 职务犯罪预防情况

1979 年县检察院重建后,按照中共中央指示,把打击犯罪和预防犯罪结合起来,积极参加社会治安综合治理。1979 ~ 1998 年,建立综合治理联系点 62 个,配合政府有关部门进行安全生产大检查 16 次,重点检查 60 多家企业,向玩忽职守和重大事故发案单位发出书面检察建议书 55 份,提出检察建议和整改意见 335 条,查出、消除安全隐患 61 个,并帮助有关单位完善制度,建立防范机制。

1998 年 3 月,江宁检察院在全市率先成立职务犯罪预防科,形成了刑检、反贪、法纪、控申部门参与的大预防体系。同时江宁县预防职务犯罪领导小组成立,形成了检察机关和有关单位参与的社会化预防网络。从源头上治理和遏制腐败,加大预防职务犯罪力度。1998 ~ 2007 年,组织预防职务犯罪宣讲教育活动 32 场次,受教育群众达 21500 人次。到有关单位上法制课 116 场次,接受教育达 9800 人。组织 62 家单位到金陵监狱、江宁监狱职务犯罪预防教育基地接受警示教育,受教育 4700 人。从 1993 年开始,针对青少年犯罪逐年上升,江宁检察院认真贯彻《未成年人保护法》和《预防未成年人犯罪法》,坚持“教育、感化、挽救”的方针,加强青少年犯罪预防工作。1993 ~ 2007 年,向 13 所学校派出法制副校长,构建较完善的预防网络。到学校上法制课 153 场次,受教育学生 106800 人。组织劳教人员开展现身说法活动 14 场次,受教育学生 15000 人。组织帮教组织 50 个,分别对 56 名失足青少年开展特殊帮教,无一人出现重新犯罪,帮教转化率达 100% 。

1981 年,最高人民检察院明确提出检察机关参与社会治安综合治理的任务。1981 ~ 1983 年,县检察院把打击犯罪和预防犯罪结合起来,积极参加综合治理。在办理贪污案时,针对发案单位管理混乱、各种制度不健全等问题,帮助他们查原因,订措施,堵漏洞,健全各项规章制度，做好防范工作。

1984年，打防结合，扩大办案的政治社会效果。在办理经济案件中注意把打击犯罪与预防犯罪结合起来，向发案单位提出书面检察建议5份。1985年，办案与开展"检察建议"相结合。通过办案分析发案的主客观原因，向发案单位提出检察建议。全年向发案单位提出书面检察建议17次在提出建议的同时，协助发案单位建立健全规章制度，堵塞漏洞，消灭隐患。1986年，结合办案，直接查漏建制。一年来，针对发案单位规章制度不健全以及经营管理，治安防范方面存在的漏洞，及时向15个单位提出书面检察建议70多条。1987年，协助县政府有关部门开展安全生产大检查，帮助问题多的单位制定整改措施，并与县安全生产委员会联合转发了最高人民检察院《关于正确认定和处理玩忽职守罪的若干意见》，教育各级干部严守职责。一年来，共向26个单位发出了检察建议或发出口头建议，其中有关安全生产方面，向20个企业单位发出检察建议，并帮助发案单位制定整改措施。1988年，对看守所执行法律政策情况进行检察，提出检察建议28条，促进了看守所依法管理，文明管理。1989年，贯彻全国和省、市法纪检察工作会议精神，对给国家和人民生命财产造成严重损失的玩忽职守和重大责任事故案作为查办重点。结合办案，注意打防结合，针对发案单位在管理上存在的漏洞提出检察建议，并深入厂矿上法制课10次，受教育人数达400余人。是年，全县重大责任事故比上年下降55%。1990年通过办案，发现问题和漏洞，总结经验，向发案单位提出检察建议，促进发案单位改进工作，改善管理，建立健全各项规章制度。1991年，法纪检察工作，针对采石、建筑业易发生重大伤亡事故的特点，对发案单位除依法惩处外，根据"三不放过"原则，坚持一个一个单位找漏洞，查问题，提出检察建议12份，帮助落实整改措施。并深入厂矿上法制教育课12次，受教育人数达1500余人。1992年，检察院加大职务犯罪预防工作力度，尤其是注重发挥检察机关在预防贪污犯罪中的职能作用。结合办案，针对企事业单位经营管理上的弱点，积极提出检察建议，帮助有关单位完善制度，建立防范机制。县检察院还定期不定期地派员到被建议单位了解落实情况，进一步完善检察建议内容，协助单位搞好整改。一年来，针对企业在管理上存在的薄弱环节提出书面建议12份，口头建议70余次，从回访的情况看，这些建议大多数为被建议单位所采纳，对促进企业经营管理规范化起到积极作用。1993年，对玩忽职守、重大责任事故案发单位提出书面检察建议6份，对事故发生突出的企业进行重点治理，帮助修订完善安全生产条件，促进了企业管理。一年来，依法向看守所提出检察建议21条，纠正各种违法14起，稳定监管秩序，促进依法管理，文明管理。1994年，县检察院法纪检察部门充分发挥检察建议作用，在查处重大责任事故案件中，帮助查找原因，找出事故隐患，促使发案单位堵漏建制，加强管理，一年来发出4份书面检察建议，15次口头建议。新建安全生产联系点9个，1995年，法纪检察部门重点查处法纪五类案件，全年受理案件35件，立案9件，其中重大责任事故6件6人，玩忽职守2件2人，非法拘禁1件1人。在积极查办案件的同时，努力搞好综合治理。全年向18个发案单位提出检察建议70余条，大多数被采纳。配合政府有关部门开展安全大检查5次，共检查企业20余个，发现事故隐患9个并敦促予以整改。

1996 年，根据最高人民检察院《关于加强贪污贿赂犯罪预防工作的通知》精神，县检察院将犯罪预防工作正式列入工作的议事日程，于 3 月成立了犯罪预防科，成立了由副检察长为组长的“共建”领导小组。全年与 20 多家单位结成共建对子，组织人员深入共建单位宣传法制，提供法律服务，先后为 40 余家企业、3 个行政村进行诉前调解，挽回经济损失 140 余万元，挽救了 20 多名违法人员。1996 ~ 1997 年，积极查办案件的同时，着眼于综合管理。针对县工业企业多、诱发重大事故的因素也多的情况，县检察院主动配合劳动局、计经委等部门，到 35 家易发事故的重点企业检查安全生产，找出事故隐患 26 个，提出整改意见 100 多条，大多被采纳。1997 年，与县劳动局、建工局等部门联合，对乡镇采石行业、建筑行业负责人员及安全科长、安全员等人员进行安全教育 7 次，以案释法，受培训人员达 550 余人。

1998 年 3 月，在全市率先成立了职务犯罪预防科。3 月 30 日，中共江宁县委决定成立江宁县预防职务犯罪领导小组，县委副书记詹双定任组长。4 月 30 日，江宁县预防职务犯罪领导小组在县检察院召开预防职务犯罪工作座谈会，开展预防宣传和预防调研工作，并与各单位、各部门从事纪检、监察工作的人员联系，初步建立职务犯罪预防网络。是年，法纪检察部门对天宝集团、陶吴镇的安全生产工作进行检查，查出事故隐患 12 个，提出整改意见和建议 20 多份，均被采纳。

1999 年，县检察院把打击锋芒集中指向国家机关工作人员及金融、建筑领域、农村站所、国有企业的职务犯罪。为使反腐败斗争向纵深发展，从源头上遏制和预防受贿犯罪，县检察院立案查处了两名为获取不正当利益向国家机关工作人员行贿的私营业主，其中之一的陶 × 通过行贿套取了国有财产 400 万元用于无证经营，大部分损失已无法追回。两案的查办改变了打击行贿犯罪不力的状况，有效地防止了行贿、受贿风的蔓延。为加强职务犯罪预防工作，首先在重点部门、企业、发案单位设立联系点，构建预防网络。县检察院反贪部门针对农行系统短时间内发生三起挪用公款案情况，深入该行开展行业预防、系统预防工作，取得较好效果。

2001 年，江宁区各级党委、部门、直属企业相继都建立了预防职务犯罪工作领导小组。江宁区内，在区委领导下，形成了检察机关和有关单位参与的社会化预防网络；区检察院内，形成了有刑检、法纪、控申、反贪部门参与的大预防体系，为从源头上预防和遏制职务犯罪增添了生机与活力。2001 年，预防职务犯罪工作不断深入。在区预防职务犯罪指导委员会的领导、支持下，组织开展了全市预防职务犯罪知识大赛江宁区预赛阶段的各项活动，通过比赛促进了宣传，使预防职务犯罪更加深入人心；依托设在金陵监狱的区预防职务犯罪教育基地，先后与乡镇党委、银行等 4 个单位共同举办了 5 期培训班，组织了 400 多名干部参观劳动改造场所，倾听服刑罪犯现身说法，接受生动、直观的法制教育，使预防职务犯罪工作的社会影响不断扩大。2002 年，贯彻落实“标本兼治，综合治理”的方针，按照南京市职务犯罪工作指导委员会关于“从源头上预防和治理腐败”的战略方针，在依法查办案件的同时，加大预防职务犯罪的力度。一是坚持办案和服务同步，实行“服务化预防”。以服务国有企业为重点，在深入查处国企内职务犯罪案件的同时，将“一案一分析，一案一建议，一案一整改，一案一教育，一案一回访”活动贯穿于个案预防的全过程,推进行业系统预防。二是广泛争取社会力量参与预防工作,推进“社会化预防”。是年3月,全县各部门、单位内部预防工作领导小组相继成立,检察机关监督指导,部门各负其责,全社会参与的预防网络和工作机制,保证了各项大型活动的开展。三是运用法制宣传、警示教育进行“特色化预防”。是年10月,召开了60多家单位参加的全区预防职务犯罪研讨会。

2003年,江宁区检察院始终坚持“打防并举”的工作方针,先后16次深入成员单位指导开展创建“无职务犯罪单位”活动;7次组织区地税局、东山街道等单位的党员干部500余人,到金陵监狱职务犯罪预防教育基地接受警示教育;积极牵头组织了“预防职务犯罪需要您参与”万人受教育大型宣传活动,印制、散发宣传资料10000余份;到有关单位上预防职务犯罪法制讲座6场次,接受教育人数950余人次;编写《江宁职务犯罪预防》信息6期。

2004年,坚持把依法查办和预防职务犯罪作为服务大局的重要措施,紧密结合影响稳定、制约发展的热点问题、难点问题,积极发挥检察职能作用,突出查办职务犯罪大要案,认真落实各项预防措施。在查办科学园6名拆迁人员受贿窝案过程中,区检察院充分考虑到案件的特殊性和重要性,针对该案暴露出来的问题,深入调查分析,提出系统性的书面建议,省、市、区有关领导均予以高度重视,促进了全区土地征迁秩序的规范化建设。是年,在全区广泛开展“无职务犯罪单位”创建活动。组织12家单位的近800名干部职工进行警示教育,编制、印发《忏悔录》《江宁检察预防》等书刊2000余本,在江宁烟草公司、南京造币厂等单位举办预防法制讲座14场,参加人员1000余人,预防工作的社会影响力和参与程度进一步扩大。2004年,全区预防网络成员单位已增至101个,重点行业、热点部门及街道、乡镇参与率达到100%,党委统一领导下的社会化的预防工作网络已经形成。

2005年,区检察院坚持打击和预防同步筹划、同时进行,开展预防宣传教育活动11次,发放宣传资料5000余份,接待群众法律咨询900余人次,组织22家单位到监狱接受警示教育,在重点单位上预防职务犯罪法制课18场次,与有关单位联合对“十运会”体育场馆工程展开检查、监督,确保“工程优质、干部优秀”,为预防职务犯罪建设廉洁高效的政务环境发挥了积极作用。

2006年,坚持把开展治理商业贿赂专项工作作为反腐倡廉的重点,严肃惩处涉及国家工作人员的商业贿赂案件,先后在医药、建筑等行业和领域立案查办受贿案件8件8人,维护了市场秩序,保障了公平竞争。完善个案预防、行业预防和重大工程专项预防,开展预防宣传教育活动、上法制课26场次,发放宣传资料3500余份,先后组织14个单位1000余人次到金陵监狱接受警示教育,在全区营造了较为浓厚的预防氛围。

2007年,坚持惩治、预防职务犯罪并重。立案查处各类职务犯罪案件12件12人,通过办案为国家挽回直接经济损失300余万元。同时,积极推进惩治和预防腐败体系建设,组织预防职务犯罪宣讲团到江宁开发区、秣陵街道开展宣讲活动6场次,受教育5000余人。组织协调民政局、东方航空公司等10个单位到金陵监狱、江宁监狱进行警示教育,并举办预防职务犯罪讲座18场次,受教育人数达1500人次,为建设廉洁高效的政务环境发挥积极作用。

2. 职务犯罪预防工作总结

推行“三点三式”预防　推动社会管理创新。

为进一步深化、细化、实化社会管理创新的各项工作举措，近年来，区检察院立足职能，联系实际，积极推行“三点三式”预防，将办理案件的集中点、社会普遍关注的焦点、矛盾的易发点作为推动和完善社会管理体系的立足点，采取个性化预防措施，搭建社会化预防平台，全面推动社会管理创新，促进提高社会管理水平。

第一，立足办理案件的集中点，开展互动式预防，从源头上防止职务犯罪现象发生

为使案件资源充分发挥其应有的效能，使预防工作更具及时性和针对性，该院建立了侦查、预防优势互补的“侦防衔接”互动预防机制，确立了在查办案件中抓预防，用查办案件促发展的工作理念，围绕一段时期内查办案件的集中点，整合信息和人力资源，不仅使职务犯罪预防工作积极介入侦查活动的各个环节，而且注意搜集查办案件中发现的源头性、根本性、基础性问题，以建立预防资源信息库的方式对其进行梳理、归类，筹划采取相应措施推动问题解决。2010 年上半年，该院结合在驻区高校中查办的五起受贿大要案深入 18 所驻区高校同步开展了预防调查、预防对策研究、预防建议落实和预防教育等活动，积极推动成立江宁区预防职务犯罪专家咨询团，形成了预防与打击“双促双赢”的良性循环体制。该院还多方协调，先后组织了审计廉洁专题调研、重点审计单位座谈会、项目审计预防研讨会等多形式的交流互动活动，推动政府出台《江宁区关于政府投资项目审计的有关规定》和《江宁区政府投资项目审计服务中介机构管理考核细则(试行)》，确保了全区全年 13 亿投资总额的审计安全。今年以来，该院结合查办案件，共向有关部门发出检察建议 13 条，推动建立完善相关规章制度 8 项，有效遏制了职务犯罪现象的发生。

第二，立足人民群众的关注点，推出介入式预防，全方位防止社会不稳定因素出现

在准确把握社会转型时期检察工作面临的新要求的基础上，该院密切关注工程建设、拆迁安置等在全区影响大、群众反映强烈的焦点事件，采取零距离接触、深度介入、动态监督的预防措施，全方位防止社会不稳定因素出现。该院针对 2010 年江宁区旧城改造拆迁面积大(353 万平方米，含铁路南站拆迁)，投资额高(92 亿元)的特点，借助街道检察工作联络站和驻开发园区检察室，深入涉及拆迁的 5 个街道、社区以及 6 个重点拆迁项目，对拆迁情况进行摸底调研。针对部分拆迁公司多头隶属、缺乏规范化操作流程规制拆迁行为等现象，该院主动联系旧城改造指挥部以及相关职能部门，组织相关街道负责人和拆迁公司中层以上干部约 110 余人召开了拆迁领域专项预防工作会议，与相关拆迁责任单位签订了《开展旧城改造项目拆迁专项预防意见书》，督促区房屋拆迁管理办公室制定出台了《南京市江宁区城市房屋拆迁动迁人员管理规定》。进一步完善了拆迁项目监督形式，将预防工作从职务犯罪预防拓展到社会矛盾预防，对拆迁业务操作规范提出了明确要求，倡导依法文明拆迁，避免因不当拆迁而引发群体性事件。近日，旧城改造拆迁工作已经开始启动，涉及拆迁的相关检察工作联络站已零距离介入拆迁，受到了拆迁单位和拆迁群众的一致好评。

第三，立足社会矛盾的易发点，推出关爱式预防，多层面参与全社会群防群治工作

针对江宁行政面积大、外来人口多、经济社会形势复杂多变的地域特点，该院把预防犯罪的关口前移，防微杜渐、未雨绸缪，对社会治安重点地区、重点人群、重点领域实施关爱式预防，广泛开展法律进社区、法律进企业、法律进学校、法律进乡村等活动，促进社会治安防控体系建设。一是协助加强流动人口管理。以引导流动人口知法、守法作为关爱重点，主动加强同公安、法院、劳动、城建等相关部门的联系与沟通，结合春节后外来人员大规模返城以及外来人口刑事案件数量上升的实际，有针对性地在流动人口较为集中的地区开展普法教育和宣传咨询活动，帮助外来人员依法维权、理性维权。二是协助做好青少年犯罪的服务管理。以"教育、挽救、保护"为关爱目标，妥善运用"在校学生不捕不诉4+1综合评估机制"，对34名在校学生依法作出了不批准逮捕决定和相对不起诉决定。今年7月，该院在办理一起涉及8所学校在校学生的聚众斗殴案件过程中，对5名为首的涉案学生作出了不批捕决定，促使5名学生在校园中能够继续学习深造并得到持续性的监护和帮教。三是努力维护重点项目投资安全。以促进工程管理有序规范为关爱方向，统筹协调了审计、质检等多方面力量，会同江宁开发区、科学园、滨江开发区三大园区纪工委对全区140多个重大工程建设项目实行动态跟踪预防，建立重点工程廉政监察档案制度，有力促进了工程管理人员的法制观念和预防职务犯罪能力的提高。

三、审查逮捕和公诉

（一）审查逮捕

表55 1954~1964年江宁检察院审查批捕情况

单位：件

年代	受理	批捕	不捕	退查
1954	26	17	6	3
1955	1418	890	225	303
1956	215	64	82	69
1957	189	125	29	35
1958	1358	622	—	696
1959	274	110	151	13
1960	564	421	—	143
1961	409	212	142	55
1962	168	73	75	20
1963	189	108	76	5
1964	41	26	13	2
合计	4851	2708	799	1344

表 56　1979～1994 年审查批捕情况

单位：人

年度	受理	审结情况				
		批捕	不捕	退查	公安撤回	年末结存
1979	123	97	19	4	1	2
1980	228	185	31	11	1	2
1981	411	325	59	21	2	2
1982	330	263	47	6	1	11
1983	750	614	62	56	6	2
1984	681	614	61	8	—	—
1985	281	195	77	9	—	—
1986	289	198	79	6	6	—
1987	208	160	31	13	4	—
1988	412	301	85	26	—	—
1989	523	422	90	11	—	—
1990	429	303	82	42	2	2
1991	396	272	113	11	—	2
1992	436	323	93	20	—	2
1993	501	323	128	49	3	—
1994	448	304	133	8	2	3
合计	6446	4899	1190	301	28	28

表 57　1995～2014 江宁检察院审查批捕情况

单位：件，人

年　度	受理数		批准逮捕		不　捕
1995	322	485	258	374	84
1996	329	472	267	374	94
1997	239	329	191	263	59
1998	419	449	251	334	112
1999	299	437	239	339	99
2000	376	506	290	430	88
2001	295	422	263	362	60
2002	250	349	212	265	62
2003	293	415	256	340	58

续表

年　度	受理数		批准逮捕		不　捕
2004	370	576	341	519	63
2005	448	757	443	680	76
2006	750	1200	625	1000	191
2007	739	1086	554	798	310
2008	676	999	—	786	—
2009	792	1132	—	835	289
2010	840	1266	—	855	419
2011	1144	1726	—	719	336
2012	734	1106	—	854	240
2013	565	756	—	588	178
2014	604	757	—	610	140

（二）审查起诉

表 58　1954～1964 年江宁检察院审查起诉情况一览

单位：件

年代	移送起诉	起诉	不诉	退查
1954	—	—	—	—
1955	319	311	8	—
1956	264	228	23	13
1957	165	147	6	12
1958	—	—	—	—
1959	120	—	—	—
1960	122	122	—	—
1961	236	214	2	20
1962	120	105	4	9
1963	109	98	11	—
1964	61	46	2	13
合计	1516	1271	56	67

表 59　1979～2014 年江宁检察院审查起诉情况

单位:人,件

年度	受理数		审查情况				法院判处	
	件	人	起诉	免诉	不诉	退查	有罪	免刑
1979	70	80	54	15	—	—	54	—
1980	182	226	166	31	6	2	157	1
1981	246	335	270	55	3	26	235	—
1982	204	274	226	23	2	10	226	—
1983	353	662	641	44	1	4	641	—
1984	352	629	534	76	2	31	531	2
1985	156	193	163	17	2	9	172	—
1986	189	214	184	42	2	15	186	—
1987	145	188	171	11	1	8	164	—
1988	179	288	261	24	2	3	241	—
1989	266	465	374	25	—	2	318	—
1990	273	412	377	54	1	5	418	—
1991	226	316	261	27	1	5	255	1
1992	269	417	393	28	—	11	354	1
1993	281	499	331	30	—	120	294	—
1994	218	315	292	12	—	11	320	—
1995	240	353	328	13	—	12	320	—
1996	299	428	426	14	—	—	411	—
1997	249	350	334	—	6	10	280	—
1998	271	345	312	—	2	20	347	—
1999	265	393	369	—	1	23	369	—
2000	368	498	423	—	3	72	423	—
2001	386	652	539	—	5	80	539	—
2002	327	402	372	—	30	—	372	—
2003	375	516	463	—	25	69	463	—
2004	516	776	615	—	26	66	621	—
2005	600	1101	1081	—	7	173	1081	—
2006	839	1450	1176	—	48	51	1176	—
2007	948	1575	1409	—	62	153	1409	—

续表

年度	受理数		审查情况				法院判处	
	件	人	起诉	免诉	不诉	退查	有罪	免刑
2008	1027	1658	1527	—	—	—	1527	—
2009	1032	1643	1426	—	101	—	1426	—
2010	1152	1783	1526	—	118	—	1526	—
2011	1144	1726	1268	—	—	—	1268	—
2012	1358	1980	1431	—	56	—	1431	—
2013	1089	1425	1399	—	74	—	1399	—
2014	1043	1262	1165	—	97	—	1262	—

四、检察监督

（一）刑事诉讼法律监督

1. 立案、侦查活动监督

1954年7月14日，省检察院颁发的《关于检察业务制度的重点试行意见》规定，人民检察院在有必要时可以参与公安机关侦讯工作，是对公安机关的侦查活动是否合法实行监督。江宁县检察署在开展刑事检察工作的同时，开展了侦查监督活动。1955年起，县检察院全面担负起审查批捕、审查起诉工作，并有重点地开展侦查活动监督工作。当时由于干部力量不足，侦查监督工作，着重是通过审查批捕和审查起诉工作来完成。1966年文化大革命开始，侦查监督工作随着检察工作的停止而中断。

1979年县检察院重建后，又重新恢复了检察机关侦查监督职能。在侦查监督工作中，加强了防错、防漏、保护公民的合法权益，稳、准、狠地打击敌人，惩罚犯罪。

1980年7月，最高人民检察院公布《人民检察院刑事检察工作试行细则》，进一步加强了侦查监督工作。8月，省检察院明确侦查活动监督主要内容是防错防漏，其次是公安机关侦查活动是否合法。一年来，对公安机关在侦查工作中不符合规定的，发出书面纠正通知书2件，口头提出纠正违法20次。1981年和1982年结合办案，在刑事检察活动中加强了侦查监督工作。遇到重大疑难案件，或公、检、法三家有分歧的案件，及时向县委和市检察院请示汇报，共同讨论决定，并坚持每季度案件复查的制度，防错防漏。1983年，“严打”斗争开始后，公、检、法三机关在中共江宁县委统一领导下，实行党内联合办公制度，既加强互相配合，又注意依法办事。在审查批捕工作中，对主要事实不清，证据不足的案件，该退查的退查，不该批准逮捕的坚决不捕。

1984年，主要抓案件质量，认真执行法律和政策，对情节显著轻微不构成犯罪和情节较轻没有逮捕必要的，决定不捕的有57人，改变公安定性起诉的有24件27人，深挖余罪43条，建议公安追捕9人，追诉7人。

1985年，认真防错防漏，稳、准、狠地打击刑事犯罪活动。改变公安机关定性起诉4人，建议追捕1人，追诉1人。

1986年加强对侦查活动的监督，切实保证案件质量，县检察院建立健全了一系列必要的办案制度。一年自行补充侦查案件98件，补充证据材料282份。对不构成犯罪和没有逮捕必要以及经过补充侦查仍然事实不清，证据不足的不批捕79人；对虽已构成犯罪，但依照法律和政策规定，具有不需要判刑或具有免刑情节的免诉42人，对罪该逮捕而公安机关没有逮捕的建议公安机关逮捕的2人，基本上保证了不枉不纵。

1987年，积极贯彻全国政法工作座谈会和全国检察长会议精神，坚持"一手抓建设，一手抓法制"的方针，在办案中，坚持"严""细"的办案作风，把好批捕关和起诉关，做到三个不放过：一是不放过不清楚的情节；二是不放过可能造成错案的矛盾点；三是不放过不可靠的证据。一年来，共复核证据材料101份，提讯被告人231人次，复勘现场117次，疑难案件向市检察院请示21件，不批捕39人，改变公安定性起诉3件3人，建议公安追捕3人，追诉1人。

1988年，县检察院撤销刑事检察科，分设批捕科和起诉科，各自行使批捕、起诉业务职能，加强侦查监督。在办理公安转移送的案件中，严格把好事实证据关，提讯被告人461人次，询问证人227人次，勘验现场88场次，退查57件，自行补充侦查216件，补充证据材料469份。对公安移送的案件属不符合法定标准和没有逮捕必要的以及事实不清，证据不足，不批准逮捕的85人；对虽已构成犯罪，但依照法律和政策规定具有免刑情节的免诉6件18人；改变公安定性或部分改变定性批捕16人；起诉3件8人；建议公安追捕3人；追诉3件7人。

1989年，切实加强侦查监督，在核实证据上下功夫，在定性定罪上把好关。一年来，审查批捕中不批准逮捕就有90人，占报捕总数的17%，改变公安定性批捕5人，追捕4人，退回公安补充侦查21人；在审查起诉中，退查42件87人，复勘现场157次，追诉2件3人，改变公安定性起诉10件11人，建议公安撤销案件4件5人。

1990年针对社会治安突出问题与公安紧密配合，积极参与专项斗争，实行提前介入公安机关对重大案件侦查、预审活动。一年来提前介入批捕起诉29件，特别是重大恶性案件及时提前介入。全年共复勘现场85件次，补查案件149件，取证243份，追捕犯罪分子1人，追诉9人，不批准逮捕78人（包括直诉19人），经市检察院案件复查无错漏。

1991年复勘现场53次，自行补充侦查166次，追捕犯罪分子5人。

1992年，认真履行侦查监督职能，严格把好质量关，一年来对公安报捕不构成犯罪或虽构成犯罪，但不需要逮捕作出不捕决定的61件113人，改变定性6件10人，建议公安撤销案件5件5人。

1993年加强侦查监督，强化内部制约。在审查批捕工作中既注意防错，又注意防漏。全年建议公安部门追捕人犯12人，批准逮捕10人。县检察院自行决定追捕1人，追诉8人。改变公安定性13件19人，对公安机关在移送赃款赃物、审讯人犯、调查取证等方面存在的问题，及时向公安反映，与承办人交换意见，予以纠正。全年提出书面检察建议6件、口头建议6次，纠正违法21次。

1994年。一年来，共向公安机关提出逮捕人犯建议6份，检察建议4份，口头建议

28次,追诉重大被告人2人,追查重大遗漏犯罪事实4件。

1995年全年追捕3人,并通过深挖余罪立1件经济案件。增强整体介入意识,严把批捕起诉关。工作中办案人员注意利用估价、外出调查等机会,加大与公安机关配合协调。

1996年不捕82人,免诉14人。共补充侦查材料628份,决定逮捕7人,建议追捕1人,增加罪名2件,追加犯罪事实2件,改变定性8件。共复勘现场50余次,补查材料500余份。

1998年,严把立案监督关,做到稳、准、狠地打击犯罪分子。1998年共受理报请批捕案件300件409人,受案数与上年相比增加了25.8%,审查批准逮捕223件229人,不捕68件97人;受理移送起诉案件271件345人,审查后决定起诉239件312人。

1999年,县检察院对不构成犯罪或不符合逮捕条件的,依法作出不批准逮捕决定115人,防止误捕4人、误诉3人;追捕7件10人,追诉1件1人、追漏罪4件4人。对侦查活动中的违法情况发出书面纠正违法通知书4份。

2000年,县检察院提前介入重特大刑事犯罪案件41件,批准逮捕了犯罪嫌疑人64人。对应当立案而没有立案的,依法向公安机关发出"说明不立案理由通知书"3份,公安机关接到通知书后立案3件;依法追捕追诉犯罪嫌疑人7人;对不符合逮捕条件的依法不批准逮捕88人。

2002年,对应当立案侦查的案件而没立案的,要求说明不立案理由2件,监督立案2件。在审查批捕和审查起诉工作中全面执行法律,既依法打击犯罪,注重发现遗罪漏犯,又保障无罪的人不受刑事追究,保护犯罪嫌疑人的合法权益。对漏捕漏诉的,依法追捕9人,追诉9人,追漏罪4人,对侦查活动中的违法情况提出纠正意见8件。

2003年,区检察院从实践执法为民的宗旨出发,认真履行法律监督职责,着力解决人民群众反映强烈的有罪不究、裁判不公、违法办案等突出问题,有力促进了司法公正。一是加大侦查监督力度。全面、细致的审查每一起案件,重点围绕有无遗漏同案犯、案件定性是否准确展开监督,共依法追捕、追诉11人,改变公安机关案件定性13件33人,确保了对犯罪分子的打击力度。

2004年,区检察院向公安机关发出《说明不立案理由通知书》3份,监督公安机关立案12人;建立行政执法与刑事执法相衔接的工作机制,建议区有关行政执法部门移送案件线索18起。围绕有无遗漏同案犯、案件定性是否准确展开监督,依法追捕、追诉7名犯罪嫌疑人,改变案件定性、增加遗漏犯罪事实11起。严格把握批捕、公诉标准,依法对提请审查的63名犯罪嫌疑人做出不批捕决定,对25人做出不起诉决定,建议公安机关撤案8件15人,确保了法律的正确实施。

2005年,坚持以公正执法为核心,强化诉讼监督工作。全年依法不捕、不诉53件76人,追捕、追诉被告人20人,监督公安机关立案4件4人。

2006年,区检察院以狠抓办案促监督,以监督促公正,强化监督促和谐。全年依法追捕、追诉8件9人,区检察院共适时介入重特大刑事案件侦查工作200余次,参与重大案件讨论80余次。是年,区检察院依法不批准逮捕191人,决定相对不起诉48人。实行询问犯罪嫌疑人全程同步录音录像，强化侦查监督。

2007 年，向公安机关发出《说明不立案理由通知书》9 份，书面纠正违法活动 6 件 8 人。同时，对提请批捕和移送起诉案件严格把关，依法作出不捕、不诉决定 207 件 310 人，提前介入侦查机关重大、疑难刑事案件 32 次，建议公安机关撤案 21 件 40 人。

2008 年，完善检察引导侦查机制，介入公安机关侦查活动 100 余次，规范监督侦查行为。

2009 年，完善检察引导侦查机制，个案引导与类案引导、业务交流与机制衔接相结合，推动侦查活动规范化建设，提前介入重大刑事案件侦查 41 件 62 人，对侦查不规范行为提出书面纠正意见 19 份。

2012 年，按照新刑事诉讼法对司法公正的更高要求，不断强化监督工作，依法监督公安机关立案 11 件 14 人，监督撤案 11 件 18 人，纠正漏捕、漏诉 36 人，对侦查活动中不规范行为提出书面纠正意见 31 次。

2013 年，区检察机关紧紧抓住诉讼监督的难点、热点问题，与区相关政法部门密切配合，探索建立长效工作机制。提前介入重大刑事案件 96 人次，纠正侦查机关违法行为 20 件次，对应当逮捕或提起公诉的，依法追捕追诉 15 人。

2. 刑事审判监督

1954 年《人民检察院组织法》规定，审判监督的内容，有四个方面：对法庭活动是否合法实行监督；对一审案件尚未生效的判决、裁定是否合法实行监督；对已经发生法律效力的判决、裁定是否合法实行监督；自 1956 年起，全面开展审判监督活动，主要是通过出庭支持公诉，发现并及时纠正法院审判活动中的违法情况。1957 年“反右斗争”开始后，审判监督工作遭到批判。1958 年“大跃进”中，实行公、检、法三家联合办案，互相配合、互相制约的办案程序被打乱，审判监督工作流于形式。

1961 年，审判监督工作有所恢复，主要是坚持对县人民法院判决书的副本进行审查，检查的主要内容是：判决书与起诉书认定的犯罪事实是否出入；判决书有无遗留犯罪事实；认定性质是否恰当，引用法律条文是否确切；量刑是否畸轻畸重，赃款赃物处理是否清楚。1962 年，审判监督工作主要是通过审查起诉，出庭支持公诉，发现和纠正错误的判决、裁定，按照诉讼的程序保障法律的统一正确实施，依法保护公民的合法权益。1963 ~ 1965 年，实行在党委领导下的专门机关与广大群众相结合的政法工作群众路线。审判监督工作在党委统一领导下，切实贯彻互相配合、互相制约的制度，按照法律赋予检察机关的职责，坚持分工负责，各管一道工序，依法办事，打击敌人，惩罚犯罪，保护了人民民主权利，发挥了一致对敌，打击现行、维护治安、保卫中心运动的作用。

1966 年文化大革命开始，审判监督工作中断。

1979 年县检察院重建后重新担负了审判监督工作，对判决偏轻偏重的和一般违反程序不影响判决的，提出口头意见；对判决确有错误，则依法筛出起诉。

1980 年，审判监督工作的重点是加强制度建设，及时发现纠正法院错误的判决和裁定。法院对县检察院提起公诉的案件公开审判 114 件 145 人，出庭支持公诉 98 件 124 人，占 86% 。对法院量刑不当的案件，依法提出抗诉 1 件。

1981～1984年，检察机关加强了对法院的审判监督。凡是法院公开审理的案件，均派人支持出庭公诉；对法院定性不当量刑畸轻畸重等问题提出抗诉4件，改判2件。

1985年9月，省检察院明确规定检察机关对审判活动监督的范围：法庭的组成成员是否合法；审理案件是否按照法律程序进行；审判过程中是否有妨碍诉讼正常进行的言行；审理后是否有违反法律规定的言行。1986～1993年，审判监督工作进一步加强。着重从制度上保证检察机关对错误的判决提出抗诉。对上诉程序的抗诉主要有：一是在认定事实上有错误的判决；二是在适用法律上有错误的判决；三是违反诉讼程序而影响正确判决的。通过出庭支持公诉活动，对法院判决确有错误的，抗诉6件6人，其中改判3件3人。

1994年4月19日，最高人民检察院发出《关于加强刑事抗诉工作的通知》，要求各地检察机关认真贯彻"严格执法，狠抓办案"的工作方针，积极开展刑事审判监督工作。县检察院履行职责，通过审判监督，解决执法不严、打击不力的问题，坚持起诉后法院不肯判决的两件案件，法院最终作了有罪判决。县检察院按照《刑事诉讼法》和市检察院要求，进行出庭支持公诉试点工作。1998年3月，县检察院起诉部门被确定为省、市检察院实行主诉检察官负责制的试点单位后，进一步加强了审判监督工作。

（二）刑罚执行和监管活动监督

1955年建院初期，监所检察由批捕起诉组兼管，只做一般性的检察。1966年文化大革命开始，监所检察工作中断。1979年1月，检察院重建后恢复了监所检察工作，由刑事检察科兼管。1984年6月，成立监所检察科，依照《刑事诉讼法》之规定全面担负监所检察职责。

自1984年起，主要开展了五个方面工作。一是加强对人犯改造的监督。进行安全检查、给人犯上大课进行法制教育、找人犯个别谈话交代政策，促使人犯交代自己的罪行，并检举揭发他人，获取有价值线索、破获重大案件。二是加强对监所执法的监督。及时向监所提出纠正各类违法，提出检察建议。对违法减刑、假释、保外就医等情况提出纠正意见，对不符合条件提请减刑、假释、保外就医的"两劳"人员提出不予减刑、假释、保外就医的意见。三是开展高墙内的"严打"斗争和维权行动。依法办理服刑罪犯、劳教人员又犯罪案件，受理办结服刑罪犯申诉案件，确保了监管场所的稳定，又维护了在押人员的合法权益。四是查办监管改造场所的职务犯罪案。2000年一举查获原金陵监狱干警贿赂犯罪窝案，6名罪犯均被法院判刑。2001年立案查处了原江宁监狱收受犯人和犯人家属贿赂的4名监狱警察。五是加强对监外执行罪犯的检察。对判处免诉、缓刑、假释、管制、保外就医的"五种人"，定期谈话，派人回访考察。

1. 监所检察

1979年县检察院重建后，监所检察工作由刑事检察部门兼管，并确定专人负责，主要是对监所执行政策、人犯生活及环境卫生等各方面定期或不定期检查，这对于教育改造罪犯起到了一定作用。1980年县检察院确定了2名专职人员负责监所检察工作。1981年监所检察具体做了以下几个方面的工作：一是严格依法办事，及时制止看守所内的违法行为。对被告人的关押期限、提审讯问等严格按照法律规定执行。发现有超期羁押人犯，对人犯进行逼供或变相体罚、人身侮辱等违法行为，及时提出建议，予以纠正。二是经常分析和了解人犯的思想动态，有针对性地开展政治攻势和法制教育，促使犯罪分子认真服法。有些人犯入监后，由于对法律不甚了解，往往产生畏罪心理，或只交代轻的，不交代重的，或只交代自己的犯罪事实，不交代同伙的罪行，给侦查审判工作的顺利进行带来了一定的困难。针对这些情况，在被告人入监后，及时找人犯谈话，掌握人犯思想动态，并通过上法制教育课的形式教育人认罪伏法，消除对立情绪，争取宽大处理。1983 年，认真贯彻中央关于改造工作的方针政策，加强了对在押人犯改造的监督。1～6 月，配合公安、法院给在押人犯上法制教育课 5 次，找人犯个别谈话 85 次，防止了一次人犯脱逃。查明并提请纠正的有：法院办案超期 3 人次，公安打骂体罚人犯 7 次，使用戒具不当 5 次。

1984 年 6 月，县检察院成立监所检察科，设正副科长各 1 人，检察员 1 人，书记员 1 人，全面开展监所的各项检察工作。

1985 年 9 月，最高人民检察院进一步明确看守所检察的主要任务：保障依法羁押和释放在押人员，准确及时惩罚犯罪分子，保障无罪人不受拘禁，维护在押人员的合法权益，使侦查、起诉、审判活动得以顺利进行。是年，县检察院制定岗位责任制，实行定岗、定人、定责三定责任制，以监所检察工作试行办法为依据，全面履行监所检察职能，开展监所检察工作。监所检察系统积累了资料，监所检察工作向经常化、制度化推进。簿、表、卡、栏较齐全，制定了查监情况登记簿，纠正违法情况登记簿，办案时限检察登记簿，人犯思想动态情况登记簿，对人犯教育情况登记簿，重点人犯登记簿，月季度工作计划登记簿等，系统地积累了各项检察资料，促进和保障诉讼活动的依法进行。并结合实际，对人犯的伙食、卫生状况、放风制度和夏季防暑降温，冬季的防寒防冻及全年的防病、防疫等安全防范工作经常督促检查。全年关押人犯 304 名，没有发生闹监、逃跑、行凶等情况。所中秩序良好、有效地保证了诉讼活动的顺利进行。

1986 年，加强了对看守所执行纪律、政策的检察，对 5 件超办案期限的案件及时提出并予催办，对 2 名已决犯没按规定及时投劳和 2 起应放而未放的依法提请纠正。

1987 年，看守所羁押人犯 467 名，为了做好在监人犯自杀的预防工作，监所检察工作加大了力度，采取了三项措施：一是深入细致地做好人犯的思想工作；二是针对不同情况，对重点人犯，重点防范；三是号召人犯互相监督，把问题消灭在萌芽状态。监所内没有发生一件意外事件。是年，提出纠正违法通知 6 次，提出改进建议 15 条，打击所内重新犯罪 3 人，给人犯上法制课 16 次，找人犯个别谈话教育 260 人次。

1988 年监所检察工作继续认真贯彻落实最高人民检察院、省检察院监所检察工作的会议精神，以提高改造质量，促进依法监管为中心，全面担负起法律赋予的检察任务。全年共对超期羁押、滥用戒具、体罚人犯等执行政策和法律中的问题，提请公安纠正 16 起，并对在押人犯重新犯罪给予及时打击。是年，监所检察科获省检察院授予的“先进集体”称号。

1989 年，继续促进依法监管，提高改造质量。一是对看守所执行政策法律情况的检察，促进文明管理，共纠正超期羁押案件 7 件，纠正干警滥用戒具，体罚人犯等违纪行为

4 起；二是及时办理在押人犯重新犯罪案件 2 件；三是积极配合看守所做好安全防范和违纪教育工作，共给人犯上大课 13 次，个别谈话教育 225 人次，参与安全防范检查 20 次，参加“放风”现场管理 210 次，提出检察建议 28 条，另外对监外执行的五种人检察 75 人次。

1990 年，认真贯彻最高人民检察院、省市检察院监所检察会议精神，以稳定社会和服务严打为重点，履行法律监督职能，积极开展监所检察各项业务。全年共收押人犯 1906 人（其中行政拘留 227 人，收容审查 94 人，外地寄押 11 人）。为了加强对监管活动的监督，促进监管单位依法文明管理，提高管教质量，经常检查看守所管理制度的落实情况，发现问题及时提出纠正意见。如公安机关单人提审问题，严重违反了《刑事诉讼法》的规定。为此县检察院向公安发了纠正违法通知书，引起了公安领导的重视。为了使安全防范措施落实到位，县检察院重点抓了防脱逃，防自杀、自残，防行凶、防闹监等四防工作。是年，县检察院根据《人犯羁押时限诉讼一览表》及时掌握案件诉讼进度，促进了监所检察业务的开展。

1991 年，县检察院监所检察中，口头向有关部门提出纠正违法 7 起，参加安全防范检查 17 次，提出安全防范建议 23 条，协助清监 3 次，共查出各类事故隐患 13 件，并都作了相应处理。保持县看守所 11 年无重大事故。并按照要求实行了八表一册工作制度。制定岗位责任制，检察人员纪律等 6 个规范和案件诉讼一览表，整理装订 27 册档案材料，使监所各项管理制度化规范化。

1992 年，监所检察坚持依法监管，全年参加看守所安全检查 14 次，提出安全防范建议 14 条，口头纠正违法 5 起，对查出各类事故隐患 6 起都协助看守所作了相应处理。是年，县检察院监所检察科被省检察院评为先进集体。

1993 年，县检察院认真实施《人民检察院看守所检察工作规范》，加强对看守所执法活动监督。全年依法向看守所提出检察建议 21 条，纠正各类违法 14 起，给在押犯人上大课教育 12 次，个别谈话教育 246 次。配合看守所安全检查 21 次，清监 8 次，协助及时清除事故隐患 21 起。配合看守所开展打击“牢头狱霸”1 件 3 人。1994 年，监所检察工作围绕“压事故、争达标、办好案”的工作目标，全面开展工作，首批通过省、市两级达标验收。

1995 年，江宁县检察院监所检察部门以巩固经常化、制度化、规范化“三化”成果，再上新台阶为工作目标，突出法律监督，安全检查，抓住薄弱环节，加大监督力度，加强安全防范。注重对人犯的教育，做到人员、责任、措施三落实，全面开展工作。在执法监督方面，对久押不决的人犯提出催办，对超期羁押的提出纠正或上报上级业务部门提出纠正，对单人提审进行专项检查，向县人大作专题汇报，并向有关单位印发单人提审登记表，做到发现一起，登记一起，纠正一起，使多年的“顽症”得以根治。在安全防范方面，每月与看守所、武警中队联合清监和安全检查一次，防止自杀事件 2 起。积极配合看守所开展打击“牢头狱霸”和“百日安全”竞赛等活动。对重点监房、重点人犯和重要时期做好安全防范工作，实现全年安全无事故。

1996 年，以法律监督、安全检查为重点，维护稳定、保障刑事诉讼的顺利进行。是年共清监16次,安全检查26次,提出检察建议26条(均被采纳),清除事故隐患24处(件),1996年年底在全省检察机关监所工作四年一度的评比中,县检察院监所检察科再次被评为先进集体。

1997年,县检察院监所检察部门不断加大监所检察工作力度,强化安全防范,实行"三化"管理。一年来共向有关办案单位和监管单位提出安全防范、监管教育、卫生防病等方面的检察建议29条,纠正超期羁押等违法18起,安全检查31次,消除安全隐患39件(处),找在押犯罪嫌疑人、被告人谈话、教育300人次,给在押人员上大课11次,配合第四季度严打、开展政治侦破攻势,获取线索44条,配合看守所清监12次,做到了超前规划,超前防范,消除隐患。

1998年,监所检察部门切实履行对刑罚执行和强制措施执行的监督。一是把好四关,即收押、释放人犯的"进出关",羁押人犯的"时限关",刑事判决、裁定的"执行关",提讯、押解、会见人犯的"制度关";二是做好防凶杀、防脱逃、防病疫的安全检察工作;三是巩固了监所检察工作的经常化、制度化、规范化成果;四是加强了对监所执行刑罚的罪犯的监督考察。全年共纠正各类违法10起;配合看守所安全检查22次,清监13次,提出检察建议29条,消除事故隐患30起;找人犯谈话教育288人次,获取揭发线索136条,破案11件。

1999年,县检察院根据南京市政法委有关文件精神,接管了派驻江宁、金陵两大监狱检察室。在初步建立健全各类软、硬件设施后,驻监检察人员迅速深入各大中队和劳动场所了解掌握情况,积极与狱方各职能部门沟通、协调,使驻监检察工作受到狱方的高度重视,很快打开了工作局面。一年中,监所检察工作以对减刑、假释、减期、保外就医活动的监督为重点,充分发挥检察职能作用,促进监狱、看守所严格、公正、文明执法,维护监所秩序与安全。共检察收押罪犯、犯罪嫌疑人、劳教人员3600余人,检察释放、解教、减刑、假释、减期人员2600余人,配合安全检察100多次;提出检察建议21次,依法纠正对不符合条件的9人的减刑、减期、保外就医决定以及超期羁押等12起违法行为,消除安全隐患15处;给在押人员上大课8次,进行个别谈话教育360余人次。

2000年,江宁县检察院监所部门在查办监管改造场所职务犯罪案的同时,狠抓了执法监督,对监管改造场所超期羁押等违法情况提出书面纠正意见5次,受理办结服刑罪犯申诉案件1件,服刑犯人再犯罪案件2件,并对13名提请减刑、假释、保外就医的意见被采纳,有效地促进了监管秩序的稳定和案件执行的顺利进行。是年,县检察院监所部门一改过去那种填表格,数人头,"隔靴搔痒"的监督方式,以办案促监督,加强了监所检察工作。

2001年,贯彻执行最高人民检察院《关于监所检察工作若干问题的规定》,依法对刑罚执行和监管活动实行监督,打击在押人员犯罪活动,维护监管场所稳定,保护被监管人员的合法权益。是年,区检察院在江宁监狱立案查处了包括一名监狱政委在内的4名收受犯人和犯人家属贿赂的监狱警察,同时办理服刑罪犯再犯罪案件4件4人,申诉案件1件1人;对68名提请减刑、假释、保外就医的"两劳"人员提出不予减刑、减期、假释、保外就医、所外就医的意见被采纳。

2002 年，江宁区检察院自接受派驻金陵、江宁监狱及大连山劳教所检察室任务后，一方面完善各项基础工作，另一方面逐步开展全方位的监督。几年来，在实现查办监管场所职务犯罪重大突破的同时，对监管场所公正文明执法的监督也取得了新进展。全年共发出检察建议书 6 份，纠正各类违法 7 起；办理服刑罪犯再犯罪案件 6 件 8 人；对违法减刑、假释、保外就医等情况提出纠正意见 62 人次，均被采纳。派驻检察室的规范化建设也进一步加强。2002 年 11 月，区检察院派驻两个监狱的检察室被评为江苏省“先进检察室”。

2003 年，区检察院强化对监管改造活动及刑罚执行的监督。完善监督机制，对服刑在押人员广泛推行权利义务告知制度，对办案单位实行催办制度，有效防止了超比例留所服刑和超期羁押等违法行为的发生。对监管单位提出减刑、减期、假释、暂予监外执行的人员进行了检察监督，提出不予减刑、假释、减期 76 人，均被采纳。严格规范监管行为，纠正各类违法 7 起。积极开展高墙内的“严打”斗争和维权行动，依法办理服刑罪犯、劳教人员又犯罪案件 13 件 13 人，控告、申诉案件 5 件 5 人，既确保了监管改造场所的稳定，又维护了在押人员的合法权益。全面进行检察室的规范化、现代化建设，在全省评比中名列第一，为今后更有效地开展工作打下了坚实的基础。是年，驻江宁监狱检察室和驻金陵监狱检察室均被省检察院授予“先进检察室”称号。

2004 年，江宁区检察院共监督江苏省金陵监狱、江宁监狱提请、呈报减刑、假释、保外就医 2047 人次，对其中的 36 人提出了不予减刑、假释的建议，均被采纳。书面纠正各类监管违法行为 6 起，保障了服刑人员的合法权益。建立健全刑罚执行监督的长效机制，联合监狱制定并实施《罪犯减刑、假释申报程序规定》，利用网络及相关科技设备，建立了对保外就医人员的“三级审查”体系，监狱、法医和驻监检察室各司其责，进一步完善了服刑罪犯保外就医审批程序。开展高墙内“严打”整治斗争，办理服刑罪犯再犯罪案件 9 件 9 人，主动配合监管单位开展以“共建、共管、共保安全”为内容的“三共”活动，确保监管场所的安全和稳定，被省检察院、省司法厅、省武警总队评为“三共”工作先进集体。

2005 年，江宁区检察院加强对刑罚执行监督，监所检察对 2295 名罪犯提请减刑、假释、保外就医进行审查，依法提出纠正意见 57 件，均被采纳；积极参与社区矫正工作，提高了犯罪改造效果；全力维护监管改造场所秩序，共办理在押人员又犯罪案件 14 件 27 人。

2006 年，江宁区检察院针对监管改造场所存在的不规范行为，发出检察建议书 6 份，纠正刑期计算错误 8 件 8 人，对 53 名罪犯提出不予减刑、假释的意见，均被采纳。全年参与狱情、所情分析会 56 次，单独或联合进行安全检查 60 次，消除安全隐患 51 个。进一步整合司法资源，增强打击合力，与区法院及监管改造场所会签《关于办理涉嫌拒不执行判决、裁定犯罪案件若干问题的意见》《犯罪减刑、假释申报程序的规定》等规范性文件。与司法行政、街道社区等相关单位联合，探索社区矫正工作，组织矫正对象到监狱接受警示教育。

2007 年，监所检察部门受理在押人员控告、申诉 6 件 6 人，全部予以办理或转办纠正刑期错误件 6 人，办理服刑人员再犯罪案件 12 件 32 人。4 月，区检察院与南京市大连山劳教所联合出台了《工作联系制度》。该制度进一步明确了检察机关在劳教执法、预防职务犯罪及执法监督中的地位和职责，规范了工作秩序，确定了工作内容、形式。在劳教所内设立检察信箱和检察官接待室，逐步建立劳教所与驻所检察室微机联网系统，畅通劳教人员及其亲属检举、申诉、控告渠道，实现劳教所与检察机关之间的信息互通与共享，不断提高工作效率和质量。

2013 年加强对刑罚执行活动的监督，对减刑、假释、暂予监外执行活动开展跟踪监督 2996 人次，连续 4 年在监管场所每年查办一起监管民警职务犯罪案件。

2. 监外执行监督

1958 年第四次全国检察工作会议把对社会改造工作的检察（以下简称社改检察）正式列为检察机关的一项任务。1959 年，县检察院对接受群众监督改造的“五类分子”即“地主、富农、反革命、坏分子、右派”进行了评审工作。清查保外就医和监外执行等罪犯 54 名，根据他们的表现和基层组织意见，应收监处理的 10 名（其中加刑 1 名），占 18.52%，病尚未好和老弱残等罪犯，继续留在监外监督改造的 44 名，占 81.48%。1960 年，县检察院根据省、市政法会议关于对社会改造抓紧一些的方针，与公安、法院配合，开展了对五类分子的评审工作。发现和纠正了过去错评对象 257 名，漏评漏管 665 名。1961 年，监外执行管制 21 名。1964 年，根据上级指示，检察机关停止社改检察工作。

1980 年，根据《刑法》《刑事诉讼法》规定，检察机关履行法律监督职责，对管制、缓刑、假释、剥夺政治权利、暂予监外执行等罪犯的监管工作实行检察。县检察院重建初期，因人员不足未开展对监外执行监督工作检察业务。

1981 年 1 月，最高人民检察院颁布的《人民检察院监所检察工作试行办法》规定，对判处管制、缓刑的罪犯或者监外执行的罪犯，是否依法正确执行；对在押未决人犯保外就医或采取其他监外监管措施是否合法，应全面承担起监督职能。1982 年，根据公安部《关于管制、拘役、缓刑、假释、监外执行、监视居住的具体执行办法的通知》，县检察院对不捕和免予起诉的人员定期回访，进行考察教育。先后两次对 55 名免诉人员、不捕人员及缓刑、监外执行人犯等，逐个了解思想、工作情况，进一步落实了帮教措施。

1983 年，对分布在全县的 80 名不捕、不诉和免予起诉人员普遍回访了一次。并根据市检察院规定，对被判处管制、宣布缓刑、假释、监外执行的 56 名罪犯的表现进行了考察教育。

1984 年，县检察院对“四种人”进行检察。对决定免诉的犯罪案件坚持到被告人所在单位公开宣布，协助单位建立帮教小组，落实帮教措施；免诉后，又对免诉的 10 人进行走访考察。对判缓刑、管制、假释和监外执行的四种罪犯共 96 人的执行情况逐个进行检察。对帮教不落实的提出建议，协助单位落实措施。

1985 年，县检察院对被判管制、缓刑、假释、监外执行的 86 名罪犯深入罪犯所在的乡镇派出所和所在单位，听取和检察监管组织、措施落实情况，并同罪犯本人及其家属见面、了解情况进行考察。

1986 年，共回访考察免诉对象 80 人，“五种人”（免诉、缓刑、假释、管制、保外就医）

66 人。除与他们直接见面,开座谈会外,还给他们写信进行帮教。回访中与基层治保组织制定"五种人"的学习、管教制度。

1987 年,县检察院检察回访"五种罪犯"63 人,提出改进管教建议 15 条。

1988 年,县检察院认真贯彻落实最高人民检察院、省检察院监所检察工作会议精神,以提高改造质量,对监外执行"五种罪犯"进行依法检察共 70 人次。

1989 年对监外执行的"五种人"检察了 75 人次。1990 年,县检察院对监外执行的 80 余人进行了考察。并组成公、检、法联合组对监外"五种人"逐人考察现实表现,逐人落实帮教措施,协助建立监视管教组织 25 个。

1991 年,县检察院对 153 名监外执行的"五种人"进行了一次全面的回访考察。回访中,对免诉人员进行面对面的教育,并建议有关部门帮助免诉人员解决一些实际问题。

1992 年,县检察院与县政法委配合,对 164 名监外执行的"五种人"进行一次全面回访考察。在 1992 年全省监所检察工作评比中,县检察院被评为先进集体。

1993 年,县检察院有针对性地对 4 个乡镇 20 余名监外执行人员的执行情况进行了一次为期 10 天的考察,找监外执行罪犯谈话教育 60 人次,并总结推广了铜井派出所对监外执行人员改造情况,妥善解决检查中发现的问题。

1994 年 11 月,县检察院与县公安局、县法院对全县 170 名监外执行罪犯的改造情况进行全面检查:表现好的 32 人,占 18%;表现一般的 112 人,占 66%;表现差的 7 人,占 4.1%;重新犯罪的 3 人,占 1.7%;漏管 10 人,失控 6 人。

1995 年,县检察院与县政法委等单位对 156 名监外执行人员的改造情况进行了检查,监外执行人员无重新犯罪。1997 年,全县共有监外执行罪犯罪 204 人,其中缓刑的 84 人,剥夺政治权利的 88 人,保外就医的 18 人,假释的 14 人。11 月,对全县各乡镇监外执行罪犯进行了全面检查,找监外执行罪犯谈话 130 余人次。

1998 年上半年,重点对全县 5 个乡镇监外罪犯执行改造情况进行检察,对个别漏管、失控、帮教工作不到位的提出纠正意见。7 月,对全县经济罪犯监外执行的监管情况进行专项检察,对存在的帮教形式单一、方法简单、监管措施不力的情况提出检察建议。参加县政法委组织的联合调查组,对全区 217 名监外罪犯执行改造情况进行全面检查,共找监外罪犯谈话帮教 123 人,见面率达 56.7%。从考察情况来看,监外执行罪犯表现好的 52 人,表现一般的 148 人,表现差的 17 人;漏管的 4 人,失控的 12 人,重新犯罪的 2 人。

1999 年,对全县 210 名监外罪犯监管改造的情况进行检查,重点考察监外罪犯法律文书是否齐全、帮教组织是否建立、监管措施是否落实。

2000 年,对全县 171 名监外罪犯监管改造的情况进行检查,对其中 4 人法定文书不全和 1 人脱管失控情况,提出了检察建议。

2002 年 7 月,参加区政法委组织的对东山、陶吴、土桥、汤山、江宁 5 个基层派出所对监外执行的台帐和监管帮教制度的落实情况进行了抽查。12 月下旬,参加由区政法委组织的联合检查组,对全区 23 个派出所 276 名监外罪犯监管改造情况进行调查,重点检查监管工作台账的规范化、管理的制度化和监外罪犯的思想转化。共找监外罪犯谈话 125 人次,见面率达 45% 。从检查的情况来看,全区共有监外执行罪犯 176 人,其中表现好的 152 人,表现一般的 119 人,表现差的 2 人;漏管 2 人,失控 1 人。

2003 年,全区有监外罪犯 305 人。监外执行检察工作重点是纠正监外罪犯脱管、应收监而未收监执行的情况。针对监管工作中存在的问题,县检察院向执行机关提出制定《监外罪犯监督考察办法》的意见,被采纳,该文由区政法委转发。监所检察科落实专人负责,每月检察公安机关、派出所对监外执行罪犯的管教情况,并按镇、街道、开发园区实行分类管理,确保每一名监外执行罪的档案材料齐备。同时,将全区所有监外罪犯的个人信息全部录入计算机,实行信息化管理,推动对监外执行罪犯的检察监督工作逐步走上规范化、制度化的轨道。

2004 ~ 2007 年,按照最高人民法院、最高人民检察院、公安部、司法部关于开展社区矫正试点工作的部署和省、市要求,加强对监外罪犯监管改造情况的监督,结合检察监督职能,与有关部门密切配合,积极参与社区矫正试点的各项工作。2004 ~ 2007 年,全区有监外执行罪犯 1529 人,其中剥夺政治权利犯 158 人,缓刑犯 1329 人,假释犯 31 人,管制犯 1 人,暂予监外执行犯 10 人。2004 年,积极参与作为省社区矫正试点单位东山街道的社区矫正工作。院监所检察部门加强法律监督,对社区矫正工作的相关法律问题提出检察建议和意见,完善刑罚执行监督程序,保证社区矫正工作依法进行。至是年底,共参与了对 56 名矫正对象的矫正工作,没有出现一例漏管、失控和矫正对象再犯罪的情况。2005 年 5 月,全区社区矫正工作全面推开。区检察院充分发挥社区矫正监督、引导作用,不断完善矫正监督工作程序,协助社区做好重点矫正对象的教育转化工作,配合区和街道矫正机构抓好培训,提高矫正质量。2006 年,根据最高人民检察院《关于加强监外执行检察工作的意见》,对辖区内的监外执行罪犯进行专项检察,完善对监外执行罪犯的监督检察台账,实行动态管理。1 名缓刑犯考察期计算有明显错误,及时向法院提出纠正意见,法院予以更正。成立了“未成年人社区矫正工作站”,组织未成年矫正对象到监狱接受警示教育。2007 年,区检察院实际共核查监外执行罪犯 1223 人,经核查,漏管 29 人,其中在矫正期限的 16 人,已过矫正期限的 13 人。及时将漏管名单分别交有关部门,督促实施矫正管理。为进一步规范社区矫正工作,建立健全了监外执行检察信息库,实行“监外执行流程卡”制度,进行动态管理,跟踪检察,提高工作效率和质量。

2013 年加强对刑罚执行活动的监督,对减刑、假释、暂予监外执行活动开展跟踪监督 2996 人次,连续 4 年在监管场所每年查办一起监管民警职务犯罪案件。

(三)民事行政诉讼法律监督

1954 年 4 月,《人民检察院组织法》第 4 条第 6 项规定:检察机关“对于有关国家和人民利益的重要民事案件有权提起诉讼或者参加诉讼”。县检察院通过行使一般监督,人民来信来访和控告申诉等职能,初步开展参加民事诉讼工作。1957 年,“反右派斗争”期间,民事检察制度未能执行。1966 年文化大革命开始,检察业务中断。

1982 年 3 月 8 日第五届全国人大常委会通过的《民事诉讼法(试行)》规定了人民

检察机关对人民法院的民事审判活动实行法律监督。1989 年 4 月,第七届全国人民代表大会通过的《行政诉讼法》第 10 条规定:“人民检察院有权对行政诉讼实行法律监督”。第 64 条规定:“人民检察院对人民法院已经发生法律效力的判决、裁定,发现违反法律、法规规定的,有权按照审判监督程序提出抗诉。”1993 年下半年,在控告申诉科设专人负责民事行政检察工作。1994 年 2 月,成立民事行政检察科。根据最高人民检察院《关于执行行政诉讼法第六十四条的暂行规定》《关于民事审判监督程序抗诉工作暂行规定》,开展调查研究,并制定案件受理、立案审查、提请抗诉等工作制度。全年受理各类民事申诉案件 8 件,其中经济纠纷案 5 件,财产继承纠纷、民事赔偿及行政申诉案件各 1 件,立案审查 4 件,为企业挽回损失 200 万元。

1995 年,民事行政检察部门共受理民行申诉案件 5 件,追诉 2 人,为企业挽回损失 140 万元。1996 年,全年共受理民行申诉案件 8 件,比上年同期上升 100%,立案审查 4 件。

1997 年,针对“民行”案源一度较少的情况,及时调整工作思路,通过多形式、多渠道、全方位的宣传,使民行工作的社会知名度不断增强,案源不断增多。全年共受理民行申诉案件 14 件,受理数比上年上升 80%,其中立案审查 7 件,民行法律咨询 30 余人次。

1998 年,认真贯彻“严格执法、狠抓办案强化监督”的工作方针,将民行检察的工作重点真正放在办理民事、经济案件上,全年共受理民事经济案件 16 件,行政案件 1 件;立案 9 件,受理数上升 20%,立案数上升 23%。

1999 年,按照《江苏省人民检察院民事行政检察办案细则》、最高人民检察院《人民检察院办理民事行政抗诉案件公开审查程序试行规则》,规范民事行政检察工作,坚持“公开、公正、合法”的办案原则,采取“一分开”“三公开”(案件受理与审查分开;立案公开、审查过程公开、审查结论公开)的方法,全面、客观地审查案件。县检察院为增加“民行”工作知名度,广拓案源,利用乡镇物资交流会,先后在 10 个较大的乡镇摆摊设点,送法下乡,接受群众咨询和申诉,散发宣传材料,并通过记者现场采访,电视转播的形式扩大效果;同时与有关单位、部门积极联系,建立民行工作网络,使受案数大幅上升。在全市率先试行民行案件公开审查听证制度,保证了民行案件审查的公开、公正。全年受理不服法院已生效民事、经济、行政判决、裁定的申诉案件 29 件,立案审查 11 件,比 1998 年增长了 120%。2000 年,强化监督,全年共受理民行申诉案件 24 件,立案 11 件。

2000 年,共受理民行申诉案件 24 件,立案 11 件,提请或建议抗诉 11 件,受理数、立案数、提抗数均较往年有大幅度的上升。

2001 年,江宁检察院共受理各类民事行政申诉案件 37 件,比去年增长 28%,审查后立案 14 件,创历史最高纪录。2002 年,全年共受理不服法院生效民事、行政判决、裁定的申诉 28 件,审查后决定立案 4 件,审查终止息诉 29 件,调解 2 件。是年,在市检察院和区政法委、法院的支持下,率先在全市探索实施代表国家提起公益诉讼的试点工作。

2003 年,全年共受理各类民事、行政申诉案件 25 件,息诉 23 件。2004 年,以纠正错误裁判为重点,认真履行民事行政检察职能,共受理各类民事申诉案件 18 件。2005 年,江宁区检察院牢固树立既要敢于监督，善于监督，更要规范监督的思想，抓住侦查、审判、执行等诉讼活动的关键环节，完善监督机制、规范程序操作，加大监督力度。全年共办理民事申诉案件28件。

2006年区检察院共受理民事申诉案件53件，审查后提请或建议提请抗诉12件，发出再审检察建议11件，受案数、提抗数较2005年增加了一倍。纠正刑期计算错误8件8人，对53名罪犯提出不予减刑、假释的意见，均被采纳。是年，区检察院与法院及监管改造场所共同会签了《关于办理涉嫌拒不执行判决、裁定犯罪案件若干问题的意见》《罪犯减刑、假释申报程序的规定》等规范性文件，进一步整合了司法资源，增强了监督合力。

2007年，共受理民事申诉案件36件，结案40件（含上年结转4件），建议提请抗诉1件，发出再审检察建议28件，不立案8件，不建议提请抗诉3件。

2008年区检察院在一起因石灰窑拆除工程中因窑塌致被害人受伤死亡赔偿案中，根据市检察院《民事行政检察申诉和解工作制度》的规定，起草并主持签署了全市第一份民事申诉和解书。

2009年围绕化解矛盾，息诉息访，强化对民事行政审判活动的监督。对判决有误的一起继承案件提起抗诉，对不服正确裁判的民事38件申诉案件，做好当事人工作息诉。

2012年，不断完善和创新民事行政检察工作的良性互动工作，树立抗诉与息诉并重观念，维护正确裁判的权威。全年引导当事人息诉服判9件，促成民事当事人达成和解9件。

2013年，结合民事诉讼法修改后监督范围扩大、监督方式增加的特点，切实转变监督理念和工作方法，改变单一提请抗诉的办案模式，重点实施执行监督、虚假诉讼监督、纠正诉讼违法行为、支持起诉等多元化监督方式，息诉率100%。开展督促起诉工作，对4起怠于履行义务案件，及时督促当事人提起诉讼，帮助挽回经济损失101万元。

五、检察改革

（一）检调对接机制

检调对接是指检察机关公诉部门在履行法律监督职能的同时，在刑事和解工作中，依托人民调解组织进行调解，被害人或其亲属自愿同犯罪嫌疑人就财产损失、人身伤害达成和解协议，并经公诉部门依法监督和认定，如确属犯罪嫌疑人认罪悔过、积极赔偿、被害人谅解、社会危害性不大的案件，可以依照法律规定对犯罪嫌疑人做出相关从轻处理，以求运用刑事和解努力化解矛盾纠纷。2013年，通过全面落实检调对接、刑事和解、申诉案件公开审查制度，强化矛盾纠纷源头治理，促成11起轻微刑事案件、6起民事申诉案件达成和解。例如，2013年"六一"儿童节前夕，江宁区发生一起硫酸袭击儿童的恶性案件，江宁检察院第一时间介入案件侦查，引导公安机关抓获犯罪嫌疑人，在迅速批准逮捕的同时，及时对被害人予以心理疏导和经济救助，取得了良好的社会效果。

（二）社会风险排查研判机制

建立"江宁刑检舆情"微信群，对各类涉检舆情和社会矛盾风险进行滚动排查，逐案分析，形成预案，努力把矛盾纠纷化解在萌芽状态。例如，2014年青奥期间共摸排了13

个重点人员，提出风险评估预警49件，通过落实首办责任、领导包案、联防联控等措施，7起重点信访案件全部稳控到位，涉法涉诉信访工作经验在全省推广。坚持立足职能，认真贯彻落实区委和上级院关于青奥安保防控的行动部署要求，在交通运输、建筑工程等安全生产领域开展渎职违法活动督查和预防宣讲活动28场次，在案件总量持续高位运行的情况下，抽调精干力量参与卫生清扫与安保执勤595人次，深入学校、社区、机场，开展庭审和安全出行教育活动8场次。又如，在2013年亚青会召开期间，集中力量部署开展了“与亚青会齐步走”活动，主动与相关单位、部门联系，加强协调与配合，形成工作合力，妥善排查和消除案件风险215件次，受理各类信访133件，同比下降20.2%，受理的刑事案件数量同比下降20.6%，真正让群众感受到平安就在身边。

（三）未成年人检察机制

1993年，江宁县青少年犯罪增多。青少年犯罪增多是影响治安稳定的突出问题，针对青少年可塑性强的特点，认真贯彻“教育、感化、挽救”的方针，指派专人做好青少年犯罪案件的批捕、起诉工作，了解他们犯罪的社会原因，在揭露、打击犯罪的同时，进行耐心细致的教育、感化，使他们尽快地改邪归正，重新做人。1994年，针对未成年犯罪逐年增长的情况，指派思想素质高、工作经验丰富的干警办理未成年人案件，全年办理未成年犯罪案件19件20人。

1995年，江宁县检察院针对青少年犯罪急剧上升，且呈现低龄化、团伙化、多样化的特点，成立了未成年人刑事检察科。刑检部门干警利用双休日上街开展预防未成年人犯罪法律咨询活动；认真贯彻《未成年人保护法》，把“教育”“感化”“挽救”贯穿到整个办案过程中，做到“三要”“一考”“三到位”，即“一要认真、二要细致、三要慎重”“跟踪考查”“耐心审讯到位，动员家长劝导到位，向所在学校或基层组织了解情况到位”，立足一个“拉”字，体现一个“宽”字。取得良好的社会效果

1997～2000年，江宁县检察院建立了未成年人犯罪的系列台账，成立了有案件承办人参加的帮教小组，实行跟踪帮教工作。1997年，县检察院针对未成年人及学生犯罪仍然很严重且呈低龄化发展趋势，有重点地选择建立预防教育工作基地，与湖熟职中等4所学校开展共建工作，建立了检与学校，检与学生、检与家长的“一信、一卡、一走”制度。“一信”就是写给共建学校同学的一封信，教育在校学生树立远大理想，增强法律意识；“一卡”就是校方将需帮教“服务”的学生填好联系卡交给检方联系人，检方联系人持联系卡对被“服务”对象进行有针对性的教育；“一走”是常走访学校了解掌握学生思想动态，发现学校管理上的薄弱环节后及时提出建议。1998年，建立两劳释放未成年人及“双差生”，有不良倾向生的表现档案，会同家长、学校、派出所跟踪考察；并经多方协调使3名被判缓刑的未成年人重返课堂。是年12月，团省委、省检察院等授予县检察院优秀“青少年维权岗”称号。2000年，落实《未成年人保护法》，设立“青少年维权岗”。江宁县检察院明确以一名主诉检察官为首的办案小组专门办理未成年人犯罪案件，利用法律武器做好未成年犯罪嫌疑人的教育、感化、挽救工作；还通过组织学生旁听不起诉听证会、对青少年犯罪案件使用暂缓起诉、与江宁县职业中学等4所学校共建法制学校等方式，积极开展预防青少年犯罪工作。4年中，批捕、起诉部门共办理未成年人犯罪

223 件 262 人,其中批准逮捕 72 名,决定不批捕 51 人,提起公诉 100 人,不起诉 2 人,暂缓起诉 2 人。除对涉案未成年人及其家长开展了法制教育宣传外,还建立帮教组织 50 个,分别对 56 名失足青少年开展特殊帮教工作。56 名失足青年经过特殊帮教,洗心革面,深刻忏悔,重新鼓起了生活的勇气,有 10 人赴大学深造,有 35 人走上了工作岗位,无一人出现重新犯罪,帮教转化率达到了 100%。

2001 年,完善法制学校的学校章程、工作制度、教学计划及课程安排,做到法制教育有大纲,学习有材料,任课有教师,课时有保证。全年共举办法制教育 20 余场,受教育师生达 15000 余人次;办理未成年人犯罪案件 27 件 38 人及侵害未成年人合法权益的犯罪案件 12 件 15 人,结合办案,向有关单位发出检察建议书 8 份。是年 12 月,区检察院被最高人民检察院、共青团中央授予"优秀青少年维权岗"称号。

2002～2006 年,区检察院进一步加大创新力度,积极探索预防青少年犯罪新途径。2002 年在江宁区麒麟镇锁石村建立了首家青少年维权站,将维权工作拓展到农村;在大连山劳教所成立了预防青少年犯罪教育基地,使青少年法制教育又增添了一个新场所。这"一站""一基地"建成,加上已组建的青少年法制教育学校在内,构建了一个较为完善的预防青少年犯罪的工作体系,推动了各项预防工作的扎实开展。2004 年,区检察院把青少年维权工作继续向农村、社区、校园、监狱延伸,在大连山劳教所设立江宁区青少年警示教育基地。

2007 年以来,区检察院通过举办座谈会、上法制课、成立"关爱工作组"和"未成年人社区矫正工作站"等多种方式方法,广泛深入地开展青少年犯罪预防工作。积极履行社区矫正的监督职能,及时收集辖区内矫正对象的相关资料,录入电脑台账,建立社区矫正人员档案。坚持做到与街道司法所定期沟通、互通情况,及时掌握矫正工作动态。在全市率先实施对失足在校学生实施"捕前考察制"。承办人办理在校学生犯罪案件时遵循"三个务必,一个确保"的要求,即务必要和涉嫌犯罪的在校生进行一次深入交谈;务必要全面调查该学生在校表现;务必要了解该生家庭背景和校方所持的态度,从而确保在检、校双方的共同努力和帮教下,使犯罪学生在校园中能够得到持续性的监护和帮教。

(四)行政执法与刑事司法衔接机制

2014 年,按照党的十八届四中全会关于严格公正司法的要求,充分发挥检察机关在促进依法行政和公正司法中的职能作用,积极参与和推动行政执法与刑事司法衔接机制建设。依托江宁权力阳光电子政务系统,率先全市建成互联互通的信息共享平台,实现了与全区 43 个行政执法单位的全面数据对接,使行政执法、司法行为都处于检察动态监督下。继续加强与食药、环保、文广、国土等部门的协作与联系,共举行联席会议、交流座谈和法律宣传讲座活动 21 场次,通过联动配合,确保监督的有效性。2014 年 4 月,检察机关在办案中发现了土地补偿款非法转让、土地出让金常年欠缴达 9000 余万元的现象,及时督促相关部门履行职责。加强对司法活动的监督是公正司法的核心。在履行各项检察职能时,注重整合监督力量,增强监督刚性,全面强化对侦查、审判、执行等环节的法律监督。对侦查机关不应当立案而立案的,监督、建议撤案共 21 件,对应当逮捕或提起公诉的,依法追捕追诉8人,对滥用强制措施、违法取证等侦查活动违法情形,提出纠正意见25件次,对社区矫正人员监督收监执行3人,确保诉讼活动公正高效。

(五)刑事被害人救助机制

2009年即颁布刑事被害人救助办法,2011年经检察院人大代表提出议案,区政法委设置刑事被害人救助资金,每年150万元。近年来,更加注重在办案中维护人民群众的利益,对确有困难的异地刑事被害人开展司法救助活动,填补了国内司法救助制度的空白。2013年共对11名特困刑事被害人发放救助金21.8万元。2014年共发放救助金30余万元,中央电视台、检察日报等多家中央级媒体争相报道。

六、检察工作监督管理

(一)纪律检查与行政监督

1978年检察院重建后,按照"从严治检"的要求,坚持对干警进行遵纪守法教育。1984年12月配备政治协理员,纪检工作由政治协理员兼管。1985年12月26日,院党组制定了党员干部实现党风好转规划,强调党员干部不搞特权,不谋私利,做廉洁奉公、秉公执法的模范。

1989年5月22日,县检察院召开干警大会,针对南京地区发生的动乱,对干警进行教育。要求检察干警旗帜鲜明地站稳立场,坚持四项基本原则不动摇,政治上与党中央保持一致,并提出检察干警不准传播小道消息,不做不利于安定团结的事,不支持、不赞成、不参加所谓的"声援"活动,积极做好本职工作,运用法律武器,维护社会治安秩序。同年8月23日,为加强检察系统自身防腐能力,纠正行业不正之风,经院党组研究制定《关于清除腐败现象,加强廉政建设的规定》,在干警执法、执纪及执行财务管理制度等方面作了具体规定。

1993年10月8日,中共中央政法委《关于政法部门严肃纪律严格执法的通知》规定了"十不准",检察院组织干警逐条对照检查。11月14日,经院党组研究制定了《加强自身反腐败,严格执法十不准规定》:"不准以他人名义经商办企业;不准在各类经济实体中兼职(包括名誉职务);不准从事有偿的中介活动;不准利用职权为配偶、子女及亲友经商办企业提供任何优惠条件;不准到下属单位和其他企、事业单位报销应由个人支付的各种费用;不准买卖股票;不准在公务活动中接受礼金和各种有价证券;不准接受下属单位用公款办理的信用卡归个人使用;不准用公款获取各种形式的俱乐部会员资格;不准用公款大吃、大喝和参与各种娱乐活动,进入娱乐场所。"

1994年6月1日,检察院贯彻中央、省、市有关加强廉政建设和检察机关自身反腐败的指示、决定及县委、县政府有关文件精神,制定了《关于检察干警反腐保廉的规定》,其中第2条第4款规定:"不准利用办案工作之便利,私自与发案单位拉关系谋取私利;不准索取发案单位的馈赠或其他名目的补贴;不准借故向违法犯罪人员及其亲属借钱物或接受他们的吃请、贿赂,对案件当事人及其亲属的送礼应当面拒收,拒收不了的交公处理;不准约请案件当事人及其亲友到家中谈论案情,不得对外透露案件秘密,非工作关系,涉及个人利益时不得以检察人员身份要挟对方"。做到有规定,有检查,有落实。除一年一度的执法执纪大检查外，还对群众来信反映干警问题的随时进行调查。坚持深入乡镇、部门，听取人民代表评议，广泛征求意见。广大干警廉洁自律，严格执法。

1995 年进一步完善社会监督，在人民代表、政协委员中聘请了 30 名廉政监督员，建立了案发单位跟踪考察制度和重大事项申报制度，使干警的一言一行都置于社会监督之下，基本形成了多方位的社会监督网络。

1998 年 10 月，设立纪检组，陶相富任专职纪检组长，并配专职纪检员 2 人，为纪检监察工作正常开展提供组织保证，对院检察工作实施全面监督。在提高认识的基础上，开展四查四看活动即：一查办案观念，看为人民服务的宗旨是否改变；二查办案方法，看在执法活动中有无简单粗暴、刑讯逼供等违纪行为；三查办案作风，看有无滥用职权，吃拿卡要等作风问题；四查办案质量，看有无因不负责任，出现错案、漏案、办关系案、人情案的问题。全院干警都写出自查小结，对照检查，接受评议，使干警的执法执纪观念普遍加强。

1999 年 4 月 28 日，检察院作出《关于设立纪检联络员的决定》。在局、科、室指定 1 名副职担任纪检联络员。纪检联络员在党组统一领导下，定期分析、研究本院党风廉政建设情况，对干警廉洁自律情况进行监督检查，协助纪检部门依法履行职责。建立说情与案件办理是否公正登记制，将打招呼的案件承办人、说情人、主要案情以及各阶段的处理结果登记在案，以备复案。是年，改革监督机制，实行检务公开，以公开促公正。在江宁报及院大厅内公布公开内容，向所有人大代表分发检务公开手册，并制作录音磁带到有关乡镇巡回播放，在各个执法环节上，向当事人发放权利义务告知卡、监督卡，把检察工作真正置于人民群众的直接监督之下。

自 2000 年始，检察院加强了对干警 8 小时以外的监督。通过把党支部、党小组建在办案点，与干警家属签订家庭廉政建设责任状等措施，进一步加强了对干警的动态管理，构筑拒腐防变的"第二道防线"，真正把对干警的教育管理涵盖干警的工作圈、生活圈、社交圈和娱乐圈。

2001 年 3 月，认真贯彻市检察院纪检监察工作会议精神，层层发动，全院动员，要求全院干警高标准、严要求摆查问题，强化执法执纪监督。一是针对查摆梳理出来的问题，开展专项整治，强化管理，完善监督机制。反贪部门针对反贪干警长年奔波在办案第一线，远离组织，负担重、压力大，易被腐蚀的特点，坚持实行"案前教育，案中检察，案后回顾"的工作制度：布置办案任务，同时强调办案纪律；督察办案进度，同时监督文明执法；评议办案质量，同时检查是否廉洁。二是督导室牵头，对近年来所办理的不立案、不批捕、不起诉、变更强制措施的案件，组织复查。重点检查在执法活动中有无违反程序、出现错漏，有无办人情案、关系案，有无"吃、拿、卡、要"，影响公正执法的现象。未发现以上所办案件有非正常撤案、撤诉、不捕、不诉的情况，办案质量较好。

2002 年 9 月 14 日，成立监察室。2002 ~ 2003 年进一步完善监督制约机制，始终保持队伍的纯洁性。一方面加强自身内部监督，层层签订党风廉政建设责任状，人人交纳廉政保证金，把党支部和党小组工作前移在办案点上，把思想政治工作延伸到"八小时"

外,努力消除监督的盲点和空白区。另一方面,主动接受社会的监督,加强与检风监督员、人民监督员的联络与沟通,认真开展案件回访活动,扎实推行执法责任制,进一步强化外部监督制约机制,确保不发生一起违法违纪问题。

2004年,加强对检察机关直接受理侦查案件的监督。根据最高人民检察院的总体部署和市检察院的具体安排,认真组织开展人民监督员制度的试点工作。从全区聘请了11名人民监督员,重点对不服逮捕决定、拟撤销案件和拟不起诉案件三类情况实施监督,并成功监督了3起不起诉案件,有效完善了查办职务犯罪的外部监督制约机制。

自2005年以来,坚持从严治检,坚持用法律、纪律和制度严格规范执法行为。同时根据新的《检察官纪律处分条例》,完善和落实了相关廉政纪律、办案制度和工作责任制,强化了对干警执法执纪的监督。完善人民监督员制度试点工作,实行讯问犯罪嫌疑人全程同步录音录像,促进侦查行为的规范化、透明化。自觉接受了人大代表监督,制定人大代表联络工作的实施办法,为每名代表订阅检察刊物,中层以上干部分别与对应的人大代表定期联系,通报检察机关的重大工作部署,认真办理区人大转交的案件,虚心接受人大代表对检察工作的意见和建议,积极配合"人大代表旁听百例刑事案件庭审"专项活动,增强了干警接受监督的意识。

2013年,区检察机关不断强化内部监督制约体系建设,全面提升队伍综合素能。推行检务督察制度,完善案件质量考评体系,制定出台《行为过错处理若干规定》,相继开展扣押冻结款物检查、案件质量检查和精品案件评比活动,深入推进廉政风险点排查和防控工作,在执法办案的各个环节上严格落实防控措施。

(二)案件监督管理

2013年,结合新刑事诉讼法有关要求,区检察机关按照更加凸显刑事司法属性、更加合理配置司法资源、更加有利于提升办案质效的原则进行改革,分片设立4个主诉检控组,实施对案件流转与质量控制的扁平化管理,案件质量进一步提升,起诉案件平均办案周期从32天缩短至25天。注重结合办案,发现和有效破解新刑事诉讼法实施过程中的新问题,为全市、全省提供示范性工作经验。制定出台《重大敏感案件办理规定》《公诉案件一二审衔接工作办法》等规范性文件,牵头与区公安分局、区法院、区司法局联合颁发《关于合适成年人参与刑事诉讼的规定》,率先在全市启动合适成年人的选任工作,推进未成年人犯罪案件办理社会化。结合办理全市首例强制医疗案件,及时制定出台《强制医疗案件办理规范》,成为省检察院制定同类案件办理规定的主要参考。

七、检察政务与保障

1. 宣传工作

1979年县检察院重建后,重视检察宣传工作,采用编写广播稿、结合办案等形式,宣传社会主义法制,宣传重建检察机关的重要性和必要性,宣传宪法和法律赋予检察机关的神圣职责。检察院以"两法"为主要内容,从实际出发,有针对性地开展了多种形式的法制宣传教育工作。主要采取了以下几种方法:一是针对一个时期干部群众存在的主要问题,编写法制宣传讲稿,开展群众性的法制宣传教育;二是运用典型案件进行生动形象、具体的法制宣传;三是结合办案,接待来访,社会调查,有的放矢地对干部、群众进行面对面的宣传。如结合办案做好检察环节上的检察宣传工作。1995 年，以查办经济犯罪大案要案为契机，深入开展检察宣传工作。宣传活动扎根于基层，普及于群众，有重点、有目的、有针对性地在乡镇干部、重点人员中开展。发表电视讲话，秋、冬季的反贪成果展、巡回下访，到边远乡镇开展宣传等。有针对性地确定综合治理工作的重点对象和重点场所，采用检校、检企共建文明单位，以案释法进行法制宣传。如 2001 年，在区预防职务犯罪指导委员会的领导、支持下，组织开展了全市预防职务犯罪知识大赛江宁区预赛阶段的各项活动，通过比赛促进了宣传，使预防职务犯罪更加深入人心；再如 2002 年，针对职务犯罪举报线索在上半年有较大幅度下降的情况，及时查找分析原因，强化措施，增强群众的举报信心和热情。结合“举报宣传周”等活动，深入闹市街头及企业、学校、农村提供法律服务，宣传检察职能。是年 10 月，首次召开了有 60 多家单位参加的全区预防职务犯罪研讨会，在预防理论的研究上迈出了领先一步，受到区委、市检察院的充分肯定。是年，区检察院被最高人民检察院授予“检察宣传先进单位”称号。2004 年，认真开展职务犯罪预防宣传。围绕建立“教育、制度、监督”并重的预防体系，进一步强化措施，不断提升职务犯罪预防工作的社会化、法制化水平。以《南京市预防职务犯罪条例》出台为契机，创新形式，通过组织知识竞赛、文艺汇演、有奖征文等活动，营造出浓厚的宣传教育氛围。2006 年，认真落实省、市《预防职务犯罪条例》，按照江宁区人大常委会《关于加强预防职务犯罪工作的决议》精神，深入推进“无职务犯罪单位”争创活动，完善个案预防、行业预防和重大工程专项预防，开展职务犯罪预防教育宣传活动，是年 8 月，区检察院被中共江宁区委、区政府授予“2001 ~ 2005 年法制教育宣传先进集体”称号。

2. 检察调研

1979 年检察院重建后，重视加强检察信息、检察调研工作。按照最高人民检察院《关于加强调查研究工作的意见》，坚持检察信息、调研围绕党的中心工作进行，为党的中心工作服务，坚持及时、准确、全面地报送检察信息，坚持认真开展检察调研，研究新情况，解决新问题，总结新经验，努力提高检察信息、调研工作的质量。1980 ~ 2007 年，编发《江宁检察信息》500 余期，编发《江宁检察简报》415 期。2001 ~ 2014 年，编发《检察调研》28 期，编发《江宁检苑》26 期，共登载各类检察调研文章 300 余篇。

调研工作紧紧围绕新情况新问题进行。如 1982 年 2 月，针对 1981 年以来农村落实生产责任制后出现的新情况以及与此有关的社会治安新问题，专门进行调查研究。根据农村实行农业生产责任制所出现的新情况、新特点开展刑事检察工作，依法及时打击犯罪分子，严格区分罪与非罪界限，主动与有关部门配合，认真做好社会治安综合治理工作，为保障经济调整和保证政治安定做出了成绩。1984 年 9 月，为认真贯彻当年中央 1 号文件精神，对当年受理的各类侵犯专业户合法权益的案件 17 件，进行调查分析，及时提出运用法律武器、保护专业户合法权益的 3 条检察建议。

1985 年 9 月，按照最高人民检察院下发《关于加强调查研究工作的意见》的要求，进一步加强检察调研工作力度。是年，编发检察信息和检察工作简报各 12 期，其中调研内容的有 8 期。1986 年至 1987 年 1 月，“两劳”人员重新犯罪情况严重，共逮捕重新犯罪分子 30

名,即对“两劳”人员重新犯罪的情况作了一次调查。检察院根据调研情况,加大打击狱中重新犯罪的力度,加强看守所检察,稳定了监管秩序。1988～1990 年,围绕打击经济犯罪和刑事犯罪进行调查研究,有针对性地提出了加强综合治理的 4 条检察建议。

进入 20 世纪 90 年代,检察调研工作进一步得到重视和加强。1991 年,针对在查处贪污、贿赂等经济犯罪案件中遇到的新情况、新问题,检察院就如何发挥法律监督职能、结合办案主动为经济建设服务、扩大办案的法律效果和社会效果等问题,进行了认真的分析研究,制定了确保经济建设顺利发展的五条措施:在立案前,先排除不利于生产发展的各种因素,再适时立案侦查,以保持生产的连续性;在办案中,灵活运用侦查方法,尽量做到不影响企业生产发展,以保证企业生产的稳定性;对已构成犯罪的,采取分层次处理的方法,使一些企业“能人”能够在原有岗位上戴罪立功,继续发挥作用;全面理解把握政策法律,区分罪与非罪界限,维护企业合法权益;针对发案单位暴露出来的问题,采取各种措施,进行综合治理,扶持企业发展经济。是年,检察院共撰写调研论文 8 篇。

1994 年 4 月,检察院研究制定了加强检察调研工作的有关规定:规定院领导和各科室领导每年要完成一篇调研文章,各科室每季度要报送一篇调研文章;是年,检察院以在亏损企业挖“蛀虫”为重点,对全县一百多个亏损企业全面进行调查分析,根据亏损企业内犯罪的特点和规律,确定从四个方面选准突破口:一是非正常亏损严重的企业,二是生产供销等实权岗位,三是关键线索重点对象,四是横向突破,以案挖案。由于突破口选择准,侦查工作势如破竹,进展顺利,仅上半年,共在 11 个亏损企业立案查处经济罪案 21 件 23 人,追回赃款赃物计 53 万元。

1996 年 3 月 15 日,召开全院中层干部会议,按照市检察院《关于开展检察工作调查研究的通知》,专题布置调研工作。当年上报调研文章 14 篇。1998 年 5 月 27 日,市检察院下发《调查研究工作制度》,县检察院按照要求组织协调,建立灵敏高效的信息网络,调研工作纳入规范化管理轨道。是年,全面实施修改后的《刑法》和《刑事诉讼法》,检察机关受案范围缩小,一季度出现法纪案件受理数滑坡、举报质量下滑等情况。法纪检察部门和控申检察部门立即深入调研,写出《法纪案件案源匮乏简析》《试析举报质量下滑的原因及对策》,作为专题调研信息及时报送。检察院根据调研建议,采取措施,进一步加强宣传力度和法纪检察的监督力度,进一步加强法制教育,促使法纪工作和举报工作顺利开展。

自 2001 年起,区检察院进一步加强调研工作,定期编发《江宁检察调研》,以调动全院干警参与检察调研工作的积极性,推动群众性调研宣传工作的深入开展,提高干警的队伍素质和执法水平。

自 2004 年起,按照省、市检察院关于加强信息工作的意见,同时进一步加强信息调研工作。是年,开始编发《江宁检苑》。

3. 检察信息化

1979 年县检察院重建后,即开始重视检察信息工作。每年编制检察信息。1987 年 12 月,最高人民检察院颁布《人民检察院控告申诉检察工作细则(试行)》,将及时反映信息规定为控告申诉检察部门的工作任务之一。并明确指出:检察信息为党的中心工作服务，围绕党的中心工作进行；反映情况要实事求是，注意真实性；重大情况反映要及时，注意时效。

1991 年开始编制检察工作简报。1994 年 4 月，检察院制定了《加强信息和宣传等项工作的规定》，对“领导重视”“基本任务”“审查制度”“奖励制度”“惩罚措施”五个方面作出具体规定，促使信息工作及时反映各项检察工作的进展和成绩，反映检察工作中的新情况、新问题，为领导科学决策服务。

1995 年，检察院将信息工作纳入目标管理，制订年工作计划时把信息宣传工作当作硬任务，落实到科室，落实到人，进一步明确奖惩措施，领导带头，全院发动，人人动手，及时报送、提供信息。全年共编发《检察信息》20 期，编发《检察工作简报》24 期，被省、市、县转发 15 篇，各级刊物发表新闻稿件 36 篇，有力地促进了各项检察工作。

自 2002 年起，贯彻《全国检察系统信息化建设纲要》和最高人民检察院“业务建设、队伍建设、信息化建设”三位一体的工作思路，组织拟定五年发展规划，推进信息化、现代化进程，在全市率先建成数据、视频、语音三网合一的检察专网，带数字硬盘录像的特审监控系统，开发了检察专网网页和互联网网站。

4. 司法警察

1999 年 9 月，根据“三定”方案和江宁县检察院工作需要，成立法警大队，设大队长 1 名，司法警察 2 名。明确法警大队主要职责：参与执行由江宁县检察院直接受理案件的传唤、搜查、拘传和协助执行其他强制措施、送达法律文书、保护犯罪案件的现场以及提解、押送看管犯罪嫌疑人或者被告人等法律、法规规定的职责；负责检察院重大活动的安全保卫工作，协助做好检察院机关内部的安全保卫工作。

2003 年院党组将法警工作列入重要议事日程，先后召开 3 次专题会议，对办公用房、人员配备、履行职责等事项进行专门研究；最高人民检察院关于《检察机关中法警工作规范化建设标准》下发后，院党组及时要求有关部门迅速为法警大队调整办公用房，增添装备。法警大队有固定的办公用房，有完成任务所必需的警棍、警绳、手铐、手盔等基本械具和直拨电话、专线电话、电脑等办公设施，有放置警械具、资料、档案的特别专用文件柜，制定完善了职责、制度，并将其上墙，实行警务公开。

区检察院在认真贯彻落实《检察机关司法警察工作规范化建设标准》工作中，采取多项措施，努力搞好法警队伍的教育培训工作，提高司法警察的业务素质、执法水平和能力，以充分发挥司法警察的职能作用。

5. 经费保障与基础设施建设

1955 年检察业务费实行垂直下拨，由办公室兼管财务工作，办公费用到县政府实报实销。1979 年县检察院重建后，设会计 1 名，实行“经费包干制度”。检察经费由县财政局按在编人员工资、业务费、公务费概算拨款。日常开支按最高人民检察院《关于检察业务费开支范围的规定》执行。办案经费不足时，可追加拨款，以保证办案需要。车辆等固定资产的购置费用单项报告，经批准后单项拨款。

1993 年，江宁县政府以县长办公会议纪要形式发文，同意检察院在办案挽回的经济损失中提取 10% 作为办案经费。1994 年年初增加会计 1 名，计 2 名财会人员。办公室由1名副主任负责财务管理。制定了《主办会计岗位职责》和《出纳员岗位职责》。随着检察工作全面开展,县财政预算经费每年都有较大幅度增长,1995年财政拨款165万元,1996年增加到223万元,1997年增加到250万元。2005年财政拨款1330万元,2006年财政拨款1455万元,2007年财政拨款1792.6万元。另一方面,主动争取中共江宁县(区)委、政府的支持,申请增拨经费,为顺利开展各项检察工作提供保障。1998年5月,依照最高人民检察院有关规定,认真做好案款案物清理工作,对案款案物实行“一案一账”“一物一卡一账”,规范了案款案物的管理,确保“收支两条线”落到实处。2004年7月,根据《检察官法》的有关规定,江宁区在全市率先试行检察官等级津贴制度。在中共江宁区委、区政府和南京市检察院的关心支持下,区人事局以江宁人字〔2004〕26号、区财政局以江宁财行〔2004〕135号,联合下发《关于试行发放江宁区检察官等级津贴的通知》,明确规定了试行检察官等级津贴制度的相关事项。区检察院同时注重经费管理,每年支出后均略有节余,使全面开展各项检察工作得到保障。

1954年6月江宁县检察署成立至1966年文化大革命,江宁县检察机关未搞任何基本建设。办公用房和干部宿舍均由县人民政府统一分配。建院初期办公室设在机关大院原民政局办公用房内。1979年县检察院重建时,办公室仍由县人民政府统一分配,办公地点仍设在机关大院内,分为三处办公。1980年年底,由县政府拨款建造的公、检、法办公大楼竣工,建筑面积共计2250平方米,县检察院分配到2、4层计750平方米,改善了办公条件。1993年,县检察院经努力,县政府同意江宁县检察院筹集50万元将政法楼其他单位全部迁出,整幢政法楼归县检察院使用,办公面积由此增加到2250平方米。1997年6月19日,经中共江宁县委、县政府研究决定,开工兴建江宁县检察院新办公大楼,建筑面积为7200平方米,2000年7月28日江宁县检察院迁入江宁县东山镇东山大街西路216号新大楼办公。

为了加强对机动车辆的管理,县检察院于1994年12月成立车队,专人管理,负责调度,车辆维修,并制定了《驾驶员目标责任考核规定》和《车辆管理使用规定》。1997年,为贯彻落实“内抓素质、外树形象”的治检方针,江宁县检察院办公室对车辆使用管理、值班制度作了补充规定。严格了车辆使用管理,规定节假日、双休日因公用车,须先填写《出车申请单》,经各科室领导签字后交分管检察长批准。个人私人用车,交检察长批准。2004年2月12日,市检察院下发《南京市检察机关车辆管理补充规定》,区检察院认真贯彻执行,并于4月30日制定《江宁区检察院车辆管理补充规定》。2006年10月9日,市检察院下发《南京市人民检察院机关车辆管理规定》,区检察院即组织学习,对照检查,贯彻落实。

第三节 司法行政

一、基本概况

(一)主要职能

新中国成立初期,实行审判与司法行政合一体制,律师、公证、人民调解等事务均由人民法院承担。1981 年 3 月,江宁县司法局成立,并相继恢复设立律师和公证机构。1985 年后,分别在各乡镇设立法律事务所(后更名为法律服务所),主要职能为法制宣传、人民调解、做公证、找律师等。进入 20 世纪 90 年代,江宁司法行政工作领域不断拓展,由最初管理人民调解和法制宣传教育,延伸到开展法律服务、法律援助、依法治理和刑释解教人员安置帮教等工作。2000 年,各镇成立司法所。2003 年,启动社区矫正试点工作。

江宁司法局是主管全区司法行政工作的职能部门,主要负责指导管理全区社区矫正与刑释解教人员安置帮教工作;推进全区法制宣传教育工作;指导全区社会矛盾纠纷调解,参与社会治安综合治理工作;指导监督全区社会法律服务机构及法律援助、律师、公证工作。区司法局的主要职责是:

1. 贯彻执行国家和省、市司法行政工作方针、政策、法律、法规和规章,制订司法行政中长期规划、年度工作计划并组织实施。

2. 承担指导管理全区社区矫正工作。

3. 负责拟定全区法制宣传教育与普法教育规划并组织实施,指导全区法制宣传教育工作,指导全区行业、基层依法治理工作。

4. 承担指导管理全区司法所建设和人民调解、刑释解教人员安置帮教工作,指导全区社会矛盾纠纷调解工作,参与社会治安综合治理工作。

5. 负责指导监督全区律师、公证工作并承担相应责任,综合管理社会法律服务机构。

6. 负责指导管理全区司法行政系统依法行政、执法监督工作。

7. 承担监督管理全区法律援助工作,指导协调全区“12348”法律服务专线工作。

8. 负责全区司法行政系统人才和干部队伍建设,全区司法行政系统的警务管理工作。

9. 负责全区司法行政系统服装和警用车辆的管理工作,指导全区司法行政系统的信息化建设。

10. 承办区委、区政府交办和市司法局授权办理的其他事项。

(二)内设机构

1981 年 3 月,成立江宁县司法局,配司法工作人员 10 名,特邀律师 4 名。是年年末,东山、汤山、湖熟 3 个直属镇,20 个公社和东善桥、汤山 2 个林场均配备 1 名司法助理员。1997 年,县司法局被确定为县政府的工作机构,内设 5 个职能科室,机关行政编制 25 名(含公证处 7 名)。主要承担法律服务和法制宣传教育以及指导和管理刑释人员安置帮教等司法行政任务。2007 年年末,江宁区司法局内设办公室、政工科、法制宣传教育科、基层工作科、法律援助管理科、法律服务管理科和社区矫正科 7 个科室,向街道派驻 20 个基层司法所,共有在职人员 98 人(国家公务员 67 人,事业编制 31 人)。指导、管理 1 个公证处、7 个律师事务所和 10 个基层法律顾问所,同时承担刑释解教人员帮教安置、社会矛盾纠纷调解和社区矫正领导小组办公室等工作。

江宁司法局现在内设办公室、政工科、法制宣传教育科、基层工作科、法律援助管理科、法律服务管理科和社区矫正局 7 个机关科室,以及江宁公证处、区法律援助中心和区社会矛盾纠纷调处中心、基层法律援助工作站4个事业单位，共向10个街道派驻20个基层司法所，还指导全区15个律师事务所和10个基层法律服务所。

（三）人员结构

2014年共有在职人员173人，其中行政编制61人，事业编制36人，聘用人员76人，返聘10人；研究生学历12人，本科学历108人；23人通过国家司法考试，16人获得心灵咨询资格。

近年来，在区委、区政府的正确领导下，全局各项工作扎实全面推进。江宁司法局被评为全国司法行政系统集体一等功，先后荣获"全国社会治安综合治理先进集体""全国法律援助工作先进集体""全国司法行政系统人民调解工作先进集体""2010～2014年全省司法行政先进集体"等荣誉称号，成为唯一当选南京市"三星一创之星"的政法部门，并实现全市司法行政系统内考核"五连冠"。司法部副部长郝赤勇、张彦珍，省司法厅厅长柳玉祥等多位部、省厅主要领导多次到江宁司法局视察指导工作，并给予充分肯定和较高评价。2015年5月29日，全省县（市、区）司法局实战化暨基层基础建设现场会在该局召开，江宁司法局实战化建设经验向全省推广。

二、矛盾纠纷调处

江宁司法局坚持将社会矛盾引入法治化解决渠道，专门组建区矛盾纠纷调处中心，争取全额拨款事业编制10名，由区局直接管理；指导帮助司法所、村（社区）、企事业单位调委会，形成区、街、村（社区）三级调解组织体系。聚焦全区矛盾纠纷多发常发领域，突出专业性行业性调解组织建设，建立医患、交通、电视台、物流中心等特殊调委会。现江宁区共有调解组织263个，其中区、街、村（社区）三级调委会211家，500人以上调委会52家，调解队伍人数达到7415名。

积极推进人民调解、行政调解、诉讼调解等联调联动，与公检法等部门建立调解对接机制；积极参与信访处置，由区局安排3名专职信息员在区信访局值班，及时向12348平台反馈信息，第一时间调度全局力量，全力配合各街道和有关部门，做好重点疑难信访矛盾的化解工作。各司法所积极对接街道综治、信访部门和各村社区，共同加强基层矛盾纠纷排查与信息收集，落实专门人员做好信访案件协办工作。

2014年，江宁司法局基层工作围绕"平安江宁""和谐江宁"建设和"青奥会"、国家公祭日期间社会稳定工作，坚持以提升基层实战服务效能为目标，以打造实战型人民调解队伍为手段，以强化基层基础建设为重点，全力排查化解社会矛盾纠纷，不断规范基层人民调解组织，努力构建矛盾纠纷调处全覆盖工作体系，各项工作取得了明显成效。1至11月，全区各类调解组织共排查出矛盾纠纷和不稳定因素456件，共受理调解纠纷9671件，调解成功9489件，共制作协议书2865份，调解率100%，成功率达98.06%。其中，区法院人民调解工作室受理纠纷58件，成功58件，区交通事故调委会受理调处矛盾纠纷1821件，成功1821件，成功率100%；街道调委会驻派出所调解室受理调处矛盾纠纷1648件，成功1648件，成功率100%；区、街两级调处中心受理调解纠纷4043件，调解成功3937件，调解率100%，成功率达97.38%；村居调解组织受理调解纠纷2101件，调解成功2025件，调解率100%，成功率达96.38%。

表 60　2006～2014 年调解工作具体情况

调解工作基本情况(2006～2014 年)										
项目 \ 年份		2006	2007	2008	2009	2010	2011	2012	2013	2014
人民调解委员会(个)		219	224	223	223	223	223	236	236	258
调解人员(人)		3578	1219	1215	1338	1338	1338	1396	1396	4152
调解民间纠纷(件)	婚姻家庭	163	325	276	268	500	571	594	832	342
	房屋宅基地	82	143	126	131	219	126	209	328	193
	邻　里	312	439	409	445	462	423	430	1358	879
	损害赔偿	586	617	482	606	3695	3004	1312	2404	1613
	其　他	1425	592	393	460	563	998	917	1738	7163

调解工作主要做法如下：

1. 以“迎青奥”、国家公祭等大型活动为主题，深入开展矛盾纠纷排查调处活动

大力开展全国“两会”期间社会矛盾纠纷排查调处、进京非正常上访“百日整治”专项行动、迎青奥信访“维稳”200 天专项整治行动和人民调解百日会战活动、青奥安保“维稳”大防控、“法润江宁·护航青奥”活动、国家公祭活动群防群治工作。落实社会矛盾纠纷排查预警机制，局领导按照分工和分片，组织机关相关部门加强对矛盾纠纷排查调处工作进行督查指导。指派专职人民调解员进驻建工局，指导并参与劳资纠纷的调解，对企业劳资纠纷登记。坚持矛盾纠纷分析研判制度，掌握矛盾纠纷态势。坚持实行每周统计、每日零报告制度，区局每月的纠纷分析研判会由各司法所负责人汇报分析、业务科室通报、分管局长点评，形成有效的机制。局专项整治工作领导小组办公室根据区整治工作安排，对谷里街道和湖熟街道专项整治情况进行督查指导，共同分析当前影响信访稳定的主要因素和重点纠纷事项以及重点人头的发展趋势，对发现的问题，按照“三不放过”的要求，进一步落实稳控措施。组织机关人员积极参与“青奥”安保维稳和国家公祭活动群防群治值班值守活动，迎酷暑、战严寒，出动 1100 多人次到东山街道佘村社区 7 个点进行值守，确保江宁司法局责任站点安全稳定。

2. 加强人民调解组织建设，提升人民调解覆盖率

一是开展人民调解组织备案工作。全区共有 200 个村(社区)调委会、11 个区及街道调委会、16 个 500 人以上的企业调委会及 6 个专业调委会。二是强化企业人民调解组织建设。与区总工会联合下文，召开街道、园区和企业工会组织负责人会议，依托工会组织，在 500 人以上企业设立企业调解组织，在小微型企业设调解联络员。2014 年年初，各基层司法所不断跟进，通过多方协调，新增 16 家大型企业人民调解委员会，并及时纳入矛盾纠纷网格化体系中，目前全区共建立大型企业人民调解委员会 32 家。同时，加强专业性、行业性人民调解组织建设，成立众彩物流、物业管理人民调解委员会。三是指导村居(社区)人民调解委员会建设。实行司法行政工作进社区准入制度，指导

社区公共服务中心综治司法服务建设。四是成立江宁电视台人民调解委员会,开办《多大事啊》栏目,已播节目36期。

3. 以打造实战型人民调解队伍建设为目标,加强人民调解员业务培训

命名一批2013年度区级优秀人民调解组织和个人,命名一批区规范化人民调解委员会。目前,区级规范化人民调解组织达123家。二季度,江宁司法局分两批在区委党校二楼报告厅召开了人民调解员培训班。邀请了区法院、劳动仲裁委员会、区矛盾纠纷调处中心以及律师事务所等资深专业人员就交通事故、劳动争议、人民调解实务与技巧以及人身损害等方面内容进行了讲解,各街道专职调解员,村(社区)调委会主任,企业调委会主任,专业性、行业性调委会主任,驻法院(法庭)、派出所、交巡警大队(中队)人民调解工作室调解员共224人参加了培训。

4. 以提升司法所实战能力为重点,加快司法所服务功能建设和队伍专业能力建设

一是加强司法所基础设施提档升级工作,实现全区基层司法所基础设施建设统一规划、统一改造、统一标识、统一办公模式。目前已完成10家司法所的改造升级。二是统一制作司法所人员服务社区公示栏,落实工作责任,及时受理群众诉求。三是加强业务培训,组织司法所所长参加市局、省厅组织的司法所所长培训,全区共40人次参加培训。

5. 以建立联系基层群众桥梁和纽带为着力点,大力推进村(社区)司法行政服务站建设

根据省厅、市局的部署,按照集成、便民、规范的要求,突出矛盾纠纷调解、特殊人群帮扶、法治宣传教育、法律咨询解答、法律文书代拟等实体类的法律服务和公开司法鉴定、法律援助、公证等办理程序的指引类服务两大特色,实行统一部署、整体推进,2013年12月初,江宁司法局对全区200个村(社区)司法行政服务站建设进行重点推进,同时,结合村(社区)公共服务中心实际,明确三类司法行政服务站建设标准。加强基层司法行政服务站建设,旨在建立为人民群众零距离服务的平台和窗口,切实解决服务群众"最后一公里"问题。

三、公共法律服务

公共法律服务是指由政府或法律公益性组织为全体公民或符合一定条件的公民提供法律服务。其主要工作为:

一是加强公共法律服务系统建设。全力打造全区"城市半小时、农村一小时"法律服务圈,整合调解、法律援助和社区矫正资源,推动区、街道两级公共法律服务中心挂牌运转,为各村(社区)配齐法律顾问,在全区200个村(社区)普遍建立司法行政工作站。利用12348视频指挥平台,实行局所站"一线通",将法律服务延伸到基层各个角落,初步形成区、街、村(社区)三级公共法律服务体系。

二是在全区积极推进落实普遍法律顾问制度。为区政府聘请了14名政府法律顾问;推动全区各街道、园区、国企集团法律顾问覆盖,为各部门法律顾问聘请率超过80%。

三是充分发挥法律援助服务基层的重要作用。建立健全区法律援助中心、基层法律援助工作站,将核定的30名事业编制,全部充实到司法所,增强基层法律援助工作力量;鼓励干警参加司法考试,目前已通过23人,有效提升法律援助队伍法务基层的能力

水平。法律援助全面涵盖区街两级党委政府关注的群体性案件，全力维护基层社会秩序稳定。近两年，法律援助案件数为 3279 件，总涉案金额达 3000 余万元，截至 2015 年 6 月 30 日，已受理案件 437 件。法援队伍办案能力在全省范围内保持领先地位，在区域内有较大影响力，积累了丰富经验；2013 年芬兰司法部来华访问，在江宁司法局法律援助中心交流学习，拓展了江宁司法局的国际视野。

四是公证、律师公证紧贴公证服务需求。在区行政服务中心和司法所建立公证服务联系点，为基层群众提供预约、上门公证服务，积极引导辖区律师，全面参与信访矛盾化解、法律咨询、普法宣传、法律援助、基层站所法律服务活动。

（一）律师法律服务

律师是国家的法律工作者，为国家机关、企事业单位、社会团体、人民群众提供法律帮助，以维护国家法律的正确实施，维护国家、集体利益和公民合法权益。公证是社会主义制度下的一项法律制度，是司法行政工作的一部分，公证的任务是根据当事人的申请，依法证明法律行为，有法律意义的文书和事实的真实性、合法性，以保护公共财产，保护公民身份上、财产上的权利和合法权益。江宁律师在 1981 年恢复重建后，充分发挥职能，服务经济建设，服务人民群众。

江宁县法律顾问处自 1956 年 6 月成立至 1957 年年底，共代理刑事案件 43 件，出庭辩护 31 次，接待群众来访 160 人次，代理诉状 63 件，解答法律咨询 160 人次。后法律顾问处工作中止，1981 年 6 月恢复重建。截至 1985 年，共解答法律咨询 528 人次，代书法律文书 211 件，刑事辩护 237 件，民事代理 20 件，诉讼、非诉讼代理 96 件，接待来访 1574 人次。受聘担任 68 家企业的常年法律顾问，经济案件代理 60 件，标的 710 万元，追回经济损失 213. 50 万元。是年 9 月至年底，先后在上坊、江宁、铜井、淳化、土桥成立法律事务所，4 个月时间共受理各类经济纠纷 31 件，总标的 42 万元，追回货款 23 万元，并调处民间纠纷 24 起，协助办理公证 20 件，审查经济合同 12 份，代写法律文书 7 份，解答法律咨询 247 人次，并举办 4 期法律骨干培训班，培训法律骨干 1560 名。

1986 年后，全县法制建设不断完善，随着经济发展和法律知识的普及，律师工作有较快发展，律师队伍不断壮大，业务范围不断扩大，办案数量不断增加，办案质量不断提高。截至 1990 年，已发展到全面开展刑事辩护、咨询代理等 5 项律师业务，为全县 34 家企业担任法律顾问，每年办理委托代理案件近 200 件，刑事辩护近 100 件，接待来访咨询近 2000 人次，为企业讨回外债数百万元。

1990 年 8 月，县法律顾问处更名为县律师事务所后，律师工作继续坚持以服务经济建设为重点，每年派员去企业讲经济法规课。为使法律直接服务于经济，律师与企事业单位签订常年法律顾问合同，截至 1995 年年底，全县担任法律顾问企业达 308 家。1990 ~ 1995 年，全县刑事辩护 353 件，民事经济代理 1339 件，追回欠款 2597. 80 万元，避免经济损失 4829. 30 万元，接待来访 5666 人次，调处经济纠纷 1883 件，代书法律文书 715 份，非诉讼代理 328 件。各乡镇法律服务所热情为群众排忧解难，积极参与企业经济谈判、合同签订、审查把关，帮助企业清理“三角债”等。截至 1995 年年底，全县 23 家乡镇法律服务所担任企业法律顾问 2553 家，诉讼代理 1477 件，非诉讼代理 1359 件，调处经济纠纷2132件，调处其他纠纷2438件，避免经济损失2430.30万元，挽回经济损失2250.70万元。上坊乡法律服务所于1991年被司法部评为优秀法律服务所；土桥乡法律服务所和陆郎乡法律服务所于1992年被市司法局评为优秀法律服务所；东山镇法律服务所于1992年和1995年两次被省司法厅评为优秀法律司法所。

1996～2000年，为适应市场经济发展，有2家法律服务所全面完成改制工作。其间，全县担任法律顾问的企业有1420家，办理代理和调处各类诉讼、非诉讼案件及经济纠纷7072件，挽回和避免经济损失3.40亿元。

2001年，进行2家律师事务所和14家法律服务所改制工作。至2002年年底，担任企事业单位法律顾问579家，代理各类诉讼、非诉讼案件3256件，挽回和避免经济损失5846万元。2005年，律师参与政府信访46人次，为上访群众提供法律服务156件，其中解答法律咨询144件，息诉3件，代转其他有关部门办理9件。

2006年后，相继成立"江宁区消费者权益律师服务站"和"江宁区工商联法律咨询服务中心"。至2007年年底，法律服务机构担任常年法律顾问394家，接受刑事委托辩护案件258件，代理各类民事、经济案件1483件，代理非诉讼案件277件，接待法律咨询4750人次，避免和挽回经济损失6130万元；组织律师参与政府信访接待90人次，为上访群众提供法律服务226件。

2014年，江宁区共有律师事务所14家，专职律师90人，实习律师11人，新增加律所3家，新增加律师18人。2014年代理民事案件1133起，刑事案件209起，非诉案件185起，担任法律顾问196家，2014年业务收入2400余万元。全区共有基层法律服务所10家，7家为市级规范化达标单位，新增达标所5家，基层法律工作者45人，新增9人。

2014年江宁区法律服务工作重点围绕以下三个方面开展：

一是努力构建公共法律服务体系。(1)服务机构网络化。根据省市公共法律服务全覆盖要求，积极进行推进，区、街道公共法律服务中心正式挂牌运转，村、社区法律顾问配备到位。随着全区司法行政工作站的建立，城市半小时、农村1小时的公共法律服务圈日趋完善。(2)服务力量联动化。积极开展"所所对接"工作，司法所与律所、基层法服所全面对接，律师、基层法服工作者全面参与公共法律服务工作。同时通过局12348视频指挥系统，实现区、街公共法律服务中心及区局各部门之间联动。(3)法律顾问制度常态化。借助十八届三中、四中全会"普遍建立法律顾问制度""依法治国"要求和理念以及省、市法律顾问推进工作要求，江宁区结合实际积极推进法律顾问制度，提交区政府颁发了《关于普遍建立法律顾问制度的意见》。同时，为区政府聘请了14名政府法律顾问，江宁区普遍法律顾问制度将全面开展。

二是加强法律服务市场规范化建设。(1)律师事务所规范化工作。首先，规范外部环境。与区检察院联合下发《关于规范刑事案件辩护与代理工作办法》。联合建邺区司法局、区工商局彻底解决区"上律咨询公司"多年遭投诉问题，清理了法律服务市场。其次，规范内部管理，完善行业监管机制。①提升队伍素质，2014年共开展工作例会4次，业务培训2次，组织参加市级以上培训8次，开展律师职称申报18人，有效规范了律所所务管理、律师队伍建设，提升了律师执业技能水平；②严肃投诉查处。2014年共查处律师投诉案件2起,通过投诉查处整改行业问题2项;③开展执业检查评比工作。2014年,江宁区共组织律师事务所检查评比工作2次,通过年审、日常督查、年度评价等工作,进一步规范了律所和律师执业行为。(2)开展基层法律服务所规范化创建工作。自2014年5月起开展基层法律服务所规范化创建工作。下发创建工作实施方案和创建标准,分阶段按要求开展创建工作,通过自查、整改、预审等工作做到了"一无""五规范"。一无就是无投诉。五规范就是机构设置规范、队伍建设规范、执业活动规范、所务管理规范、基础设施规范。通过市局验收,江宁司法局申报的7家基层法律服务所,共有5家达标。

三是进一步拓展法律服务影响力。(1)开展"法润江苏护航青奥"活动。以青奥"维稳"为主线,制订工作方案,开展系列护航工作,4月走进企业开展青奥知识产权沙龙,5~6月与青奥组委会开展青奥环保座谈会对接法律服务事项。同时,组建由律师、法服工作者组成的青奥志愿团,开展青奥值班工作,期间接受上报信息14起,有效避免1起企业群体性上访事件。(2)公共法律服务工作积极推进。普遍法律顾问制度有序推进,区、街道两级公共法律服务中心有序运转,律师全面参与公共法律服务工作。同时,法律服务产品及时跟进,全区共制定法律服务产品42件,在全区征地拆迁、旧城改造、企业风险内控、城镇化等多方面发挥着作用。(3)律师队伍影响力提升。律师周三参与政府信访接待,周六参与区公共法律服务中心值班,律所、法服所参与"所所共建"活动,"律师党建月"党员律师助贫等活动都进一步提升了法律服务队伍形象。在今年南京市第七次律师代表大会中,江宁区有6名律师被选为代表,人数创历史新高,杨传圣律师被选任第七届律协理事会理事,这是江宁区律师首次担任市律协相关职务。(4)宣传工作提升知晓率。在江宁新闻报纸开辟"以案说法"专栏,成立首个江宁区律师足球队,律师首次参与"市民课堂说法"等工作都拓展了律师对外交流平台。同时,拍摄专题宣传片。2014年开展律师专题宣传工作,江宁新闻《今晚6:30》对资深律师、新生代律师两支队伍开展专题宣传。

表61　1991~2007年江宁区律师业务情况

年份	顾问单位(家)	刑事辩护(件)	民事、经济代理(件)	挽回经济损失(万元)	接待来访(人次)	调处经济纠纷(件)	代书法律文书(份)	非诉讼代理(件)
1991	34	52	124	519	1301	737	255	—
1992	56	65	11	700	300	240	120	—
1993	77	89	261	875	146	381	74	—
1994	77	80	859	1835	1701	324	141	254
1995	74	67	84	900	2218	201	155	74
1996	69	102	240	4666	1332	568	162	138
1997	72	112	231	6000	1887	695	252	202
1998	81	134	261	8000	2023	754	289	210

续表

年份	顾问单位(家)	刑事辩护(件)	民事、经济代理(件)	挽回经济损失(万元)	接待来访(人次)	调处经济纠纷(件)	代书法律文书(份)	非诉讼代理(件)
1999	729	1513	290	9327	5766	1126	1968	250
2000	469	2547	354	6000	5112	1543	282	210
2001	579	202	312	2766	1543	1413	187	208
2002	579	245	294	3080	1637	1501	191	210
2003	256	152	212	4050	1912	1113	291	291
2004	251	983	203	5040	1352	1402	213	286
2005	274	65	856	8350	7100	2030	254	185
2006	178	126	471	1280	1650	1150	272	145
2007	216	132	1012	4850	3100	1890	120	132

表 62　2009～2014 年律师工作情况

律师工作基本情况(2009～2014 年)						
项目＼年份	2009	2010	2011	2012	2013	2014
律师事务所　(个)	5	11	11	11	12	14
律师工作人员　(个)	—	45	45	45	75	90
专职律师　(个)	—	44	44	44	74	88
兼职律师　(个)	—	1	1	1	1	2
法律顾问的单位　(家)	210	550	960	960	670	270
民事诉讼代理　(件)	500	1000	1000	650	500	1133
经济诉讼代理　(件)	600	1200	1200	1000	1000	346
刑事辩护　(件)	64	150	210	90	128	209
行政诉讼代理　(件)	0	0	0	0	0	16
非诉讼法律事务　(件)	300	300	226	230	230	208
涉外及涉港澳台法律事务(件)	0	0	0	0	0	0
解答法律询问　(件)	5000	8000	11000	4000	2137	2100

(二)公证社会服务

1. 历年公证社会服务情况

1956 年 3 月,在县法院设立公证室,于 1957 年中止工作。1981 年 6 月,恢复公证机构,正式成立江宁县公证处,当年没有开展公证业务。至 1985 年年底,办理公证 1259 件。其中,收养子女 19 件、遗嘱 23 件、科学技术合同 26 件,析产 23 件、委托 30 件、赠与

23 件、房屋买卖 61 件、经济合同 919 件、其他 135 件。

1986 年后，公证业务范围由收养、遗嘱、委托等一般民间法律行为公证逐步发展到单位之间的经济合同、承包合同、建筑合同、科技协作合同、财产租赁等经济法律事务的公证，每年办理公证数达千件以上。

1991 年，全县部分企、事业单位着手签订第二轮经营承包合同，公证处及时上门服务，办理承包合同公证 186 件；根据乡镇企事业单位洽谈业务的需要，为企业厂长（经理）、供销科长办理职务身份公证 538 件。1992 年，为重点开发地区之一的方山乡成山行政村办结 9 份土地有偿转让、出租等协议公证。1994 年，为禄口国际机场一期工程办理征地拆迁、劳力托带合同等各类公证 2700 件，为江宁经济技术开发区办理各类公证 500 余件，为上峰、汤山、谷里等乡镇办理抵押贷款公证 177 件。1993 ~ 1994 年，县公证处连续 2 年被南京市司法局评为先进集体。

自 1996 年开始，将公证业务向"三资"企业、私营企业、金融企业拓展，介入工程招投标、行政行为、房地产交易、物业管理、政府采购等活动。配合县计生委、乡镇计生办，依法对婚育进行同步管理，全年办理新婚夫妇生育一胎合同和二胎绝育合同 3500 件。1999 年，全年共办理建设工程招投标公证 63 件，公证率 100%，涉及投资总额 2.30 亿元，通过公开招标，节约投资 800 多万元。1996 ~ 2000 年，共办理各类公证 17039 件，其中民事类 14232 件，经济类 2596 件，涉外及涉及我国台湾的 211 件。

至 2002 年年底，共办理各类公证 14526 件，其中民事类 7391 件，经济类 6882 件，涉及中国台湾、涉外 253 件。2007 年，办理各类公证 10622 件，其中民事类 1588 件，经济类 8232 件，涉及中国台湾、涉外 802 件。

2014 年以来，江宁公证处紧密围绕"四个全覆盖"工作体系的要求，紧密围绕全区中心工作，充分发挥公证在预防矛盾纠纷，维护社会和谐稳定、促进经济平稳较快发展中的职能作用。在市局、区局的领导下，圆满完成了本处预定的工作任务。在业务方面，2014 年江宁公证处在业务数量和质量均实现新的突破，共办理各类公证 4469 件（其中，国内民事证 2984 件、国内经济证 832 件、涉外、涉港澳台公证 653 件）。另外，积极参与江宁城市建设改造拆迁安置分房公证，参与农民拆迁安置分房现场监督公证 12923 件。公证收费总额达 611.3794 万元。历年的公证工作具体情况如下。

表 63　1991 ~ 2007 年江宁区公证业务情况

单位：件

年份	合计	民事公证	经济合同公证	涉及中国台湾、涉外公证	年份	合计	民事公证	经济合同公证	涉及中国台湾、涉外公证
1991	1310	342	945	23	2000	3894	2703	1123	68
1992	1331	604	715	12	2001	7059	3596	3339	124
1993	2026	1158	840	28	2002	7467	3795	3543	129
1994	3694	2964	390	340	2003	10789	4939	5678	172

续表

年份	合计	民事公证	经济合同公证	涉及中国台湾、涉外公证	年份	合计	民事公证	经济合同公证	涉及中国台湾、涉外公证
1995	3248	2899	338	11	2004	12904	7597	5086	221
1996	4374	4169	150	55	2005	16351	11370	4883	98
1997	2952	2637	283	32	2006	12493	1988	10365	140
1998	1651	1445	184	22	2007	10622	1588	8232	802
1999	4168	3278	856	34					

表 64　2007～2014 年公证情况

公证工作情况(2007～2014 年)								
项目 \ 年份	2007	2008	2009	2010	2011	2012	2013	2014
公证处(个)	1	1	1	1	1	1	1	1
公证人员(人)	12	11	11	11	11	12	12	13
公证员(人)	7	6	6	6	6	5	7	5
公证员助理(人)	5	5	5	5	5	7	5	8
办理公证文书(万件)	9820	10754	11075	9469	9457	8515	7121	4189

表 65　2007～2014 年国内公证文书分类情况表

单位:件

国内公证文书分类(2007～2014 年)								
分类 \ 年份	2007	2008	2009	2010	2011	2012	2013	2014
经济公证	—	—	—	—	—	—	—	—
购　销	—	—	—	—	—	—	—	—
联　营	—	—	—	—	—	—	—	—
拍　卖	—	—	—	1	—	1	7	—
贷　款	732	311	—	489	122	—	—	—
担　保	—	—	—	—	—	—	—	1
招标、投标	361	302	210	336	559	28	1	—
技术合作	—	—	—	—	—	—	—	—
供用电	—	—	—	—	—	—	—	—
劳务合同	—	—	—	—	—	—	—	—
建筑工程承包	—	—	—	—	—	—	—	—

续表

分类＼年份	2007	2008	2009	2010	2011	2012	2013	2014
工商服务业承包	—	—	—	—	—	—	—	—
农、林、牧、渔业承包	—	—	—	—	—	—	—	—
乡镇企业承包	—	—	—	—	—	—	—	—
现场监督	—	5	18	4	16	—	18	—
签名印鉴属实	—	—	—	—	—	—	—	—
复印件与原件相符	—	1	3	5	7	—	—	—
资产经营协议	—	—	—	—	—	—	—	—
证据保全	—	6	8	2	—	—	—	—
土地使用权出让、转让	—	1	6	11	1	—	—	—
其他经济合同	4	2	1	14	1	—	4	16
法人(代表人)资格	—	2	3	—	5	—	—	1
法人委托书	204	201	266	306	230	—	—	—
公司章程	—	—	—	—	1	—	—	2
执行许可证明	—	—	—	—	—	—	—	—
提　　存	2	—	—	—	—	—	—	—
抵押登记	—	—	676	—	—	—	—	—
公司会议记录	1	—	—	—	—	—	—	—
复建分房	6928	8339	6400	5073	5319	5143	4409	—
其他	—	13	15	16	12	—	4	16
民事法律关系公证	—	—	—	—	—	—	—	58
收　　养	—	—	—	—	—	—	—	—
解除收养	—	—	—	—	—	—	—	—
继承权	149	143	239	236	259	312	421	620
遗　　嘱	30	8	7	9	9	2	1	1
产　　权	—	—	—	—	—	—	—	—
亲属关系	9	10	6	10	14	34	57	124
死　　亡	4	—	—	—	—	—	—	—
房屋买卖	—	—	2	1	1	—	—	—
遗赠扶养协议	—	—	—	1	—	—	—	—
委托书	490	314	670	601	389	575	953	1438

续表

年份 分类	2007	2008	2009	2010	2011	2012	2013	2014
赠与书	4	3	6	—	—	3	1	—
声明书	645	349	488	365	258	412	612	1115
承诺书	—	389	984	690	629	452	545	—
现场监督	—	6	2	6	9	29	—	52
签名印鉴属实	1	—	—	—	—	—	30	23
副本等与原本相符	75	3	2	5	2	—	21	20
未受刑处	—	107	922	1090	1432	44	34	—
宅基地使用权	—	—	—	—	—	—	—	—
证据保全	9	11	10	4	5	10	5	25
拆迁协议	—	100	—	—	—	—	—	—
计划生育	—	—	—	—	—	—	—	—
赡养协议	159	17	—	—	—	—	—	—
自谋职业	—	107	129	182	180	—	—	—
夫妻财产协议	2	—	—	1	1	—	—	—
其他民事协议	11	4	2	2	2	19	—	—
其他	—	—	—	9	—	10	8	—

2. 目前本区公证社会服务工作情况

日常工作及业务拓展情况如下：

（1）加大公证服务经济社会各领域的业务面。江宁公证处积极参与全区经济建设，以促进江宁区经济发展，维护社会稳定为目标，选派业务骨干跟进重点工程建设招投标，全面规范招投标行为，用优质高效的专业服务、缜密细致的审查，依法现场监督，有效地维护国家利益、社会公共利益和招投标双方的合法权益。同时，根据企业申请前往现场办理货物清点、租赁油罐、不合格玻璃等的证据保全公证，为企业发展保驾护航。

（2）积极开拓和参与城市建设改造工作。牢固树立大局意识，积极参与城市建设改造拆迁、征地拆迁安置、违章建筑拆除、司法强制搬迁及农民拆迁安置分房公证，城市建设改造拆迁安置分房的业务量大、程序复杂，但是社会影响力大。通过办理分房公证，有效地进行了普法宣传，提高了社区居民的法律意识，有效地预防社区矛盾纠纷，减少诉讼，维护了社会的和谐稳定。同时，又能增强人民群众对公证制度的价值认同，大幅度提高公证的社会知晓率和社会影响力。

（3）加强内部管理和制度建设，定期监督检查案卷质量。一是在流程上规范办证质量。公证人员严格依法办证，规范执业，坚持以信誉求生存，以质量谋发展。从公证的接待咨询,到出具公证书,每一个办证环节都严格遵照《公证程序规则》的要求完成。二是加强教育,提高公证员质量意识。积极组织内部学习公证业务知识和为民公开承诺内容,坚持重大疑难公证事项集体讨论,互相交流疑难、复杂公证案例,不断提高每一位公证人员的业务水平和质量意识。三是强化制度约束。针对公证质量建设,公证处也制定了严格的卷宗质量检查制度,每 2 个月由各公证员之间互相抽查 5 本卷宗,每个季度由局领导抽查公证员卷宗,并将检查结果总结成册,对质量问题较大的公证员依照规定进行惩处。

(4)锐意进取,开拓创新工作方式。根据政府"四个全覆盖"的要求,公证处积极组织开展法律服务全覆盖和公证公益活动,加强法制宣传力度。结合"六五"普法品牌建设目标,以"六个一"公益活动"公证开放月""敬老月"等活动为契机,发放宣传材料,讲解公证知识。坚持"走出去"宣传的战略,走进各个村镇广场,参加了"三八"妇女节维权周广场宣传活动、"3 · 15"消费者权益日公益广场宣传活动、"法润江苏春风行动""法治快车周周行"广场宣传活动等,通过现场法律咨询、宣传活动,普及了公证法律知识,扩大了公证机构的社会影响力,收到了以公益活动促进公证业务发展的良好效果。

(5)完善便民惠民措施,提高公证服务质量。一是建立绿色通道。对老弱病残孕、在监收押人员实行上门服务,预约办证。对社会低保等生活困难群众,实行公证法律援助,减免公证费用。二是进一步规范服务行为,科学分工,明确职责,实行首问负责制。公证人员统一着装,规范接待用语,倡导文明服务,全面一次性告知,为当事人提供便捷优质的一站式服务。三是开展公证便民活动。自 2003 年以来,连续 11 年组织公证员深入民政局,现场为退役士兵集中办理自谋职业货币安置补偿协议公证。2015 年,江宁公证处再次亲临区民政局,为 20 多名退役士兵顺利地办理了补偿协议书公证。本处严谨负责、热情周到的服务,赢得了广大退伍士兵的一致好评。

人才队伍建设情况。

江宁公证处现有公证人员 13 名:注册公证员有 5 名,公证员助理有 4 名,新招聘有 4 名(已通过司法考试,准备报市主管部门培训注册)。

工作中存在的问题。

虽然公证工作取得了一定的成效,但是在人才队伍建设、业务拓展、考核激励机制、乡镇设点现场办公、宣传力度等方面还存在一定的问题。①业务有待进一步拓展。虽然今年以来公证处已陆续拓展了借款合同公证、网络证据保全公证、现场证据保全公证等业务,但是仍不能完全适应经济、社会的发展,不能完全解决社会的热点、难点问题。②人少事多。队伍建设是前提。面临日益增长的公证需求,目前公证处人员还远远不能满足,这也成为了阻碍本处拓展新型公证业务、深入乡镇设点办公的掣肘。③考核激励机制不健全,影响工作的积极性。目前,上级公证管理部门尚未对公证员奖励机制作出统一明确的规定。公证处在体制上没有独立的财、物的管理支配权,致使公证处缺乏"自律运行、自主开展业务"的物质基础,公证员的积极性不高,公证工作难以在深度和广度上实现延伸。④公证处乡镇设点的想法目前实行起来较为困难,其中一个重要的原因就是本处的公证员队伍难以满足日益增长的公证需求。由于公证人员的现状、工作安排等一系列原因,每天实际能够办证的只有4~5人,已无多余人手、多余时间和精力去街道社区设点办公。⑤公证宣传力度不够。虽然公证处利用宣传日、纪念日已经积极组织了各项法律宣传、法律咨询活动,但是仍存在个别当事人对公证的办事程序不了解不理解嫌麻烦,影响了公证质量和公证效率,也影响了群众对公证的满意度。

(三)法律援助工作

1. 法律援助基本情况

1999年5月,成立江宁县法律援助中心,为弱势群体提供法律援助。县法律援助中心分别成立职工权益分部、妇女权益分部,县政府设立法律援助专项基金。县司法局印发9000余份《法律援助知识问答》。是年5月2日,正式开通首台"148"法律服务专线,组织律师、公证员等法律工作者轮流值班,解答群众的法律咨询,为群众提供法律服务。是年,法律援助中心办理法律援助案件50件,减免法律援助收费8.42万元;"148"法律服务专线接听咨询电话47人次,接待来访68人次。

2000年,全县23个乡镇及县总工会、妇联、残联、老龄委、团县委分别成立法律援助工作站,各乡镇全部开通法律服务专线电话,初步建立县、乡镇法律援助工作网络,完善联动机制。是年,县法律援助中心及各工作站承办法律援助案件53件,减免法律援助费12万余元;"148"法律援助专线解答群众法律咨询6019人次,接待来访3153人次;上门解决纠纷558人次,参与调处重大纠纷17件。2000年县法律援助中心被市司法局、团市委授予"优秀青少年维权岗"称号;被省司法厅评为全省法律援助工作先进集体。

2001年,制定并出台《江宁区法律援助实施办法》,建立江宁区"12348"法律援助电脑平台。组织开展法律济贫、法律助残、法律拥军和创建"优秀青少年维权岗"等活动,结合"维护国防利益法律援助百连行"活动,深入驻区部队,发放法律书籍和宣传材料800余份。2001~2002年,共解答法律咨询4712人次,接待来访3180人次,上门服务145人次;承办法律援助案件210件,减免法律援助费用28.50万元。

2004年,率先在全国建立基层法律援助工作站。2004年,江宁司法局通过积极探索,以镇街为单位,在全国率先成立了基层法律援助工作站,为全额拨款事业单位,核定事业编制30个。制定《江宁区基层法律援助工作站规范标准》和《基层法律援助工作站考核意见(试行)》,并作为唯一的区县规范性文件被司法部法律援助中心收录。建立和完善"亲民、近民、便民、利民"的村(社区)法律服务体系,组织司法工作者与全区102个村(社区)建立法律服务定点联系制度,86名司法干警、法律工作者分别与各村(社区)签订法律服务定点联系协议书,担任村(社区)法律顾问,为村(社区)发展提出切实可行的法律意见,为群众提供法律帮助。下半年,在区内开展"民工法律援助百日行"活动,为民工申请法律援助开辟"绿色通道"。联合区劳动保障局、总工会、法院等单位举办民工维权法律讲座和开展法律咨询活动,组织各镇街法律援助工作站对拖欠民工工资矛盾纠纷进行集中排查和专项治理。活动期间,共受理法律援助申请19件,帮助67名民工清欠拖欠工资33.50万元。是年,区司法局分别被市政府、省司法厅评为法律援助工作先进集体。

2005年4月,区司法部门在全省率先将非诉讼调解结案的方式引入法律援助,建立法律援助"ADR"机制("ADR"是非诉讼纠纷解决方式或"ADR"机制的简称,是一项被各国司法界公认的新型纠纷解决机制),制定并出台《非诉讼事务法律援助实施意见》,并在麒麟镇法律援助工作站进行试点。工作站与镇法律服务所联合对发生在该镇的20起工伤赔偿案件进行立案调处,当事人对通过非诉讼渠道快捷顺利解决纠纷感到满意。

2006～2007年共受理农民工维权案件270件。开展非诉讼法律援助,两年共受理非诉讼案件315件。2006～2007年,受理法律援助案件796件,"12348"专线接待群众法律咨询2546人次,基层法律援助工作站接待来电来访及法律咨询5150人次。

表66　2006～2014年法律援助工作情况

法律援助工作情况(2006～2013年)										
年份 项目	单位	2006	2007	2008	2009	2010	2011	2012	2013	2014
法律援助机构	个	1	1	1	1	1	1	1	1	1
工作人员	人	3	—	—	—	—	6	7	7	5
其中: 法律专业	人	3	—	—	—	—	6	7	7	5
受理案件	件	345	—	1016	1136	1047	1304	1649	1193	1633
其中: 民事法律援助	件	249	—	913	1068	994	1243	1605	1113	1551
刑事法律援助	件	96	—	103	68	53	61	44	80	82
行政法律援助	件	0	—	0	0	0	0	0	0	0
咨询法律援助	件	4000	—	2600	2000	3000	3854	4731	3552	11659
法律服务承办	—	—	—	—	—	—	—	—	—	—
法律援助案件	件	345	—	—	—	—	116	58	130	1633
受援人	人	345	—	—	—	—	1304	1649	1193	1633
其中:残疾人	人	2	—	—	—	—	41	22	16	21
老年人	人	2	—	—	—	—	35	24	3	29
未成年人	人	97	—	—	—	—	79	45	3	82
农民工	人	201	—	—	—	—	685	1043	490	1055
妇女	人	150	—	—	—	—	772	911	739	644
贫困者	人	230	—	—	—	—	1243	1675	1193	1300
法律援助经费	万元	17	—	—	—	—	118.12	117.5	160.75	130
其中:财政拨款	万元	17	—	—	—	—	110	117.5	160.75	130

2. 自2014年以来法律援助工作

自2014年以来区法援中心以打造人民满意的实战型司法行政机关为统领,以落实四个全覆盖工作为指引，坚持应援尽援，尽援优援，应援当援，应援共援优质的服务意识，不断扩大法律援助覆盖面，贯彻党的群众路线教育实践活动，认真落实全省“法润春风”农民工维权专项行动。大力开展法律拥军活动，取得了良好的社会效果。2014 年区法援中心共受理法律援助案件 1601 件，其中刑事案件 71 件，民事诉讼案件 1037 件，非诉讼法律援助案件 493 件。开展法律进社区、进监所活动 8 场次；来电来访等解答人民群众的各类法律咨询 9182 余人次，向群众发放《外来务工人员维权手册》宣传资料 1500 份。

主要工作体现在以下几个方面：

一是进一步深化“法润春风行”活动。今年以来深入贯彻全省“法润春风行”活动方案要求，一是做好农民工讨薪维权援助工作。加强与区法院、区劳动局等部门的联系和沟通，对有重大影响的群体性劳动争议案件，提前介入，及时化解矛盾。在元旦、春节两大节日期间，区法律援助中心针对外来务工人员集中返乡的特殊情况，及时组织中心专职律师参与维稳工作，对涉及农民工和外来务工人员追讨工资的案件，开展“农民工讨薪”维权专项行动，及时启动维权“绿色通道”，及时受理，优先办理。结合农民工的实际需求，帮助农民工依法代理，积极协调区法院、区劳动仲裁委员会快速立案、快速裁决、快速执行。延伸法律援助服务举措，帮助 800 余名农民工写好强制执行申请书，帮助农民工办理强制执行手续，协调执行事宜。2014 年以来，为 800 余名工人讨要工资 600 余万元，较好地维护了农民工和外来务工人员的合法权益，充分发挥了法律援助维护社会稳定的职能作用。其中南京筑天纺织品 21 工人拿到血汗钱之后，感动地流下了热泪，给区中心送来了锦旗。二是开展好特殊人群法律援助咨询活动。按照全省统一部署，与结对的驻江宁的监狱联系沟通，主动对接法律援助进监所事宜，5 月 8 日为江宁监狱的 500 名服刑犯上了一场生动的法制教育课，并对江宁监狱的服刑犯法律援助需求进行梳理，有针对性地开展法律咨询活动，对一些思想上不稳定的罪犯进行法制教育，做好疏导工作，为监所营造了良好的监狱管理环境。

二是进一步扩大法律援助覆盖面。根据《南京市进一步加强法律援助服务民生工作的意见》继续做好辖区内的困难群众，老、弱、病、残群体，来江宁区打工外来务工人员的法律援助工作。将法律援助经济困难标准放宽至南京市最低工资标准，使法律援助制度惠及低收入经济困难群体。

三是进一步加大办案质量监督检查工作。2 月以来，区法援中心专门组织法律援助中心工作人员、律师认真按照工作要求，对 2014 年所有办结并录入省法律援助信息管理系统的法律援助案件进行了逐一梳理，严格审查，针对案件质量管理制度落实、受理审查情况、办案规范执行情况、案件归档完善、案件经费补贴发放情况等方面进行了回头看，区援助中心对每一个法律援助案件办案卷宗都进行考评，并且按照考核等次发放相应的办案补贴，促进了办案质量的提升。

四是积极开展法律援助进军营活动。完善了与驻区部队的法律援助衔接工作，创新法律援助拥军机制。2014 年 5 月份开始，江宁区法律援助中心分别到“73602”“73033”“73017”等部队开展了一系列法律拥军活动深受广大官兵的一致好评。2014

年6月区法援配合“73602”“73017”部队，当好法律参谋，积极提供依法有效的法律建议，帮助部队依法清退解决了20户已经转业的退伍军人违规占用部队住房问题，有效维护了部队的合法权益。

四、特殊人群管理

特殊人群管理工作主要包括对社区服刑人员的社会矫正和对刑满释放人员的安置帮教。江宁司法局社区矫正试点工作始于2004年，经过十余年的发展，目前全系统中专职从事特殊人群管理工作的政法专项编制人员22人，社会工作者28人。自2004年开展社区矫正工作以来，已累计接收服刑人员4035人，累计解除矫正3571人，在册服刑人员数量始终保持500人左右。管教任务重，江宁司法局干警队伍的不懈努力之下，截至目前，社区服刑人员刑事案件“零发生”。全区在册安置帮教对象2176人，全部建立了安置帮教小组。具体工作体现在以下几个方面：

一是积极推动机构建设、江宁司法局于2010年成立社区矫正管理教育服务中心；2011年成立安置帮教工作服务中心；2013年4月正式经批准建立社区矫正管理局。

二是扎实开展社区矫正与安置帮教工作。创新建立检察、公安干警派驻制，由区检察院、公安分局各安排1名检察官和1名民警常驻矫正小组，由司法所牵头，动员派出所、村社区、服刑人员家庭，共同做好社区服刑人员监管帮扶工作，努力将各种不安全因素消灭在萌芽状态。积极对接关工委等部门，建立“五老”志愿者队伍，注重吸纳基层老党员干部、老模范，与25周岁以下社区服刑人员结对帮扶。

安置帮教工作中对进出社会化、亲情化方针，建立安置帮教对象临时救助金，每年安排2万元经费，帮助刑释解教人员解决生活、工作等方面的困难。将安置帮教对象分为一般和重点对象两类，对一般对象进行“三包一”帮扶，即司法所工作人员、社区干部、安置帮教对象家属；对重点对象实行“五包一”帮扶，即在“三包一”的基础上，增加司法所所长和社区志愿者，进一步强化监管帮扶力度。

三是不断提升信息化水平。启动服刑人员远程视频会见帮教系统，与省内南通、浦口等监狱实现互通，解决年老体弱、家庭贫困的服刑人员家属会见难题。同时，借助系统的监听、视频回放等功能，深入了解服刑人员心理活动，以便有针对性地开展帮教工作。

（一）社区矫正工作

社区矫正是与监禁矫正相对应的行刑方式，是指将符合矫正条件的罪犯置于社区内，由专门的国家机关在相关社会团体和民间组织以及社会志愿者的协助下，在判决、裁定或决定确定的期限内，矫正其行为恶习和犯罪心理，并促使其顺利回归社会的非监禁刑罚执行活动。2003年，江宁区作为全市两个试点单位之一，正式启动社区矫正工作。2004年1月，首先在东山街道开展社区矫正试点工作。是年，区、街道全年累计上门走访矫正对象190人次，开展个别谈话教育900多人次，帮困解难3人次。至2005年4月，东山街道累计登记管理矫正对象61人，经过矫正，有21人顺利解矫，无脱管、漏管，无重新犯罪，试点工作成效明显。

2005年5月，全区20个镇街分别成立社区矫正试点工作领导小组及办公室，105个村和134个社区全部成立矫正工作站，并聘请618名社区矫正工作志愿者，全区社区矫正试点工作有序推进并取得效果。是年,全区登记接收社区矫正对象 469 人,重新犯罪率控制在 1% 以内,有 78 人顺利解矫。2006 年,全区接受社区矫正对象 756 人,有 238 人顺利解矫,是年,江宁区被确定为全省社区矫正试点工作示范区。至 2007 年年底,全区接受社区矫正对象 1123 人,解除矫正 507 人。

截至 2014 年 11 月底,江宁区累计接收社区服刑人员 296 名,解除 342 名,居住地变更迁出 13 人,撤销缓刑 2 人,撤销假释 1 人,目前在册 492 名。其中缓刑 441 人,假释 46 人,暂予监外执行 4 人,管制 1 人。江宁司法局根据《社区矫正实施办法》《江苏省社区矫正工作条例》《江苏省社区矫正工作流程》和《江苏省社区服刑人员监督管理办法》的相关规定,严格组织落实对社区服刑人员的监督、管理和教育工作,强化社区服刑人员的在刑意识,确保矫正质量,顺利完成了暂予监外执行人员乐燕的社区矫正工作,全区没有发生一起因监督管理不到位而引发的重新犯罪,社区矫正监管秩序良好、形势稳定。

1. 认真开展社会调查工作,从源头上确保监管安全

2014 年,江宁司法局共开展社会调查 258 件,其中审前调查 198 件,假释前环境评估 60 件,得到法院采信 246 件,采信率 95% 以上。江宁司法局对社区矫正适用前的社会调查工作,坚持一切从实际出发的原则,从客观事实和环境开展调查评估,统筹考虑适用非监禁刑是否可能实现有效监管,是否有前面提升司法执行行政机关职能作用,对不具备社区矫正条件、不适宜在江宁区进行社区矫正的情况及时进行调查,反馈给审判机关,从源头上将不适合矫正的对象向审判机关通报,确保"评""矫"工作无缝对接。

2. 建章立制认真考核管理,从基础上强化执法保障

一是建立完善建章执法工作制度。根据江宁区社区矫正工作实际情况,相继出台了社区矫正执法事项集体评议制度、社区矫正人员社会通知评估工作实施意见等,进一步强化社区矫正执法工作和对社区矫正人员的监督管理,对入矫、解矫、日常监管、突发事件应对、社区服刑人员的奖惩、社区矫正成员单位职责及工作信息沟通和工作例会制度等进行了规范,从而使社区矫正工作依法有序开展。

二是加强矫正工作检查考核力度。2014 年以来,社区矫正工作领导小组办公室每年组织区综治办、公、检、法、司各部门组成联合检查组,对社区矫正工作进行专项检查,听取各街道办与社区矫正工作情况汇报,查看工作资料,对社区服刑人员进行走访等。检查结束后,对存在的问题进行梳理通报,并要求各街道司法所限期整改,矫正局定期复查。为了确保青奥会期间社区矫正监管安全,提高执法水平和质量,相继开展了执法规范化建设年、社区矫正百日专项整治等活动,进一步提高了司法所的执法水平。

三是强化社区矫正执法工作装备保障。2014 年以来,江宁司法局高度重视社区矫正工作的基础保障,为全区 20 个司法所和科室配备了执法记录仪、监管刷卡考勤机、移动硬盘等必备的执法记录设备,对所有的日常管理、奖惩谈话等执法过程记录在案,确保了执法过程客观公正和有据可查,提高了矫正工作人员的责任心。

3. 积极探索创新工作机制,从效果上保证执法规范

2013 年以来,针对社区矫正工作中社会调查、考核奖惩、迁居外出、免除劳动等事项

的申报审批工作弹性较大，工作人员反映尺度难以把握的情况，江宁司法局于2014年研究出台了《江宁区社区矫正执法事项集体评议制度》，规定对具体的执法审批事项按案件性质及程度要求必须经过司法所、矫正局或司法局进行集体评议，按照民主集中原则进行表决，形成评议决定，并记录在案。该项制定执行，既保证了执法活动的客观公正，也提高了矫正执法的规范化程度，得到了广大基层矫正工作者的一致认可。

4. 严格规范监督管理程序，从行动上维护执法权威

进一步规范社区服刑人员交接工作，确保法律文书和人员移交"双到位"，实行法院、监狱、公安、司法行政机关之间的无缝对接。实行严格的监督管理制度，确保不发生重大案件。严格禁止宣告、日常报告、公益劳动、监督考察和请销假等各项制度，做到"周闻其声、月见其人、季有评议"。定期开展上门走访、排查分析和专项检查工作。梳理暴力型犯罪，患有精神病、艾滋病，有进京去省上访意图以及"三无"社区服刑人员，逐人落实管控措施，明确工作责任，有效化解和消除监管安全隐患。通过严格的跟踪管理制度，全面提高应急处置能力。

建立健全社区服刑人员重新违法犯罪定期通报研判制度。探索跨区域协作管理机制，落实社区服刑人员异地委托管理跟踪措施。严肃考核奖惩制度，彰显刑罚执行的严肃性。全面实行社区服刑人员等级管理，依据罪行性质和现实表现明确处遇。综合运用表扬、减刑和警告、记过、治安处罚、收监执行等措施，强化监管安全力度。2014年以来，江宁区分别对189名新人矫正和重点社区服刑人员发放定位手机，全天候监控行踪，预防人员擅自越界、脱离监管。对47名社区服刑人员给予警告处分，对3名不服从管理和矫正期间有其他违规人员向法院提出了撤销缓刑、假释的收监建议，均得到法院支持。有力地维护了社区矫正执法严肃性。

5. 做好重点时期特殊人员管控

2014年南京青奥会期间，江宁区对两类特殊人员中的一百余名重点对象进行梳理定位，对梳理出来的重点对象实行每天点名的做法，发放定位手机，每天查看活动区域等做法，确保重大活动期间，重点人员情况稳定可控。

（二）安置帮教工作

1. 安置帮教工作开展情况

1998年前，安置帮教工作主要由公安部门会同乡镇地方政府及行政村进行。1998年3月，县司法局设立安置帮教科，负责刑释解教人员的安置帮教工作。全县23个乡镇、江宁经济技术开发区、10家县属企事业单位都成立领导小组和工作机构，共设立帮教工作小组368个，帮教小组672个，有帮教工作人员2400余人，培训728人次。通过调查走访，查明全县1995～1997年回归刑释解教人员714人，落实帮教651人，得到安置574人，分别占总数的91.20%和80.40%；重新犯罪83人，重新犯罪率4.60%。各乡镇根据实际情况，一般以2～4名成员组成一个帮教小组，实行谁帮教谁负责。当年，全县有刑释解教人员161名，全部落实帮教，年帮教率100%。开展大墙内、外联合帮教活动，先后7次组织有关单位赴监所开展帮教活动。至2000年，全县刑释解教回归人员540人，帮教率97.80%，安置率89.40%，重新犯罪率降至2.80%。全县有4家单位、6

名个人被市政府评为1998～2000年安置帮教工作先进集体和先进个人。

2001年，在全区20个镇街以及10家大型企业、6家1000人以上单位成立相应的领导小组和接待站，在各村(居)委会设立672个工作小组，有帮教工作人员2400余人。2002年，区安置帮教领导小组办公室被省综治委评为全省安置帮教工作先进集体。

2004年3月，各基层司法所建立安置帮教管理系统，与市司法局联网，实行网络化管理。2005年，全县登记接收刑释解教人员156人，帮教率100%，安置率98%，重新犯罪率控制在3%以内。

2007年6月14日，区司法局与区内某钢模租赁有限公司签订《江宁区刑释解教人员过渡性安置基地协议书》，成立首家刑释解教人员过渡性安置基地。是年，全区接受安置帮教对象233人，帮教率98.90%，安置率95.60%，重新犯罪率1.80%。是年12月，区司法局被省刑释解教人员安置帮教工作领导小组评为全省刑释解教人员安置帮教工作先进集体。

2014年江宁区安置帮教工作牢固树立“夯实基础，预防犯罪”的工作要求，切实做好“青奥”期间维护社会稳定工作，加强对安置帮教工作形势的分析研判，不断强化安置帮教各项措施的落实，最大限度地预防和减少刑释解教人员重新违法犯罪。江宁区在册刑释解教人员2082名。2014年登记接收479人，比去年同期631人减少152人，衔接率达100%，帮教率达99%，安置率97.8%。当年重新犯罪2人，当年重新犯罪率0.004%。

表67　2007～2014年刑释解教人员安置帮教工作情况

刑释解教人员安置帮教工作情况(2007～2014年)									
项目＼年份	单位	2007	2008	2009	2010	2011	2012	2013	2014
工作机构	个	1	1	1	1	1	1	1	1
从事安置帮教人员	人	1	1	1	1	1	1	1	2
创办安置实体	个	0	0	0	0	0	0	0	0
刑释解教人员	人	56	209	250	286	536	612	647	599
安置刑释解教人员	人	56	207	248	284	532	607	642	594
帮教刑释解教人员	人	56	208	249	285	534	610	644	596
重新犯罪人数	人	0	1	0	0	0	1	1	1
重新犯罪率	%	0	0.48	0	0	0	0.16	0.15	0.17

2. 近年来安置帮教工作重点

近年以来，区司法局坚持贯彻“首要标准”，按照“安置多元化、帮教科学化、管理信息化、工作规范化”的方针，围绕破解“衔接难、教育监管难、就业安置难”等难题，着重开展了以下重点工作：

(1)切实抓好衔接管理，从源头上杜绝刑释解教人员脱管漏管。一是积极推进安置帮教工作的信息化建设。建立健全服刑在教人员、刑释解教人员、重点帮教对象和志愿者等四个信息库。二是加强对服刑在教人员核查工作。核实率 100%，成功率 99.6%，保持全市领先。三是开展对 2013 年回归人员的排查。四是进一步落实必接必控制度，与监所建立“无缝对接”，接加刑满释放人员 2 人。五是开展帮教延伸。向江宁籍服刑在教人员寄送“特别家书”900 余份，对 7 名服刑在教人员子女进行帮扶救助，到监狱开展帮教活动 1 次。

(2)强化教育监管措施，最大限度地预防和减少刑释解教人员重新犯罪。一是进一步做好安置帮教对象的等级测评工作，落实“三级管理”提升安置帮教工作的针对性和有效性。二是建立专群结合的“3 + N”的帮教小组。“3”即有司法所干警、社区民警和社区干部三支专业力量，“N”即若干名由社区工作者、社区居民和刑释解教人员家属等志愿者组成的群众力量，共同做好安置帮教工作。三是加强动态性监管。切实抓好“预防刑释解教人员重新违法犯罪等分析制度”和“安置帮教工作信息报告制度”的落实，每季度召开司法所长会议分析形势，增强工作的针对性和有效性。

(3)充分发挥载体功能，为刑释解教人员回归社会创造良好条件。一是循序渐进的加强服务中心建设，充分发挥中心的服务和指导作用，有效破解安置帮教工作的难度。二是大力促进社会化帮教。进一步将安置帮教与社区自治管理结合起来，组织开展“帮教教育行动”，推动了共同治理。三是开展技能培训和就业推荐。定期向刑释解教人员发布最新招聘信息。技能培训项目，促进刑释解教人员就业。与东山劳保所协调，及时对“三无人员”李某某等安置就业。四是加强过渡性安置基地建设。建立社会企业安置基地 30 个，解决了“三无”人员和特殊困难刑释解教人员就业安置。

3. 当前安置帮教重点工作落实情况

(1)指导全区 10 个街道成立刑释解教人员安置帮教工作领导小组。通过领导小组的成立，进一步加强对刑释解教人员安置帮教工作的组织领导，推动基层安置帮教工作的开展。

(2)加强和规范刑释解教人员管理衔接工作。建立服刑人员基本信息沟通机制；完成全区 5 年刑释人员、3 年解教人员和社区矫正转入人员花名册台账的建立；建立衔接措施，进一步加强对刑释解教人员的管理；加强组织领导，落实刑释解教工作各项措施。

(3)指导司法所严格按照市局制定《南京市刑释解教人员危险性测评及分等级帮教管理办法》的要求开展刑释解教人员危险性测评和按等级管理工作。

(4)继续更新和完善“三个信息库”。及时对本辖区刑释解教人员信息库、安置帮教志愿者人才信息库、重点安置帮教对象信息库进行更新和完善。

五、法治文化建设

江宁司法局紧紧围绕“六五”普法规划，组织各司法所深入基层，重点宣传劳动保障、医疗卫生、公共安全、应急处置等法律法规，开展“18 法律广场”、法治快车村村行、“12348 法润千万家”等宣传活动，充分发挥法制宣传在化解基层矛盾中的教育引导作用。打造出国家及省市普法品牌共 11 个，特别是通过法制宣传、法律援助、人民调解“三进军营”模式，与 10 家驻军部队建立联席会议制度，打造出“法律拥军”国家普法品牌。积极拓宽普法渠道开通微信、微博平台；充分利用律师资源，在区图书馆开设“法治讲堂”，在电视台开办《司法第一线》《多大事啊——梅大姐调解现场》栏目，在《江宁新闻》开设“律师说法”栏目。借助邮政网点优势，开辟“法治邮路”，将法制宣传全面渗入基层群众身边。

“六五”普法以来，江宁区法治宣传教育工作认真贯彻落实党的十八大精神，牢固树立科学发展观，以习近平总书记关于法治建设和法治宣传教育的一系列重要指示精神为引领，紧紧围绕全区经济社会发展大局，以打造“互动型服务型创新型”普法模式为路径，注重整合资源，坚持融合发展，强化机制创新，“六五”普法取得明显成效。全区公民法律素养得到进一步提升，政府依法行政能力得到进一步增强，社会法治氛围日渐浓厚，为“法治江宁”“平安江宁”建设提供了良好的法治保障。其具体实施情况如下。

1. 以长效发展为目标，建立健全法治宣传“五大机制”

“六五”普法以来，全区建立完善了普法“五大机制”，通过科学有效运行，推进法治宣传工作实现“五化”。一是目标责任机制体系化。区委、区政府两办转发《“六五”普法规划》、区人大印发有关加强法制宣传教育的决议。全区出台《法制宣传教育全覆盖体系建设的实施方案》，形成法治宣传目标责任机制的整套体系。二是社会联动机制常态化。成立区、街“六五”普法领导小组，相关单位建立联席会议制度，为进一步推开工作奠定良好的基础。三是分析研判机制精细化。成立专兼职研判委员会，组织律师、法律服务工作者等及时对重大复杂信息进行分析研判，强化针对性，为领导科学决策提供法律依据。四是经费保障机制科学化。普法经费由原来的人均 0. 04 元提高到人均 2 元，由“五五”期间 30 多万元增长到目前的 300 多万元，基本满足全区普法需求。五是监督考评机制刚性化。全区每年对各街道、部门的“六五”普法工作进行检查考核，全面保障了“六五”普法工作的顺利实施。

2. 以“智慧普法”为路径，创新打造法治宣传能动服务“三级平台”

在区一级层面上，在司法局打造“智慧普法”中心。构建“12348”智能普法平台。为群众提供电话咨询、“网上司法局”在线服务、落地法律咨询和“面对面”即时通信服务。在街道一级层面上，成立街道公共法律服务中心。在司法所建成“网络视频语音”系统，形成区、街法治宣传服务“一线通”。在社区（村）一级层面上，实现 200 个社区（村）普法全覆盖。200 个社区（村）公共服务中心均建立完善了基层法治宣传服务站（点），实现基层民主法治“无死角、全覆盖”。

3. 以社会广泛参与为要求，着力打造法治宣传新型与传统“两支队伍”

江宁区始终坚持强本固基和开拓创新并重，配齐配全“自有和志愿”传统普法队伍，创新成立“一团三大队”专业普法队伍。传统队伍中，法治宣传教育专职工作人员 11 名。普法讲师团成员 31 人、普法人才库成员 80 余人、法治宣传联络员队伍 80 余人、全区 65 所中小学校法治副校长和法治教育辅导员 222 人、以“五老”为主体的法律志愿者 3000 多名、农村法治宣传员队伍近 1700 名，大学生村官法治宣传员 200 名，同时，对法治宣传队伍进行改革创新，在司法局成立“一团三大队”新型普法队伍模式。“一团”即区级法律服务团，“三大队”即“执法管理大队、宣传服务大队、应急处置大队”，形成普法整体合力。

4. 以需求导向为基础,力推发展宣传强劲发展态势

一是实施按需普法。广泛征集民意,为提高普法针对性奠定扎实基础。结合信访案件较多的实际,健全完善“访调对接”机制并突出“法治宣传先行”原则。结合全区驻军多、法律需求大的实际,在20余家部队开展调查问卷征求意见活动,提升法律拥军实效。二是推进法治文化建设。设计一批与群众生产生活息息相关的环保袋、扑克牌、宣传读本、文化衫等,使群众在生活中感受法治氛围;组织开展法治书画、摄影、手抄报、诗歌、小品、相声、朗诵、快板等各类文艺作品创作征集活动,有力提升法治文化建设精神内涵;打造东山法治公园、杨家圩法治文化墙、汤山反腐倡廉法教育基地等法治文化阵地,受教育人次达10万余名。三是落实普法责任制。全区各成员单位认真落实“谁执法、谁普法”机制,5年来,全区开展拆迁类法制宣传咨询活动96场次;区法院在四个法庭所辖街道设立8个巡回审判点,一边审理案件、一边开展法治宣传教育;区工商局面向50人以上的食品经营户进行集中法治教育培训,年均培训人数达2000人。区城管局围绕迎接保障青奥会、备战“9322”以及“百日执法”三大攻坚战,开展城市管理法治宣传,有效增强群众在“环境大扫除”活动中的积极性。

5. 以群众满意为根本,着力增强法治宣传“三型”实效性

一是围绕重点开展专项普法。利用“亚青会”和“青奥会”契机,广泛开展护航青奥法治宣传、“普法惠民村村行”春风行动、“法治快车周周行”,人民调解“青奥百日会战”等各类活动100多场次;以江宁“美丽乡村”建设为背景,大力开展新农村普法教育,及时化解游客和居民之间的矛盾纠纷。二是扎扎实实开展分类普法。面向领导干部和公务员,制定《江宁区党政领导干部、公务员学法用法工作的意见》,开展“法治理念专题教育”,全区3600余名公务员参加分类培训和考试;出台《非人大常委会任命领导干部任前法律知识考试办法》,全区非人大常委会任命的领导干部参加任前法律知识考试率和通过率均达100%。出台《关于组织开展“区管领导干部旁听庭审”等活动的实施意见》,全区100余名区管领导干部参加旁听庭审活动。面向农民和外来人员,在清水西苑打造外来务工人员法制宣传教育基地,深入开展“送法下乡”“新江宁人”普法宣传活动,提升农民和外来务工人员法律素质。面向青少年,做到教材、课时、师资、经费“四落实”。每年法治课达200多场,授课率100%;在江宁大学城建立普法联盟,开展“青春飞扬、与法同行”系列普法活动,成功举办“南京四高校大学生法律辩论赛”。受教育青少年人数达20余万名。面向企业经营管理人员,江宁公安分局召开旅店业治安法治会议52次,900余名经营人员受教育;10个街道巡回开展企业负责人法律知识讲座110场,培训企业经营管理人员6800多人次,培训率达100%。区、街道、社区三级劳动保障系统500人参加《劳动合同法》《社会保险法》的培训和考试,培训率100%,考试合格率100%。面向部队官兵,推进法治宣传、法律援助和人民调解“三进”军营模式,组织开展法治文艺演出、军地赛诗会、律师讲座、咨询服务、法治手抄报和小品文评等各类活动20余场次。面向案件当事人及社区服刑人员和安置帮教对象等特殊人员,开展个性化普法教育。区法院对赡养纠纷等案件开展“村边开庭、田头开庭”20多次,旁听群众达1万余人次;区劳动争议委员会受理劳动争议案件9020件,结案9020件,结案率100%;

劳动监察机构受理职工投诉案件5262件,结案5262件,为13548名劳动者挽回各类经济损失8616万元。区司法局每年调解案件保持在8000件左右,成功率达98%以上,法律援助案件每年保持在1000件以上,群众满意率达100%,社区服刑人员每年在册数保持在550人左右,司法所每年对社区服刑人员进行个性化法制宣传教育不少于6次。三是新老结合营造浓厚法治氛围。江宁法韵艺术团平均每年演出50余场。区电视台开播"司法第一线""多大事儿"等电视普法栏目。区检察院开展基层法治宣传巡讲活动30余场次,受教育人达5万余名;200个基层村成社区都建立"法治学校""农家书屋"法律图书角、法治宣传栏,覆盖面积达100%。着力推广"江宁普法""江宁发布""江宁清风""江宁公安在线""江宁12348在线"等一系列新媒体普法方式,其中,"江宁公安在线"官方微博连年被权威机构评为"十佳政务微博"。

在全区共同努力下,区政府被表彰为全省"六五"普法中期先进单位;江宁街道清修村被命名为"全国民主法治示范村"。

2014年江宁区法治宣传工作,按照区"六五"普法规划及《2014年江宁区法治宣传教育工作要点》要求,紧紧围绕区委、区政府的中心工作,以法治宣传教育全覆盖为主线,以繁荣法治文化为核心,以创新工作机制为动力,加大宣传力度,创新宣传形式,增强法治宣传的实效性和引导力,为江宁争创苏南现代化建设样板区营造良好的法治环境。

(1)坚持突出普法重点对象,继续深化"法律六进"

一是深入开展"法律进机关"。按照领导干部每年安排2次以上的法律知识集中学习、学法时间不少于40小时的要求,通过理论中心组学法、法治报告会、法治讲座等方式,增强领导干部学法用法效果。江宁司法局联合区委组织部、区法宣办、区人社局等四家单位在全区开展法治理念主题教育培训"每日一题"活动,活动要求全区公务员和事业单位管理岗位工作人员利用办公内网、宣传栏开展法律知识"每日一题"学习宣传,并利用会议、学习、党员教育机会进行提问、模拟测试。2014年1月10日,全区57家单位161名公务员分2场参加了初赛,通过笔试选拔出前10名的公务员参加2月27日举行的决赛,决赛选拔3名优秀人员将组队参加省、市公务员主管部门举办的法律法规知识竞赛。2014年年初,在市法宣办、市司法局等单位联合举办的"青奥与法治文化建设"优秀论文和征文活动评选中,全区各机关和部门共征集36篇主题论文,区司法局荣获组织奖,江宁区选送的《绿色青奥盛会法治环保同行》荣获一等奖,全区共有5篇高质量的论文选编入册,有效提升了全区领导干部和公务员的理论研究水平。11月28日,全区组织开展2014年度非人大常委会任命、实行试用期的领导干部任前法律知识考试,共11位领导干部参加了考试。本次考试内容以《宪法》为主,涉及《公务员法》《行政诉讼法》《行政复议法》《行政许可法》等法规法规知识,全方面考察领导干部的基本法律知识及相关法律法规掌握情况。

二是深入开展"法律进学校"。协调各政法部门和法治副校长经常性开展送法进校园活动,为中小学生作法治讲座,受到广大师生的欢迎;区教育局和各中小学校继续把基本法律常识作为学校德育的重要内容纳入教学计划,通过德育课堂和各种寓教于乐的法治宣传教育活动开展青少年普法。4 月，江宁司法局联合妇联、体育局、团区委等部门举办迎青奥青少年家庭法律知识大赛决赛，比赛积极倡议全区青少年家庭行动起来，通过学习青奥会知识，全面提升法律素质。5 月，联合教育局组织全区中小学生观看《代号 12348》及评选观影感活动，主要采取学校法治课启动观影仪式，组织师生共同观看以及学生与家长在家观看等形式，两家单位邀请专家评委选出优秀作品奖。7 月 27 日，江宁区组队参加市法宣办举办的“迎青奥青少年法律知识电视大赛”预赛。针对晓庄学院人大代表提出的《进一步加强对大学城内高校大学生普法教育工作的指导》提案，江宁司法局作为主办单位，经过主办征求意见和汇总公、检、法单位的协办意见，答复人大代表将通过建立高校法治联席会议制度、组建高校普法宣讲团等有效措施，进一步加强社会综合治理和校园安全管理，通过相关部门的共同努力，贯彻落实“教育、感化、挽救”方针，营造和谐社会氛围，人大代表对江宁司法局的答复表示满意。11 月 11 日江宁司法局联合大学城管理办公室在晓庄学院组织开展“青春梦想，法治启航”普法系列活动，学院文艺社团同学们身着涂鸦普法 T 恤演奏歌曲，部分同学现场在 T 恤上创作与“法”相关的漫画作品，大家纷纷在“尊法守法、从我做起”横幅上签名。报告厅内专职律师结合案例以《大学生自我保护和防止违法犯罪》为题，深入浅出地讲解了刑法方面的相关知识。活动受到了大学生们的积极响应，普遍反映活动形式新颖、内容丰富、参与性强，有助于提升大学生的法律素质。

三是深入开展“法律进社区”。积极联合区各部门、街道开展“送法下乡”、劳动力转移招聘会、志愿服务、“三八”维权周、消费者维权、环境大扫除、知识产权日、助残日、综治和平安建设宣传月等主题法治宣传活动，深受社区群众欢迎。5 月 17 日，全区“法润江苏春风行动·普法惠民村村行”主场活动走进美丽乡村——横溪街道石塘村。在优美的法治歌曲声中，游客们与当地群众纷纷走到法律咨询台，积极参与法律知识有奖竞答活动，律师耐心地为咨询群众解决法律疑问。此次活动重点面向 76 个村，辐射 124 个社区，通过宣传相关法律法规，为民排忧解难，让群众切实感受到“法治惠民”和“法在身边”。江宁司法局自 3 月初启动的主题为“服务青奥盛会、建设法治江宁”的法治快车周周行活动，每周一次，活动地点设在基层村（社区）。活动形式主要根据各村（社区）特点，因地制宜，联合区相关部门深入基层设点搭台，广泛开展群众喜闻乐见的法治曲艺演唱、法治电影播放、现场法律知识问答等活动，通过免费发放法律宣传书籍、法治用品，设立免费法律咨询服务台，现场解答群众法律问题，引导群众依法维权；对行动不便或其他有特殊情况的人群采取“送法到家、上门服务”的方式组织，切实提高各类人群的普法知晓率和司法行政工作知晓率。截至目前，“法治快车周周行”活动已开展 40 期。

四是深入开展“法律进企业”。把“诚信守法企业”创建工作作为企业基层依法治理的重要抓手，加强部门联动，完善创建范围、创建标准，科学实施，不断提升企业依法决策、依法经营、依法管理水平和诚实守信的道德理念，切实提高企业的综合竞争力。区工商、税务、交通、环保等成员单位按“谁执法、谁普法”的原则，结合执法活动，对企业经营管理人员进行法治宣传教育，提高了企业依法经营管理能力。3 月，江宁司法局联合开发区、秣陵街道等单位共同在中电电气集团打造企业法治文化活动中心，为现代企业提供了强大精神动力和保障,更好地为企业营造法治、平安、和谐的工作环境。6月,南京2014年度“农民工学法活动周”启动仪式在江宁区中电电气集团有限公司举行。省、市、区领导向农民工代表赠送了300多本法律书籍,江宁法韵艺术团的演员们为农民工朋友呈现了一场精彩的法治文艺演出,演出过程中穿插的有奖法律知识问答,得到了农民工朋友的积极响应。江宁司法局联合妇联、计生局以及江宁开发区综治、安监、食品药品监督、工会等部门设置的咨询台前人头攒动,30余块普法展板吸引了多名员工驻足观看,咨询人员就员工提出的劳动合同、工伤保险、计划生育、女工保护等方面的问题进行了详尽的解答,当天下午,各部门共接待咨询200多人次,发放各类法治宣传用品1500余份,活动受到了员工们的一致好评。

五是深入开展“法律进单位”。积极引导辖区内的各类单位组织结合自身工作实际,切实履行法治宣传教育责任。通过设立公共法治宣传阵地、发放法治宣传品等形式开展公益性法治宣传,主动运用公示牌、宣传册、LED显示屏宣传与本单位业务相关的专业法律知识,加强对各类中介机构、行业协会、社团组织所属人员和从业人员的法治宣传教育。

(2)不断丰富法治宣传方式,持续推进全民普法

一是利用传统宣传手段。结合“18”法律广场、“法润春风江苏行动·普法惠民村村行”“法治快车周周行”等主题活动,组织相关单位通过举办法治讲座、法律知识竞赛、设立法律咨询台、设计宣传栏专刊、发放宣传材料、展出宣传展板等方式进行普法。据不完全统计,1~11月,全区举办各类法治宣传咨询活动380余场,出法治宣传专栏680多版,制作各种宣传展板300多幅,散发各种宣传材料120000多份。

二是探索普法新方式。2014年以来,江宁司法局积极与报刊、杂志等平面媒体合作开设专栏、专刊开展普法宣传,2014年初与《江宁新闻》合作设置《律师说法》专栏,每周一次,由资深律师对热点案例进行全方位的剖析与解释。江宁司法局还与区广播电视台合作《司法第一线》《多大事儿》等法治专栏节目,其中,《司法第一线》专栏全方位、多角度、专题报道全区普法教育、法治建设动态;《多大事儿》专栏是介绍人民调解工作的新栏目,通过对调解过程的全程现场录制,完整地反映矛盾纠纷情节和过程,促进全社会用调解方式化解矛盾纠纷,筑牢社会稳定的第一道防线。

三是发挥新媒体宣传优势。积极运用局网站、微信公共平台、新浪微博、新浪博客等新媒体传播工具宣传法律知识、引导舆论导向,推动普法工作提升,进一步拓展法治宣传教育工作平台,增强与广大干部群众的网络互动,拓宽“六五”普法及法治建设渠道,营造浓厚的法治宣传氛围,全面提高群众的法律意识。2014年以来共更新网站信息530多条,发布微信70多条,微博500多条。

四是融入“民情调查”新元素。江宁司法局将法治宣传与电话调查相结合,通过“12348”平台与广场普法宣传,共收集6万份问卷调查表,结合群众路线活动要求,联系到具体社区(村)、包干到户,深入基层社区(村)召开民情恳谈会,深入480户农民家庭开展“情感沟通日”活动,打造“民意直通车”“民情观察站”。通过走访,共征求4大方面28个小类型意见和建议,为普法互动注入强健活力。9月4日,江宁司法局在湖熟街

道周岗社区开展第 29 期“法治快车周周行”活动中，江宁司法局民情调查员对前来咨询的群众开展问卷调查，通过不计名方式邀请群众填写问卷，掌握群众对司法行政工作的知晓率和满意度，截至目前，共有 240 余名群众参与问卷调查，收集意见和建议 50 余条。

(3)突出载体创新，打造“六五”普法品牌

一是全面推进“法律拥军”国家品牌创建工作。江宁司法局先后与十余家驻区部队签订普法军地共建协议，主要结合部队的实际需求，充分发挥律师、公证、法律援助、法治宣传等法律服务职能，通过开设有针对性的法治讲座、法律咨询和法治文艺演出等法律进部队活动，积极营造部队学法尊法守法用法的浓厚氛围，进一步提升部队法治建设水平。2014 年 4 月，江宁司法局联合双拥办、人武部等单位出台《江宁区法律拥军联席会议制度》，充分发挥军地优势，进一步加强军地间的团结合作，共同组织、协调、指导、检查、调研“法律拥军”工作，建立健全军地调查研究制度、述法报告制度、监督检查制度。5 月，江宁司法局在十余家驻区部队中开展“法治手抄报”和“法治小品文”比赛活动，内容突出法治主题，反映社会现象片段或剖析社会现象。7 月 30 日，江宁司法局联合区双拥办到汤山街道某驻区部队，开展以“喜迎青奥会·送法进军营”为主题的“庆八一”法律拥军活动，杨传圣律师事务所徐莉律师围绕《合同法》，以现实案例为题材，为 100 多名官兵讲授了一堂精彩的法治课。课后，徐律师还就官兵们提出的婚姻家庭、房产交易、退伍转业等方面的涉法问题进行了详尽的解答。

二是完善杨家圩法治文化墙建设工作。江宁司法局与区城建集团、规划局共同建设的东山街道杨家圩法治文化墙建设项目已完成，该工程依托杨家圩文化公园设计和建设，是群众休闲娱乐和体验法治生活的精神乐园，是集法治元素与文化元素为一体的市民广场。通过广场法治文化展示、法治精神传播，潜移默化地培育市民法治观念，不断提升市民的法律素养和文化品位，从而增强市民幸福乐居感。法治文化墙展示内容由古代至现代，由法律体系到根本大法，由普法历程到本地法治实践，详略得当，全面展示法治进程和法治文化，让市民在游览中了解法治、在参与中感悟法治。

三是有力推进“一所一品”创建活动。2014 年 3 月，江宁司法局积极落实市局提出的“百花齐放”工程，打造具有江宁特色的法治宣传教育工作品牌，全面推进法治区建设，出台“六五”普法品牌“一所一品”创建活动实施方案，旨在推出不同内容、不同层次、不同形式、不同品位的在全区、全市有一定影响的特色普法教育品牌，打造一批在全区有较大影响的法治文化精品，使“六五”普法工作充满活力。江宁司法局与各司法所签订“一所一品”建设责任书，依据上报的 21 个普法品牌，结合实际，制订工作计划，实施分类指导，将以观摩、座谈等多种形式进行交流，推广先进经验，全力确保 2015 年终期检查前，初步形成一批有影响、有活力、有成效的特色普法品牌。

六、干部队伍建设

近年来，在一线实战单位组建八个党支部，将系统内 32 名党员和 12 名律师党员组织起来，以党组织建设带动全系统队伍及业务建设。江宁司法局于淳化街道党工委积极筹备，在淳化司法所成立司法所联合党支部，设立党支部活动室，由淳化、土桥、方山 3

个司法所的7名党员组成，充分发挥联合党支部的战斗堡垒作用。开展各类“比学赶超”活动，培养先进典型。在全系统内持续开展纪律作风巡查和廉政专题教育活动，以作风建设推动业务工作持续深入开展，在全系统内营造清廉、务实、有担当的良好氛围。

七、基层基础建设

一是创新建立起信息主导的指挥协调机制。成立“12348”协调指挥中心，下设一室四平台即办公室、热线呼叫平台、网络服务(网站)平台、公共法律服务平台和视频监控中心，将各职能部门纳入其中，以源头信息采集为基础，将不同平台形成的工作流、信息流、管理流，按照统一调度、分类处置的模式来推进工作落实。自江宁区“12348”协调指挥中心投入运行以来，已编辑《每日情况》300期，《数字司法周报》18期，《分析研判报告》2期，为党委政府和相关部门决策提供依据。

二是构建平站结合的勤务管理机制。江宁司法局打破原有机关设置模式，创新成立“一团三大队”应急处置工作机制，“一团”即法律服务团，“三大队”即“执法管理大队、应急处置大队、宣传服务大队”。日常工作继续保持原有科室设置，在开展业务工作中依实战需求对各科室人员进行及时整合。建立“弹性工作制”、“无休服务岗”和“巡查工作制”三大管理制度。全系统人员工作时间弹性化，实现全天候备勤。公证处服务窗口实行“无休服务岗”，工作日白天不休息、周六正常上班、周日预约到岗。在司法所推广巡查工作制，将司法所服务由办公室推向前台，实行“上午柜台办公、下午巡查走访”的工作模式。

三是强化局所站“三位一体”的力量协同机制。在全省率先实现对司法所垂直管理，确定司法所正科级建制，配备20个所长和11个副所长职位。强化基础人财物保障，将全协同80%的警力配置到一线岗位上；实现司法所平均办公用房面积达到200平方米以上，并在条件较好的秣陵、湖熟等司法所推广功能区域化，设置便民服务区、矛盾调解区和支付管理区。依托司法所成立街道公共法律服务中心，利用“12348”指挥中心与20个司法所之间建立的网络视频协调指挥系统中心实时指导与调度各项法律服务业务30余次。在全区200个村(村区)全部建立司法行政服务站，明确治调主任为司法站站长，配备专职调解员、法治宣传员、村(社区)法律顾问和司法所干警联络员为主要普法力量，为群众提供纠纷调解、特殊人群帮扶、法治宣传教育等实体服务和法律援助、公证等办理程序的指引类服务；在“金花村”、美丽乡村及大型景区开设便民法律服务点，做到服务群众“零距离”。

八、制度创新

(一)不变体制变机制创新管理抓服务

基层基础建设是整个司法行政事业犯罪的根基，实战化则是夯实这一根基的战略举措。2013年以来，按照柳玉祥厅长“不变体制变机制”的重要指示精神，全局上下提高认识，统一思想，大胆探索，勇于创新，实现了工作模式的阵痛转变。区司法局认为，推进实战化建设，就是适应经济社会发展需要，建立综合指挥处置机制，改革勤务模式，最大限度地把力量沉入村居社区、融入基层群众。实战化建设试点一年来，江宁区司法局整体工作有了“三个明显提升”：执行力明显提升，指令下达、马上就办，工作质效不断优化,“12348”协调指挥中心运行以来,接待群众来访咨询 14931 次,派发办理工单 509 件;创新力明显提升,形成了局所站一体建设、“一团三大队”勤务模式等创新做法;影响力明显提升,2013 年以来法律援助案件办理群众满意率 100%,社区服刑人员刑事案件“零发生”,群体性纠纷调处成功率 98.6% 以上,司法行政在基层的话语权不断增强。区司法局的具体做法和体会如下:

1. 加强实战化建设,关键是构建信息主导的指挥处置机制

提升新时期司法行政机关的实战能力,必须树立信息主导工作的理念,把信息置于基础性、先导性位置,以信息主导决策、引导实战。在这方面,区司法局着重抓好三个环节。一是源头信息采集。以大数据应用为基础,做实做强信息采集中心。2013 年以来,在成立“12348”协调指挥中心的基础上,不断强化视频系统数字化升级改造,辖区内 20 个司法所统一安装网络视频系统,实现对全区真实民情数据的实时抽取;利用“单兵移动”手持终端设备实现对民情、社区矫正执法管理等基础信息的实时采集;通过设立民意征集点、民情信箱,开展民情恳谈会等多种形式收集基层信息。二是服刑研判。通过建立专兼职相结合的研判队伍,对信息进行及时研判分析。区信息中心利用短信、微信和内网平台,以《每日情况》《数据周报》《分析研判报告》等形式,及时向区内的司法所反馈研判信息,直到司法所开展工作。同时,向区委区政府、区局各部门推送信息,为党务政府和相关部门科学决策提供依据。三是指挥协调处置。依托指挥平台,建立健全“扁平快速”的指挥处置机制。打破业务条线的分割,将各职能部门纳入“12348”热线平台,成为热线网络成员单位,区司法局指挥办对基层报送的信息统一分流,将任务以工单形成下达各成员单位处置,确保群众投诉、求助得到及时、有效处理。

2. 加强实战化建设,核心是构建平战结合的勤务管理机制

区司法局着眼于及时满足党委政府和群众对司法行政工作的实际需求,努力探索勤务机制创新,形成平战结合的勤务管理模式,有效推动了司法行政工作由柔变刚,由慢变快,又静变动,由虚变实。一方面,构建日常管理勤务机制。建立“弹性工作制”、“无休服务岗”和“巡查工作制”三大管理制度。区街两级司法行政机关变固定工作时间为弹性工作时间,全体人员保持 24 小时通讯畅通,实现全天候备勤。公证处等服务窗口实行“无休服务岗”,保证工作日白天不休息、周六正常上班、周日预约到岗。在司法所推广巡查工作制,将司法所服务由办公室推向前台,实行“上午柜台办公、下午巡查走访”的工作模式,引导司法所根据辖区实际,灵活调整勤务时间和方式,最大限度地把力量投入服务一线,做到主动勤务。另一方面,构建应急实战勤务机制。打破固有的机关设置模式,推动机关向一线倾斜,重组工作流程,创新成立了“一团三大队”应急处置工作机制。“一团”为法律服务团,“三大队”包括执法管理大队、应急处置大队、宣传服务大队。在平日工作中,保持原有组织机构设置;在应急处置中,分别按照公共法律服务、矫正执法与行政管理、矛盾纠纷化解与应急处置、法治宣传教育等专题,对各科室人员进行快速整合,深入重大群体性事件和防控违法犯罪的最前沿,形成宣传、稳控、调处、援助“一条龙”模式。健全应急预案,开展岗位练兵,确保实战队伍在关键时刻“拉得出、用得上、靠得住”。

3. 加强实战化建设，重点是构建上下一体的力量协同机制

长期以来，基层司法所与司法所管理体制的矛盾成为困扰司法行政发展的难题。区司法局牢牢把握"基础才是重心"的要求，全面推进局、所、站一体建设。形成互为支撑、协同推进的发展格局。一是理顺管理体制。率先实现司法所垂直管理，全区20个司法所为正科级建制，配备20个所长和11个副所长职位，将区司法局80%力量下沉到基层、融入社区；人财物统一由区局提供保障，局机关和司法所干部形成交流制度；对街道中心所和非街道所实施分类管理，推动司法所均衡发展。二是搭建联动平台。打造"三级联动平台"：在区一级层面上，利用与"12348"协调指挥中心联通的热线呼叫、网络服务、公共法律服务、网络视频监控四个子平台，实现工作与司法所联通，形成线上线下、网上网下"点对点、面对面"的智能化服务；在街道一级层面上，依托司法所成立公共法律服务中心，利用信息化等手段，形成区和街道服务中心"一线通"；在社区（村）一级层面上，全区200个村（社区）建立了司法行政服务站，区司法局、司法所干警分片包干管理，定期推出"站长接待日""法律服务日"等专项服务，做到服务群众"零距离"。三是加强保障监督。积极争取区政府支持，拨付专项经费100余万元，为中心建设提供保障；改善司法所办公条件，司法所平均办公用房面积达到200平方米以上。强化流程监督、回访反馈，建立健全年度考核评价、纪律作风督察和干部选拔任用等机制，每周进行督查通报，半年和年度进行绩效评价，定期通报考核结果，确保工作顺利实施。

（二）获市"三争一创之星"称号

2013年10月，江宁区司法局获南京市第三批"三争一创之星"称号，这也是全市司法行政系统唯一获表彰的基层区局。2004年，江宁区形成由党委、政府统一领导，综治组织协调，司法局负责管理的大调解工作机制，成为化解社会矛盾的重要力量。2011年5月，江宁区率先在全国实现调处中心实体化运作，调处服务中心有区信访、民政、法院、公安、劳动保障等20多个部门组成，并细化出城镇拆迁矛盾调处组、劳资矛盾调处组、医患纠纷调处组等8个专门调解工作小组，负责相关矛盾调处工作。同时建立健全区、街道两级社会矛盾纠纷调处服务中心，在全区200个村（社区）成立人民调解委员会，形成区、街、村（社区）三级调解组织网络，大量的矛盾纠纷实现就地登记、就地调处、就地化解。以"应援尽援、尽援优援"为宗旨，以群众满意为首要标准，区司法局不断扩大法律援助覆盖面，使公平正义惠及更多的弱势群体。建立健全区法律援助中心、基层法律援助工作站、村（社区）法律援助信息员的三级网络，构建城乡一体的法律服务体系，实现"半小时法律服务圈"。2010~2012年，全区受理法律援助案件4330件，办理法律援助案件数连续7年保持全省前列。2012年7月，该局启动法律服务"五朵金花"活动，结合美丽乡村新农村建设，全区律师与农家乐特色村项目所在地进行结对服务，定期为农家乐居民开设法制讲座，预防和化解游客与居民之间的消费纠纷等，及时为农家乐规范管理制订工作方案提供法律支持。组织开展"双促双助""律师法律进社区""所所结对""双进双联"等法律下基层活动，全区每个村（社区）都有法律顾问，20个司法所与20个法律事务所有效对接，法律工作者经常深入辖区企业、社区，倾听群众呼声，宣讲法律政策，为基层组织、企业和广大群众排忧解难。涌现出全国模范人民调解员屠桂富，

全国人民调解能手陈相新，江苏省杰出人民调解员、全市人民满意公务员杜礼根，南京好市民李仕臣，南京市劳模赵宗牛，江宁感动人物胡须江等一批先进典型。

（三）基层司法所建设：以秣陵司法所为例

秣陵司法所是江宁区司法局的派出机构，现有工作人员 8 人，其中司法行政专项编制 5 人，事业编制 1 人，街道聘用人员 2 人，全部达到本科以上文化程度。秣陵司法所所处区域秣陵街道位于江宁区中部，下辖 25 个社区，面积 185.3 平方公里，常住人口约 18.2 万人、户籍人口约 13.5 万人，目前正逐步成为高新技术产业创新集聚地，同时也是城市化高尚组团板块、绿色人文乐居区、城乡一体化新市镇。

作为基层司法行政机关的派出机构，作为秣陵街道这一基层人民政权的重要组成部分，秣陵司法所始终肩负着纠纷调解、社区矫正、法制宣传等重要职能。为了更好地履行法律赋予的职能，更好地维护辖区内和谐稳定，全所紧紧围绕“打造人民满意的服务型司法行政机关”“扎实推进‘365’工程”“深入推进‘四个全覆盖’体系建设”的总目标，坚持区局“不变体制变机制”的工作原则，积极贯彻执行上级司法行政机关关于“推动局所站一体化建设”的战略部署，有效地实现了秣陵司法所服务模式和工作方式的转变，得到了辖区群众、所处街道党工委、办事处以及社会各界的一致好评。先后被评为江苏省规范化司法所、江苏省人民调解防止民间纠纷激化工作先进集体、南京市“四星”司法所，连续七年被评为区司法行政工作先进集体。

1. 抓规范化建设，夯实工作基础

为了解决群众对司法行政工作辨识度不高、知晓率低，基层司法所工作条线化、机关化、僵硬化等问题，秣陵司法所在区局的正确引导下积极推动街道公共法律服务中心与司法所同步发展、力量统筹、资源共享、做强做大，一系列创新举措的实施切实提升了秣陵司法所服务与管理能力；同时通过对内部进行升级改造，分别设置方便群众办事的便民服务区、执法严肃规范的执法管理区、绿色和谐快速联动的矛盾调解区，率先在全省基层司法所中实现功能区域化。并将以上三个区域分别以标牌指示、特殊色调加以区分，进一步树立司法行政品牌，形成“一个大门进来、一揽子服务”的具有秣陵特色的综合法律服务平台。

2. 抓干部素质，树立队伍形象

秣陵司法所始终坚持“建一流业绩，树一流形象”的发展定位，把队伍建设摆在首位，着力实现“三个强化”：一是强化政治思想建设，通过开展创建人民满意基层所、争创规范化司法所等一系列活动，教育引导全所干警树立正确的世界观、人生观和价值观，强化干警“向人民负责、让人民满意”的责任意识，努力实现“被动勤务”向“主动勤务”的跨越。二是强化业务素质建设，坚持定期开展业务学习和日常自学活动，要求工作人员每年参加各种业务培训，鼓励全所人员不断提高业务素质和工作技能。三是强化作风纪律建设，坚持以所务公开和机关效能建设为载体，加强职业道德和执业纪律教育。

3. 抓实战化建设，筑牢维稳防线

为实现以实战为引领，信息主导的实战机制，2014 年秣陵司法所在区局统筹安排下安装了好视通网络视频系统，实现了与区局在人民调解、法律援助、法律服务以及协办公证等法律服务事项上的实时交互对接；通过对社情民意、社区矫正管理等基础信息的及时排查、收集、整理和研判，使该系统成为了秣陵司法所准确掌握辖区内各种不稳定因素的集成平台，同时也成为区局收集秣陵辖区基层准确信息的可靠触角。

秣陵司法所全体干警始终保持24小时通信畅通，全天候备勤；司法所实行“无休服务岗”，工作日白天不休息、周六正常上班、周日预约到岗；实行“上午柜台办公、下午巡查走访”模式，实现了“互联网+四个全覆盖”的实战型工作模式。

4. 抓职能发挥，实现四个全覆盖

秣陵司法所紧紧围绕所处街道党工委、办事处中心工作，紧密结合全市“365”工程要求的实施、强化、强力推进基层基础和能力建设部署安排，深入推进省厅关于“四个全覆盖”工作要求，充分发挥职能作用，突出抓好矛盾纠纷排查调处、公共法律服务、特殊人群服务管理、法制宣传教育等工作，有力促进辖区和谐稳定。

一是抓好矛盾纠纷排查调处。坚持矛盾纠纷排查制度化、经常化，落实每日零报告制度、每半月对片区进行一次排查，对有影响稳定的上访案件，及时上报地方政府，同时书面提出妥善处置的司法建议书。对排查出的矛盾纠纷及时调处，将调解室布置为以绿色基调为主，装饰温馨和谐的图文，以平定当事人情绪，推进矛盾纠纷及时有效化解。自2012年至今，秣陵司法所已成功调处辖区内群体性矛盾纠纷及突发性事件共987起，调解成功率98%以上，没有一起因工作失误导致民转刑案件或群体性事件的发生。

二是推进公共法律服务建设。建立秣陵街道公共法律服务中心和村（社区）公共法律服务站。在服务中心设置“柜台式、大厅式”开放窗口和无障碍公共法律服务区，提供接待引导、咨询服务、受理审查、纠纷调解、帮教安置、律师值班等一站式服务，在村（社区）司法行政服务站专设律师咨询窗口和调解功能室，打造辖区内集镇半小时，农村区域1小时的公共法律服务圈，为群众提供便利优质的公共法律服务产品。

三是严格特殊人群服务管理。一直以来，秣陵司法所始终坚持以人为本的原则，关心社区矫正和刑释解教人员的生活，用亲情、友情、爱心进行管理教育。尤其去年司法所专辟全所近一半办公面积，作为社区矫正执法专门区域，保证“报到接收—入矫宣告—集中教育—公益劳动—矫正训诫—心理矫治”各环节高效安全开展。秣陵司法所还创新性人性化引入红叶社会团体，对未成年人信息保护、心理健康、人生引导等作出努力。到目前为止，辖区内管理的特殊人群均无一人因脱管、漏管而重新犯罪。

四是丰富法治宣传互动式服务。为了使“法制宣传”职能在地方党委政府中心工作中能够发挥积极作用，秣陵司法所干警经常利用节假日，到机关、单位、企业、农村、社区、学校，特别是到正在发生矛盾或正在拆迁征收的区域开展“法律六进”工作。通过法制讲座、以案说法、现场调解等学教互动的形式提高广大群众的法律意识。同时，秣陵司法所也积极拓展法治宣传阵地建设，创新法治宣传形式。例如，社区四点半学校法制讲座、在秣陵中心幼儿园开展世界咖啡法治研讨活动，文化活力得到进一步加强。经过近几年的法制宣传教育，辖区群众的法律意识明显有所增强。有纠纷找司法，有法律疑难找司法已经成为秣陵老百姓遇到法律问题寻求帮助最直接有效、最低成本的常态化途径。

2015 年 5 月，全省县（市、区）司法局实战化暨基层基础建设会议在江宁区召开，秣陵司法所被列为省现场会唯一一家基层司法所实战化建设参观观摩点，受到了来自全省各市、县（区）司法行政部门相关与会人员的一致好评。

第五章　基层自治与公民权益保障

第一节　基层自治

一、基层村(居)委员会自治

(一)基层自治组织的历史沿革

历代,上元县和江宁县下设乡、里等基层组织,负责管理户口、宣传教化、征收税费和地方治安。农村形成众多的自然村落,城镇则形成居住社区,其活动形式主要是邻里互相帮助。婚丧红白喜事、造房建屋,互请互帮。

宋代,据南宋《景定建康志》载:上元县共设十八乡五十二里,江宁县共设二十二乡八十七里。元代,据〔至正〕《金陵新志》载:上元县仍设十八乡五十二里,江宁县设十八乡八十六里。里之下有甲,设甲首。里长和甲首由蒙古人或色目人担任,负责催督各种劳役和赋税,禁止违法,办理官府委办事宜。明洪武二十四年(1391),上元县共设十八乡二百零三里。〔万历〕《江宁县志》载,江宁县设二十一乡六十八里。里之下仍设甲,每甲10户。清代,〔道光〕《上元县志》载,上元县设十八乡一百五十里。〔乾隆〕《江宁新志》载,江宁县设二十一乡七十四里。里之下沿袭明制,普遍设保甲组织。城乡以10户为1牌,10牌为1甲,10甲为1保,各立牌头、甲头、保头1人。太平天国战争后,据〔同治〕《上江两县志·图说》载,上元县设七区十七乡,江宁县设四路六十四图。光绪二十八年(1902),江宁实行警察制,保甲遂废。

民国三至十一年(1914~1922),江宁县实行市乡制,5万人以上集镇称为"市",乡仍其旧。民国十二年(1923)改为村制,村以下25户为闾、5户为邻,设闾长、邻长各1人。民国二十一年(1932)8月,国民政府颁行《编查保甲户口条例》,当年江宁县废除闾邻,编组保甲。保甲组织以户为单位,设户长,10户为甲,设甲长,10甲为保,设保长。保甲编成后,即由甲内各户户长互相联合至少5人,共同填写"联保连坐切结""互相监视,不为匪盗或汉奸,如有违犯,应即密报,倘有瞻徇隐匿,联名各户实行连坐"。民国三十七年(1948),江宁县共设7区、46个乡镇、476保、6803甲。

新中国成立初,沿用旧有区、乡镇、保、甲区划,全县为7个区47个乡镇。废保甲制后,农村基层始建行政村。1950年,全县分10个区、114个乡镇。1957年撤区并乡,全县设24个乡镇。1958年建立人民公社,镇社合一,江宁全县分为19个人民公社,行政村改为生产大队。城镇于1961年起建立居民委员会,江宁县5个建制镇设立17个居民委员会。1982年始,江宁县将原农业生产大队改为行政村,建立村民委员会。1982年,实行体制改革，镇社分开，恢复乡镇和行政村，全县有东山、汤山、湖熟3个县属镇和26个乡，共设377个村民委员会。1987年，江宁县开始撤乡设镇，至2000年，全县调整为18个镇，343个村民委员会。

2001年年初，全区辖18个镇，共有343个村民委员会和61个居民委员会。2002年3月，经南京市人民政府批准，同意撤销东山镇，设立东山、百家湖两个街道，将东善桥镇水阁、长山两村划归百家湖街道。是年10月，将东山街道辖区东南部分（即原方山镇地域）划出，另设方山街道。是年年底，全区辖3个街道、17个镇，共有243个村民委员会、40个社区居民委员会和11个居民委员会。

2003年，全区居委会改制工作全部完成，新组建社区居民委员会28个。是年年底，全区辖3个街道、17个镇，共有68个社区居民委员会和218个村民委员会。

2004年4月25日，经南京市人民政府批准，撤销淳化镇、东善桥镇、秣陵镇和上坊镇，以其原辖区分别设立淳化街道、东善桥街道、秣陵街道和上坊街道。同时对社区居委会和村委会进行调整。是年年底，全区辖7个街道、13个镇，共有102个社区居民委员会和182个村民委员会。

2005年，撤销43个村民委员会，新组建43个社区居民委员会。12月12日，经南京市人民政府批准，撤销江宁镇、汤山镇，以原辖区分别设立江宁街道和汤山街道。是年年底，全区辖9个街道、11个镇，共有145个社区居民委员会和139个村民委员会。

2006年3月，区域内开展大规模区划调整工作。省、市人民政府批准区域内的9个街道、11个镇调整合并为7个街道、2个镇。原东山街道地域与原上坊街道的上坊、天云、泥塘、佘村、高桥、永安、大里7个社区居民委员会及原麒麟镇的泉水、定林、建南、窦村4个村合并设立新的东山街道；原百家湖、秣陵、方山3个街道与原湖熟镇的新林社区居民委员会、原上坊街道的陵里社区居民委员会和原淳化街道的王墅、宋墅、永宁、解溪、新华5个社区居民委员会合并设立新的秣陵街道；原汤山街道和原上峰镇以及原麒麟镇的麒麟门、麒麟铺、晨光、锁石、青西、袁家边、悦民8个村（社区）合并设立新的汤山街道；原淳化街道的淳化、双岗、青山、青龙、索墅、吴墅、田园7个社区居民委员会和原土桥镇合并设立新的淳化街道；原禄口镇与原陶吴镇的陶东、钟村、上穆3个社区居民委员会合并设立禄口街道；原江宁街道和原铜井镇合并设立新的江宁街道；原谷里镇和原东善桥街道合并设立谷里街道；原湖熟镇（除新林社区）和原周岗镇合并设立新的湖熟镇；原横溪镇和原陶吴镇的桃盛社区及甘村、新杭、桃红、龙山、西泉、西阳、红星、甘西8个村与原丹阳镇合并设立新的横溪镇。是年年底，全区辖7个街道、2个镇，共有141个社区居民委员会和78个村民委员会。街镇平均面积174.80平方千米，人口8.70万人。

2007年4月19日，为建立城乡统一的社区管理体制，区政府决定将全区77个农村"村民委员会"更名为"社区村民委员会"。是年12月12日，经省、市人民政府批准，撤销湖熟镇、横溪镇，以原辖区设立湖熟街道和横溪街道。是年年底，全区辖9个街道，共有127个社区居民委员会和77个社区村民委员会。

2008年5月，江宁街道新民、铜井合并为新铜社区，建中、陈塘社区合并为盛江社区。

2010 年,将东山街道办事处泉水社区、建南社区和汤山街道办事处麒麟门社区、麒麟铺社区、晨光社区、锁石社区、东流村、袁家边村合并设立麒麟街道办事处,街道办事处行政区域面积 62 平方公里,总人口约 4. 14 万人,辖 6 个社区居委会、2 个村委会。此次行政区划调整后,全区由原辖 9 个街道调整为辖 10 个街道。

2011 年 5 月,经江苏省政府批准,江宁区部分行政区划做适当调整。江宁汤山街道桦墅村、孟北村整建制划归栖霞区西岗街道办事处管辖。调整后,江宁所辖的街道办事处数量不变。江宁区行政区域面积 1558 平方公里,共有社区村委会 75 个,社区居委会 124 个。

2012 年,秣陵街道新林村和桥头、科苑、方山、成山、杨村、横岭、王墅、新华、永宁、解溪、陵里社区划归淳化街道管理;谷里街道童前、东善桥、祖堂、吉山、霞辉庙、元山、胜家桥社区划归秣陵街道管理。湖熟街道河北、耀华、新跃、东阳社区村民委员会改为区居民委员会。年末,全区有 10 个街道,128 个社区居委会,71 个社区村委会。

2013 年 4 月,江宁区设立横溪街道石塘社区村民委员会。江宁区现有 10 个街道,200 个社区,其中,128 个社区居委会,72 个社区村委会。

2014 年 3 月 30 日,经南京市人民政府批准,江宁区调整部分街道行政区划。根据《市政府关于调整江宁区部分行政区划的批复》,秣陵街道的科苑、方山、成山、桥头、杨村、横岭、王墅、新华、永宁、解溪、陵里、新林 12 个社区划归淳化街道管理,谷里街道的祖堂、童前、吉山、胜家桥、东善桥、霞辉庙、元山 7 个社区划归秣陵街道管理。区划调整后,江宁区仍辖 10 个街道,128 个社区居委会、72 个社区村委会。

2003 年,江宁区被民政部命名为全国村民自治模范区;2007 年,被评为全国农村社区建设实验区。

2011 年,全区基层民主自治与社区建设以创建“全国村务公开民主管理示范单位”为载体,推进基层民主自治建设,完善“一委一居一村一站一办”建设,推行“扁平化”管理服务新模式,提升社区公共服务水平。全年新增市级和谐示范品牌社区 1 个,市级和谐示范社区 12 个,省级和谐社区建设示范村 4 个,省级和谐社区建设示范街道 1 个。该年,江宁区被评为“全省第九届村委会换届选举工作先进单位”。

2012 年,全区以创建“全省和谐社区建设示范单位”为目标,努力提升城乡社区管理服务内涵和社区公共服务水平,取得新成效。全年新增 1 个市级和谐示范品牌社区,11 个省级和谐社区建设示范村(社区)和 4 个省级和谐社区建设示范街道。该年,江宁区被省民政厅表彰为“全省和谐社区建设示范区”,被全国村务公开协调小组表彰为“全国村务公开民主管理示范区”。

村民委员会

古代和民国时期,江宁县以下基层组织往往具有基层政权和基层社会组织的双重职能,很难将两者截然区分。民国初,实行乡、镇地方自治,规定学务、卫生、公共善举等为自治事项,并以保甲为基层自治组织。民国三十七年(1948),江宁县分为 7 区、46 个乡镇、476 保。新中国成立后,废保甲制,建立村组织。至 1949 年年底,县内共建立 7 个区、47个乡(镇)、116个村。1957年撤区并乡,乡以下设高级农业社,社以下设生产队,建成乡、社、队三级建制。1958年8月起,开始撤乡建社,至1982年年初,全县有3个镇、26个公社、348个大队、5307个生产队。是年3月,江宁县在政社分设、建立乡镇政府的同时,将原农村生产大队改建为行政村,原生产队改建为自然村或村民小组,开始在乡、镇政府以下进行基层自治组织——村委会建立工作。村(居)民委员会是村(居)民自我管理、自我教育、自我服务的基层群众性自治组织。乡镇、街道人民政府(办事处)对工作给予指导、支持和帮助,村(居)民委员会协助乡镇、街道开展工作。至1983年8月,373个生产大队改建为380个行政村,5608个生产队改建为1791个自然村和5448个村民小组。1985年,全县有377个行政村、2846个村民小组。至此,村队改制工作基本结束。后经过陆续调整合并,至2001年,全县设农村基层自治组织村委会247个。2002年起,区内居委会改建社区居委会工作全面启动。2007年4月,区政府为进一步统筹城乡社区发展,建立城乡统一的社区管理体制,将农村村民自治组织"村民委员会"更名为"社区村民委员会",至2007年年底,全区共设社区村委会77个。

2010年2月,区政府成立麒麟街道办事处,将汤山街道办事处下的东流村、袁家边村合并设立麒麟街道办事处,辖6个社区居委会、2个村委会。

2011年,江宁汤山街道桦墅村、孟北村整建制划归栖霞区西岗街道办事处管辖。调整后,江宁所辖的街道办事处数量不变。江宁区行政区域面积1558平方公里,共有社区村委会75个,社区居委会124个。

2012年,秣陵街道新林村和桥头、科苑、方山、成山、杨村、横岭、王墅、新华、永宁、解溪、陵里社区划归淳化街道管理;谷里街道童前、东善桥、祖堂、吉山、霞辉庙、元山、胜家桥社区划归秣陵街道管理。湖熟街道河北、耀华、新跃、东阳社区村民委员会改为社区居民委员会。2012年年末,全区有10个街道,128个社区居委会,71个社区村委会。2013年4月,江宁区有10个街道,200个社区,其中1年28个社区居委会,72个社区村委会。

2014年3月,江宁区将秣陵街道的科苑、方山、成山、桥头、杨村、横岭、王墅、新华、永宁、解溪、陵里、新林12个社区划归淳化街道管理,谷里街道的祖堂、童前、吉山、胜家桥、东善桥、霞辉庙、元山7个社区划归秣陵街道管理。区划调整后,江宁区仍辖10个街道,128个社区居委会、72个社区村委会。

社区居民委员会

1954年12月,全国人大常委会第四次会议通过《城市居民委员会组织条例》,规定"在100~700户居民范围内设立居民委员会",但由于以农业生产为中心的江宁地域城镇居民极少,故在1961年之前未在城镇设立居委会。

1961年11月,在东山、秣陵、汤山、湖熟、江宁5个建制镇设立17个居委会,其他18个公社的集镇相应建立管理集镇居民的办事机构。1963年8月,根据省人委规定的"5000人口以上的城镇才能设置居民委员会;5000人口以下、2000人口以上的城镇,不设居民委员会,由镇直接领导居民小组工作""不是镇建制的其他小集镇,非农业人口在700人口以上,需设置居民委员会的,由专署、省辖市审查报省民政厅、财政厅备查"精神,对1961年在东山等5个镇设立的17个居委会予以撤销,由镇人民委员会直接领导居民小组工作,同时撤销上坊等18个集镇的办事机构;对非农业人口在700人以上的陆郎、铜井、陶吴、丹阳、禄口、土桥、龙都、淳化8个公社的集镇,分别设立居委会。经过增减变动,至1985年,全县共设居民委员会23个。1990年增至30个,1995年增至41个,2000年增至61个。至2001年9月,全县有居民委员会70个。

2000年12月江宁县撤县设区后,原居委会管理模式已不能适应城市化管理需要。在区委、区政府的领导下,成立江宁区社区建设指导委员会,制定《关于在全区推进城市社区建设工作的实施意见》。2001年9月,在东山镇先行开启居委会改建社区居委会工作试点,对东山镇的36个居委会进行合并调整,改建成18个社区居委会。此时,全区设城镇基层自治组织社区居委会18个、居委会34个。

2002年起,区内居委会改建社区居委会工作全面启动。当年,全区撤销23个居委会和5个村委会,调整合并成22个社区居委会。此时,全区建成社区居委会40个,保留11个居委会。2003年,撤销11个居委会和24个村委会,合并建立28个社区居委会。至此,全区居委会改制工作全部完成,正式结束全区城镇居委会的历史使命。全区社区居委会达68个。2004年,区政府批转区民政局编制的《关于撤销村民委员会组建社区居民委员会的指导意见》,当年撤销37个村委会,合并建立34个社区居委会。全区社区居委会达102个。2005年,撤销42个村委会,调整建立43个社区居委会。全区社区居委会达145个。2006年,将50个社区居委会和40个村委会合并调整为46个社区居委会。全区社区居委会缩减为141个。2007年,又将29个社区居委会和1个村委会合并调整为15个社区居委会。至是年年底,全区共设社区居委会127个。

2008年5月,江宁街道新民、铜井合并为新铜社区,建中、陈塘社区合并为盛江社区。

2010年,江宁区增设麒麟街道办事处。辖6个社区居委会、2个村委会。全区由原辖9个街道调整为辖10个街道。

2011年5月,经江苏省政府批准,江宁区部分行政区划做适当调整。根据南京市人民政府2011第95号文,江宁汤山街道桦墅村、孟北村整建制划归栖霞区西岗街道办事处管辖。调整后,江宁所辖的街道办事处数量不变。江宁区行政区域面积1558平方公里,共有社区村委会75个,社区居委会124个。

2012年,秣陵街道新林村和桥头、科苑、方山、成山、杨村、横岭、王墅、新华、永宁、解溪、陵里社区划归淳化街道管理;谷里街道童前、东善桥、祖堂、吉山、霞辉庙、元山、胜家桥社区划归秣陵街道管理。湖熟街道河北、耀华、新跃、东阳社区村民委员会改为社区居民委员会。2012年年末,全区有10个街道,128个社区居委会,71个社区村委会。

2013年4月,江宁区设立横溪街道石塘社区村民委员会。江宁区现有10个街道,200个社区,其中128个社区居委会,72个社区村委会。

2014年3月30日,经南京市人民政府批准,江宁区调整部分街道行政区划。区划调整后,至今江宁区仍辖10个街道,128个社区居委会、72个社区村委会。

表 68　2000 年江宁县基层自治组织情况

镇名	辖村民委员会		辖居民委员会	
	数量	名称	数量	名称
东山镇	34	翻身、池田、石马、朱村、横岭、洋桥、成山、红光、前进、陈墟、铺岗、高山、健康、桥头、骆村、太平、下墟、五库、方前、方山、茶园、章村、胜利、殷巷、前庄、杨村、东方、东山、邵圣、中前、其林、渡桥、新河、共和	30	河定桥、史家里、岔路、史北、府前、外港、府后、竹山、晓里、芙阁、三新、上元、竹园、东山、宁中巷、岗山桥、胜太东路、龙池、天元西路、秦淮西路、学府、方山集镇、殷巷集镇、湖滨、公园路、石羊路、天元东路、明月路、金汇路、玉堂巷
湖熟镇	38	湖熟、长岭、耀华、和进、勤丰、永跃、光明、金桥、丹桂、新墩、梅林、双龙、永安、新光、颜庄、丹林、河北、郭村、东阳、永胜、汾前、河南、范坝、赵家边、友谊、乐安、同进、新农、北涵、新耀、杨家边、龙都、解放、西北、晶明、三界、南窑、夏庄	5	姚东、姚西、水北、泉都、虹南
汤山镇	16	桦墅、西梅、孟北、安基山、孟塘、青林、汤山、湖山、中心、北尚庄、建设、路西、龙泉、古泉、寺庄、作厂	3	作厂、汤泉、集镇
江宁镇	26	清修、桥西、黄龙岘、司家、荷花、张府、陆郎、上湖、河西、牌坊、新洲、朱门、大塘、河东、官山、南门、花塘、江宁、王府、陈塘、大庙、建中、西宁、庙庄、梅府、渔业	2	江宁集镇、陆郎集镇
丹阳镇	12	丹阳、幸福、勇跃、汤村、蔡坎、山景、许上、双河、西山、高台、泗陇、长岗	1	集镇
陶吴镇	15	桃红、杭村、甘西、上穆、钟村、东京、昝缪、后村、西章、龙山、甘村、孚而岗、红星、西阳、湖头	1	集镇
秣陵镇	16	桥南、火炬、双基、家园、高塘、凤凰、大里、东旺、后圩、金村、新丰、西旺、周桥、小里、建农、东捍	4	秣陵关、东长、南关口、九龙
禄口镇	38	杨树湾、白庄、永兴、马塘、高伏、黄桥、呼啸、铺头、马铺、梁彭、山塘、俞庄、铜山、尚洪、成功、陆岗、小彭、群力、东湖、桑园、浣溪、张桥、禄口、彭福、农牧场、秦村、陈巷、石埝、南夏、许桃、曹村、新生、青圩、徒壋、魏庄、溧塘、埂方、张家	4	禄口集镇、茅亭、机场、铜山集镇
铜井镇	16	铜井、三兴、洪幕、石山、双虎、陶村、新民、星辉、天然、李村、北庄、共和、牧龙、新济、叶村、魏家	1	集镇

续表

镇名	辖村民委员会		辖居民委员会	
	数量	名称	数量	名称
麒麟镇	13	麒麟门、晨光、西流、东流、锁石、泉村、南庄、麒麟铺、窦村、青西、袁家边、定林、建新	1	集镇
上峰镇	13	插花、百合、潭山、上峰、宁西、阜东、阜西、孟墓、新宁、高庄、李岗头、宁东、庄里	1	集镇
上坊镇	13	佘村、陵里、泥塘、桃园、大里墅、高桥、机场、中下、上坊、城东墙、魏村、市井、潘村	1	集镇
淳化镇	14	索墅、吴墅、新庄、焦村、双岗、新华、解溪、青龙、青山、淳化、宋墅、咸田、王墅、果园	1	集镇
周岗镇	13	尚义、秦淮、钱家、徐慕、东释、李墙、新桥、和平、长干、石辣、西释、高阳、绿杨	1	集镇
土桥镇	16	土桥、永勤、滨淮、祝庄、周子、中圩、西城、周郎、永平、民主、远景、下埠、西湖、柏墅、上合、花区	2	集镇、桂花园
横溪镇	19	横溪、官塘、红旗、红杨、大柏、呈村、横山、西塘、长冲、云台、新塘、铁家、赵村、上庄、姜林、石塘、横岗、安民、许村	1	集镇
谷里镇	17	谷里、赵林、花岗、国庆、荆刘、砖墙、柏树、张溪、兴塘、向阳、箭塘、石坝、亲见、周村、公塘、梁塘、王村	1	集镇
东善桥镇	14	长山、童桥、祖堂、霞辉庙、后汉桥、胜家桥、三合、前盛、东善、吉山、小张、袁家桥、元山、水阁	1	东虹
合计(18)	343		61	

表69 2007年江宁区基层自治组织情况

街道	辖社区居民委员会		辖社区村民委员会	
	数量	名称	数量	名称
东山	18	东山、外港、中前、章村、晓里、岔路、邵圣、骆村、龙西、上坊、泥塘、天云、永安、高桥、大里、佘村、泉水、建南	—	—
秣陵	25	秦淮、胜太、太平、殷巷、湖滨、长山、东南、青源、牛首、下墟、东旺、西旺、双金、家园、桥头、科苑、方山、成山、杨村、横岭、王墅、新华、永宁、解溪、陵里	5	建东、凤凰、周里、火炬、新林

续表

街道	辖社区居民委员会		辖社区村民委员会	
	数量	名称	数量	名称
汤山	12	汤山、古泉、青林、作厂、孟墓、上峰、高庄、锁石、晨光、麒麟门、麒麟铺、鹤龄	12	孟塘、龙尚、路西、建设、孟北、湖山、桦墅、宁西、阜庄、阜东、东流、袁家边
淳化	9	淳化、青山、青龙、吴墅、田园、索墅、双岗、土桥、新兴	8	民主、茶岗、西埠、周子、周郎、西城、滨淮、柏墅
禄口	15	茅亭、机场、白云路、铜山、群力、陆岗、新生、山塘、谢村、永兴、高伏、彭福、上穆、钟村、陶东	15	马铺、杨树湾、成功、张桥、黄桥、秦村、埂方、小彭、曹村、徒壋、陈巷、溧塘、石埝、桑园、尚洪
江宁	15	荷花、星辉、渔业、南山湖、江宁、司家、陆郎、河西、朱门、建中、陈塘、叶村、铜井、牧龙、新民	10	清修、上湖、新洲、大庙、西宁、牌坊、庙庄、花塘、洪幕、天然
谷里	13	谷里、公塘、张溪、向阳、箭塘、周村、童前、东善桥、祖堂、吉山、霞辉庙、元山、胜家桥	5	荆刘、柏树、双塘、石坝、亲见
湖熟	10	和进、金桥、湖熟、河南、双新、龙都、周岗、杨柳湖、新农、尚桥	12	三界、丹桂、河北、耀华、新跃、晶明、东阳、万安、钱家、和平、徐慕、绿杨
横溪	10	横溪、陶吴、丹阳、西岗、西阳、甘泉湖、新杨、新杭、西泉、甘西	10	红旗、官长、安民、横山、许呈、云台、山景、宁光、勇跃、许高
合计(9)	127		77	

表70　2011年江宁区基层自治组织情况

街道	辖社区居民委员会		辖社区村民委员会	
	数量	名称	数量	名称
东山	16	东山、外港、中前、章村、晓里、岔路、邵圣、骆村、龙西、上坊、泥塘、天云、永安、高桥、大里、佘村	—	—
秣陵	25	秦淮、胜太、太平、殷巷、湖滨、长山、东南、青源、牛首、下墟、东旺、西旺、双金、家园、桥头、科苑、方山、成山、杨村、横岭、王墅、新华、永宁、解溪、陵里	5	建东、凤凰、周里、火炬、新林
汤山	8	汤山、古泉、青林、作厂、孟墓、上峰、高庄、鹤龄	8	孟塘、龙尚、路西、建设、湖山、宁西、阜庄、阜东
淳化	9	淳化、青山、青龙、吴墅、田园、索墅、双岗、土桥、新兴	8	民主、茶岗、西埠、周子、周郎、西城、滨淮、柏墅

续表

街道	辖社区居民委员会		辖社区村民委员会	
	数量	名称	数量	名称
禄口	15	茅亭、机场、白云路、铜山、群力、陆岗、新生、山塘、谢村、永兴、高伏、彭福、上穆、钟村、陶东	15	马铺、杨树湾、成功、张桥、黄桥、秦村、埂方、小彭、曹村、徒塥、陈巷、溧塘、石埝、桑园、尚洪
江宁	12	荷花、星辉、南山湖、江宁、司家、陆郎、河西、朱门、叶村、盛江、牧龙、新铜	10	清修、上湖、新洲、大庙、西宁、牌坊、庙庄、花塘、洪幕、天然
谷里	13	谷里、公塘、张溪、向阳、箭塘、周村、童前、东善桥、祖堂、吉山、霞辉庙、元山、胜家桥	5	荆刘、柏树、双塘、石坝、亲见
湖熟	10	和进、金桥、湖熟、河南、双新、龙都、周岗、杨柳湖、新农、尚桥	12	三界、丹桂、河北、耀华、新跃、晶明、东阳、万安、钱家、和平、徐慕、绿杨
麒麟	6	麒麟门、麒麟铺、晨光、锁石、泉水、建南	2	东流、袁家边
横溪	10	横溪、陶吴、丹阳、西岗、西阳、甘泉湖、新杨、新杭、西泉、甘西	10	红旗、官长、安民、横山、许呈、云台、山景、宁光、勇跃、许高
合计(10)	124		75	

表71 2012年江宁区基层自治组织情况

街道	辖社区居民委员会		辖社区村民委员会	
	数量	名称	数量	名称
东山	16	东山、外港、中前、章村、晓里、岔路、邵圣、骆村、龙西、上坊、泥塘、天云、永安、高桥、大里、佘村	—	—
秣陵	21	秦淮、胜太、太平、殷巷、湖滨、长山、东南、青源、牛首、下墟、东旺、西旺、双金、家园、童前、东善桥、祖堂、吉山、霞辉庙、元山、胜家桥	4	建东、凤凰、周里、火炬
汤山	8	汤山、古泉、青林、作厂、孟墓、上峰、高庄、鹤龄	8	孟塘、龙尚、路西、建设、湖山、宁西、阜庄、阜东
淳化	20	淳化、青山、青龙、吴墅、田园、索墅、双岗、土桥、新兴、桥头、科苑、方山、成山、杨村、横岭、王墅、新华、永宁、解溪、陵里	9	民主、茶岗、西埠、周子、周郎、西城、滨淮、柏墅、新林
禄口	15	茅亭、机场、白云路、铜山、群力、陆岗、新生、山塘、谢村、永兴、高伏、彭福、上穆、钟村、陶东	15	马铺、杨树湾、成功、张桥、黄桥、秦村、埂方、小彭、曹村、徒塥、陈巷、溧塘、石埝、桑园、尚洪

续表

街道	辖社区居民委员会		辖社区村民委员会	
	数量	名称	数量	名称
江宁	12	荷花、星辉、南山湖、江宁、司家、陆郎、河西、朱门、叶村、新铜、牧龙、盛江	10	清修、上湖、新洲、大庙、西宁、牌坊、庙庄、花塘、洪幕、天然
谷里	6	谷里、公塘、张溪、向阳、箭塘、周村	5	荆刘、柏树、双塘、石坝、亲见
湖熟	14	和进、金桥、湖熟、河南、双新、龙都、周岗、杨柳湖、新农、尚桥、东阳、河北、耀华、新跃	8	三界、丹桂、晶明、万安、钱家、和平、徐慕、绿杨
麒麟	6	麒麟门、麒麟铺、晨光、锁石、泉水、建南	2	东流、袁家边
横溪	10	横溪、陶吴、丹阳、西岗、西阳、甘泉湖、新杨、新杭、西泉、甘西	10	红旗、官长、安民、横山、许呈、云台、山景、宁光、勇跃、许高
合计(10)	128		71	

表 72　2013 年江宁区基层自治组织情况

街道	辖社区居民委员会		辖社区村民委员会	
	数量	名称	数量	名称
东山	16	东山、外港、中前、章村、晓里、岔路、邵圣、骆村、龙西、上坊、泥塘、天云、永安、高桥、大里、佘村	—	—
秣陵	21	秦淮、胜太、太平、殷巷、湖滨、长山、东南、青源、牛首、下墟、东旺、西旺、双金、家园、童前、东善桥、祖堂、吉山、霞辉庙、元山、胜家桥	4	建东、凤凰、周里、火炬
汤山	8	汤山、古泉、青林、作厂、孟墓、上峰、高庄、鹤龄	8	孟塘、龙尚、路西、建设、湖山、宁西、阜庄、阜东
淳化	20	淳化、青山、青龙、吴墅、田园、索墅、双岗、土桥、新兴、桥头、科苑、方山、成山、杨村、横岭、王墅、新华、永宁、解溪、陵里	9	民主、茶岗、西埠、周子、周郎、西城、滨淮、柏墅、新林
禄口	15	茅亭、机场、白云路、铜山、群力、陆岗、新生、山塘、谢村、永兴、高伏、彭福、上穆、钟村、陶东	15	马铺、杨树湾、成功、张桥、黄桥、秦村、埂方、小彭、曹村、徒墟、陈巷、溧塘、石埝、桑园、尚洪
江宁	12	荷花、星辉、南山湖、江宁、司家、陆郎、河西、朱门、叶村、新铜、牧龙、盛江	10	清修、上湖、新洲、大庙、西宁、牌坊、庙庄、花塘、洪幕、天然
谷里	6	谷里、公塘、张溪、向阳、箭塘、周村	5	荆刘、柏树、双塘、石坝、亲见
湖熟	14	和进、金桥、湖熟、河南、双新、龙都、周岗、杨柳湖、新农、尚桥、东阳、河北、耀华、新跃	8	三界、丹桂、晶明、万安、钱家、和平、徐慕、绿杨

续表

街道	辖社区居民委员会		辖社区村民委员会	
	数量	名称	数量	名称
麒麟	6	麒麟门、麒麟铺、晨光、锁石、泉水、建南	2	东流、袁家边
横溪	10	横溪、陶吴、丹阳、西岗、西阳、甘泉湖、新杨、新杭、西泉、甘西	11	红旗、官长、安民、横山、许呈、云台、山景、宁光、勇跃、许高、石塘
合计(10)	128		72	

表73　2014年江宁区基层自治组织情况

街道	辖社区居民委员会		辖社区村民委员会	
	数量	名称	数量	名称
秣陵	21	秦淮、胜太、太平、殷巷、湖滨、长山、东南、青源、牛首、下墟、东旺、西旺、双金、家园、童前、东善桥、祖堂、吉山、霞辉庙、元山、胜家桥	4	建东、凤凰、周里、火炬
汤山	8	汤山、古泉、青林、作厂、孟墓、上峰、高庄、鹤龄	8	孟塘、龙尚、路西、建设、湖山、宁西、阜庄、阜东
淳化	19	淳化、青山、青龙、吴墅、田园、索墅、双岗、土桥、新兴桥头、科苑、方山、成山、杨村、横岭、王墅、新华、永宁、解溪、陵里	8	民主、茶岗、西埠、周子、周郎、西城、滨淮、柏墅
禄口	15	茅亭、机场、白云路、铜山、群力、陆岗、新生、山塘、谢村、永兴、高伏、彭福、上穆、钟村、陶东	15	马铺、杨树湾、成功、张桥、黄桥、秦村、埂方、小彭、曹村、徒墟、陈巷、溧塘、石埝、桑园、尚洪
江宁	15	荷花、星辉、渔业、南山湖、江宁、司家、陆郎、河西、朱门、建中、陈塘、叶村、铜井、牧龙、新民	10	清修、上湖、新洲、大庙、西宁、牌坊、庙庄、花塘、洪幕、天然
谷里	6	谷里、公塘、张溪、向阳、箭塘、周村	5	荆刘、柏树、双塘、石坝、亲见
湖熟	10	和进、金桥、湖熟、河南、双新、龙都、周岗、杨柳湖、新农、尚桥	12	三界、丹桂、河北、耀华、新跃、晶明、东阳、万安、钱家、和平、徐慕、绿杨
麒麟	6	麒麟门、麒麟铺、晨光、锁石、泉水、建南	2	东流、袁家边
横溪	10	横溪、陶吴、丹阳、西岗、西阳、甘泉湖、新杨、新杭、西泉、甘西	11	红旗、官长、安民、横山、许呈、云台、山景、宁光、勇跃、许高、石塘
合计(9)	110		75	

（二）基层自治组织民主建设简况

1. 社区村委会民主建设

1982 年，实行政社分设，县撤销人民公社恢复人民政府后，在淳化公社焦村大队采取民主提名、推荐、协商确定村委会班子成员候选人 10 名，经过民主选举，选出 1 名主任、4 名委员。江宁县首个村委会诞生。村委会根据村民集体意愿，负责办理该村公共事务和公益性事业，调解民间纠纷，维护社会治安，向人民政府反映村民意见、要求和建议，支持和组织村民发展经济，宣传宪法、法律、法规和国家政策，协助政府开展工作。村内经济文化、社会生活中的重大问题由村民大会讨论决定。村委会以下设若干村民小组，村民小组组长由村民推举产生。村民小组组长在村委会领导下，贯彻执行村民会议和村委会决定，完成村委会布置的工作和任务，办好组内事务和反映组内村民的意见、建议和要求。从而，拉开江宁县村委会民主建设的序幕。

1988 年开始，江宁县以贯彻实施《村民委员会组织法（试行）》为切入点，以民主选举、民主决策、民主管理、民主监督"四个民主"为核心，依法组织 1 ~ 5 届村委会选举和换届选举。其间，先后在殷巷、秣陵等地开展村民自治示范村试点，对村民在村级经济管理、民主监督、婚姻家庭、计划生育等村民自治方面的权利和义务作出明确细致的规定，从而将村委会民主建设提升到一个新水平。

2001 年 9 月，江宁区在全市率先实施"直接提名、直接选举"的方法选举产生第六届村委会成员。全区 247 个村的 452960 名选民中，有 425748 名选民参加直接提名村委会成员，参提率 94%，有 434224 名选民参加直接选举村委会成员，参选率 96%，选出村主任 244 名、副主任 23 名、委员 717 名。

2004 年，江宁区在第七届村委会换届选举中，开展"无候选人一次性直接投票选举"产生新一届村委会成员。全区 319678 名选民参加直接投票选举，参选率 97. 40%，179 个村委会中有 176 个村委会一次选举成功，成功率 98. 32%。选举产生村委会成员 728 名，其中村委会主任 179 名、副主任 42 名、委员 507 名。

2006 年，江宁区对区内因区划调整整合的 19 个社区村委会、58 个社区居委会进行民主选举。19 个社区村委会和 7 个社区居委会采取"两个直接"选举，24 个社区居委会采取"户代表选举"，27 个社区居委会采取"居民代表选举""两个直接"选举的 74803 名选民中 72392 名参与选举，参选率 96. 78%；"户代表选举"有 28824 户参与选举，参选率 97. 50%。19 个社区村委会，58 个社区居委会一次性选举成功率 100%，共选举产生社区居（村）委会主任 77 名、副主任 73 名、委员 291 名。

2007 年 5 月，江宁区开展第八届村委会换届选举。参加换届选举的 58 个村全部采用"一票直选"方式，55 个村一次性选举成功，成功率 94. 83%。124682 名选民中 121241 人参加投票选举，投票率 97. 24%，选举产生 251 名村委会成员。

2010 年 6 月，全区 77 个社区村委会全部完成村委会换届选举工作，全区有近 20 万选民参与投票，选出自己满意的社区"当家人"。

2013 年 10 ~ 12 月，全区开展第十届社区村委会及部分社区居委会换届选举工作。此次换届选举，72 个社区村委会全部实行"无候选人一次性直选"，56 个社区居委会全部实行“居民直选”,一次直选成功率100%。

2. 社区居委会民主建设

江宁县居民委员会改制前,居委会主任、副主任及委员一般由上级政府考察任命,与上级政府是一种领导与被领导的上下级关系,民主建设尚未充分体现。

2001年,区委、区政府出台《关于在全区推进城市社区建设的实施意见》,全区居委会改建社区居委会工作开始。社区居委会主任、副主任及委员由居民民主选举产生,社区居委会接受政府的工作指导,组织、发动和依靠社区内居民实现自我管理、自我教育、自我服务,动员居民响应政府号召,遵守法律法规,向人民政府反映居民的意见和要求,组织群众性的治安保卫工作,调解民间纠纷,协助区政府、街道办事处(镇人民政府)做好居住地区居民的民政、文教卫生、市政管理、劳动就业、青少年教育等工作,发动居民制定居规民约,组织开展创建“五好家庭”、文明院落、文明社区、文明小组等活动。

2001年9月,东山镇18个社区居委会开启民主选举产生社区居委会成员的先河。18个社区的居民投票选举产生社区居委会主任18名、副主任23名、委员48名。2002~2007年,区内先后设立109个社区居委会,在109个社区居委会的整合选举与换届选举中,分别采取居民“两个直接”选举、“户代表选举”“居民代表选举”和“无候选人一次性直接投票选举”的方法,选举产生社区居委会成员,成功率100%,以民主选举为前提的社区民主建设得到体现。

2006年9月2日,淳化街道10个涉及整合的村、社区换届选举工作全面开展。其中,7个社区根据《居委会组织法》的规定,按照“坚持党的领导、充分发扬民主、严格依法办事”的原则,在全区率先以“居民直选”的方式,一次性成功选举产生新一届社区居委会班子,7个社区应到选民22532人,实到选民20900人,参选率92.8%,一次成功率100%,共选举产生社区主任7名,副主任7名,委员19名,其中5个社区的党组织书记和居委会主任“一肩挑”。

2009年,江宁区完成第四届社区居委会换届选举工作,63个社区成功换届,14个社区“海选”,有22万名选民参加投票选举。

2010年5月29日,按照江宁区政府的统一安排部署,街道召开社区居委会换届选举工作动员大会,全面部署社区居委会换届选举工作,深入宣讲社区换届选举工作的重大意义,系统培训各级领导干部,拉开了居委会换届选举的帷幕。街道党工委对此项工作高度重视,在深入调查研究的基础上,制订了详细的实施方案,明确了选举工作的任务、程序、方法、步骤,对选举过程中的每一个环节、每一项程序都做了详细的安排,增强了换届选举工作的规范性和可操作性。街道及时成立了由主要领导任组长的社区换届领导小组,实行分管领导主抓、工委成员分片负责的责任机制,全面指导社区换届选举工作,确保组织准备充分、建章立制规范、选民登记全面、候选提名民主、投票选举合法。选举涉及8个街道的63个社区,其中有46个社区采取居民直选,14个社区采取“海选”,有22万名选民参加投票选举,选举产生363名社区居委会成员。

2012年11月10日,社区居民委员会进行第五届换届选举,中前、上坊、童前、荷花等75个社区居委会将进行换届选举。第五届社区居委会换届选举采取差额选举、无记名投票方式，确保直选率达到95%以上。整个选举过程分为5个阶段，9月27日～10月6日为组织准备阶段，各街道成立换届选举工作指导小组，各社区成立社区选举委员会。10月7日～10月21日为选民登记阶段，一般以居民小组为单位设立登记站，居民携带户口簿、身份证到登记站登记，也可由选民登记员上门入户进行登记。10月22日～11月5日为提名候选人阶段，确定社区居委会成员职数、明确候选人的基本条件、提名和投票产生候选人、宣传介绍正式候选人。11月6日～11月10日为投票选举阶段，根据本社区居民居住状况设立一个选举主会场，组织召开选举大会集中进行投票选举。选民较多或居住较分散的社区，可根据需要设置若干投票站。投票结束后，所有投票箱要当日集中到选举大会会场，当众开封，核对票数，当众唱票、计票。全区71个参加换届的社区全部实行“居民直选”，其中20个社区实行“无候选人一次性直接投票选举”，占换届社区总数的28.2%，一次选举成功率100%。

（三）基层自治组织民主建设主要制度①

村民委员会规章制度的制定与执行，是开展村民自治工作的重要保障，也是规范村干部施政行为的重要措施。2003年，区委、区政府就下发了《南京市江宁区村民自治长效管理的意见》（江宁委发〔2003〕20号），对加强村民自治长效管理，实现村民自治工作程序化、制度化起到了积极的推动作用。为适应农村改革发展稳定的新形势、新任务，加强村民自治长效管理，提升党在农村基层的执政能力，促进全区农村和谐社会的构建，江宁区委区政府根据中共中央办公厅、国务院办公厅《关于健全和完善村务公开和民主管理制度的意见》（中办发〔2004〕17号，以下简称《意见》）和民政部关于学习贯彻《意见》的通知精神，在全区规范村民委员会规章制度提出认真实践以人为本，全面协调可持续的科学发展观，坚持因地制宜、求真务实、适用性和可操作性的原则，逐步建立起符合区情、村情的村民委员会规范化的管理制度和运行机制，全面促进全区农村“三个文明”建设的协调发展。

规范村民委员会规章制度的基本内容是：（1）健全村务公开制度。除国家法律法规和政策明确要求公开的事项外，要根据农村改革发展的新形势、新情况，及时丰富和拓展村务公开内容，进一步规范村务公开的形式、时间和基本程序。设立村务公开监督小组，负责监督村务公开制度的落实。（2）健全村民代表会议制度。村民代表会议是村民自治活动中民主决策的主要实现形式。推选村民代表，要根据法律规定。由村民按10～15户推选1人，或者由各村民小组推选若干人。建立村民代表联系户制度，切实使村民代表能广泛代表村民意愿。（3）完善民主管理制度。村级民主管理，主要是通过实行村民自治章程的方式进行的。村民自治章程是村民自我管理、自我教育、自我服务的综合性规章。要以修订村民自治章程为总抓手，进一步完善村党组织和村委会议事规则、民主理财制度等。（4）建立各项规章管理制度。建立健全村民委员会各项规章制度，是规范村民自治行为、提升村民自治水平的制度保证。村民委员会规章制度主要包

---

① 2005年4月22日中共南京市江宁区委、南京市江宁区人民政府《关于在全区规范村民委员会规章制度的意见》（江宁委发〔2005〕30号）。

括:村民自治章程、村委会工作制度、村民代表会议制度、村务公开制度、民主评议村干部制度、民主理财制度、村务公开监督制度、村民代表联系户制度、村干部任期及离任审计制度、村党组织和村委会议事规则等。

规范村民委员会规章制度的基本要求是:(1)坚持党的领导。农村党的基层组织,要在规范村民委员会规章制度的组织上,充分发挥领导核心作用,依照宪法和法律的规定,支持和保障村民开展自治活动,通过完善和规范村民委员会规章制度,确保村民直接行使民主权利。(2)充分发扬民主。要广泛征求村民意见,把完善和规范村民委员会规章制度的过程变成干部群众自我教育的过程。坚持以民为本的群众路线,尊重村民群众的民主权利和首创精神,充分调动广大村民群众的积极性和创造性,不断增强村民自我管理、自我教育、自我服务的能力。(3)严格规范操作。要充分利用村务公开栏、村"两委会"、党员会、村民代表座谈会等形式,做好学习宣传工作。各项规章制度经村民代表会议通过后,要在村务公开栏予以公开,并统一上墙公布。对村民自治章程的修订,要充分发挥村民代表广泛联系农户的作用,由村民代表逐户征求每一农户的意见和建议,在此基础上,进一步修订和完善村民自治章程,体现全体村民的意愿,经村民会议通过后报镇(街道)政府(办事处)备案。(4)注重实用实效。规范村民委员会规章制度的目的是为了更好地使村民自治工作有法可依,有章可循。要坚持因地制宜、求真务实、适用性和可操作性的原则,注重结合实际,不图形式,充分发挥制度效应,切实把"四个民主"的要求落到实处,取得实效。

附件:

村委会工作制度

一、村委会是村民自我管理、自我教育、自我服务的基层群众性自治组织,实行民主选举、民主决策、民主管理、民主监督。村委会对全体村民负责。

二、村委会在村党组织的领导下开展工作,并接受镇人民政府的指导,办理镇人民政府依法委托的有关事项和本村的各项事务。

三、宣传宪法、法律、法规和国家政策,教育村民履行纳税、服兵役、实行计划生育等法律规定的义务,督促村民遵守村民自治章程,维护村民合法权益。

四、村委会开展工作应当坚持群众路线,充分发扬民主,决定问题时,采取少数服从多数的原则。

五、村委会召开工作会议或召集村民代表会议时,应当指定专人做好会议记录。

六、村委会工作应当坚持公开制度,接受村民监督。

七、村委会各工作委员会应在村委会领导下,做好本职工作。

八、村委会成员应当廉洁奉公、文明用语、办事公道,热心为村民服务。

村民代表会议制度

一、村民代表会议讨论决定村民会议授权的事项,行使村民会议授予的职权。

二、村民代表会议每年至少召开两次，根据实际需要或者三分之一以上村民代表提议，可以临时召集村民代表会议。

三、村委会应在村民代表会议召开三天前公布会议议程，并书面通知村民代表。

四、召开村民代表会议，必须有三分之二以上的村民代表参加。村民代表会议的决定、决议应经到会人员的过半数通过。村民代表会议的决定、决议不得撤销、改变或者与村民会议的决定、决议相抵触。

五、村民代表会议实行民主议事的原则，村民代表可就会议议题充分发表意见，决定问题时，采取少数服从多数的原则。

六、村民代表会议讨论决定的事项，应当符合法律、法规和国家政策的规定。村民代表会议的决定应及时向村民公布。

村务公开制度

一、设立村务公开监督小组。村务公开监督小组成员从村民代表中推选产生。

二、村务公开的内容

1. 国家有关农村政策的落实情况；

2. 村集体经济所得收支及债权债务情况；

3. 村集体经济项目承包、经营情况；

4. 土地征用和宅基地使用情况；

5. 农村低保政策的落实及救灾救济款物发放情况；

6. 计划生育指标的落实及执行情况；

7. 涉及村民利益袖民普遍关心的事项，以及村民要求公开的其他事项；

8. 村委会任期:标、年度工作情况及村民代表会议所作的决议、决定的执行情况。

三、村务公开的形式、时间和基本程序

坚持实际实用、实效的原则，以村民代表会议和在便于群众观看地方设立村务公开栏等有效形式公开。

村务公开时间，根据公开内容的不同，分为按月、季、半年和一年。以及村民利益的重大事项及村民关心的事项要及时公开。

村务公开的基本程序是：村委会提出公开的具体方案；村务公开监督小组对方案进行审查、补充、完善后，提交村党组织和村委会联席会议讨论确定；村委会通过村务公开栏等形式及时公布。

民主评议村干部制度

一、民主评议的对象为：村“两委”班子成员、村集体经济组织班子成员、村民小组长以及享受由村集体承担误工补贴的其他村务管理人员。

二、民主评议的内容包括德、能、勤、绩、廉五个方面，以被评议人的工作实绩为主。

三、民主评议由镇党委、政府具体组织，必要时可委托村党组织、村民委员会组织实施。

四、民主评议可结合年中、年终工作总结,通过党员会、村民代表会、村民座谈会等形式进行。每年进行一至两次。

五、民主评议会应当有三分之二以上人员出席方能召开。民主评议前,被评议人应当向民主评议会作述职报告。

六、民主评议结果分为优秀、称职、基本称职、不称职。由评议人无记名直接在评议表上作出评定。

七、民主评议结果应当向村民公开,并报镇政府备案。民主评议结果与村干部奖惩相结合。对连续两次被评为不称职的村干部,按有关政策予以处理。

民主理财制度

一、民主理财小组代表村民进行民主理财,民主理财小组成员由村民代表会议从村务公开监督小组中推选产生。

二、对村集体财务活动、财务收支情况进行监督。

三、参与制订村集体的财务计划和各项财务管理制度,并监督、检查财务计划、财务制度、各项承包合同的执行情况。

四、按月或按季审查财务账目及相关的经济活动事项,有权否决不合理开支。

五、受理村民代表对村集体财务账目提出的审查要求,并对有关事项作出解释。

六、对村委会任期届满和村干部离任进行财务审查。

七、向村民代表会议报告工作。

村务公开监督制度

一、村务公开监督小组成员从村民代表中推选产生,负责监督村务公开制度的落实。

二、村务公开监督小组成员应当热爱集体,公道正派,有一定的议事能力,其中应具有财会知识的人员。

三、村干部及其配偶、直系亲属不得担任村务公开监督小组成员。

四、督促村委会按规范要求做好村务公开工作。

五、审查村务公开各项内容是否全面、真实,公开时间是否及时,公开形式是否科学,公开程序是否规范。

六、向村民代表会议报告村务公开监督情况。

村民代表联系户制度

一、村民代表是村民和村委会之间的桥梁和纽带,村民代表应具有一定的政治觉悟和参政议政能力,坚持原则,办事公道,热爱集体,关心群众。

二、村民代表应积极向村民宣传宪法、法律、法规和国家政策,引导村民自觉遵守村民自治章程。

三、村民代表应定期联系村民,听取村民对村务管理的意见和建议,如实向村民委员会反映。

四、村民代表应在召开村民代表会议前就有关事项广泛征求所代表的村民的意见和建议。

五、村民代表行使会议表决权时,应反映多数村民的意见和建议,按多数村民的意见和建议作出决定。

六、村民代表应当及时将村民代表会议所作出的决定和决议反馈给所代表的村民,并做好解释和说服工作。

七、村民代表应当督促村民认真履行村民代表会议所作出的决定和决议。

村干部任期及离任审计制度

一、村干部年度审计和离任审计工作统一接受区、镇两级有关部门的指导,镇有关部门具体负责,村民主理财小组予以配合。

二、村干部的年度审计内容主要包括:年度各项目标的完成情况,集体资金筹集与使用情况以及村民要求审计的其他事项等。

三、村干部离任审计的内容主要包括:任期内主要经济指标的完成情况;集体资产的管理情况;村购置、个人使用的办公用具清理移交情况;个人拖欠集体款项情况。此外,财务人员还应包括财务档案材料的移交情况。

四、村主要干部离任必须坚持先审计、后离任制度。村干部在审计的基础上办理交接手续方可离任。离任后在其工作期间发生的经济问题仍由其自己负责。

五、坚持实事求是、客观公正的审计工作原则,不弄虚作假,不欺上瞒下。

六、审计工作结果必须向群众公布,并报镇人民政府备案。

七、审计中发现的村干部违法违纪行为的,按有关规定处理。

村党组织和村委会议事规则

为规范村党组织和村委会议事决策程序,根据《党章》和有关法律法规,制定本规则:

一、村党组织是村级各种组织和各项工作的领导核心,决定本村经济和社会发展的重大问题,对村“三个文明”建设负总责,领导村民委员会、集体经济组织和共青团、妇代会、民兵等群众组织。

二、凡是与农民群众切身利益密切相关的事项,都要实行民主决策,不得由个人或少数人决定。

三、村级事务决策主要内容是:讨论本村经济和社会事业发展总体规划和年度计划;讨论通过年度财务预算和重大财务支出;讨论通过本村建设规划、宅基地使用和土地征用分配方案;拟定和提出修改村民自治章程草案;讨论决定重大公益事业建设项目资金使用、招投标或承包方案;讨论决定村集体资产的拍卖、承包、租赁、抵押和担保;讨论通过需要村民筹资、筹劳的方案;讨论通过优抚、救灾、救济款物分配方案等;本村群众普遍关心的、涉及群众利益的其他事项。

四、村级事务决策具体要求是：按照先党内后党外的原则，由村党组织受理议案，村“两委会”联席会议讨论研究，形成初步意见；村委会将党内形成的意见提前公示，广泛征求意见，在此基础上召集村民代表会议，进行讨论和表决。

五、村级重大事务经村民代表会议讨论决定后，在村党组织的领导下，由村委会组织实施；村级一般工作由“两委会”成员按照分工组织实施。

六、村“两委会”联席会议一般每月召开一次，如遇重大事项可随时召开。村“两委会”联系会议，由村党组织负责人主持。

七、村级民主决策的事项要符合党的方针政策和国家法律法规，不得有侵犯村民人身权利、民主权利和合法财产权利的内容。

村民自治章程

第一章 总 则

第一条 为保障村民实行民主自治，促进社会主义“三个文明”建设，构建全面协调可持续发展的农村和谐社会，实现村民自我管理、自我教育、自我服务，根据《村民委员会组织法》及相关法律、法规，制定本章程。

第二条 村民委员会在村党组织的领导下实行村民自治，并接受镇政府的指导。村民委员会具体组织管理本村的政治、经济、文化及其他社会事务。

第三条 本章程是全体村民的行为规范，无论是村干部、党员，还是普通群众，章程面前人人平等，都必须严格遵守。

第二章 村民组织

第一节 村民会议及村民代表会议

第四条 村民会议由本村十八周岁以上的村民组成。

召开村民会议，应当有本村十八周岁以上村民的过半数参加，或者有本村三分之二以上的户的代表参加，所作决定应当经到会人员的过半数通过。

第五条 村民会议的职权

1. 选举、罢免村民委员会成员；

2. 制定和修改村民自治章程。

其他事项授权村民代表会议讨论决定。

第六条 村民代表会议由村民委员会召集，村民代表、村民委员会成员、村民小组长共同组成村民代表会议。

村民代表由村民小组推选产生，一般每十户至十五户推选一人，一个村民小组不少于二人。

村民代表应具有一定的政治觉悟和参政议政能力，坚持原则，办事公道，热爱集体，关心群众。

村民代表任期与村民委员会任期相同，可连选连任。

第七条 村民代表会议的职权

1. 讨论决定本村经济和社会事业发展规划和年度工作计划；

2. 听取和审议村民委员会的工作报告,评议村民委员会成员的工作;

3. 听取和审议村财务收支情况报告;

4. 讨论决定其他涉及村民利益的重大事项。包括:村级公益事业经费筹集方案,村集体项目的立项、承包方案,宅基地的使用方案等。

第八条 村民代表会议每年至少召开两次。根据实际需要或者有三分之一以上村民代表提议,可以临时召集村民代表会议。

村民委员会应在村民代表会议召开前三天公布会议议程,并书面通知村民代表。村民代表应在会前就有关事项广泛征求村民的意见和建议。

召开村民代表会议,必须有三分之二以上的村民代表参加。村民代表会议的决定、决议应经到会人员的过半数通过。村民代表会议的决定、决议不得撤销、改变或者与村民会议的决定、决议相抵触。

村民代表会议讨论决定的事项,应当符合法律、法规和国家政策的规定。

第二节 村民委员会

第九条 村民委员会是村民自我管理、自我教育、自我服务的群众性自治组织,实行民主选举、民主决策、民主管理、民主监督。村民委员会由主任、副主任和委员组成,由村民直接选举产生,每届任期三年,其成员可以连选连任。

村民委员会下设生产建设、人民调解、治安保卫、社会保障等委员会。

第十条 村民委员会的职责

1. 宣传宪法、法律、法规和国家政策,教育村民履行纳税、服兵役、实行计划生育等法律规定的义务,督促村民遵守村民自治章程,维护村民的合法权益,向人民政府反映村民的意见、要求和提出建议;

2. 依照法律规定,管理本村属于村农民集体所有的土地和其他财产,管理村级财务,教育村民合理利用自然资源,保护和改善生态环境;

3. 支持和组织村民依法发展各种形式的合作经济和其他经济,承担本村生产的服务和协调工作,维护以家庭承包经营为基础、统分结合的双层经营体制,维护集体经济组织和村民、承包经营户、联户或者合伙的财产权和其他合法的权利和利益;

4. 实施本村经济和社会发展规划与年度计划,办理本村的公共事务和公益事业,发展文化教育,普及科技知识,反对封建迷信和其他社会丑恶现象,树立社会主义新风尚;

5. 调解民间纠纷,促进村民团结,协助人民政府维护村民的生产、生活秩序和社会治安;

6. 召集村民会议和村民代表会议,执行村民会议和村民代表会议的决定,决议;

7. 法律、法规规定的其他职责。

第十一条 村民委员会工作制度

1. 学习制度。坚持每月一次的学习日制度,主要学习党的路线、方针、政策和上级有关文件;

2. 会议制度。村民委员会每月一次办公会,半年一次汇报会,年终一次总结会,工作需要时可以随时召开;

3.分工负责制度。村民委员会主任、副主任和委员围绕本村制定的三年任期目标具体分工,明确责任,定期总结,年终考核;

4.廉洁勤政制度。村民委员会成员应正确行使村民委员会赋予的各种权力,带头遵纪守法,廉洁奉公,带领全体村民艰苦创业,发展经济和社会公益事业。

第三节　村民小组

第十二条　本村设立村民小组。村民小组在村民委员会领导下开展工作。村民小组组长是村民委员会联系村民的桥梁和纽带。

第十三条　村民小组组长的职责

1.宣传和执行党的路线、方针、政策和国家的宪法、法律、法规,带头遵守村民自治章程;

2.认真贯彻执行村民委员会和上级政府的有关决定,按时完成各项任务;

3.发动和组织村民发展经济,勤劳致富;

4.负责召开村民小组会议,组织村民学习,向村民委员会反映村民的意见、建议和要求。

第四节　村　　民

第十四条　村民的权利

1.依照《宪法》的规定,享有公民应享有的权利;

2.参加村务活动,对村干部和村务工作进行监督;

3.年满18周岁以上的村民有选举权和被选举权(依法被剥夺政治权利的人除外),有参加村民会议、议论决定村中重大村务的权利;

4.享有本村举办的各项公共事务和公益事业利益的权利。

第十五条　村民的义务

1.遵守宪法、法律、法规和国家政策,遵守村民自治章程,执行村民会议、村民代表会议和村委会的决议和决定;

2.按时完成村民委员会分配的各项任务;

3.团结互助,尊老爱幼,爱护公物,维护集体利益,主持正义,同一切危害和破坏村民利益的行为作斗争;

4.遵纪守法,移风易俗,争创文明家庭。

第五节　村　干　部

第十六条　村干部是全体村民的公仆,必须牢固树立“三个代表”重要思想,立足岗位,勤奋敬业,努力为广大村民谋利益。村干部必须严格执行“三要”“四不准”即:

“三要”是:

1.要认真学习邓小平理论和“三个代表”重要思想,学习党的方针政策和有关法律、法规,增强法制观念、政策观念和群众观念,提高理论水平和施政水平;

2.要廉洁从政,发扬民主,坚持民主集中制,认真执行村民委员会各项制度,接受群众监督;

3.要关心群众生活,为群众办实事、求实效,带领群众共同富裕,确保农村社会的安定。

“四不准”是：

1. 不准以权谋私，挥霍公款，大吃大喝；

2. 不准参与宗派、宗族、迷信、赌博等活动；

3. 不准利用职权为自己的子女亲属在工作安排、承包、生育计划、宅基地等方面谋取不正当利益；

4. 不准怂恿、支持、参与集体上访和打击报复提出批评意见或上访的群众。

第三章 经济管理

第一节 土地管理

第十七条 本村所有的土地，包括宅基地、耕地、塘坝、荒山等，都归集体所有，由各户承包耕种、管理，承包者只有使用权。

第十八条 土地一经承包，除国家需要和发展经济以及公共事业用地外，没有新的政策情况下长期不变。

第十九条 土地承包者有保护土地资源的责任，要积极配合集体进行农田基本建设，便于抗旱排涝和水源调整。

第二十条 村民对土地的承包，需要转让承包合同的，要向村委会写出书面申请，经村委会同意，方可变更土地承包合同。

第二十一条 村民对承包土地的使用，应符合《土地承包法》的规定，不得从事违法活动。否则，由村民委员会报有关机关追究其法律责任。

第二十二条 村民新建、翻建、改建住宅，必须服从村统一规划。村民建房，不得破坏公共设施，不得妨碍村民通行和排水。

第二节 财务管理

第二十三条 为管理好本村集体财产，用好集体资金，实行民主理财小组审核，村民委员会主任和村党组织书记审批的财务制度。

第二十四条 村民委员会遵循《会计法》的基本原则，健全账簿，设置科目，严格账目管理。主办会计与出纳员分开，不得由同一人兼任。

第二十五条 本村成立民主理财小组，负责对村财务活动进行监督。民主理财小组成员从村务公开监督小组中产生。

第二十六条 财务人员职责

1. 应严格履行财务管理工作职责，认真审核报表、单据，健全账册、设好科目、记好账。

2. 应加强现金管理，及时记好现金账和银行账，严格报销手续，做到收有凭、支有据，不挪用公款，不私自外借现金，库存现金不超过规定标准。

3. 应保管好财务报表及账册，按有关规定及时装订归档。

第三节 税费的征收

第二十七条 凡使用集体所有生产资料，自然资源和各种设备包括土地、水塘、农业机械、厂房场地、运输工具进行承包和租赁经营的，都要向村、组交纳承包费和租赁费。

第二十八条 承包集体生产资料、水塘、集体耕地、生产设备等都必须与村、组签订承包合同,完成国家、集体的税费任务。

第四章 社会秩序

第一节 社会治安

第二十九条 村设立人民调解、治安保卫委员会负责

本村社会治安综合治理工作。建立健全调解队伍,村民小组长为义务调解员,协助村民委员会调解本村的民间纠纷,防止矛盾激化,预防刑事案件和治安案件的发生。

第三十条 搞好普法教育,每个村民都要学法、知法、守法,自觉地维护法律的尊严和权威,同一切违法犯罪行为作斗争。

第三十一条 加强对刑释解教人员的安置帮教工作。

第三十二条 村民之间要团结友爱,和睦相处,自觉维护社会秩序,遵守社会公德,严禁偷盗、赌博。

第二节 村风民俗

第三十三条 提倡社会主义精神文明,建立和谐的人际关系,移风易俗,不搞宗派活动和封建迷信活动。

第三十四条 提倡勤俭节约,喜事新办,丧事简办,反对铺张浪费。

第三节 邻里关系

第三十五条 遵守社会公德、互敬互爱、互谅互让、和睦相处,建立良好的邻里关系。

第三十六条 村民之间在经济交往中应遵循平等自愿、诚实信用、等价有偿的原则。

第三十七条 在处理邻里关系纠纷时,要依靠组织解决,不能依势欺人,更不能打架斗殴。

第三十八条 加强对无民事行为能力和限制行为能力的人的管理和教育,无民事行为能力和限制行为能力的人造成他人人身伤害的,监护人应承担民事责任。村民饲养的动物造成他人损害的,由动物饲养人承担民事责任,赔偿他人损失。

第四节 婚姻家庭

第三十九条 村民要遵循婚姻自由、男女平等、一夫一妻、尊老爱幼的原则,建立团结和睦家庭关系。

第四十条 夫妻在家庭中地位平等,夫妻之间要互敬互爱,互谅互让,反对男尊女卑,禁止打骂虐待,夫妻双方共同承担家务劳动,共同管理家庭财产。

第四十一条 对丧失劳动能力的老人,其子女必须尽赡养义务,保证老人的口粮零用钱和四季衣被的供给。

第四十二条 父母、继父母要承担未成年或无生活能力子女的抚养教育,不得虐待病残儿。

第五节 计划生育

第四十三条 认真贯彻计划生育的基本国策,自觉控制人口增长,提高人口素质。

第四十四条　符合婚姻法、计划生育法的规定，持有结婚证、准生证的夫妻可以生育，生育后必须采取节育措施。

第四十五条　严禁弃婴、溺婴，不得匿藏外来躲避计划生育的人，否则，报有关部门依法处理。

第五章　民主监督

第一节　村务公开

第四十六条　村务公开的内容

1. 国家有关农村政策的落实情况；

2. 村集体经济所得收支及债权债务情况；

3. 村集体经济项目承包、经营情况；

4. 土地征用和宅基地使用情况；

5. 农村低保政策的落实及救灾救济款物发放情况；

6. 计划生育指标的安排及执行情况；

7. 涉及村民利益和村民普遍关心的事项，以及村民要求公开的其他事项；

8. 村民委员会任期目标、年度工作情况及村民代表会议所作的决议、决定的执行情况。

第四十七条　本村村务公开采取以村务公开栏和村民代表会议为主要形式。

第四十八条　本村村务公开按区统一下发的公开表分及时类、定期类和长期类公开。一般做到：固定性内容长期公开，常年性工作定期公开，季度性工作及时公开。

第四十九条　涉及财务事项的公开。必须经村民民主理财小组审核同意后方可公开。

第五十条　本村设立村务公开监督小组。村务公开监督小组成员从村民代表中推选产生，负责监督村务公开制度的落实。

第二节　民主评议

第五十一条　本村实行村民代表会议民主评议村干部制度。民主评议前，村干部应当向村民代表会议报告工作。

第五十二条　民主评议结果应当向村民公开，并与村干部奖惩相结合。对连续两次被评为不合格的村干部，按有关政策予以处理。

第六章　附　　则

第五十三条　本章程自通过之日起生效，并报镇政府备案，由村民委员会组织实施。

第五十四条　本章程如有与宪法、法律、法规和国家政策相抵触的，以宪法、法律、法规和国家政策为准。

江宁区社区(村)主要负责人经济责任审计办法

(南京市江宁区人民政府，2007 年 7 月 13 日)

第一条　为了加强对江宁区社区(村)主要负责人的管理和监督，正确评价主要负责人任期经济责任，促进主要负责人勤政廉政，全面履行职责，依据国家有关规定，结合江宁实际,制定本办法。

第二条 本办法所称社区(村)主要负责人,是指社区(村)党组织书记、社区(村)居(村)民委员会主任,以及有财经审批权的其他集体经济组织或机构负责人。

第三条 本办法所称社区(村)主要负责人任期经济责任,是指主要负责人任职期间对其所在单位财务收支真实性、合法性和效益性,以及有关经济活动应当负有的责任,包括主管责任和直接责任。

第四条 主要负责人任期届满,或者任期内办理提拔、调任、转任、轮岗、免职、辞职等事项前,应当接受任期经济责任审计;主要负责人任职满三年要开展任期审计;镇(街)党(工)委、人民政府(街道办)认为需要进行审计的,社区(村)主要负责人必须接受审计。

第五条 根据干部管理、监督工作的规定,镇(街)党(工)委、人民政府(街道办)年初下达主要负责人经济责任审计的书面项目计划,镇(街)审计所依法实施审计。年初镇(街)审计所制定项目实施计划并报区经济责任审计领导小组办公室备案。

第六条 审计所在审计中应当客观公正,实事求是,廉洁奉公,保守秘密,并遵守审计回避制度的规定。

第七条 审计所依法实施主要负责人任期经济责任审计时,被审计的主要负责人及其所在单位不得拒绝、阻碍,其他单位和个人不得干涉。

第八条 审计所应在实施审计三日前,向被审计的主要负责人所在单位送达审计通知书,同时抄送被审计的主要负责人本人。

第九条 审计通知书送达后,被审计的主要负责人所在单位应当按照审计所的要求,及时如实提供有关资料;主要负责人本人应当按照要求,写出自己负有主管责任和直接责任的财政收支、财务收支事项的书面材料,并于审计工作开始后五日内送交审计所。

第十条 审计所实施主要负责人任期经济责任审计,应当通过对其所在单位财政收支、财务收支的真实、合法、效益情况审计,分清主要负责人本人应当负有的主管责任和直接责任。

对主要负责人所在单位财政、财务收支审计的主要内容是:围绕主要负责人任职期内生产、经营情况,审查社区(村)经济组织资产、负债、损益的真实性、合法性、效益性,重点是账目是否真实、债权债务是否真实、资产是否真实,是否做到严格管理、保值增值;围绕促进党和政府惠农政策措施的落实,检查上级下拨的各类专项资金的管理、使用及效益情况,重点是国土资金、扶贫资金、农业综合开发资金、水土保持资金等是否合理使用,发挥应有的效益;围绕社区(村)财务管理制度的建立、健全及执行情况,检查主要负责人本人的廉政情况,是否制定了各项财务制度并严格按照制度办事,是否违反党风廉政建设有关规定,是否存在严重违法违规问题。

第十一条 审计所实施审计后,应当向被审计单位出具审计报告。审计报告报送前,应当征求被审计的主要负责人所在单位和本人的意见。

第十二条 审计所出具审计报告后,对被审计的主要负责人所在单位违反财经法规的问题,认为需要依法给予处理、纠正的,提出处理、纠正的建议,报镇政府(街道办)批准后,由镇(街)纪检监察部门、审计所监督执行;同时对主要负责人本人任期内的经济责任作出客观评价,向本级人民政府提交主要负责人任期经济责任审计结果报告,抄送同级组织、纪检部门,同时报区经济责任审计领导小组办公室备案。

第十三条 镇(街)组织部门应当将审计所提交的主要负责人任期经济责任审计结果报告,作为对主要负责人的提拔、调任、免职、辞职、退休等提出审查处理意见时的参考依据。应当给予党纪政纪处分的,由任免机关或纪检监察机关处理;应当依法追究刑事责任的,移送司法机关处理。

第十四条 审计所按照本规定对主要负责人任期经济责任实施审计所必需的经费,应当列入镇(街)财政预算,由本级人民政府予以保证。

第十五条 各镇(街)审计所在区经济责任审计领导小组的指导下开展工作,按规定上报审计统计台账。区经济责任审计领导小组办公室负责对下级审计所执行本规定的情况实行监督、检查及业务指导,并依据检查结果进行单项考核、奖励。

第十六条 经区经济责任审计领导小组的授权,区审计局可直接开展对社区(村)主要负责人任期经济责任审计。

第十七条 对镇(街)所属部门、单位负责人的经济责任审计可参照本办法执行。

第十八条 本办法由区经济责任审计领导小组办公室负责解释。

第十九条 本办法自发布之日起施行。

江宁区村(社区)集体经济组织财务支出管理制度

(江宁区委农工办,2007年6月20日)

为切实加强村(社区)(以下简称村)级财务管理,规范财务管理行为,有效控制新增不良债务,维护集体经济组织及其成员的合法权益,提高村级民主管理与监督水平,促进农村经济社会和谐发展,现根据我区村级实际情况,就加强村级财务支出特制定以下管理制度:

1. 认真做好财务支出预决算工作。村年初要按照"量入为出、统筹兼顾、留有余地、实事求是、勤俭节约"的原则,认真编制财务预算方案,并具体分解到月。方案必须经民主理财小组审核同意,或民主理财小组参与制定,经村民会议或村民代表会议讨论通过后执行,并报街农经部门备案。财务支出预算执行情况要及时公开,定期听取群众意见,接受群众监督。同时,根据预算实施情况,可以按规定作必要的补充或调整。次年三月前,村要实事求是地编制财务决算方案,并及时向村民公布。

2. 设置分管财经的负责人。村主任分管财经工作,村级财务开支实行主任一支笔审批。正常的费用开支实行预算和限额管理的办法,预算卡余额内的开支由主任一支笔审批,预算限额外的开支要村级领导班子集体研究决定。若村书记兼主任的村,则可指定一名副职审批财经。严禁越权审批或无人审批付款。

3. 规范村财务支出审批程序。财务事项发生时,经手人必须取得有效的原始凭证,注明用途并签字(盖章);审核同意后,由村负责人根据审批权限审批同意并签字(盖章)；月末交民主理财小组集体审核；由民主理财小组长签字(盖章)，在征求村书记意见后，交会计人员审核记账，并加盖“付讫”戳记，以免重付。银行作废票据加盖“作废”标记，应保证一联不少。经民主理财小组审核确定为不合理财务开支的事项，有关支出由责任人承担。

实行农村财务“双代理”镇街，首先由经办人、证明人、村主任在原始凭证上签字、加盖民主理财章、村书记审核、再由村会计填写资金运用审批表(村主任签字)、最后交由会计中心审核，在确认该项目不突破预算额后方可报销。对于由代收代付的大额资金，在已收到款项基础上，原则上先取得报销凭证，然后领款；如遇急须支付情况时，报销凭证必须在下一个月记账前报送会计中心。

4. 加强支出凭证管理。支出凭证要取得正规发票，特殊情况必须填制镇街农经站统一制发自制凭证，并注明事由、有经办人、证明人、审批人签字、理财小组组长加盖“民主理财章”后，方可入账，否则无效。支出原始凭证要基本要素齐全。对于同一笔业务不得巧立名目分散填写，杜绝白条入账。支付款项数额在万元以上，要求收方发票，办理汇票。兑付；数额在千元以上的凭收方办理现金支票兑付；零星付款在备用金中支付，杜绝备用金之外的白条支付，特殊情况支付必须审核后支取，及时结算报账；若村账户中无存款，村出纳开据《江苏省农村合作经济结算凭证》挂账，出纳会计及工作人员不得在外打欠条，做单方往来账。财务支出票据必须当月入账，跨年度不得超过二个月，已开收据未收到现金的应回收作废。对在各饭店、摊点、商店赊欠的物款，谁打条，谁付款，对一人自批、自支、自证明者按侵占论处。

5. 购置交通工具、通讯工具及交通、通讯费用报销按各镇街纪委的有关规定办理。医疗费补贴按镇街组织部门的有关规定办理，不得扩大范围和标准。村干部参加城镇职工社会保险支出按江宁政发〔2007〕14 号文件执行。

6. 村级组织本着精简、效能及交叉兼职的原则，压缩村级干部职数，减少劳动报酬支出。村定补干部报酬划分为“基本报酬”和“考核报酬”，主要内容有工资、奖金、福利和津贴。“考核报酬”由镇街农经部门根据考核情况，报镇街政府(办事处)核定，实行干部报酬公开。严禁杜绝村、社区干部各种不正当补助和非正当报销，镇街管干部除按镇街发给村、社区负责人年终奖金适当比例外，其他一律不准巧立名目设立奖项或补助等。法定节假日及特殊性、突出性工作等其他补贴必须按镇街统一的标准下发。当年收不抵支村，必须本着先工资后补贴的发放原则执行。

7. 加强非生产性开支管理，实行总量控制，增幅要低于集体收入的增幅。严禁虚开原始凭证；严禁外单位人员在村报销；严控外出租车；村书记在离职前，要将当月的正常招待费结清，否则一律不准入账；严禁瞒收瞒支，用招待费冲销合同上交及通过其他渠道转移招待费支出，搞资金账外循环；不准假借各种名义乱发纪念品及其他实物；不准擅自超出政府考核标准乱奖乱补。办公用品购置应根据需要采购，使用应厉行节约。各类活动及参观学习要向镇街书面申请，提出费用预算，经批准后，方可执行。

村财务不予报销的项目：(1)财务规定不准报销内容的；(2)票据应规范，而不规范的；(3)有涂改、大小写不符，台头不符，无日期、手续不全的；(4)当年支出跨年度超二个月的；(5)审批人离任后审批没有经现任确认的；审批超出权限的。

8. 村级报刊征订费每年控制在3000元标准内。

9. 对于村级不良债权核销以及化解村级不良债务按江宁区清理化解村级(社区)债务实施意见》(江宁委农〔2006〕9号)文件规定执行。各村单笔核消债权债务5000元以上，必须报区委农工办备案。对债务单位撤销，确定无法追还，或债务人死亡，确定无法收回的款项。应取得有关证明，往来款项核销必须以书面形式报镇街农经部门，说明往来款项发生经过、时间和核销理由，经农经部门会同纪检、审计、财政等部门审核后，由村民民主理财小组讨论决定，最后在村务公开栏中公示，公示无议后列入其他支出核算。由相关责任人造成的损失，应酌情赔偿，任何人不得擅自决定债权的减免。

10. 村级财务支出以下情况需经两委会集体研究和民主理财小组讨论决定并报镇街业务主管部门备案：①年度财务支出预算以及预算执行出现偏差的预算调整；②生产性10000元，非生产性5000元以上的固定资产购建或投资；③一次性支出2000元以上的非生产性开支；④一次性挂账1500元以上的应收款项；⑤一次性归还5000元以上的应付款项；⑥固定资产及物资的变卖、报废或报损以及往来款项的核销；⑦预算外收入的使用以及超预算的支出；⑧一次性累计超过三万元的支出。⑨单笔办公费用5000元以上。

11. 招待费用管理。村原则上取消招待费，但确因发展经济或公务接待需发生的招待费实行总量控制。招待费用可依据当年村预计实现可支配收入核定掌握开支上限年终据实核算。①50万元以下，不超过5万元；②50～100万元，不超过8万元；③100～200万元，不超过12万元；④200～300万元，不超过16万元；⑤300～400万元，不超过20万元；⑥400～500万元，不超过25万元；⑦500元以上，不超过30万元。年终结算按招待费结算余额50%奖励，其中村主要负责人奖励一半，另一半奖励镇街管干部；结余50%招待费结转—下年滚存使用。年终结算招待费超支，按超支额50%由镇街管干部负担，其中村主要负责人负担50%，其余镇街管干部负担50%。招待费用根据烟、酒、茶、吃、送礼、钓鱼等项目情况，实行专人管理，建立台账，进行明细核算。核算时应在“管理费用招待费”列支。

12. 严格遵守《银行账户管理办法》《支付结算办法》。在银行结算起点上的支出(单笔1000元以上)应通过银行转账结算。支票、存折、印鉴应分开妥善保管，每月至少与银行核对一次账目，对账单应随同当月凭证装订，不得出借账户。

13. 执行《现金管理条例》，加强货币资金支出管理。

严格执行财经纪律和财务制度，不得私设“小金库”，不得坐支，不准以白条抵库和挪用、私自借出。如确需暂借现金，必须由村财会负责人签字后方可暂借抵库，但抵库的借支当月前必须结账，否则交会计作账为处理。不准公款私存，不准随意坐支或截留超规定的备用金(含抵库白条)。出纳会计在受理报销凭证时，必须先撤出报销人在现金库存中相关的抵库白条以及应抵扣的往来款项，剩余部分才能支付现金。对当月发生的资金收支必须按原始凭证逐笔登记日记账，做到日清月结。无特殊情况库存现金不得以白条抵库。如确需暂借现金，应注明用途，必须以村主任签字后可暂借抵库，但抵库的白条在次月的月底前必须结账。每月最后一天为总账、现金交接日。

14. 加强固定资产投资管理。村内单项工程项目投资在10万元以上的,必须严格执行招投标制度,进行公开招投标,单项工程项目投标单位不少于3家。工程预付款的支付,必须严格按签字的有效施工合同或协议约定,由施工单位按工作量进度提出付款申请,经村两委成员和民主理财小组审核同意后,报镇街业务审查通过后,方可支付。任何单位和个人不得无施工合同、协议付款或超付,否则,追究相关责任人责任。同时,所有工程项目建设必须单独建账核算,竣工审计后,按财务规定记入固定资产账。支付工程款,施工单位必须开具正式税务发票,严禁使用自制凭证或收据。工程项目竣工后15日内,由施工单位书面向村申请。工程项目验收合格后,施工单位及时编制好工程决算书,并将有关材料送交村。审计部门30日内完成审计工作。凡未经审计决算的工程项目,任何单位与个人一律不予结算、付款。否则,追究相关责任人责任。村投资单项工程在2万元以上的建设工程必须经镇街审计或相关审计单位审定后方可办理竣工决算手续。由施工单位开出正式发票(附年度合同、已审计的工程结算书)作为入账依据。建筑装修工程及预付工程款在工程结束前,应通过"在建工程"核算,工程结束后的20日内必须办理竣工决算,并按有关规定办理工程决算审计,于次月底前必须入账。固定资产按年度综合折旧率6%进行折旧。非生产性固定资产购置不得化整为零。

15. 建立健全村民理财小组,推进村级民主理财制度建设。村民民主理财由村民民主理财小组代表村民进行,民主理财小组成员由村民会议或村民代表会议推选产生,其成员一般由5~7人组成,不得由村主要干部及其亲属担任,且群众代表数量要占总数的三分之二以上。村民主理财人员实行凭证理财。次月1~3日为民主理财日,对每次民主理财活动详细记录,认真填写《南京市农村民主理财记录簿》,参加人员逐一签字,由村民理财小组组长签字并加盖村民主理财小组专用章。月底最后两天为报账日,次月8日为财务公开日。村每年至少召开两次村民大会或村民代表大会,公布账目,解答疑问。阶段性重点事项要适时理财。实行村账镇街代理单位,推行现场交接制。每月交接账目、民主理财及村务公开同时进行。

16. 实行财务公开。村级财务要定期公开,按区委农工办制发样式至少每季度公布一次财务支出情况。集体财务往来较多的村,财务支出情况应每月按业务内容公布一次。对重大的非生产性开支(一次性2000元以上)在村务公开栏单项公开。村民关心的热点问题,要及时专项公开,重点解释,及时听取村民的意见和建议。所有支出必须明细公布账目,让群众了解、监督村集体资产和财务支出情况。公布的财务账目必须经村民主理财小组审核,由组长签字且加盖印章后,以村集体名义公布。

17. 加强对农村集体财务的审计监督。镇街农经部门对本行政区域内的村集体经济组织要定期进行审计,审计结束后,农经部门应及时将审计结果向镇街和区业务主管部门通报,并向当地群众公布,接受群众监督。

关于加强社区居委会和村委会规范化建设的意见

(江宁政办发〔2007〕40号)

为加快推进城乡和谐社区建设,充分发挥城乡社区在服务群众、联系群众、稳定社会中的作用，筑牢和谐江宁和社会主义新农村的基础，根据市民政局《关于加强全市社区居委会和村委会规范化建设的意见》，结合全区居（村）委会建设的现状，现就全区社区居委会和村委会规范化建设提出以下意见：

一、居（村）委会规范化建设的指导思想和总体目标

以“三个代表”重要思想和党的十六届五中、六中全会精神为指导，紧紧围绕“构建和谐江宁”主题，以维护好、实现好、发展好广大群众的根本利益为宗旨，以建设城乡一体和谐社区为导向，以规范事务管理、规章制度、阵地建设、队伍建设为主要内容，以提升居（村）委会自治职能和公共服务水平为目标，通过开展规范化建设，逐步把城乡社区建设成为民主自治、管理有序、服务完善、环境优美、治安良好、文明祥和的现代化社区。

居（村）委会规范化建设的总体目标是：通过3—4年的努力，全区所有居（村）委会实现“四个规范”，即事务管理规范，做到工作职责明确、角色关系协调；规章制度规范，做到基本制度健全、程序流程清楚、公布形式多样；阵地建设规范，做到服务载体面积达标、功能布局合理；队伍建设规范，做到居（村）委会干部依法选举产生、社区工作者职业化、管理机制完善。其中，到2007年年底，全区80%的居委会和60%的村委会的办公和服务用房面积达600平方米以上，且功能设置达阵地规范化建设要求；到2008年年底，全区所有居（村）委会的办公和服务用房达标。

二、居（村）委会规范化建设的基本原则

（一）坚持以人为本、服务居民的原则

始终把城乡居民的根本利益作为出发点和落脚点，不断增强服务功能，拓展服务领域，创新服务机制，形成广覆盖、多层次、社会化的服务内容，不断满足群众日益增长的物质文化和生活需求，逐步形成面向全体居民的城乡社区公共服务体系。

（二）坚持资源共享、统筹城乡的原则

充分调动区域内机关、团体、部队、企事业单位等一切社会力量广泛参与城乡社区建设，以统筹城乡区域资源为根本，注重发挥行政手段和市场机制在资源配置中的作用，最大限度地整合区域资源，实现区域资源的共有、共享，形成共驻共建的资源配置机制。

（三）坚持完善管理、增强效能的原则

以健全和规范民主管理制度为着力点，进一步改进城乡社区的管理和服务机制，充分发挥各类民间服务组织在城乡社区管理和服务中的作用，寓管理于服务之中，进一步增强城乡社区的自治力、服务力和凝聚力，促进城乡社区管理水平和服务效能的提升。

三、居（村）委会规范化建设的主要内容

（一）规范居（村）委会的事务管理

1. 建立健全居（村）委会信息化工作手段。加快推进现代信息技术在社区管理中的运用，建立集民政、劳动保障、人口计生、流动人口、兵役登记、社区矫正等涉及辖区居民的个人信息综合数据库，切实精简政府部门进社区的工作台账，通过信息化手段，改进居（村）委会管理与服务机制，提升工作效能。居（村）委会工作资料收集归档严格按区政府《关于批转〈江宁区镇（街道）社区规范建档工作实施意见〉的通知》（江宁政发

〔2007〕35 号)执行。

2. 普遍建立社区公共服务站。民间组织承接政府社区社会事务是社区建设的发展方向。积极推广"一站式"服务,城乡社区要普遍建立社区公共服务站,承接政府公共服务和社会事务工作。要按领导与被领导、监督与被监督的关系,界定居(村)委会和社区公共服务站的职权,科学区分居(村)委会的民主自治权利和社区公共服务站办理社区公共事务的权利。

3. 培育发展社区民间组织。支持和鼓励居民成立形式多样的慈善组织、群众性文体组织、科普组织和为老年人、残疾人、困难群众提供服务的组织以及农村专业经济合作组织,使城乡居民在参与各种活动中实现自我服务和自我管理。要因地制宜,切实加强引导和分类指导,规范运行,促进社区民间组织健康发展。要积极创造条件,大力培育发展专业服务类民间组织,通过政府购买服务的方式,承接政府职能转变过程中转移出来的公共服务职能。

4. 完善社区公共服务体系。社区服务是社区建设的永恒主题,是社区建设的生命力所在。要进一步统筹城乡发展,以服务城乡居民为出发点和落脚点,努力构建面向全体居民的社区公共服务体系,突出以劳动保障、卫生计生、社会救助、文体教育、治安防范建设为重点,不断完善社区公共服务体系,使政府公共服务进一步向社区延伸、向社区覆盖。

(二)规范居(村)委会的规章制度

1. 居(村)委会的主要规章制度。村委会要按照区委、区政府《关于在全区规范村民委员会规章制度的意见》(江宁委发〔2005〕30 号)要求,完善村委会十项规章制度。社区居委会要参照村委会规章制度的要求,建立和完善各项民主管理制度。除此之外,可根据本地实际,在不违背法律法规的条件下,经村(居)民代表会议讨论,制定并实施其他规章制度。

2. 规章制度的公开形式。居(村)委会各项规章制度可以通过上墙公布、网上发布、图册资料等形式向群众公开。主要规章制度应当以镇街为单位,做到统一样式,统一制板,上墙公布。社区公共服务大厅内应有社区基本情况、办理事项基本工作流程等内容,其他各项制度可以根据其内容分别悬挂在相应活动场所,供工作人员对照执行和便于群众监督。

3. 强化规章制度的执行与监督。严格执行代表会议制度,凡是与居民群众切身利益相关事项的决策,都必须经居(村)民代表会议研究决定,实行民主决策。切实规范居(村)务公开制度,实行民主理财,严格按区委农工办统一下发的公开表公开居(村)务项目。坚持年度内实行 1-2 次居(村)委会干部述职评议和向代表会议报告工作制度,并将考核评议结果与干部奖惩挂钩。

(三)规范居(村)委会的阵地建设

1. 强化居(村)委会办公和服务用房的建设标准。全区居(村)委会的办公和服务用房面积必须达600 平方米以上。居(村)委会办公和服务用房的设置地点要考虑对居民的服务半径,一般设在所管辖区域的中心地带。对居(村)委会驻址之外,居民群众聚居的地方，可设置一定面积的服务用房，就地就近服务居民。凡尚未达标的居(村)委会，要通过新建、改造、购买、租用、置换、共驻共建等措施，切实解决服务载体不足的问题。凡新建的居民小区，应按区委、区政府《关于加快推进社区建设的意见》(江宁委发〔2006〕24号)的要求，将社区基础设施建设纳入城市居住区建筑设计规划，与开发建设项目同步规划、同步建设、同步投入使用。

2. 居(村)委会办公和服务用房功能布局。居(村)委会办公和服务用房要充分发挥办理公共事务、组织居民活动和提供社区服务的功能，至少应具备"一点、两栏、三站、九室"等办公和服务功能。一点即全民健身点；两栏即公开栏、宣传栏；三站即社区公共服务站、劳动保障站、卫生计生服务站；九室即党组织办公室、居(村)委会办公室、财务室、信息室(档案室)、教育培训室(代表会议室)、图书阅览室、信访调解室(综治办)、警务室、多功能活动室。居(村)委会办公和服务用房中，用于公益性服务和活动的面积不得低于总面积的三分之二。办公和服务用房面积较大的，可单独设置各类站、室，面积较小的，要加强资源整合，突出一室多用的原则，满足群众多元化的需要。居(村)委会外墙只可统一悬挂党组织和居(村)委会两块牌子。

(四)规范居(村)委会的队伍建设

1. 居(村)委会工作队伍的产生。居(村)委会应按期进行换届选举，主任、副主任、委员由所辖区域居民群众民主选举产生。各街镇要统一组织，通过公开招聘、双向选择、竞争上岗等形式，面向社会选聘职业社区工作者，由居(村)委会聘用并管理，逐步实现换届选举和选聘社工同步进行。不断优化社区工作者的素质，力争在3—4年内每个居(村)委会都要配有一名具有大专以上学历的社区工作者。

2. 社区工作者的管理。进一步明确社区工作者岗位职责，推行社区工作者任期培训和持证上岗制度，逐步规范社区工作者选聘、培训、考核、奖惩办法，定期开展考核评优活动，健全长效管理机制。建立社区工作者工资、福利待遇制度和激励约束机制，按江宁政发〔2007〕14号文要求，参加养老、医疗、失业、工伤等社会保险，充分调动广大社区工作者的积极性，培养和造就一支适应社区建设和发展的职业社区工作者队伍。

四、合力推进居(村)委会规范化建设

(一)提高认识、加强领导

居(村)委会规范化建设是和谐城乡社区建设的一项基础性和系统性工作。各镇街党政组织要从构建和谐江宁和建设社会主义新农村的高度，从建设和谐社区、和谐村镇入手，充分认识居(村)委会规范化建设的重要性，切实加强组织领导，摆上重要议事日程，做到统一研究、统一部署，切实把居(村)委会规范化建设纳入和谐社区建设和新农村建设的总体要求和工作计划，加大公共财政投入，完善相关政策措施，帮助基层解决面临的实际问题。

(二)部门支持、协调配合

区各有关部门要加大支持、协调和配合力度。区民政部门要切实发挥牵头指导、协调、督促的职能；财政部门要加大公共财政投入，对按要求完成居(村)委会规范化建设的社区(村)，采取以奖代补的形式，从社区建设专项经费中给予一定的资金补助；区各有关部门工作进社区，要切实加强资源整合，服务于居（村）委会规范化建设，要切实改进工作方式，在委托居（村）委会承办相关事务时，要按照“费随事转”的原则，给予必要的工作经费。各部门、各单位要齐抓共管，合力推进居（村）委会规范化建设。

（三）健全机制、强化考核

居（村）委会规范化建设工作部署在区，基础在社区（村），关键在各街镇党政组织。居（村）委会规范化建设工作纳入街镇“三个文明”考核内容，区社区建设指导委员会办公室负责居（村）委会规范化建设的考核，作为创建和谐城乡社区建设的重要指标之一，严格奖惩。各街镇党政组织要切实健全工作责任制和考核机制，把居（村）委会规范化建设作为构建和谐社区和社会主义新农村建设的一项基础工程切实抓紧、抓实、抓好。

南京市江宁区“民主法治村”“民主法治社区”和“民主法治单位”标准

一、“民主法治村”标准

1. 民主选举规范有序，村民委员会及其下属委员会成员、村民小组长、村民代表都能依法选举或推选产生，选举程序规范，选举秩序良好，选举结果群众满意。

2. 村民自治组织健全，村民委员会及其下属委员会、村民小组能有效发挥作用。

3. 民主决策切实落实，村民会议和村民代表会议制度健全，重大事项都能由村民讨论决定，农村土地征用和承包流转等依法按章进行。

4. 民主管理扎实细致，村干部依法实行民主管理，村民自治章程健全，村委会公章、财务账目、集体财产、用人制度等管理有序。

5. 民主监督推进有力，村干部依法接受村民监督，定期报告工作，接受群众评议，村务公开制度健全，群众满意率达到95%以上，没有发生因村级账目不清、村务不公开而引发的群众上访案件。

6. 法制宣传教育深入人心，村民学法、懂法、守法、用法，法律素质不断增强，村干部遵纪守法，依法依章办事，农村法治化管理水平逐步提高。农民能够熟悉寻求法律服务的渠道，依法维护自身的合法权益。

7. 经济社会协调发展。经济和社会公益事业持续健康发展，治保、人民调解组织充分发挥作用，农村不稳定因素能够及时消除，经济、政治、文化和社会建设协调发展。

二、“民主法治社区”标准

1. 民主选举规范有序，居民代表、社区居委会及其下属委员会成员严格依照法定程序选举或推选产生，选举结果群众满意。

2. 自治组织健全，居民委员会及其下属委员会能有效发挥作用。

3. 居委会自治章程或居民公约健全，符合宪法、法律、法规和国家的政策。

4. 建立健全居民民主议事决策制度和议事规则。凡涉及社区居民自治范围的重大问题，均由居民大会或居民代表大会讨论决定。

5. 居民自治组织民主管理制度落实，居委会干部严格实行依法管理，集体财产逐年保值增值，居委会公章、财务账目、用人用工等管理有序。居民委员会依法办事，居民当家作主的民主权利切实得到保障。无压制、破坏民主，侵犯民主权利行为发生。

6. 民主监督健全有效，居委会干部依法接受群众监督。实行居委会向居民代表大会报告工作制度。社区事务公开制度全面落实，广大居民知情权、参与权、监督权得到落实，群众满意率达到95%以上。

7. 法制宣传教育深入人心，居民自觉学法、守法、用法，法律素质不断提高，依法办事形成风尚，社区管理法治化程度较高。法律进社区活动广泛开展，居民熟悉寻求法律服务的渠道，依法维护自身的合法权益。

8. 社区治安良好，综合治理各项措施落实，平安建设工作成效显著，无刑事犯罪。治保、人民调解组织健全并充分发挥作用，基层不稳定因素能够及时消除，无群众集访。

三、“民主法治单位”标准

1. 职工代表大会组织制度健全，各项职权得到切实履行。每年召开1~2次职工代表大会。职工代表大会的选举制度、决策制度、会议制度、活动制度、提案制度、档案管理制度健全。职工代表大会听取和审议企事业单位管理和发展中的重大决策。

2. 民主管理形式不断发展。采取职工意见箱、民主协商会、提合理化建议等多种形式实行民主管理，职工参与民主管理的积极性高涨，参与途径多样。

3. 依法建立健全工会组织；工会组织在企事业单位集体协商集体合同、劳动争议解决、劳动者权益维护等方面发挥积极作用。

4. 法制宣传教育经常化、制度化。普法教育的组织机构健全，有专门机构或专人负责，有年度普法计划；普法重点对象、重点内容明确，制度健全，工作计划严格落实。

5. 企事业单位依法决策、依法经营。企事业单位经营管理诚信为本，无欺诈、不正当竞争等扰乱市场经济秩序的行为。内部管理制度健全，资金、质量、合同、担保、安全、行政、人事劳资、无形资产等各项管理的规章制度健全。

6. 法律顾问或法律事务中心等法律工作队伍和机构健全，并且充分发挥作用。

7. 企事业单位及其职工依法维权。企事业单位及其职工依照法律法规和法定途径维护自己的权利，单位与职工之间的矛盾纠纷平等协商解决，无因为双方纠纷导致的群访。

（四）基层自治组织民主建设实践

江宁区谷里街道张溪社区：构筑民主法治工程，保障基层稳定和谐①

江宁区谷里街道张溪社区在深入推进社会主义新农村建设过程中，始终坚持以构建和谐社会为目标，以创建省级“民主法治示范社区”为抓手，紧扣重点工作，实施“五大工程”，不断加快基层民主法治建设进程和提升依法治居的能力，努力为实现“富裕、文明、安康、和谐的新社区”积极营造良好的法治环境。社区先后荣获市、区级民主法治社区等称号。

一、实施民主自治工程，构筑基层民主建设工作体系

社区从“建章立制、健全组织、加强基础”入手，进一步增强社区民主自治工作制度

---

① 此文刊登在《法治南京》2011年10月27日第43期。

化、体系化和规范化,深入推进依法治居的自我管理、自我服务、自我监督、自我教育的能力和水平。

(一)建章立制,保证自治工作制度化

建章立制是创建民主法治社区的中心环节,完善的规章制度是确保居民各项民主权利实现的坚强后盾。社区紧紧围绕创建活动的中心内容"四民主""两公开",依据《宪法》和《居民委员会组织法》等相关法律法规,结合社区工作实际,制定了《社区居民自治章程》《社区居民代表大会章程》《社区居民委员会章程》《社区居民公约》以及财务管理制度、居务公开制度等各项规章制度,内容涉及社区的政治、经济、文化、卫生、治安等各个方面,通过把社区的各项管理事务以规约制度的形式固定下来,明确社区各组织的职责,理顺工作关系,保证社区管理工作事事有章可循、件件按章办事,确保社区整体功能的发挥和运行的规范。

(二)健全组织,完善自治工作体系化

社区组织健全是开展社区建设、推进社区民主自治的组织保证。建立了以党总支为核心领导层、以居民代表大会为决策层、以社区居委会为执行层、以议事监督小组为监督层的组织网络体系,保障社区工作有效开展和实施。一是社区党总支是社区各类组织的领导核心,也是开展民主法治社区创建工作的政治灵魂,通过建立健全《社区"两委"班子成员联席会议制度》,把社区党总支和社区居委会紧密联系起来,充分发挥党总支的领导和决策作用,为社区依法管理提供有力的保障。二是居民代表大会是社区中最高权力机构,是社区居民依法行使民主权利、参与民主管理、体现社区自治的基本形式。社区坚持居民代表大会每半年举行一次,重点听取并审议居委会的工作汇报,讨论决定社区居民自治范围的重大问题,特殊情况下由社区议事会讨论决定。三是社区居委会是社区管理的执行组织,也是社区建设的主力军。社区居委会明确工作目标,坚持居民利益至上的原则,为广大群众排忧解难,为社区建设尽心尽责。今年5月,街道实施大谷路西延工程,在社区干部入户走访中,辖区大湖村居民陆续反映该工地施工车辆存在超载行驶且抛洒滴漏现象严重,群众出行是"晴天一身灰、雨天一身泥",部分群众拟采取阻止施工的方式,向施工单位讨要说法。社区获悉信息后,一边组织社区干部向施工单位通报,召集车辆管理人员、驾驶员开展安全教育,一边与街道运管所、交警中队、城管中队等相关部门沟通,配合开展工程运输车辆专项整治。通过开展安全教育、道路隐患治理等工作,既保证了大谷路工程的正常施工,又有效地维护了当地群众的交通安全,也妥善化解了辖区不安全隐患。

(三)加强基础,推进自治工作规范化

社区以市、区、街开展综治基层基础建设为抓手,积极强化社区综治工作阵地、组织、队伍和制度建设,推进社区依法办事,不断夯实基层维稳第一道防线。一是强化综治办规范化建设。加强了综治办组织体系,设立了独立的办公用房,设置统一规范,电脑、电话、网络等办公设施配备到位,综治费用都能做到足额保障。二是强化调委会规范化建设。健全了社区调委会、居民调解小组两级组织网络,完善了社区调解办公室、调解室的办公场所,规范了领导责任制、考核奖惩制、责任查究制、经费保障制,矛盾纠纷周排查、社会稳定和治安形势分析例会、涉稳事项化解等工作制度，各项工作职责上墙公示。三是强化平安创建工作。社区相继开展了平安社区、平安家庭和无刑事案件社区、无邪教社区、无毒社区等系列创安工程，通过制定方案、宣传发动、有序推进等方式，实行与社区工作同部署、同考核的措施，为社区创造良好的社会环境。今年来，辖区内未发生一起重大刑事案件和治安事件，无因调解不当引发的“民转刑”案件，无一起涉及社会民生引发到省市区街群访事件，未发生漏管、失管现象和重新犯罪行为。社区治安秩序良好，民风文明和谐，人民群众安居乐业。

二、实施党员示范工程，创新基层民主建设工作载体

在基层民主法治建设中，社区党员以身作则，想群众所想，急群众所急，特别是结合党总支开展“争先创优”活动，党员的模范带头作用更是得到进一步显现。

（一）身体力行，积极组建自治组织

在社区党总支的领导下，树立了以党员带群众，以先进带后进的思想，针对社区的日常事务管理，及时配合党总支和居委会开展工作，积极组建并参与各个自治组织，不断强化社区民主自治组织体系。近年来，社区组建的“红袖标”义务巡逻队、护绿养绿队、科普宣传队等自治组织中，党员骨干占80%以上，为完善社区服务、繁荣社区文化、普及社区卫生、美化社区环境、推进平安法治工作等方面做出了积极的贡献。

（二）奉献爱心，主动关心特殊群体

除了日常的事务管理，社区党总支和居委会没有忘记社区的特殊群体，主动关心他们的思想、工作和生活情况，并列入日常工作计划。社区大岭岗居民陈贵忠，2006年从江宁街道陆郎社区迁入张溪社区居住后，由于年过六旬，且妻子身染眼疾几乎失明，一对儿女先后身患精神疾病，面对家庭不幸遭遇，老陈多次产生厌世的思想。为了帮助其家庭走出困境，社区党总支、居委会不言弃、不抛弃，真诚关爱，多方协调，从根本上解决了老陈家庭的实际困难。首先，是多次与区、街两级民政部门沟通解决了其妻和子女三人的低保问题；其次，是在去年底数次与街道建设所协调并筹集了4万余元对老陈家破旧不堪的房屋进行了翻修；再次，是为老陈在社区进驻的南京宁国制桶厂找到了门卫看护工作，帮助其家庭增加收入；最后，在每年的端午、中秋和春节期间，都安排1000元左右的救助金和购买一些大米、食用油、被褥生活用品上门慰问，社区党总支、居委会的行动，受到了当地和周边群众的一致好评和赞誉，群众感言：儿女再好，不如社区好。这也是群众对社区工作的最高评价。

三、实施民主重点工程，提升社区组织依法治居能力

实行“四民主、两公开”制度是社区自治的核心内容，更是夯实基层民主法治建设工作基础的关键。近年来，社区不断完善基层民主制度，提升基层自治功能，全面深化社区民主法治建设。

（一）实行民主选举，选出社区放心人

为把群众拥护、作风正派、能带头致富的人选进社区班子，杜绝拉票、贿选等不正常情况发生。在2010年6月的选举过程中，社区首先是广泛开展宣传发动，把《选举法》的有关内容交给社区每户居民手中；其次是严把选民登记关，按照户口簿进行登记，做

到不重、不漏、不错登,确保每一位选民的选举权;最后是候选人的提名由社区居民进行"海选",公开进行验票、唱票、计票。在选举过程中,社区居委会严格按照"组织准备、选民登记、提名候选人、投票选举和建章立制"五个阶段进行,采取邀请联系社区工作的街道相关党政领导、联络员全程监督和全程跟踪录像的方式,严明选举纪律,确保程序公正、公平、公开。

(二)实行民主决策,充分体现群众愿望

凡是涉及社区重要事项、重大支出,都要提请社区居民代表大会讨论,逐项表决通过。今年来,社区在小栏岗农路修缮、河塘清淤和改厕工程、村容村貌整治、环境卫生集中清理等重大项目和社会管理事务中均通过民主决策的形式,让居民代表直接参与到社区事务中。

(三)实行民主管理,调动居民的积极性

坚持居民的事由居民自己管理和决定。建立了居委会向居民和居民代表会议每年一次的工作报告制度,通报居委会的工作情况。今年5月下旬,社区组织召开了居民代表大会,在会议中,居委会向居民代表报告了社区发展规划、年度工作目标任务及推进、财务收支、计生和人口管理、各项公益事业建设、居务公开内容以及其他涉及整个社区居民利益的有关事项,接受居民代表的审议。

(四)实行民主监督,落实各项规章制度

凡是社区的重大事项和群众关心的热点难点问题都向社区居民公开,接受群众监督。建立了由居民代表组成的民主监督10人小组,并充实完善社区居民议事、财务管理、民主理财、审计监督、定期评议等规章制度,每季度对涉及低保户困难户的救助、老年人钱的发放、社区财务收支、独生子女费的发放、土地流转费用等情况,在公开栏中向社区居民公开,接受群众的监督。

四、实施普法教育工程,增强公民的民主和法制意识

开展法制宣传教育是增强广大居民法治意识和法律素质的有效途径,社区坚持以"强基固本为基础,法制教育为手段,创建活动为载体"的工作思路,加大法制宣传力度,不断增强公民法治意识。

(一)加强法制教育阵地建设

首先,规范了社区"法制学校",制定了法制学校管理工作制度,拟定了年度社区法制宣传教育工作计划并上墙公示,按照计划认真组织社区居民开展法制宣传教育;其次,今年初,结合社区图书、报刊阅览室建设,专门建立了"法律图书角",现存各类法律书籍500余册,实行全日制开放。

(二)开展法制宣传教育活动

社区固定的法制宣传教育专栏,定期更换宣传内容,同时为了强化法制宣传教育的有效性和导向性,将与社区居民切身利益密切相关的法律知识和新颁布的法律法规有针对性地分期载入专栏,内容涉及居委会组织法、婚姻法、人口与计划生育法、信访条例、法律援助条例、道路交通安全法、残疾人保障法、老年人权益保障法、反邪教工作等,让社区居民在办事的同时,又可以学到法律知识,提高法律素养。

（三）开展创建活动专题宣传

为扎实推进社区法治创建工作的深入开展，努力营造全民参与的浓厚氛围，今年6月，社区按照街道依法治街办的要求，积极开展“法治宣传月”活动，印制发放了《致社区居民一封信》1100余份，并在社区的必经路段、村头以及村民居住集中的区域悬挂横幅28条、张贴标语50余幅，不断增强辖区群众的知晓率和参与率。

五、实施利民惠民工程，促进法治建设成果惠及于民

服务是社区工作的出发点和落脚点。今年来，社区坚持法治为民“办实事、求实效”的理念，以关注和改善民生为重点，实实在在为当地群众办好事、办实事，让民主法治创建工作深入人心，使法治成果不断惠及百姓。

（一）加快公共设施建设

投入60万元，修建了张公路、小栏岗水泥路4.8公里、垃圾房5座、垃圾池24座、清理当加塘5面，为社区环境整治提供了必要条件，成立了14人专职保洁员队伍，投入1.5万元配备了运输工具及统一着装，负责社区内主干道路面及小集市保洁和垃圾清运工作，确保村容整洁；投入6万多元，创建了健身室、棋牌室、老年活动室、篮球场；投入70余万元在车家湾自然村做新农村示范点。

（二）依法解决群众困难

一是对社区困难家庭子女上大学的，每人每年给予相应300元补助，截至目前，共救助大学生7名补助2100元；二是对参加医保的大病患者，在街道给予补助的基础上，社区再拿出1000元补助，使患者不因“因病致穷、因病返穷”的现象发生，今年来，社区共救助困难群众16名补助8500余元。

（三）加强社会治安防范

在加强社区“五位一体”综治办规范化建设的同时，积极鼓励群众安装家庭小技防，投入6万元资金安装家庭技防监控75户，此项工作还在开展之中；同时坚持“专群结合、依靠群众”的方针，深入开展了群众性义务巡防“红袖标工程”，广泛发动和组织群众开展义务巡防活动。目前，共成立“红袖标”队伍3支70人，坚持每天在重要路段、重要部位、重要时段治安巡防，提高了群众对社会治安的满意度。

（四）解决社区劳动就业

社区劳保站先后安排了40余名待岗青年参加了街道电工、电脑、创业等技能培训，组织了130余名群众参加了街道企业举办的大型劳动力招聘，提供空岗28个，发布信息16条，转移劳力75人。

江宁区秣陵街道火炬村委会：提升法治创建水平促进“新农村”建设

火炬村位于江宁区秣陵街道东侧，紧依秦淮河，现有土地面积3500亩，5个自然村，村民873户、2905人，共20个村民小组。2006年以来，我村围绕建设法治合格街道，不断巩固创建成果，深化“民主法治村”创建，坚持把民主法治创建与“五五”普法宣传教育、创建文明村、社会主义新农村建设等工作有机结合起来，不断加快民主法治建设步伐，使广大村民的民主参与意识不断提高，村务、财务管理制度得到进一步完善和落实，

村民关注的热点、难点问题逐步得到有效解决,有力促进全村的社会稳定和经济发展。

一、切实加强组织领导,形成创建工作合力

在法治创建活动中,该村注重加强组织网络建设和制度建设,充分发动人民群众积极参与法治创建活动,大力促进基层民主法治建设。

一是建立法治创建组织网络。成立了村民主法治建设领导小组,由党支部书记任组长,村主任任副组长,“两委会”干部为成员,20个村民小组长担任村创建工作联络员。“两委会”将创建工作纳入全村三个文明建设计划,切实列入村级工作的议事日程,定期召开创建工作领导小组成员和联络员工作会议,使创建工作做到有计划、有布置、有总结。同时,让村民和村民代表对村干部抓民主法治建设情况进行评议和监督,促使村干部增强责任意识。

二是大力营造创建工作氛围。在创建活动中,把法治宣传教育贯穿始终,为使法治创建工作做到家喻户晓,人人皆知,充分利用党员会议、村民代表会议、宣传栏、村头广告、一封信等形式,多渠道进行宣传,在全村努力营造民主法治建设氛围,使村民能充分认识到村民自我管理、自我教育、自我服务的权利和义务,真正行使人民民主权利。

三是加强创建工作制度建设。在创建活动中,制定了民主法治创建工作规划,明确了工作目标和步骤,使创建工作有序进行,扎实开展。制订了火炬村“五五”普法规划和年度学习宣传计划,健全完善了村委会规范化管理的各项工作制度和工作措施。建立健全了法治创建工作台账,将创建工作领导小组成员及联络员名单、村规民约、村民守则、各项制度以及街道关于开展法治创建工作的文件等进行归档立册。

二、认真落实各项制度,确保创建工作到位

紧紧围绕“四民主、两公开”工作重点,认真抓好村民自治各项制度落实,确保民主法治建设各项工作任务落实到位。

一是实现民主选举制度。在第八届村委会换届选举过程中,按照街道统一部署,依法实行村民直选,产生村委会班子成员,最大限度地反映每个村民的意愿。为确保选举工作严格依法定程序进行,保障村民的民主权利,在村委会的选举工作中,村里成立了换届选举工作领导小组,选举工作严格按照依法、公开、公平、公正的原则,保证每位村民完全按照自己的意愿进行选举投票。通过民主选举,产生了一支年富力强的村委班子。由于充分发扬民主,真正实现直选,新当选的村委会班子在群众中威信较高。

二是健全民主决策制度。民主决策是村民参政、议政,当家做主的具体体现,是村民自治的力量源泉。为此,新一届村委会根据《火炬村村民自治章程》的有关制度,凡1万元以上的投资和涉及村民利益的重大事项,都提交村民代表会议讨论决定,取得大多数村民的同意和支持。如村投资205万元,将村里的中心道路和主要干道铺成水泥路和柏油路,实现了路面硬质化;投资100万元修建自来水塔,解决了多年来村民饮水难的问题;投资221万元,为各自然村所有的涵洞、渠道进行了标准化建设,实现了沟、渠、路、林配套林网化建设;修建老年健身活动中心等等,通过召开村民代表大会,哪些事情该办,哪些事情不该办,由村民代表征求村民意见后举手表决,大部分同意的就办,大部分不同意的就不办。

三是规范民主管理制度。村务管理制度的落实,使人民群众真正参与到村级重大事务的管理中来,特别是重大建设项目招投标制度的实施,增强了村务管理的民主性、科学性,避免了村干部因决策失误给集体经济造成损失,较好地防止了村务管理活动中的暗箱操作和村干部不公、不廉行为的发生。为了更加规范村务管理工作,通过创建活动,我村建立完善了一系列制度,如《民主决策制度》《村民主听证会制度》《村务、财务公开制度》等。

四是完善民主监督机制。建立了民主监督小组,认真落实民主评议制度和群众监督制度。设立了村务公开栏,坚持每季度公开村务、财务。建立健全了村民委员会向村民和村民代表会议报告工作制度以及村民评议"两委会"成员制度。

三、解决热点难点问题,确保创建取得实效

在法治创建过程中,主动征求村民意见,将提高村民法律素质,维护农村稳定,建立健全农民增收机制等作为民主法治建设实事项目认真加以解决。

一是有效实施普法活动。在村委会设立了法制课堂,邀请街道司法所干警、党校老师等法律工作者每月开展一次普法活动。积极开展"送法进家庭"活动,将普法宣传资料送发到农户手中,组织村民学习涉及农村生产农民生活等方面法律法规,观看法制宣传片,不断提高村民的法律素质和依法办事的能力。

二是有效化解社会矛盾。村里成立了以村主任为组长的调解委员会,落实了专门调解室,各项办公硬件到位,职责制度规范上墙。在工作中,本着早掌握、早介入、早调处的原则,狠抓矛盾纠纷排查调处,从源头上化解矛盾纠纷。截至目前,全村未发生一起出村上访事件。

三是有效推进农民增收。建立健全了低收入农户增收机制,对40户低收入户进行帮扶和再就业工作,让贫困村民尽快脱贫致富。充分利用本村的资源优势,大力扶持农户发展常规蔬菜和大棚蔬菜种植,现已发展大棚蔬菜1000亩。及时利用土地整理的机会,大力平整土地面积103.46亩。新建沟渠2500米,石子路1400米,改厕600座,建设垃圾房30座,从根本上改变了农村生产生活面貌,促进社会主义新农村建设。

湖熟街道狠抓"三个环节、三大平台、四个延伸",力促村级组织建设再上新台阶①

"三个环节"

一是狠抓薄弱环节,查缺补漏。按照"缺什么补什么"的原则,针对极少数村(社区)存在账目不明晰、制度不完善、信息管理混乱等问题,着力从提高村干部思想认识、完善硬件设施、增强软件设施建设、提升专业社工技能等方面予以加强,逐步消除死角。二是狠抓创新环节,增强活力。坚持因地制宜,因村施策,创新发展机制,制定(村)社区

---

① 2013-01-07 中国江宁网站

差异化考核标准,鼓励各村(社区)充分挖掘自身资源禀赋,壮大集体资产;坚持同党建创新、阳光村居融合互动,创新管理理念,加强"网格化""扁平化"管理推进力度,提升管理水平,增强为民服务的能力。三是狠抓督查环节,突出合力。把"四有一责"建设工作纳入工作目标考核,建立健全定期通报制度和激励机制,相关部门定期到各村(社区)抽查督导,及时提出整改意见及措施,合力推动村级组织综合发展能力再上新台阶。

"三大平台"

一是民主议事、村务管理的平台。通过村级组织活动场所,全街道各村(社区)党员大会、村民代表大会等大型民主议事会议得以正常有序开展。2012 年以来,各村就召开村民代表大会、党员大会 30 余次,有力地推进了村级民主政治建设进程。二是教育培训,提高素质的平台。以村级组织活动场所为村级教育培训的主阵地,组织开展了农村党员干部教育和农村实用技术技能培训等活动。近两年来,全街道共培训农村党员、干部和群众 5000 多人次。三是服务群众、凝聚民心的平台。各村以为民服务代理室、流动党员服务点为依托,推进为民服务全程代理和流动党员管理等工作。同时,普遍推行村干轮流坐班制度,极大地方便了群众办事。近年来,全街道村级代理室共为群众办理事务达 10340 件,事务办结率、群众满意率均在 97% 以上。

"四个延伸"

一是在公开形式上,由"静态"公开向"动态"延伸。该街道在搞好村务公开栏的同时,采取定期召开村民会议、村民代表会议、党员会议等形式,向与会者面对面地公开大家关心的内容,同时接受村民的质询。二是在公开层面上,由事后公开向全程公开延伸。在村务公开时,既让村民知道村务的办理结果,又让村民知道村务的决策情况和村务的实施过程,保证村民对村务工作和村务活动拥有知情权。三是在公开内容上,由针对性公开向全方位公开延伸。凡是涉及村民切身利益的以及本村经济发展的有关问题,尤其对村里开展的各种经济活动、集体资产经营、宅基地审批等情况都必须公开。四是在公开定位上,由满足村民知情权向请村民参与管理延伸。该街道通过村务公开给村民以知情权、参与权、管理权和监督权,让村民直接参与村务管理。截至目前,22 个村(社区)都成立民监会、理财小组等,小组成员大部分来自群众代表。

(五)推进基层民主法治建设经验总结

1. 全区村民自治长效管理工作

2002 年 12 月,江宁区被江苏省民政厅命名为"江苏省村民自治模范区",标志着全区村民自治工作进入新的发展阶段,成为全区农村民主政治建设新的里程碑。为了巩固创建成果,进一步规范全区村民自治模范单位管理,根据党中央提出的"完善村民自治,健全村党组织领导的充满活力的村民自治机制"等要求,江宁区委于 2003 年 3 月提出全区村民自治长效管理工作意见并组织实施。

第一,统一认识,增强村民自治长效管理的自觉性。全区已经进入全面建设小康社会、率先实现现代化的发展阶段,特别是区委、区政府提出"奋战五年、进入苏南第一方阵"奋斗目标,对全区农村基层民主政治建设提出了新的更高要求。实行村民自治长效管理,是坚持贯彻《村民委员会组织法》,贯彻党中央关于"扩大基层民主、加强社会主义法制建设”的精神,实行依法治区的重要举措,对于实现和维护农民群众的根本利益,落实党在农村的各项方针政策,调动农民群众的积极性,推进我国民主政治建设进程,建设社会主义政治文明,保证农民当家做主,增强广大农村干部群众的法律素质,提高农村依法治理水平,密切党群干群关系,维护社会稳定,都具有十分重要的意义。

第二,明确责任,实行村民自治目标管理。村民自治工作部署在区、关键在镇、落实在村。各级都将村民自治工作纳入每年度精神文明建设考核内容,实行目标管理。管理部门的责任是:组织宣传学习《村民委员会组织法》《江苏省实施〈中华人民共和国村民委员会组织法〉办法》《江苏省村委会选举办法》;制订全区农村基层组织建设规划;对各镇基层政权建设、农村村民自治工作给予指导;负责对全区村委会主任培训;对村民自治工作出现违法行为进行查处。各镇的责任是:贯彻执行区里有关村民自治工作的规定,认真学习、宣传、贯彻有关法律法规;对各村的村民自治工作给予指导;负责对全镇村委会副主任、委员培训;村委会干部实行民主选举产生,任期内各镇不得以行政手段任免村委会成员。各村的责任是贯彻落实有关法律法规;负责对全村村民代表培训,组织村民学习有关法律、法规;依法开展村民自治,通过民主选举、民主决策、民主管理、民主监督,实行村民自我管理、自我教育、自我服务。

第三,突出重点,实现村民自治程序化、制度化。规范程序和健全制度是村民自治的保障。坚持“四个民主”,实现村民自治工作程序化,是带有法的性质的工作规范,具有规范效力。村民自治工作严格遵守运作程序,使村民自治各项活动都能有章可循,有序运行。

(1)民主选举。依法按期进行三年一届的村委会换届选举,严格按照法律规定的程序抓好选举工作的每一个环节。村委会成员候选人由村民直接提名产生。候选人名额多于应选人名额,实行差额选举。选举实行无记名计票、公开计票的方法,按得票多少当日当场当众公开选举结果。坚持公开、公平、公正的原则,真正把群众拥护的思想好、作风正、有文化、有本领、真心实意为群众办事的人,选进村委会班子。村委会成员任期内调整和撤换,按规定的程序进行。

(2)民主决策。依法按期每三年一届推选村民代表。充分发挥村民代表在村务中的作用,提高村民代表的决策水平。充分发扬民主,建立深入了解民情、充分反映民意、广泛集中民智、切实珍惜民力的决策机制。依据《村民委员会组织法》《江苏省实施〈中华人民共和国村民委员会组织法〉办法》,除选举、罢免村民委员会成员和制定村民自治章程、村规民约外,村民代表会议行使村民会议授予的职权。村民代表会议每年至少召开二次,特殊情况可随时召集。每年定期由村民代表会议召开的会议议题有二项:讨论决定本村年度计划;听取并审议村委会工作报告、村财务收支情况报告,评议村委会成员工作。提高村民代表会议质量,规范村民代表会议程序,做到会议有通知、有议题、有记录、有决议、有落实。

(3)民主管理。健全村委会各项规章制度,村委会和各下属委员会会议记录及时、完备。健全以村民自治章程为核心的内部管理机制,切实加强村民自治章程建设。每一届换届选举结束后,各村按照国家法律、法规及有关政策要求,根据当地经济和社会发展情况,从本村迫切要求解决的问题入手,发动群众讨论,修改村民自治章程。把村民的权利和义务,村级各种组织的地位、作用和活动方式,经济和土地管理、社会治安、家庭道德、社会公德等内容加以具体化、制度化,把提倡什么、禁止什么规定清楚,经村民代表会议讨论通过后,由全体村民共同遵守,加强村民的自我管理、自我教育,促进农村的安定团结和文明进步。

(4)民主监督。健全村务公开、民主理财、民主评议、村委会定期报告工作等各项制度,不图形式、走过场。村务公开按照长期类、定期类、及时类三大类进行公开,定期类按每季度定时公开。每一届村民代表会议建立后,及时推选出有一定文化水平和理财能力的5~7名村民组成民主理财小组,监督村委会的财务管理工作和财务公开情况按季对村委会的财务账目进行审核,要有工作记录。村民代表会议民主评议村干部,可结合年中、年终工作总结,每年进行1~2次,要有评议记录。村委会要确定每年向村民代表会议报告工作,主要是本年度的工作总结和下年度工作计划,本年度的财务收支执行情况,下年度的财务收支的预算情况。

第四,坚持标准,实行村民自治模范单位动态管理。实行村民自治是社会主义民主在农村最广泛的实践,是一项长期任务。同时,全区村民自治工作中还存在一些不容忽视的问题。各村民自治模范单位要力戒停止不前,做到思想上有新认识,工作上有新思路,目标上有新内容,措施上有新力度,努力做好巩固、完善、发展、提高工作,不断推进村民自治工作有新发展。从2003年初开始每年区领导小组对镇进行1~2次随机抽查;镇对村每年1~2次逐村检查;村每年1~2次自查与互查相结合。各镇每年将检查结果书面报区民政局备案,凡抽查不合格或弄虚作假的,限期整改,仍不合格的将取消模范单位资格。

第五,强化领导,形成全社会参与的强大合力。实行村民自治,必须坚持党的领导,坚持人民当家做主,坚持依法治区,坚持为农村工作大局服务。因此,实行村民自治长效管理,在各级党委、政府的统一领导下有步骤、有秩序地进行。各镇(街道)、村从农村改革、发展和稳定的大局出发,把实行村民自治长效管理工作作为农村工作的一项重要任务和农村基层组织建设的一项重要内容,制定具体实施意见,加强领导。组织、宣传、农工、民政、司法等各有关部门履行职责,加强配合,形成各司其职、齐抓共管、合力推进的局面。各级民政、司法部门积极指导镇(街道)加强自身建设,推动镇(街道)切实履行职责,支持和保障农村开展自治活动,帮助村级组织解决在民主法制建设中遇到的实际困难;加强理论研究,不断提高工作指导水平;发挥新闻媒体的积极作用,加大宣传力度,加强正面引导,努力营造农村基层民主法制建设的良好氛围,促进全区农村基层民主法制建设工作深入健康发展。

2. 以法治合格街镇建设为依托,加强基层民主法治建设

自2007年全区开展法治合格街镇创建活动以来,司法局紧紧围绕建设法治江宁这个重点,以全面达小康和建设社会主义新农村为着力点,全面推进基层民主选举、民主决策、民主管理和民主监督的进一步落实,广大基层干部群众的民主意识、法治意识普遍增强,基层各项社会事业的管理逐步规范化、民主化、制度化,为建设法治合格街镇工

作奠定了坚实基础。强力推进基层法治建设。大力推进民主法治社区(村)创建活动,着力培育基层创建典型,目前,全区153个社区(村)获得市级民主法治社区(村)称号,命名率达77%;39个社区(村)获得省级民主法治社区(村)称号,命名率达20%。2014年全区63个社区(村)获得省级民主法治社区(村)称号,创建率达31.5%。

第一,完善工作举措,认真落实法治合格街镇的创建要求。为深入推进基层民主法治建设,我局积极发挥部门职能作用,加强组织协调,强化分类指导,完善工作举措,切实落实法治合格街镇创建的各项要求。

一是健全工作机制。2006年,区委、区政府成立了江宁区村(居)务公开民主管理工作领导小组,并在司法局设立办公室。司法局积极发挥办公室的组织、协调作用,健全完善工作机制,充分调动各方力量,共同致力于法治合格街镇创建工作,不断加强对街镇、社区(村)的指导力度,定期组织领导小组有关成员单位对全区村(居)务公开民主管理示范创建活动进行督促检查和考核验收,努力形成齐抓共管的合力,全力推进基层民主法治建设水平的不断提升。

二是加强分类指导。司法局经常深入街镇、社区,加强调查研究,根据街镇实际情况,进行分类指导。在农村社区建设、和谐社区建设、全面达小康和村(居)委会民主选举中,都将基层民主法治建设作为重要内容常抓不懈。街镇民政办每年组织一至二次村(居)民自治长效管理的自查与互查,切实将长效管理的有关要求变为社区村(居)委会的自觉行动。鼓励和支持街镇不断创新基层民主法治工作机制,不断探索基层民主法治建设的新途径,使基层民主法治建设不断适应区域经济社会发展。

三是加强普法教育。在全区共援建社区图书室图书160套,积极为城乡群众送去大量法律书籍,为进一步普及群众性法律知识提供良好的物质条件。积极引导和支持社区民间组织开展各种法律宣传、法律援助活动,不断增强社区干部群众的法治观念和民主意识。结合"五五""六五"普法,指导街镇采取多种形式广泛开展群众性普法、学法活动,特别是加强村委会组织法和居委会组织法等法律法规的宣传和学习,为法治合格街镇创建活动营造良好的社会氛围。

第二,加强四个民主,扎实推进法治合格街镇的基础工作。

一是全面推行"无候选人一次性直接投票选举"。为进一步扩大群众的民主权利,提高直接民主选举的程度,司法局不断探索和完善选举方式,不断规范选举操作规程。第七届村委会换届选举期间,指导12个村率先在全市采取"无候选人一次性直接投票选举"产生了新一届村委会,取得了一次性成功。2010年,在第八届社区村委会换届选举中,在充分分析当前选举面临的形势和认真研究历届村委会选举成功经验的基础上,指导街镇做好"无候选人一次性直接投票选举"的相关工作,并下发了较为规范的操作资料供基层参考。全区参加换届选举的58个社区村委会全部采取"无候选人一次性直接投票选举"产生了新一届社区村委会,55个社区村委会一次选举成功,一次成功率达94.8%。同期选举的10个社区居委会也采取"无候选人一次性直接投票选举"产生了新一届居委会,为进一步开展村(居)务公开民主管理工作奠定了坚强的组织基础。

二是认真抓好村(居)务公开民主管理示范创建工作。在村(居)务公开方面,各社区都在便于村(居)民查看的位置设置了村(居)务公开栏,每季度不少于一次,按照区里统一下发的公开表,如实公开,并对社区重大事项和村(居)民普遍关心的热点事项及时公开。在民主决策方面,各社区普遍建立了"两委"联席会议制度、村(居)民代表会议制度、村(居)民代表联系户制度。各社区每次召开村(居)民代表会议前,都将会议议题通知村(居)民代表,由代表与其所联系户见面征求意见,见面率一般不少于90%,切实保障村(居)民的参与权和决策权。在民主管理方面,各社区建立健全了村(居)委会工作制度、村(居)民代表会议制度、村(居)务公开制度、代表联系户制度、民主评议制度等各项民主管理制度,并在村务管理中予以落实。在民主监督方面,各社区成立了民主理财小组和村(居)务公开监督小组,不断规范和完善民主理财;村(居)委会每年1~2次向代表会议报告工作,并由代表对社区干部进行民主评议,切实强化民主监督。通过广泛地开展村(居)务公开民主管理示范创建工作,全区村(居)务公开民主管理工作取得了深入发展,村(居)民自治长效管理机制进一步健全。2006年,我局在部分社区开展问卷调查,被调查群众对所在社区的村(居)务公开民主管理工作满意率达95%以上,我区再次被表彰为"2004—2006年度江苏省村民自治模范区",湖熟、横溪两镇被表彰为南京市村务公开民主管理示范镇,全区165个社区达村(居)务公开民主管理示范创建标准,占城乡社区总数的78.2%。

第三,推进社区建设,积极探索法治合格街镇的有效途径

近年来,江宁区着力推进城乡一体化和谐社区建设,把城市社区服务和管理的理念引入农村,把农村村民自治的理念和做法融入城市社区,相互借鉴、相互融合,积极探索建设法治合格街镇的有效途径,整体提升基层民主法治建设的水平,为建设管理民主的新农村和构建和谐社会奠定坚实的基础。

一是开展社区规范化建设,健全社区工作机制。2007年3月,区政府办出台的《关于加强社区居委会和村委会规范化建设的意见》,对城乡社区规范化建设提出了四条具体要求,即事务管理规范、规章制度规范、阵地建设规范、队伍建设规范。其中事务管理规范要求社区居(村)委会工作职责明确、角色关系协调;规章制度规范要求社区基本制度健全、程序流程清楚、公布形式多样。通过规范化建设,进一步健全社区民主管理的工作机制,为社区居(村)委会依法管理基层事务提供了保障。

二是发展社区民间组织,创新社区治理方式。社区民间组织是社区组织体系的重要组成部分,在社区管理和服务中扮演着重要角色。在推进基层民主法治建设与和谐社区建设过程中,积极支持和鼓励居民成立形式多样的慈善组织、群众性文体组织、科普组织和为老年人、残疾人、困难群众提供服务的组织,并按南京市统一要求,对全区社区民间组织统一进行备案登记,进一步完善社区组织体系,创新管理方式,进一步整合社区人力、物力资源,广泛动员和组织群众参与社会管理和服务,着力推动城乡居民在参与社区活动中实现自我管理、自我教育和自我服务。2006年,已累计培育和发展社区维权类、活动类、服务类民间组织704个,参与居民达2.3万余人。

三是推进社区公共服务,深化社区法治内涵。社区服务是社区建设的核心内容,也是基层民主法治建设的重要途径。在社区建设中,积极推广"一站式"社区服务,依托

区、街镇、社区三级社区服务载体,有效承接政府公共事务和各项社会事务,进一步增强社区办事的透明度和规范化,不断提升居民依法办事、按章办事的意识和能力。以服务城乡社区居民为出发点和落脚点,努力构建面向全体居民的社区公共服务体系,突出抓好劳动保障、卫生计生、社会救助、文体教育、治安防范等公共服务平台建设,在强化社区服务中切实保障群众的各项权益,激发群众参与公共服务和公共管理的积极性,为群众参与社区服务和社区管理提供有效平台。

法治合格街镇创建活动的开展,加强了城乡基层民主法治建设,提升了广大村(居)民群众的法律意识和基层干部依法管理的民主意识,推动了基层政府依法行政和职能转变,有力地促进了全区城乡基层社会的政治稳定和经济社会的持续发展。下一步我们将继续深入推进基层民主法治建设。一是以村(居)务公开民主管理示范创建为抓手,建立基层民主法治建设长效管理机制。我们将继续抓好村(居)务公开民主管理示范单位的创建工作,使基层干部群众加深对村(居)务公开民主管理的认识;进一步严格创建标准,推进各街镇、社区把示范创建工作的各项要求落到实处;进一步加大督查力度,完善考核措施,促进村(居)务公开民主管理工作规范化、制度化。二是以城乡一体和谐社区建设为契机,推进基层民主法治建设深入发展。民主法治是和谐社会的重要特征,也是和谐社区建设的必然要求,我们将通过和谐社区建设,进一步改革城乡社区管理体制,增强社区自治功能,扩大群众民主参与,创新社区管理方式,把基层民主法治建设作为和谐社区建设的一项主要内容来抓,不断夯实法治江宁合格街镇创建的基础,也为民主法治的和谐社会建设筑牢根基。

(六)基层人大代表选举

1. 基层人大代表选举的历史沿革

江宁区(县)人民代表大会代表的选举工作,1954 ~ 2014 年,区(县)一级选举工作进行 16 届,乡(镇)进行 18 届。

1949 年 10 月至 1954 年 3 月,江宁县各界人民代表会议代表的产生,主要从各级机关和人民群众团体中推选,也有部分代表从政府基层工作相联系的群体中聘请产生。江宁县第一届至第三届人民代表大会代表的产生,是在协商基础上等额推荐提名,以乡镇人大代表鼓掌通过的方式选举产生。江宁县第一至第六届人大代表的选举均为等额选举,采用间接选举方式;第四届至第七届人民代表大会代表,以乡镇级代表举手表决方式进行选举。

自 1980 年江宁县第八届人民代表大会起,人大代表的选举由原先的等额选举改为差额选举,由举手表决改为无记名投票,由间接选举(乡镇级代表选县代表)改为直接选举(由选举委员会分配代表名额,选区直接选出代表),并按照候选人多于应选人数的 1/3 至 1 倍的比例,差额选举产生人大代表。

1949 年 10 月 9 日至 12 日,江宁县第一届各界人民代表会议政治协商委员会第一次全体会议在东山镇召开。至 1951 年 11 月,本届会议跨越 2 年多时间,先后举行五次会议。会议听取和审议中共江宁县委、江宁县人民政府政治工作报告;选举产生江宁县各界人民代表会议政治协商委员会;根据中共中央人民政府委员会《关于县各界人民代表大会组织通则》要求，决定选举产生江宁县各界人民代表会议常务委员会，作为各界人民代表会议的常设机构，并负责闭会期间的工作。

1951 年 11 月 10 日江宁县第二届各界人民代表会议在东山镇召开，至 1953 年 2 月底届满，历时 15 个月，先后召开 2 次全体会议。会议听取和审议江宁县各界人民代表会议常委会政治工作报告；讨论研究今后的工作任务；以鼓掌通过的方式，通过了关于继续开展抗美援朝运动、开展农村市镇增产节约、加强民主建政工作、广泛开展群众冬学运动、贯彻执行《婚姻法》等五项决议。

1953 年 3 月上旬江宁县第三届各界人民代表会议在东山镇召开，至 1954 年 3 月江宁县第一届人民代表大会召开届满，历时一年，先后召开两次全体会议。

会议认为，从中华人民共和国成立之日起，我国就进入了一个新的历史时期，逐步过渡到社会主义社会。中共中央制定的过渡时期的总路线和总任务，是在一个相当长的时期内，逐步实现国家的社会主义工业化，逐步实现对农业、手工业和对私营工商业的社会主义改造。这条总路线像一座灯塔，照耀着我国人民前进的道路。全体代表衷心地拥护并表示为贯彻遵守总路线而努力奋斗。会议强调，为具体贯彻国家在过渡时期的总路线和总任务，坚决保证大张旗鼓地、深入广泛地通过各种会议与各种形式向全县各界人民进行广泛宣传，同时尽一切可能，组织各界人民进行学习，务使全县人民个个都懂得国家在过渡时期的总路线和总任务，懂得只有走社会主义道路，才能保障国家独立富强，才能使人民的生活富裕和美满。会议指出，当前必须做好以下工作：做好兴修农田水利、保田、积肥等冬季生产，以保证总路线的贯彻执行。在农民中宣传走互助合作化道路的好处，积极领导，稳步前进地开展互助合作化运动。教育农民把余粮卖给国家以支援国家建设，巩固工农联盟。必须加强市场管理，取缔粮食投机奸商的非法活动。教育私营工商业者爱国守法，积极经营，服从市场管理。加强治安保卫工作，维护地方治安，以保障国家建设和人民利益不受损失。会议全体代表一致认为，应该团结一致，在共产党、毛泽东主席的英明领导下，以身作则，艰苦奋斗，遵守国家政策法令，团结与推动全县人民，协助政府完成各项工作任务，循着过渡时期的总路线向社会主义的胜利道路勇敢前进。

1954 年 3 月，江宁县第一届人民代表大会第一次会议召开，标志着江宁县(区)地方人民代表大会制度已经建立。

1953 年 5 月份起，江宁县普遍开展人口调查，清查全县人口数量、分布和结构。在此基础上，全县普选乡镇人民代表。在乡镇人民代表会议上，根据县选举委员会提名候选人，采用鼓掌通过的形式，选举产生县第一届人民代表大会代表 346 人。

江宁县第二届人民代表大会任期自 1957 年 1 月 18 日起，至 1958 年 5 月 13 日届满，其间召开两次全体会议。

1958 年 5 月 13 日选举产生江宁县第三届人民代表大会，至 1961 年 5 月 5 日届满，历时 3 年，先后召开两次全体会议。

1961 年 5 月 5 日选举产生江宁县第四届人民代表大会，至 1964 年 4 月 26 日届满，历时近 3 年，先后召开两次全体会议。

第五届人民代表大会从 1964 年 4 月 26 日选举产生,至 1966 年 2 月选举产生新一届人民代表大会后届满,历时近两年,召开一次全体会议。

经五届人大常委会决定并报中共江宁县委同意,一届人大代表的选举工作于 1965 年底部署展开。经名额分配、选区划分,在乡镇人代会上选举产生了县人民代表大会代表。拟于 1966 年 5 月召开江宁县第六届人民代表大会。

按照当时县级人大任期规定,六届人大任期应于 1966 年 5 月起,约至 1968 年 5 月届满。1966 年初,从全国范围内批判"海瑞罢官"开始,"史无前例"的文化大革命席卷全国各地,社会开始动乱,人们的思想开始混乱,既定的江宁县第六届人民代表大会不得不一拖再拖,一直推到文化大革命结束也未能召开。革命委员会成立 1968 年 3 月 7 日,经中共陆军第二十七军委员会批准,成立江宁县革命委员会,成立大会在东山镇江苏省财经学校广场(今秦淮中学大操场)召开。

1978 年 12 月 27 日一次会议召开产生第七届人民代表大会,至 1980 年 9 月 20 日届满,历经近两年时间,仅召开一次全会。

第八届人民代表大会,是终结革命委员会制度,选举成立江宁县人民政府的一次重要会议,是文化大革命真正意义上的结束,是文化大革命后恢复完善人民代表大会制度的起点。本届会议自 1980 年 9 月 21 日选举产生,至 1984 年 5 月届满,历时近 4 年,先后召开 3 次全体会议。

江宁县第九届人民代表大会自 1984 年 5 月 5 日选举产生,至 1987 年 4 月 23 日届满,历时近三年,先后召开三次全体会议。

1990 年 4 月 24 日选举产生江宁县第十一届人民代表大会,至 1993 年 2 月中旬届满,历时近三年时间,先后召开三次全体会议。

1993 年 2 月 13 日选举产生江宁县第十二届人民代表大会,至 1998 年 1 月 3 日届满,历时近 5 年,先后召开 5 次全体会议。根据修改后的《地方组织法》,地方人民代表大会的任期由 3 年改为 5 年。

江宁县第十三届人民代表大会自 1998 年 1 月 4 日选举产生,至 2003 年 1 月 5 日届满,任期 5 年,先后召开 5 次全体会议。

2003 年 1 月 6 日选举产生江宁区第十四届人民代表大会,应于 2008 年初届满,至本志搁笔时,已先后召开 5 次全体会议。

江宁区第十五届人民代表大会自 2007 年 12 月选举产生,至 2012 年 3 月届满,共召开四次全体会议。

2012 年 3 月选举产生江宁区第十六届人民代表大会,尚未届满,截至目前已经召开三次全体会议。

2. 人大代表选举工作实例与工作总结

(1)横溪街道区人大代表换届选举工作。根据中央要求和省市委、省市人大常委会决定,以及区十五届人大常委会第三十次会议通过的《关于区人民代表大会换届选举问题的决定》,横溪街道区人大代表选举工作自 2011 年四季度至 2012 年一季度进行,2012 年 2 月 24 日选举日,经过选民联名推荐、协商确定、与选民见面、投票选举等环节,共选举产生江宁区第十六届人大代表26名,至此该街道新一届区人大代表选举工作圆满结束。整个换届选举工作中,横溪街道准备充分。

一是成立选举工作领导小组。在经过充分调查研究的基础上,2011年12月上旬成立了街道选举工作领导小组,由街道党工委书记担任组长,街道人大工委主任、副主任担任副组长,下设秘书组、组织组、宣传组、选举事务组、选民资格登记组、后勤组等工作小组,为选举工作的顺利进行提供了强有力的组织保障;制订了《关于做好横溪街道区人大代表换届选举工作的实施方案》,编印了选举的相关材料,召开"横溪街道选举区人大代表工作动员会",按照城乡同比选举人大代表的要求将街道划分成10个选区,并挑选十名大学生村官骨干作为选区联系人,专门负责与街道选举工作领导小组对接,指导各选区选举相关事务。

二是宣传发动、选民登记和核对工作扎实开展。自2011年12月10日起,选民登记工作全面进行,街道选举工作领导小组在每个村、社区均设立选民登记站,制作统一登记站标识,明确专人负责选民登记工作。此次选民登记采用劳动保障网进行数据录入。为了保证选民登记工作顺利,提高广大选民的参与热情,该街道选举工作领导小组还进行了一系列地多方宣传,发放《致全体选民的一封信》3000余份,在各村、社区宣传栏内张贴宣传海报40余处,在各交通路口悬挂横幅70余处,张贴标语、《选民须知》《选民登记公告》《致外出选民的一封信》等800余处。

三是提名推荐和协商确定代表候选人。该街道选举工作领导小组严格按照省选举实施细则的有关规定,严格按照"三上三下"程序要求,公正、公开的进行候选人的推荐工作。在充分讨论、协商的基础上,根据较多数选民意见确定了36人的正式代表候选人名单,并对正式代表候选人名单进行了公示。

四是举行正式代表候选人与选民见面会。见面会由各选区工作小组组长主持,每名代表候选人在会上都向选民代表进行了自我介绍、作了表态发言,并就选民提出的关于如何履职方面的问题进行回答,使选民对代表候选人能够做到知名、知人、知情。

五是投票选举代表工作圆满完成。2月16日,选民证进行发放,并在发放的过程中再次核对选民信息,保证做到"不错、不重、不漏"。2月23日,公布了选民补正榜,最终确定横溪街道选民人数为63434人。24日选举日,街道以投票站和流动票箱形式进行投票,共有61405人参加投票,其中在投票站投票4411人,流动票箱投票56462人,委托他人投票532人,参选率达96.8%,成功选举出江宁区人民代表大会代表26名。

(2)谷里街道区人大代表换届选举工作总结。"坚持党的领导、充分发扬民主、严格依法办事"是我们做好换届选举工作的总的指导原则。虽然换届选举已经有法可依、有章可循、有经验可行,但是近几年来随着开放开发和农村城市化的快速推进,现实工作中存在的单位属地管理和人口流动的矛盾、经济社会总体发展与局部个体利益诉求的矛盾、群众民主意识要求与工作组织程度的矛盾等相关矛盾更加显现。这些无疑给我们如何做好基层换届选举工作提出了新的课题。针对这些情况,结合本街道实际,我们认为在做好换届选举中应把握好以下几个方面的问题。

第一,把握好四类重点人群,确保选民登记周密细致。"不重、不漏、不错"是选民登记的总体要求,但要真正做到这“三不”,难度的确很大。根据目前基层的实际情况,有四种重点人群在选民登记或登记选民中要重点把握,防止漏、错的发生。一是拆迁后尚未安置居住、分散过渡的选民。以谷里街道为例,目前本街道已拆迁尚未分房人口约2100 人,其中选民人数约 1400 人。这些人有的外出工作,有的分散居住在别的街道。二是在拆迁过程中,与政府、集体存在利益诉求矛盾的人群。这部分人可称为比较敏感的人群,有的就是老上访户,对这部分选民登记需要严而又严,细而又细,如有遗漏、错失,极易引起选举工作中的矛盾。三是在监、在押及其他正在服刑人员。此类选民登记要超前核对,主动在公安、司法部门掌握底数,选民登记时,要与监狱方转来的选民关系核对,保证未剥权在押、在刑人员的选民资格及时得到确认。同时要注意的是,近几年刑释解教及社区矫正对象人数众多,应同时列为重点,做好登记核对工作。四是因工作需要,须在本地参加选举,但选民关系(通常是户口)不在本地的选民。这类人群的选民登记工作,过去我们比较重视的是政党、人民团体提名的候选人选民资格的转移确认。但随着近几年经济的发展,在本地投资的个私业主、民营企业以及长期在本地工作的企业管理人员、生产骨干等等,这些人的工作、生活、学习已全部融入本地,并为本地的发展作出贡献,他们理所当然地要参与本地经济与社会事业管理。选举工作没有这些人的参与显然是不科学、不合理的。因此,应当有目的地做好此类人群的选民资格转移、确认工作,使选民的总体构成更加完善科学。

第二,把握好选民分布特点,确保选区划分科学合理。选区的划分是否科学合理直接影响到选举工作的总体质量。过去我们在选区划分中,考虑到比较多的因素是行业分布以及有利于选举活动的组织,方便选民就近投票。但镇(街)区划调整后,行业分布更加复杂。同样的“七站八所”,有的属机关编制序列的撤并了,有的属双层管理的仍在存在。同时随着大面积的开发拆迁,原有的镇属企业、村办企业数量已急骤下降。代之而起的是工业园区的外资企业,民营企业。以本街道东善桥地区为例,过去一直是将机关、部分镇属企、事业单位作为一个选区,如果现在仍然这样按行业划分,就要与街道驻地的同类行业单位划入一个选区。这样既不利于选民投票,又存在选区选民人数不多,这样的选区划分使每名代表候选人所代表的选民人数太少,显然不具科学性,也有违选举法的精神。从以上这些情况来看,在目前选区划分中,应从选民分布的特点出发,按属地范围来划分比较科学。也就是说,将所有集镇单位、企业就近划入所在社区的选区中。对区属单位,同样也可以采取就近划入的办法。

第三,把握好选举过程的关键环节,确保投票选举合法严谨。选举结果的合法性,来自于组织投票选举的过程是否合法严谨。根据目前选民流动性广、居住分散、各类矛盾复杂的情况,在投票选举阶段,应重点把握好三个关键性的环节。一是超前做好选举工作人员的准备。每个选区的投票选举工作现场一般分设选举大会投票站及流动投票站,每个票箱按照选举法规定要有 3 个以上工作人员,候举人不得担任选举工作人员。针对这些要求,各选区在成立选举工作指导小组时,就要考虑将所有选举现场的票箱工作人员预备人选编入小组成员。二是超前做好选民分布情况的摸底工作,这也是前面讲的超前做好选举工作人员准备的目的。包括拆迁过渡选民的居住地点,流动选民的联系方式,以及其他各类重点选民的投票方式等等。这样,可以保证投票工作紧张有序,忙而不乱。三是正确区分不参加选举与弃权票的关系。选举法规定参加投票人数超过应参加选民半数以上选举有效,候选人获得参加投票人数半数以上赞成票,始得当选,我们通常简单地称为“两个过半数”。而收回选票少于发出选票的部分,应当列为不参加选举。在收回的选票中,对候选人不作任何“赞成”或“反对”的,列为弃权票。只有选民本人将选票投入票箱或书面委托他人代为投票的,才能列入参加投票人数。但在实际操作中,往往会出现部分选民拿到选票后,因种种原因不愿参加选举,也不愿投票,而工作人员却主动地将这些选票收回,投入票箱。这样做的结果往往出现“两个过半数”中候选人获得参加投票人数半数以上赞成票始得当选出现问题,导致选举失败。这种失败的原因本身就不符合“充分发扬民主,严格依法办事”的要求,也是片面追求参选率带来的适得其反的结果。

二、社会组织自治管理

(一)行业协会自治管理

作为社会组织的行业协会,是指介于政府、企业之间,商品生产者与经营者之间,并为其服务、咨询、沟通、监督、公正、自律、协调的社会中介组织。行业协会是一种民间性组织,它不属于政府的管理机构系列,而是政府与企业的桥梁和纽带。行业协会属于中国的社团法人,是中国民间组织社会团体的一种,即国际上统称的非政府机构(又称NGO),属非营利性机构。

行业协会的职能:(1)代表:代表本行业全体企业的共同利益。(2)沟通:作为政府与企业之间的桥梁,向政府传达企业的共同要求,同时协助政府制定和实施行业发展规划、产业政策、行政法规和有关法律。(3)协调:制定并执行行规行约和各类标准,协调本行业企业之间的经营行为。(4)监督:对本行业产品和服务质量、竞争手段、经营作风进行严格监督,维护行业信誉,鼓励公平竞争,打击违法、违规行为。(5)公正:受政府委托,进行资格审查、签发证照如市场准入资格认证,发放产地证、质量检验证等等。(6)统计:对本行业的基本情况进行统计、分析并发布结果。(7)研究:开展对本国行业国内外发展情况的基础调查,研究本行业面临的问题,提出建议、出版刊物,供企业和政府参考。(8)服务:如信息服务、教育与培训服务、咨询服务、举办展览、组织会议等等。

权利保障、权力制约和规则至上,一直是法治的核心价值,它们构成了近代以来法治发展的动力和基础。分析行业协会的功能可以发现,行业协会蕴含着重要的法治价值。

1. 全面地实现并保障经济主体的私权利

第一,满足协会成员共同需要,保障经济主体私权利的实现。保障经营者的私权利是行业协会产生的最初动因。在行业协会的发展史上,它是在手工业和工商业的生产经营者与封建统治者对抗的过程中,作为所属行业经营者集体利益的代表者而产生的。行业协会设立的根本目的,就在于借助集体力量来满足同行业企业的共同需要。市场经济条件下,企业的这种特殊市场需要,国家难以提供,单个企业也无力提供。行业协会是这种特殊市场需要的最佳提供者。由行业协会来为所属行业的企业提供它们所需要的一些特殊公共服务，既可以弥补政府职能的不足，也可以防止一些企业的“搭便车”行为。对每个企业而言，获得这样的服务成本是最低的。因此，行业协会最适合成为这些特殊市场需求的供给者。行业协会为所属行业的企业提供它们所需要的各种服务，可以有效地保障经济主体私权利的实现。第二，集中表达经济主体的利益主张和权利要求，促使群体的利益得到尊重和维护。历史发展表明，社会越进步，人类活动的物质领域和精神领域就越广阔，社会分工就越精细，社会利益关系也就越加分化和复杂。因此，现代民主政治必然也必须为现代社会日趋活跃和递增的不同范围、不同领域、不同层次的利益群体，提供平等保护和自主活动空间。行业协会是由具有相同利益和需要的经济主体结合而成的团体力量，代表行业整体利益，将行业中各个经济主体分散的利益要求统一起来，集中表达于国家法律、政策的制定过程，使本群体的利益得到尊重和维护，实现了“代表”与“参与”的必要融合，从而为民主与法治运行机能的正常发挥创造了有利条件。

2. 制约并保障公权力的良性运作

对权力进行有效的制约，主要方法是通过对国家权力派生的职权进行分立，实现职权的相互制约。对公权力的制约还有另外一种重要方式，即以“社会力量”制约公权力。制约政府的重要力量来自政府之外的社会组织。分散孤立的个人和企业是没有能力与公权部门进行博弈的，以行业协会为代表的民间社会组织正是制约政府公权力的重要社会力量。首先，行业协会以组织化、群体化的形式，把个体力量凝聚起来，作为同行业经营者的代表组织集体行动，形成相对强大的力量，有组织地抵制那些不合理或不合法的规则。正是基于行业协会具有相较于个别企业更为强大的力量，致使政府机构在行使权力时必须顾及行业协会及其代表的企业对政策的回应，从而促使国家更为负责任并谨慎地进行权力运作，有助于政治规则的规范化和合理化建构和运作。其次，行业协会能够以组织所拥有的各种资源、专业技能和专门知识，引导和处理协会成员的政治意愿，并由此对政治国家产生具有约束力的效果。行业协会为对抗国家非正当干预提供了一个缓冲地带，进而代表所属群体的利益和诉求去影响公共决策，反映民主呼声和监督制约国家公权力。

可见，行业协会通过发挥其代表、沟通协调等功能，促进了由个人抗衡权力向团体制衡权力的转向，有效地制约并保障着公权力的良性运作。

3. 构筑社会经济秩序的自我调控机制

民主与法治要求对权力的制约和对权利的保障，它以扩大和增强市民社会自主领域与自律能力为指向。因而，在国家权力控制范围缩小的同时，社会自律秩序的确立就成为民主与法治必不可少的条件。而行业协会正是以其自治性组织活动，构筑了社会经济秩序的自我调控机制。

第一，纵向沟通与横向协调。多元利益的冲突与整合是市场经济条件下的重要社会特征，必须有一种开放、畅通的熔炉式利益表达和实现机制，才能减少多元利益的摩擦、冲突，维护社会的稳定。作为行业利益代表的行业协会，通过纵向沟通和横向协调，为这一机制的确立提供重要支持。一方面，通过行业协会这一中介，企业与政府之间得以进行充分沟通。行业协会可以代表本行业迅速地把利益诉求和权利主张传递到政府决策过程之中，同时也把政府决策过程中的信息反馈给会员企业，从而架起了国家与企业的沟通桥梁，在企业与政府间建立起一种长久可靠的信任机制。另一方面，通过行业协会，协会成员之间可以进行利益协调。面对不同成员之间的利益矛盾和意见分歧，行业协会能够以其组织的力量，进行互谅互让、放眼全局的自我协商和化解，从而促进自觉、稳定的行业秩序的形成。可见，行业协会通过其沟通与协调功能，实现了行业内群体利益与国家利益的沟通以及行业内部力量的自我协调与平衡，从而为民主与法治提供着以自我调控为基础的自生自发秩序。

第二，通过行业规则实行行业自律。行业协会作为一种自治性民间社会组织，通过行业规则实行自律管理。行业规则是典型的内部规则，它是在对行业内各个企业的权利和利益进行协调、平衡的过程中，通过谈判、协商、妥协等方式，达成的一种共识，由协会成员共同遵守。行业自律管理能够培养协会成员的理性自律精神，避免非理性的集体行动，促进利益和权利诉求的理性化和程序化，同时在行业内部形成一种自生自发的秩序——自律秩序，即一种“私序”。相对于国家制定法所建立的秩序而言，当国家制定法缺位或有局限时，行业规则所建立的“私序”就成为国家制定法所建立秩序的一种重要补充和替代。因此，行业协会通过自律功能实现了对经济秩序的自我调控，成为促进社会经济秩序建立的重要力量。

（二）江宁行业商会建设状况调查

行业商会是指从事相同性质经济活动的经济组织，为维护共同的合法经济利益而自愿组织的非营利性社会团体。它是社会主义市场经济日益发展的必然产物，也是党和政府领导下的民间商会和行业自治组织。随着社会主义经济体制的日益完善，行业商会的作用愈加突出和重要，有力地推动了民营经济的快速健康发展。但在行业商会的建设和发展中，还有许多问题亟待解决。若解决的好，就会使得行业商会健康快速发展。充分发挥行业商会的积极作用，有利于发展社会主义市场经济，维护市场秩序和行业经济利益；有利于推进行政管理体制改革，促进政府转变职能，提高驾驭市场经济的能力；有利于适应世界贸易组织规则，应对国际贸易摩擦，扩大对外开放；促进经济社会全面发展，建设富强、公平、活力、安康、和谐的新江宁。

1. 区行业商会的基本状况

近年来，我区工商联按照党中央关于积极发展各类行业商会和推进体制创新的精神，在本市工商联的大力指导帮助下，以“抓认识、抓发展、抓规范、抓发挥作用”为主线，以民间化为方向，以体制创新为突破口，以充分发挥职能作用为目标，大力培养和发展新型行业商会，充分发挥他们在思想引导、发展经济、扩大开放、完善体制、协调关系、规范行为、促进和谐中的积极作用。2002 年 8 月，我会从筹备成立“江宁浙江商会”这一个地区商会开始（后升格为“南京浙江商会”），陆续成立了七家行业（地区）商会，他们是南京浙江商会、餐饮业商会、塑料业商会、女企业家商会、摄影业商会、服装业商会、轻纺业商会，五家街道所属行业商会，一家专业商会，四家社区商会。行业商会的会长全部由本行业企业规模大、经济效益好、具有一定威望的企业家担任，秘书长一部分由机关人员兼任,一部分由企业家担任。经过几年的实践和发展,应当说这几家行业商会在组织建设、会员发展、为会员服务、规范行业行为、反映会员诉求等方面开展了大量的务实性的工作,发挥了一定的积极作用。

一是积极开展学习教育活动,会员综合素质得到进一步提升。各行业商会把抓好会员的学习教育作为重要工作摆在首位,经常组织会员深入学习时事政策,邀请专家学者讲课,组织会员参加上级举办的各类培训班、讲座等。

二是积极开展各项服务活动,增强了商会的活力和凝聚力。各行业商会始终以服务会员为宗旨,组织开展了多样性、多层次、多领域、全方位的服务活动,在开展行业培训、对外交友联谊、提供信息、维权、咨询、展览展销、协调劳资关系、解决矛盾纠纷、为政府招商引资牵线搭桥等方面做了大量的工作,各项服务质量和水平进一步提高。

三是自身建设得到加强,运行机制进一步完善。各行业商会注重加强自身建设,不断完善运行机制,经过近几年的运作发展,出台了各项工作制度,会员数量逐年增加,"四有"建设不断完善,领导结构进一步优化,会员和行业自律意识进一步强化。

四是积极履行社会责任,为构建和谐江宁作出了应有贡献。各行业商会作为民间团体和政府助手,始终不忘引导会员回报社会,回报群众,组织开展了大量的光彩和社会公益事业,在各类抗灾、捐资助学、扶贫济困、参与新农村建设等方面作出了一定的贡献,有力地推进了全区"四个文明"建设。

2. 工作体会

加强组织建设,是开展各项工作的基础。商会是人民团体,组织建设非常重要,既是基础工作,也是关键之所在。我们始终抓住班子建设这条主线,突出培训提高,发挥骨干会员引领示范作用,优化会员结构,加强"四有"建设,开展各类创建活动,从而起到了固本强基的作用。正是我们狠抓区、街道两级班子建设,才使各项工作得以高标准、高质量地完成。

坚持服务立会,是开展各项工作的根本。服务是立会之本。我们始终突出服务主题,把"为会员服务、为政府服务、为社会服务"作为工作的出发点和落脚点。坚持在服务经济上做文章,在服务方式上找路子,在服务效果上下功夫,努力提高服务质量,树立良好形象。近年来,本会在协助政府招商引资,帮助会员企业协调矛盾纠纷,帮助企业提高经营管理水平,提供各种信息、维权服务、为企业会员体检等,增强了商会与会员之间的亲和力、凝聚力和号召力。本会已连续四年开展"送岗位、送温暖"大型招聘服务活动,组织企业提供岗位,累计进场应聘 5 万多人,签约 10000 多人,为企业选才配人、解决群众就业,办实事,做好事,受到了社会各界好评。同时,正因为我们为会员服务做了一定工作,才感动了一部分没有入会的企业加入到商会中来。

创新工作方法,是开展各项工作的动力。创新是商会开展各项工作的生命力所在,只有大胆创新,扬弃过去,超越自我,才能拓宽思路,体现作为,提升形象。近年来,我们不断创新工作载体和平台,拓宽工作思路和空间,创新工作方法和手段,注重抓大事、树形象、创品牌,力争做大事、能做事、做成事,追求商会更大发展,谋求商会更大作为,始终保持商会富有朝气、充满活力。我们组织召开的全区非公有制企业"关爱员工、实现双赢”经验交流暨先进表彰大会，在全市所有区县中是第一家，受到了市工商联领导的高度评价。在开展这项活动中，又吸引了三大园区外来的企业加入到商会中来。

3. 区行业商会发展中存在的问题

一是行业商会的影响有限，社会认知度偏低。行业商会的存在与发展是市场经济的产物，它的作用随着社会主义市场经济的发展和完善，显得日趋重要。但由于诸多方面的因素，我区行业商会在整个社会层面影响十分有限，社会认知度不高。主要是职能部门宣传不到位，地方党委政府的重视程度不够，行业商会发展的环境不够完善，行业商会自身作用的发挥不够充分。

二是行业商会的数量偏少、偏小、不具代表性。到目前为止，我区行业商会（包括地区商会）只有七家，而且多数只是很普通的小产业、行业，布局有代表性。近几年，随着江宁城市化步伐加快，房产、建筑、建材、制造、物流等行业迅速壮大，是江宁民营经济的主力军，这些行业已由政府相关部门成立了行业协会，这些行业协会在政府相关部门的指导下完全由市场化、民间方式运作，他们对成立行业商会兴趣不大，热情不高。

三是行业商会运作质量不高，发挥作用不明显。行业商会领导班子成员大多是企业家，由于大量的精力投入到本企业的生产经营管理中，对本行业商会的发展建设投入的精力少，多数行业商会没有专职工作人员，没有固定的办公场所，秘书长也都是兼任，活动经费很少甚至没有，各种手段缺乏，工作平台有限，导致有的行业商会开展的活动质量不高，服务水平一般。

4. 对区行业商会发展的对策思考

一要更新观念、营造氛围、在社会认知度上下功夫。大力发展行业商会，不断加强行业商会建设，是新时期市场经济发展的必然要求。我们必须进一步解放思想，转变观念，与时俱进，为加快行业商会的健康发展创造良好的政治、社会氛围。加大宣传力度，采取各种必要措施和有效手段，转变有些党政领导和社会上的一些人对行业商会的片面认识，让更多的企业参与行业商会，加入行业商会。充分发挥新闻媒体的舆论导向作用，全方位、高频次地加大宣传力度，造浓舆论氛围，改善发展环境，使全社会普遍形成关心、支持、重视、服务行业商会发展的良好风尚，不断强化行业商会自身建设，着力发挥职能作用，展示自身良好形象，吸引更多的企业加入商会中来，使全社会的人都认知、认可行业商会的重要性和发展的必然性。

二要放手发展，扩大领域，在总量扩张上下功夫。目前，区行业商会的规模比较小，数量不够多，不具备明显的代表性，与先进地区的差距较大，今后要加强调研，在总量上有所扩张，在质量上大力提高。争取地方政府有关职能部门的支持，将现有的行业协会发展成行业商会，可以采取两块牌子、一套班子的模式挂牌运作。对目前已经存在的行业商会进行整合，适时调整商会领导班子，加强自身建设，大力吸收和发展新会员，大力改善和优化办公条件，大力提高服务质量。在新成立的行业商会中，注重优先发展那些具有代表性的行业组建商会，注意吸收那些规模大、经济效益好、有一定威性、热心商会工作的行业龙头企业老板担任领导成员。

三要理顺管理体制，建立有效机制，优化发展环境。目前，行业商会的管理体制不顺,机制尚未建立,发展环境不良已成为普遍现象,为了更好地规范商会发展,做到与国际惯例接轨,发挥更大的作用,要大力推进行业商会民间化。坚持依法办会,民间办公,在“自愿发起、自选会长、自筹经费、自聘人员、自主会务”的“五自”原则基础上,真正实现行业商会的民间化和自治性。政府应当加强多行业商会的工作指导。政府既要依法对行业商会进行登记管理,又要积极扶持和促进其发展,逐步将法律法规和政策规定可以向行业商会转移的相关业务职能向行业商会转移,保障其依法独立开展活动。政府要坚持在发展中规范,以规范促发展。

(三)秣陵街道社会组织发展情况调查①

党的十八大以来,党和国家陆续提出了“在改善民生和创新管理中加强社会建设”、“加快形成政社分开、权责明确、依法自治的现代社会组织体系”等一系列关于社会建设的重要思想,一方面呼应了地方积极探索和大力推进的社会管理创新实践,另一方面也为实践中的社会组织改革发展提供了明确的指引和方向。秣陵街道人大工委对街道社会组织发展情况进行了调研,有关情况报告如下:

1. 街道社会组织发展状况。由于新秣陵人大量进入,街道人口结构、群众需求也随之变化。根据现状,适时调整工作重点,把社会治理作为街道一项中心工作,全力推动政府职能转变。在推进社会治理过程中最重要的一项工作是加强社会组织建设,探索出了一些经验做法。

一是统筹推进社会组织发展。专门制定了《关于扶持社会组织发展的实施办法》和《特色文化团队扶持管理办法》,每年设立了 200 万元基金,用于扶持社会组织发展或购买公共服务。

二是搭建社会组织发展平台。2014 年 10 月,街道自主打造社会组织发展中心,为社会组织提供集组织孵化、项目研发、能力建设、信息交流、成果展示等支持性服务。中心以“引进一批、孵化一批、发展一批”为导向,重点培育和发展公益慈善类、行业协会类等社会组织。目前,街道现有 27 家成熟社会组织进驻社会组织发展中心,涉及为老、为少和为特殊群体服务等领域。

三是开展各项社会服务。街道积极引导社会组织深入群众,在有实际需求的居民中开展服务,使社会组织与群众“零距离”,实现社会组织服务和居民需求的无缝对接。街道以社会组织发展中心为总部,相继建立火炬社区睦邻中心、百家湖睦邻中心,以适当方式为社会组织开展服务创造必要条件。目前已先后对接火炬、太平、秦淮、家园、下墟、东旺等社区(村)入驻相关社会组织。如在火炬社区的睦邻中心康复站,进驻同仁帮扶的社会组织,是由同仁医院发起创立的,开展了医疗卫生讲座、免费体检、指导糖尿病人饮食健康、剪纸课堂、书法绘画等活动,受到老年人的一致好评。

四是严格考核评估。街道近期对承接政府购买服务的 23 家社会组织进行考核,考核评估采用社会建设领导小组、社会组织发展中心托管方和服务对象组成,按照 3∶3∶4 的权重,共同对各公益服务项目实施情况综合评审,其中 16 家顺利通过考核,有

① 2015 年 12 月 2 日秣陵街道人大工委发布于中国江宁网站。

7家存在服务对象不明确，组织活动流于形式等问题，经过一个月的限期整改，有2家社会组织项目终止。

2. 街道社会组织发展存在问题

从社会组织自身建设分析：一是从业人员能力不高。大多数工作人员为兼职，由于社会组织经济实力较弱、内部人事制度不健全、工资待遇不高等原因，使得优秀人才“进不来、留不住”，阻碍了人才的有序流动和梯队建设。二是筹措资金渠道狭窄。大部分社会组织很少有能够独立筹措资金的能力，大部分依靠政府和相关扶持基金运转，导致社会组织走入自我发展的困境，甚至个别社会组织在成立之初就把争取扶持基金作为资金来源的主要方式，在得不到资金扶持的情况下便进入了“休眠状态”。三是开展的项目活动还需进一步提高。一些社会组织开展提供的服务在计划书上写得很详细、周全，但有些活动没有扎实开展下去，有些活动的受众群体不多，致使活动的质量和数量都呈下降趋势。

从社会组织分布情况分析：社会组织发展还存在城乡不平衡的问题。具体来说，社会组织主要立足在城镇型或者已经完全拆迁的社区，比如说秦淮社区的智高科教工作坊、双金社区的四点半学校等等，而在农村型社区，发展地却较为迟缓，成效也不很明显。

从服务对象的接受度来分析：对于大多数群众来说社会组织还比较陌生，人们对于社会组织的了解还很有限，对社会组织的重要性认识也不足，认为缺乏一定的权威，持不信任态度，致使社会组织的影响力降低，难以吸引广大居民群众参与。

从政府自身推动社会组织发展来分析：一是法律层面需要完善。由于涉及社会组织的法律法规尚未及时调整，一些社会组织因无法满足现行法律法规，达不到正式登记注册的标准，无法取得合法身份。二是政府自身仍在探索，处于试错阶段。以街道为例，许多实施细则的制定都是基于实践总结，制度的操作性还需要进一步提高，还需要多借鉴先进地区经验。三是政府支持力度还需加大。政府购买社会服务还处在起步阶段，在项目提供上还要进一步加大，资金投入和政策支持上需要“再加码”。

3. 加快社会组织发展的相关建议

一是拓宽社会组织资金渠道。社会组织在向规定数量特殊人群提供公益服务的同时，可以向一般人群以低偿服务的形式提供相应服务，用低偿服务的收入反哺公益服务资金缺口。社会组织也可以积极拓展社会资源，采取企事业单位赞助的形式开展公益活动。通过多样性地资金来源，帮助社会组织更好地发展，逐步构建政府主导、社会参与、市场运作的财务运行机制。

二是平衡社会组织城乡差距。从社会组织的来源出发，为降低农村社区培育、引进和发展社会组织的成本，可以采用向城镇培育和发展成熟的社会组织借力的方法，由其下派小分队，定期走进农村为村民服务，达到“以城带乡，城乡共享”的目的。从社会组织提供的服务内容出发，着重加强公益类服务项目，特别是在扶贫救助、扶老助残、医疗卫生、文体科普、服务三农等领域有所侧重，提供切合村民需求的服务内容。

三是营造共建共享舆论氛围。政府层面上，要进一步统一对发展社会组织的思想认识，把加强社会组织建设作为创新社会治理的重要抓手，列入党委政府工作的重要议事日程，成为今后一段时间的工作重点。在社会层面上，要通过电台、电视、报纸等主流媒体和网络、微博、微信等新型媒体，及时宣传介绍社会公益动态信息，传播普及公益理念，培育公众平等、互助、博爱、共享的社会公益意识，从而进一步增强公益性社会组织的社会认知程度，营造有利于组织发展的舆论氛围。

四是加大社会组织扶持力度。进一步完善社会组织发展的制度体系，为社会组织发展明确方向，创造优良环境。建立健全政府向社会组织转移职能和购买公共服务制度，探索公共服务市场化、多元化、社会化供给新机制，通过项目购买、项目补贴、项目奖励和公益创投等扶持方式，支持社会组织参与社会治理和服务。同时要加强对社会组织的引导和审查，引进的社会服务项目要切实落地，对开展活动的频率、效果、群众满意度进行定期跟踪评估，让老百姓实实在在感受到社会组织存在的价值。

五是确保社会组织扎根基层。社会组织的最终服务对象是群众，社会组织的落脚点应该在基层。只有把握住群众最需求的地方，把服务的活动点根植在基层，那么社会组织也就具有了生命力。一是问需于民。通过前期的走访调研，主动了解当前群众最需要提供什么样的服务，按照比例依次排序。同时要结合社区自己的实际情况，选择一到两个项目重点开展。二是引培项目。借助社会组织发展中心这一平台，对接群众活动分中心，经过前期的初步筛选，引培合适的社会组织定点入驻社区，社区无条件提供功能活动室。这样不仅把群众最需要的服务项目引到家门口，也将一部分社区工作交由专业人员管理，减轻了负担。三是开展活动。定期开展丰富多彩的活动是社区组织得以延续的重要方面，通过活动的开展不仅能提高社会组织的知名度，还能凝聚一批受益者，他们能成为宣传员，也能成为志愿者，能与社会组织共成长。

（四）江宁街道巧借民间组织激发社区自治活力①

牌坊社区胡从富调解工作室成了化解各种矛盾纠纷的“好帮手”，社区慈善互助社承担起了扶危济困、救急救难的社会义务，居家养老服务站为孤寡老人搭起了温馨避风港……江宁街道借助民间组织力量，不断提升社区居民自我管理和自我服务能力，并以培育和发展民间组织为抓手，逐步探索出了一条和谐社区建设的新路径。

居家养老、文体娱乐、爱心探访等等诸如此类的社会公共服务，看起来并不起眼，但却是基层管理的“润滑剂”。江宁街道相关负责人说：“社区民间组织的成立，解决了许多单纯依靠政府或者一家一户力量不能解决的困难，延伸了政府服务的触角。”他举例说，街道通过组织“党员志愿者”队伍，在辖区范围广泛开展文明宣传、爱心帮困、清洁家园等一系列社区建设活动，赢得了社区居民的高度评价。

截至目前，江宁街道共有登记和备案的各类民间组织256个，这些民间组织都活跃在社区建设管理的各个领域，以社区居民为主体，以社区服务和丰富社区生活为目

---

① 2014年9月12日江宁新闻。

的,积极开展丰富多彩的各类活动,在扩大基层民主、促进社区建设、维护社区稳定、构建和谐社区等方面做出了很多贡献。据江宁街道相关负责人介绍,在民间组织不断成长的过程中,街道在其中也成功扮演着"催化剂"的作用。针对一些民间组织开展活动、召开会议无场地和活动内容狭窄等实际困难,街道在社区服务中心建设时专门为民间组织设置活动场所,引进专业社会组织——牛首七星艺术团进行无缝对接,为加强民间社团的沟通与交流搭建了一个有效平台,使社区民间组织由"单独行动"走向"主动联盟"。

第二节 公民权益保障

一、法制教育(普法教育)

(一)不同时期法制教育的重点对象与主要内容

1."一五"普法(1986~1990年)

1985年,根据中宣部、司法部《关于向全体公民普及法律常识的五年规划》要求,县委成立普及法律常识领导小组,县委宣传部、县司法局研究出台《向全县人民普及基本法律常识的实施规划》。在岔路乡石马行政村、淳化乡机关和县新蕾公司先行试点的基础上,全县确定44个普法试点单位。是年年底,全县27个乡镇、15家工矿企业建立普及法律常识领导小组,配备领导成员267名,参加普法试点学习的有2.41万人,占试点单位应普法对象的74.60%。此后,开始向公民进行为期3年多的"十法一例"①的法律常识教育。全县成立各级普法领导小组,有领导成员278名,普法办公室成员172名。各基层单位建立3~5人的普法工作班子,做到层层有人抓。县、乡镇两级培训普法教员5235名。全县有40.67万人学完"十法一例",占应普法对象的97.80%。至1988年年底,用4年时间完成了5年的普法任务。

2."二五"普法(1991~1995年)

1991年年初,县委成立"二五"普法领导小组,并批转县司法局拟定的《在全县公民中开展法制宣传教育的第二个五年规划》。是年4月27日,在上坊乡大里行政村召开"二五"普法教育现场会,正式启动面上的普法教育活动。"二五"普法的重点对象是全县干部、党团员、青工、学生,普法内容以宪法为核心,以专业法为重点。当年全县共印发放法制宣传材料近1万份,组织法制宣传车到各乡镇巡回宣传4次,播讲73场次,受教育人数2.50万人。法律咨询5场次。同时,进行干部群众的补课教育,巩固学习成果,举办补课培训班48期,4000余人参加。

3."三五"普法(1996~2000年)

1996年,实施第三个五年(1996~2000年)普法教育规划,重点对象是各级领导干

---

① 《中华人民共和国宪法》《中华人民共和国刑法》《中华人民共和国经济合同法》《中华人民共和国刑事诉讼法》《中华人民共和国民事诉讼法》《中华人民共和国婚姻法》《中华人民共和国民法通则》《中华人民共和国继承法》《中华人民共和国兵役法》《中华人民共和国未成年人保护法》和《中华人民共和国治安管理处罚条例》。

部、国家执法人员和广大青少年以及暂住人口，主要学习法制建设理论和《宪法》及有关经济类法律、法规，受教育人数达55万人。通过普法教育，各级干部依法决策、依法管理水平提高，人民群众法制观念和法律意识增强，在2000年9月的考核验收中，全县83家重点单位全部达标，其中67家单位达到优良，占直考总数的80.70%。

4.“四五”普法(2001～2005年)

2001年，全区实施第四个五年(2001～2005年)普法教育规划，以领导干部、公务员、青少年、农村群众、流动暂住人口、宗教人员为重点对象。重点普及宪法和国家基本法律，尤其是与公民工作、生产、生活密切相关的法律法规。2003年，投资4万元为全区51个社区配送各类法律书籍3621套。2004年，开展“与法同行，树立文明新风”青少年维权月活动，与监狱、劳教所联合，在各中、小学校开展现身说法12场次，受教育学生1.47万人次。其间，区司法局开展“法律六进”活动130余场次，组织干部、学生进行警示教育12场次，赠送法律知识读本3万余册，圆满完成“四五”普法任务。区依法治区领导小组办公室、区司法局被省委宣传部、省依法治省办公室、省司法厅评为“四五”普法先进单位，区司法局、教育局等6家单位被市委、市政府评为2001～2005年度普法工作先进单位，有3人被评为省“四五”普法先进个人，6人被评为市“四五”普法先进个人。

5.“五五”普法(2006～2010年)

2006年8月，启动“五五”(2006～2010年)普法工作，区委、区政府印发《关于在全区公民中开展法制宣传教育的第五个五年规划》，区人大常委会作出《关于进一步加强法制宣传教育的决议》，全区召开“五五”普法工作动员大会，确定“五五”普法的指导思想、工作原则、总体目标、主要任务。“五五”普法的重要对象是领导干部、公务员、青少年、企业管理人员和村干部，着重进行市场经济、知识产权、劳动合同法等法律法规的宣传和普及。

6.“六五”普法(2011～2015年)

“六五”普法的重点对象是领导干部、公务员、青少年、企事业经营管理人员和农民，主要内容是宪法、国家基本法律、促进经济发展的法律法规以及社会主义法治理念教育。为了贯彻南京市法制宣传教育领导小组关于“六五”普法品牌建设“百花齐放”工程的要求，自“六五”普法工作启动以来，全区深入开展法制宣传教育活动，积极挖掘基层普法亮点，实现普法内容和形式的多样化。例如，淳化司法所结合街道辖区内有驻地部队、江宁监狱、大连山劳教所、江宁看守所、拘留所、戒毒所、青龙山精神病院等特殊场所的区位特点，打造了“特殊人群法制宣传教育园地”的普法项目，将“法律进特殊场所”作为“法律六进”活动的延伸，努力提高特殊人群的法律素质，在保护特殊人群合法权益和维护社会和谐稳定方面发挥了重要的作用。同时，开展法治村(社区)创建活动，到2013年，全区区级民主法治村(社区)创建率100%，市级民主法治村(社区)创建率90.9%，省级民主法治村(社区)创建率25.6%，全区普法工作取得阶段性成效。

表74 江宁区法制教育工作情况调查

时期	"一五" 1986～1990	"二五" 1991～1995	"三五" 1996～2000	"四五" 2001～2005	"五五" 2006～2010	"六五" 2010～2015
重点对象	全县人民	全县干部、党团员、青工、学生	各级领导干部、国家执法人员和广大青少年以及暂住人口	领导干部、公务员、青少年、农村群众、流动暂住人口、宗教人员	领导干部、公务员、青少年、企业管理人员、村干部	领导干部、公务员、青少年、企事业经营管理人员和农民
主要内容	十法一例	以宪法为核心，以专业法为重点	法制建设理论和宪法及有关经济类法律、法规	宪法和国家基本法律，与公民工作、生产、生活密切相关的法律法规	市场经济、知识产权、劳动合同法等法律法规的宣传	宪法、国家基本法律、促进经济发展的法律法规以及社会主义法治理念教育

（二）普法教育责任主体及其分工情况调查

1. 政法委的法制宣传工作

将法制宣传教育工作作为法治江苏合格县（区）创建目标责任制考核目标。"五五"普法期间调整充实了由区委常委、政法委书记担任组长，27个区机关部门负责人为成员的法制宣传教育领导小组，办公室设在区司法局，负责普法日常工作。基本形成了"党委政府领导、司法行政具体负责、各部门广泛参与"的"大普法"格局，从组织上保证了"五五"普法工作的推进。

2007年2月5日，江宁区依法治区领导小组印发《2007年法治江宁建设目标任务责任分解》的通知。从坚持依法执政，健全完善制度；深化依法行政，推进公正司法；依法管理社会，促进和谐稳定；加强基础建设，深化法治创建等四个大的方面，将法治江宁建设目标责任分解为60项具体任务，确定落实到各个相关部门。其中第45至49项为普法教育。第45项规定：制订普法教育年度工作计划，各部门、街镇、单位制定相应计划，强化法制宣传教育工作的组织、协调和指导，加大"五五"普法骨干培训力度，建立法制宣传教育效果评估考核机制，制定评估考核指标体系。责任单位：宣传部、司法局、各部门、各街镇、各单位。第46项规定：认真落实领导干部法律知识讲座、人大常委会任命领导干部任前法律知识考试、公务员年度学法考试以及司法、行政执法人员法律知识更新等制度，并将社会主义法治理念教育纳入干部培训课程。责任单位：宣传部、人大办、人事局、司法局、法院、检察院、法制办、党校、各行政机关。第47项规定：全面加强青少年、企业经营管理人员、个体工商户和外来务工人员法制教育制度建设，推进各类人员学法用法。责任单位：司法局、教育局、发改局、工商局、流管办、各行业主管部门、各街镇。第48项规定：建立村（居）委会法制教育基地（学校），健全工作制度，广泛开展村（居）民学法活动。责任单位：司法局、各街镇。第49项规定：大力推进法制宣传进机关、进乡村、进社区、进学校、进企业、进单位，组织开展"12·4法制宣传日"、宣传周、宣传月等形式多样的法制宣传教育主题活动。责任单位:司法局、各部门、各街镇、各单位。

2. 司法局的法制宣传工作

协同区委宣传部制定普法规划和各年度工作实施意见。紧紧围绕普法规划,组织各司法所深入基层,重点宣传劳动保障、医疗卫生、公共安全、应急处置等法律法规。协调相关部门针对领导干部、公务员、青少年、企事业单位管理人员以及农民为重点的普法教育情况。普法期间,开展"18 法律广场"、法治快车村村行、"12348 法律润千万家"等宣传活动,充分发挥法制宣传在化解基层矛盾中的教育引导作用。打造出国家及省市普法品牌共 11 个。借助邮政网点优势,开辟"法治邮路",将法制宣传全面渗入基层群众身边。《律师法》《公证法》《法律援助条例》等法律、法规宣传情况;法律服务、法律援助、帮教安置、社区矫正等对象的法制宣传教育工作情况。"六五"普法期间,通过法制宣传、法律援助、人民调解"三进军营"模式,与 10 家驻军部队建立联席会议制度,打造出"法律拥军"国家级普法品牌。积极拓宽普法渠道,开通微信、微博平台;充分利用律师资源,在区图书馆设"法治讲堂",在电视台开办《司法第一线》《多大事啊——梅大姐调解现场》栏目,在《江宁新闻》开设"律师说法"栏目。江宁区司法局社区矫正试点工作始于 2004 年,2010 年成立社区矫正管理教育服务中心,2011 年成立安置帮教工作服务中心,2013 年正式经批准建立社区矫正管理区。在安置帮教工作中坚持社会化、亲情化方针,扎实开展社区矫正与安置帮教工作,为每名社区服刑人员建立矫正小组,由司法局牵头,动员派出所、村社区、服刑人员家庭,共同做好社区服刑人员监管帮扶工作,努力将各种不安全因素消灭在萌芽状态。社会矛盾纠纷调处工作过程中,针对调解双方当事人的法制宣传教育工作情况。指导帮助司法所、村(社区)、企事业单位调委会,形成区、街、村(社区)三级调解组织体系。聚焦全区矛盾纠纷多发常发领域,突出专业性行业性调解组织建设,建立医患、交通、电视台、物流中心等特色调委会。现江宁区共有调解组织 263 个,其中区、街、村(社区)三级调委会 211 家,500 人以上企业调委会 52 家,调解队伍人数达到 7415 名。

2013 年 8 月,江宁司法微信公众平台开通,区司法局普法三大网络互动平台全部启动。微信公众平台,用于开展普法宣传和法律服务活动,微信用户可在微信公众账号界面查找"jnqsfj"为好友。微博平台——江宁普法一线,主要涵盖新浪微博和腾讯微博,通过文字、图片、视频等方式向网络用户发布普法动态、案例解析、法治动漫等内容。博客平台,主要通过发布法制新闻、介绍司法行政工作动态,引导广大人民群众学法、知法、遵法、守法。

3. 公安局的法制宣传工作

公安局结合工作内容,大力做好《治安管理处罚法》《道路交通安全法》《消防法》《居民身份证法》和平安创建方面等法律法规的宣传。第一,将法制宣传工作作为社区民警的工作内容,通过法制宣传进社区、进学校、进企业等活动进行宣传;第二,通过普及安全防范知识,利用多种媒体对群众进行电信诈骗、非法传销、防火防盗等方面的预防教育,传授方法;第三,利用专项打击针对犯罪活动进行宣传,如禁毒、反传销等;第四,在每年的"3·15""11·9""12·4"等特别日子进行专题宣传;第五,民警深入辖区工地、企业等流动人口集中地点，通过发放宣传材料、举办讲座等方式对流动人口进行法制宣传教育。还在执法中对案件当事人有针对性地开展法制宣传教育。

4. 检察院的法制宣传工作

一是利用预防职务犯罪警示教育基地，组织开展警示教育活动情况。按照打防并举，标本兼治的要求，江宁区检察院进一步加大从源头上预防和治理腐败的力度，积极有效地开展普法宣传工作，认真落实社会治安综合治理的各项措施，犯罪预防的效果不断扩大。充分发挥检察职能，在本职工作中推进普法和依法治理工作。江宁区检察院坚持办案与普法同步进行，实现严厉打击与有效预防相结合。一方面，按照中央及省、市、区的统一部署和要求，从维护全区社会稳定的大局出发，突出重点，强化措施，深入开展"严打"整治斗争，积极查办职务犯罪，与公安、法院等有关部门密切配合，从重从快地惩处了一大批严重刑事犯罪分子。另一方面，江宁区检察院把开展预防职务犯罪作为服务大局的一项重要内容，积极探索预防工作的新思路、新途径。坚持办案和服务同步，实行"服务化预防"。以服务国有企业改革发展为重点，在深入查处国企内职务犯罪案件的同时，将"一案一分析，一案一建议，一案一整改，一案一教育，一案一回访"活动贯穿于个案预防的全过程。广泛争取社会力量参与预防工作，推动"社会化预防"。初步形成了党委统一领导、指导委员会组织协调、检察机关监督指导、部门各负其责、全社会参与的预防网络和工作机制。综合运用法制宣传、警示教育、对策研讨等多种手段和方式，努力打造"特色化预防"。积极有效开展职务犯罪预防普法宣传工作。在采取举办法制讲座、制作典型案例图版巡回展出等预防形式之外，又探索了以知识竞赛的形式促进预防法制宣传、通过服刑犯人现身说法深化法制教育等新的特色做法。依托设在江苏省金陵监狱的预防教育基地，先后组织有关部门、单位26000多名干部职工到监狱开展警示教育活动，使预防教育的内容更加丰富，预防效果更加突出。"六五"普法期间，经过坚持不懈的努力，江宁区的预防职务犯罪工作已初具规模，反贪污贿赂工作进入了从侧重治标转向标本兼治、逐步加大治本力度的新阶段。

二是开展青少年维权工作，协同有关部门强化对青少年的法制宣传教育。江宁区检察院充分利用"全国优秀青少年维权岗"的有利条件，积极开展青少年普法宣传教育。结合办案，通过发检察建议书、举行座谈会等方式，提出具体的预防建议，督促、帮助有关单位做好安全防范工作。形成了寓教于审、寓教于帮、寓教于防的帮教工作思路和方法。"六五"普法期间，与4所中学共建青少年法制教育学校，在其林镇锁石村建立了青少年维权站，在大连山劳教所成立了预防青少年犯罪教育基地，构筑了一个较为完善的工作体系。5年来，共向有关学校发出检察建议书50余份，上法制课120余场，听课人数达6万余人次。对92名失足青少年进行跟踪帮教，促使他们改过自新，有22人进入高校深造，56人走上工作岗位，现无一人重新犯罪。

三是将法制宣传教育列入检察活动的全过程，每年组织开展以案释法活动。在检察机关内部积极开展多种形式的教育培训。同时，以"检务公开"为抓手，广泛开展法制宣传教育工作。进一步加大了检务公开和法制宣传教育工作的力度，不断创新宣传方式，努力增强宣传效果。以"举报宣传周""法制宣传日"等活动为契机，通过在报刊电视上刊播、送法下乡、送法进企业、举办法制讲座、制作典型案例图版巡回展出等多种方式,不间断地开展检务公开和法制宣传教育工作。"六五"普法期间,印制、发放宣材料近十万份,接待群众举报和咨询 8000 余人次,利用近几年来查办的一些职务犯罪大要案和典型的刑事案例,制成图文并茂的宣传展板,深入农村、学校、企业和教育、工商、税务、建筑等重点行业、部门进行巡回展出,观展人数达 4 万余人次。我院在选派一名业务能力突出的干警参加区普法讲师团以外,还组织力量在全区有关学校、行业系统举办了 120 余场法制讲座,并在有关部门的支持下,组织金融、建筑、乡镇等部门的干部职工到金陵监狱开展警示教育活动,受到各方好评,取得了良好的社会效果。

5. 法院的法制宣传工作

2013 年,区法院制定《关于为江宁区建成苏南现代化建设样板区提供司法保障的意见》,围绕区委、区政府中心工作,提出 14 项司法服务和保障措施。加强分析研判,针对审判工作中发现的涉及经济社会发展的新情况和新问题,加强与有关部门及企业、行业组织的沟通协调,切实防范和化解风险,向全区发布《2012 年度审判工作白皮书》,向区委报送征地拆迁专题调研报告,向有关部门和企业发送司法建议 10 条。开展法治宣传,组织送法进企业、进学校、进社区等活动 20 次,法律咨询 1200 余人次。协同公安、检察、司法等部门负责刑法、刑事诉讼法、行政诉讼法的宣传普及工作。将法制宣传教育列入法院审判工作的全过程,每年组织开展以案释法活动情况。

6. 政府法制办的法制宣传工作

起草和审核政府法制宣传教育方面规范性文件和文稿。行政执法人员学法培训、考试、考核制度的建立和实施。《行政处罚法》《行政复议法》《国家赔偿法》《政府信息公开条例》等行政法律法规的宣传和普及工作。

(三)普法教育宣传手段和形式调查

江宁区紧抓普法重点对象,因地制宜、分类施教,构建了多层次、宽领域、全方位的法制宣传平台,使全区法制宣传工作整体得到推进。

一是突出领导干部和公务员普法。制定出台了《关于全面深化全区党政领导干部、公务员学法用法工作的意见》《关于建立江宁区领导干部法制讲座制度的实施意见》,并且把各级领导干部学法纳入干部培训计划;区委党校把法律知识纳入各级干部培训班的必学内容;区人大对全区法制宣传教育工作进行检查监督。同时,区委组织部、区人事局和区行政学校共同制定了全区公务员"5 + X"能力培训工程。

二是突出青少年普法。将青少年法制教育列入各校教学计划,做到教材、课时、师资、经费"四落实";通过法制课、法律知识电视大赛、警示教育、夏令营等多种形式,广泛开展"送法进校园"活动;建立中小学青少年"普法宣传教育共建基地",组织普法讲师团成员开办法制讲座和现场法律咨询会;建立区青少年法制教育联席会议制度,不断完善学校、社会、家庭三位一体的青少年法制教育体系,形成了青少年法制宣传教育齐抓共管的工作模式。

三是突出企业经营管理人员和职工普法。区各街道(园区)和相关职能部门充分发挥各自职能作用,开展了各类法制讲座和形式多样的法制培训活动,先后组织法学院教授、律师等法律专业人员深入街道和企业，举办法制讲座，同时，利用企业内部报刊、宣传橱窗、法律图书室、多媒体电子屏等教育平台，积极推进职工学法活动，切实增强企业员工学法效果。

四是突出农民和外来人员普法。认真组织好每年的“12・4”全国法制宣传日和宪法宣传月活动，组织开展了“送法下乡”“送法进社区”“送法进企业”等活动800多场次，受教育13万人次。各部门编印了各类法律宣传资料近30余万册，发放到村组及群众手中。组织法治文艺下乡、法制图板巡展、法制讲座等活动，利用村民法制学校，进行法制教育。

五是突出部队官兵普法。针对江宁实际，重点抓好驻区官兵的普法工作。以纪念建军节为重点，通过建立部队法制课堂、配备法制辅导员等形式多样、内容丰富的活动，不断提高部队官兵的法律意识和维权能力。

江宁区积极依托普法载体，创新形式，先后建立了普法网站、法治广场、法治文化街区、法制宣传长廊等普法新阵地，充分运用网络媒体、电子显示屏等现代传媒，开展丰富多彩的法制宣传教育，增强了法制宣传教育的吸引力、感染力和实效性。

一是以媒体宣传为载体，向广大群众传播法律知识。充分利用和发挥区级电视台、广播电台、网络平台、新闻报刊等现代和传统媒介的作用，通过新闻媒体上开辟《法治在线》《法律先锋》《法制园地》等法制栏目，专题宣传报道与人民群众切身利益密切联系的法律法规和区普法动态情况。

二是以普法教育基地为载体，加强重点人员学法教育。先后在华宝通讯公司、区委党校、江宁监狱、大连山劳教所、金肯职业技术学院、天印高级中学等单位建立区级普法教育基地，有针对性地加强重点人员法制宣传教育。同时，根据10个街道的环境特点，分别依托中小学校、街道成人教育中心、企业、部队和老年学校，建立了街道法制宣传教育基地。

三是以“法律七进”活动为载体，广泛开展法制宣传工作。围绕“弘扬法治精神，共建和谐社会”这一主题，在特定节日开展专题普法宣传活动。区相关部门有计划、有步骤地开展法律进机关、进乡村、进社区、进学校、进企业、进宗教场所、进单位等形式多样的普法活动。

四是以“法律人在行动”活动为载体，认真开展“18法律广场活动”。结合“18法律广场活动”，组织高校法学院师生和司法、行政执法单位“法律人”广泛开展形式多样、针对性强的主题宣传活动，最大限度凝聚我区“法律人”聪明才智，充分发挥其知法、懂法的优势，促进普法工作向基层延伸。

五是以“法治文化建设年”活动为载体，积极推进法治文化建设。成立“江宁区法韵艺术团”，结合“江宁之春”群众文化节“和谐江宁大舞台”等活动，创作法治节目，传播法治精神，放映法制宣传片，在东山休闲广场、秣陵街道家园社区建立了法治文化广场，在开发区胜太路建立了法治文化街区，区法院、财政局、规划局等单位也建立了法制文化长廊。

具体而言，主要有以下形式：

1. 发放资料

发放法律法规、普法教材、法制案例汇编、宣传单、宣传挂图、宣传对联、法制小说等宣传资料，是江宁区(县)普法宣传的主要手段。如“一五”普法期间，发放农民和职工《法律常识读本》13.80万本，占全县总户数的75%。全县订购干部、职工、农民普及法律常识读本17万余册，基本达到干部、职工人手1册，农民每户1册的要求。“二五”普法期间，全县23个乡镇、64个部委办局、26家企业单位共征订普法教材2.17万册，基本达到机关干部、行政村干部、企业班组长人手1册，每个自然村3～5册的要求。“三五”普法期间，编印宣传材料170多种、21万余份。2007年，发放法制宣传年画、资料、扑克等2.30万余件。发放省编“五五”普法读本6万多册，编印《物权法》、《劳动合同法》等各类普法资料230多万册。

2. 面授教育

(1)专题法律培训班。“一五”期间，县司法局举办培训班13期，编写教材82种，1.02万份，培训法制宣传骨干和辅导员1261名。“二五”普法期间，1992年，以全县干部、党团员、青工、学生为重点，以《宪法》为学习的核心内容，分期、分批举办短期培训班65期，上课270场次，19个乡镇、10个县直机关部门的5万多人接受教育。1993年，全县举办培训班304期，上法制课1260场次，有44.60万人参加普法学习，占应普法对象的74.80%。1994年，开展以各级干部为主要对象的经济法规的学习教育，征订经济法规2500余册，举办培训班214期，参训者1.80万余人。“三五”普法期间，全县举办各类学法培训班646期，培训3.80万余人次。“四五”普法的2001～2002年，共举办骨干培训班600期，培训6万余人次，上法制课621场次，参加人数26万人次。2011年，区政府法制部门举办全区行政复议与行政应诉人员培训班，对复议应诉法律知识和技能进行集中培训。(2)法制专题报告与讲座。“一五”普法期间，全县共举办广播讲座102讲。2004年，区举办领导干部法制讲座3场，2000多人次参加，对2500名公务员和执法人员进行《行政许可法》知识培训和考试。成立老年人法制教育讲师团，开展老年人法制教育活动，全年为老年学校上法制课12场次。2006年，成立由律师、高校教授、法学专家及大学生组成的普法讲师团和法制宣传志愿者队伍，制订《火红六月——青少年法制宣传月活动方案》，向全区6万多名中、小学生及家长宣传《未成年人保护法》《预防未成年人犯罪法》，为中、小学生上法制课34场次。2010年，在江宁区大、中、小学共开展法制副校长辅导课、法制讲座20次，受教育人数达17000余人。江宁区公安局开展了“法制讲堂”下基层的活动，组成以法制科、刑警大队、治安大队、网监为成员的法律知识讲解组，在公安局各基层办案单位开展“法制讲堂”活动。“六五”普法期间，江宁区法院民一庭、民二庭多次前往企业开展《劳动合同法》《合同法》讲座，对企业人员进行法制教育。2013～2015年，民一庭、民二庭曾先后前往20多家重点企业开展法制讲座20余场，参加人数1000余人。江宁区检察院以开展“青少年维权岗”活动为载体，实现青少年法制教育的规范化、基地化。2015年国庆节前，禄口司法所联合和忠律师事务所在铜山小学开展了《国旗法》宣传教育活动，以增强广大师生爱国旗、护国旗的国家观念和国家荣誉感，全校300多名师生参加了宣讲课。

3. 咨询服务

“一五”普法期间，全县共开展法律咨询活动21场。1991年，江宁区法院接受法律咨询936件，4个人民法庭每年都利用所在辖区的传统物资交流会人员集中的机会，在所在镇的政治、文化中心开展法律咨询服务，发放宣传资料。2003年，各司法所协调有关部门在各村(社区)设立法制宣传栏，在东山、百家湖街道的15个社区，组织律师和法律工作者定期开展法律咨询活动，解答群众法律咨询500多人次，送发法律书籍1000多册，宣传材料3000多份。2006年，全年开展送法下乡、法律进社区活动19次，发送法制书籍8万册、宣传材料近20万份、法制宣传扑克1万副，提供法律咨询服务1000多人次。2007年，江宁区开展流动人口法制宣传教育，组织律师、司法干警参加流动人口服务管理大型广场综合咨询活动，制订并实施《农民工学法活动周方案》，在华宝集团员工宿舍设立法律接待咨询办公室，每周六上午由律师或法律专业人员现场解答法律咨询，接待员工咨询200余人次，代写法律文书100余件，发放法律书籍2000册、法律宣传材料2000余份。2011年以来，江宁区法院共集中开展法律咨询10多场次，发放法律宣传资料1万多份。此外，他们还利用“3·15”消费者权益保护日、“5·1”国际劳动节、“3·8”妇女节等节日，分专题组织法官开展法律咨询和法律讲座。2015年6月，东南大学社区在小区广场开展了法制宣传活动，活动现场，通过悬挂平安宣传标语、法制专栏宣传，社区工作人员向居民们发放了平安宣传袋、《致居民一封信》及法律知识、安全防范等宣传品。社区结对律师为居民零距离提供法律咨询、解答居民的难题疑问等服务，提高了居民的法制意识。

4. 板报展览：板报、法制宣传栏、展览

为了使法治宣传教育更为直观，各部门还根据不同的法制宣传内容制作展板，摆放在街头、橱窗让群众观看，接受法制教育。“一五”普法期间，共出法制宣传橱窗1768期，黑板报4858期。“二五”普法期间，全县共出法制橱窗88期，黑板报332期，张贴标语2.30万多条。“四五”普法的前两年，出专栏板报5924期，悬挂横幅标语5.30万条。“五五”普法期间，江宁区检察院利用近几年来查办的一些职务犯罪大要案和典型的刑事案例，制成图文并茂的宣传展板，深入农村、学校、企业和教育、工商、税务、建筑等重点行业、部门进行巡回展出，观展人数达4万余人次。“六五”普法以来，江宁区法院共制作不同宣传内容的展板36块，巡回展出20多场次。

5. 媒体网络

江宁在充分发挥传统宣传手段的作用的同时，进一步拓展和创新法制宣传教育网站和宣传网页及微博、微信，充分发挥网络、报刊、广播、电视媒体的主渠道作用。“一五”期间，放映学法录像429场。1991年，广播宣传162次，播放录像、幻灯片52场次。1994年，全年进行广播宣传332次，影视宣传116场次。“三五”普法期间，利用广播宣传2443次，影视宣传270场次。“四五”普法的前两年，利用广播宣传2443次，影视宣传270场。江宁区法院与《江苏法制报》联办的“法学纵横”栏目，在全省是首家，至今已有16年，这对宣传法院的普法成果和典型经验等方面都起到了积极的作用。另外，江宁区法院还与《金陵晚报》合作开办了《江宁法苑》专栏。“六五”期间，江宁区检察院在各派驻检察室所在社区或老年学校设立中国检察数字化视频终端,方便所在辖区群众学法需要。

6. 知识考试

“二五”期间,县四套班子成员参加南京市组织的邓小平《论民主法制建设》和《论民主法制建设讲话》的学习考试,参与率81.50%,平均分96分。1992年9月,县第三钢铁厂、青龙山水泥厂等13家县属企业参加南京市举办的《全民所有制工业企业转换经营机制条例》法律知识竞赛,有32名厂级领导干部参加,92名科室干部和141名职工代表参加闭卷考试,取得均分90.10分的成绩。“三五”普法期间,组织党政机关、群众团体、企事业单位管理人员、农村基层干部4万余人次参加普法考试。

7. 有奖活动:有奖竞赛、有奖调查、有奖征文

“一五”普法期间,全县举办法律知识竞赛4场,乡镇、厂矿组织法律知识竞赛72场。“二五”普法期间,组织开展第二届个体劳动者学法竞赛,有5466名个体户参加学法培训班,5068人参加专业考试,并参加全市法律知识竞赛,获组织发动奖和团体第三名。1995年,组织1.30万余名乡镇企业职工开展学法知识竞赛,陆郎、上坊、湖熟、上峰、秣陵、殷巷等乡镇分获一、二、三等奖。在南京市组织的决赛中,江宁县获团体一等奖和个人前三名。是年10月,组织2万余名普法对象参加全省“二五”普法知识竞赛,收卷率97.30%,获优秀组织奖。2001~2002年,组织开展法律知识竞赛58场,参加人数4.10万人次。2003年,全区有500多名公务员参加南京市国家公务员“四五”普法知识竞赛,由于组织到位、工作出色,江宁区被评为优秀组织奖。2006年,举办法制知识竞赛等教育活动18次。

8. 其他法制教育形式

(1)各部门还结合本部门的特点,创新宣传途径。如江宁区法院注重公开审判效果,积极主动组织公民旁听重大案件的庭审,通过法院开放日活动等形式,让公民增加直接从法院接受法制教育的机会;通过网络直播庭审的方式,加强与网民的沟通与互动,提高法院审判工作的影响力,加强对公民进行法制教育。在平时的审判工作中,尽量多地组织和吸纳旁听群众,必要时专门组织企业职工、青少年学生、有关部门人员参加旁听,并积极认真地向他们宣传法制,扩大法制宣传范围和法制宣传工作的影响力。江宁区检察院组织相关人员参观监狱和劳教场所、接受警示教育、旁听法庭庭审、举办模拟法庭,增加普法实效。(2)通过法制教育基地开展法制教育。2006年,江宁区在全省率先设立外来务工人员法制教育基地,通过赠送法律书籍、开展法律咨询、橱窗宣传等形式,向外来务工人员宣传法律知识。区司法局在华宝通讯公司、江宁监狱、大连山劳教所、天印高级中学等单位先后建立6家区级普法教育基地,同时依托中小学校、街道成人教育中心、企业、部队和老年学校,分别在9个街道建立14家街道法制宣传教育基地。组织律师、公证员、机关及司法所人员和普法讲师团成员在普法教育基地开讲法制课120余场次。(3)与区内南京晓庄学院、东南大学、南京航空航天大学等高校联合开展送法进校园活动,组织南师大、东南大学法律系学生深入农村开展“法律人在行动”活动,安排南京工程学院20名大学生到各基层司法所参加社会实践,取得学以致用的

学法效果。

"六五"普法期间,着力建设"百花齐放"工程,着力打造各具特色的法治文化品牌。一是开展法治社区行活动。以"幸福社区行"等活动为载体,深入开展法律进社区活动,先后走进三界社区、石塘社区、锁石村、柏树村等20多个社区(村)。通过"幸福圆桌会""社区大家谈"等栏目,与群众互动交流,通过设置法律知识有奖问答、咨询台,让群众直接掌握法律知识,通过举办法制文艺演出,让群众寓教于乐、感受法治。二是开展法治育苗行活动。以学校、社会、家庭联动为载体,深入开展法治文化进校园活动。组织开展"我是小小交通警""师生旁听庭审"、中小学生法制歌曲比赛等法制主题活动。充分利用校报、校园广播、法制讲座、法制展板、法制影视等形式,营造校园法治文化氛围。三是开展法治绿色行活动。将法律援军作为创建国家级普法品牌项目强力推进,组织开展"送法进军营宣传月""军地·牵手法治行"等主题活动。通过举办法制文艺晚会、军地赛诗会、旁听庭审、法制讲座以及法律援助等形式,引导广大官兵依法维护军队军人军属合法权益。四是开展法治网络行活动。在江宁电视台开辟了《司法第一线》《法治报道》等专栏,在广播电台开辟了《法律先锋》专栏,专题报道法治建设动态。率先开通江宁普法微博、博客、微信三大网络平台,专门制作《法治快车》宣传片,在江宁地铁、中北、雅高、通盛等巴士公司车辆等终端播出,利用区属中小学校和社区LED电子显示屏加载法治宣传标语,进行立体式宣传。五是开展法治社会行活动。以"3·8"妇女节"3·15"消费者权益保护日"4·26"世界知识产权日"6·5"世界环境日"12·4"全国法制宣传日等活动为契机,开展丰富多彩的法治文化活动。以"江宁大舞台""三下乡""送法下乡"为平台,将自创小品《索钱》《连心肉》《上访风波》等一批群众喜闻乐见的法治文艺作品,送到群众身边。

(四)公民接受法制教育情况调查

本课题组通过"问卷星"进行了4次以江宁区城乡居民为调查对象的"法制教育与公民法律意识调查问卷"问卷调查,4次共回收有效填写问卷648份。(调查开始时间2015年9月1日,结束时间2015年9月11日)。

1. 公民接受法制教育的主要途径

对于"您学习法律的主要方式是?"这一问题,备选答案有二:个人自学和单位组织学习。648份问卷中,选择"个人自学"的440人,占67.90%,选择"单位组织学习"的207人,占31.94%,1人未选,占0.15%。

"您学习法律知识的途径有?"这一多项选择题,选择"集中性的法律讲座、讲堂"的占25.91%,选择"媒体(广播、电视、报刊、网站)"的占71.82%,选择"工作生活场所的宣传橱窗"的占25.91%,选择"法制文艺演出等普法教育活动"的占15.45%,选择"街头免费法律咨询服务"的占18.64%。

对于"您参加过哪种形式的普法活动"这一多选题,选择"参加法制讲座"的占26.82%,选择"参加法律知识考试(竞赛)"的占13.64%,"浏览法制挂图"的占15.91%,"阅读法律书籍"的占31.36%,"观看法制文艺演出"的占16.36%,"观看报刊广播电视法制栏目"的占46.82%,"接受免费的法律咨询服务"的8.64%,"接收手机普法短信”的15%，“在公交、地铁、街头、商业区等公共场所看过普法广告、标语”的24.55%，“其他”占6.36%。

2. 公民接受法制教育的主要场所

“您在哪参加过普法教育”这一多选题，“单位（学校）”50.91%，“村（居）委会”30.45%，“法制宣传教育中心”12.27%，“法治文化公园、广场、长廊等开放式阵地”20.91%，“其他”14.09%。

3. 公民对普法教育的认识与评价

“您认为解决您法律知识不足的最好的普法形式是”这一单选题，“定期开办法律讲座”28.64%，“开展法律知识考试”2.73%，“定期开设法律咨询服务”23.64%，“开展法制文艺演出”25.45%，“开展法律知识竞赛”3.64%，“开展法律读书活动”15.91%。

“您感觉自己所了解的法律知识”这一单选题，选择比例从高到低依次为“一般”52.73%，“比较匮乏”23.18%，“比较丰富”12.73%，“十分匮乏”10%，“十分丰富”1.36%。

“您认为自己目前已有的法律知识能否满足生活需要”这一单选题，“完全可以满足”7.73%，“基本可以满足”73.18%，“完全不能满足”19.09%。

“您认为自己最需要学习哪些法律知识”这一多选题，宪法18.64%，婚姻家庭法36.36%，合同法27.27%，侵权责任法29.55%，物权法25.45%，刑法15%，道路交通安全法28.18%，行政处罚法10.91%，劳动及社会保障法40.45%，环境保护法17.73%，村民委员会组织法15.45%，反不正当竞争法10.45%，消费者权益保护法44.09%，民事诉讼法22.73%，刑事诉讼法8.64%，行政诉讼法11.82%。居于前三位的消费者权益保护法44.09%，劳动及社会保障法40.45%，婚姻家庭法36.36%。可见与公民日常生活密切相关的法律更受关注，从而学习这些法律的愿望更为强烈。

“法律与您的生活”这一单选题，“关系很大”35.91%，“关系比较大”38.18%，“关系不大”22.27%，“没有关系”3.64%。

“遇到法律问题时，您首先会想到的是”这一单选题，“请熟人朋友帮忙”24.55%，“找村（居）基层干部”12.27%，“找法院、检察院”6.82%，“找政府部门”6.36%，“咨询律师等法律服务人员”34.55%，“上网搜索”12.27%，“拨打12348法律援助热线”3.18%。

“您认为普通老百姓能够通过法律途径解决好与政府机关的矛盾吗”这一单选题，“能够”21.36%，“或许能够”46.36%，“不太能够”26.82%，“根本不能”5.45%。

“平常您的哪些权利比较容易受到侵害”这一多选题，“平等权（男女平等、城乡平等、民族平等、法律面前人人平等）”34.55%，政治权利和自由（选举和被选举权、监督权、言论、出版等政治自由）23.64%，“人身和人格权（人身自由不受侵犯、人格尊严不受侵犯等）”17.27%，“宗教和信仰自由”5.45%，“社会经济、文化教育方面的权利（私有财产权、劳动权、生活保障权、受教育权）”35%，“获得权力救济的权利（申诉权、控告权、国家赔偿及补偿请求权）”21.82%，“特定主体的权利（妇女、老人、儿童、华侨等特殊主体的权利）”18.64%。

"如果您住所附近的工地夜间违规施工,严重影响您的休息,您首先会怎样"这一单选题,"打110报警"30.91%,"向有关部门反映"26.82%,"向新闻媒体反映"1.36%,"带人到工地施加压力解决"0.91%,"向法院起诉"0.91%,"听之任之"5.91%,空白未选33.18%。

"对行人乱穿马路、横跨栏杆等行为,您认为"这一单选题,"违反法律,应当受到惩治"54.09%,"没有造成不良后果,不必追究"8.64%,"没有必要管"3.64%,空白未选的占33.64%。

"您如何看待丈夫殴打妻子的行为"这一单选题,"是自家的事,跟外人没关系"11.36%,"是违法的,不应该发生"27.27%,"是犯罪行为,应当严惩"9.09%,空白未选的52.27%。

"对您来说,参加村(居)民委员会选举(年满18周岁及以上者回答)"这一单选题,"很重要"33.64%,"比较重要"35.45%,"不怎么重要"17.73%,"不重要"6.82%。

"看到网上或者QQ群里爆料某名人的隐私照片或未经证实的负面新闻,您会选择"这一单选题,"看看就算了"72.27%,"仅转发给熟悉的朋友"7.27%,"在网上其他论坛或QQ群里转发"6.36%,"向网络管理部门举报"12.27%。可见,"看看就算了"的占绝大多数。转发和向网络管理部门举报的比例比较低。

"您认为打赢官司最重要的因素是"这一单选题,"自己有理,证据充分"55.91%,"自己懂法,熟悉相关法律知识"21.82%,"有经济实力,请得起大牌律师"10.45%,"路子广,有背景"8.64%。

"您对我国正在进行的法治中国建设的前景有何看法"这一单选题,"很难实现,人治传统影响太深"15.91%,"虽然能够实现,但过程会很艰难"45.91%,"非常有信心,很快就能实现"21.82%,"说不清楚"15.45%。

二、公民权益保障情况

(一)公民人身财产权益保障

1. 食品药品监督

食品、药品安全实行属地管理,每年区政府将食品药品安全工作纳入年度国民经济和社会发展计划、社会主义新农村建设工作考核、街道(开发园区)及成员部门的目标考核,工作经费纳入区财政预算。由政府负总责,形成了横向到边、纵向到底、责任到人、工作到位的立体式安全责任体系。各街道、开发园区调配食品药品安全专职人员2人,各社区食品药品安全工作站配备食品药品安全协管员、信息员若干人,形成了区、街道(开发园区)、社区(村)、居(村)民小组四级联动的食品药品监督网络。

(1)食品监督。江宁区的食品安全监管网络,从2006年开始建立,一步步向基层延伸,至2007年年底,已初步建立区、镇(街道)、村(社区)三级食品安全监督网、社会责任网和现代流通网。2006年,区食品安全委员会开展农村集贸市场、流动摊贩、餐饮、食品生产加工企业和2600家建筑工地食堂、95所学校食堂以及肉制品、乳制品、豆制品等生产经营企业的专项检查和整治。共取缔食品生产、经营及餐饮店476家,没收假冒伪劣食品、农药残留超标蔬菜等9500多公斤,查处违法行为20起,涉及总货值384.20万元,全区没有发生食品安全事故。江宁区还积极扶持有实力的食品企业到街道、社区开办连锁店、便利店。到2010年,全区已建立食品连锁超市108家,村级食品安全放心工程便利店408家,村级标准化农家店(放心店)覆盖率100%,货物集中配送率达85%以上,让老百姓真正用上了安全、放心、质优、价廉的食品。

(2)药品监督。2001年12月,修订后的《药品管理法》正式施行。2002年起,区药监局对辖区内药品生产、经营、使用单位进行药品质量抽样检查。2002～2007年,针对性抽验药品共2135件,送到报告书1997件,不合格数270件,平均不合格率13.52%。区药监局在工作中接触或发现某种药品的内外包装、图案、有效期、说明书等有可疑,且检验有困难时,就将该药品的实物、批件等邮寄给药品生产厂家或当地药监部门进行质量检验。2003～2007年,寄送药厂及当地药监部门290件,核查出假冒产品35件,占寄出样品总数的12.07%。此外,各类专项整治行动对药品监督也起到了重要作用。2005年,共开展医药市场专项整治16次,出动执法人员870余人次,检查单位315家次,立案查处违法案件102件。据统计,2002～2007年,全区共出动稽查执法人员22222人次,检查单位9672家次,查办案件711件,结案率95%,没收不合格药品器械833种次,价值180.80万元,罚没款954万元。

在药品采购方面,由区卫生局实行统一招标采购,街道卫生院为村卫生室统一配送。同时,利用国内医药物流大型企业——江苏九洲通医药有限公司等单位落户江宁的优势,向全区单体药店、厂矿企事业单位医疗机构实行直接配送。到2010年,该公司已向江宁300多家小型涉药单位实行配送,有效规范了小型涉药单位的购药渠道,全区已基本形成了渠道清晰、行为规范、供应及时的药品供应网络。

2013年,区食品药品监管部门结合辖区内食品药品安全形势,采取日常监管与专项整治相结合的办法,突出重点时段、重点区域、重点品种监管,严厉打击制售假劣食品药品违法行为。在餐饮服务市场开展食品添加剂、"地沟油"、学校食堂及部分集体食堂、鲜肉和肉制品、鸭血制品、皮蛋等专项整治;在药品市场开展"两打两建"、川乌、义齿、兴奋剂、医院调剂制剂、黑诊所等专项检查;在保健食品市场开展蜂胶类保健食品、保健食品非法添加、"打四非"等市场整治。全年出动监管人员4758人次,检查有关单位9264家,立案120件,罚没款120余万元。

2. 生产安全

1988年,全县发生职工重大伤亡事故29起,其中死亡24人,重伤5人。1991年,全县有生产企业2567家,职工总人数202462人,其中县属以上企业职工人数42915人,县属以下企业职工159547人。当年县属以上企业发生工伤事故7起,伤亡7人,其中死亡事故1起,死亡1人,死亡率为0.02‰,重伤事故6起,重伤6人,重伤率0.14‰,县属以下企业因工死亡事故16起,死亡16人。1999年,全县有企业2228家,职工总人数248663人,其中县属以上企业职工57968人,县属以下企业职工190695人。县属以上企业千人死亡率控制为零,千人重伤率仅为0.05,县属以下企业千人死亡率0.06。2001年,全区发生伤亡事故14起,其中死亡11人,重伤3人。企业职工伤亡事故14起,死亡14人。2003～2004年,全区发生安全生产死亡事故25起,死亡28人。2007年,全年发生安全生产死亡事故8起,死亡8人,死亡指标控制在市政府考核指标内。

2013年,生产安全事故连续8年实现事故起数和死亡人数“双下降”,全年工矿商贸企业共发生事故4起,死亡5人。全年生产安全事故亿元GDP死亡率为0.0046人,比上年下降14.8%。2014年,全区加大安全生产综合监管力度,层层签订责任书,建立四级责任网,强化了安全生产责任和措施落实,全区2524家企业上报《企业安全生产报告书》。全区所有街道都通过“全国安全社区”验收,全省唯一,全国前列。全年工矿商贸企业共发生事故4起,死亡4人。全年生产安全事故亿元GDP死亡率为0.00285人,比上年下降38.0%。

3. 社会治安

2001年后,区公安局以深入开展严打整治斗争为重点,积极探索切合实际工作的运作机制,多管齐下综合施策,努力多破案、快破案、破大案。2001~2002年,立案侦查7030件,破获各类刑事案件4587起,抓获刑事作案成员3061人,破案率高达65%。2007年,立案侦查的刑事案件数量创历史最高,立案侦查9323起,破案3960起,抓获犯罪嫌疑人3205人,依法打击犯罪分子1787人,追获网上逃犯586人,破案率为42%。2013年,破获各类刑事案件2920起,抓获刑事作案人员1811人,逮捕614人,当年江宁区域内发生命案14起,破案13起,破案率93%,社会治安状况良好。

4. 环境质量

从20世纪80年代开始,由于工业的发展,人口的增加,使得进入环境的各类污染物的排放量明显增多,并逐渐超过环境自然净化能力,从而产生环境污染,导致环境质量下降。在环境各要素中,水质污染和水质下降较为严重。80年代后期,由于工业污染防治和环境综合整治取得成效,环境污染恶化的趋势有所遏制。进入90年代后,江宁的环境质量总体水平稳定,部分区域环境质量得以改善,但与国家标准相比还有差距。2000年始,江宁城市化建设步伐加快,环境保护工作力度加大,特别是全国生态区的创建活动,使全区环境质量有较大提高。

2014年,节能减排完成年度目标:推进62座加油站油气回收设施改造;完成了湖熟集镇污水处理厂续建与一级A提标升级工程;建成丹阳集镇污水处理厂,正在加快管网建设;建成协鑫电厂燃煤机组脱硫脱硝改造工程(7月底建成投运)和中联水泥脱硝工程;化学需氧量、氨氮、二氧化硫、氮氧化物4种主要污染物排放削减均完成年度目标任务。

区域空气质量显著改善,PM2.5浓度环比大幅降低。全年PM2.5(细颗粒物)年均值为63微克/立方米、PM10(可吸入颗粒物)年均值为96微克/立方米比上年下降5%,全年降尘量均值为5.93吨/平方公里月,比上年下降14.2%。全区空气质量优良天数为249天,大气环境质量优良天数比例达到68.2%。全区5个小康标准断面达标88.5%,集中式饮用水源地水质达标率100%;Ⅲ类以上地表水比例达到52%,比上年提高5个百分点。

5. 公共安全应急体系

江宁区十分重视各项公共安全应急预案的制定和修订工作,到2015年5月,已制定或修订了包括《突发公共卫生事件应急预案》《重大动物疫情应急预案》《重大传染病应急预案》《供水、供气事故应急预案》《火灾事故应急预案》在内的各类应急预案，形成了较为完善的公共安全应急网络。此外，江宁区还经常举办各种应急演练，如 2015 年 7 月在东山街道江苏润恒物流发展有限公司江宁分公司开展的液氨泄漏应急救援演练，2015 年 8 月在江宁区正方大道东延线跨秦淮河大桥项目施工水域开展的内河水上消防搜救演练，2015 年 10 月在南京上元工业气体厂举行的危化品泄漏事故应急救援演练等。这些活动加大了重点部位事故隐患自检自查力度，磨合了公共安全事故协调联动机制。

（1）突发公共卫生事件应急体系。江宁区严格按照国务院颁布的《突发公共卫生事件应急条例》的要求，进行预防和应急准备，制定相应突发公共卫生事件应急预案，妥善开展应急处置，有效预防、及时控制和消除各种突发公共卫生事件的危害，保障公众身体健康与生命安全，维护正常的社会秩序。在 2003 年“非典”爆发。3 月，全区启动“非典”防治工作。4 月 9 日，区卫生系统工作进入临战状态。区卫生局制定并下发《南京市江宁区传染性非典型肺炎控制预案》，建立相应组织，向社会公开 24 小时值班、咨询电话。4 月 20 日，全区工作进入临战状态。4 月 24 日，全区一级以上医疗机构开设“发热门诊”，实行首诊负责制和首问负责制。4 月下旬，全区开始对来自“非典”疫区的人员进行监控，并设立留验站对外来外归人员进行集中管理。4 月 26 日，在规定的主要公路干线设卡，实施“防非”检查与消毒工作，全区共设有 5 个交通检查点，至 5 月 10 日，累计检查消毒车辆 15765 车次、117954 人次。至 5 月底，全区共紧急启动“非典”防控预案 6 起，一般性预案 10 起，处理“非典”相关事件 61 起。在整个“非典”期间，江宁区突发公共卫生事件应急体系运转正常，反应及时，有效防止了疫情扩散。

（2）防灾减灾能力。江宁区位于秦淮河下游与长江交汇处，易涝易旱。自 20 世纪 50 年代起就设立了防汛防旱指挥部。指挥部每年 5 月恢复办公，制订当年工作方针、具体计划、落实任务与要求，各乡镇、街道成立相应组织并层层落实防汛防旱岗位责任制。在指挥部的领导下，多次取得了抗洪救灾和抗旱救灾的胜利。2007 年汛期，江宁遭受百年未遇特大暴雨袭击。7 月 7 日暴雨发生后，区防汛防旱指挥部立即进入应急状态，紧急派出 6 个督查组和 5 个技术指导组，分赴重点镇街和开发园区，加强对秦淮河堤防、水库防汛抗灾的工作督查和技术指导。全区 3.70 万千瓦排涝动力机械全部开启，日夜排涝，并临时架设 100 台（套）柴油机突击抢排。同时，从市抗排总队、高淳等地调集 80 台（套）柴油机，对重点城区、镇街的内涝和积水进行排除。全区 337 个、16833 人的防汛抢险队伍、180 个民兵抢险队、36 个河道及管理单位抢险队、41 个水库抢险队和 71 个其他专业抢险队分别在各灾区进行紧张的抢险战斗，确保险工险段安全度汛和及时排除内涝，取得了抗灾的全胜。

（二）公民社会权益保障

1. 公民基本生活保障

（1）社会保险。1987 年，江宁县建立企业职工养老保险和失业保险制度后，机关、事业单位社会保险和农村养老保险制度逐步建立，社会保障覆盖面不断扩大。养老、失业、医疗、工伤、生育等社会保障体系逐步完善，至 2007 年，一个涵盖机关事业单位、城镇企业、农村三大块养老、失业、工伤、生育、医疗“五大险种”的社会保障体系在全区基本形成,实现全区社会保障制度从“广覆盖”到“全覆盖”的转变。继“全民医保”之后在全市率先基本实现“全民养老保障”。

2014 年,全区养老保险参保职工人数达 43.17 万人,比上年增长 18.0%;工伤生育参保人数为 26.73 万人,增长 12.0%;失业保险参保人数为 26.32 万人,增长 8.0%;医保参保人数为 38.69 万人,增长 5.0%。全区各项社会保险基金累计结余 153.9 亿元,备付能力全省领先。连续 10 年为企业退休人员调资,3.17 万名企业退休人员基本养老金上调工作全面完成,月人均养老金达到 2444 元,增幅 11.5%;居民社会养老保险续保率 96% 以上,城乡居民基础养老金每月增加 75 元,年缴费基数由 700～1400 元/年调整为 800～1500 元/年,政府年缴费补贴标准为 220 元/人年。3.9 万名被征地人员纳入城乡居保范围,发放基础养老金;征地人员保障待遇每人每月增加 90 元;区失业保险金领取的最低标准自 7 月 1 日起由每月 780 元调高至 858 元,为 2 万名失业人员月发放失业金(含医保补贴)3000 万元。从 7 月份起,全区城乡低保标准统一提高至 660 元/月,实现城乡并轨,同城同标,全年累计发放低保对象 10228 户,16614 人,比上年减少 218 户 1260 人,发放保障金 1.03 亿元,比上年增加 0.23 亿元。

(2)最低生活保障。1997 年 8 月,县政府颁布《江宁县城乡居民最低生活保障制度暂行办法》。同年 10 月,江宁县在全市率先建立农村居民最低生活保障制度。1998 年 4 月,全面实行城镇居民最低生活保障制度。江宁撤县设区后,区政府多次调高城乡低保标准,城镇标准 2001 年 1 月调为 170 元/日、2002 年 1 月调为 180 元/日、2004 年 1 月调为 200 元/日、2006 年 1 月调为 220 元/日、2007 年 6 月调为 260 元/日。农村标准 2003 年 1 月调为 100 元/日、7 月调为 120 元/日、2004 年 1 月调为 130 元/日、2005 年 1 月调为 150 元/日、2006 年 1 月调为 180 元/日、2007 年 6 月调为 200 元/日。从 2014 年 7 月起,全区城乡低保标准统一提高至 660 元/月,实现城乡并轨,同城同标,全年累计发放低保对象 10228 户,16614 人,比上年减少 218 户 1260 人,发放保障金 1.03 亿元,比上年增加 0.23 亿元。

(3)住房保障。1995 年,江宁县经济适用住房建设开始起步。2005 年,江宁区面向全区城镇低收入阶层,进一步完善住房保障机制。根据建设部等五部委颁布的《城镇最低收入家庭廉租住房管理办法》,正式启动全区廉租住房保障工作。经过对全区低保家庭住房状况开展入户摸底调查,30 多户住房困难的低保家庭纳入廉租住房保障范围,实行应保尽保。至 2007 年,全区先后建成顺达新苑、康馨花园、明月新寓、景祥佳园和杨家圩等经济适用住房小区,解决数千户城镇低收入家庭及城镇拆迁户的住房困难。

2010 年江宁区政府制定了《江宁区廉租住房保障实施细则》,廉租住房保障方式和标准、申请租赁补贴和保障性购房补贴的对象和条件以及申请和核准程序等做出了详细规定。同年,区政府制定了《江宁区经济适用住房管理实施细则》,对经济适用住房的优惠政策、建设管理、价格管理、供应管理和上市管理进行了规范。2011 年,全区建成各类保障性住房面积 160 万平方米;2012 年,各类保障性住房建成面积达 220 万平方米;到了 2013 年,这一数字为 260 万平方米。2014 年,全区计划实施 50 个保障性住房项目，总投资约263亿元，当年计划投资90亿元，总建筑面积达670万平方米。

2. 公民劳动权保障

（1）就业援助。1987年4月，江宁县劳务市场挂牌开业，1992年更名为职业介绍所，并相继在13个重点乡镇建立职业介绍所，初步形成县、乡两级职业介绍网络。1991～1995年，县劳动局针对失业人员中"农转非"人员和女青年多的特点，与轻纺服务行业联系，寻找适合他们就业的岗位。5年中统筹安置38499名人员就业，失业率由1990年的5%降至1995年的3%。2003年后，全区启动"城镇零就业家庭""农村零转移家庭"两项"清零"工作和充分就业区创建工作。对区内"4045""零就业家庭"等7类困难人员开展日常援助、重点援助，做到"两零家庭"出现一户，援助一户，脱贫一户，保证所有家庭都有人就业。至2007年，全区9个街道全部实现充分就业街道，202个社区成功创建为充分就业社区。1986～2007年，全区通过各种渠道统筹安置城乡就业495572人。

2009年，江宁区政府发布了《江宁区"就业援助送春风系列活动"实施方案》，成立区"就业援助送春风系列活动"工作领导小组，由分管区长任组长，政府办分管主任和劳动保障局局长任副组长，区有关部门、各街道、园区分管领导为成员，领导小组下设办公室，办公室设在区劳动局就业管理中心，中心主任任办公室主任。通过开展"就业援助周""春风行动"和"民营企业招聘周"等活动，促进城乡零就业家庭、零转移家庭成员、进城务工农民和本区农村富余劳动力、城镇失业人员和大中专院校毕业生等需要就业援助的人员就业。

为进一步鼓励和扶持青年大学生在江宁区自主创业，江宁区政府于2013年颁布了《江宁区青年大学生创业扶持政策实施细则》，为符合条件的青年大学生提供创业场所、创业融资政策扶持、税费减免、创业带动就业奖励和创业培训补贴等优惠政策，其工作目标是："区政府设立江宁区青年大学生创业基金，建立大学生创业园（孵化基地）2万平方米，在科技创业特别社区中要安排不少于5000平方米的载体专门安排青年大学生创业。到2015年末，力争扶持1千名青年大学生自主创业，带动5千人就业。"

此外，为促进家庭经济困难和就业困难高校毕业生就业，江宁区从2011年起，连续3年在街道、社区购买25个基层公共服务公益性岗位，重点用于招聘该区毕业2年内未实现初次就业并进行失业登记的困难家庭和就业困难高校毕业生，拓展就业困难高校毕业生到城乡基层就业渠道，截至2014年9月，已有71名就业困难高校毕业生走上基层公共服务公益性岗位。

根据《江宁区2014年国民经济和社会发展统计公报》，2014年，江宁区新增城镇就业28433人，农村劳动力转移就业14633人次。援助困难人员就业532人，实现再就业10256人。全年培育自主创业630人，创业带动就业3924人。全年开展各类培训38193人，其中农村劳动力转移培训7575人次；创业培训1394人，其中大学生创业404人次。开展职业技能鉴定20050人次，新增高技能人才902人。

（2）劳动合同制度。1978年后，江宁县开始逐步进行劳动用工制度改革，由固定工制度向劳动合同制过渡。1984年，开始全面推行劳动合同制，积极试行养老保险和医疗保险"双保"制度，以解除城镇合同工的后顾之忧。至1990年年底，全县共有劳动合同制职工 9199 人,占在职职工总数的 19. 42%。1995 年 7 月,全县县属企业固定工改为劳动合同制工作全面展开。至当年年底,县属国有、集体企业中原有的固定职工 15374 人全部同所在单位签订劳动合同,建立新型劳动关系。1996 年,江宁县推行劳动合同制的重点再次转移,使其覆盖面扩大到私营、三资、乡镇等其他经济性质企业,当年签订劳动合同 1. 57 万份。1998 年,全县有 12 家注册私营企业、乡镇企业在县劳动局办理劳动合同鉴证手续。当年全县共鉴证劳动合同 11470 份,其中国有企业 4364 份,集体企业 3058 份,外商和中国港、澳、台商投资企业 3735 份,股份、私营企业等 126 份,乡镇企业 187 份。

2013 年,区总工会积极推进工资集体协商工作,工资集体协商签订率 94. 2%。其中独立工会签订工资集体协商合同 2349 家,签订率 100%;签订区域、行业性工资集体合同 226 份,覆盖企业 3598 家,签订率 100%。女职工权益保护专项集体合同签订率 99%。

(3)工资保障。随着国民经济的发展,劳动生产率的提高,江宁区职工平均工资不断得到增长,国民经济各行业的平均工资每年都有提高。1949 年至 1978 年的 29 年间,职工平均工资增长 79. 30%,年平均增速 2. 10%;1979 年改革开放后至 2007 年的 28 年,职工平均工资增加 58. 40 倍,年平均增速达 15. 70%。

2013 年,江宁区全部职工工资总额为 17570298 千元,平均工资为 59233 元,其中国有经济职工平均工资为 77292 元,集体经济职工平均工资为 46482 元,其他经济职工平均工资为 56714 元,科学研究、技术服务业以 132030 元位居榜首。

(4)劳动争议仲裁。1986 年 12 月 11 日,县政府成立江宁县劳动争议仲裁委员会,负责辖区范围内各企事业单位的劳动争议等事宜。2005 年 8 月,江宁区率先在全市成立劳动争议仲裁院,承担独立办案职能。自 1995 年后,劳动争议立案逐年增多,2005—2006 年,受理劳动争议案件 1361 件,结案 1339 件,结案率 98. 50%,其中单位胜诉 200 件,职工胜诉 902 件,双方胜诉 237 件。2007 年,受理劳动争议案件 1643 件,结案 1634 件,结案率 99%,其中单位胜诉 222 件,职工胜诉 953 件,双方胜诉 459 件,有效地保护了职工的劳动权益。

2009 年,区劳动保障部门不断推进区、街道及园区劳动争议仲裁机构建设,按照“快立、快审、快结”和“基层为主、调解为主”原则,就近、及时处理基层劳动争议案件,保障用人单位和劳动者的合法权益。全年共受理劳动争议案件 4193 起,涉案标的 4000 多万元,其中接到处理劳动争议占总数的 20% 以上。当年结案的 4170 件,仲裁结案率 95%,其中通过调解结案 3166 件,调解率 75%,该年区劳动争议仲裁院获“全省劳动争议仲裁先进集体”称号。

2011 年,区人力资源和社会保障部门不断推进区、街道及开发园区劳动争议仲裁机构建设,按照“快立、快审、快结”和“基层为主、调解为主”原则,采取“一委十办、一院十三庭”处理模式,就近、及时处理基层劳动争议案件,保障用人单位和劳动者合法权益,促进区域经济健康发展。全年受理劳动争议案件 2308 件,涉案标的 1577 万元,其中在街道处理的劳动争议 460 件,占总数的 20% 以上;当年结案 2345 件(含上年结转数),仲裁结案率 98% 以上,其中通过调解结案 1391 件,调解率 60%,该年,区劳动争议仲裁院获“全省示范仲裁院”称号。

2012 年，全年受理劳动争议案件 2618 件，涉案标的 1654 万元，其中在街道处理 306 件，占总数的 12%；当年结案 2612 件，仲裁结案率 99%，其中通过调解结案 1860 件，调解率 71%。

2013 年，全年受理劳动争议案件 2517 起，涉案标的 5000 万元，其中街道仲裁办事处处理下派案件 343 件，自行协调处理案件 360 件，当年结案 2525 件（含 2012 年结转），通过调解撤诉 1861 件，调解率 70% 以上。

3. 公民受教育权保障

20 世纪 80 年代，县、乡两级政府十分重视普及小学教育工作，增加办学经费，充实小学师资，改善教师待遇和工作条件，取得一定成效。1986 年，全县贯彻《义务教育法》。至 1990 年，全县有 20 个乡（镇）按照实施义务教育条件标准验收，实现了小学 6 年义务教育。

2007～2008 年，全区有 32 所小学，989 个班级，在校生 42423 人，教职工 3105 人。2013 年，全区有小学 30 所，班级 1229 个，在校学生 55504 人，教职工 3233 人，专任教师 3070 人。初中 26 所，班级数 565 个，在校学生 21906 人，教职工数 2390 人，专任教师 2390 人。全区义务教育均衡发展，成功创成全国义务教育基本均衡区。到 2014 年年末，全区拥有普通中学 35 所，比上年增加 2 所；在校学生 3.42 万人，减少 0.02 万人；中等职业学校 2 所，在校学生 0.44 万人；小学 31 所，增加 1 所，小学在校生 5.94 万人，增加 0.39 万人，小学入学率保持 100%；初中升学率 98.1%。

4. 公民文化权保障

公共文化服务体系是指以政府部门为主的公共部门提供的、以满足公民的基本文化生活需求为目的、向公民提供公共文化产品与服务的制度和系统的总称。江宁区积极发展文化事业和文化产业，加大政府对文化事业的投入，逐步形成了比较完备的公共文化服务体系。

首先，形成了较完善的公共文化设施，至 2007 年，全区公共文化设施面积 71903 平方米。其中，区文化馆 5162 平方米，区图书馆 2775 平方米，9 个街道文体中心共 31538 平方米，204 个社区、村共 32428 平方米。2013 年，公共图书馆总藏量 382513 册（件），公用房屋建筑面积 3390 平方米，阅览室坐席数 352 个；群众艺术馆、文化馆举办展览 10 场，组织文艺活动 80 次；博物馆藏品 3000 件（套）；社区、村文化室 200 个，藏书量 350950 册，公共房屋建筑面积 60770 平方米；文化站 10 个，举办展览 50 次，组织文艺活动 1000 次。

其次，群众文化活动丰富多彩。既有方山麻雀蹦、铜山狮子舞、马铺锣鼓、丹阳龙灯等传统的民间文艺活动，也有音乐、舞蹈、健身等街道社区文化活动。还定期举办“金箔文化艺术节”“江宁之春”等大型群众文化活动。2013 年，艺术表演团体演出 122 场，观众人数 2 亿人次。

最后，放映公益电影和科教电影。1985～1986 年，全年放映科教电影 9591 场，观众 2879.80 万人次。1997 年 5 月，为配合“全国第七次安全生产周”和“江苏省第四次安全生产月”活动，组织《无情的火魔》《怎样使用灭火器》《安全用电与急救》等科教影片在全县放映。2007 年 6 月 11 日开始，东山影剧院组织开展南京文化惠民工程“欢乐新农村”公益电影放映活动，放映电影 42 场次。2014 年 11 月 11 日，在南京市四大保障房片区之一的大里社区大里聚福城华庭北园放映露天电影《刘老庄八十二壮士》。2015 年 8 月 19 日，由江宁区残联、江宁电视台和江宁文广局联合举办了江宁区首场盲人电影放映活动，20 多名盲人欣赏了有声新版电影《智取威虎山》，实现了盲人走进电影院看电影的梦想。

（三）公民经济生活权益保障

1. 消费者权益保障

1989 年 5 月，江宁县消费者协会成立。当年受理消费者投诉 260 件，解决投诉 245 件，为消费者挽回直接经济损失 5.30 万元。1990～1995 年，共受理投诉举报 1017 件，接待来人来电咨询 2132 人次，为消费者挽回经济损失 237 万元。1996～2000 年这 5 年中，县消费者协会积极受理消费者投诉，解决消费纠纷，共接待消费者咨询 1.20 万余人次，受理各类投诉 5605 件，办结率 100%，为消费者挽回经济损失 369.38 万元。2003 年，区消协以“12315”为依托，在全区建立 75 个“12315”投诉举报站，基本形成“横向到边、纵向到底、覆盖全区”的消费者维权网络。2001～2007 年，区消协共受理投诉举报 4649 件，接待来人来电咨询 40105 人次，为消费者挽回经济损失 882.71 万元。

2000 年 8 月 8 日，成立南京市工商局“12315”申诉举报江宁分中心，同时开通“12315”消费申诉（投诉）举报专线，全县 11 个工商所（分局）设立申诉（投诉）受理站，消费维权工作进入一个新的历史时期。2007 年 7 月，区工商局新设立消费者权益保护科。其主要职能是：接受处理消费者投诉、举报、调解权益争议；负责流通领域商品质量和食品安全监督管理，查处违法行为；组织开展放心消费创建活动。2011 年 3 月，江宁区成立“维护消费者合法权益法律援助工作站”，工作站服务内容包括接待咨询、非诉讼法律援助、相关法律法规宣传、受理经济困难消费者法律援助申请等事项，为消费者维权增加了新途径。

2. 列入听证目录的重要商品、公用事业和公益性服务的价格听证制度实施情况

根据江苏省物价局制定的《江苏省价格听证目录》（2009 年度），制定下列产品或服务的价格应当举行听证：有线电视收视维护费，由江苏省物价局组织听证；医疗服务（特需医疗服务除外）收费中非营利性医疗机构的基本医疗服务收费，由江苏省物价局组织听证；教育收费中公办高中、大学学费，由江苏省物价局组织听证；收费公路车辆通行费征收标准的制定和调整，由江苏省物价局组织听证；居民生活用管道燃气价格，按照价格管理权限，由省、市、县（区）物价局组织听证；居民生活用自来水价格，由市、县（区）物价局组织听证；城市生活垃圾处理费，由市、县（区）物价局组织听证；城市公共旅客运输基准票价（含公共汽车、出租汽车、地铁、轻轨），由市、县（区）物价局组织听证。

目前，价格听证主要运用于出租车价格调整方面，如 2015 年 7 月 2 日，江宁区物价局召开了“江宁区出租汽车燃料价格和运价联动机制及调整运价结构听证会”，听证报告中提出的调整运价结构方案得到了大多数听证参加人的赞同，7 月 28 日，物价局出台了《关于调整江宁区出租汽车客运价格的通知》。

3. 编制或者修改城乡规划公告、公开征求意见以及听证情况

江宁区城乡规划在确定前，都会通过召开行风监督员座谈会、发放征询意见单、制作播放规划宣传片、发放《规划经纬》内部刊物、开设城市规划展示馆、重大项目规划第一时间在新闻媒体上公布等多种形式，向公众介绍规划方案，征求公众意见，使城市规划更具科学性、现实性、超前性。如 2010 年，在编制《江宁区城乡总体规划（2010—2030）》时，在南京市规划建设展览馆和南京市规划局网站进行了为期一个月的公示，向全社会公开征求意见。2010 年的《江宁禄口新城 SOG013 单元控制性详细规划》、2011 年的《江宁滨江新城总体规划（2011—2030）》《江宁区麒麟街道（新市镇）近期建设地区控制性详细规划》《江宁科学园片区控制性详细规划》都曾向社会公开征求意见。在 2014 年江宁区规划局主动公开的信息中，与公众密切相关的重大事项方面的信息有 49 条，大部分是规划编制建设公示咨询和项目规划设计方案批前公示。

（四）公民知情权、参与权、表达权和监督权保障

1. 依法应当主动公开的政府信息公开情况

根据《南京市政府信息公开规定》的规定，依法应当主动公开的政府信息包括四类：一是管理规范和发展计划方面的信息；二是与公众利益密切相关的事项的信息；三是公共资金使用和监督方面的信息；四是政府机构和人事方面的信息。江宁区政府通过信息公开统一平台——区政府门户网站“中国江宁”和南京市政府互联网工作平台主动公开政府信息。

以 2014 年为例，通过这两个平台主动公开政府信息 3661 条。具体包括：（1）政府机构类：公开了“机构领导及分工”类《关于调整街道领导分工的通知》等 7 条；（2）法规文件类：公开了“区县政府文件”类《关于印发〈江宁区 2014 年为民办实事工程〉的通知》《关于公布第一批江宁区不可移动文物名录的通知》等 51 条，“政策法规”类《南京市江宁区安全生产隐患有奖举报试行办法》等 17 条，共 68 条；（3）政府重要会议类：公开了《2014 年区政府第十八次常务会议纪要》等 14 条；（4）政府报告类：公开了“政府提交人大及其常委会审议通过的各类报告”类《江宁区 2013 年政府工作报告》1 条；（5）通知公告类：公开了“通知公告”类《关于举办“巾帼建功展风采”主题摄影比赛的通知》、《关于向社会公开征集 2015 年为民办实事项目建议的公告》等 356 条；（6）应急管理类：公开了“应急管理”类《江宁区重污染天气应急预案区气象局分预案》《南京市江宁区建设工程扫雪防冻应急救援预案》等 8 条；（7）公共财政类：公开了“财政预、决算”类《关于做好我区 2015 年度部门预算信息公开工作的通知》《2014 年江宁区人民政府办公室“三公”经费预算财政拨款情况表》等 6 条，“政府采购”类《南京市江宁区政府办监控系统竞争性谈判采购公告》等 124 条，共 130 条；（8）工作动态类：公开了《以普通党员身份带头负起责任——区长陈发喜参加区政府办公室党的群众路线教育实践活动学习会》《我区教师在“全国网络教研团队大赛”（NOC）中喜获好成绩》等工作动态 8962 条；（9）人事信息类：公开了“人事任免”类《关于高德臣等同志职务任免的通知》（江宁政发〔2014〕94 号）等 13 条；（10）公共服务类：公开了“环境保护”类《区扬尘办布置春节前后扬尘防控工作》《淳化街道 2014 年秸秆禁烧工作实施方案》等 31 条，“医疗卫生”类

《我区开展世界结核病日宣传咨询活动》《区中医院开展建院三十周年膏方月义诊活动》等306条,“安全生产”类《横溪街道召开安全生产检查整改严防严控工作会议》《淳化街道集中开展安全生产检查整改专项行动方案》等7条,“食品药品管理”类《区食药监局四项措施确保清明节期间全区餐饮食品安全》《南京市2014年食品药品监管工作要点》29条,共373条。

2. 法定行政事项和重大行政决策听证情况

《南京市政府信息公开规定》第9条规定:“政府机关拟作出下列涉及公众重大利益或者有重大社会影响的事项时,在制定过程中,起草机关或者决定机关应当采用听证会、论证会或者在媒体公开征求意见等方式,向社会公开,充分听取公众意见:(一)本市经济、科技、文化和社会可持续发展的战略决策和规划计划;(二)城市规划和建设的重大事项;(三)教育、医疗以及供水、供电、供气、城市交通等涉及群众切身利益事项收费价格的调整;(四)环境保护和自然、社会协调发展方面的政策措施;(五)其他依法应当通过听证会、论证会或者其他方式公开征求意见的事项。”

近年来,江宁区政府在作出重大行政决策时,越来越多地采用听证的方式征求民众意见。如2012年4月“江南静脉产业园生活垃圾焚烧发电项目”听证会和2015年7月江宁区物价局举行的“江宁区出租汽车燃料价格和运价联动机制及调整运价结构听证会”。但和《南京市政府信息公开规定》的要求相比,江宁区的听证会尚有较大的发展和适用空间。

3. 信访事项办结率

1953年11月,县法院设立人民接待室,负责接受人民来访和处理人民来信。1954年上半年,接待室处理人民来信75件,接待来访45人(次),同时接受对法院带有批评性质的意见24件。1958年,信访接待410人(次),处理结果是留作参考30件,转上级处理7件,转基层法庭和当地乡镇处理128件,尚存61件未结。1959年1~11月,共收到人民来信来访647件(人次),比1958年增加57.80%。当年处理610件(人次),其中自办469件,转办141件,尚未处理的37件。1961~1964年,接受人民来信1830件,接受来访1671人(次)。文化大革命时期,信访接待工作告停。1975~1976年,恢复信访接待工作,其间,收到人民来信632件,接待来访510人(次)。从1978年开始,信访工作进入新的高峰期,当年法院收到人民来信662件,接待来访266人次。1979年,全年接待信访群众突破2000人(次)。1983年,接访946人次,处理人民来信1086件,通过接待来访处理简易纠纷413件。1986~1990年,接待和处理来信来访13338件(人)次,审查后立案6455件,处理诉讼外简易纠纷413件。1991~1995年,处理来信来访15020件(次),1996年,妥善处理各类信访5255件(次)。1998年,接待群众来访3044人次,处理来信2052件(次)。2003年,接待处理群众来信来访8662件(次),此后,信访件次大幅下降,2006年接待来访2012件(次),2007年接待来访2211件(次)。

2012年8月~10月,江宁区信访局集中开展了突出信访问题排查工作,对老户老案、涉军群体、事业单位改制、征地拆迁、环境保护、劳资纠纷、专项治理和一些历史遗留问题及重点人员等方面,进行了专项排查。共排查出信访突出问题111件,其中:省市交办信访积案31件，区自排疑难信访突出问题80件。2013年，全年受理群众信访818件3528人次。其中来信260件，来访558批3268人次，来访中集体上访133批2591人次。同比信访量基本持平，集体访批次增长19.8%、人数增长8.8%。省市"领导信箱"受理网络来信1813件，"区委书记、区长信箱"受理网络来信1776件。全区按照排查、保障、稳控和应急处置"四到位"的工作要求，切实做好重要时期的信访工作。全国"两会"、亚青会和中共十八届三中全会等时期，按照"属地管理、分级负责"和"谁主管、谁负责"的原则，集中开展矛盾纠纷排查12次，排查出各类矛盾纠纷1007件，涉及人员5234人次。针对重点人员、重点领域、重要部位，进行矛盾纠纷排查分析，逐案建立台账，落实领导包案，责任单位到人，限期解决。

（五）公民救济权益保障

1. 几类典型案件

（1）房产纠纷案件。1964～1966年，江宁县法院受理房屋纠纷84件。1974～1976年，受理房产纠纷70件，审结43件。1981年，房产纠纷上升迅猛，这类案件占民事案件收案数的第二位。针对房地产纠纷大幅上升的势头，于2000年成立审理房地产案件合议庭，专门审理房地产纠纷案件。2002年，全年审结因房地产开发引发的纠纷案件107件，占房地产总收案的45%；到2012年，房地产开发纠纷收案件数达到522件，结案512件，结案率为98.08%；2013年，收案509件，结案479件，结案率为94.11%。此外，房地产纠纷中还出现了环境权、商品房买卖中的虚假广告、相邻采光等新型案件。

（2）交通事故赔偿案件。2003年，受理道路、非道路交通事故损害赔偿，医疗事故损害赔偿，雇员受害赔偿及其他特殊侵权赔偿案件403件，审结392件。2004年5月1日，《道路交通安全法》正式施行，交通事故损害赔偿纠纷大幅增加。2005年，受理交通事故损害赔偿案件746件，结案659件，比2004年分别上升154.60%和164.60%。2006年，交通事故损害赔偿案件1125件，较2005年上升50.80%。为了应对这种局面，江宁区法院于2004年6月1日，成立了交通事故损害赔偿案件庭前调解组，并于2005年7月在江宁区公安交警部门设立了交通事故巡回法庭，逐步构建起以"诉调对接"为主要形式的交通事故赔偿案件处理机制。其一是委托调解机制，即交通巡回法庭在受理的案件中甄别出当事人对公安交警部门责任认定无异议的交通事故赔偿案件，将其委托给交警调解。据统计，到2008年，共委托公安交警部门调解227件，调解成功率达61%。其二是互助调解机制。交通巡回法庭在部分案件的调解过程中，积极邀请公安交警部门协助调解；与此同时，公安交警部门为了弥补赔偿方面相关法律的缺乏，也经常邀请交通巡回法庭法官协助调解相关事故纠纷。据统计，到2008年，公安交警部门协助交通巡回法庭调解87件，调解率达64%，交通巡回法庭协助公安交警部门调解213件，调解率达92%。

2009年9月29日，江宁区"道路交通事故处理服务中心"正式对外服务，这是南京成立的第五家交通事故快速理赔服务中心。与其他4家不同的是，该中心集道路交通事故处理、交通事故保险理赔、交警大队事故科、交通事故巡回法庭、交通事故人民调解工作室为一体。由江宁公安分局交巡警大队事故科、江宁区人民法院交通巡回法庭、司法局人民调解工作室、财产保险公司在内的4家单位集中合署办公，是全市首家集公安、司法、法院、保险公司“四位一体”、集公安行政调解、人民调解、司法调解“三调对接”的服务中心。

（3）劳动争议案件。20世纪80年代后期，开始出现劳动报酬纠纷，1987～1990年，法院共受理此类案件22件。此后，这类案件的收案数一直较为平稳。1995年《劳动法》颁布实施后，县法院受理的劳动纠纷案件呈逐年上升趋势，1996～1998年，受理此类案件41件。2001年，受理劳动争议案件34件，较上年上升12.50%，其中多数为共同诉讼或集团诉讼案件。2002～2003年，受理劳动赔偿、劳动合同、劳动保险、工资待遇等劳动争议案件306件，全部审结。针对劳动争议案件不断增长的态势，区法院对于劳动争议案件，实行专业化审理。2006年，成立专业化合议庭，并按照省高院《关于委托工会组织和特邀调解员调解劳动争议案件的意见》要求，与区总工会充分协作。2012年，受理劳动争议纠纷案件1011件，结案976件，结案率为97%，受理劳务合同纠纷案件83件，结案74件，结案率为89%。2013年，受理劳动争议纠纷案件1433件，结案1209件，结案率为84%，受理劳务合同纠纷案件128件，结案118件，结案率为92%。此外，江宁区还充分发挥基层组织在解决劳动纠纷中的作用，2013年，街道仲裁办事处共处理下派案件343件，自行协调处理案件360件，街道处理案件数占全部案件数的29%。2014年，共受理劳动争议案件2700件，结案率达99%。

新中国成立前，江宁县没有劳动争议仲裁机构。新中国成立初期，劳资纠纷的调处由县劳动科负责。1958年，劳动科撤销后，发生的劳动争议由工会或信访部门负责处理。1986年12月11日，县政府下发《关于成立江宁县劳动争议仲裁委员会的决定》，成立江宁县劳动争议仲裁委员会。该会负责辖区范围内各企事业单位的劳动争议等事宜，办公室设在县劳动局，该室为劳动局的内设机构。

2005年8月，率先在全市成立江宁区劳动争议仲裁院，承担独立办案职能。区仲裁委员会办公室作为日常办事机构不再直接办理劳动争议案件，办案职能转至区劳动争议仲裁院。2007年3月，经政府相关部门批准，江宁区将劳动争议预防调解工作平台及时下移，在全区9个镇（街）全部成立劳动争议仲裁办事处，且为每个仲裁办事处辟出占地30平方米的专用仲裁庭，加上区仲裁院的3个仲裁庭，在区、镇（街）两级形成“一委九办、一院十三庭”的劳动争议处理体系。

劳动争议处理县劳动争议仲裁机构自1987年后，在处理劳动争议的案例中，每年都根据案件的不同特点依据仲裁的法律法规，采取相应处理方式，取得较好效果，维护了企业经营者和职工的合法权益。1987年，受理劳动争议案1件。此后，每年受理的劳动争议案件由少到多逐年增加，特别进入21世纪以后数量快速上升。1990年，对劳动争议立案2起，结案2起，其中调解结案1起，做工作和解撤诉结案1起。不够立案条件予以案外调处的5起。1995～1998年，受理各类劳动争议168件，涉案劳动者514人。仲裁部门通过案件审理，为当事人挽回经济损失130.77万元，依法维护双方合法权益。2004年，立案受理各类劳动争议368件，涉及劳动者502人。2005～2006年，受理劳动争议案件1361件，结案1339件，结案率98.50%。2007年，受理劳动争议案件1643件，结案 1634 件,结案率 99%。2012 年,受理劳动争议纠纷案件 1011 件,结案 976 件,结案率为 97%,受理劳务合同纠纷案件 83 件,结案 74 件,结案率为 89%。2013 年,受理劳动争议纠纷案件 1433 件,结案 1209 件,结案率为 84%,受理劳务合同纠纷案件 128 件,结案 118 件,结案率为 92%。此外,江宁区还充分发挥基层组织在解决劳动纠纷中的作用,2013 年,街道仲裁办事处共处理下派案件 343 件,自行协调处理案件 360 件,街道处理案件数占全部案件数的 29%。2014 年,共受理劳动争议案件 2700 件,结案率达 99%。

由于仲裁工作成绩突出,区劳动争议仲裁委员会多次被评为江苏省先进劳动争议仲裁委会。

表 75　1987～2013 年江宁区劳动争议处理情况

单位:件

年份	案件受理			其中类型		处理方式			处理结果		
	立案	结案	结案率(%)	因履行劳动合同、工资支付、社会保险等原因发生的争议	因开除、除名、辞退违纪职工等发生的争议	调解	裁决	其他方式	单位胜诉	职工胜诉	双方胜诉
合计	4473	4432	—	335	48	1445	2219	768	770	2770	882
1987	1	1	100	1	—	1	—	—	1	—	—
1988	1	1	100	1	—	1	—	—	—	—	1
1989	3	3	100	1	2	1	1	1	1	2	—
1990	7	7	100	3	4	2	—	5	—	4	3
1991	9	9	100	6	3	2	2	5	4	1	4
1992	6	6	100	4	2	—	1	5	3	3	—
1993	13	13	100	13	—	—	1	12	6	5	2
1994	12	12	100	10	2	2	3	7	3	6	3
1995	23	23	100	20	3	8	7	8	3	13	7
1996	22	22	100	17	5	10	4	8	2	16	4
1997	51	51	100	41	10	12	17	22	7	36	8
1998	72	72	100	65	7	10	29	33	21	40	11
1999	115	115	100	107	8	21	42	52	30	63	22
2000	48	48	100	46	2	13	20	15	8	29	11
2001	203	201	99	—	—	38	122	41	62	115	24
2002	226	226	100	—	—	46	141	39	59	127	40
2003	289	281	97	—	—	103	127	51	77	199	5
2004	368	368	100	—	—	105	169	94	61	256	51
2005	511	507	99	—	—	150	276	81	54	376	77

续表

年份	案件受理			其中类型		处理方式			处理结果		
	立案	结案	结案率(%)	因履行劳动合同、工资支付、社会保险等原因发生的争议	因开除、除名、辞退违纪职工等发生的争议	调解	裁决	其他方式	单位胜诉	职工胜诉	双方胜诉
2006	850	832	98	—	—	333	347	152	146	526	160
2007	1643	1634	99	—	—	587	910	137	222	953	459
2009	4193	4170	95	—	—	3166	—	—	—	—	—
2011	2308	2345	98	—	—	1391	—	—	—	—	—
2012	2618	2612	99	—	—	1860	—	306	—	—	—
2013	2517	2525	—	—	—	1861	—	360	—	—	—

(4)查处劳动违法

1996年,县劳动局设立劳动监察机构后,行政执法逐步由过去的单纯日常监察,转为配合全县劳动保障中心任务,强化劳动保障年检、劳动用工、劳动工资支付、社会保险扩面征缴、劳动力市场的清理等专项检查,对各类违法行为进行纠正和查处。至2007年,受理及立案各类违法案件逐年增多,1997年为95件,2001年为154件,2004年达668件,到2007年猛增至1329件。结案率较高,大部分年份都达100%,有效维护企业和劳动者的合法权益。2011年,全年劳动监察机构巡查企业1074家,书面审查用人单位3744家,受理劳动者举报投诉2392件,立案处理409件,其中集体纠纷44件,为10511名劳动者追讨工资等待遇963万元。2012年以来,劳动监察共查处违法使用童工案件5件,依法责令涉案单位护送童工回家,并对上述单位处以罚款合计5.5万元,有力打击了侵害青少年的违法犯罪活动,有效地维护了青少年的合法权益。联合区工商、公安等部门对非法从事职业介绍活动的中介机构进行了集中清理整顿,有力地打击和震慑了非法职介、超范围经营中介的违法行为。全年劳动监察机构巡查企业1666家,书面审查用人单位4722家,立案处理劳动者举报投诉324件,其中集体纠纷38件,为1042名劳动者追讨工资等待遇4366万元。2013年,劳动监察机构全年巡查企业1266家,书面审查用人单位5424家,立案处理劳动者举报投诉4133件,其中集体纠纷51件,为12297名劳动者追讨工资等待遇5637万元。

(5)医疗事故赔偿纠纷

1984年6月,江宁县成立"医疗技术鉴定委员会",医疗纠纷的防范处理主要依据卫生部《关于预防和处理医疗事故的暂行规定》(1978年5月)和《江苏省医疗事故处理暂行办法》(1979年11月5日)执行。1987年6月29日,国务院颁发《医疗事故处理办法》,江苏省政府印发《江苏省医疗事故处理办法实施细则》,医疗事故处理进入法制化轨道。当年,成立江宁县"医疗事故技术鉴定委员会",同时成立内儿科组、外妇科组、护理专业组、中医专业组、医技专业组。2002 年 2 月 20 日,国务院第 351 号令发布《医疗事故处理条例》,于 2002 年 9 月 1 日实施,根据条例精神,区医疗事故技术鉴定委员会终止医疗事故技术鉴定工作。当年,江宁区成立区卫生局医患纠纷处置领导小组。

在受理的医疗纠纷中,最终被认定为医疗事故的比例较小,认定为一般纠纷的比例较大,如 2005 年受理的 54 件案件中,只有一起认定为事故,2006 年的 59 件案件和 2007 年的 56 件案件中,没有一起被认定为医疗事故。在医患协商、行政调解和民事诉讼这 3 种解决方式中,行政调解的比例越来越大。2006 年 59 件案件中,有 40 件是行政调解解决的,占 68%;2007 年 56 件案件中,有 40 件是行政调解解决的,占 71%。

2. 行政复议

区法制办负责承办区政府的行政复议案件审理。1996～2000 年,共立案审理行政复议案件 25 件,在复议案件审理过程中,确保差错率为零。在行政复议 25 件案件中,撤销和变更的案件有 11 件,较好地树立了政府主持公道,依法纠错的形象。2001～2002 年,共立案办理行政复议案件 18 件,2003 年,立案办理行政复议案件 5 件,2004 年,共办理行政复议案件 4 件,2005 年,办理行政复议案件 10 件,2007 年,受理行政复议案件 26 件,结案率均为 100%,无一错案。2012 年,全年受理行政复议案件 34 件,其中维持 27 件,驳回申请不予受理 3 件,终止 4 件。2013 年,全年受理行政复议案 38 件,其中维持 26 件,驳回申请不予受理 1 件,终止 2 件。

为了深入推进依法行政,充分发挥行政复议在解决行政争议、化解社会矛盾中的主渠道作用,江宁区政府根据南京市政府《关于深入推进依法行政加快建设法治政府的意见》要求,于 2015 年 10 月 30 日成立了"南京市江宁区人民政府行政复议委员会",负责研究全区行政复议工作中的重大问题及其他相关工作,制定行政复议工作制度,审议重大、疑难、复杂的行政复议案件。

3. 行政诉讼

县法院自 1987 年起开始受理行政诉讼案件,由民事审判庭负责试办。1989 年 3 月,正式成立行政审判庭,至 1990 年年底,尚未受理一件行政诉讼案件。"八五"期间,受理行政诉讼案件 44 件,审结 43 件。其中维持行政机关决定 14 件,占 32.50%;撤销行政机关决定 8 件,占 18.60%;原告撤诉 20 件,占 46.50%;驳回起诉 1 件。2001～2003 年,审结各类行政诉讼案件 103 件。2004 年,受理行政诉讼案件 85 件,审结 82 件,比 2003 年分别上升 60.38% 和 70.83%,收、结案件数首次位于全市各区、县法院前列。2005 年,受理行政诉讼案件 42 件,审结 39 件。2007 年,受理行政诉讼案件 53 件,审结 52 件,收、结案率比 2006 年分别上升 17.78% 和 23.81%。

2012 年,受理行政诉讼案件 84 起,结案 80 起,同比分别增长 1.21% 和下降 2.43%,审查非诉行政执行案件 79 件,裁定予以执行 79 件。2013 年,受理行政诉讼案件 112 件,结案 97 件,同比分别上升 33.33% 和 21.25%,其中,判决撤销、变更行政行为或确认行政行为违法、无效案 2 件,行政机关负责人出庭应诉率 51.22%。

4. 法律援助

1999 年 5 月,成立江宁县法律援助中心,为弱势群体提供法律援助。县法律援助中心分别成立职工权益分部、妇女权益分部,县政府设立法律援助专项基金。5 月 2 日,正式开通首台“148”法律服务专线,组织律师、公证员等法律工作者轮流值班,解答群众的法律咨询,为群众提供法律服务。当年,法律援助中心办理法律援助案件 50 件,减免法律援助收费 8.42 万元;“148”法律服务专线接听咨询电话 47 人次,接待来访 68 人次。

2000 年,全县 23 个乡镇及县总工会、妇联、残联、老龄委、团县委分别成立法律援助工作站,各乡镇全部开通法律服务专线电话,初步建立县、乡镇法律援助工作网路,完善联动机制。当年,县法律援助中心及各工作站承办法律援助案件 53 件,减免法律援助费 12 万余元;“148”法律援助专线解答群众法律咨询 6019 人次,接待来访 3153 人次;上门解决纠纷 558 人次,参与调处重大纠纷 17 件。2006 ~ 2007 年,法律援助中心受理法律援助案件 796 件,“12348”专线接待群众法律咨询 2546 人次,基层法律援助工作站接待来电来访及法律咨询 5150 人次。

江宁区司法局于 2008 年 6 月 1 日起试运行《质量管理体系要求》《环境管理体系要求及使用指南》《职业健康安全管理体系规范》。江宁区法律援助中心作为唯一的事业单位参加认证申报,中心找准标准化与日常法律援助工作的结合点、着力点,从实际出发,正确地确定工作目标、工作原则、管理程序、执行标准,从而严格按规范运作、按标准执行。2008 年年底,江宁区法律援助中心顺利通过标准化管理体系认证,使法律援助工作程序化和标准化以及服务效能得到整体提升。当年,江宁区法律援助中心共受理法律援助案件 1016 件(比去年同期上升了 68%),其中民事案件 913 件,刑事指定辩护案件 102 件,刑事申请案件 1 件;开展各类法律咨询及法律进社区活动 12 场次;“12348”专线接待解答人民群众来电来访的各类法律咨询 1200 余人次,法律援助工作站接待群众来电来访咨询 1400 余人次,取得了显著社会成效。

2010 年为了更好地服务企业,江宁区法律援助中心从“四快”入手,切实做好“双促双助”工作。一是宣传快。法律援助工作人员来到外来务工者相对集中的工地和小区,发放《外来务工人员法律知识须知》《江宁区法律援助指南》《法律援助条例》等宣传资料,大力宣传法律援助、提供法律咨询,引导合法维权。二是落实快。基层法律援助工作站经常走访辖区内的企业,了解企业的用工情况,为职工送去《致企业职工一封信》、《法律援助知识问答》等材料,热心解答了职工、经营管理人员的法律咨询,为企业健康发展、合法用工提出合理化建议。三是介入快。对有可能发生的群体性讨要工资事件的纠纷,中心、工作站人员第一时间赶赴现场,做好协调工作。四是办理快。针对涉及企业的劳资纠纷的法律援助案件,以非诉讼调解为主,最大限度地化解矛盾,促成员工与企业双赢;调解不成的,实现当天受理当天指派。

2012 年,共受理法律援助案件 3943 件,其中涉及民工维权的案件 2360 件;开展各类法律咨询及法律进社区活动 31 场次;“12348”专线接待解答人民群众来电来访的各类法律咨询 20000 余人次,减免法律服务费用 20 余万元,为民工挽回经济损失 1500 余万元。

2013 年,开设“江宁法援”官方微博,开展网上法律咨询。全年受理法律援助案件 1444 件,其中刑事案件 113 件、民事案件 1331 件,开展送法进社区活动 12 场,接待信访、“12348”咨询 7772 人次。

区法律援助中心在多年的实践中，形成了一些行之有效的做法。其一，启动应急预案快速处置办理群体性劳动争议。2013 年 8 月 19 日，某机械公司的 27 名员工因单位拖欠工资聚集到区委区政府门口讨要说法，情绪比较激动。区法律援助中心闻讯后，立即启动亚青会期间突发事件应急预案，开设绿色维权通道，指派法律援助专职律师承办此案。经了解，该 27 名员工大部分来自外地，公司拖欠他们 7～8 月的工资，也未给其缴纳社会保险，上述两项合计约 50 余万元。律师了解案情后，当场书写申诉状、准备诉前材料，并帮助其申请财产保全，以防止单位转移财产，确保案件审结后能够执行。其二，实行法律援助与大调解对接，成效显著。法律援助中心积极组织参与全区重大矛盾纠纷的调处工作，对符合援助条件和范围的纠纷，积极引导诉讼，2011～2013 年间，区法援中心直接参与调处各类重大疑难纠纷 36 起，从而平息了多起可能激化和上访的群体事件。其三，为工资追讨、劳动纠纷、邻里纠纷、婚姻家庭、交通事故赔偿等纠纷中有需要的弱势群体开启法律援助绿色通道，加强主动服务，帮助他们维护自身合法权益。

2015 年法律援助工作融入新元素，2015 年以来，共受理法律援助案件 1240 件，来电来访和“12348”专线接待解答人民群众的各类法律咨询 5305 人次。

一是率先成立法院法援工作站，掀起“速裁”模式新效应。2015 年 3 月，在区法院挂牌成立区法律援助中心驻江宁法院工作站，接到区检察院、区法院“指派律师建议函”后，法援中心按照速裁程序，指派相关律师承办，加快各个流程办理速度，缩短从立案到审结各环节的时限，在维护当事人合法权益的同时，节约司法资源，为加快办案判案速度提供新平台。

二是延伸法律援助服务范畴，营造“法润春风”新氛围。加强与法院、劳动局等部门的联系和沟通，针对外来务工人员集中返乡的特殊时期，及时组织专职律师参与“维稳”工作，开展“农民工讨薪”维权专项行动，及时启动维权“绿色通道”，提供及时受理，优先办理服务。2015 年以来，为 881 名工人讨要工资 1392 万余元，帮助 700 余名农民工写好强制执行申请书，办理强制执行手续，协调执行事宜。

三是深化法律援助拥军工作，吹起“德法同行”新风尚。完善与驻区部队的法律援助衔接工作，推动“法律拥军”普法品牌建设有效落实，加大对官兵的法律服务力度，切实解决部队官兵遇到的涉法问题。2015 年以来，分别到四家部队开展一系列法律拥军活动，开设法律拥军专题讲座 4 场次，帮助部队依法清退解决已经转业的退伍军人违规占用部队住房问题，深受广大官兵的一致好评，为部队和谐稳定奠定扎实的法治保障。

第六章　县域重要法治事件与法治案件

第一节　县域重要法治事件

一、突出党委总揽，推进法治建设率先领先

（一）颁布系列文件

1. 2015 年 1 月 19 日中共南京市江宁区委作出《中共南京市江宁区委关于全面推进依法治区的决定》（江宁委发〔2015〕1 号）

为认真贯彻落实《中共中央关于全面推进依法治国若干重大问题的决定》（以下简称中央《决定》）《中共江苏省委贯彻落实〈中共中央关于全面推进依法治国若干重大问题的决定〉的意见》（以下简称省委《意见》）和《中共南京市委关于全面推进依法治市若干问题的决定》（以下简称市委《决定》），进一步加强和深化法治江宁建设，现就全面推进依法治区，作出《关于全面推进依法治区的决定》（江宁委发〔2015〕1 号），确立了率先建成“全国法治建设示范区”奋斗目标。

《中共南京市江宁区委关于全面推进依法治区的决定》共分八个部分。分别为：(1)进一步明确全面推进依法治区目标任务。党的十八届四中全会对全面推进依法治国作出总部署，描绘了法治中国的新蓝图；省委十二届八次全会和市委十三届九次全会分别对依法治省、依法治市作出具体部署，这为江宁全面推进依法治区进一步指明了方向。全区各级党组织和广大党员干部要以中央《决定》和省委《意见》、市委《决定》为引领，以改革为动力，以问题为导向，在更高层次上全力推进法治江宁建设深入发展。(2)提高规章制度建设水平，确保宪法法律实施。坚持依宪执政、依法执政，切实维护宪法法律尊严，切实加强地方规章制度建设，增强地方规章的针对性、可操作性，创新举措，强化监督，保障宪法和法律正确有效实施。(3)提高依法行政水平，加快建设法治政府。坚持以改革精神引领法治政府建设，制订实施新一轮法治政府建设行动计划，加快建设职能科学、权责法定、执法严明、公开公正、廉洁高效、守法诚信的法治政府。(4)创新体制机制，提升司法公信力。坚持以事实为根据、以法律为准绳，推进公正司法，有效维护司法权威、社会公平正义，树立司法公信，努力让人民群众在每一个司法案件中都感受到公平正义。(5)加强法治宣传教育，推进法治社会建设。坚持法治与德治相结合，深入开展社会主义法治教育和核心价值观教育，推进法治教育与基层法治实践、社会领域治理和社会诚信体系建设相融合，大力提升社会治理法治化水平。(6)坚持运用法治方式，促进社会和谐稳定。坚持运用法治思维和法治方式，努力将社会矛盾引入法治化解决渠道，综合提升对突出矛盾问题的预防、化解和处置能力，促进改革、发展、稳定良性互动。(7)加强法治工作队伍建设，为依法治区提供人才保障。坚持以中国特色社会主义法治理论为指导，全面推进法治工作队伍思想政治、职业道德、素质能力、作风形象建设，为深化依法治区工作提供人才保障。(8)加强法治建设组织领导，提升依法治区工作水平。把坚持党的领导作为全面推进依法治区的根本保证，不断提高党委统筹部署和组织推动法治建设的水平，确保依法治区各项工作有序开展、扎实推进。

2. 2015 年 3 月 10 日，江宁区委、区政府联合发布《2015 年法治江宁建设工作要点》(江宁委办发〔2015〕11 号)

2015 年法治江宁建设工作，要深入贯彻党的十八大和十八届三中、四中全会以及习近平总书记系列重要讲话特别是视察江苏重要讲话精神，认真落实区委《关于全面推进依法治区的决定》(以下简称《决定》)，以率先建成"全国法治建设示范区"为目标，坚持改革方向、问题导向，坚持统筹兼顾、突出重点，坚持开拓创新、善做善成，狠抓工作落实，奋力开创法治江宁建设新局面，为江宁在"迈上新台阶、建设新南京、新江苏"伟大实践中干在实处、走在前列提供有力法治保障。

工作要点共分为六个部分：(1)坚持规范引领，推进制度机制建设。强调要强化法治思维培育、强化规章制度建设、强化人大政协监督。(2)坚持依法行政，推进法治政府建设。强调要推进行政执法体制改革、依法规范行政执法行为、加强行政权力运行监督。(3)坚持深化改革，推进公正廉洁司法。强调要落实司法改革、严格公正廉洁司法、强化司法活动监督。(4)坚持全民守法，推进法治宣传教育。提出完善普法工作机制、深化法治宣传教育、推进法治文化建设。(5)坚持社会共治，推进法治社会建设。强调要加强市场监管机制建设、深化基层民主法治建设、推进社会治理的法治化、强化文化市场建设管理、依法强化生态环境治理。(6)坚持党委统揽，推进法治工作落实。要加强法治工作组织推动、开展法治系列创建活动、加强法治工作考核培训。

3. 中共江宁区委 2015 年 5 月 29 日，以江宁委办发〔2015〕23 号文，颁布系列法治发展计划：《南京市江宁区推进公正司法行动计划》《南京市江宁区法治宣传教育行动计划》《南京市江宁区企业法治建设行动计划》《南京市江宁区基层社区民主法治建设行动计划》《南京市江宁区法律服务业发展行动计划》。(详见附件)

(二)贯彻落实

一是对法治建设作出决策部署。2015 年 4 月 20 日，区委、区政府召开全区全面推进依法治区会议，对法治建设作出决策部署。5 月 29 日，"两办"出台了推进公正司法、法治宣传教育、企业法治建设、基层社区民主法治建设、法律服务业发展等"五大行动计划"。二是实施法治绩效管理。制定了区委《决定》的《任务分解表》，将 166 项目标任务落实到具体责任部门。制定了 2015 年度区级机关部门、街道(园区)法治建设工作责任书，由区委主要领导与 80 多个单位签订了责任书，并将法治建设纳入全区"五位一体建设"考核范畴。三是推进法治重点工作。制订了落实区委《决定》方案措施，推动区委《决定》学习宣传和贯彻落实；制定了《2015 年法治江宁建设十件实事项目》，深化法治惠民；开展了法治江宁示范单位创建暨基层执法评议活动，推进执法规范化建设；组织开展法治街道(园区)、民主法治社区(村)等系列创建活动,推进基层民主法治建设。四是提升法治建设水平。

二、江宁区依法治区领导小组积极推进法治街道建设

为认真贯彻党的十八大和十八届三中全会精神,全面落实省市法治建设工作部署,着力提升法治江宁建设实效,为率先建成一批省市法治建设先进街道,江宁区依法治区领导小组根据省市有关法治街道考核内容及标准,颁布落实法治街道建设意见,深入推进法治街道建设工作。

1. 着力提升领导干部法治能力

认真落实领导班子成员集中学法培训和述法考评等制度,街道党工委每年集中组织学法活动或举办专题法制讲座,领导班子成员每年结合干部述职述廉活动,着重从学法用法、尊法守法、依法履职等方面进行述法。健全完善街道党工委办事处依法决策程序,严格执行公众参与、专家论证、合法性审查、集体讨论决定程序规定,凡涉及区域经济社会发展的重大决策或与人民群众利益密切的重大事项,决策前进行合法性论证。全面落实重大工程建设和重大政策制度社会稳定风险评估制度,凡是与人民群众切身利益密切相关、影响面广、容易引发社会不稳定因素的重大决策事项,都进行社会稳定风险评估。

2. 着力提升街道依法行政水平

积极推行街道党务、政务公开,严格规范行使公共权力,避免引发社会矛盾和群体事件。加强街道"一站式"行政服务中心标准化建设,健全完善街道行政权力(便民服务)网上运行平台,方便群众办事。深入推进基层执法规范化建设,严格落实执法责任制和执法公开制度,建立健全执法档案、执法案卷评查制度,健全完善执法投诉制度,对群众反映的突出问题及时予以处理。每年组织开展基层执法评议活动,推进严格公正、规范文明执法,促进执法为民在基层得到有效落实。加强辖区食品药品、安全生产、国土资源、环境保护、劳动保障等重点领域基层执法力量,理顺环保、城管执法工作机制,提高基层执法和服务水平。

3. 着力提升城乡群众法律素质

深入实施"六五"普法规划,广泛开展法制宣传教育,不断提高广大群众学法用法的自觉性,切实增强城乡群众法治意识和法律素质,积极引导群众有序维权、依法合理表达诉求。加强法治文化阵地建设,街道、社区(村)建立固定法治文化公共设施,逐步建设一批街道法制宣传教育中心、法治文化广场(公园、长廊),普遍建立社区(村)法制宣传专栏、法制学校和法律图书角,外来人口集中居住区建立法制宣传站点。加强普法队伍建设,建立完善法制副校长、教员、宣传员、辅导员和志愿者队伍,不断创新普法方式,广泛组织开展群众性、经常性普法宣传和法制文艺活动,街道每季度组织开展一次法制宣传教育活动。

4. 着力提升群众依法自治能力

全面深化基层民主法治建设,健全完善民主选举、民主决策、民主管理、民主监督和居(村)务公开等制度,积极推进社区(村)党群议事会、民主恳谈会、民主听证会、民主评议会等基层民主制度建设，不断创新居民自治、民主议事等新的工作载体，进一步拓展群众有序参与民主管理的内容和形式。全面推行“一委一居一站一办”社区组织建设，强化基层组织公共服务职能，积极探索以“政社互动”为核心的社会管理新模式，不断增强社区（村）依法管理社会事务能力。强化教育培训，提升“两委会”班子成员和骨干运用法治思维和方式化解矛盾能力，积极采取以案说法等方式，引导群众依法反映诉求、维护合法权益。

5. 着力提升基层法律服务水平

加强街道法律援助窗口建设，努力构建半小时法律援助服务圈，扩大法律援助覆盖面，加大对困难群众法律援助的力度，确保困难群众得到及时有效的法律援助。完善街道法律服务网络，全面深化“社区（村）法律顾问制度”，每个社区（村）落实一名法律顾问，设立法律服务咨询室，社区（村）法律服务覆盖率达100%。建立健全街道政法基层组织或法律服务机构与社区（村）结对服务制度，定期组织法律工作者深入社区（村）开展法律咨询服务活动。广泛开展基层政法队伍与群众互动活动，邀请城乡群众走进法庭、公安派出所、司法所等基层政法单位，激发群众参与司法活动热情，拓宽人民群众有序参与司法渠道。

6. 着力提升基层社会治理能力

全面深化社会管理法治化实践活动，将社会管理法治化建设下沉至基层社区（村），完善社区自治法治建设的范围和内容。依法规范街道与社区（村）以及辖区社会组织关系，推动社会组织建立完善自治章程，明确权责，依法自治，加快形成科学有效的社会管理体制。大力发挥社会组织在社会管理和法治建设中的功能，将各类社会组织引导到社会管理法治建设的工作中去，在社会管理的法律服务、救助服务、社区自治、法制宣传、法治文化等方面发挥优势作用。改进街道提供公共服务的方式，在社会管理领域建立较为完善的向社会力量购买服务的制度和机制，更多地利用社会组织和其他社会力量服务于社会管理法治化建设。

7. 着力提升法治建设工作实效

街道党工委办事处围绕人民群众关心、社会关注的热点难点问题，认真组织实施法治惠民实事工程，公开承诺实事内容，主动接受群众监督和评议。完善和落实执政为民举措，认真解决土地征用、房屋拆迁、涉农利益、环境保护、职工权益、民生保障等方面存在的突出问题。加强基层人民调解组织规范化建设，拓展人民调解工作领域，推进企业人民调解组织建设，加强行业性、专业性人民调解组织建设，构建矛盾纠纷排查调处全覆盖工作体系。健全完善信访工作与社会矛盾多元化化解方式对接机制、信访终结机制，畅通和规范群众诉求表达、利益协调、权益保障渠道，依法维护群众合法权益，促进基层政治安宁社会稳定。

8. 着力提升法治建设统筹能力

街道党工委高度重视法治建设工作，将法治建设工程作为全面深化改革重要内容，摆上重要位置，纳入街道党政综合考核范畴。街道人大、政协加大对法治街道建设工作监督，组织开展法治建设工作调研视察和督查指导。以法治街道建设为主体，大力推进民主法治社区(村)、平安法治诚信企业建设,不断探索基层民主法治建设新路径,积极开展“一街一品”法治品牌建设活动,着力培育和推广基层法治建设先进典型和法治建设品牌项目。区各有关职能部门,进一步加强对街道及社区(村)法治建设工作指导力度,加强对本系统、本行业所属基层站所法治工作督查指导和有序推进,确保街道法治建设取得实实在在的成果。

三、江宁公安在线——利用新媒体实现政务公开

(一)“江宁公安在线”的总体运行情况

2011年年初,南京市公安局江宁分局按照上级公安机关工作部署,立足实施“民本警务”在互联网虚拟社会服务管理中的具体任务和要求,找准突破口,瞄准新目标,提出打造一个顺应互联网信息时代要求的公安新品牌。江宁公安官方微博“江宁公安在线”的发布运行成为树立品牌意识,创新品牌思路的探索之举。

目前,“江宁公安在线”已上线运行4年多,共发布微博博文2万多条,粉丝人数150多万,收到@(艾特)、评论近600万条,数百篇贴文转发过千,50多篇贴文转发过万。微博运行成效和部分有影响的博文先后被《人民日报》报道3次,《人民公安报》大幅专稿3次,中央电视台、省市区电视台和多家平面媒体报道和转载。

截至2014年12月,“江宁公安在线”已连续3年保持全国警务微博影响力排行榜前三名,连续3年保持全国政务微博影响力排行榜前五名,成为全国唯一一个县区级公安机关保持影响力排行榜前十名的警务微博。截至2015年9月,“江宁公安在线”居政务微博、警务微博影响力全国第二名,江苏省第一名。

2013年,先后荣获新浪网联合人民网舆情工作室共同权威评选的2013年度政法微博影响力排行榜“全国十大政法微博”和“全国十大公安微博”。2014年,荣获“江苏省2014年上半年最具影响力政务微博、公安微博”等荣誉。2013年4月,公安部发出《关于对成效突出的地方公安机关政务微博和民警个人工作微博予以表扬的通报》(公办〔2013〕68号),“江宁公安在线”被公安部通报表扬。2014年8月,公安部在北京召开“打四黑除四害”官方微博创办三周年座谈会,作为被公安部邀请与会的5家地方公安机关微博中唯一的县区级公安微博,“江宁公安在线”被公安部副部长黄明多次点名表扬肯定,并勉励再接再厉,不断争创佳绩。

(二)“江宁公安在线”成功的强力支撑

1. 自主构建的微博运行组织架构

“微博三人组”是“江宁公安在线”的运行团队,是在分局层面的总体部署、大队层面的具体负责之下建立的运行组织架构,包括博主成员、创作成员、运行成员。博主成员是“江宁公安在线”的管理者,具体负责微博运行的总体策划、组织协调、效用评估等工作;创作成员是“江宁公安在线”的文案人员,具体负责微博的内容采编、信息反馈等工作;运行成员是“江宁公安在线”的维护人员,具体负责线上安全运行、跟踪监测等工作。三者之间,各有侧重、分工协作、自由组合、交叉运行。

“江宁公安在线”的成功证明了这一微博运行组织架构的有效性、操作性、可借鉴性,其独具特色的运行模式、运行管理、运行成效,成为各地政府部门、各级公安机关前来学习借鉴的经验做法。

2. 自主创新的微博运行工作模式

(1)形式创新 + 内容原创 = 优良口碑。“江宁公安在线”上线初期,首先瞄准年轻网民群体,以轻松、诙谐、幽默的网络语言,在很短时间内迅速吸引了网民的关注,打响了初始影响力,上线仅 10 天,“江宁公安在线”的粉丝人数就突破了 1 万人。2011 年 4 月 25 日,“江宁公安在线”首次在警方提醒中使用“萌语”——“有木有”,该博文的转发量和评论数随即创下上线以来的最好成绩。“卖萌”成为“江宁公安在线”最初阶段的一大特色。致力原创传播知识。“@江宁公安在线”运营团队充分利用本系统警务资源,同时与松鼠会等科普团体积极联系,通过“漫画 + 文字”的方式传播科学法律知识。其发布的一篇关于管制刀具科普的原创文,受到了网友的追捧,收获了过万转发量,数千条评论。

(2)微博辟谣 - 网络谣言 = 公信力。“江宁公安在线”坚持将网络辟谣作为服务民生的一个重要内容。微博平台信息良莠不齐,有时会出现少部分网民会利用自媒体等平台向公众传播谣言,极大损害了社会信任度和政府的公信力,也损坏了网络道德形象。针对网络谣言传播迅速、影响面广、民众易受蒙骗的特点,“江宁公安在线”与央视、南京高校、民间科普组织建立长期合作关系,及时收集分析各类网络信息,针对网络谣言及时辟谣。比如 2013 年的云南省抢劫杀人案 6 个黑社会头目逃跑的消息,“@江宁公安在线”就采用幽默语言逐条解析做了辟谣。其中微博上说:“黑社会头目老六,身高 175 厘米,体重 190 斤。”“@江宁公安在线”则辟谣:“老六这个体重,他能跑得动吗!”。通过自主实验、专业解读,对多个网络谣言予以反驳击破,帮助网民认清事实,学会保护自己和他人,赢得网民的高度肯定和赞誉,部分网民称“‘江宁婆婆’没有证实过的内容,我们坚决不信”。截至目前,“江宁公安在线”原创总结的,诸如“犯罪分子用鸡蛋砸汽车前挡玻璃阻碍行车视线趁机抢劫财物”等十大网络谣言至今仍被网友奉为经典,转发量超过 3 万次。2013 年,“江宁公安在线”因在服务民生方面的突出表现,荣获新浪微博联合人民网舆情工作室共同评选的新浪政务微博“十佳应用奖”。

(3)领导重视 × 优秀团队 = 成功官博。“江宁公安在线”的成功,离不开各级领导的高度重视和各级部门的大力支持。运行初期,南京市公安局江宁分局党工委就站在推进实施“民本警务”战略目标,构建和谐警民关系,创建公安民生品牌的高度,十分重视“江宁公安在线”的建设,多次召开专题会议研究部署,在人员配置、装备配备、运行保障等各个方面给予倾斜支持。负责运营维护“江宁公安在线”的王海丁,30 岁,毕业于中国刑事警察学院,为江宁公安分局网安大队民警,荣获“石城警星”称号,立三等功 3 次。他年轻、专业、热情、勤奋,“江宁公安在线”上线 4 年多来无休无息,无一天间断,他以原创微博打造传播力,以警示萌语提升亲和力,以微博辟谣稳固公信力,以扎实服务构建影响力,以跨平台协作深挖互动力,使“江宁公安在线”成为全国知名政务微博。

(4)微博问政 ÷ 网友的@ = 高效务实。微博问政高效务实。“@江宁公安在线”并不仅仅作为一个信息发布的窗口,在发布信息的同时还注重与网民互动,通过微博问政解决实际问题。江宁公安分局独创了微博问政“限时回复、限时办理、限定专人”的三限工作法,使基层单位高效务实地开展针对性工作,将公安执法置于网民监督之下。2014年6月,一位网友发帖反映,江宁区某道路上有摊贩违停堵塞交通。微博管理团队在及时回复网友的同时,通过网络问政平台将此信息迅速传递给交巡警大队,而交巡警大队立即采取整治措施,仅用3天时间,就彻底除了安全隐患。通过建立健全网络问政机制,“江宁公安在线”成功地将线上虚拟社会和线下现实社会紧密联系起来,让其不仅成为公安机关发布信息的窗口渠道,也通过网络问政这一举措,切实解决公安工作、服务民生中出现的实际问题,提升公安机关的整体形象。

(三)“江宁公安在线”的影响成效分析

“江宁公安在线”的成功,在于准确把握了互联网“微时代”数字媒体的发展脉搏,并将大众社交平台的开放性、互动性和实时性,与公安机关实施“民本警务”战略,推进服务民本民生,构建和谐警民关系有机结合起来,通过官方微博这一平台,服务公安工作总体发展。“江宁公安在线”拥有的全国影响力,也有其自主特色的优势,归纳起来,主要表现在五个方面:坚持原本创作;紧跟网络脉搏;抓住突破重点;突出民本民生;注重相互协作。此外,“原创”“卖萌”“辟谣”“服务”“协作”成为“@江宁公安在线”的五大核心特色,使“@江宁公安在线”从一个单一的宣传平台跃升为集宣传、发布、服务、问政、答疑等多功能合一的综合网络平台。

“@江宁公安在线”将立足实施“民本警务”战略目标,紧跟互联网信息技术前沿,扩展网络社交平台同步对接,密切民众关注焦点,加大主创原创微博比例,推进品牌提档升级,拓展“江宁公安在线”在全国的影响力,努力成为全国政务警务微博的领军品牌、行业标准,实现更高层次的跨越发展。其发展思路为:一是进一步加强发布平台的技术升级,确保“江宁公安在线”作为服务手段的科技性、应用度。二是进一步加强信息来源的渠道审核,确保“江宁公安在线”作为警务微博的权威性、严肃性。三是进一步加强官方微博的团队建设,确保“江宁公安在线”作为新型媒体的时代性、活力度。四是进一步加强行业领域的交流协作,确保“江宁公安在线”作为领军品牌的先导性、影响力。

(四)“江宁公安在线”对全区政务微博建设的影响和启示

随着时代的发展和科技的进步,微博已逐渐成为网络信息传播的重要平台,因草根性、集成性、开放性、快捷性等特点,逐渐成为网络舆论的重要载体。面对新的发展形势,全国各地各级政府及机构、各级领导干部开通微博蔚然成风。政务微博在社会管理创新、政府信息公开、新闻舆论引导、倾听民众呼声、树立政府形象、群众政治参与等方面起到了积极显著的作用。

1. 政务微博建设是推进政府信息公开,打造”阳光政府”,树立政府执政为民良好形象的需要

自2008年5月1日《政府信息公开条例》正式颁布实施以来,政府政务信息越来越公开,越来越透明,保障公众的知情权、参与权和监督权,已经成为各级政府的要务共识。随着社会的进步和公众民主参政意识的加强,传统的政务信息传播渠道已无法满足公众的要求,特别是面对政府和部门出台的各项政策举措,组织的重大活动,处理突发事件等情况时,公众对信息的时效性、深度性和透明度要求越来越高。开设政务微

博,就是要利用微博这一全新网络信息传播平台,第一时间向社会公布信息,就广大群众关切的涉及自身利益的问题作出说明,拓宽政府与公众的沟通渠道,切实保障群众的知情权。

2. 政务微博建设是顺应时代发展,抢占网络高地,扩大对外影响的需要

2010 年以来,我国微博客用户爆发式增长,一年有 3.3 亿微博客用户,据最新统计,每天产生的微博客条数在 1.5 亿左右。随着江宁开放开发水平的进一步提升,融入南京主城的步伐进一步加快,区内外干部群众对江宁各项事业的发展给予了极大的关注,各级媒体也迫切需要把江宁在科学发展取得的成绩和经验、良好的投资环境等及时传播给国内外公众。这就要求全区各单位全方位多角度地通过及时、有序地新闻发布,扩大江宁的影响力和知名度,提高美誉度。

3. 建设政务微博是新形势下党委政府倾听民声,汇聚民智,纾解民困的需要

2014 年,国家互联网信息办召开会议,专题研究政务微博,会议指出,微博已经成为民意、民生、民权的重要媒介,并进一步影响和推动政治体制改革,"政务微博""微博问政"已成为当前及未来一个时期社会管理与公共服务的新型沟通平台,在倾听民声,汇聚民智,纾解民困上发挥着越来越重要的作用。

4. 进一步深化政务微博的工作理念

一是致力服务加强互动。随着科学技术的进步和公民意识的提升,广大人民群众参与政府工作和公共事务的热情日渐提升,政务微博应运而生;相较于以往的区长信箱等传统的网络问政平台,政务微博实现了面对面的零沟通交流,摆脱了以往冰冷呆板的回复方式,要求政务微博运营团队更贴地气,更讲"人话"。二是积极发布加深了解。政务微博在致力于为民服务的同时,要将党委政府的政策和重大举措原汁原味地发布在网上,快速直接传递给网民,特别是对民生政策的解读分析,及时收集整理广大群众对相关政策的意见,着力搭建党委政府与人民群众之间的桥梁,为地方经济社会文化建设提供助力。三是及时回应加深互信。开明的政府成就理性的网民,对公权力的不信任源于以往对一些政府不当行为的经历或听闻。当前,江宁区正处在经济社会快速发展阶段,一些小的突发事件往往处置不当,回应不及时,经过网络发酵传统媒体报道互动往往会成为公众事件,通过政务微博及时公布事件真相,有错必究、付诸行动,进而形成党委政府与公众良性互动,政府的"公信力"也会不断加强,网上舆论就会迸发强大的"正能量"。

5. 进一步丰富政务微博的运营方式

一是强化原创评论。探索创设品牌微评论栏目,就网民关注的热点事件和城市发展遇到的敏感问题,通过向名博"大 V"、意见领袖和本地优秀评论员约稿,发出有思想高度、理论厚度和实践指导意义的"江宁声音"。二是强化新技术的应用。组织已经建设维护较为成熟的政务微博公众微信账号,初步实现微博、微信与电视、纸媒的相互贯通,最大限度地传播党委政府声音、实现官民互动交流。三是强化线下活动。根据江宁本地的部分特色产业,如"五朵金花"新农村建设等,将政府各项工作与广大群众有机结合,适时举办各种线下活动,并常态化、制度化,让公众感受到参与政府工作和公共事务

的尊严和荣耀。

6. 进一步完善政务微博的运行机制

一是完善信息编发机制。目前,江宁区各单位政务微博均为所在单位个人或团队负责运营,通过逐步推进政务微博与电子政务平台的互联互通,建立全面涵盖、常态更新,帮助全区政务微博协同集团化发展。二是构建问题处置机制。及时收集整理网民通过微博提出的诉求、建议,对相关问题按照登记受理、部分办理、办结评价等流程进行处置,确保微博问政有答复、有落实。三是搭建考核评议机制。加强政务微博的量化统计考核,邀请网民、专家、意见领袖组成第三方考评团,对各部门政务微博运作的质量水平进行评议,结果定期公布,让公众监督政务微博良性运行。

四、江宁区检察院延伸法律监督触角,促进检力下沉

延伸法律监督触角、促进检力下沉,更好地服务党和国家工作大局,是检察工作科学发展的明确方向,也是检察机关特别是基层检察院服务人民群众、深入推进三项重点工作、进一步强化法律监督职能的现实需要。2011 年,江苏省南京市江宁区检察院的第一个派出检察室“汤山检察室”正式挂牌成立。早在 2009 年年初,该院就认识到江宁地大人多,经济社会发展速度快,刑事案件持续走高,各类矛盾纠纷多。根据这一特殊的区情,检察院深入基层开展工作,陆续在 10 个街道设立了检察工作联络站,在一些重点单位派驻了检察人员。2010 年年底,该院结合该区区委“分片统筹发展”的战略构想,按照与区法院派出法庭基本相对应的原则,有计划、分步骤地在汤山、江宁、禄口、湖熟四个街道设立了派出检察室。

不仅如此,该检察院还在细化检察室的职能方面进行更多的探索和创新,走出一条新路子。这个“新路子”就是通过办理刑事案件来监督基层执法司法活动为特色的新工作模式,体现的是“要办案,但不单纯办案;有监督,但更有服务”的工作思路。从这个新的思路出发,江宁检察院各检察室从四个方面开始了探索。

一是建立了一线执法活动同步监督机制,与片区内的三个派出所相继建立工作协作机制,对所有刑事案件在报捕前和移送起诉前进行初步审查并提出具体意见,依法介入有影响的重大案件,随案开展立案、侦查监督和矛盾化解工作。建立有影响的民事案件庭审旁听制度,上门开展民事息诉案件释法说理工作。

二是建立矛盾纠纷调处主动对接机制。依托“延伸检察工作触角六进六服务”活动,进机关,服务社会管理创新;进社区,服务新农村建设;进家庭,服务和谐家园建设;进企业,服务经济转型发展;进校园,服务平安学校创建;进工地,服务安全施工管理,深入基层开展社会矛盾风险研判,第一时间发现苗头,第一时间掌握情况,第一时间化解纠纷。

三是建立服务社区中心工作协调保障机制。2015 年以来,汤山检察室在服务南京麒麟科技创新园拆迁工作中,及时提供案件线索,成功协助反贪部门立案查办基层干部职务犯罪案件 3 件 3 人,针对汤山、麒麟街道拆迁任务重、社会矛盾大的情况,主动介入、协助化解因拆迁引发的各类矛盾。

四是打造群众身边的法制教育基地。按照横向到边,纵向到底的要求,形成一张遍布辖区每个角落的检察预防宣传网，实现辖区中心街道有派出检察室，另一街道有检察工作站，社区有"检务室"，居民家中有检务宣传册。群众说，这是我们家门口的"检察院"。

五、江宁区法院实行陪审制大合议庭改革

2015 年，江宁法院分别按照 1 名法官加 4 名陪审员的"五人制"合议庭和 2 名法官加 5 名陪审员的"七人制"合议庭，在汤山法庭和禄口法庭审理了两起民事案件，正式拉开了大合议庭制度改革试点工作的序幕。为推动改革试点工作扎实有效开展，江宁法院在前期调研的基础上，制订了改革试点的初步方案，加强了对试点工作的指导协调。

一是强化组织领导，严格落实相关文件精神。领导高度重视，在各类会议上多次要求贯彻中院部署，大力推进大合议庭制度改革试点工作。分管领导全程参与，加大改革试点工作的指导力度，协调解决改革过程中遇到的各种问题。要求相关部门认真领会市法院《关于陪审制大合议庭改革试点工作的实施意见》和该院《陪审制大合议庭改革试点工作实施方案（试行）》精神，按照两个文件的要求保质保量地完成 2015 年的陪审制大合议庭改革任务。研究室牵头负责，政治处、行政科、业务庭广泛参与，各部门职责明确且互相支持，推动试点工作顺利开展。工作安排循序渐进，组织五个人民法庭作为第一批试点业务庭，要求每个法庭迅速启用大合议庭制度审理一到两个典型案件，并明确试点工作的时间进度，待制度完备、条件成熟后，再向全院推广。

二是明确案件范围。在试点工作中，把敏感性强、关注度高、与群众关系密切的案件作为适用大合议庭制度审理的重点，主要包括婚姻家庭、邻里纠纷、继承纠纷、人身损害等案件类型。案件范围的选择主要是考虑能够既有利于法官在审判中集思广益，增强判决的民意基础，缓和法院与当事人的冲突，也有助于让人民陪审员有话可说，防止人民陪审员成为审判的"摆设"，从而充分调动广大法官和人民陪审员参与改革的积极性。

三是严格保障陪审员作用发挥。要求切实实行人民陪审员"随机抽选"工作机制，切实解决人民陪审员"陪而不审"的问题，保障人民陪审员审判的各个环节都享有与法官平等的权利，特别是要严格实行合议庭评议案件票决制，确保陪审制大合议庭改革取得实实在在的效果。

四是优化审判程序。为切实发挥大合议庭制度扩大司法民主，凝聚社情民意，增进社会认同，促进公正公信等政治价值和诉讼价值，让人民陪审员在其中真正发挥作用，江宁法院对法官在各个审判环节的义务作出了明确规定：

在庭前准备阶段，要求法官向人民陪审员介绍案情或者通知人民陪审员提前阅卷，提供与案件相关的法律条文，并应人民陪审员的要求做好法律释明工作。对于有人民陪审员第一次参加审判的，还要求法官用通俗的语言对整个庭审流程作简要介绍。

在法庭调查阶段，要求法官必须询问人民陪审员是否有问题提问，而且要求法官在庭审之前就应当告知人民陪审员，在法庭上经审判长同意后，可根据需要向当事人、证人等诉讼参与人提问。

在法庭调解阶段，要求法官充分发挥人民陪审员的群众优势和经验优势，积极引导人民陪审员做好当事人的调解工作，必要时可安排人民陪审员单独主持调解。

在法庭评议阶段,要求法官根据争议焦点,有条理地组织人民陪审员充分发表意见,并对事实认定和法律适用进行表决;在发言和表决的顺序上,要求严格按照人民陪审员、承办人、审判长的顺序进行;当法官意见和人民陪审员意见不一致时,法官可以进行法律的阐述和解释,可以进行研究和讨论,但是不能将自己意见强加给人民陪审员或者要求人民陪审员改变意见;在决定是否因意见不一致而提交审委会讨论时,要求法官对属于自由裁量范畴的,应当按照合议庭的多数意见处理,不得提交审判委员会讨论,只有当法官认为人民陪审员的多数意见违反法律或者可能产生重大社会后果时,才可以将案件提交审判委员会讨论。

江宁法院将深入总结改革试点工作经验,通过座谈会、问卷调查、深度访谈等多种形式,广泛地向法官、人民陪审员和广大群众征询意见,不断调整完善大合议庭制度改革的工作方案,并从大合议庭制度适用的案件类型、庭审程序、评议规则、奖惩方式以及人民陪审员的遴选任期、职业保障、考核培训等方面入手,构建起符合大合议庭制度改革的全方位的工作机制。

第二节　县域典型法治案件

一、张明宝醉驾“以危险方法危害公共安全罪”[①]

(一)张明宝醉驾案回放

2009 年 6 月 30 日 20 时许,张明宝在南京江宁金盛路醉酒驾车,酿成 5 死 4 伤的惨剧,当场被警方抓获。7 月 1 日,张明宝涉嫌交通肇事罪被南京市江宁公安分局刑事拘留。7 月 15 日,张明宝被南京江宁区检察院以涉嫌以危险方法危害公共安全罪批准逮捕。9 月 15 日,南京市公安局侦查终结张明宝案,张明宝涉嫌以危险方法危害公共安全罪,被移送审查起诉。10 月 16 日,因案件重大、复杂,该案延长审查起诉期限半个月。11 月 27 日,张明宝案在南京中级法院第一次开庭审理。江苏省南京市中级人民法院于 2009 年 12 月 18 日作出(2009)宁刑初字第 98 号刑事判决,以被告人张明宝犯以危险方法危害公共安全罪,判处无期徒刑,剥夺政治权利终身。

此案的具体案情为:2009 年 6 月 30 日晚上,从事建筑工程承包的张明宝与朋友在南京江宁区金盛路吃饭并饮酒后驾车回家,沿途先后撞倒 9 名路人,并撞坏路边停放的 6 辆机动车,造成 5 人死亡、4 人受伤的特大交通事故。事发当晚,张明宝即被警方控制。经交警鉴定,张明宝属醉酒驾驶,事发时血液中酒精浓度高达 381 毫克/100 毫升。南京检方对此高度重视,派员提前介入案件的侦查工作,并对案件的定性进行了多次研讨。7 月 15 日,张明宝因涉嫌“以危险方法危害公共安全罪”被江宁区检察院批准逮捕。2009 年 11 月 27 日,备受关注的南京“6·30”特大醉驾肇事案在南京市中级人民法院公开审理,检方认为酒后驾车造成 5 死 4 伤的肇事司机张明宝的行为构成“以危险方法危害公共安全罪”,并建议法庭据此予以量刑定罪。庭审进行了约两个小时,20 多家

---

① 此案为江苏省第一个因醉驾被定性为“以危险方法危害公共安全罪”的案件。

媒体记者及部分受害者亲属、市民代表获准入场旁听。

(二)该案的争议:是按照交通肇事罪还是以危险方法危害公共安全罪定性

这起因醉酒驾车引发的特大惨案发生后,立即引起社会的极大关注,对张明宝如何定罪、如何量刑成为焦点。检方调查,张明宝此前就常有酒后驾车的经历,他拥有的3辆轿车2006年以来有过80次违章记录。据悉,事故发生后,由于张明宝现有财产一时无法足额支付赔偿,南京江宁区政府代为偿付了300多万元赔偿金。庭审中,控、辩双方对案情事实没有异议,分歧主要在犯罪主观意愿及罪名认定上。控方认为,张明宝明知酒后驾车违法、醉酒驾车会危害公共安全,却醉酒驾车,肇事后继续驾车冲撞,造成重大人员伤亡,其行为触犯了刑法规定,应当以"以危险方法危害公共安全罪"追究刑事责任。张明宝的辩护律师则辩称,张明宝没有危害公共安全的故意,且过去有过酒后驾车经历,吃饭的地点离家较近,路况熟,属于"过于自信的过失犯罪",应当以"过失以危险方法危害公共安全罪"量刑。同时考虑到张明宝犯罪后认罪态度较好,有悔罪表现,积极对受害者进行经济赔偿等,要求法庭依法对其减轻处罚。

"到底该按照交通肇事罪还是以危险方法危害公共安全罪定性"是该案的最大争议。从表象上来看,张明宝的醉驾行为,跟交通肇事比较符合。但是,从造成的严重后果来看,仅仅以交通肇事罪定性,与刑责相一致的法律原则不符。最终,检方以涉嫌以危险方法危害公共安全罪提起公诉。

江苏省南京市中级人民法院于2009年12月18日作出(2009)宁刑初字第98号刑事判决,以被告人张明宝犯以危险方法危害公共安全罪,判处无期徒刑,剥夺政治权利终身。法院认为,被告人张明宝明知酒后驾车违法、醉酒驾车会危害公共安全,却无视法律醉酒驾车,放任危害结果发生,并在肇事后继续驾车连续冲撞多名行人及车辆,其行为构成以危险方法危害公共安全罪,依法予以严惩。被告人张明宝在案发当日的中午及晚间大量饮酒系其自主行为,案发时其血液中的乙醇含量高达381.5毫克/100毫升,属于醉酒状态。在此状态下,作为一个合法申领了驾驶执照的成年人,却无视法律规定和不特定多数人的生命财产安全醉酒驾车,尤其是在肇事后继续驾车冲撞,造成重大人员伤亡,说明其主观上对持续发生的危害后果持放任态度,具有危害公共安全的故意。江苏省南京市中级人民法院最终以被告人张明宝犯以危险方法危害公共安全罪,判处无期徒刑,剥夺政治权利终身。这成了全国第一个以该罪名定性的醉驾案,也成了以后类似案件的标杆。之后不久,最高人民法院出台了相关规定,明确表示类似的醉驾案,都以危险方法危害公共安全罪定罪。

另外,"6·30"惨案发生后不久,南京掀起了"禁酒风暴",严厉打击酒后驾驶。同时,关于酒驾的法律问题也成了探讨的热点。从交管部门了解到,经过持续的整治,目前酒驾情况已经比以前明显减少。这一变化我们每个人都能感受到,亲朋同事聚会时碰到开车人一般都已不再劝酒。

二、南京幼女饿死事件

(一)事件始末

2013年6月21日9时许,南京市江宁区麒麟派出所社区民警王平元上门走访辖区居民乐燕(女,22 岁)时,发现家中无人应答,乐燕手机处于关机状态。王平元觉得事有蹊跷,便叫来锁匠将门打开,发现两名幼女一个在门边,一个在床边,均已没有呼吸,她们正是乐某 3 岁和 1 岁的女儿。孩子的尸体被发现后,作为监护人的母亲乐某在一家网吧被警方发现,而作为吸毒人员的她再次有孕在身。2013 年 2 月,孩子的父亲李文斌因为吸毒被抓,2013 年 8 月底出狱。而乐燕也因涉嫌故意杀人,已被江宁警方刑事拘留。2013 年 9 月 18 日,乐某被南京市检察院以故意杀人罪起诉,在南京中院公开开庭审理。被告人乐燕犯故意杀人罪,判处无期徒刑,剥夺政治权利终身。

经查,乐燕有吸毒史,2012 年因吸食毒品被公安部门治安处罚,后因哺乳期,行政拘留不予执行。李文斌和乐燕没有结婚,是同居关系。其中大的小孩,是乐燕此前和前男友的孩子。李文斌被抓后,社区决定每月拿出 800 元钱用于救助乐燕和两个孩子。这笔费用是交给片警监管的,片警每一周或 10 天去乐燕家了解一次情况。2013 年 9 月 18 日,备受关注的南京市江宁区“饿死女童案”在南京市中级人民法院公开宣判,被告人乐燕犯故意杀人罪,判处无期徒刑,剥夺政治权利终身。

(二)案件评析

该事件发生前,社区拒绝了让孩子进孤儿院的请求,认为不符合政策。而在事件发生后,社区的片警认为,他不可能亲自照顾孩子,一个礼拜去看一次,工作量已经比较大,自己已经尽到了责任。邻居曾拿到乐燕家的钥匙并为孩子送饭。但坚持了一周后,觉得这麻烦惹不起退还了钥匙。这样就形成孤儿院不收,警察不管,邻居怕惹麻烦的尴尬境地。以下就对该事件涉及的法律问题分述之。

1. 责任承担

(1)父母作为未成年人的法定监护人,应当对未成年人的人身、财产及其他合法权益进行监督和保护。而作为该事件中两个孩子的母亲,乐燕未尽到法定的监护职责,致两个未成年孩子被饿死,理当承担对这一悲剧的第一责任。对其行为认定为故意杀人罪是没有问题的,考虑到其受审时已经怀有身孕,所以不能判处死刑。

(2)警察的法定职责应当是查处和打击犯罪,而在该事件中警察主动承担孩子的补助,说明警察早已经知道两个孩子的家庭存在问题,既然警察已经预料到孩子家的困难,为什么没有进一步的措施或者作为工作的重点而加以重视。另外,孩子的父亲是家中的唯一经济来源,那么在抓走吸毒的父亲之后,公安机关应该对其家庭情况作一个详细了解,如果工作做得不细,难免会导致新的问题。所以,很难说公安机关已经尽到了自己的职责。

(3)事件发生后,5 名律师一起向南京市江宁区民政局、麒麟街道办、公安局、妇联等四部门,邮寄了《信息公开申请表》,申请公开四部门是否及时依据《未成年人保护法》第 53 条,向法院申请撤销女童母亲乐燕的监护责任,并要求法院另行指定监护人。申请人接到江宁区民政局、街道办、公安局、妇联四部门的《政府信息公开答复书》,在答复书中,四部门除了落款单位和公章外,均一致答复称:“对照《政府信息公开条例》第二条、第十三条之规定,无法按您的要求提供信息。”根据法律的规定,对于长期没有人照看的小孩,居委会、民政局等四个部门,依法应当帮她们另外找到监护人。同时,我国

《政府信息公开条例》明确规定，公民、法人或者其他组织有权向国家各级政府部门申请获取相关政府信息。"无法提供信息"是否属于不予公开的范围？或者四部门根本就没有及时履行自己的职责，而导致询问的信息不存在？四部门的答复让人费解，最起码就本事件中四部门行使职权的现状来说，四部门是没有尽到自己的职责的。

2. 未成年人权益保护的困境

应当说，这一事件的发生已经不单单是一个个案反映的社会问题，而是反映出由于我国法律制度的缺失和疏漏所导致的悲剧。首当其冲的，就是监护制度。

依据最高人民法院《关于贯彻执行〈中华人民共和国民法通则〉若干问题的意见（试行）》第 11 条的规定，认定监护人的监护能力，应当根据监护人的身体健康状况、经济条件以及与被监护人在生活上的联系状况等因素确定。而乐某有吸毒史，经济状况堪忧，且多次将孩子们放在家中长期不归。可以认为，作为吸毒人员，乐某虽然并非法律意义上的无行为能力人，但在抚养孩子这件事上，她却不具备完全的行为能力。对于她自己的各项行为，她必须承担相应的法律责任，但对她自己的孩子，她不仅不具备照顾的能力，而且已经不应该享有监护的权利。那么，这种情形按照法律规定就已经可以判断乐某缺乏一定的监护能力。《未成年人保护法》第 53 条规定："父母或者其他监护人不履行监护职责或者侵害被监护的未成年人的合法权益，经教育不改的，人民法院可以根据有关人员或者有关单位的申请，撤销其监护人的资格，依法另行指定监护人。被撤销监护资格的父母应当依法继续负担抚养费用。"的确，这条规定在司法实践中仍然存在一些不够细致的问题，导致司法对未成年人家庭监护的干预力度依旧不足。比如，规定中究竟谁才有权起诉？法律规定的有关人员和单位具体指谁？撤销以后指定谁来担任监护人？正是因为需要完善和解决的问题很多，我们才觉得更有必要呼吁社会关注未成年人的保护问题，推动建立全国儿童权利的保障制度。

因此，有必要建立以监护为核心的儿童福利制度。建立该制度的目的，一是对家庭监护给予帮助和支持，增强家庭的监护功能；二是对家庭不能提供有效监护的未成年人提供相应的救助和保护措施，为及时的行政干预和有效的司法干预提供制度配合和保障。这种以监护为核心的儿童福利制度应当包括对家庭监护的支持、对家庭监护的监督、临时监护和国家监护。撤销监护人资格之后，相关法规应当确立一个明确的负责主体，或者确立几个部门之间的先后顺序来对未成年人进行有效监护。可以考虑由民政部门或儿童福利机构担任监护人对未成年人进行国家监护，采取儿童福利机构抚养、家庭寄养等方式对其进行长期安置。此外，强制报告制度也能有效避免未成年人发生进一步遭受侵害的可能性。负有报告义务的人员范围应当包括：未成年人的监护人、事实抚养人、看护人或其他家庭成员、邻居等与未成年人密切相关的人，能够对监护人履行监护职责的情况进行有效监督和及时发现。同时，这种强制报告制度应对义务报告人的范围、报告的时间、接受报告的部门、不报告的法律责任等进行规定。

3. 禁毒斗争需重视

父母吸毒不能照顾年幼子女，导致两名幼童饿死，这是家庭的悲剧，同时，也体现毒品吸食者给家庭造成沉重的负担和打击，给社会带来广泛、严重的危害。那么，我们在关注毒品吸食者这类特殊人群时,同时也该注意加强禁毒的斗争以及对毒品犯罪的查处。随着经济的发展和生活水平的提高,民众接触毒品的机会也不断变大,毒品犯罪率也随之不断升高。不仅如此,毒品犯罪的次生危害也日益凸显,极易衍生出其他违法犯罪活动。一是吸毒诱发的侵财性、暴力性犯罪频发。二是毒品再犯、累犯比例较高。2003 年成都吸毒妈妈饿死女童的案例以及 2013 年江宁饿死女童事件,都让"吸毒妈妈"这类人成为关注的焦点,给我们展现了吸毒家庭的特殊困境,姑且不论女童被饿死有多少人要为此承担责任,毒品都是这类事件发生的一个根源性的因素,这是毋庸置疑的。吸毒人员家庭已经不再是个别现象、个体问题,而是规模性、公共性的社会问题。针对类似南京事件、成都事件吸毒家庭子女的抚养和养育问题必须再次提上议事日程,必须重视这个问题的严重性、严峻性和迫切性。

那么,要想防止此类事件再次发生,除了完善有关监护制度外,也要在全社会各方力量共同参与下,建立惩防并举的禁毒防控体系,这样才能从根源上杜绝毒品犯罪和吸毒行为,从而保护儿童的健康成长。

4. "虐待"的中国国情

在我国现行制度框架内,从孩子一出生,家长事实上就对其承担了几乎所有抚养和管教的责任,享受着几乎不可剥夺的监护权。不要说作为客观结果的饿死,就是父母将孩子虐待致死,因发生在父母子女之间,对父母往往以虐待罪而非故意杀人罪论处,最多只判处有期徒刑 7 年。那么,在立法缺失及执法软弱的情况下,单纯的道德谴责又有什么力量来制止这些无视孩子生命的父母之恶行?我国当代的立法和司法,在保护未成年子女不受虐待方面,之所以态度暧昧、行动软弱,或许因事情发生在家庭内,因而其性质难以界定。但是实际上,"虐待"的认定标准不应是个问题。世界上很多国家的法律中,虐待子女相关罪名的界定和惩罚都写得具体明晰。造成我国的立法者和司法机构会有这种现状的原因,笔者以为这就是国情使然。

国家防范和制止发生在家庭内部的虐待儿童现象,有一种最严厉的手段,那就是剥夺家长的监护权,由政府或受委托机构或个人加以抚养。而在南京幼童饿死的案例中,乐某吸毒成瘾,本不适合承担监护人角色,其经常不归,幼儿的身体健康乃至生命安全早已处在威胁之中。对此,本不需要邻居遇事报警,在我国城市普遍建有居委会,设置有"片警"的条件下,完全应由公权力机构出面,暂时将幼儿保护起来。此案例中,虽有民警定期走访,未成年人死亡也是被走访民警发现,但这样的走访,仍不足以保障未成年人的权利。现实是两个女孩被活活饿死。没有机构出面把幼儿保护起来,是因为没有任何机构能强制剥夺乐某的监护权,直接承担孩子的抚养,或把孩子送到愿意收养的人家。毫无疑问,社区工作者和社区民警的工作不力,与这两个女孩被饿死,不能说没有一点关联。但在国家缺乏统一且有效的相关管理制度安排的情况下,仅靠社区工作者和民警的能动性,即便能保住这两个女孩的性命,全国各地被虐待或遗弃的孩子的命运也让人无法乐观。

(三)事后反思

1. 该事件暴露出来的问题,要引起足够的重视。第一,我国监护制度运行中,监护人疏于监护的时候,对被监护人的权利缺乏救济。首先,孩子父母不同意放弃监护权,如强行操作,孩子父母可以起诉民政部门或社区居委会,而民政部门却拿不出相关法律、政策依据;其次,强制剥夺孩子父母的监护权,要有足够证据证明孩子父母没有监护到位,但在现有法律中,对有没有监护能力、多长时间没有看管视为不作为、什么叫监护缺失等问题,没有明确界定。那么,就需要在立法的层面,对儿童监护秩序以及相关的法律问题进行细化和完善,增强实际的可操作性。第二,本案中,犯罪嫌疑人在案发当天就被抓获,在审判前的三个月时间里,尽管有多名律师联名写信要求,公开相关案件信息,但是南京的公安、民政、区政府、街道办,一律噤声,让公众对政府信息公开工作的效果存疑。通过这件悲剧,我们也应该更加关注吸毒人员和类似缺乏有效安全监护的幼儿的生存状况,完善我国的监护制度,督促政府加强信息公开,才能让悲剧不再重演。

2. 当家庭监护出现问题时,政府力量和社会力量如何及时有效介入,才是当前未成年人保护领域需要研究的重点内容。因此,有必要建立以监护为核心的儿童福利制度,尤其是在监护人被采取刑事强制措施或者被强制戒毒期间,该制度保护未成年人发挥的作用不言而喻。

3. 长期以来,我们总是把儿童与妇女放在一块儿,没有单独把儿童保护作为一个议题,没有做细化、可操作的制度设计,现在看来需要转变思路,将这些制度精细化。

(四)促使南京为未成年人立法

该案审理中,南京媒体人黄琼花作为人民陪审员出庭,这次陪审经历让她深受促动,思考我国法律对未成年人保护的严重欠缺,设想如果有政府机构或者社会组织对困境中的儿童回访制度,悲剧或许就不会发生。既然国家层面的法律过于空泛,地方能不能出台更细致的规定?2013 年 10 月,南京市检察院检察长葛晓燕向南京市人大提出“关于制定南京市未成年人保护条例的立法建议”,其中包括了检察院对处理“南京饿死女童案”的反思和司法建议。2014 年 1 月南京市召开“两会”,黄琼花和南京市玄武区法院少年庭庭长王萍联系了十位人大代表,正式向南京市人代会递交了相关议案;政协委员、全国律协未成年人保护委员会委员李晓霞也提交了类似提案。2014 年年底,未成年人保护法被列入南京市 2015 年立法规划。2015 年 7 月,南京市法制办公布《南京市未成年人保护条例(草案)》,向社会公开征求意见。8 月下旬经市十五届人大常委会第二十次会议一次审议,将于 10 月下旬进行二次审议。

条例草案规定了父母或其他监护人不得实施的五种行为:以暴力侵害方式造成或可能造成未成年人身体伤害的;长期以饥饿等方式惩罚未成年人,使其生长发育受到不利影响的;让未满六周岁或者基于生理原因需要特别照顾的未成年人独处的;将未满六周岁或者基于生理原因需要特别照顾的未成年人交由无民事行为能力、限制民事行为能力或者患有法定报告传染病的人员代为照顾的;长期使用显著伤害未成年人自尊心的侮辱性语言的。

条例草案在“学校保护”方面的规定更加严格,明确禁止了六种行为:对学生嘲讽、辱骂、殴打、罚款;随意查看、公布涉及学生隐私的信息;未经监护人同意,泄露学生个人及家庭信息;以任何形式公布学生在校分数排名;强迫或者变相强迫学生参与有偿家教或者捐款捐物、购买商品等活动;削减或者挤占体育、艺术等非升学考试科目课时用于升学考试科目教学。

条例草案还对“留守未成年人保护”做出专门规定:父母因外出务工等原因不能履行监护义务的,应当委托有监护能力的人担任留守未成年子女的监护人,双方应当签订委托监护协议,明确留守未成年子女留守期间的居住、教育、经济抚养等内容。任何单位和个人发现未满十六周岁的留守未成年人单独居住的,应当报告公安机关。公安机关接报核实后,应当立即联系留守未成年人的父母,责令其回家或者委托监护人。无符合条件的受托监护人的,公安机关应当将该留守未成年人送至未成年人救助保护机构或者未成年人救助保护机构指定的临时寄养家庭、机构进行安置。

条例草案在“社会保护”条款中,还规定了“媒体责任”:任何单位和个人不得在报纸、电视、网络或者即时通信工具上公布受害未成年人的姓名、照片、家庭住址、就读学校等能够识别受害未成年人身份的信息。新闻媒体报道涉及未成年人事件时,应当安排熟悉未成年人身心特点的从业人员进行报道,且不得直接采访受害未成年人。

条例草案规定了两类行为可撤销监护人资格:监护人侵害被监护未成年人合法权益符合撤销监护人资格规定的,单独居住的未满十六周岁留守未成年人的父母拒绝履行监护义务六个月以上的,未成年人的其他监护人、未成年人救助保护机构、团组织、妇联、关工委、学校及相关单位等可以向人民法院申请撤销其监护人资格。

在法律责任方面,条例草案规定,学校或教师违反条例规定的,由教育行政主管部门责令改正;拒不改正的,对负有直接责任的学校负责人或者直接责任人员依法给予行政处分。机关单位及其工作人员发现未成年人被侵害不予报告,造成严重后果的,由其上级机关或者所在单位对直接责任的主管人员或者其他直接责任人员予以处分。新闻媒体违反条例相关规定,公布受害未成年人身份信息的,由行政主管部门予以警告,责令改正。情节严重或者拒不改正的,依法追究新闻媒体负责人和直接责任人的责任。

三、孙银山诉南京欧尚超市有限公司江宁店买卖合同纠纷案

2014 年 1 月,最高人民法院把南京市江宁区人民法院于 2012 年 9 月 10 日作出(2012)江宁开民初字第 646 号民事判决“孙银山诉南京欧尚超市有限公司江宁店买卖合同纠纷案”遴选为第 23 号指导性案例。该案诉争点是《食品安全法》第 96 条之法律适用,但亦牵扯出《消费者权益保护法》《侵权责任法》及《食品安全法》的规范性质、规范竞合及构成要件等问题。尤其在《消费者权益保护法》新近完成修订、《食品安全法》修改稿亟待审议的背景下,如何对看似缺乏关联的“规范集合”做体系化的思考,如何阐释惩罚性赔偿规则背后的法律机理,成为迫切需要完成的课题。

(一)基本案情

2012 年 5 月 1 日,原告孙银山在被告南京欧尚超市有限公司江宁店(简称欧尚超市江宁店)购买“玉兔牌”香肠 15 包,其中价值 558. 6 元的 14 包香肠已过保质期。孙银山到收银台结账后,即径直到服务台索赔,后因协商未果诉至法院,要求欧尚超市江宁店支付 14 包香肠售价十倍的赔偿金 5586 元。

（二）裁判结果

江苏省南京市江宁区人民法院于 2012 年 9 月 10 日作出（2012）江宁开民初字第 646 号民事判决：被告欧尚超市江宁店于判决发生法律效力之日起 10 日内赔偿原告孙银山 5586 元。宣判后，双方当事人均未上诉，判决已发生法律效力。

（三）裁判要点

消费者购买到不符合食品安全标准的食品，要求销售者或者生产者依照食品安全法规定支付价款十倍赔偿金或者依照法律规定的其他赔偿标准赔偿的，不论其购买时是否明知食品不符合安全标准，人民法院都应予支持。

（四）裁判理由

法院生效裁判认为：关于原告孙银山是否属于消费者的问题。《消费者权益保护法》第 2 条规定："消费者为生活消费需要购买、使用商品或者接受服务，其权益受本法保护；本法未作规定的，受其他有关法律、法规保护。"消费者是相对于销售者和生产者的概念。只要在市场交易中购买、使用商品或者接受服务是为了个人、家庭生活需要，而不是为了生产经营活动或者职业活动需要的，就应当认定为"为生活消费需要"的消费者，属于消费者权益保护法调整的范围。本案中，原、被告双方对孙银山从欧尚超市江宁店购买香肠这一事实不持异议，据此可以认定孙银山实施了购买商品的行为，且孙银山并未将所购香肠用于再次销售经营，欧尚超市江宁店也未提供证据证明其购买商品是为了生产经营。孙银山因购买到超过保质期的食品而索赔，属于行使法定权利。因此欧尚超市江宁店认为孙银山"买假索赔"不是消费者的抗辩理由不能成立。

关于被告欧尚超市江宁店是否属于销售明知是不符合食品安全标准食品的问题。《食品安全法》第 3 条规定："食品生产经营者应当依照法律、法规和食品安全标准从事生产经营活动，对社会和公众负责，保证食品安全，接受社会监督，承担社会责任。"该法第 28 条第 8 项规定，超过保质期的食品属于禁止生产经营的食品。食品销售者负有保证食品安全的法定义务，应当对不符合安全标准的食品自行及时清理。欧尚超市江宁店作为食品销售者，应当按照保障食品安全的要求储存食品，及时检查待售食品，清理超过保质期的食品，但欧尚超市江宁店仍然摆放并销售货架上超过保质期的"玉兔牌"香肠，未履行法定义务，可以认定为销售明知是不符合食品安全标准的食品。

关于被告欧尚超市江宁店的责任承担问题。《食品安全法》第 96 条第 1 款规定："违反本法规定，造成人身、财产或者其他损害的，依法承担赔偿责任。"第 2 款规定："生产不符合食品安全标准的食品或者销售明知是不符合食品安全标准的食品，消费者除要求赔偿损失外，还可以向生产者或者销售者要求支付价款十倍的赔偿金。"当销售者销售明知是不符合安全标准的食品时，消费者可以同时主张赔偿损失和支付价款十倍的赔偿金，也可以只主张支付价款十倍的赔偿金。本案中，原告孙银山仅要求欧尚超市江宁店支付售价十倍的赔偿金，属于当事人自行处分权利的行为，应予支持。关于被告欧尚超市江宁店提出原告明知食品过期而购买，希望利用其错误谋求利益，不应予以十倍赔偿的主张，因前述法律规定消费者有权获得支付价款十倍的赔偿金，因该赔偿获得的利益属于法律应当保护的利益，且法律并未对消费者的主观购物动机作出限制性规定,故对其该项主张不予支持。

（五）案件评析

本案主要涉及三个问题:一是知假买假者是不是消费者;二是食品销售者的明知应如何理解;三是食品销售者应承担什么责任。

一、知假买假者属于消费者

近20年来,"知假买假"者是不是消费者的问题,各地判例不一,一直困扰着司法实践。《食品安全法》颁布实施后,这个问题再次引发了关注和热议。直至近期最高人民法院出台《关于审理食品药品纠纷案件适用法律若干问题的规定》(以下简称《规定》),规定"因食品、药品质量问题发生纠纷,购买者向生产者、销售者主张权利,生产者、销售者以购买者明知食品、药品存在质量问题而仍然购买为由进行抗辩的,人民法院不予支持",才对知假买假索赔的法律争议给予了明确的司法结论。知假买假者在通常情况下应当认定为消费者的依据如下。

首先,从消费者的概念上来看,无论是《食品安全法》还是《消费者权益保护法》,都没有对消费者的概念作出明确规定,只是在《消费者权益保护法》第2条规定了该法的适用范围,即"消费者为生活消费需要购买、使用商品或者接受服务,其权益受本法保护"。有学者认为,这属于立法上的漏洞,产生的原因是"立法者未曾料到,在实践中可能会出现这样的特殊主体,其购买商品既非为生活消费,也非为生产消费,而是以获得加倍赔偿为目的。因此,依照法律的明确规定,其既非消费者,也非经营者,从而在立法中形成了法律漏洞"。[①] 我们认为,消费者是相对于销售者和生产者的概念。只要具有购买、使用商品或者接受服务的消费行为,并且不是用于生产销售的,就应当认定为"为生活消费需要",即属于消费者。而不能仅仅以购买人主观上明知所购商品为假货,就认为其不是为了生活消费。

其次,法律本质上是一种行为规范,其调整对象是人的行为而不是人的动机。消费是由需要引起的,消费者购买商品和接受服务的目的是为了满足自己的各种需要。消费者的动机多种多样,不仅可能为自己生活需要购买物品,也可能替亲戚朋友购买物品,不仅可能为了收藏、保存等需要而购买商品,也有可能为了赠予他人而购买商品。但这些动机都不是法律的调整对象,而且如果以主观动机作为消费者的判断标准,将会侵害了消费者的购买自由权。至于知假买假者的牟利问题,一方面其获利行为是在法律框架内行使权利的行为,法律应当保护;另一方面,其行为不仅不损害社会公共利益,反而有利于维护社会公共利益,法律应当提倡。

最后,从立法目的上看,《消费者权益保护法》是为了"保护消费者的合法权益,维护社会经济秩序,促进社会主义市场经济健康发展",《食品安全法》是为了"保证食品安全,保障公众身体健康和生命安全"。面对当前愈演愈烈的食品安全问题,人民法院通过对相关法律漏洞的补充,将知假买假者纳入法律的保护范围,有利于唤醒消费者的权

---

① 李友根:"消费者权利保护与法律解释——对一起消费纠纷的法理剖析",载《南京大学法律评论》1996年秋季号。

利意识和自我保护意识,鼓励广大消费者与危害食品安全的制造者和销售者进行斗争,从而起到打击不良商家、抑制造假售假、净化市场环境、保护消费者的合法权益的积极作用。

二、对食品销售者明知的理解

《食品安全法》第96条第2款对销售者适用的是过错责任原则,即要求销售者主观上明知其销售的食品不符合安全标准。因此,原告孙银山主张10倍赔偿的前提要件是欧尚超市江宁店销售明知是不符合食品安全标准的食品。但是在实践中,消费者很难证明销售者明确知道出售不符合食品安全标准的食品。而销售者往往不会主动承认自己出售的食品不符合食品安全标准,这无疑加大了消费者的举证责任,使不法商家可以轻易地逃脱责任,使该法条容易成为"沉睡的条款",也违背食品安全法的立法初衷。

我们认为,销售者明知的心态系其主观意志,实践中难以判断。但意志可通过行为人的外部活动表现出来,因此可以将行为人的行为与法律为其设定的义务进行比较,以推断其是否违法。《食品安全法》第四章专门规定了食品生产经营者的责任和义务,如第40条规定"食品经营者应当按照保证食品安全的要求贮存食品,定期检查库存食品,及时清理变质或者超过保质期的食品"。因此食品生产经营者的主观过错,可以通过其是否全面履行法定义务进行认定。如果其行为达到了法律的要求,则认定为无过错,反之则应当认定为有过错。具体到本案中,超市作为专业卖家,负有保证食品安全的法定义务,应当按照食品安全的要求妥善贮存、定期检查所售食品,并对不符合安全标准的食品及时清理下架。食品的保质期标示于食品的外包装之上,被告欧尚超市江宁店有能力,也很容易发现食品是否过期,并应及时将超过保质期的产品清理下架。但是被告欧尚超市江宁店在负有法定义务的前提下,仍然销售超过质量保质期的香肠,因此其行为应当认定为销售明知是不符合食品安全标准的食品。

三、食品销售者的责任承担

《食品安全法》第96条第1款和第2款分别规定:"违反本法规定,造成人身、财产或者其他损害的,依法承担赔偿责任","生产不符合食品安全标准的食品或者销售明知是不符合食品安全标准的食品,消费者除要求赔偿损失外,还可以向生产者或者销售者要求支付价款10倍的赔偿金"。通常认为,《食品安全法》的10倍赔偿制度引入了源自英美的惩罚性赔偿制度。惩罚性赔偿的基本法理依据是对违法行为人的民事赔偿惩罚,是指法庭判定的赔偿数额超出实际损害数额的赔偿,即损害赔偿金不仅是对权利人的补偿,同时也是对故意加害人的惩罚。① 我国台湾学者一般认为惩罚性赔偿具有损害填补、惩罚被告行为、吓阻被告或他人从事类似不法行为及鼓励私人担任"检察官"以执行法律的功能。② 也有学者认为惩罚性赔偿"具有补偿受害者遭受的损失、惩罚和遏制

---

① [英]戴维沃克著:《牛津法律大词典》,李双元等译,法律出版社2003年版,第1158页。

② 陈聪富:"美国法上之惩罚性赔偿金制度",载《台大法学论丛》2002年第5期。

不法行为等多重功能”。[①]

关于10倍赔偿金是否过高的问题。有人认为《食品安全法》96条第2款是授权性条款,是法律授予法官在10倍价款范围内进行裁量,是否支持10倍价款还应考虑销售者的过错程度。我们认为,《食品安全法》规定的10倍赔偿金在性质上属于法定赔偿金,该项制度体现了法律对违法行为的惩罚和遏制,体现了对全社会的教育和预防,也体现了对维护消费者权益行为的鼓励和支持。10倍赔偿金属于按照价款固定倍数计算的法定赔偿金,因此不用考虑当事人的过错程度。而且即使认为该条款是授权性条款,也是法律对消费者的授权,意味着消费者可以在10倍范围内任意提起惩罚性赔偿请求,而并不意味着法官在10倍价款内享有自由裁量权。

至于10倍赔偿是否以发生损害为前提的问题。有观点认为,根据侵权责任法的基本原理,有损害后果是承担侵权损害赔偿责任的必要条件,因此价款10倍赔偿金的主张应当以发生损害为前提。我们认为,一方面,《侵权责任法》和《食品安全法》之间是一般法和特别法的关系。根据特别法优于一般法的原则,《侵权责任法》第47条[②]关于惩罚性赔偿的规定并不适用于食品安全领域。依据《侵权责任法》第5条[③]的精神,消费者因购买食品而产生的惩罚性赔偿只能适用《食品安全法》;另一方面,《食品安全法》第96条的两个条款,赋予了当事人两项相对独立的请求权,即损害赔偿请求权和10倍赔偿的请求权。我们认为这两个请求权是并列的关系,而不是递进的关系。也就是说,消费者可以同时主张赔偿损失和价款10倍的赔偿金,也可以只主张价款10倍的赔偿金。而且关于10倍赔偿金的请求权,法律未对消费者是否遭受损害、遭受何种损害作出限制性规定。因此,10倍赔偿金并不以损害结果为必要条件,消费者如果没有发生损害或者不主张损害赔偿,也可以直接主张价款10倍的赔偿金。最高人民法院的司法解释也采纳了惩罚性赔偿不以消费者受损害为前提的观点,《规定》第15条明确规定:“生产不符合安全标准的食品或者销售明知是不符合安全标准的食品,消费者除要求赔偿损失外,向生产者、销售者主张支付价款10倍赔偿金或者依照法律规定的其他赔偿标准要求赔偿的,人民法院应予支持。”

四、青岛中南物业管理有限公司南京分公司诉徐献太、陆素侠物业管理合同纠纷案[④]

原告青岛中南物业管理有限公司南京分公司(以下简称中南物业南京公司)因与被告徐献太、陆素侠发生物业管理合同纠纷,向江苏省南京市江宁区人民法院提起诉讼。

南京市江宁区人民法院一审查明:2005年3月10日,被告徐献太、陆素侠与常锦公司签订《商品房买卖契约》1份,约定徐献太、陆素侠购买常锦公司开发的麒麟锦城小区

---

① 何建志:“惩罚性赔偿金之法理与应用”,载《台大法学论丛》2002年第3期。

② 《侵权责任法》第47条规定:“明知产品存在缺陷仍然生产、销售,造成他人死亡或者健康严重损害的,被侵权人有权请求相应的惩罚性赔偿。”

③ 《侵权责任法》第5条规定:“其他法律对侵权责任另有特别规定的,依照其规定。”

④ 该案被《最高人民法院公报》2007年第9期收录。

房屋 1 套，总价款为 323470 元。合同签订后，徐献太、陆素侠一次性付清了房款。

原告中南物业南京公司受常锦公司委托对麒麟锦城小区进行前期物业管理。2005 年 10 月 1 日，被告徐献太、陆素侠办理了房屋交付手续。当日，徐献太、陆素侠签署了《中南麒麟锦城业主公约》，并与中南物业南京公司签订《中南麒麟锦城物业管理服务协议》。《中南麒麟锦城业主公约》第三章第 2 条第 5 项规定，业主应当遵守政府有关部门关于房屋使用及装修的规定，不得擅自改变使用房屋及公共设施的用途、外观、结构。该条第 8 项规定，业主应当自觉维护小区内的公共秩序和环境卫生，不得私搭乱建、乱停放车辆、随意占用绿地或破坏绿地、污染环境及制造噪音扰民。《中南麒麟锦城业主公约》第五章第 2 条第 6 项规定，物业管理服务的内容包括庭院绿地及其他设施的养护管理。《中南麒麟锦城业主公约》第六章第 2 条第 3 项规定，业主不得在天井、庭院、平台、房顶、绿地、道路或其他仅用部位、场地搭建建筑物、构筑物。该条第 4 项规定，业主不得侵占或损害道路、绿地、花卉树木、艺术景观和文娱、体育及休闲设施。《中南麒麟锦城物业管理服务协议》第 2 条第 9 项约定，中南物业南京公司向业主提供的物业管理服务内容包括对公共绿地、花木、建筑的养护与管理。

被告徐献太、陆素侠所购麒麟锦城小区的房屋南阳台外有一庭院绿地，该庭院绿地周边有高 50 厘米左右的木栅栏围档，常锦公司建设该房屋时在南阳台上预留了出人门。徐献太、陆素侠与常锦公司签订的购房合同中并未就该庭院绿地的使用权归属问题作出明确约定。徐献太、陆素侠亦尚未领取房屋所有权证及国有土地使用权证。2005 年 12 月，徐献太、陆素侠在对所购麒麟锦城小区房屋进行装修时，将该房屋南阳台外的庭院绿地进行了改造，破坏原有绿地后在庭院里铺设水泥地、砌花台、建鱼池。为此，原告中南物业南京公司分别于 2005 年 11 月 1 日、2006 年 3 月 21 日向徐献太、陆素侠发出整改通知，要求徐献太、陆素侠停止对该庭院绿地的改建，恢复原状。徐献太两次签收了中南物业南京公司出具的整改通知单。因徐献太、陆素侠未按物业管理要求加以整改，2006 年 11 月，中南物业南京公司就本案纠纷向法院提起诉讼。

本案的争议焦点是：一、原告中南物业南京公司是否本案适格诉讼主体，能否作为原告提起本案诉讼；二、被告徐献太、陆素侠对所购麒麟锦城小区的房屋南阳台外的庭院绿地是否具有独占使用权；三、被告徐献太、陆素侠是否有权对上述庭院绿地实施改建。

南京市江宁区人民法院一审认为：

一、原告中南物业南京公司是本案适格诉讼主体，有权提起本案诉讼

根据本案事实，原告中南物业南京公司受常锦公司委托对麒麟锦城小区进行前期物业管理。被告徐献太、陆素侠购买麒麟锦城小区房屋后，于 2005 年 10 月 1 日办理了房屋交付手续，并于当日签署了《中南麒麟锦城业主公约》，并与中南物业南京公司签订了《中南麒麟锦城物业管理服务协议》。因此，徐献太、陆素侠与中南物业南京公司之间建立了物业管理服务合同关系。中南物业南京公司作为提供物业管理服务的合同一方当事人，有义务依约进行物业管理，要求业主遵守业主公约及小区物业管理规定，有权对于违反业主公约及物业管理规定的行为加以纠正，以维护小区正常的物业管理秩序，

维护小区全体业主的共同利益。当业主不按照整改要求纠正违反业主公约和物业管理规定的行为时,中南物业南京公司作为合同一方当事人,有权依法提起诉讼。

二、根据本案事实,不能认定被告徐献太、陆素侠对所购麒麟锦城小区的房屋南阳台外的庭院绿地享有独占使用权

被告徐献太、陆素侠主张常锦公司的售楼人员曾口头承诺买一楼送花园,并有证人证实常锦公司的售楼人员确实做出过上述口头承诺。根据现场勘查情况,徐献太、陆素侠所购麒麟锦城小区房屋的南阳台外的庭院绿地设有栅栏围档,常锦公司建设该房屋时在南阳台上预留了出入门。据此,徐献太、陆素侠一家可以进入该庭院绿地,而小区其他业主则不能进入,即从该庭院绿地的建造设计情况看,似乎该庭院绿地仅供徐献太、陆素侠一家使用。但是,根据上述事实,尚不能认定徐献太、陆素侠对所购麒麟锦城小区房屋南阳台外的庭院绿地享有独占使用权。该庭院绿地作为不动产,其使用权的归属不能仅仅依据现实占有、使用的情况进行判断,必须根据房屋买卖双方的协议内容及物权登记情况加以确定。

首先,即使常锦公司的售楼人员曾向被告徐献太、陆素侠口头承诺买一楼送花园,但在常锦公司与徐献太、陆素侠正式签订的商品房买卖契约中,并未对徐献太、陆素侠所购麒麟锦城小区房屋南阳台外的庭院绿地的使用权作出明确约定。常锦公司的售楼人员做出口头承诺在先,徐献太、陆素侠签订商品房买卖契约在后,且商品房买卖契约系书面合同,故房屋买卖双方关于该庭院绿地使用权归属问题的约定,应当依据常锦公司与徐献太、陆素侠正式签订的商品房买卖契约的内容加以确定,而根据该商品房买卖契约,不能认定徐献太、陆素侠在购买麒麟锦城小区房屋的同时取得了该房屋南阳台外庭院绿地的使用权。

其次,如果被告徐献太、陆素侠对其所购麒麟锦城小区房屋南阳台外的庭院绿地具有独占使用权,则该项事实应当在房屋所有权证、国有土地使用权证书中加以明确记载。鉴于徐献太、陆素侠尚未领取房屋所有权证及国有土地使用权证,不能以物权证书证明其对该庭院绿地享有独占使用权,因此,徐献太、陆素侠关于其对该庭院绿地享有独占使用权的主张,缺乏事实根据。

综上,根据本案事实,只能认定被告徐献太、陆素侠对其所购麒麟锦城小区房屋南阳台外的庭院绿地享有一般使用权,不能认定徐献太、陆素侠对该庭院绿地享有独占使用权。

三、被告徐献太、陆素侠无权擅自对所购麒麟锦城小区房屋南阳台外的庭院绿地实施改建

首先,鉴于不能认定被告徐献太、陆素侠对其所购麒麟锦城小区房屋南阳台外的庭院绿地享有独占使用权,徐献太、陆素侠关于他人无权干涉其改建该庭院绿地的抗辩主张不能成立。

其次,根据本案事实,原告中南物业南京公司在发现被告徐献太、陆素侠对所购麒麟锦城小区房屋南阳台外的庭院绿地实施改建后,分别于 2005 年 11 月 1 日、2006 年 3 月 21 日向徐献太、陆素侠发出整改通知,要求徐献太、陆素侠停止对该庭院绿地的改

建，恢复原状。徐献太两次签收了中南物业南京公司出具的整改通知单。庭审中，徐献太虽然主张其仅签收过一次中南物业南京公司出具的整改通知单，而且在签收时并未查阅整改通知单的具体内容，但未能举证加以证明，且其关于未查阅整改通知单的具体内容即予以签收的主张有悖常理，故不予支持。根据中南物业南京公司向徐献太、陆素侠两次送达整改通知，在徐献太、陆素侠拒不整改后即向法院起诉的行为，可以认定中南物业南京公司不同意徐献太、陆素侠改建庭院绿地的行为，徐献太、陆素侠系擅自改建庭院绿地，其关于中南物业南京公司明知其改造庭院绿地而未予阻止。应当视为同意改造的抗辩主张不能成立。

最后，被告徐献太、陆素侠签署的《中南麒麟锦城业主公约》及其与原告中南物业南京公司签订的《中南麒麟锦城物业管理服务协议》，系其真实意思表示，且不违反法律、行政法规的强制性规定，应认定为合法有效。故《中南麒麟锦城业主公约》《中南麒麟锦城物业管理服务协议》均对徐献太、陆素侠具有约束力，二被告应当依据《中南麒麟锦城业主公约》《中南麒麟锦城物业管理服务协议》履行相应义务。根据《中南麒麟锦城业主公约》《中南麒麟锦城物业管理服务协议》的规定，徐献太、陆素侠不能破坏其所购麒麟锦城小区房屋南阳台外的庭院绿地，不能擅自对该庭院绿地进行改造。退一步讲，即使徐献太、陆素侠对于该庭院绿地具有独占使用权，鉴于该庭院绿地属于小区绿地的组成部分，根据物权的公益性原则，徐献太、陆素侠在使用该庭院绿地时亦应遵守《中南麒麟锦城业主公约》《中南麒麟锦城物业管理服务协议》关于小区绿地的管理规定，不得擅自破坏该庭院绿地，损害小区其他业主的合法权益。因此，徐献太、陆素侠擅自改造该庭院绿地的行为已违反了《中南麒麟锦城业主公约》《中南麒麟锦城物业管理服务协议》的规定，中南物业南京公司要求徐献太、陆素侠停止对该庭院绿地的改建，拆除水泥地、鱼池、花台，恢复该庭院绿地原状的诉讼请求，应予支持。

据此，南京市江宁区人民法院依照《民法通则》第 106 条第 1 款、第 111 条之规定，于 2006 年 11 月 30 日判决：被告徐献太、陆素侠于本判决发生法律效力之日起 60 日内拆除在其所购麒麟锦城小区房屋南阳台外庭院绿地内改建的水泥地、鱼池、花台，恢复该庭院绿地原状。一审宣判后，双方当事人在法定期间内均未提出上诉，一审判决已经发生法律效力。

【裁判摘要】

1. 业主与所在小区的物业管理公司签订物业管理服务协议后，即与物业管理公司之间建立了物业管理服务合同关系。物业管理公司作为提供物业管理服务的合同一方当事人，有义务依约进行物业管理，要求业主遵守业主公约及小区物业管理规定，有权对于违反业主公约及物业管理规定的行为加以纠正，以维护小区正常的物业管理秩序，维护小区全体业主的共同利益。当业主不按照整改要求纠正违反业主公约和物业管理规定的行为时，物业管理公司作为合同一方当事人，有权依法提起诉讼。

2. 对于与业主所购房屋毗邻庭院绿地的权属问题，不能仅仅依据房地产开发商的售楼人员曾向业主口头承诺“买一楼房屋送花园”以及该庭院绿地实际为业主占有、使用的事实。即认定业主对该庭院绿地享有独占使用权。该庭院绿地作为不动产，其使用权的归属必须根据房屋买卖双方正式签订的商品房买卖协议及物权登记情况加以确定。

3. 业主不得违反业主公约及物业管理规定,基于个人利益擅自破坏、改造与其房屋毗邻的庭院绿地。即使业主对于该庭院绿地具有独占使用权,如果该庭院绿地属于小区绿地的组成部分,业主在使用该庭院绿地时亦应遵守业主公约、物业管理规定关于小区绿地的管理规定,不得擅自破坏该庭院绿地,损害小区其他业主的合法权益。

五、王春生诉张开峰、江苏省南京工程高等职业学校、招商银行股份有限公司南京分行、招商银行股份有限公司信用卡中心侵权纠纷案①

原告王春生因与被告张开峰、江苏省南京工程高等职业学校(以下简称工程学校)、招商银行股份有限公司南京分行(以下简称招行南京分行)、招商银行股份有限公司信用卡中心(以下简称信用卡中心)发生侵权纠纷,向江苏省南京市江宁区人民法院提起诉讼。

南京市江宁区人民法院经一审查明:2006 年 9 月至 2007 年 8 月,被告张开峰在被告工程学校担任教师。在此期间原告王春生在工程学校学习。2006 年 9 月,张开峰拣到王春生的身份证,在未经王春生同意的情况下,擅自利用王春生的身份证,同时伪造了王春生的收入证明,通过网上认识的李可向招行南京分行职员孙葵提交了信用卡申请资料,孙葵又将该申请资料邮寄给被告信用卡中心。同年 10 月,信用卡中心根据张开峰提供的申请资料,通过电话方式进行了审核,批准并发放了户主为王春生、卡号为 4392258309444083 的涉案信用卡。2007 年 1 月 9 日,张开峰用涉案信用卡恶意透支消费 2397. 60 元,致使王春生的姓名被列入银行不良信用记录。王春生得知后向公安机关报案,此后张开峰向银行归还了该笔透支款。2007 年 10 月 26 日,信用卡中心已经删除了王春生的银行不良信用记录。

另查明,原告王春生诉称因其姓名被列入银行不良信用记录,导致其工作单位龙特电子公司无法为其办理个人养老保险、医疗保险以及工资卡。但经查证,王春生并没有在龙特电子公司工作,而是在南京麦乐迪 KTV 工作。经一审法院向南京市劳动保障部门咨询,南京市劳动保障部门明确表示:银行的征信系统并未与劳动保障部门的系统联网,职工的姓名是否被列入银行不良信用记录,不影响用人单位为该职工办理养老保险、医疗保险。

本案的争议焦点是:一、被告张开峰用原告王春生的身份证、以王春生的姓名办理信用卡,并在使用信用卡时透支消费,导致王春生的姓名被列入不良信用记录,其行为侵犯了王春生的何种权利;二、除直接侵权人张开峰外,被告工程学校、招行南京分行和信用卡中心对于王春生被侵权的后果有无过错,应否承担法律责任;三、如何确定王春生因姓名被侵犯所遭受的损失。

南京市江宁区人民法院一审认为:

一、本案中,被告张开峰侵犯了原告王春生的姓名权

《民法通则》第 99 条第 1 款规定:“公民享有姓名权,有权决定、使用和依照规定改

---

① 该案被《最高人民法院公报》2008 年第 10 期收录。

变自己的姓名,禁止他人干涉、盗用、假冒。”据此,姓名权是指公民自由决定、使用和依照规定改变自己的姓名,并禁止他人干涉、盗用、假冒自己姓名的一项民事权利。姓名权与其他人格权相比,具有基础权利的特征。姓名权被侵犯,可能会随之导致其他权利,诸如名誉权等人格权受到损害。因此,在现代经济活动中,姓名权愈来愈受到人们的重视。

根据本案事实,被告张开峰在拣到原告王春生遗失的身份证后,既未将身份证归还原告,也未征得原告同意,而是擅自使用原告的身份证,以原告的姓名申请办理信用卡,其行为即属于盗用、假冒他人姓名、侵犯他人姓名权的民事侵权行为。尽管从结果看,张开峰的上述行为还导致王春生的姓名被列入中国人民银行征信系统(即中国人民银行负责组织商业银行建立的个人信用信息基础数据库)的不良信用记录,而该不良信用记录在王春生与其他商业银行发生信贷活动时,其他商业银行均可查阅,必然造成王春生的信用污点,增大王春生从事商业交易活动和社会活动的成本,影响社会对王春生作出公正的评价,实际导致王春生的名誉受到损害,但结合案情全面分析,这一结果仍是张开峰侵犯王春生姓名权的行为所导致的损害后果,张开峰的行为不属于以虚构事实或其他侮辱、诽谤、贬损他人人格的手段侵犯他人名誉权的行为。

二、被告信用卡中心在涉案信用卡申办、发放过程中没有尽到合理审查义务,对于原告王春生被侵权的后果具有过错,应当承担相应的法律责任

根据本案事实,被告张开峰在实施涉案侵权行为时虽系被告工程学校的教师,但张开峰在本案中的行为并非受工程学校指派而为的职务行为,而是其个人行为,与工程学校无关。故工程学校对于原告王春生被侵权的后果不应承担法律责任。

被告张开峰将其伪造的原告王春生收入证明等信用卡申请资料交给其网上认识的朋友李可,李可又将该申请资料交给被告招行南京分行的职员孙葵,孙葵又将该申请资料以邮寄方式提交给被告信用卡中心。孙葵虽系招行南京分行的员工,但其接受和转递涉案信用卡申请资料是出于为朋友帮忙,完全是其个人行为,并非履行招行南京分行交办工作的职务行为。虽然孙葵出于对朋友李可的信赖,没有对涉案信用卡申请资料进行审核,即直接将该申请资料提交给信用卡中心,但考虑到孙葵仅是为朋友帮忙,没有审核的义务,且其个人行为与招行南京分行无关,故对于王春生被侵权的后果,招行南京分行不应承担法律责任。

被告信用卡中心是接受客户申请,为客户开办信用卡的专门机构,负有审核客户提交的信用卡申请资料的义务。根据本案事实,涉案信用卡并非客户本人持有效的身份证件到柜台办理,而是以邮寄资料方式申请开办信用卡。作为专业的信用卡开办机构,信用卡中心完全应当了解现实生活中存在盗用、假冒他人姓名申办信用卡的情况,在客户本人未到柜台的情况下,应当针对申请资料进行合理、有效的审查。但信用卡中心仅仅通过电话方式进行了所谓的核实,即批准并发放了户主为原告王春生、卡号为4392258309444083的涉案信用卡。正是由于信用卡中心没有尽到合理的审查义务,才导致被告张开峰侵犯王春生姓名权的行为得以最终实施成功。因此,信用卡中心对于

王春生被侵权的后果存在过错。信用卡中心虽然与张开峰不存在共同侵权的故意,但其未尽合理注意义务的过错行为与王春生姓名权被侵犯的后果之间存在因果关系。鉴于信用卡中心与张开峰在本案侵权过程中既无共同的主观故意,也不存在其他的意思联络,双方也不存在统一的、不可分割的共同利益,故双方应按照各自过错程度的大小,分别承担赔偿责任。根据本案中王春生姓名权被侵犯的实际情况,酌定由张开峰承担80%的赔偿责任,由信用卡中心承担20%的赔偿责任。

三、关于原告王春生因本案侵权行为所遭受的损失

原告王春生提出的赔偿请求包括名誉损失8000元、精神损害抚慰金5000元、失业保险金5400元、交通费964元,以上总计19364元。原告同时要求撤销其在银行的不良信用记录。就本案而言,王春生因被告张开峰、信用卡中心的侵权行为,导致其在银行征信系统存有不良信用纪录,该不良信用记录对王春生从事商业活动及其他社会、经济活动具有重大不良影响。虽然在查清事实后,信用卡中心已经把王春生的不良信用记录删除,但损害已经实际发生,给王春生实际造成了精神上的痛苦,妨碍了其内心的安宁,其社会评价也必然因此而降低。因此,根据最高人民法院《关于确定民事侵权精神损害赔偿责任若干问题的解释》的有关规定,王春生在姓名权受到侵犯、导致名誉受损的情况下,提出精神损害赔偿的诉讼请求,应予支持。参照最高人民法院《关于审理名誉权案件若干问题的解释》的相关规定,综合考虑侵权人的过错程度、侵权行为的具体情节、给受害人造成精神损害后果以及本地区的平均生活水平等情况,酌定王春生的精神损害抚慰金为2000元;关于王春生主张的交通费损失,考虑到王春生为解决本案纠纷必然支出一定的交通费用,根据其相应的乘车次数和路线,酌定其交通费损失为164元;王春生主张的其他经济损失没有事实依据,故其相关诉讼请求不予支持。鉴于信用卡中心已经将其姓名从银行征信系统不良信用记录中删除,故王春生关于撤销其银行不良信用记录的诉讼请求已经得到满足,不必再行判决。

据此,南京市江宁区人民法院依据《民法通则》第99条、第120条,最高人民法院《关于确定民事侵权精神损害赔偿责任若干问题的解释》第8条、第10条之规定,于2008年7月30日判决:原告王春生因本案侵权行为遭受的损失包括交通费164元、精神损害抚慰金2000元,合计2164元,由被告张开峰赔偿80%即1731.2元,由被告信用卡中心赔偿20%即432.8元,均于本判决发生法律效力之日起10日内给付;驳回原告王春生的其他诉讼请求。

【裁判摘要】

1. 根据《民法通则》第99条的规定,姓名权是指公民自由决定、使用和依照规定改变自己的姓名,并禁止他人干涉、盗用、假冒自己姓名的一项民事权利。未经他人同意,盗用他人身份证、以他人的姓名申办信用卡的行为,即属于盗用、假冒他人姓名,侵犯他人姓名权的民事侵权行为。以上述方式办理信用卡后透支消费,导致他人姓名被银行列入不良信用记录,给他人造成名誉损失的,属于侵犯他人姓名权行为造成的损害后果,不属于侵犯他人名誉权的行为。

2. 当事人因他人盗用、冒用自己姓名申办信用卡并透支消费的侵犯姓名权行为，导致其在银行征信系统存有不良信用纪录，对当事人从事商业活动及其他社会、经济活动具有重大不良影响，给当事人实际造成精神痛苦，妨碍其内心安宁，降低其社会评价，当事人就此提出精神损害赔偿诉讼请求的，人民法院应予支持。

六、李维祥诉李格梅继承权纠纷案①

原告李维祥因与被告李格梅发生继承权纠纷，向江苏省南京市江宁区人民法院提起诉讼。

南京市江宁区人民法院一审查明：被告李格梅与原告李维祥系姐弟关系。农村土地实行第一轮家庭承包经营时，原、被告及其父李圣云、母周桂香共同生活。当时，李圣云家庭取得了 6. 68 亩土地的承包经营权。此后李格梅、李维祥相继结婚并各自组建家庭。至 1995 年农村土地实行第二轮家庭承包经营时，当地农村集体经济组织对李圣云家庭原有 6. 68 亩土地的承包经营权进行了重新划分，李维祥家庭取得了 1. 8 亩土地的承包经营权，李格梅家庭取得了 3. 34 亩土地的承包经营权，李圣云家庭取得了 1. 54 亩土地的承包经营权，三个家庭均取得了相应的承包经营权证书。1998 年 2 月，李圣云将其承包的 1. 54 亩土地流转给本村村民芮国宁经营，流转协议由李格梅代签。2004 年 11 月 3 日和 2005 年 4 月 4 日，李圣云、周桂香夫妇相继去世。此后，李圣云家庭原承包的 1. 54 亩土地的流转收益被李格梅占有。

本案的争议焦点是：家庭承包方式的农村土地承包经营权是否可以继承。

南京市江宁区人民法院一审认为：根据《农村土地承包法》第 3 条第 2 款的规定，农村土地承包采取农村集体经济组织内部的家庭承包方式，不宜采取家庭承包方式的荒山、荒沟、荒丘、荒滩等农村土地，可以采取招标、拍卖、公开协商等方式承包。因此，我国的农村土地承包经营权分为家庭承包和以其他方式承包两种类型。

以家庭承包方式实行农村土地承包经营，主要目的在于为农村集体经济组织的每位成员提供基本的生活保障。根据农村承包法第 15 条的规定，家庭承包方式的农村土地承包经营权，其承包方是本集体经济组织的农户，其本质特征是以本集体经济组织内部的农户家庭为单位实行农村土地承包经营。因此，这种形式的农村土地承包经营权只能属于农户家庭。而不可能属于某一个家庭成员。根据《继承法》第 3 条的规定，遗产是公民死亡时遗留的个人合法财产。农村土地承包经营权不属于个人财产，故不发生继承问题。

家庭承包中的林地承包和针对“四荒”地的以其他方式的承包，由于土地性质特殊，投资周期长，见效慢，收益期间长，为维护承包合同的长期稳定性，保护承包方的利益，维护社会稳定，根据《农村土地承包法》第 31 条第 2 款、第 50 条的规定，林地承包的承包人死亡，其继承人可以在承包期内继续承包。以其他方式承包的承包人死亡，在承包期内，其继承人也可以继续承包。但是，继承人继续承包并不等同于继承法所规定的继承。而对于除林地外的家庭承包，法律未授予继承人可以继续承包的权利。当承包农

---

① 该案被《最高人民法院公报》2009 年第 12 期收录。

地的农户家庭中的一人或几人死亡,承包经营仍然是以户为单位,承包地仍由该农户的其他家庭成员继承承包经营;当承包经营农户家庭的成员全部死亡,由于承包经营权的取得是以集体成员权为基础,该土地承包经营权归于消灭,农地应收归农村集体经济组织另行分配,不能由该农户家庭成员的继承人继承承包经营。否则,对集体经济组织其他成员的权益造成损害,对农地的社会保障功能产生消极影响。

本案中,讼争土地的承包经营权属于李圣云家庭,系家庭承包方式的承包,且讼争土地并非林地,因此,李圣云夫妇死亡后,讼争土地应收归当地农村集体经济组织另行分配,不能由李圣云夫妇的继承人继续承包,更不能将讼争农地的承包权作为李圣云夫妇的遗产处理。

李圣云、周桂香夫妇虽系原告李维祥和被告李格梅的父母,但李维祥、李格梅均已在婚后组成了各自的家庭。农村土地实行第二轮家庭承包经营时,李圣云家庭、李维祥家庭、李格梅家庭均各自取得了土地承包经营权及相应的土地承包经营权证书,至此,李维祥、李格梅已不属于李圣云土地承包户的成员,而是各自独立的三个土地承包户。李圣云夫妇均已去世,该承包户已无继续承包人,李圣云夫妇去世后遗留的1.54亩土地的承包经营权应由该土地的发包人予以收回。根据《民事诉讼法》第56条的规定,对当事人双方的诉讼标的,第三人虽然没有独立请求权,但案件处理结果同其有法律上的利害关系,可以申请参加诉讼,或者由人民法院通知其参加诉讼。在本案的审理过程中,法院通知发包方参加诉讼,并向发包方释明相关的权利义务,但发包方明确表示不参加诉讼,根据不告不理的原则,在本案中,法院对于讼争土地的承包经营权的权属问题不做处理。李维祥、李格梅虽系李圣云夫妇的子女,但各自的家庭均已取得了相应的土地承包经营权,故李维祥、李格梅均不具备其父母去世后遗留土地承包经营权继续承包的法定条件。故对李维祥要求李格梅返还讼争土地的诉讼请求予以驳回。

据此,南京市江宁区人民法院依照《民事诉讼法》第64条第1款和《农村土地承包法》第9条、第15条、第31条、第50条之规定,于2009年5月13日判决驳回原告李维祥的全部诉讼请求。

【裁判摘要】

根据《农村土地承包法》第15条的规定,农村土地家庭承包的,承包方是本集体经济组织的农户,其本质特征是以本集体经济组织内部的农户家庭为单位实行农村土地承包经营。家庭承包方式的农村土地承包经营权属于农户家庭,而不属于某一个家庭成员。根据《继承法》第3条的规定,遗产是公民死亡时遗留的个人合法财产。农村土地承包经营权不属于个人财产,故不发生继承问题。除林地外的家庭承包,当承包农地的农户家庭中的一人或几人死亡,承包经营仍然是以户为单位,承包地仍由该农户的其他家庭成员继续承包经营;当承包经营农户家庭的成员全部死亡,由于承包经营权的取得是以集体成员权为基础,该土地承包经营权归于消灭,不能由该农户家庭成员的继承人继续承包经营,更不能作为该农户家庭成员的遗产处理。

七、葛宇斐诉沈丘县汽车运输有限公司、中国人民财产保险股份有限公司周口市分公司、中国人民财产保险股份有限公司沈丘支公司道路交通事故人身损害赔偿案①

江苏省南京市江宁区法院一审审理查明：2009 年 6 月 17 日 17 时 30 分左右，被告沈丘汽运公司雇用的驾驶员鲍士许驾驶豫 P28950/P6255 挂号重型半挂货车，沿沪宁高速公路由东向西行驶至汤山出口匝道附近，因左前轮爆胎致其车失控向左撞断中心隔离岛两侧护栏冲入逆向车道，与由西向东正常行驶至此的由原告葛宇斐之父葛信国驾驶的苏 DR5853 号轿车相撞后，货车又撞断逆向车道边缘（南侧）防护栏方停住车，该事故导致葛宇斐之母史永娟当场死亡，葛信国、葛宇斐、鲍士许三人受伤，车辆、路产受损。公安机关交通管理部门认定该起事故属于交通意外事故。

原告葛宇斐伤后经南京军区南京总医院、常州市中医院诊断为：（1）脑震荡；（2）头皮挫裂伤；（3）右锁骨粉碎骨折；（4）右侧肋骨多发骨折；（5）血胸；（6）肺挫伤；（7）右上臂烧伤；（8）失血性贫血；（9）低蛋白血症，住院治疗 55 天。2009 年 9 月 14 日，南京金陵司法鉴定所鉴定意见为：（1）葛宇斐四根肋骨骨折构成十级伤残；（2）葛宇斐右上肢功能部分丧失构成十级伤残。

另查明，事发当日鲍士许驾车驶入沪宁高速公路前，对所驾车右边第二桥外面的轮胎进行了补胎修理。事故发生时，涉案车辆码表已损坏，装载情况为空载。豫 P28950 号牵引车、豫 P6255 号半挂车分别在人保周口市分公司、人保沈丘支公司投保了交强险。

案件审理中，涉案事故受害人就交强险赔偿达成一致意见：交强险赔偿限额优先赔偿伤者葛宇斐，交强险限额剩余部分赔偿死者史永娟。

上述事实，有双方当事人的陈述、涉案机动车保险单、询问笔录、道路交通事故现场勘查笔录、道路交通事故车辆技术鉴定书、道路交通事故认定书、门诊病历、出院记录、医疗费票据、司法鉴定书等证据证实，足以认定。

本案一审的争议焦点是：公安机关交通管理部门认定涉案事故属于交通意外事故，能否据此认定驾驶员无过错。保险公司主张在交强险无责任赔偿限额内进行赔偿能否予以支持。

南京市江宁区人民法院一审认为：

公民的生命健康权及财产权受法律保护。《道路交通安全法》第 76 条规定："机动车发生交通事故造成人身伤亡、财产损失的，由保险公司在机动车第三者责任强制保险限额范围内予以赔偿；不足的部分，按照下列规定承担赔偿责任：（一）机动车之间发生交通事故的，由有过错的一方承担赔偿责任；双方都有过错的，按照各自过错的比例分担责任……"本案中，虽然公安机关交通管理部门认定涉案事故属于交通意外事故，但是交通意外事故并不等同于民法上的意外事件，交通事故责任并不等同于民事法律赔偿责任。民事侵权赔偿责任的分配不应当单纯以交通事故责任认定书认定的交通事故

① 该案被《最高人民法院公报》2010 年第 11 期收录。

责任划分来确定，而应当从损害行为、损害后果、行为与后果之间的因果关系及主观方面的过错程度等方面综合考虑。《道路交通安全法》第 21 条规定："驾驶人驾驶机动车上道路行驶前，应当对机动车的安全技术性能进行认真检查；不得驾驶安全设施不全或者机件不符合技术标准等具有安全隐患的机动车。"本案中鲍士许在驾驶车辆码表已损坏的情况下，仍将具有安全隐患的车辆驶入高速公路，主观上具有过失。涉案车辆发生爆胎后，鲍士许在车辆制动、路面情况均正常且车辆系空载的情况下，未能采取有效的合理措施，导致车辆撞断隔离带护栏后冲入逆向车道，与正常行驶的葛信国驾驶的车辆发生碰撞，致使葛宇斐受伤。综上，鲍士许的不当行为与损害事实的发生存在因果关系，其主观上亦存在一定过失，而葛信国驾车系正常行驶，主观上不存在任何过错。鲍士许系沈丘汽运公司雇用的司机，案发时正在履行职务，因此涉案事故的法律后果应当由沈丘汽运公司负担，沈丘汽运公司应对葛宇斐受伤后的合理经济损失承担全部赔偿责任。被告人保周口市分公司、人保沈丘支公司认为事故系交通意外事故，鲍士许在事故发生时无过错，主张应当在交强险无责任赔偿限额内赔偿，是对民法上"过错"含义的片面理解，沈丘汽运公司应对损害后果承担全部赔偿责任，人保周口市分公司、人保沈丘支公司应在交强险责任赔偿限额内赔偿葛宇斐的经济损失。

对于被告人沈丘汽运公司、人保周口市分公司、人保沈丘支公司认可的原告葛宇斐主张的医疗费、住院伙食补助费、护理费、残疾赔偿金、交通费、鉴定费，依法予以确认。对于原告主张的营养费，考虑到其受伤情况，结合其出院医嘱，原告主张的 1080 元（每天 12 元，计算 90 天）并无不当。对于原告主张的精神损害抚慰金，考虑原告在本次事故中遭受的痛苦程度以及伤残等级，酌定为 7000 元，在交强险限额内优先予以赔付。综上，原告因涉案事故的经济损失为：医疗费 65885.85 元、住院伙食补助费 990 元（每天 18 元，计算 55 天）、营养费 1080 元（每天 12 元，计算 90 天）、护理费 4500 元（每天 50 元，计算 90 天）、残疾赔偿金 41096 元（每年 18680 元，计算 2.2 年）、精神损害抚慰金 7000 元、交通费 500 元、鉴定费 780 元，合计 121831.85 元。涉案事故被害人就交强险限额分配比例达成一致意见，不违反法律强制性规定，依法予以准许。人保周口市分公司应在交强险限额内赔偿原告 36938 元（含精神损害抚慰金 7000 元），人保沈丘支公司应在交强险限额内赔偿原告 36938 元。葛宇斐超出交强险限额的经济损失 47955.85 元，由沈丘汽运公司予以赔偿。

据此，南京市江宁区人民法院于 2009 年 12 月 17 日判决：原告葛宇斐因交通事故造成的损失 121831.85 元，由被告人保周口市分公司在交强险限额内赔偿 36938 元（含精神损害抚慰金 7000 元），被告人保沈丘支公司在交强险限额内赔偿 36938 元。原告葛宇斐因交通事故造成的损失超出交强险限额部分的 47955.85 元，由被告沈丘汽运公司予以赔偿。驳回原告葛宇斐的其他诉讼请求。

【裁判摘要】

交通事故认定书是公安机关处理交通事故，作出行政决定所依据的主要证据，虽然可以在民事诉讼中作为证据使用，但由于交通事故认定结论的依据是相应行政法规，运用的归责原则具有特殊性，与民事诉讼中关于侵权行为认定的法律依据、归责原则有所区别。交通事故责任不完全等同于民事法律赔偿责任,因此,交通事故认定书不能作为民事责任分配的唯一依据。行为人在侵权行为中的过错程度,应当结合案件实际情况,根据民事诉讼的归责原则进行综合认定。

八、段天国诉中国人民财产保险股份有限公司南京市分公司保险合同纠纷案①

原告段天国因与被告中国人民财产保险股份有限公司南京市分公司(以下简称人保南京分公司)发生保险合同纠纷,向江苏省南京市江宁区人民法院提起诉讼。

江苏省南京市江宁区人民法院一审查明:2008 年 3 月 24 日,原告段天国为苏0141557 拖拉机在被告人保南京分公司处投保了机动车第三者责任保险,保险金额为20 万元,保险期间自 2008 年 3 月 25 日至 2009 年 3 月 24 日,双方特别约定,保险车辆车主为段天玲,被保险人为段天国。涉案保险合同第 6 条第 7 项第 2 款约定:“驾驶人驾驶的被保险机动车与驾驶证载明的准驾车型不符的,则不论任何原因造成的对第三者的损害赔偿责任,保险人均不负责赔偿。”第 9 条第 1 项约定:“保险人在依据本保险合同约定计算赔款的基础上,在保险单载明的责任限额内,按下列免赔率免赔……负全部事故责任的免赔率为 20%”,第 25 条第 2 款约定:“保险人按照国家基本医疗保险的标准核定医疗费用的赔偿金额。”该保险投保单的投保人声明处载明:“保险人已将投保险种对应的保险条款(包括责任免除部分)向本人作了明确说明,本人已充分理解,上述所填写的内容均属实,同意以此投保单作为订立保险合同的依据”。段天国在投保人声明栏签字确认。

2008 年 9 月 11 日,原告段天国驾驶苏 0141557 号拖拉机在龙铜线与案外人王大伟驾驶的二轮助力车相撞,造成两车损坏、王大伟受伤的交通事故。交警部门认定段天国负事故全部责任。王大伟遂向法院起诉,南京市江宁区人民法院作出(2009)江宁民一初字第 480 号民事判决书、(2009)江宁民一初字第 480 号民事裁定书,判决被告人保南京分公司在段天国另行投保的交强险责任限额内赔偿王大伟 111075 元,段天国、段天玲连带赔偿王大伟 55923. 68 元。判决生效后,段天国向人保南京分公司要求理赔被拒绝。

另查明,案外人王大伟伤后抢救医疗费 2402. 30 元未在(2009)江宁民一初字第 480号案中处理,庭审中被告人保南京分公司对上述抢救费用真实性无异议。故原告段天国在该起事故中未获保险公司理赔的损失有垫付的医疗费 14500 元、连带赔偿款55923. 68 元、抢救医疗费 2402. 30 元,合计 72825. 98 元。涉案事故发生时,段天国持有的机动车驾驶证为公安机关交通管理部门核发的 B 型驾照。

本案的争议焦点是:被告人保南京分公司是否应当理赔,如果应当理赔,如何确定理赔数额。

江苏省南京市江宁区人民法院一审认为:原告段天国与被告人保南京分公司签订的保险合同是双方当事人真实意思表示,合法有效,应受法律保护。保险公司在被保险车辆发生交通事故时,应按照双方当事人在涉案保险合同中的约定予以赔偿。本案发

① 该案被《最高人民法院公报》2011 年第 3 期收录。

生于2008年,应当适用2002年修订的《保险法》。

关于涉案保险合同的争议条款能否理解为"医保外用药不予理赔"的问题。涉案保险合同第25条第2款约定:"保险人按照国家基本医疗保险的标准核定医疗费用的赔偿金额。"对于该条规定,原告段天国与被告人保南京分公司有不同的理解。人保南京分公司认为,该条规定的含义是"医保外用药"不予理赔,段天国认为,该条款中的"国家基本医疗保险的标准"并无明确具体的含义,人保南京分公司将其定义为"医疗用药的范围"无法律依据。对此法院认为,《合同法》第41条规定:"对格式条款的理解发生争议的,应当按照通常理解予以解释。对格式条款有两种以上解释的,应当作出不利于提供格式条款一方的解释。格式条款和非格式条款不一致的,应当采用非格式条款。"因此,在涉案保险合同争议条款的涵义不明确的情况下,应当作出不利于人保南京分公司的解释。

即使涉案保险合同的争议条款可以被理解为"医保外用药不予理赔",该条款的效力也应当结合保险合同的相关法律规定全面加以分析。从保险合同的性质来看,保险合同是最大的诚信合同,保险合同的免责条款决定着投保人的投保风险和投保根本利益,对于投保人是否投保具有决定性的影响。根据《保险法》第17条第1款、第18条的规定,保险人应当向投保人说明保险合同的条款内容。保险合同中规定有关于保险人责任免除条款的,保险人在订立保险合同时应当向投保人明确说明,未明确说明的,该条款不产生效力。据此,保险人在订立保险合同时必须向投保人就责任免除条款作明确说明,前述义务是法定义务,也是特别告知义务,这种义务不仅是指经过专业培训而具有从事保险资格的保险人在保险单上提示投保人特别注意,更重要的是要对有关免责条款内容做出明确解释,如合同当事人对保险人就保险合同的免责条款是否明确说明发生争议,保险人应当负有证明责任,即保险人还必须提供其对有关免责条款内容做出明确解释的相关证据,否则该免责条款不产生效力。本案中,人保南京分公司为证明已经尽到告知义务而提供的证据是涉案保险投保单的投保人声明以及段天国的签名,但该段声明的内容并没有对争议条款的具体内容作出明确的解释,不能证明人保南京分公司已经向段天国陈述了该条款包含"医保外用药不予理赔"即部分免除保险人责任的涵义。因此,即使该条款可以被理解为"医保外用药不予理赔",也不能发生相应的法律效力。

此外,国家基本医疗保险是为补偿劳动者因疾病风险造成的经济损失而建立的一项具有福利性的社会保险制度。旨在通过用人单位和个人缴费建立医疗保险基金,参保人员患病就诊发生医疗费用后,由医疗保险经办机构给予一定的经济补偿,以避免或减轻劳动者因患病、治疗等所带来的经济风险。为了控制医疗保险药品费用的支出,国家基本医疗保险限定了药品的使用范围。而涉案保险合同是一份商业性的保险合同,保险人收取的保费金额远远高于国家基本医疗保险,投保人对于加入保险的利益期待也远远高于国家基本医疗保险。因此,如果按照被告人保南京分公司"医保外用药"不予理赔的主张对争议条款进行解释,就明显降低了人保南京分公司的风险,减少了人保南京分公司的义务,限制了原告段天国的权利。人保南京分公司按照商业性保险收取保费,却按照国家基本医疗保险的标准理赔,有违诚信。

综上,被告人保南京公司根据涉案保险合同约定“医保外用药不予理赔”的主张不予支持。原告段天国未投保“不计免赔附加险”,涉案保险合同约定的保险条款已明确驾驶人在事故中负全部事故责任的免赔率为20%,人保南京分公司辩称应扣除20%免赔部分再予理赔的意见,符合涉案保险合同的约定,应予以支持。

据此,南京市江宁区人民法院于2010年5月19日判决:被告人保南京分公司给付原告段天国保险理赔款58260.78元。

【裁判摘要】

根据2002年修订的《保险法》第17条第1款、第18条的规定,订立保险合同,保险人应当向投保人说明保险合同的条款内容。保险合同中规定有关于保险人责任免除条款的,保险人在订立保险合同时应当向投保人明确说明,未明确说明的,该条款不产生效力。据此,保险人有义务在订立保险合同时向投保人就责任免除条款作出明确说明,前述义务是法定义务,也是特别告知义务。如果保险合同当事人对保险人是否履行该项告知义务发生争议,保险人应当提供其对有关免责条款内容做出明确解释的相关证据,否则该免责条款不产生效力。

九、高尔夫(南京)房地产有限公司诉吴咏梅供用热力合同纠纷案①

原告高尔夫(南京)房地产有限公司(以下简称高尔夫公司)因与被告吴咏梅发生供用热力合同纠纷,向南京市江宁区人民法院提起诉讼。

南京市江宁区人民法院一审查明:2007年6月24日,原告高尔夫公司与被告吴咏梅、郝正(吴咏梅之夫,已去世)签订《高尔夫国际花园商品房预售合同》(以下简称《预售合同》)1份,约定:高尔夫公司将其开发建设的位于南京市江宁区利源中路88号的高尔夫国际花园10幢401室(以下简称401室)房屋1套出售给吴咏梅及郝正。合同附件《甲、乙双方的其他约定》约定:地暖设备的使用及维护根据热电厂合约与相关标准制定,业主须严格遵守。为考虑全体业主利益与小区的质量标准,无论业主有否入住,业主都要履行付费的义务。在业主委员会成立之前,业主遵照供暖期按建筑面积每月每平方米4.2元的基本费,外加使用计量费、费用抄表另计,封顶2.8元;非供暖期供给的热水能源费按建筑面积每月每平方米0.7元。以上费用的缴纳由物管公司代收代管。价格随着物价浮动而浮动。收费的总原则是60%按面积计收,40%按使用量计收。高尔夫公司于2008年开始对高尔夫国际花园小区供暖气、热水。2011年1月9日,吴咏梅向高尔夫公司提交《关于申请停用暖气、热水报告》1份,载明:401室业主于2011年1月9日申请停用小区提供的热水及暖气。2011年1月25日,吴咏梅按照供暖期每月每平方米7元、非供暖期每月每平方米0.7元向高尔夫公司缴纳2010年3月16日至12月31日供热费用1815.2元。

另查明,401室的实测建筑面积为155.59平方米,现所有权登记在被告吴咏梅名下。

审理中,原告高尔夫公司陈述其收取的供热费用包含热水、暖气的费用,还包含供

---

① 该案被《最高人民法院公报》2012年第12期收录。

热设备的维护费用,其向小区业主供热的成本已经远高于向小区业主收取的供热费用,其在本案中向被告吴咏梅主张的供暖期供热费用是正常标准的60%,已经考虑到吴咏梅停用热水及暖气的因素。吴咏梅亦认可高尔夫公司供热的成本已经高于收取的供热费用。

本案一审的争议焦点是:一、原告高尔夫公司能否解除与被告吴咏梅之间的供热合同;二、被告吴咏梅在申请停热后,是否应向原告高尔夫公司支付供热费用。

南京市江宁区人民法院一审认为:

原告高尔夫公司与被告吴咏梅签订的《预售合同》,是双方的真实意思表示,合法有效,受法律保护,双方均应按约履行。买卖契约中双方不仅对商品房买卖的具体条款进行了约定,还对供暖、供热水的时间和使用费用进行了约定,明确约定了由高尔夫公司履行供暖、供热水的义务,吴咏梅按照标准履行支付使用费的义务,故高尔夫公司与吴咏梅之间形成了供用热力的合同关系。对高尔夫公司要求确认双方热力代供关系已经解除的请求,因吴咏梅提交的停用暖气热水报告中仅要求停用热水及暖气,并未要求解除双方之间的供热合同,在审理中吴咏梅亦不同意解除双方之间的供热合同,且高尔夫公司提供的供热水、供暖服务的对象为高尔夫国际花园小区全体业主,相关设施系小区业主的公共设施,解除供热合同势必会影响到吴咏梅房屋的价值以及其他业主的合法权益,是否解除供热应由业主大会决定,故对高尔夫公司的该项请求本院不予支持。高尔夫公司主张的供热费用,因该费用中不仅包含了暖气、热水费用还包含了供暖设备的维护费用,吴咏梅虽申请停用暖气及热水,但是供暖设备的维护费用吴咏梅应当支付;结合吴咏梅亦认可高尔夫公司供热的成本已经高于收取的供热费用,且吴咏梅已经按照供暖期每月每平方米7元、非供暖期每月每平方米0.7元的标准,向高尔夫公司缴纳了2010年3月16日至12月31日的供热费用,应当视为双方已经对《预售合同》中约定的供热费用的标准进行了变更,本院酌定由吴咏梅按照其支付的2010年供热费用的缴费标准的60%向高尔夫公司支付供热费用,经计算为4777元,故对高尔夫公司主张的供热费用部分予以支持。

据此,南京市江宁区人民法院依照《合同法》第44条、第93条、第94条、第184条、《民事诉讼法》第64条第1款之规定,于2012年6月14日判决:被告吴咏梅支付原告高尔夫公司自2011年1月1日起至2012年4月30日止供热费用4777元,于本判决发生法律效力之日起10日内付清。驳回原告高尔夫公司其他诉讼请求。

【裁判摘要】

非集中供热地区,开发商向业主出售的商品房含有供热设施,且约定由开发商向业主供热,开发商负有强制缔约义务,是否解除供热合同应由业主或者业主大会决定。

十、梁介树诉南京乐府餐饮管理有限公司劳动争议案①

原告梁介树与被告南京乐府餐饮管理有限公司(以下简称乐府餐饮公司)发生劳动争议,向南京市江宁区人民法院提起诉讼。

---

① 该案被《最高人民法院公报》2013年第6期收录。

南京市江宁区人民法院一审查明:原告梁介树于2009年11月18日入职被告乐府餐饮公司工作,双方签订了劳动合同。梁介树于2010年5月初生病,经南京军区南京总医院诊断为足细胞病,其后一直休病假,乐府餐饮公司向梁介树支付病假工资至2011年2月。2011年3月7日,乐府餐饮公司以其已经将劳动合同期限顺延至医疗期满为由,通知梁介树终止双方的劳动合同关系。2011年6月7日,梁介树向南京市江宁区劳动争议仲裁委员会(以下简称江宁区仲裁委)申请仲裁。2011年7月11日,江宁区仲裁委作出宁劳仲案字(2011)第1247号仲裁裁决书,后梁介树不服前述裁决书于法定期限内向南京市江宁区人民法院提起诉讼。

另查明,原告梁介树所患足细胞病为肾病综合征的一种,是肾脏足细胞病变。尿毒症是慢性肾功能不全(又称慢性肾功能衰竭)第四期(也即最后阶段),慢性肾功能不全是各种进展性肾病的最终结局。足细胞病是导致慢性肾功能不全的病因之一。2011年11月,梁介树因病情复发至南京军区南京总医院治疗,南京军区南京总医院向梁介树出具病重通知单。治疗中,病程记录亦多次提及梁介树病情严重,随时可能出现猝死,危及生命。

又查明,2011年2月起南京市最低工资标准每月为1140元。

审理中,被告乐府餐饮公司未能提供双方签订的劳动合同原件,亦未能提供证据证明原告梁介树持有所签合同原件。乐府餐饮公司提供的劳动合同复印件中,关于劳动合同期限处载明的期限为2009年12月1日至2010年11月30日,“2010年”处有改动的痕迹。另乐府餐饮公司提供于2010年10月22日在江宁区劳动就业管理中心备案的录用备案花名册及职工录用登记表,录用备案花名册及职工录用登记表记载梁介树的劳动合同期限为2009年12月1日至2010年11月30日。

本案一审的争议焦点是:原告梁介树应当享受的医疗期的期限。

南京市江宁区人民法院一审认为:劳动者患病或者非因工负伤,在规定的医疗期内劳动合同期满,劳动合同应当延续至医疗期满时终止。关于原告梁介树应当享受的医疗期问题,因其所患疾病病情严重,难以治疗,随时可能出现生命危险,应属特殊疾病,不受实际工作年限的限制,故梁介树应当享受的医疗期为24个月。关于本案中双方签订的劳动合同的终止日期问题,因乐府餐饮公司未能提供劳动合同原件,提供的复印件截止日期“2010年”处有改动痕迹,且录用备案花名册及职工录用登记表备案时间又在梁介树生病之后,故对乐府餐饮公司陈述双方劳动合同期限至2010年11月30日终止的主张法院不予采信,对梁介树陈述双方劳动合同终止日期为2011年11月30日的主张法院予以采信。梁介树与乐府餐饮公司之间的劳动合同在2011年11月30日期满,但该日期仍在梁介树享有的医疗期内,故劳动合同应当延续至医疗期满。在医疗期内被告乐府餐饮公司终止与梁介树的劳动合同,违反了法律规定,因此乐府餐饮公司于2011年3月7日作出的劳动合同终止告知书无效,应予撤销。劳动者患病或者非因工负伤停止劳动,且在国家规定医疗期内的,用人单位应当按照工资分配制度的规定,按不低于当地最低工资标准的80%,向劳动者支付病假工资。原告主张的其他费用没有依据,法院不予支持。

综上,南京市江宁区人民法院依照《劳动法》第 77 条,《劳动合同法》第 42 条、第 45 条,《江苏省工资支付条例》第 27 条、第 32 条,《民事诉讼法》第 64 条第 1 款之规定,于 2011 年 11 月 30 日判决:撤销被告乐府餐饮公司于 2011 年 3 月 7 日作出的《劳动合同终止告知书》。被告乐府餐饮公司于本判决发生法律效力之日向原告梁介树支付 2011 年 3 月 1 日至 11 月 30 日的病假工资 8208 元。被告乐府餐饮公司于本判决发生法律效力之日起每月以南京市最低月工资标准的 80% 向原告梁介树支付病假工资(自 2011 年 12 月起至双方劳动关系依法解除、终止)。驳回原告梁介树的其他诉讼请求。

【裁判摘要】

患有癌症、精神病等难以治疗的特殊疾病的劳动者,应当享受 24 个月的医疗期。医疗期内劳动合同期满,劳动合同应当延续至医疗期满时终止。用人单位在医疗期内违法解除或者终止劳动合同,劳动者要求继续履行劳动合同的,人民法院应当撤销用人单位的解除或者终止通知书。

十一、陈爱华诉南京市江宁区住房和城乡建设局不履行房屋登记法定职责案①

原告陈爱华诉被告南京市江宁区住房和城乡建设局(以下简称区住建局)发生不履行房屋登记法定职责纠纷,向南京市江宁区人民法院提起行政诉讼。

南京市江宁区人民法院经审理查明:

南京市江宁区双龙大道 833 号南方花园 A 组团 23 – 201 室房屋所有权人为曹振林。2011 年 5 月 23 日,曹振林亲笔书写遗嘱,将该房产及一间储藏室(8 平方米)以及曹振林名下所有存款金、曹振林住房中的全部用品无条件赠给原告陈爱华。后曹振林于 2011 年 6 月 22 日在医院去世。2011 年 7 月 22 日,原告经江苏省南京市南京公证处作出公证,声明接受曹振林的全部遗赠。2011 年 8 月 3 日,原告携带曹振林遗嘱、房产证、公证书等材料前往被告下设的房地产交易中心办理房屋所有权转移登记被拒绝。2011 年 10 月 10 日,原告向被告提出书面申请要求被告依法为其办理房屋所有权转移登记,被告于 2011 年 10 月 27 日书面回复,以"遗嘱未经公证,又无'遗嘱继承公证书'"为由不予办理遗产转移登记。综上,原告认为被告强制公证的做法,与我国现行的《继承法》《物权法》《公证法》等多部法律相抵触。故向本院提起行政诉讼,要求法院确认被告拒为原告办理房屋所有权转移登记的行为违法,责令被告就涉案房屋为原告办理房屋所有权转移登记。

本案的焦点主要是关于司法部、建设部《联合通知》效力的认定。

南京市江宁区人民法院一审认为:根据相关法律法规规定,房屋登记,由房屋所在地的房屋登记机构办理。被告作为房屋登记行政主管部门,负责其辖区内的房屋登记工作。本案中,曹振林书面遗嘱的真实性已进行司法鉴定,南京师范大学司法鉴定中心出具的鉴定结论为:曹振林该书面遗嘱中"曹振林"签名与提供的签名样本是同一人书写。

《行政诉讼法》第 52 条第 1 款规定:"人民法院审理行政案件,以法律和行政法规、

① 该案被《最高人民法院公报》2014 年第 8 期收录。

地方性法规为依据。地方性法规适用于本行政区域内发生的行政案件。”及第53条第1款规定：“人民法院审理行政案件，参照国务院部、委根据法律和国务院的行政法规、决定、命令制定、发布的规章以及省、自治区、直辖市和省、自治区的人民政府所在地的市和经国务院批准的较大的市的人民政府根据法律和国务院的行政法规制定、发布的规章。”另《物权法》第10条规定：“国家对不动产实行统一登记制度。统一登记的范围、登记机构和登记办法，由法律、行政法规规定。”《继承法》第16条第3款之规定：“公民可以立遗嘱将个人财产赠给国家、集体或者法定继承人以外的人。”以及第17条第2款之规定：“自书遗嘱由遗嘱人亲笔书写，签名，注明年、月、日。”另《房屋登记办法》第32条规定：“发生下列情形之一的，当事人应当在有关法律文件生效或者事实发生后申请房屋所有权转移登记……（三）赠与……”且《房屋登记办法》并无规定，要求遗嘱受益人须持公证机关出具的遗嘱公证书才能办理房屋转移登记。

本案中《联合通知》是由司法部和建设部联合发布的政府性规范文件，不属于法律、行政法规、地方性法规或规章的范畴，其规范的内容不得与《物权法》《继承法》《房屋登记办法》等有关法律法规相抵触。行政机关行使行政职能时必须符合法律规定，行使法律赋予的行政权力，其不能在有关法律法规规定之外创设新的权力来限制或剥夺行政相对人的合法权利。行政机构以此为由干涉行政相对人的合法权利，要求其履行非依法赋予的责任义务，法院不予支持。故，被告依据《联合通知》的规定要求原告必须出示遗嘱公证书才能办理房屋转移登记的行为与法律法规相抵触，对该涉案房屋不予办理房屋所有权转移登记的具体行政行为违法。

据此，南京市江宁区人民法院依照《行政诉讼法》第54条第2项、第3项之规定，于2013年7月24日判决如下：撤销被告区住建局于2011年10月27日作出的《关于陈爱华办理过户登记申请的回复》。责令被告区住建局在本判决书发生法律效力后30日内履行对原告陈爱华办理该涉案房屋所有权转移登记的法定职责。

【裁判摘要】

国家对不动产实行统一登记制度。统一登记的范围、登记机构和登记办法，由法律、行政法规规定。司法部、建设部《关于房产登记管理中加强公证的联合通知》不属于法律、行政法规、地方性法规、规章的范畴，且与《物权法》《继承法》《房屋登记办法》等有关法律法规相抵触。不能成为房屋登记主管部门不履行房屋登记法定职责的依据。

附件：

2015年法治江宁建设工作要点

2015年法治江宁建设工作，要深入贯彻党的十八大和十八届三中、四中全会以及习近平总书记系列重要讲话特别是视察江苏重要讲话精神，认真落实区委《关于全面推进依法治区的决定》（以下简称《决定》），以率先建成“全国法治建设示范区”为目标，坚持改革方向、问题导向，坚持统筹兼顾、突出重点，坚持开拓创新、善做善成，狠抓工作落实，奋力开创法治江宁建设新局面，为江宁在“迈上新台阶、建设新南京、新江苏”伟大实践中干在实处、走在前列提供有力法治保障。

一、坚持规范引领，推进制度机制建设

1. 强化法治思维培育。推进和完善领导干部学法用法工作，健全落实区管领导干部旁听庭审、研究典型案例等制度。把法治教育列入各级党委（党组）中心组学习内容，纳入党校、行政学校必修课。完善领导干部任职前法律知识考试办法，制定领导干部述法考核制度，完善领导干部学法、述法、考法制度机制。依据国家即将出台的建立宪法宣誓制度的决定，实施宪法宣誓制度，凡经人大及其常委会决定任命的国家机关工作人员，正式就职时公开向宪法宣誓，增强领导干部及公职人员忠于宪法法律的自觉性。

2. 强化规章制度建设。推动政府规章立改废工作，加强制度衔接与规范，完善循环经济、节约用水、农业综合开发、社保基金监督、企业国有资产监管、华侨归侨侨眷权益保护、遗体器官捐献等制度规范，完善公共文化服务、体育设施向社会开放管理、旅游、物价以及物业管理、食品小作坊和食品摊贩管理、执法辅助人员等社会治理和民生领域相关配套制度。加强法律法规实施监督检查，完善政府规章和规范性文件、党内规范性文件备案审查机制，将所有规范性文件纳入备案审查范围。

3. 强化人大政协监督。按照《中共南京市江宁区委关于增强人大监督刚性和监督实效的意见》要求，规范和落实政府重大决策出台前向人大报告制度。强化执行监督，健全法规实施情况报告工作机制。完善全口径预算管理体系，加强对预算编制、执行、调整和决算的全过程监督。对人民群众反映强烈的重大问题，依法启动质询、特定问题调查等监督程序。推进政协民主监督制度化、规范化、程序化，规范协商内容和协商程序，组织开展专题协商、对口协商、界别协商、提案办理协商等活动，不断提高民主监督实效。

二、坚持依法行政，推进法治政府建设

4. 推进行政执法体制改革。推进行政机构、职能、权限、程序、责任法定化，对权力集中的部门和岗位实行分事行权、分岗设权、分级授权，建立流程控制和定期轮岗制度。推进安全生产领域执法改革、交通运输综合执法改革、环境保护执法机制改革，构建覆盖区、街的食品药品监管网络。推进行政审批制度改革，以市民中心运营为契机，推动权力清单和审批事项清单管理模式，优化审批事项流程和服务方式，制定并实施行政审批违法违规行为责任追究办法，制定政务服务中心建设标准和管理办法。

5. 依法规范行政执法行为。建立健全执法过程记录、行政裁量权基准、重大执法决定法制审核等制度。全面推行行政执法公示制度，严格落实行政执法责任追究制度。重点推进财政决算、公共资源配置、重大建设项目批准和实施、社会公益事业建设等领域的政府信息公开。严格执行行政执法人员培训考试和资格管理制度。逐步建立行政执法主体年审制度。全面实行执法零处罚报告制度。探索实行行政执法案例指导制度。积极推进质量诚信体系制度建设，依法公开案件信息、曝光典型案例。

6. 加强行政权力运行监督。建立政府法制部门人员、专家和律师参加的法律顾问队伍。完善审计制度,推进对公共资金、国有资产、国有资源和领导干部经济责任情况审计全覆盖。健全行政机关负责人参加行政复议案件审理和行政诉讼案件出庭应诉机制。建立行政复议委员会,健全工作运行机制。完善行政复议与行政审判联席会议制度,推进行政复议案件听证工作,深入推进行政复议规范化建设。建立行政执法与刑事司法衔接工作平台,制定案件移送标准和程序,开展网上移送、受理、立案、监督。

三、坚持深化改革,推进公正廉洁司法

7. 落实司法改革举措。积极推进以审判为中心的诉讼制度改革、法院案件受理制度改革。探索建立检察机关对在履行职责中发现的行政机关违法行使职权或者不行使职权行为的督促纠正制度。探索建立检察机关提起公益诉讼制度。深化公安行政管理改革,完善公安机关管理体制。推进审判权运行机制改革和主任检察官办案责任制改革试点。完善轻微刑事案件快速办理机制,探索建立刑事案件速裁程序。深化人民陪审员、人民监督员制度改革。

8. 严格公正廉洁司法。深化审判公开、检务公开、警务公开,全面落实生效法律文书统一上网和公开查询制度。推进实施主审法官、合议庭、主任检察官、主办侦查员办案责任制,实行办案质量终身负责制和错案责任倒查问责制。加强对刑讯逼供和非法取证的源头预防,推动建立对所有讯问活动、重要取证活动全程录音或录像制度。建立领导干部干预司法活动、插手具体案件处理的记录、通报和责任追究制度。建立完善司法机关内部人员过问案件的记录制度和责任追究制度。健全完善选择性人情化执法长效治理机制。

9. 强化司法活动监督。完善落实重大事项向党委报告制度。完善对限制人身自由司法措施和侦察手段的司法监督。加大对侦查活动、审判活动、刑罚执行的监督力度,从严查处在国土资源、政府采购、招商引资等过程中的职务犯罪。探索建立重大、疑难案件侦查听取检察机关意见和建议制度。加大对检察机关查办职务犯罪立案、羁押、扣押冻结财物、起诉等环节执法活动的监督。组织开展执法检查、案件评查工作,推动办案及执行机关严格、规范、公正执法。完善冤假错案防范纠正机制。

四、坚持全民守法,推进法治宣传教育

10. 完善普法工作机制。扎实推进"六五"普法终期考核验收工作,奋力争创全国法治宣传先进区。研究制定新一轮法治宣传教育规划。坚持"谁执法谁普法"原则,建立国家机关"谁主管谁普法、谁执法谁普法"工作机制和责任体系,制定《创新社会普法教育机制工作指导意见》。建立法官、检察官、律师、行政执法人员等以案释法制度。制定实施青少年法治教育纲要,全区中小学普遍设立法治知识课并列入义务教育大纲。建立新闻媒体公益法治宣传教育制度,完善社会组织参与普法的机制和载体。

11. 深化法治宣传教育。深入开展法律进机关、进乡村、进社区、进学校、进企业、进单位等"法律六进"活动,组织开展"法治巡回宣讲""法治快车村村行""大手拉小手、学法齐步走"等活动。组织开展"法润江宁·宪法进万家"系列宣传活动,开展"中国梦·法治路·社区行——法治江宁建设走基层"系列活动。以普法讲师团、普法志愿者和"法韵艺术团"为主体,拓展普法联盟、培育普法达人,开展法治微电影、小品、漫画等创作评比活动,运用微信、微博、广场LED显示屏等新媒体广泛开展法治宣传。

12. 推进法治文化建设。开展法治文化建设示范点创建活动,将法治文化阵地建设纳入城镇化和新农村建设规划,推动群众性法治文化建设。加快推广法治宣传教育中心、法治广场、法治主题公园、法治街区、法治体验馆等群众性法治宣传教育园地建设形式,推动在公共场所和服务窗口单位设立法治文化设施。在区图书馆开设"市民法治讲堂",定期组织律师、普法志愿者宣讲法治和法律知识,着力打造梁武帝法治文化广场、清水西苑外来务工人员法治基地,开辟青少年法治体验中心。

五、坚持社会共治,推进法治社会建设

13. 加强市场监管机制建设。明晰工商登记制度改革后续监管职责。不断完善企业信用管理体系,监督指导企业实施GMP、GSP、HACCP管理。强化信用监管、协同监管和社会共治,形成部门协同监管、行业自律、社会监督和主体自治相结合的市场监管格局。建立健全覆盖全社会的诚信体系,完善规范公共信用信息管理系统及应用。探索建立自然人税收失信信息平台,推进自然人纳税诚信系统建设。充实"阳光物价"服务品牌建设内容,全面推行价格听证程序、价格维权、举报处理、市场监管公开。

14. 深化基层民主法治建设。建立社区联席会、社区议事会等社区协作治理平台,促进社区事务共同协商解决。完善居民代表报告评议和居(村)务民主监督委员会制度,推进信息公开、财务公开、事务公开,推行社区(村)法律服务顾问制度。进一步推动"政社互动""全科服务"模式,健全社区工作准入机制。完善企业职工代表大会、工资集体协商、厂务公开等企事业单位民主管理制度。推广建立企业法律顾问制度,2015年规模以上企业全面建立法律顾问制度,重点企业建立总法律顾问制度。

15. 推进社会治理的法治化。着力健全全方位、动态化社会矛盾纠纷排查机制和预防化解机制,严格社会风险和突发事件隐患排查监控责任。完善调解、仲裁、行政裁决、行政复议、诉讼等有机衔接、相互协调的多元化矛盾纠纷化解机制。深入推进涉法涉诉信访改革,实行诉访分离,推动涉法涉诉信访导入法定程序,完善落实涉法涉诉信访终结制度。制定和落实教育、救助措施,促使当事人停访息诉。建立健全社会组织参与社会事务、维护公共利益、救助困难群众、帮教特殊人群、预防违法犯罪的机制和制度化渠道。

16. 强化文化市场建设管理。建立健全公共文化服务制度,推进城乡基本公共文化服务标准化、均等化。加快文化产业发展,把行之有效的文化经济政策规范化、法制化。大力净化社会文化环境,组织开展"扫黄打非"专项行动。加大文化市场综合执法力度,对网吧、棋牌室进行全面执法检查和集中整治,依法取缔严重违规经营的网吧。加强出版物市场执法监管,坚决封堵政治性非法出版物,严厉打击传播淫秽色情和侵权盗版活动。依法打击破坏文物的违法犯罪行为,加强文化遗产和非物质文化遗产保护。

17. 依法强化生态环境治理。加强环评与社会稳定风险评估工作的衔接,推动建立政府、企业、群众之间协商对话平台,引入第三方评估监督机制,消除公众疑虑。加强环境保护综合执法和安全监管,强化源头预防和控制,依法处理噪声污染、油烟扰民、生活垃圾、秸秆焚烧、渣土运输等公众关心的环境问题。加大对污染环境、破坏资源犯罪的司法打击力度,依法严惩污染环境、破坏资源犯罪行为。积极探索建立环境修复、惩罚性赔偿等制度,依法严肃追究违法者的法律责任。

六、坚持党委统揽,推进法治工作落实

18. 加强法治工作组织推动。强化区委对依法治区的统一领导和推进。对全面推进依法治区工作作出决议。区相关部门根据区委《决定》,配套制定依法行政、公正司法、法治教育、法律服务、依法治企、基层民主、队伍建设等法治建设系列行动计划。同时,进一步完善依法治区工作机制和制度规范。各街道(园区)、区各部门结合本地区本部门实际,制订具体实施方案,确保各项部署落实到位。

19. 开展法治系列创建活动。以法治区创建为主体,深入开展依法行政示范点、公正司法示范点、法治文化示范点以及法治街道、法治园区、民主法治社区(村)、平安法治诚信企业等系列法治创建活动,省级民主法治社区(村)创建率达35%。制定实施《2015年法治江宁建设十件实事》,不断创新举措,强化协调联动推进、责任细化等机制建设,推动实事项目有效落实。

20. 加强法治工作考核培训。全区各级党委(党组)中心组要开展专题学习活动,认真组织学习区委《决定》,加大对依法治区工作的宣传引导,广泛宣传依法治区工作进展成效,特别是政务服务、司法服务工作和守法工作,以及法治建设先进典型等,做好对依法治区工作的相关专题报道活动。组织开展依法治区年度工作检查考核,做好法治区创建总结和迎查工作。组织开展依法治区专题培训和骨干培训活动。

南京市江宁区推进公正司法行动计划

为贯彻党的十八届四中全会精神,落实区委《关于全面推进依法治区的决定》(江宁委发〔2015〕1号),规范司法行为,维护司法权威,树立司法公信,让人民群众在每一个司法案件中都感受到公平正义,特制订本行动计划。

一、支持保障依法独立公正行使司法权

1. 建立健全党政机关和领导干部违法、违规干预司法活动、插手具体案件处理的记录、通报和责任追究制度。严格执行中办、国办《关于领导干部干预司法活动、插手具体案件处理的记录、通报和责任追究规定》,强化内部流程控制,防止权力滥用。对领导干部干预司法活动、插手具体案件处理的情况,全面、如实记录,做到全程留痕,有据可查,并视情给予党纪、政纪处理。造成冤假错案或者其他严重后果的,依法追究刑事责任。严格落实《司法机关内部人员过问案件的记录和责任追究规定》。(责任单位:区纪委、区委政法委、区法院、区检察院、区公安分局)

2. 健全司法人员履行法定职责保障机制。完善法官、检察官职业保障制度,确定法官、检察官及辅助人员的工作职责、工作流程和工作标准,明确不同主体、不同类型过错的甄别标准和免责事由。(责任单位:区法院、区检察院)

3. 完善司法权威保障机制。依法惩治当庭损毁证据材料、庭审记录、法律文书和法庭设施等严重藐视法庭权威的行为以及在法庭之外威胁、侮辱、跟踪、骚扰法院人员或其近亲属等违法犯罪行为。推动完善对拒不执行判决、裁定、藐视法庭权威等犯罪行为

的追诉机制。(责任单位:区法院、区公安分局)

4.加强职业道德建设。深入开展"三严三实"和"忠诚、干净、担当"专题教育活动,以及"四解四促""三个服务""万名党员帮万家""法润江苏春风行动江宁行"等专项活动。强化思想政治建设,引导广大政法干警牢固树立严格依法履行职责,维护社会公平正义的法治理念。严格执行人民法院审判纪律和法官、检察官职业道德准则等规定。强化内部监督管理,规范约束执法行为,推动职业道德建设。(责任单位:区委政法委、区法院、区检察院、区公安分局、区司法局)

5.完善司法人员分类管理制度。探索建立符合审判检察职业特点、突出法官检察官主体地位的人员分类管理制度。科学划分司法人员类别,将司法机关工作人员分法官检察官、司法辅助人员、司法行政人员三大类进行分类管理。实行法官、检察官员额制。(责任单位:区法院、区检察院)

二、推进司法体制机制改革

6.推进以审判为中心的诉讼制度改革。强化庭审中心意识,严格落实证人、鉴定人出庭制度,发挥庭审对侦查、起诉程序的制约和引导作用。实现诉讼证据质证在法庭、案件事实查明在法庭、诉辩意见发表在法庭、裁判理由形成在法庭。坚决贯彻疑罪从无原则,严格实行非法证据排除规则,进一步明确非法证据的范围和排除程序。(责任单位:区法院)

7.探索建立检察机关提起公益诉讼实践模式。严格司法审查和监督,建立检察机关督促起诉制度,完善检察建议工作机制。明确公益诉讼的提起主体、适用范围、诉讼程序等。(责任单位:区检察院)

8.探索实施刑事案件速裁程序。落实适用速裁程序办理轻微刑事案件实施办法。组织开展观摩活动,及时总结经验,推进刑事案件速裁程序工作。(责任单位:区委政法委、区法院、区检察院、区公安分局、区司法局)

9.完善司法责任制。推行办案质量终身责任制和错案责任倒查制。健全主审法官、合议庭办案机制。明确主审法官、合议庭及其成员的办案责任与免责条件,实现评价机制、问责机制、惩戒机制、退出机制与保障机制的有效衔接。健全检察权运行机制。推行主任检察官办案责任制,突出检察官办案主体地位,强化检察官执法责任,科学设置内部执法办案权限,建立健全执法办案组织,改革完善执法办案责任体系。探索试行"谁主办谁负责"的主办侦查员制度,实行主办侦查员定级与办案数量、执法质量挂钩。形成权责明晰、权责统一、管理有序的司法权力运行机制。(责任单位:区法院、区检察院、区公安分局)

10.推行法院案件受理制度改革。变立案审查制为立案登记制,明确立案登记制下的立案规范,加大对虚假诉讼、恶意诉讼、无理缠诉行为的惩治力度。(责任单位:区法院)

11.推进涉法涉诉信访改革。完善诉访分离工作机制,明确诉访分离的标准、范围和程序。制定《关于依法处理涉法涉诉信访问题的实施意见(试行)》,组织政法部门就依法处理涉法涉诉信访问题,制定各系统贯彻实施细则。(责任单位:区委政法委、区法

院、区检察院、区公安分局、区司法局)

12. 健全司法救助体系。落实国家司法救助制度实施细则,规范司法救助程序,建立国家司法救助区级专项资金,强化国家司法救助资金保障和资金使用管理。(责任单位:区委政法委、区财政局、区法院、区检察院、区公安分局、区司法局)

13. 落实行政机关负责人出庭应诉制度。贯彻新修订的行政诉讼法,引导、规范行政机关参加诉讼活动,建立行政诉讼负责人出庭应诉的提示、通报制度。(责任单位:区法院、区政府法制办、各行政执法部门)

14. 完善刑事案件归口审核机制。实行刑事案件由法制部门"统一审核、统一出口"的审核工作机制。(责任部门:区公安分局)

三、深化司法公开

15. 强化诉讼诚信保障机制。加强执行指挥中心建设,完善网络查控,落实失信被执行人信用监督、威慑和惩戒法律制度,促使被执行人自动履行生效法律文书。健全被执行人信息公开系统,建立诉讼诚信记录档案,探索虚假诉讼、恶意诉讼受害人损害赔偿救济模式。(责任单位:区法院)

16. 完善审判流程公开平台。依托网上诉讼服务中心载体,面向社会公开审判流程信息,强化审判流程节点管控,完善审判信息数据汇总、更新机制,实现诉讼档案电子化,方便当事人自案件受理之日起,在线获取审判流程节点信息。(责任单位:区法院)

17. 完善裁判文书公开平台。完善文书公开、审查上传、分类检索等功能,规范不公开文书的登记、审批程序,实现上网文书质量评查常态化。(责任单位:区法院)

18. 加强庭审公开平台建设。依法推行庭审活动、案件程序性信息及执行信息公开。全面实行庭审全程同步录音录像,逐步增加网络庭审直播的案件数量。(责任单位:区法院)

19. 加强诉讼服务中心规范化建设。完善诉讼服务大厅、网上诉讼服务平台、12368 司法服务热线功能。建立网上预约立案、送达、公告、申诉等工作机制。推动远程调解、信访等视频应用,探索集中完成保全、送达等审判事务性工作方式。(责任单位:区法院)

20. 落实公民旁听庭审制度。持续开展"邀请万名群众进法院"活动,重点邀请企事业单位普通员工、社区乡村普通群众、高等院校师生参与旁听庭审。(责任单位:区法院)

21. 推动人民陪审员制度改革。落实人民陪审员"倍增计划",确保基层群众所占比例不低于新增人民陪审员三分之二,建立人民陪审员动态管理机制,明确人民陪审员参审案件职权,完善随机抽取机制,规范人民陪审员的选任条件,改革选任方式,完善退出机制。(责任单位:区法院)

22. 完善检务公开制度。完善实体、掌上、网上"检察为民服务中心"功能。实施案件程序性信息公开、重要案件信息公开、法律文书公开,建立案件公开审查、公开听证、公开答复机制。(责任单位:区检察院)

四、强化对司法活动的监督

23. 健全完善廉政监察制度。完善司法廉政监督机制,改进和加强司法巡查、审务

督察和廉政监督员工作。(责任单位:区法院)

24. 加强对涉及公民人身、财产权益的行政强制措施的司法监督。加大对行政申诉案件的审查和办理力度,切实加强对该受理不受理、该立案不立案、违反审理期限等侵害当事人诉讼权利的违法行为的监督力度,努力提高行政诉讼法律监督的成效。(责任单位:区检察院)

25. 加强对刑事侦查活动的监督。适应证据裁判规则要求,完善证据收集和侦查阶段听取律师辩护意见的工作机制,建立完善审讯办案相关规定,加强对刑讯逼供和非法取证的源头预防,严格落实非法证据排除规则和严禁刑讯逼供、体罚虐待违法犯罪嫌疑人的工作机制,全面实行讯问犯罪嫌疑人录音录像制度。(责任单位:区公安分局)

26. 强化刑事诉讼法律监督。建立重大疑难案件侦查机关听取检察机关意见制度,建立监督跟踪机制,促进侦查法治化;加强刑事审判监督,落实完善刑事审判监督工作机制;强化刑事执行监督,落实减刑、假释、暂予监外执行同步监督规定和减刑假释同步监督出庭规定;建立健全社区矫正监督机制。(责任单位:区检察院)

27. 加强行政诉讼和民事诉讼法律监督。规范民事诉讼法律监督工作,将民事诉讼监督环节制度化,明确再审检察建议的法律效力。加大对行政申诉案件的审查和办理力度,加强对侵害当事人诉讼权利和行政强制措施的司法监督。(责任单位:区检察院)

28. 完善人民监督员制度。推动人民监督员选任管理改革工作,加大对检察机关查办职务犯罪立案、羁押、扣押冻结财物、起诉等环节执法活动的监督,规范告知、办理、答复程序。(责任单位:区检察院)

29. 组织开展执法检查、案件评查工作。制订执法检查、案件评查活动方案,重点开展对涉法涉诉信访、进京赴省重复访以及人民群众反映强烈、久访久诉等案件的评查和执法检查。(责任单位:区委政法委)

30. 保障律师执业权益。严格落实《律师法》,保障司法活动中律师依法享有的执业权。完善政法部门联席会议制度,维护保障律师执业权益。(责任单位:区司法局)

31. 保障当事人依法行使申诉权。对不服司法机关生效法律文书的申诉,逐步实行由律师代理制度。统筹协调组建律师服务团队,做好律师代理工作。(责任单位:区司法局)

32. 深化法律援助。推进覆盖城乡居民的公共法律服务体系建设,将公共法律服务纳入政府公共服务范围,将聘不起律师的申诉人纳入法律援助对象;加强法律援助窗口建设,扩大法律援助覆盖面,所有法律援助窗口免费提供法律咨询服务。(责任单位:区司法局)

33. 规范律师服务。制定律师行业规范诚信建设意见,开展律师事务所规范化建设与示范所创建活动。(责任单位:区司法局)

34. 健全司法权力监督制约机制。健全各部门各系统内部权力的合理配置,严格划分不同权力的使用边界,加强对权力使用的规范和限制,形成部门内部的权力制约与协调机制。把不同权力的行使通过规章确定下来,纳入程序化、法治化轨道,保证分工明确、各司其职、各负其责,按照法定权限和程序行使权力、履行职责。真正形成既相互制约又相互协调,结构合理、配置科学、程序严密、制约有效的“四权”(侦查权、检察权、审判权、执行权)运行监控体系。(责任单位:区法院、区检察院、区公安分局、区司法局)

南京市江宁区法治宣传教育行动计划

为贯彻党的十八届三中、四中全会精神,落实区委《关于全面推进依法治区的决定》(江宁委发〔2015〕1号),全面推动我区法治宣传教育工作全覆盖,着力增强全社会的法治意识和法治素养,特制订本行动计划。

一、加强以宪法为核心的法律法规宣传

1. 组织开展“宪法宣传月”活动。结合“12·4”国家宪法日暨全国法制宣传日,明确每年11月18日至12月18日为全区宪法宣传月,集中开展宪法学习宣传,推动全社会形成尊崇宪法、厉行法治的良好氛围。(责任单位:区法宣办、区委宣传部、区司法局)

2. 落实宪法宣誓制度。全面实施人大、政府任命的新任领导干部任职前向宪法宣誓制度。宪法宣传月期间,组织开展法官、检察官、行政执法人员、仲裁员、律师、公证员及其他法律从业人员向宪法宣誓活动。(责任单位:区人大办、区法宣办、区委组织部、区委宣传部、区委政法委)

3. 开展法治宣传专项行动。针对社会热点问题,大力开展劳动保障、医疗卫生、公共安全、应急处置等与社会发展和人民生活密切相关法律法规的宣传教育。重点加强法律援助、劳动就业、社会保障等与民生需求相关法律法规的宣传教育。(责任单位:区法宣办、区委宣传部、各相关职能部门)

二、建立完善国家工作人员学法用法工作机制

4. 建立健全党政机关法治讲座制度。坚持党委(党组)中心组集体学法制度,把法治教育列入各级党委(党组)中心组学习内容,区委中心组集中学法每年不少于2次,各街道(园区)、各部门不少于3次。区级机关“机关讲堂”法治宣传专题讲座每年不少于1次。(责任单位:区委宣传部、区法宣办、区级机关工委、各部门、各单位、各街道、各园区)

5. 全面实施领导干部任前法律知识考试制度。所有新任区管领导干部任命前必须通过统一组织的法律知识考试。(责任单位:区人大办、区委组织部、区委宣传部、区法宣办、区司法局)

6. 建立领导干部年度述法制度。把领导干部学法用法和法治宣传教育工作情况纳入各级领导班子和领导干部年度工作考核内容,与述责述廉一同进行。把尊法学法用法守法情况作为干部任用、晋升、奖惩的重要依据。(责任单位:区纪委、区委组织部、区人社局、区司法局、区依法治区办)

7. 建立国家工作人员学法长效工作机制。在公务员学习网和领导干部进高校选学中增加法治教育内容。国家工作人员法治教育学习每年不少于40学时,行政执法部门人员不少于60学时。(责任单位:区法宣办、区委组织部、区人社局、区司法局)

8. 把法治教育纳入各级干部教育培训规划。党校、行政学校应将法治教育列为必修课,培训时间1个月以内的班次法治课程不少于4课时,1个月以上的班次不少于8

课时,定期开设法治教育专题班。[责任单位:区委组织部、区法宣办、区委党校(行政学校)]

9. 建立完善领导干部旁听法庭庭审工作机制。定期组织领导干部、公务员旁听依法行政相关庭审活动,组织区管领导干部旁听活动每年不少于4次。(责任单位:区法宣办、区委宣传部、区委组织部、区法院、区司法局)

三、加强青少年法治宣传教育工作

10. 把法治教育纳入国民教育体系。在中小学、各类职业学校普遍设立法治知识课程,推动法治教育课时、教材、师资、经费"四落实",保证中小学在校学生得到基本法治教育。(责任单位:区教育局、区人社局、区司法局)

11. 落实和完善法治副校长制度。加强对法治副校长、法治辅导员的选拔培养和知识培训,建立学校为主,家庭、社会为补充的一体化青少年法治教育网络。(责任单位:区教育局、区司法局)

12. 加强青少年法治教育载体和阵地建设。在青少年素质教育基地普遍设立法治文化体验馆、法治宣传教育中心,充分利用第二课堂和社会实践,积极利用网络平台和信息技术组织开展青少年喜闻乐见的法治教育实践活动。(责任单位:区教育局、区法宣办、区司法局)

四、建立完善以案释法制度

13. 建立法官、检察官、行政执法人员、仲裁员、律师、公证员等以案释法制度。注重在司法执法实践中加强法治宣传教育,推动司法、执法单位将普法教育融入执法办案的全过程。积极运用旁听庭审、媒体直播、典型案件宣讲等形式,形成以案释法工作的长效机制。(责任单位:区委宣传部、区检察院、区法院、区司法局、江宁广播电视台、各行政执法部门)

14. 宣传典型案例。加强司法、行政执法典型案例整理汇编工作。推动司法、行政执法部门通过网站、微博等建立常态化典型案例公开发布制度。(责任单位:区委宣传部、区法院、区检察院、区司法局、区文广局、江宁广播电视台、各行政执法部门)

五、建立健全媒体公益普法制度

15. 建立媒体公益普法制度。推动大众传媒落实普法责任,区属媒体应普遍开设法治专题、专栏,反映法治建设动态,普及法律知识,依法刊播法治公益广告。(责任单位:区委宣传部、区法宣办、区工信局、区文广局、区市场监督管理局、江宁广播电视台)

16. 推动公益法治宣传延伸覆盖。在户外电子大屏、地铁公交移动电视及站点和其他公共场所播放法治类公益广告,播放比例不低于每日播出时长的5%。(责任单位:区委宣传部、区法宣办、区工信局、区城管局、区文广局、区市场监督管理局、江宁广播电视台)

17. 加强新媒体新技术在法治宣传中的运用。加强普法网站和普法网络集群建设,政府部门网站和政务微博、微信要开设法治宣传板块,宣传解读与职能相关的法律法规,发布法治典型案例。广泛借助微信、微博、微电影、手机报、APP客户端等新媒体平台开展法治宣传,实现电脑、电视、手机三屏联动,形成网上网下、线上线下相互补充、衔

接互动的网络普法格局。(责任单位:区委宣传部、区法宣办、区文广局)

18. 定期发送法治宣传手机短信。协调移动、电信、联通等通信运营商免费向所有在江宁手机用户发送法治宣传短信,每年不少于2次。(责任单位:区法宣办、区工信局)

六、推动法治宣传教育与基层法治实践相融合

19. 大力推进基层民主法治建设。积极开展村(社区)民主法治建设工作,做好国家级、省级民主法治示范村(社区)的培育、创建和申报工作,提高基层治理法治化水平。(责任单位:区委宣传部、区委政法委、区法宣办、区民政局、区司法局)

20. 推进社会组织依法治理。结合全面推进法律顾问制度,运用法治思维指导完善市民公约、村民公约、行业规范,支持各类社会主体依法自我约束、自我管理。(责任单位:区委宣传部、区委政法委、区法宣办、区民政局、区司法局)

21. 继续深化"法律六进"法治惠民活动。通过各种形式推动机关、乡村、社区、学校、企业、单位的法治实践。(责任单位:区委宣传部、区法宣办、区司法局)

七、大力推进法治文化建设

22. 加强法治文化建设考评。把法治文化建设纳入全区法治建设绩效考评体系,纳入文明城区创建内容,推动法治文化与经济社会发展同部署、同规划、同建设。(责任单位:区委宣传部、区委政法委、区文明办、区法宣办)

23. 制定法治文化建设扶持政策。积极推进政府主导、多方运作、群众受惠的法治文化发展方式,通过政府采购、补贴、社会激励等方式引导市场主体、专业性社会组织参与普法产品研发。(责任单位:区委宣传部、区委政法委、区法宣办、区文广局)

24. 加强法治文化作品的创作和推广。继续深化法治文化品牌项目化管理,打造一批在省市乃至全国有影响的法治文化精品。各街道(园区)、各部门要结合自身特点,因地制宜建设法治宣传阵地,打造法治文化品牌,实现法治文化设施建设城乡全覆盖。探索建立法治文化作品资源库,征集、推广法治文化作品。(责任单位:区委宣传部、区法宣办、各街道、各园区)

25. 广泛开展群众性法治文化活动。把法治元素导入群众公共文化生活和家庭建设中,融入地方文化、行业文化、企业文化建设,增强社会参与的广度和深度。结合重大纪念日、传统节日等开展形式多样的法治文化宣传教育活动。(责任单位:区委宣传部、区法宣办、区文广局、区司法局、区城管局、区妇联)

26. 加强典型宣传。积极开展典型法治人物和普法宣传能手选树宣传活动,发挥先进典型的引领和示范作用。(责任单位:区委宣传部、区法宣办)

八、建立完善普法宣传责任机制和考评体系

27. 加强法治宣传教育组织领导。健全完善党委领导、政府实施、人大和政协监督、部门齐抓共管、社会力量参与的"大普法"工作机制。要把法治宣传教育工作纳入地方经济和社会发展规划,纳入经济社会发展综合评估体系。各行政执法部门要明确法治宣传工作目标任务,督促检查落实。党委宣传部门、法治宣传教育领导小组办公室和司法行政部门负责组织、协调、指导和检查法治宣传教育工作。(责任单位:区委宣传部、

区委政法委、区法宣办)

28. 全面落实“谁执法谁普法,谁主管谁普法”要求。司法机关、行政执法机关、行业主管单位及人民团体要结合自身职能发挥积极作用,开展多层次、形式丰富的法治宣传,构建主体多元化、方式协同化、内容专业化的大普法格局。(责任单位:区委宣传部、区委政法委、区政府法制办、区法宣办)

29. 建立完善法治宣传教育督查考核机制。完善人大、政协视察和监督检查法治宣传工作机制。建立法治宣传工作报告及督查考核制度,各法治宣传责任单位定期向区法宣办报告本地区、本部门、本单位法治宣传教育工作开展情况。建立法治宣传教育责任落实和工作成效定期通报制度,对先进单位进行表彰,对责任落实不到位的单位,依照《江苏省法制宣传教育条例》责令改正,严格追责。(责任单位:区委办、区人大办、区政府办、区政协办、区委宣传部、区委政法委、区督查办、区法宣办)

九、加强法治宣传教育工作保障

30. 加强法治宣传教育专职队伍建设。积极推进法治宣传专门队伍正规化、专业化、职业化建设,配齐配强各级法宣办人员,加强专职队伍思想素质、业务能力的培养提高。(责任单位:区委组织部、区委政法委、区法宣办、区司法局、区编办、区人社局)

31. 大力加强普法讲师团建设。组建区普法讲师团,健全完善普法讲师团的遴选、培育、使用、评价和激励机制,充分发挥普法讲师团在法治宣传教育工作中的骨干作用。(责任单位:区法宣办、区委宣传部、区司法局)

32. 进一步加强普法志愿者队伍建设。建立区级普法志愿者队伍,鼓励和引导司法和行政执法部门工作人员、社会各类法律从业人员和大中专院校法律专业师生积极加入,扶持培育一批普法志愿者社会组织,组织开展有特色、有实效的活动。(责任单位:区法宣办、区委宣传部、团区委、区教育局、区司法局、区妇联)

33. 探索建立社会法治需求征询评估机制。加强普法联络员、普法信息员队伍建设,建立健全网格化的需求收集分析机制,多层次、全方位摸清社情民意,对本地区法治需求进行系统性、动态化掌控,为精细、准确、高效普法提供科学依据。(责任单位:区法宣办、区委宣传部、区统计局)

34. 积极探索建立“财政拨款为主,社会募集为辅”的法治宣传教育经费保障机制。将法治宣传教育经费纳入同级财政预算予以保障,区级财政保障标准不低于年人均1元,并形成根据本地区经济社会发展水平动态增长机制。积极鼓励和引导社会团体、企事业单位对法治宣传教育工作的公益性投入。(责任单位:区法宣办、区财政局)

南京市江宁区企业法治建设行动计划

为贯彻党的十八届四中全会精神,落实区委《关于全面推进依法治区的决定》(江宁委发〔2015〕1号),引导推动企业依法管理、诚信经营和履行社会责任,培育“守法、诚信、自律、尽责”的市场主体,特制订本行动计划。

一、引导企业开展法律风险防范体系建设

1. 组织开展企业贯标活动。深入开展《企业法律风险管理指南》贯标活动,指导企业全面梳理和评估企业经营管理面临的各种法律风险,建立符合企业自身实际的法律风险防范机制,进一步发挥法律风险防范机制在企业重大决策和经营管理中的支撑保障作用。做好企业法务典型案件的汇编工作,为企业有针对性地开展法律风险防范提供案例参考资料。(责任单位:区工信局、区国资办、区投促局)

2. 推动建立法律审核制度。结合积极发展混合所有制经济、规范开展国有资本投资运营、加快完善法人治理结构等重点改革任务,严格开展法律审核,确保企业各项改革于法有据。切实加强产权保护,防止国有和集体资产流失。引导企业逐步建立统一的法律管理信息系统,运用信息化手段促使法律审核成为企业经营管理的刚性约束,实现法律风险防范的全覆盖,实现全区大型重点企业规章制度、合同和重要决策的法律审核全覆盖。(责任单位:区工信局、区国资办)

3. 完善国资监管法制体系。按照新出台的《南京市企业国有资产监督管理条例》,规范全区国有企业的公司治理及运行,落实国有企业经营投资责任,完成国有企业公司章程修订。对履行出资人职责事项进行梳理,精简审批(核准)和备案事项。(责任单位:区国资办)

4. 防范化解地方金融组织风险。遵循市场经济规律,依法稳步推进小额贷款公司、融资性担保公司等地方金融组织的发展。对地方金融组织发展过程中出现的问题和矛盾,严格遵照相关政策要求,定期通过区监管部门开展现场与非现场检查、监管评级等方式,落实监管工作,防范化解风险。[责任单位:区发改局(金融办)、区财政局、区国资办]

二、引导企业普遍建立法律顾问制度

5. 加强分类指导。根据企业实际情况,分类指导各类企业建立法律顾问制度,完善企业法律顾问人才激励机制,建立一支梯次合理、结构优化的高素质的企业法律顾问和法律事务工作队伍。引导区内央企和其他条件成熟的重点骨干企业实行总法律顾问的专职化和专业化。鼓励有条件的企业集团设立公司律师,发挥国有企业在企业法治建设中的示范带动作用。2015 年,全区规模以上企业普遍建立法律顾问制度,重点企业建立总法律顾问制度。(责任单位:区工信局、区国资办、区投促局、区司法局)

6. 开展业务交流学习培训。分行业召开重点企业法律顾问专题交流座谈会,进一步加强企业跨行业、跨区域的法务工作学习交流,树立法治标杆企业,宣传推广示范企业的法治工作经验和做法。围绕提高企业法律顾问和企业法务从业人员业务水平,重点加强在法律职业精神、风险防范、公司治理、涉外法律等领域的学习培训,着力培养一批懂法律、会管理的复合型企业法律人才。鼓励企业拓宽职务职级和专业技术晋升通道,开展企业法律顾问等级资格评审工作。

三、引导企业积极履行社会责任

7. 开展企业履行社会责任试点。按照《南京市企业社会责任地方标准》,选取代表性的企业、行业进行试点,形成符合江宁区情的企业履责模式。重点推动区属国有企业、区内央企、外商投资企业和重点民营企业在履行社会责任方面走在前列。(责任单位:区工信局、区国资办、区投促局)

8. 建立企业社会责任信息披露机制。除上市企业每年要发布企业履行社会责任报告外，选择一批规模企业编制发布社会责任报告，与民生密切相关的企业履行社会责任报告信息必须向社会公开。组织召开可持续发展论坛等活动，树立江宁企业履行社会责任的良好形象。（责任单位：区工信局、区国资办、区投促局）

9. 强化社会保险费征缴和基金监管。依法加强社会保险参保登记工作，努力实现“应保尽保”。规范用人单位社会保险费申报缴纳行为，督促用人单位按时足额缴费。完善社会保险费征缴工作联动机制，明确各部门在社会保险费征缴和清欠工作中的职责。进一步完善社会保险欠费预警跟踪机制，对单位和个人欠费情况采取联合公告、实地通知、定期通报等形式进行告知。对参保单位实行分级分类管理，建立恶意欠费单位黑名单制度。依法严肃处理企业恶意逃避参保义务、恶意欠缴社会保险行为，对恶意欠费单位提请有关部门采取相应监管措施。（责任单位：区人社局、区财政局、区地税局、区公安分局、区检察院、区法院）

四、引导企业依法诚信经营

10. 强化企业诚信体系建设。推进商务诚信建设，依法加强信用监管。按照《南京市公共信用信息归集目录》《南京市公共信用信息归集和使用管理暂行办法》和《南京市社会法人、自然人失信联合惩戒办法》规定，完善公共信用信息归集和使用管理以及社会法人、自然人失信联合惩戒等制度。建立健全在行政管理与公共服务中实施信用监管、强化信用奖惩机制的具体政策办法。推进企业法人数据库建设，规范完善公共信用信息管理系统，推动实现企业公共信用信息归集全覆盖、安全管理、积极应用。完善联动信用奖惩制度，增强守信激励和失信惩戒工作力度。[责任部门：区发改局（信用办）]

11. 引导企业依法诚信经营。各类企业切实遵守国家各项法律法规，崇尚契约精神和诚信精神，重合同、守信用。国有企业在依法诚信经营中发挥模范表率作用，切实保障国有资产安全。加强服务外商投资企业联动机制，引导外商投资企业有序经营，定期将外商投资企业投资经营情况通过全国外商投资企业年度经营状况联合申报信息共享平台、全省商务诚信信息平台向社会公示。（责任部门：区工信局、区国资办、区投促局）

12. 规范企业劳动用工。完善企业改革改制职工劳动关系调整处理意见，制定企业执行特殊工时制情况年度报告核验办法。加强企业劳动用工指导服务，督促用人单位依法建立或修订完善劳动用工规章制度，全面推行劳动合同备案制度，依法规范劳动合同的订立、履行、变更、解除、终止等行为，提高劳动合同履行质量。加强劳务派遣监管服务，研究出台规范劳务派遣用工的实施意见，制发关于做好劳务派遣企业年度经营情况报告核验办法，认真开展劳务派遣企业年度经营情况报告核验工作，注重发挥行业协会的行业自律作用，引导劳务派遣企业规范经营。加大对劳务派遣公司和实际用工单位的专项检查力度，维护被派遣劳动者的合法权益。（责任单位：区人社局、各街道、各园区）

五、着力开展法律服务企业系列活动

13. 整合利用各类资源。积极整合并充分发挥高等院校、政法机关、律师事务所等资源优势，组织普法讲师团、志愿者队伍为企业开展免费授课、免费开展法律咨询等服务，组织法官、检察官、行政执法人员、仲裁员、律师、公证员等走进企业以案释法，重点发挥司法个案对企业的价值引导和警示作用，帮助企业抓住商机的同时有效规避法律风险，将法律服务全面融入企业转型升级、创新驱动和国际化经营，促进企业提质增效。（责任单位：区工信局、区法院、区检察院、区司法局、区人社局、区国资办）

14. 搭建平台开展主题活动。完善企业法律服务平台建设，积极发挥各类企业行业协会的作用，尝试组建江宁区企业法制工作协会。重点开展“企业法律风险诊断”“法律服务进企业”“法律服务进园区”等主题活动，扩大企业法治建设覆盖面。加大优秀法治企业宣传力度，扩大法律服务企业的领域和影响力，在全社会营造企业法治工作的良好氛围。（责任单位：区委政法委、区工信局、区国资办）

六、健全企业法治建设推进机制

15. 建立部门联席会议制度。由区工信局牵头，区相关部门参加，加强对企业法治建设的政策研究和宏观指导，定期交流工作、研究问题，及时汇总相关工作情况报区依法治区办。加大企业法治建设各项保障力度。（责任单位：区工信局、区依法治区办）

16. 加强政策引导和激励。从 2015 年起，逐步建立各行业各领域“企业违法、失信行为档案”和违法、失信企业“黑名单”“黄名单”管理公示制度。在市场准入、政府专项资金安排、政府采购、工程建设、招投标、资质认定和评优评级等领域，对近三年无违法和失信行为的企业在同等条件下予以优先办理、简化程序、政策倾斜等支持；对近三年出现违法、失信行为的企业严格限制或审慎审核；对近三年出现严重违法、失信行为，造成不良影响的企业，实行“一票否决”。对依法管理、诚信经营、积极履行社会责任，为江宁区经济社会发展做出突出贡献的企业和企业家给予表彰奖励。[责任单位：区发改局（信用办）、区工信局]

17. 落实责任强化考核。全区各级党委和部门（党组）要将企业法治建设作为全面推进依法治区的重点工作之一，认真部署企业法治建设各项工作。企业所在街道办事处、园区管委会为推进企业法治建设的第一责任主体，各相关行政主管部门为第一监督主体。区工信局作为企业法治建设的牵头单位，不定期组织相关部门对各街道（园区）企业法治建设进行督促、推进。区委政法委将企业法治建设工作纳入依法治区考评指标或标准体系中，每年进行考核。（责任单位：区工信局、区委政法委）

南京市江宁区基层社区民主法治建设行动计划

为贯彻党的十八届四中全会精神，落实区委《关于全面推进依法治区的决定》（江宁委发〔2015〕1 号），进一步提高社区居民民主参与度，激发基层社会治理活力，提升社区（村）民主法治化水平，特制订本行动计划。

1. 指导思想。全面贯彻党的十八大和十八届三中、四中全会以及习近平总书记系列重要讲话精神，坚持走中国特色社会主义政治发展道路，积极吸收借鉴国内外先进城市成功经验，完善基层社区民主法治制度体系，培育基层社区治理民主法治思维，促进基层社会治理服务创新，力求在重点领域和关键环节取得新突破，推动我区基层社区民主法治建设再上新台阶。

2. 基本目标。通过3~5年努力，不断完善党组织领导的充满活力的居(村)民自治机制，民主选举、民主管理、民主决策、民主监督等各项民主制度进一步健全；社区工作者及居民法治意识和民主素养进一步增强。到2020年，全区社区多元主体共治体系更加完善，居民生活共同体进一步形成。

一、健全基层社区民主法治机制

3. 拓展基层社区自治空间。推动社区治理体制改革，社区"去行政化"，聚焦居(村)务及自治。健全社区工作准入机制，未经审批工作不得下派社区(村)，规范社区(村)用章。居委会、村委会依法自治达标率分别达到97%、92%。(责任单位：区民政局、区委社建工委、各街道)

二、突出基层社区民主法治重点

4. 扩大"直选"覆盖面。总结全区社区居委会及村委会换届选举经验，完善《无候选人一次性直接投票工作规程》及《"两个直接"选举工作规程》，居(村)委会换届全面推行"直选"。(责任单位：区民政局、区人大内司委、区委组织部、各街道)

5. 提高决策民主化科学化水平。落实"一事一议"制度，重大事项由居(村)民大会或居(村)民代表大会讨论决定。(责任单位：区民政局、各街道)

6. 促进居(村)务公开。固定设置居(村)务公开栏。一般性居(村)务事项每季度公布一次，对涉及居(村)民利益的重大事项以及居(村)民关心事项及时公开。充分利用新媒体不断拓宽居(村)务公开渠道。(责任单位：区民政局、各街道)

7. 加强居(村)务监督。居(村)委会换届同步产生监督委员会，进一步优化监督委员会成员年龄、专业结构。(责任单位：区民政局、各街道)

8. 强化财务公开及监督。村集体经济组织以规范明确的形式，如实向全体成员公开集体各项收支、资产资源、债权债务、收益分配、土地征用补偿及分配、财务预决算等情况，接受群众监督。村(居)按季或按月(每月10日为财务公开日，遇法定节假日顺延)于固定公开栏公开财务，每期内容保留7日以上。强化村民理财小组监督、街道会计委托代理服务中心监督，依托党风廉政建设，通过"阳光村居"信息平台拓宽监督渠道，进一步增强村级财务管理约束力。有条件的村(居)设立电子触摸屏，方便群众随时查询。(责任单位：区委农工委、各街道)

三、发展社区协商民主

9. 搭建民主协商平台。推广社区论坛、社区议事园等基层社区协商民主平台建设经验，畅通民意表达渠道，增强协商结果落地成效。(责任单位：区民政局、各街道)

10. 推动协商民主机制建设。依据有关文件精神，总结现有做法，进一步探索社区协商民主范围、主体、程序及结果应用等问题。(责任单位：区民政局、各街道)

四、推进基层社区治理法治化

11. 培育社区社会组织。加大社区社会组织培育支持力度，社区办公服务用房50%以上用于社区社会组织开展服务，加强社区社会组织社工督导力度，公益创投资金向社区社会组织倾斜，鼓励社区社会组织承接社区公益服务、公共服务，畅通社区社会组织

参与社区治理路径。(责任单位:区民政局、各街道)

12. 深化“政社互动”。完善基层群众自治组织协助政府工作事项及依法履行职责事项两份清单。对协助政府工作事项进行委托管理,遵循“费随事转、权随责走”原则,通过签订委托管理协议书形式落实工作责任。实现“政社互动”全覆盖。(责任单位:区民政局、各街道)

13. 提升社区服务效能。实施社区专职社工培训计划,着力培养全科社工,推进“一口受理、一站服务”。按照职业化、专业化发展要求,逐步建立社区专职工作者职业准入、教育培训、管理考核、保障激励等制度。遵循精干、高效原则,对社区专职工作者的范围、员额、招聘、待遇及管理考核等进行规范。加强社区工作者队伍建设,逐步提高社区工作者持证上岗率,提高社区工作者的网格化服务管理能力。(责任单位:区民政局、各街道)

14. 建立居(村)委会、业主委员会、物业服务企业协作治理平台。建立社区联席会、社区议事会等社区协作治理平台,在党组织领导下,发挥社区居委会、小区业委会、物业、社区社会组织等多方主体作用,协调配合开展物业管理政策法规宣传、物业行业监管、矛盾纠纷调处等,实现社区事务共同协商解决。(责任单位:区民政局、区住建局、区委组织部、各街道)

15. 提升居(村)民自治水平。引导居(村)民依照法律法规,通过居(村)民会议等方式制定“自治章程”“社区公约”等乡规民约,发挥乡规民约在基层社会治理中的积极作用。(责任单位:区民政局、各街道)

16. 提升社区信息化水平。加快“智慧社区”建设,整合各条口延伸至社区的信息平台和网络,建立联动的信息采集、数据共享和公共服务综合受理系统。在先行试点的基础上,逐步推行区域政务、便民服务“联接联办”,方便群众办事。(责任单位:区委组织部、区委宣传部、区委农工委、区综治办、区委社建工委、区发改局、区公安分局、区民政局、区人社局、区卫生局、区人口计生局、区妇联、区残联、区行政服务中心、各街道)

五、保障措施

17. 建立协调推进机制。区、街道和谐社区建设指导委员会办公室具体负责基层社区民主法治建设的组织、协调和指导工作,推动建立基层社区民主法治建设工作目标管理责任制,落实各项保障措施。广泛宣传基层社区民主法治主流价值观,提升公众民主素养和法治思维。通过购买服务等形式,吸纳高校、科研院所及民间智库参与基层民主法治前瞻性研究及实际工作。发挥社会组织和志愿者的积极作用,营造推动基层民主法治的良好氛围。(责任单位:区民政局、各街道)

南京市江宁区法律服务业发展行动计划

为贯彻党的十八届四中全会精神,落实区委《关于全面推进依法治区的决定》(江宁委发〔2015〕1号),加快推动法律服务业发展,特制订本行动计划。

一、法律服务业发展的指导思想和目标

1. 指导思想。全面贯彻党的十八大和十八届三中、四中全会以及习近平总书记系列重要讲话精神，以“四个全面”战略为重大机遇，紧紧围绕服务和保障全区社会稳定、经济发展大局，大力发展法律服务机构，壮大法律服务队伍，拓展法律服务领域，提升法律服务品质，加大政策扶持引导，营造法律服务发展环境，进一步做大做强法律服务业，为建设“强富美高”新江宁提供优质法律服务和有力法治保障。

2. 发展目标。大力培养本土高层次律师、公证员等法律服务人才，增强涉外和新兴法律服务业务人才储备，到2020年，实现法律服务人才数量年均增长8%，业务总量年均增长10%以上。推进律师业、公证业专业化、规模化、品牌化发展，强化基层法律服务功能，不断扩大法律援助覆盖面，打造一批规模合理、专业鲜明、文化内涵深厚的法律服务机构，强化综合法律服务功能，全面提升行业核心竞争力。

——律师行业逐步壮大，竞争实力显著增强。着力提升全区律师业专业化、规模化、品牌化、信息化、国际化水平。至2020年年末，全区各类律师总数达到130人，律师事务所达到20家，建立一家公职律师事务所，形成由社会律师、公职律师、公司律师细化分工、优势互补、结构合理的综合律师法律服务体系，执业环境充分优化，执业权利得到保障。

——公证行业规范发展，服务能力不断提高。坚持执业为民，依法履行公证工作职责，进一步规范公证执业行为，建立健全行业自律性运行机制，建设服务优、实力强、信誉好的文明公证机构。进一步拓展公证法律服务领域，充分发挥公证的司法预防和法律监督职能作用，为社会提供优质高效的公证法律服务。实现公证业务总量与全区经济社会发展目标同步增长。

——基层法律服务规范，体制机制逐步完善。坚持面向基层、面向社区、面向群众的服务方向，形成与律师良性互补、共同发展的法律服务格局。合理调整基层法律服务机构和人员布局，力争到2020年，涌现一批省优法律服务所和高素质基层法律服务工作者。

——法律援助保障有力，援助范围不断扩大。不断扩大法律援助的覆盖面，实现应援尽援、应援优援，确保困难群众打得起官司。推进法律援助实体化运作和最低经费保障机制建设，确保法律援助受援人数不低于常住人口比例的万分之八，法律援助案件满意率不低于98%。

二、适应社会发展新需要，拓展法律服务发展空间

3. 大力培育法律服务消费观念。加强法治宣传教育，增强全社会法治思维，培养群众运用调解、仲裁、诉讼等法律方式表达诉求、解决纷争、维护合法权利的习惯，积极营造办事依法、遇事找法、解决问题用法、化解矛盾靠法的良好社会氛围。切实教育引导公民在日常学习、工作、生活中，运用法治思维思考问题、处理问题，保障当事人依法行使申诉权，对不服司法机关生效法律文书申诉，逐步实行由律师代理制度。建立律师、公证员等法律服务人员以案释法制度。积极宣传律师、公证、基层法律服务、法律援助等法律制度，利用以案释法等形式引导全区企事业单位、社会组织以及广大市民自觉借助运用法律服务手段，防范和化解法律风险，预防和解决纠纷矛盾。（责任单位：区司法局、区委宣传部）

4. 全面推进普遍建立法律顾问制度。积极推进普遍建立法律顾问制度，进一步完善“事前防范为要、事中控制为主、事后补救为辅”的法律风险化解机制。建立健全各级法律顾问制度，构建有政府法制机构人员、执业律师和其他法律工作者参加的区、街（园区）、社区（村）三级法律顾问体系，将法律顾问制度建设纳入依法行政考核和法治政府建设目标考评体系。具有行政执法主体资格的工作部门率先建立法律顾问制度。以建立政府法律顾问制度为示范，引领和推动全区企事业单位、社会组织法律顾问制度的普遍建立。到2015年年底，厂矿、学校、卫生、文化单位等区属国有企事业单位以及社会矛盾纠纷与群体诉求较为集中的单位，普遍建立法律顾问制度，重点企业建立总法律顾问制度。（责任单位：区司法局、区政府法制办、区工信局、区国资办、各街道、各园区）

5. 加大法律服务产业园区培育力度。围绕“提供综合法律服务、打造法律服务精品、引领各类法律服务业发展”的思路，在交通便利、现代服务业、高新产业较为集中的地区，建立法律服务产业园区。注重集聚省市区各类法律服务资源，探索建立配套法律服务机制，提供全方位的法律服务产品，实现法律服务产业园区法律服务的高效、专业、全面与权威的有机统一。力争到2020年年底，在法律服务产业园区吸引一批法律服务机构，形成良好的集聚效应。（责任单位：区司法局、区发改局、区规划局、区税务局、区审计局）

6. 建立健全城乡公共法律服务体系。进一步健全公共法律服务网络，有效整合公共法律服务资源，加快建立健全覆盖城乡、惠及全民的公共法律服务体系，努力满足社会各层次的法律服务需求。大力推进区、街道公共法律服务中心、社区（村）公共法律服务站和“12348”公共法律服务平台建设。引导法律服务机构健全完善便民服务机制，推动法律服务资源下沉，将城区的优质法律服务覆盖到城乡、延伸到基层，努力实现基层村居法律服务的全覆盖。构建完善城乡均等化的法律援助工作体系，推进街道和行业法律援助工作站建设，所有法律援助窗口免费提供法律咨询服务。着力打造城市半小时、农村一小时法律服务圈，保障群众享有基本的法律服务权益。加强手机APP、互联网法律服务软件和网络开发应用，实现市民通过网络预约申请办案、办证，让群众切身感受到法律服务的高效便捷和实惠。（责任单位：区司法局）

三、适应经济建设新常态，增强法律服务发展动力

7. 主动服务工作大局。推动法律服务向金融保险、国际贸易、现代物流、信息产业等经济建设的各个领域拓展，积极服务全区经济战略性项目、重大区域开发、新兴产业发展。加强公司律师试点工作，完善企业法律顾问制度，着力为重点企业和总部企业提供优质法律服务，增强企业应对国际贸易摩擦和国际投资法律风险能力，进一步提高企业依法经营管理水平，促进企业健康发展。大力提升法律服务水平，着力为国有企业改革、城市建设管理、金融运行安全服务。（责任单位：区司法局、区工信局、区国资办）

8. 主动服务民生发展。围绕民生重点深化服务，认真办理涉及群众切身利益、关乎百姓生计的法律事务，进一步把法律服务重点向就业、就学、医疗、住房、社会保障等民生领域延伸。积极参与政府为民办实事项目，在解决由企业改制、土地征用、房屋拆迁以及拖欠民工工资等事由引发的群体性纠纷过程中，注重维护弱势群体的合法权益。加强涉农法律事务的研究，为培植农村新经济增长点、落实惠农政策和推进城乡一体化

提供及时有效的法律服务。认真分析研究发展现代高效农业过程中的法律需求,为农村发展特色农业、生态农业、高效农业提供优质法律服务。(责任单位:区司法局、区住建局、区教育局、区人社局、区委农工委、区卫生局)

9. 主动服务转型升级。法律服务机构和人员要把转型发展作为法律服务业的重大机遇和重要责任,紧紧围绕加快经济结构调整、促进产业转型升级、实施创新驱动战略、加强能源资源节约和生态环境保护提供法律服务。紧紧围绕加快推进工业布局调整,积极参与规划建设管理,通过担任法律顾问、代理诉讼案件、办理非诉事务、提供法律意见或咨询等方式,依法调节各种利益关系,确保各项重点工作顺利推进。积极开展"法律服务进园区"活动,在园区建立法律服务中心或法律服务工作站,围绕产业发展目标,确定法律服务重点方向,创新服务产品,为园区建设、招商选资、企业入驻、项目运营、功能实现提供全程法律服务。(责任单位:区司法局、区发改局、区科技局、区环保局、各园区)

10. 主动服务社会稳定。充分发挥法律服务人员维护社会和谐稳定的作用,引导法律服务人员增强大局观念,积极参与处理涉法涉诉问题和重大群体性事件。完善参与处理涉法涉诉信访工作的长效机制,继续组织律师到区信访部门参与接访。建立重大涉法突发事故法律服务应急机制,组建常备的律师、公证员专家团。充分发挥法律服务人员维护社会公平正义的作用,从维护社会稳定大局出发,合理疏导社会矛盾进入诉讼途径解决,对聘不起律师的申诉人,纳入法律援助的范围。突出抓好对农民工、残疾人士、未成年人、低收入家庭等社会群体和困难群众的法律援助。(责任单位:区司法局、区信访局、区公安分局)

四、适应现代管理新变化,促进法律服务规范发展

11. 加强整体谋划,完善发展格局。将法律服务业发展纳入全区经济转型升级、现代服务业发展、社会建设与管理的总体规划和民生行动计划中,制定出台全区法律服务业发展总体规划。坚持统筹规划、因地制宜、合理布局,按照"公共性""准公共性"和"营利性"的性质,并分别制定律师、公证、基层法律服务、法律援助等专项规划及专项扶持政策,避开因服务同质性带来的激烈市场竞争,努力形成自身特色和发展优势。(责任单位:区司法局、区委社建工委、区发改局)

12. 积极鼓励扶持,打造特色品牌。积极鼓励扶持、促进法律服务机构的规模化、专业化和品牌化。实施"走出去"和"引进来"相结合的发展战略,对发展基础好、发展潜力大的律师事务所、公证处、基层法律服务所给予税收扶持举措。鼓励律师事务所在优势互补、相互合作的基础上进行重组、整合,通过联盟、开设分支机构等形式加快发展。积极拓展服务领域,引导我区法律服务机构在知识产权、金融证券、文化创意、公司上市、科技信息、环境保护等服务领域,形成特色专业品牌,培养一些具有国内外知名的法律服务机构,带动法律服务业整体水平提升。(责任单位:区司法局、区地税局)

13. 规范服务市场,推进诚信建设。探索建立规范化管理等级评定体系,严厉查处法律服务机构和人员的违法违纪行为。坚持和完善政府行政管理与行业自律管理"两结合"的管理体制,司法行政机关要依法加强监督、指导。坚持"面向基层、服务及时、便

民利民”原则，统筹全区基层法律服务市场发展。建立公证质量考评体系，完善收入分配、目标考核等内部运行机制，规范公证机构窗口建设和窗口服务标准。建立健全法律服务诚信体系建设和奖惩信息公示制度，通过全社会的监督，保证依法诚信执业，切实提升公信力。（责任单位：区司法局、区市场监督管理局、区公安分局、区信用办）

14. 实施人才战略，提升人员素质。建立法律服务高层次人才库，把高层次法律服务人才队伍建设纳入全区人才发展规划。加大培训、培养力度，鼓励和支持优秀法律服务人员进修深造。加快实施“引进来”优惠政策，吸引高层次人才。进一步完善律师行业党建工作领导体制和责任机制，关心青年律师的政治进步，增加青年律师在党员律师队伍中的比例，充分发挥党组织在律师队伍建设中的作用。完善法律职业准入制度，积极为实习律师等初任法律服务人员的生存、发展、成才创造条件。积极开展十佳法律服务人员评选表彰等活动。司法行政机关要加大法律服务人员培训力度，不断提高法律服务从业人员的执业能力和水平。依托驻区高校法律院系，为我区法律服务人员继续教育、理论研讨、实践应用提供强有力的智力支持。（责任单位：区司法局、区委组织部、区人社局、区委政法委）

五、适应依法治区新要求，加大法律服务保障力度

15. 切实保障法律服务人员执业权利。司法机关和公安、市场监督管理、税务、规划、环保、交通、国土资源、住房和城乡建设等职能部门要认真落实相关法律规定，提供便利条件，支持法律服务人员依法执业，切实保障律师会见、阅卷、调查取证等法定权利。区法院严格按照最高人民法院有关司法警察安全检查的规则，给予代理诉讼律师应有的待遇。保证公证机构统一行使国家公证职能，进一步明确公证债权文书强制执行效力等问题。建立法律援助律师特殊执业权利保障机制，切实减免律师办理法律援助案件的相关费用。（责任单位：区司法局、区法院、区检察院、区公安分局）

16. 健全完善政府购买法律服务机制。加大对法律服务业的资金投入，将公共性法律服务列入政府采购目录，推动政府部门率先购买法律服务。司法行政机关要加快研发形成公共法律服务产品体系，建立法律服务项目编制制度。加大政府购买法律服务的力度，加强政府聘请法律顾问和购买法律服务的经费保障，包括法律服务参与信访、调解、政务大厅值班等公共法律服务的经费保障。（责任单位：区司法局、区财政局）

17. 不断构建法律服务政策扶持机制。把法律服务业纳入现代高端服务业的范畴，优先支持本区优秀律师事务所和公证处参与我区经济社会发展战略项目、区域开发、重点工程等重大事务。加大法律服务人员培训投入。建立和完善法律服务人员执业保险体系，推出符合法律服务市场现状的税收优惠便利举措。根据经济和社会发展状况和法律援助办案任务，加强法律援助业务经费保障，结合实际情况评估修订法律援助案件的补贴标准。及时调整基层法律服务业的收费标准，使基层法律服务业真正实行市场化。（责任单位：区司法局、区发改局、区财政局、区物价局、区地税局）

18. 积极推进法律服务人才选用机制。搭建参政议政平台，拓宽法律服务人才参政议政的渠道和途径，按照省市要求，积极探索从律师、公证员中选拔法官、检察官，鼓励优秀律师、公证员通过公务员录用考试等途径进入党政机关，并选派优秀律师、公证员

到政法机关挂职锻炼。广泛吸纳法律服务人才参与各级各类咨询委员会及专家委员会,建立建言献策的常态机制。适时增加法律服务人员在党代会、人大、政协中担任代表、委员的名额。推选优秀法律服务人员担任党委、人大、政府、政协的法律顾问、特邀监察员,以及人民法院、检察院特邀监督员等。(责任单位:区委组织部、区委政法委、区法院、区检察院、区司法局、区人社局)

第七章　专题性法治问题

专题一：社会管理法治化的“江宁模式”[①]

一、社会管理法治化提出的背景

此处所谓社会管理，包含了“协调社会关系、规范社会行为、解决社会问题、化解社会矛盾、促进社会公正、控制社会风险、保持社会稳定”等七大重要内容。而且我国社会管理正在发生以下几个方面的转型：一是在管理理念上，从社会控制理念向社会服务理念转型。二是在管理模式上，从封闭式管理向开放式管理转型，让更多的公众和社会组织参与到社会建设和社会管理的公共事务中来。三是在管理内容上，从单一的对社会和人的管控向民生民权保障的公共服务转型，更多地是为公民的自由与发展、权益保障以及社会矛盾的化解等方面提供服务。四是在管理体制上，从分散型管理体制向综合型管理体制转型，将多头的和交叉的社会管理体制转变为系统的综合型管理体制。五是在管理机制上，从单一约束型管理向约束与激励结合型管理转型，如积极发展和壮大社会组织，发挥他们协助政府管理社会公共事务的作用。六是在管理方法上，从应急型管理向常态型管理转型，改变那种灭火式的应急管理方式，建立科学、系统和规则的操作程序。七是在管理制度上，从政策型制度模式向法规型制度模式转型，逐步改变社会管理以政策为主法规为辅的制度建构格局，建立以法规为主体政策为调节的制度体系。所有这些变化和发展都在强烈呼唤着法治，应该说法治是社会管理创新的理性选择。

随着经济的发展和社会的进步，中国已经进入到经济社会转型、利益深刻调整、矛盾多发凸显的时期，社会管理正经受着前所未有的挑战与考验。而运用法治思维和法治方法化解社会矛盾和冲突，依法维护公众权益、解决民生问题、促进公众参与，构建法治型社会管理模式，应当成为建设中国特色社会主义社会管理体系的题中之意。从社会管理内容和创新趋势可以看出，每一项重要内容和转型环节，都内涵着法治的需求，可以说社会管理创新和发展需要法治的导航和规制，这是一种必然的运行和发展的路径，社会管理法治的理念系统、制度系统和行为系统共同构成了社会管理法治的系统性结构。

社会治理结构的变迁，需要我们转变社会管理的思维、理念和方式、方法，善于用法治思维和法治方法处理和解决社会管理的一系列问题。具体而言，在理念层面，就是要善于以法治精神把握社会管理全局，以法治思维分析社会管理现状，以法治理念检验社会管理模式，以法治价值衡量社会管理成果，以法治规律看待社会管理发展等；在制度层面，就是

---

① 该部分内容主要参考中共南京市江宁区政法委委托南京市社会科学院的研究课题《社会管理法治化“江宁模式”研究》（2013 年）的成果。

要善于以法治原则设定社会管理方向，以法治规则办理社会管理事务，以法治规范保障社会管理程序等；在行为层面，就是要善于以法治手段解决社会管理问题，以法治方法化解社会管理矛盾，以法治参与回应社会管理诉求，以法治标准评估社会管理绩效。

社会管理法治化是依托在我国建设法治政府的基础上的，从国家到地方，从党的十六大到十八届三中、四中全会，从各个角度阐述了法治建设的必要性和艰巨性。社会管理法治化进程的实质在于社会管理的民主化、以人为本、关注社会生活中公民的基本需求，是对人生存权的保障，对人发展权的支持。总体而言，社会管理法治化的要点在于：调整收入与群体结构，追求更公平的资源分配与共享；完善社会保障体系，公民社会生活有保障，这是人之所以为人的基础；加强社会组织发展和社区组织培育，增强公民的归属感，释放公民的力量，发挥群众性自治组织贴近公民生活、紧密联系公民的优势，利用在社会管理中能最切实的维护公民权益的优点，使其在社会管理过程中切实为公民利益为重，实现国家法治建设的目标；强化对弱势群体的扶助和保护，维护安全稳定的社会生活环境。

在此背景下，各地结合自身实际进行法治化建设是必然的，南京市江宁区作为南京市法治建设的样板区之一，在政治价值、经济发展和社会发展上都有重要意义，江宁区的社会管理法治建设亦是一种必然的选择。国家及其他省市和地区的社会管理法治建设为江宁区提供了很好的参照和榜样，但是，江宁区独特的发展模式，不仅仅是简单的照搬别地的发展套路，反而在借鉴的基础上吸收优秀的建设经验，并提出自身的发展模式，此种模式具有灵活的特点，对其他省市及地区的社会管理法治化建设而言具有良好的借鉴意义。这也就是为什么提出和总结社会管理法治化“江宁模式”的意义所在。

二、江宁社会管理法治的民意调查与分析

“社会管理法治的江宁模式研究”课题组在2013年9月初以“社会管理法治的江宁模式研究”为主题进行了问卷调查，共发放问卷200份，涉及东山街道城市社区1个、涉农社区1个和汤山街道城市社区1个、涉农社区1个。问卷对象选择面较广，涉及城市和农村社区，具有较强的代表性和民意基础。

调查问卷围绕南京市江宁区社会管理法治的相关性问题展开，共设计问题15项，其中问卷对象基本情况5项、具体问卷调查的相关问题10项，内容涉及对南京市江宁区社会管理法治建设的总体性认知、主体地位与价值性认知、现状的满意度及其存在问题认知以及进一步推进社会管理法治建设的具体对策建议等四个方面。通过问卷能够较为真实和准确地收集到公众对江宁区社会管理及其法治建设的评价和意见，供决策者实施社会管理创新和法治建设提供民意的反馈和咨询意见。

（一）问卷对象基本情况分析

1. 年龄（计入有效统计199份）

单位：人，%

选项	18～35周岁	36～55周岁	56周岁以上
人数	75	92	32
比例	37.7	46.2	16.1

2. 文化程度(计入有效统计 188 份)

单位:人,%

选项	初中及以下	高中	大专以上
人数	21	97	70
比例	11.2	51.6	37.2

3. 职业(计入有效统计 184 份)

单位:人,%

选项	公职人员	企业人员	事业人员	农民	个体职业者	退休人员
人数	15	53	23	43	25	25
比例	8.2	28.8	12.5	23.3	13.6	13.6

4. 年收入(计入有效统计 196 份)

单位:人,%

选项	2 万元以下	2.1 ~6.9 万元	7 万元以上
人数	25	132	39
比例	12.8	67.3	19.9

5. 户籍(计入有效统计 186 份)

单位:人,%

选项	本地户籍居民	外地户籍在本地就业人员
人数	173	13
比例	93.0	7.0

调查发现:从问卷对象的年龄来看,18 ~55 周岁的中青年是本次问卷的主体,占了问卷总数的 83.9%。从问卷对象的文化程度来看,大多数人受过良好的教育,高中及大专以上学历的问卷对象占了问卷总数的 88.8%。从问卷对象的职业来看,职业分布较广,问卷对象有公职人员、企业人员、事业人员、农民、个体职业者以及退休人员等,分别占有 8.2%、28.8%、12.5%、23.3%、13.6%、13.6% 的比例。从问卷对象的收入水平看,中低收入占了问卷总数的 80.1%,而中等以上收入者占了问卷总数的 19.9%。从问卷对象的户籍来看,本地户籍人员和外地户籍在本地就业人员各占 93% 和 7%,差距明显。

(二)问卷问题基本情况分析

问题 1:您对目前江宁区的经济和社会发展总体状况满意吗?

单位:人,%

选项	满意	较满意	不满意	说不清
人数	175	25	0	0
比例	87.5	12.5	0	0

注:本问题有效统计票为 200 份。

在回答对目前江宁区的经济和社会发展总体状况是否满意的基本判断选择问题中,选择满意的比例为87.5%,这是一个较高的比例,较满意的比例为12.5%,不满意和说不清的比例为0。这说明,南京市江宁区居民总体上对本地区的经济和社会发展状况是满意的,在某些方面还需要完善。

问题2:您对目前江宁区法治建设总体状况满意吗?

单位:人,%

选项	满意	较满意	不满意	说不清
人数	152	48	0	0
比例	76.0	24.0	0	0

注:本问题有效统计票为200份。

在回答对目前江宁区法治建设总体状况是否满意的基本状况调查中,选择满意的比例为76.0%,有2/3以上的居民对江宁区法治建设总体状况表示满意,这是一个较高的比例,说明江宁区法治建设总体状况是比较完善的。此外,选择较满意这一选项的居民比例为24.0%,接近1/3的居民认为江宁区法治建设总体状况达到了较满意的状况,这说明,江宁区的法治建设在某些方面还做得不够到位,需要江宁区法治建设部门进一步去了解并加以完善。

问题3:您认为社会管理最需要在以下哪些方面进行法治建设?(可多选)

单位:人,%

选项	民生保障	重大决策	信息公开	矛盾调处	社会组织	公众参与	网络社会	公共安全	其他
人数	116	101	67	19	10	77	39	40	2
比例	58.9	51.3	34.0	9.6	50.8	39.1	19.8	20.3	1.0

注:本问题有效统计票为197份。

社会管理最需要在以下哪些方面进行法治建设,该问题进一步对社会管理法治建设领域的8个方面进行列举式提问,统计结果显示:公众认为需要进行法治建设的方面依次为:民生保障(58.9%)、重大决策(51.3%)、社会组织(50.8%)、公众参与(39.1%)、信息公开(34.0%)、公共安全(20.3%)、网络社会(19.8%)、矛盾调处(9.6%)。其中,最需要的是重大决策、社会组织、公众参与、信息公开四个方面。这几个方面的法治建设好坏,直接关系到社会是否稳定、安全和有序,也关系到人民生活是否自由、安定和幸福,具有统摄性、关键性和纲领性的作用。这些领域较明显地凸显了公众在社会生活中对于关系到切身利益事项的参与程度,公众对于自己参与社会管理决策的制定过程有较强烈的参与意愿,不愿意被动地单纯接受决策制定的结果,希望能主动地参与到社会管理的过程中来。同时,公众对于社会管理的透明度要求也较高,需要地方政府和相关的社会管理部门公开社会管理过程中的相关信息,保障公众的知情权。

问题4:您认为社会管理目的的以下选项哪些较为重要?(可多选)

单位：人，%

选项	保障老百姓的民生权益	规范和约束政府的公共行政权力	对人进行管控	规范和优化社会公共事务的管理和服务程序	保障社会公共事务公开、公平和公正地运行	对物进行管控	其他
人数	43	123	51	89	86	0	0
比例	71.5	61.5	25.5	44.5	43	0	0

注：本问题有效统计票为200份。

该问题针对公众如何认知社会管理的目的，进一步对社会管理的六个目的选项进行了列举式提问，统计结果显示：公众认为社会管理较为重要的目的依次为：保障老百姓的民生权益（71.5%）、规范和约束政府的公共行政权力（61.5%）、规范和优化社会公共事务的管理和服务程序（44.5%）、保障社会公共事务公开、公平和公正地运行（43%）、对人进行管控（25.5%）、对物进行管控（0），问题的设计无关对错，只是内含了不同的社会管理理念和认知，但可以从问卷对象的选择中看出公众对实施社会管理法治的目的有什么样的价值取向和权益诉求。选择比例较高的是保障老百姓的民生权益以及规范和约束政府的公共行政权力、规范和优化社会公共事务的管理和服务程序、保障社会公共事务公开、公平和公正地运行，也就是说，有一大半以上的调查对象认同社会管理法治建设的目的是保障人的权利和自由、规约公权、规范程序、优化服务、公正运作的价值取向，相反，公众基本上不认同社会管理法治建设应该对人和事物进行管控（分别为25.5%和0%），这说明传统的社会管理模式需要改革和创新，更好地保障公众民生权益和约束政府的公共行政权力。

问题5：您对目前江宁区社会管理领域中哪些方面满意或比较满意？（可多选）

单位：人，%

选项	社会保障	社会救助	生态环境	社会治安	社区服务	矛盾调解	政策保障
人数	64	30	38	113	89	78	62
比例	32.5	15.2	19.3	57.4	45.2	39.6	31.5
选项	生活环境	公共服务	信息公开	社会诚信	流动人口服务	其他	
人数	63	10	8	44	57	2	
比例	3	5.1	4.1	22.3	28.9	1.0	

注：本问题有效统计票为197份。

该问题调查了公众对目前江宁区社会管理领域中哪些方面满意或比较满意，此问题共设计了12个具体明确的选项，统计结果显示公众对社会管理领域满意程度依次为：社会治安（57.4%）、社区服务（45.2%）、矛盾调解（39.6%）、社会保障（32.5%）、政策保障（31.5%）、流动人口服务（28.9%）、社会诚信（22.3%）、生态环境（19.3%）、社会救助（15.2%）、公共服务（5.1%）、信息公开（4.1%）、生活环境（3%）。

其中，在社会治安和社区服务、矛盾调解方面，是公众认为总体上来说做得较好的，说明行政部门在深入贯彻矛盾化解、保障公共安全、服务群众方面做得比较好，能让公众比较满意。但同时在社会保障和政策保障方面，选择比例相差不大，均占了被调查居民人数的1/3左右，这个比例是相对较低的，说明公众在社会保障方面还不是很满意，包括医疗、养老、就业等方面都还需要社会管理部门进行完善和提高，而且在政策的制定、实施等方面，对于公众的保障程度还有待加强。此外，调查结果显示，公众对于公共服务、信息公开、生活环境三个方面的满意程度是较差的，这三个方面与公众的日常生活息息相关，公众对于这三个方面也比较敏感，有切身的感受，公众迫切要求较高的行政透明度，较完善的公共服务，同时，行政部门应注意环境和经济的协调发展，保障居民的生活环境。

问题6：您认为目前江宁区在社会管理领域的法规和政策制度完善程度如何？

单位：人，%

选项	完善	较完善	不太完善	不完善	说不清
人数	134	46	0	0	0
比例	74.4	25.6	0	0	0

注：本问题有效统计票为180份。

此问题针对的是江宁区目前在社会管理领域内的法规和政策完善情况的评价，从数据反映的情况来看，选择完善的比例占74.4%，选择较完善比例占25.6%。表明江宁区在社会管理领域内的法规和政策完善程度基本得到当地居民的认可，接近4/5的居民选择了“完善”选项，但是我们还要看到有超过1/5的居民选择了“较完善”选项，表明江宁区在社会管理领域内，法规与政策的制定方面仍旧有尚待完善的空间。制度包括了法律法规方面的制度，也包括了政策性制度，还包括了非正式的各类社会组织的自治规则，其中既有实体性制度又有程序性制度，可以说，制度的健全和完善是社会管理法治的关键，只有制度的完善，社会管理法治才有保障。

问题7：您认为目前江宁区在社会管理领域的法规和政策制度建设中需要进一步完善和创新的有以下哪些方面？（可多选）

单位：人，%

选项	就业保障制度	住房保障制度	教育保障制度	医疗保障制度	养老保障制度	社会保险制度	城市治理制度	公共服务制度	生态环保制度	食药安全制度
人数	85	60	79	103	119	122	60	46	34	99
比例	42.7	30.2	39.7	51.8	59.8	61.3	30.2	23.1	17.1	49.7
选项	信息公开制度	决策听证制度	社区自治制度	社会诚信制度	矛盾协调制度	网络管理制度	民主参与制度	社会组织制度	其他制度	
人数	56	38	13	47	12	14	27	2	0	
比例	28.1	19.1	6.5	23.6	6.0	7.0	13.6	1.0	0	

注：本问题有效统计票为199份。

第七个问题,涉及社会管理领域的法规和政策制度建设中需要进一步完善和创新的制度,要求填写问卷的居民勾选出自己认为最需要完善和创新的方面。社会管理法治的内容涉及面广量大,根据社会管理的主要内容,本问题归纳了 18 项制度建设内容供问卷对象选择,根据统计,排位依次为社会保险制度(61.3%)、养老保障制度(59.8%)、医疗保障制度(51.8%)、食药安全制度(49.7%)、就业保障制度(42.7%)、教育保障制度(39.7%)、住房保障制度(30.2%)、城市治理制度(30.2%)、信息公开制度(28.1%)、社会诚信制度(23.6%)、公开服务制度(23.1%)、决策听证制度(19.1%)、生态环保制度(17.1%)、民生参与制度(13.6%)、网络管理制度(7.0%)、社区自治制度(6.5%)、矛盾协调制度(6.0%)、社会组织制度(1.0%)。从排序结果来看,位于前几位的分别是社会保险制度、养老保障制度、医疗保障制度、食药安全制度、就业保障制度和教育保障制度,可以看出这几个方面都与群众的切身利益密切相关,都是属于民生保障制度建设范畴,可以说,当下我国进行社会管理创新和社会管理法治的最重要的目的就是要解决民生问题,这是所有制度建设的重中之重。

问题 8:您个人办理有关民生事务(如社保、养老、医疗、救助、教育、计生等服务群众的个人事务)方面的感觉如何?(可多选)

单位:人,%

选项 1	办事规则公平	办事规则较公平	办事规则不公平	其他
人数	112	44	2	0
比例	56.6	22.2	1.0	0
选项 2	办事程序规范	办事程序较规范	办事程序不规范	其他
人数	124	46	4	0
比例	62.6	23.2	2.0	0
选项 3	办事信息公开	办事信息较公开	办事信息不公开	其他
人数	107	48	1	0
比例	54.0	24.2	0.5	0

注:本问题有效统计票为 198 份。

第八个问题,涉及公众办理个人有关民生事务的感觉反馈,其中认为办事规则公平的占 56.6%,认为办事程序规范的占 62.6%,认为办事信息公开的占 54.0%,反映了政府服务公众的能力还有待提升。新形势下,不断加强行政环境建设、规范办事程序、创新服务手段,提高办事效率和质量,增强服务意识非常重要;推行公共企事业单位办事公开,是贯彻落实科学发展观的必然要求,是加快行政管理体制改革,加强部门和行业作风建设,建设服务型政府的客观需要。同样也是建设法治政府的客观需要。

问题 9:您所在社区在公共事务的民主参与和自治管理完善程度如何?(可多选)

单位:人,%

选项1	制度和规则完善	制度和规则较完善	制度和规则不完善	其他
人数	119	46	2	4
比例	60.1	23.2	1.0	2.0
选项2	民主参与程度高	民主参与程度较高	民主参与程度不高	其他
人数	131	46	4	4
比例	66.2	23.2	2.0	2.0
选项3	自治管理程度高	自治管理程度较高	自治管理程度不高	其他
人数	118	45	3	4
比例	60.0	22.7	1.5	2.0

注:本问题有效统计票为198份。

第九个问题,涉及本社区居民对公共事务的民主参与完善程度和自治管理完善程度的感受反馈。调查显示,认为制度和规则完善,民主参与程度高,自治管理程度完善的,均达到了60%以上,占3/5;认为制度和规则较完善,民主参与程度较高,自治管理程度较高的分别占23.2%、23.2%、22.7%;认为制度和规则不完善,民主参与程度不高,自治管理程度不高的分别占1.0%、2.0%、2.0%。说明该社区的大部分公民都有参与到社会管理法治中来的意识,公共事务的民主化与公共事务自治管理工作得到大部分居民的认可。

公民参与的作用和影响取决于两个关键点,首先是信息的公开化程度如何,其次是公民参与范围和程度如何。我们从近几年公民参与的实践来看,公民参与的主要作用体现在几个方面:制约公权力的不当扩张、行使和滥用,维护公共利益,维护公民自身合法权益。这一实践的结果与学者的研究基本吻合,体现出公民参与实践与理论研究的价值契合,但是公民参与作用的发挥将随着公民参与的逐步深入产生质的变化,这种变化也有可能产生利益集团或压力集团对公共政策的影响,群体利益诉求替代公共利益和社会利益的价值取向,这是公民参与作用需要研究的问题。

三、江宁区社会管理法治的绩效与经验

南京市江宁区在全国开展社会管理创新工作大背景下,率先推进社会管理法治化建设,探索具有江宁特色的社会管理创新之路,得到省市充分肯定,也为全市全省乃至全国全面进行社会治理法治化建设提供了有益的实践和经验。

江宁区社会管理法治建设经过近两年的实践创新,在协调社会关系、规范社会行为、解决社会问题、化解社会矛盾、促进社会公正、控制社会风险、保持社会稳定等方面,取得了丰硕的成果,进一步维护和促进了江宁经济、社会和文化的大繁荣和大发展。江宁区社会管理法治化的绩效与经验可以从八个方面加以总结和概括。

(一)顶层设计——构建江宁全面发展新目标

南京市江宁区委区政府全面落实江苏省委《关于深化法治江苏建设的意见》和南京市委《关于实施法治建设工程的意见》精神,率先在全市全省乃至全国对区域社会管理

法治化进行全面部署和实践,并首次提出了“高位谋划　高位推进　率先构建‘社会管理法治化先导区’”的战略思路和目标,进行了一系列旨在强势推进社会管理法治化的战略部署。努力实现社会管理法治化理念、法治化制度、法治化手段、法治化实践、法治化水平“五个领先”。以社会主义法治理念为导向,率先探索完善与现代法治相契合的社会管理新理念,社会管理法治化理念居于领先;以制度创新为导向,率先探索完善与社会转型和利益调整趋势相适应的社会管理法治化的制度体系,社会管理法治化制度居于领先;以落实执行力为导向,率先探索完善与创新社会管理多元化推进机制相协调的工作机制,社会管理法治化手段居于领先;以尊重群众首创精神为导向,率先探索完善与平等和公平正义的价值追求相一致的服务管理模式,社会管理法治化实践居于领先;以绩效管理为导向,率先探索完善与江宁争创社会管理法治化先导区相配套的考核体系,社会管理法治化水平居于领先。

从2012年起,该区首先从顶层设计层面拉开了江宁区社会管理法治建设的序幕,先后出台了区级层面推进社会管理法治建设的三大制度性文件:一是区委区政府制定出台了《江宁区推进社会管理法治化实施意见》的纲领性文件,确立了“构建社会管理法治化先导区”的奋斗目标;二是江宁区依法治区领导小组办公室制定出台了《江宁区社会管理法治化工作项目化管理实施办法》的操作性文件,进一步落实该区社会管理法治的绩效管理水平;三是江宁区依法治区领导小组办公室制定出台了《江宁区社会管理法治化绩效评估指标体系》的评价性文件,为全面扎实推进社会管理法治建设工作目标任务的落实提供了绩效评价标准。这三大社会管理法治建设的顶层制度设计,为该区用法治理念与思维、法治手段与方法来有序推进社会管理创新,提供了制度规范和行为准则。

(二)制度先行——构建江宁有序发展新规范

近年来,江宁区作为基层一级政府,在涉及社会管理制度化建设方面,重点在行政决策、行政执法、民生保障、公共服务以及社区自治等领域,就先后出台了近百个规范性文件和政策制度规定。一是行政决策类制度建设,如《南京市江宁区人民政府工作规则》《江宁区政府重大决策程序规则》《南京市江宁区规范性文件制定和备案管理办法》等,体现的是程序性制度的公开性、民主性和法定性。二是行政执法类制度建设,如《南京市江宁区行政许可实施程序规定》《南京市江宁区行政许可听证程序规定》《南京市江宁区区级行政执法机关依法行政考核试行办法》《南京市江宁区重大行政处罚备案暂行规定》《南京市江宁区重大行政复议和行政诉讼案件报告制度》等,体现了依法行政。三是民生保障类制度建设,如《江宁区城乡居民社会养老保险办法》《江宁区被征地人员社会保障实施细则》《江宁区失地人员社会保障暂行办法》《南京市江宁区新型合作医疗管理办法》《南京市江宁区征地拆迁补偿安置办法》等。四是公共服务类制度建设,如《江宁区社区公共服务中心建设管理办法(试行)》等。五是基层自治类制度建设,如《社区居民自治章程》《社区计划生育居民自治章程》等社区自治规则等最基层的制度规范。

这些社会管理的规范性文件和制度的颁布实施已经从以往大而化之的原则性规定

向精细化、专业化、定向化和可操作化的方向完善和发展，大大提高了制度规范的覆盖性、确定性和可实现性，营造了在具体规则面前人人平等的制度环境。体现了民生保障、权益保障、发展保障和公众参与的良法善治理念。

（三）多元共治——供给江宁和谐发展新动力

江宁区社会管理法治化的第一个亮点是多元共治，这一法治格局和环境的形成奠定了江宁和谐发展的坚实基础。具体体现如下。

一是形成共治格局。该区的社会管理参与主体已经从单一政府主导向党委领导、政府负责、社会协同、公众参与的多元社会治理格局演进，以规则和制度保障其和谐共赢，并着重发挥各类社会组织在社会管理法治中的功能，如该区放宽社会组织登记条件，公益慈善类、社会福利类、社会服务类等三类社会组织可开展直接登记注册，这意味着，大量草根社会组织不再需要所在行业业务主管部门的前置审批，直接到民政部门注册就能获得合法身份。2015 年该区的这三类社会组织新增 445 家，增长率达 139%，总数已达 764 家，预计 2015 年将突破 1500 家。该区在社区建设和管理方面充分发挥社区自治管理的能力，坚持社区居民三权并举，充分保障他们参与社区自治和管理的选举权、决策权和监督权行使。

二是建立吸纳机制。将体制外的资源吸纳到体制内进行整合和释放，实现各类自治主体参与的有序化和规则化，如该区投入 90 万元公益创投资金，通过购买服务的形式，培育发展社会组织，政府逐步向社会组织转移更多公共服务职能，为社会管理的多元共治提供体制外的动能。该区已有 12 个项目已经被确定为市级公益创投项目，另外，积极吸纳区外品牌性、专业性和功能性社会组织进入区内发展，政府给予支持，释放区内公共服务的潜力和能量。

三是建立嵌入机制。积极探索将体制内的资源嵌入社会自治领域，实现自治中共治元素的和谐整合，如该区发挥社区和社会组织中党员、干部等社会精英融入其中参与治理的作用。

（四）系统集成——打造江宁科学发展新平台

江宁区社会管理法治化的第二个亮点是系统集成，构建了多视角、宽领域、专业化、信息化和广覆盖的服务民生保障民权的集成系统。具体表现如下。

一是纵向联动系统构建。该区形成了以区社会管理服务中心为枢纽、街道政法综治中心为支撑、社区公共服务中心为基础的社会管理三级平台系统，着力构建“统筹协调扁平化、服务管理网格化、工作手段信息化”和“上下贯通、部门联动、责任共担”的社会管理服务新格局。充分发挥了区级枢纽平台、街道实战平台、社区基础平台在社会管理法治运行中的联动功能。

二是横向联动资源集成。无论是纵向的区、街道和社区的联动平台，还是各类专项的公共服务平台，都可以将各个层面、各个部门的社会管理服务资源吸纳和整合进来，为群众提供多元的社会管理软硬件服务，如区社会管理服务中心入驻部门分常驻单位和联动单位，区综治办部分、流管办、维稳办、大调解中心、社区矫正中心、安置帮教中心、法律援助中心、区委 610 办、疑难信访问题化解智囊团等为常驻单位整体入驻，其他综治委成员单位为中心联动单位,明确联络员作为中心成员。

三是专项联动平台打造。该区建立的南京市首个区级司法行政法律服务中心已经成为法律一站式专项服务的实体。该区建立的社会组织孵化中心,为社会组织的培育和发展搭建了公共服务平台,广泛开展社会组织公益创投以及政府购买公共服务等社会化运作,使得社会组织能够在法治的框架内有序、规范的成长、运行和发展。该区建立的社会矛盾纠纷调处服务中心,形成了区、街道、社区和居(村)民小组四级调处网络,着力打造集信息化、动态化、实战化、全覆盖的纠纷排查调处工作体系。该区建立的法律援助中心,充分发挥基层法律援助工作在服务民生、保障权益和普法教育中的重要作用。该区建立的紫金(江宁)科技创新特别社区,将社会管理和公共服务嵌入区域内科技创新领域,为科技创新、科技人才和科技环境提供公共服务,体现集约化、专业化、规范化、信息化、社区化和国际化的服务水准。

四是系统联动整合推进。比如该区的"1 +3"基层组织建设发展模式,形成了以一个基层党支部、三个基层合作组织(农家乐专业合作社、行业协会、旅游服务组织)为核心的美丽乡村建设一体化整合推进机制;再如该区的"1 +2 +3 + X"社会组织培育发展模式,形成了以一家区社会组织孵化中心、两个区社会组织党建组织、三家高校社会工作服务社、若干城乡社区各类社区社会组织资源为核心的一体化整合推进机制。

(五)长效治理——夯实江宁持续发展新基础

江宁社会管理法治化的第三个亮点是长效治理,将法治思维和理念、法治手段和方法、法治行为和绩效贯穿于社会管理各个领域,走出了一条以应急治理和应对治理为辅,以常态治理、基础治理和综合治理为主的长效治理发展模式。具体表现如下。

一是队伍建设方面,推进了社会管理主体法治化。一方面,通过开展主题教育和业务培训,树立社会主义法治理念,提升队伍的业务素质和法治化水平;另一方面,健全完善各项工作考评体系,推进队伍建设的制度化和规范化。

二是载体建设方面,推进了公共服务平台法治化。不断提升"司法行政法律服务中心"实体化运作水平,充分发掘基层法律援助工作站在服务民生和普法教育中的重要作用,寓社会管理与服务群众之中,努力构建覆盖全面、及时有效、群众满意的服务平台体系。

三是制度建设方面,推进了服务民生体系法治化。以法治建设服务经济发展、服务民生需要为导向,不断完善大调解制度、法律援助制度、公证办理制度、重点人员管理制度等各项工作制度,不断探索完善与社会转型和利益调整趋势相适应的社会管理法治化的制度体系。

四是文化建设方面,推进了整体社会氛围法治化。以民主法治示范村(社区)创建以及"六五"普法品牌建设等活动为抓手,深入推进法治文化建设工作,在全社会营造良好的法治文化氛围和环境。

五是教育建设方面,推进了公众行为规范法治化。既普及具体的法律、法规条文教育,更普及法治观念、法治精神和法治行为的培育。构建起政府与群众之间法律互动通道,提高广大群众学法、遵法、守法、护法、督法意识,形成全社会依法办事、依法行事的良好氛围。

六是综治建设方面，推进了平安江宁创建法治化。充分发挥“大调解”“大维稳”和“大防控”的机制和作用，如该区建立了“公调对接”“检调对接”“诉调对接”“劳调对接”和“访调对接”五大社会矛盾和纠纷调处机制，构建了多元化解社会矛盾体系，丰富了社会管理法治的手段和方法。

（六）成果惠民——找准江宁率先发展新定位

江宁社会管理法治化的第四个亮点是成果惠民，将全区经济、社会和文化发展的成果惠及全区人民，以为民办实事、办好事、办满意事为社会管理创新的出发点和最终目标，着力增强社会管理法治建设的普惠性。具体表现如下。

一是法治建设惠民化。更加注重从制度层面解决民生问题，重点将改善民生的一系列政策措施，逐步加以规范化、制度化，上升为公共政策，形成稳定长效的制度性安排，让人民群众切实享受到法治建设的实际成果，推动政府执政要求与百姓生活需求的有机结合。并提出了改善民生的政策制度，全区消除城乡零就业家庭，消除日均生活费1美元以下贫困人口，消除城镇无医疗、养老、失业保险的人员，基本实现了“学有所教、劳有所得、病有所医、老有所养、住有所居”目标。

二是政策制度惠民化。该区以优惠政策制度吸引各类人才到区域内创新创业就业，建立了市场导向就业和政府援助就业的双向就业机制。关系民生保障的政策制度出台首先考虑的是否有利于城乡弱势群体的生存和发展，坚持扶持和促进企业失业人员、失地农民、新生劳动力和农村富余劳动力实现创业、就业和再就业以及生活基本保障。例如，该区出台的鼓励就业促进就业工作实施意见、大学生创业扶持政策实施细则、被征地人员社会保障实施细则、失地人员社会保障暂行办法、城乡居民养老保险办法等一批保民生护民益的惠民政策制度，全面建立了覆盖城乡各类人员的社会保障良性运行机制。

三是发展成果惠民化。该区将18万征地失地人员和20万城乡居民纳入社会保障体系，实现了全区社会保障100%全覆盖，人人参加社会保障，人人享有社会保障，目前为止，全区参保人数达90万人，全年征收各项社保费51亿元，发放21亿元，累计结余社保基金114亿元。全区企业退休人员每月平均领取养老金2230元，征地失地人员每月生活费410元，居民养老每月人均270元，失业人员每月失业金1480元，均高于全市水平；职工医疗费用个人支付比例在18%以下，低于全市水平；有力地凸显出该区经济社会发展成果惠民的实力和实效。

四是阳光操作惠民化。该区在社会管理领域，所有政策制度信息都是公开的，所有办事的实体制度和程序制度都在阳光下运作。例如，该区的阳光征迁行动，坚持公平、公正、公开，依法、规范、阳光操作，“一把尺子量到底”，全面引入跟踪审计制度、拆迁公示制度、先签协议先选房制度等，使征迁工作得以顺利推行，百姓居住环境和质量进一步优化，城市形象有了显著提升，人民群众乐享品质生活。

五是矛盾化解惠民化。该区面对群众的切身利益和诉求，以法治的思维和人本的理念来看待矛盾和问题，积极探索矛盾纠纷化解的法治手段和方法，建立起了社会矛盾纠纷三大柔性化解保障机制，及时应对和化解群众的利益诉求和矛盾纠纷，维护和保障了群众的合法权益。例如，该区首创了“大调解”非涉诉矛盾纠纷柔性化解综治保障机制，三年来全区受理群众纠纷 30789 件，调解成功 30211 件，成功率超过 99%；其中，医患纠纷调解成功 302 件，成功率也超过 99%。2012 年，大调解“江宁模式”的“四个率先”被推广到了全市。率先在全省建立健全大调解机制，率先在全省建立了社区矫正局，率先在全国建立基层法律援助工作站，率先在全省实现司法所垂直管理。不仅在全区营造了良好的法治环境，彰显公平正义，也形成了维护社会稳定的“第一道防线”。该区建立了“办事与结案对接”利益诉求柔性化解信访保障机制，集中精力排查信访突出问题，对排查出的问题进行再梳理、再分析，特别是在提高领导信访接待效果上下功夫，把领导干部接访的重点定位在“事要解决”上，努力实现“案结事了”，认真听取群众反映的各种利益诉求，真心解决群众关心的热点难点问题，争取群众的理解和支持，积极进行形式多样、富有成效的政策法规释疑解难工作，引导群众依法理性表达合理诉求。该区建立了“劳动争议快速回应”劳资纠纷柔性化解劳动保障机制，对突发群体性劳资纠纷及时联络街道政法、劳动监察、司法等部门，启动劳动监察网格联动应急机制，采取简易快速的劳动争议解决程序，有效预防了纠纷激化或转化为群体性事件或刑事案件。该区构建了“庭所共建”涉诉矛盾纠纷柔性化解司法保障机制，有效发挥了司法调解在社会管理法治建设中底线保障功能，该区司法部门在 2014 年 1 月至 4 月受理的 1476 件矛盾纠纷案件，调解成功 1447 件，有效率达 98.04%。

（七）公众参与——拓宽江宁民主发展新途径

江宁社会管理法治化的第五个亮点是公众参与，以社会管理法治的群众满意度为导向，始终将公众参与社会管理法治作为江宁社会建设的一个重要手段和途径。具体表现如下。

一是网络平台参与。该区全面启动了三大法治网络互动平台——法治微博、博客、微信，公众可以在这样一个公共网络参与平台上进行政社互动协商、维权经验交流、法治讯息获取、法治文化传播等公众互动活动。

二是群防群治协同。充分发挥老干部、老军人、老教师、老党员、老模范等“五老”人员的政治优势，组建以“五老”人员为主体的帮扶队伍，形成了刑释解教人员、社区矫正对象、社区戒毒人员的帮教，网吧及文化市场的监督，农村留守儿童的辅导和社区矛盾调解等社会管理群众性组织，形成社会管理群防群治格局，积极预防矛盾升级和特殊人群违法犯罪。

三是社区民主自治。该区以创建民主法治示范村为契机，不断完善村级事务的管理机制，以民主法治建设和社会管理创新共同发展为引领，大力开展全民普法教育和民主自治规范养成。例如，该区清修社区，以落实民主自治管理为重点，不断完善民主选举、民主决策、民主管理、民主监督和村务、财务公开制度，大力提升民主自治能力，使村民在实践中不断提高自我管理、自我教育、自我服务、自我监督的能力。

四是民主权益保障。该区以创建“全国村务公开民主管理示范区”为目标，以规范内容、完善程序为重点，以健全机制、长效管理为主线，以保障群众的根本利益为出发点和落脚点，大力推进村务公开民主管理的制度化、程序化、信息化，切实保障广大群众的选举权、决策权和监督权，着力构建村党组织领导的充满活力的村民自治机制。该区还制定出台《关于公民旁听人大常委会会议的暂行办法》，扩大公民有序政治参与，几年来先后有上百名普通市民申请应邀旁听人大常委会会议。

（八）绩效评估——创新江宁效益发展新手段

2012 年以来，江宁区委区政府根据《南京市法治建设绩效管理办法》制定出台了《江宁区法治建设绩效管理办法》和《江宁区法治建设绩效评估指标体系》，并以社会管理法治化为重点制定出台了《江宁区社会管理法治化工作项目化管理实施办法》《江宁区社会管理法治化绩效评估指标体系》。而且还结合自身实际制定了江宁区村居分类考核实施办法（试行）及其村居分类考核指标体系以及江宁区幸福都市工作目标年度指标体系。江宁区的这些社会管理法治的项目化推进办法和绩效评价体系，创新性地构建了社会管理法治化的推进系统，为区域社会管理创新的绩效提供了制度性规范和衡量标准。

一是以项目推进为主导。该区在社会管理法治化工作项目化实施方面共确定了 24 个部门 39 项社会管理法治化项目，各责任部门相应制定了项目实施方案，对社会管理法治化实行项目化推进，探索建立一套科学的社会管理法治化工作项目规划、项目管理、项目实施和项目评估的制度机制，目的旨在通过持续不断地实施社会管理法治化项目，着力解决社会关注和群众关心的热点和难点问题，不断提升全区社会管理创新能力，实现社会管理法治化水平的领先率先。

二是以绩效评价为杠杆。该区制定的社会管理法治化绩效评价体系分为社会管理制度法治化、民生民权保障法治化、社会纠纷解决法治化、安全稳定维护法治化、公民社会培育法治化、特殊人群管理法治化、虚拟社会管理法治化和社会管理队伍法治化 8 个一级指标和 46 个二级指标，在全面扎实推进社会管理法治化改造目标任务落实的基础上，体现出该区在社会管理法治建设领域实施绩效管理和责任管理的创新手段和方法。另外，该区制定的村居分类考核指标体系分为农村型、城镇型和过渡型三大类共 85 项考核指标，内容涵盖了社会管理的各个领域，强化了分类指导，鼓励了差别竞争，推进了社区管理，促进了城乡发展。

这些项目推进、绩效评价和考核指标体系的制定和实施，突出了社会管理领域各项工作落实、评价和考核的专业化、精细化和规范化特征，突出体现了江宁区在社会管理主体、对象和内容等方面，权利与义务、权力与责任、约束与激励相平衡的法治思维和理念。

四、进一步提升江宁区社会管理法治化水平的战略思考与建议

南京市江宁区的社会管理法治化步伐迈得既早且实，早在 2012 年上半年，该区即制定出台了《江宁区推进社会管理法治化实施意见》，确立了“构建社会管理法治化先导区”奋斗目标。该区所推行的项目化运作方式，对推进社会管理法治化有极大适应性，但社会管理法治化是一个永无止境，不断走向更优的历程。党的十八届三中全会对政府的社会治理方式提出了新的要求，为了落实全会精神，为了更大力度、更高水平地实现社会管理法治化目标,特提出未来进一步提升江宁社会管理法治化水平的若干战略思考与建议。

(一)从管理向治理的转型,提高顶层设计的整体性

这是一个全局与局部、战术与战略的问题。社会治理是一个系统工程,而且当下更多地是强调其扁平化治理的特征,“管理”则表现为一种上对下的单向性特征,因此可以说“管理”是“治理”的一个面相。社会管理的法治化是“依法治国,建设社会主义法治国家”宪法规定的具体落实。政府在社会管理法治化过程中,在更进一步的管理执行环节,采用“网格化管理”“项目化运作”等都是极具推动力,且很有创意的策略。同时,网格最后终归需牵于一体,且管理者在一体之内也需要互相融通,而不是画地为牢、阡陌不交错;以职能部门为主开展的项目式探究则必须服务全局,而不是各自为政。当在社会管理法治化发展初期通过各种创新措施将这种管理社会的理念、模式等进行了一定的宣传、试验,并积累了一定经验后,即应当认真论证,以求去伪存真、精益求精。这时应从局部的、特殊的战术层面向全局的、普遍意义的战略层面转化。

在这一转化的过程中,要坚持宪法的基本原则,要特别考虑到我国单一制的国家结构特点,一是要注意与中央最新精神的末梢对接,只有这样才能保证作为国家局部的管理机制对国家整体治理机制的促进与配合。二是要注意对地方特殊性的问题要特殊对待,基层管理者需在中央精神的指导下进行能动解决。如此既保证了全局的和谐共赢,又能解决地方的特殊问题。唯此,地方政府的社会管理法治化工作才能达到即使“身在此山中”亦知“庐山真面目”的境界,才能最终实现社会治理的终极目标。从管理手段来说,多元与柔性管理将是一个趋势,政府一元的硬性管理机制的适用范围将会随着社会结构的变迁和发展大大缩小。为此特建议如下:

一是在社会管理法治的理念方面,要进一步从社会管理向社会治理的转型,逐步从自上而下的行政管理向多元平等主体共治转化,逐步从管制向服务转化,逐步从要求向协商转化,逐步从应急向常态转化,逐步从约束向激励转化,逐步从消极应对向积极回应转化,逐步从政府自为向公众共为转化。

二是在社会管理法治的主体方面,要为政府治理、社会自调和居民自治提供制度环境,进一步实现政府治理和社会自调、居民自治三方良性互动的局面。

三是在社会管理法治的制度方面,要有整体性和系统性的社会管理法治区域性顶层设计,从社会管理法治的制度设计、决策出台、组织实施、责任落实、监督检查、绩效评估等环节,全面规范社会管理的主体行为、范围对象和具体内容。

(二)从物本向人本的转型,提高个体发展的主体性

随着我国经济的飞速发展,我国的社会、文化等各方面的发展水平已经远不同于计划经济时代,特别是发展速度更快,经济水平更优的地区,其社会管理不能再只是追求政治稳定、经济繁荣、物质丰富等单一指标。社会管理水平高低的评价标准开始多元与综合,特别是对基层政府来说其政治、经济等决策的能动空间相对较小,更多的管理内容是关涉文化、社会、生态文明等精神和价值诉求层面,以及直面普通公民的生老病死、衣食住行、柴米油盐、就业上学等生存和发展层面。就江宁等地而言,基本的生存问题

已经不再是问题,那么单纯的物质方面的社会管理法治化探索就不应再是一种主要任务,当然并不是说这些工作不重要,而是多年的管理推动,这方面的工作已经形成了制度或惯例。对这种成型的制度或惯例,我们就可以说这方面的管理工作已经实现了法治,而不再是"化"的追求,我们需要做的只是坚持与微调,比如最低生活保障、最低工资标准的上调等。

城市或城镇的现代化发展道路不能仅仅停留在物质层面的满足,如日益丰富的物质生活保障和各种社会管理的公共服务设施,我们的社会管理的创新和法治建设应该有一个质的飞跃,那就是从物本层面向人本层面转化,不能再只关注社会主体的物质需要,而要关注其精神、心理、文化等方面的价值需求。古有言曰"饱暖思淫欲",反映的是一种主体的心理变动趋向,即一旦物质层面的需求得到满足,极有可能思虑其他。此时政府必须对社会主体的这种心理转向通过教育投入、文化供给等方式进行引导,不能让其"思淫欲",而应引导其向健康的、合法的、符合社会主义道德观的路径上走。

如何引导将是政府需要认真思考的问题,在我们看来,突出个体的主体性是最为重要的。主体是一种独立的形象,是一种人之为人的资格,也是每一个正常人的正当诉求。在新时期,政府当然依然是社会管理的主导力量,但政府应将这种主导的主体形象尽可能做到隐形,应通过制度化的方式保证公民主体形象的凸显,让每一个公民都有一种主体的在场感或者称为荣耀,唯此,社会所呈现的状态才是有活力并且和谐的。建议如下:

一是在江宁区基本解决群众生存权问题的物质条件下,更多地需要考虑区域内群众的发展权问题,在社会管理领域继续提高物质生活质量的同时,更加重视和满足人的自身发展需要,如精神需求、文化需求、政治需求等更高层次的利益需要。

二是根据江宁现有的经济、社会和文化发展条件,在社会管理领域继续保障民生和服务民生的前提下,可以考虑公民的发展权利保障问题,如经济发展权利、社会发展权利、政治发展权利与文化发展权利如何保障的问题,进一步提升社会管理法治的质量和层次。

三是江宁率先现代化具有许多优势条件,人的现代化是一切现代化的关键和实质,要不断满足公众对公共服务的需求,可以考虑在社会管理领域进一步推进基本公共服务均等化,并不断提高非基本公共服务的供给能力。

(三)从官本向民本的转型,提高社会公众的参与性

随着社会结构的变迁,社会多元共治的格局正在逐步形成,社会治理需要形成以政府为主导,各种社会主体参与的社会治理结构模式,政府在社会管理中的职能应该是营造法治环境、构建公共平台、提供行为规则,创造一个以民为本位的社会管理法治氛围,凸显公民的社会主体性,充分发挥各类社会主体参与社会管理的热情和主动性,进一步推动社会自治。但这一提法并不是否定政府的作用,不是社会管理民本对政府官本的替代,而是要从以往以政府为主,包管天下所有事务的无限政府藩篱中抽身出来,将社会自身的事务转交给市场或社会主体去经营和治理,这就是转型的含义,他是一种社会治理向更高境界的完善和提升。事实上这对政府的社会管理水平提出了更高的要求,

要求政府在不能缺位的情况下，为公众的社会主体地位提供自治空间与制度保障。

换言之，推动社会管理的社会多元主体治理是政府主导下的一种新型治理模式追求。政府对社会的管理职责没有丝毫缩减，但方式方法和空间都要有所变动。政府要寓管理至服务之中，树立公众为本的社会管理理念，推动和促成社会公众的参与意识，尊重和保障社会公众的参与权，努力实现从管制型的社会管理向服务型的社会管理转变。比如一项事关民生的政策制定，那种政府部分关起门来，拍脑袋就出台的模式已经被证明是不符合现代行政的法治化要求的，因为与公众利益相关的政策制定应有公众参与是基本的国家治理伦理。那么次之的模式，即政府主导、定调，邀请公众旁听、提意见和建议，是否就最佳模式呢？事实上也有不到位之处，比如这种模式下，被邀请者的范围、素质、代表性等都是值得商榷的。较好的模式则是政府通过各种公共舆论平台，发现政策制定之契机与需求，然后引导和推动公众去正确参与，最后形成既有良好管理效能，又能服务公众生活的制度。

这对政府工作人员事实上提出了更高的要求，哈贝马斯对公众舆论的基本特征所做的判断是，它必须是公众的、必须是理性的和批判的。管理者必须克服自身的认识局限和心理障碍，认识哪些是个体式的情绪性无理表达、或者群体性的有目的非法诉求；需要识别出那种一片大好、普遍拥护赞成、凡事都有一致性意见背后所蕴含的虚假、漠视、不作为等社会情绪，甚至这种社会情绪背后所掩盖的社会危机；能从繁多的舆论信息中最佳地把握社会公众的参与意愿，并且设计出让社会公众的实现参与诉求的最佳时机和路径。

这种新的历史际遇下的管理条件，决定了习惯官本层面运行程序的政府工作人员需要转化的不只是程序运行模式，更重要的是理念的更新。群众的眼睛是雪亮的，在现代文明熏陶下的社会公众认知水平更有了大幅度提高，一旦发现管理者“挂羊头卖狗肉”“新瓶装旧酒”，一部分公众会将这种被愚弄的感觉具象化，放诸网络等舆论平台，这对更广大公众的参与热情，以及良好的官民关系会形成更大的冲击，当然也就会影响到社会管理法治化的水平。建议如下：

一是构建和完善社会管理领域公共决策和政策调整的反映民意和回应民意的公共平台，加强政府层面对社会管理重要公共决策和政策调整的民意吸纳与回应机制建设，营造社会管理公共政策的公众参与氛围和环境，打造公众参与社会管理公共决策的渠道和机制。

二是制定政府社会管理公共决策和政策调整公众参与的实体性和程序性制度规则，保障公众参与社会管理公共决策和政策调整的质量和成效。

三是强化对政府社会管理公共决策和政策调整公众参与质量和成效的评估，衡量和评价政府尊重民意、吸纳民意和回应民意的程度和状况，进一步构建社会管理领域政府与民众互动、互信的良性政群关系。

（四）从政策向规则的转型，提高管理行为的约束性

在我国，“法律”是一个成体系且有特殊内涵的一个术语，从广义上讲最高层次的法律是宪法和全国人大与全国人大常委会制定的法律，最低层次的法律一般是指省、自治

区的人民政府所在地的市,经济特区所在地的市和经国务院批准的较大的市等三类较大的市人民政府所制定的规章。规章之下再无可称为是法律的规范性文件。并且因为规章是由行政机关所制定,作为司法裁判机关的法院也可以并不必然依照其裁判。正因为此即使是中共中央的政策性决定,也一定会通过法律的方式进行制度性转化,才可以全面地推行至社会治理工作中。那么作为基层人民政府,长期的治理实践中,政府机关习惯出台各种的红头文件,在法律上这些文件至多算作"一般规范性文件",对社会的约束力较低,特别是当与上位法律冲突的话,这种规范本身以及由其保护的行为都是非法治的。社会管理的法治化要求包括政府在内的各种社会主体,都要遵守国家整体法律体系和行政运作体系。而对各级各类的党的机构来说,其行事规则除了要遵守宪法、法律,还要受党纲党章的约束,这是政党制度的内在伦理,而服从一定是党的治理的必有之意。因此对于基层党的领导机构来说,我以为最重要的是服从和落实中共中央的安排,又因为执政党的很多政策在顶层已然经过了制度性的转换,成为了法律,对于基层来说致力于执行法律或者推动细化法律就成为最为重要的任务,而绝不是生成政策。

执行法律也可以形成文件,但此文件与生成政策的文件是不同的,一种法律的细化或执行方案,因为其有一个上层的法律作为一种稳定的制约外罩,这种文件或方案万变不可能严重侵害法律所拟保护的利益,但政策的随机与灵活性却有可能突破法的约束。因此作为国家治理工程的最基层政府,其工作的重心不应放在动辄产出新制度新政策,而应放在创新执行、落实法律规定的举措上,具体职能部门则应以全面、优质履行法定职能为重点,而不是其他。简言之,即重心在"做"而不在"说"。

当国家的基层管理主体致力于"做"上时,需要关注的主要是二点,一是管理行为的规范运作,只有依法为之的行为才是受法律保护与肯定的,那种让法律受损的政府创新要尽可能避免。当基层政权将工作重心放在执行法律上时,依法行政是行政机关的应有之意,公正裁判是司法机关的应有之意,而立法冲动则要坚决克制。二是对政府各职能部门的工作评价应看职能履行的结果,而不是宣传与解释。那些做得好说得也好的应鼓励,但做得好说得不好的也不应批评,对那些说得好做得差的则应否定。因此社会管理的评价体系也是一个可以开展研究的命题。比如是否为政府拆迁提供了大力支持,就不应成为判断法院工作优劣的标准,而有多少篇信息被报纸采用也不应成为对政府职能部门工作业绩的评价标准等。建议如下:

一是充分运用国家、省市关于社会管理创新和法治建设的上位法律法规以及重大政策的规定,结合江宁地方实际需要,完善一系列社会管理的区域性规则,将地方社会管理事务纳入法治领域进行统一治理,形成一切按法办事、按规则办事环境和氛围。

二是在社会管理领域要逐步形成将大量非规则化和非平等性的政策制度转化为规则化和平等性的合意性规则的机制和环境,虽然区一级政府不具有地方性法规和政府规章的制定权,但可以尽量多出台一些具有法规性质的区域性规则,强化社会管理事务调整的权利与义务、权力与责任的激励性和约束性。

三是强化江宁区社区自治层面在社会管理领域的自治规则的制定和运用，将社会管理法治化建设下沉至最基层的社区，完善社区自治法治建设的范围和内容，有利于绝大部分社会矛盾和纠纷在基层社区的解决和化解。

（五）从无限向有限的转型，提高社会组织的能动性

自由资本主义时期那些“守夜人”式的国家模式自然不是最佳的国家模式，但“从摇篮到坟墓”的家长式国家模式也不是最好的模式。政府管理必须有所能有所不能，才能履行好该当的职能，所谓无限政府必然带来无限权力，而也只有无限权力，才有承担无限责任的可能。果真如此国家就只能是霍布斯论证的“利维坦”了，那么专制、强权等就会成为必然。现代国家伦理表明任何政治联盟的目的只能是为了社会公众的利益，必须是民主的、法治的，而从维护社会公众的利益维度分析，政府、组织、公民个体都是平等的主体之一。只不过因为政府是依法垄断了暴力使用权的主体，所以也应承担那部分必须由强制力保证实现的职能，如立法、审判、行政管理等。除此之外的那部分社会事务只能由其他主体承担，或者说政府可以引导，但不能强制拓展或者取消其他主体的行为空间。

除了依靠国家，社会公众维护自身利益的最佳机制就是结社。只有通过各种组织的方式表达诉求、维护利益、与其他主体对话，制约政府才能成为可能。正因为此，十八届三中全会在论及社会法治体制时，特别指出要激发社会组织活力。要求“正确处理政府和社会关系，加快实施政社分开，推进社会组织明确权责、依法自治、发挥作用。适合由社会组织提供的公共服务和解决的事项，交由社会组织承担。支持和发展志愿服务组织。限期实现行业协会商会与行政机关真正脱钩，重点培育和优先发展行业协会商会类、科技类、公益慈善类、城乡社区服务类社会组织，成立时直接依法申请登记。加强对社会组织和在华境外非政府组织的管理，引导它们依法开展活动。”

也就是说作为基层党委和政府，在今后的社会管理法治化过程中，要通过一定的机制推动政府、社会组织和公众个体共同管理社会，充分发挥多元主体在社会建设中的作用，建立十八大提出的“党委领导、政府负责、社会协同、公众参与”的社会管理格局。特别是对社会组织的培育、引导、尊重、整合利用等都应不遗余力。事实上，一旦社会组织的活动能力加强，公众个体的自理能力加强，政府的管理工作压力必然减轻，政府责任的范畴也将更趋合理。建议如下：

一是改变地方政府无限包揽社会管理一切事务的倾向，扩大和支持社会组织参与社会管理事务的范围和空间，发挥政府在社会管理领域制定规则、营造环境、规范行为的公共服务功能。

二是大力发挥社会组织在社会管理创新和法治建设中的功能，努力将各类社会组织引导到社会管理法治建设的工作中去，如社会管理的法律服务、慈善服务、社区自治、法制宣传、法治文化等。

三是改进政府提供公共服务的方式，在社会管理领域建立较为完善的政府向社会力量购买服务的制度和机制，更多地利用社会组织和其他社会力量服务于社会管理法治化建设。

专题二:江宁区群体性劳动纠纷涉诉案件调查报告[①]

劳动关系是最基本的社会关系,劳动关系的和谐稳定是社会和谐的基础,是影响经济发展与社会稳定的重要因素。当前,我国劳动争议逐年增加,成为影响经济发展和社会稳定的不安定因素。群体性劳动争议案件是劳动争议中最突出、最强烈的表现形式,在兼具一般劳动争议案件与群体性纠纷案件特点的同时,又有其独特之处,牵涉面广,破坏性大,该类案件能否得到妥善处理直接影响着社会的和谐稳定与否。江宁法院地处江宁,辖区内有一个园区、两个开发区,近年来群体性劳动争议案件呈现多发趋势。本调查以2010年、2011年、2012年江宁法院受理的劳动者一方人数达5人以上的群体性劳动争议案件为考察对象(包含相近时间内先后诉至法院的案件),从分析该类案件基本情况着手,查找纠纷产生的原因,并提出相应的建议,以期保障劳动者权益,形成企业和职工利益共享机制,构建和谐劳动关系。

一、群体性劳动纠纷涉讼案件基本特点

1. 案件数量居高不下。2010年法院受理群体性劳动争议21起,总计168件。2011年受理群体性劳动争议17起,总计571件。2012年1月至9月受理群体性劳动争议14起,总计193件。三年受理的群体性劳动争议案件总计932件,占全部劳动争议收案数的45%。在所有已结劳动争议案件中,以调解方式结案750件,以撤诉方式结案64件,占结案总数的89.25%。

2. 涉诉类型、诉请事项集中。涉诉类型主要是因未签订书面劳动合同、拖欠工资、未按法定标准支付加班工资、未办理社会保险等事由引起的纠纷。诉请集中在索要工资以及加班工资、支付未签书面劳动合同的双倍工资差额、支付经济补偿金以及补缴社会保险,73%的案件诉讼请求中均包含前述四项诉讼请求,86%的案件诉讼请求中包含除支付双倍工资差额外的其余三项诉讼请求。

3. 审理难度大。因群体性劳动争议涉及人数众多,且诉请事项较多,劳资双方关系对立,分歧较大,案件审理难度大,劳动争议仲裁委员会在受理仲裁申请之日起45天内作出仲裁裁决具有相当难度。当事人选择向人民法院提起诉讼,劳动争议仲裁委员会终结审理的群体性劳动争议的比例明显高于劳动争议个案。另外,因不符合受理条件、超过法定退休年龄、被申请人主体不适格、申请人主体不适格等原因劳动争议仲裁委员会不予受理的群体性劳动争议的比例亦明显高于劳动争议个案。2010年至2012年9月,法院受理的群体性劳动争议总计52起,其中劳动争议仲裁委员会决定终结审理的为16起,不予受理的为8起,占群体性劳动争议的46%。未经劳动争议仲裁委员会进行实体裁决的案件,往往案情相对复杂,且争议较大,进入诉讼阶段后查明事实难度大,且缺乏建立在仲裁实体裁决结果之上的调解基础,审理难度大。

4. 劳动者不服仲裁裁决多。在法院近三年受理的群体性劳动争议案件中,全部的

---

① 该调查报告为江宁区人民法院撰写。

争议案件都由劳动者首先向劳动争议仲裁委员会提起。不服仲裁裁决结果向法院起诉的，劳动者占绝大多数，用人单位起诉的仅有 3 起。

二、形成群体性劳动纠纷涉讼案件特点的原因分析

1. 用人单位破产或资金链断裂。2008 年以来，受国际金融危机的影响，不少用人单位的经营状况出现问题，加之银根紧缩的金融政策影响，部分企业资金周转不灵，资金链断裂，无力发放劳动者工资，用人单位破产随之增多，由此引发的群体性劳动争议案件数量明显上升。

2. 部分企业未依法用工与劳动者维权意识增强。部分用人单位无视劳动基准法规定，存在有法不依行为，如不签订书面劳动合同，不办理社会保险，超时加班又不按法律规定支付加班工资等，引发群体性争议。与此同时，劳动者维权意识不断增强。一方面随着劳动者对劳动法律、法规的更深、更全面的了解，维权意识进一步增强；另一方面就业渠道的拓宽，就业机会的增加，劳动者通过维权致失业的顾忌降低，也是劳动者义无反顾地走上维权之路的一个重要原因。

3. 维权利益的诱惑与共同的利益诉求两相聚合。由于劳动法律、法规侧重保护劳动者的权益，对用人单位的违法行为规定了部分惩罚性条款，如用人单位违法解除、终止劳动关系的应当支付等于经济补偿金两倍的经济赔偿金，未及时签订书面劳动合同的用人单位应当向劳动者支付双倍工资，部分用人单位未能依法用工，应当支付给劳动者的经济赔偿金或者双倍工资是劳动者月工资的数倍。在经济利益的驱动下，劳动者提起了申请。在初始阶段，这种利益诉求往往是个别的、分散的，如果劳动争议的调处机制不能及时有效地发挥作用，较分散的诉求、情绪会很快影响、同化有相同利益的劳动者，他们聚集在一起形成群体性劳动争议。

三、群体性劳动纠纷涉讼案件存在的主要问题

1. 裁审标准的统一。经过劳动争议仲裁委员会实体裁决后诉讼至法院的群体性劳动争议案件，劳动者或者用人单位不服裁决的一个重要原因是仲裁部门与人民法院处理案件标准不统一，主要表现在以下四方面：一是对仲裁时效的认定标准不一，仲裁委员会严格按一年的仲裁时效期间，超过一年的，一律以超过仲裁时效而不予受理。人民法院则审查当事人是否有不可抗力或其他正当理由，如有不可抗力或其他正当理由，则不认为超过仲裁时效，对当事人争议的实体问题进行审理。二是对工资及加班工资问题，仲裁委员会支持的期限为自劳动者申诉之日倒算一年，而人民法院支持的期限为自知道或应当知道其权利被侵害之日起倒算一年。三是对补缴社会保险问题以及劳动者超过法定退休年龄因未缴养老保险赔偿养老保险待遇损失问题，仲裁委员会对用人单位确实未为劳动者缴纳社会保险的均裁决用人单位补缴，人民法院对于补缴社会保险的请求认为不属于人民法院受理劳动争议案件的处理范围不予处理。养老保险待遇损失问题，因主张的劳动者均已超过法定退休年龄，仲裁委员会对该类请求均不予受理。根据《江苏省高级人民法院江苏省劳动人事争议仲裁委员会关于审理劳动人事争议案件的指导意见(二)》第 20 条之规定，人民法院对符合条件的赔偿养老保险待遇损失的请求是予以支持的。四是未签书面劳动合同的双倍工资差额的时效，仲裁委员会是自申诉之日起倒算一年,如果该期间属于应当支付双倍工资的期间则裁决支付,对于申诉之日一年以前的双倍工资是不予支持的。而人民法院是以应当签订书面劳动合同之日起一年内申诉的,自应当签订之日起开始计算双倍工资。上述标准的不一,造成仲裁和诉讼结果存在较大利益剪刀差,因此劳动者往往将劳动仲裁作为走程序来对待,仲裁后即起诉至法院。而用人单位则将起诉至法院作为其拖延或者不履行缴纳社会保险的手段。

2. 挑讼问题。律师、法律工作者以及经常代理劳动争议案件的公民在维护劳动者合法权益,及推动劳动法知识及相关政策在用人单位特别是劳动者中间普及,促进企业合法用工方面,起到了积极作用。但是,当前出现一类不容忽视的现象,即群体性劳动争议案件中存在律师、法律工作者以及经常代理的公民挑诉问题。一是由于一些用人单位未能依法支付劳动者待遇,造成劳动者获得的实际待遇与劳动法规定存在差距,且涉及的职工人数众多,部分律师、法律工作者以及公民将此作为重要案源予以开拓;二是部分律师、法律工作者和经常代理的公民利用职工对劳动法知识的欠缺,诱以通过诉讼将获得高额的利益,且劳动争议案件不以标的额收费,诉讼请求往往高得离谱,诱使职工走上诉讼之路;三是存在风险代理,部分律师、法律工作者对群体性劳动争议案件实施风险代理,先不收劳动者任何费用,使劳动者抱着试试看的心态走上维权之路。从绝大多数同一起群体性劳动争议案件的代理人均为同一名或两名代理人可以看出这一问题。对于公民代理挑讼问题,根据新修订的《民事诉讼法》第 58 条的规定,公民代理必须有当事人所在社区、单位以及有关社会团体的推荐手续,自 2013 年 1 月 1 日起严格审查公民代理的手续,可以有效地杜绝此类挑讼问题。

四、解决群体性劳动纠纷的对策建议

从目前群体性劳动争议案件的现状来看,对于群体性劳动争议案件不能只是被动应对,应当形成一套多维度、全方位、功能互补的多元化解决机制。

1. 完善群体性劳动争议基层企业调处机制和整体联动机制

首先,强化工会职能,完善群体性劳动争议基层企业调处机制。群体性劳动争议的发展一般表现为"萌芽—发展—爆发"的阶段性过程,强化群体性劳动争议基层企业调处机制,就是要努力把工作重点放在第一阶段,把问题解决在第二阶段,尽量不使矛盾发展到第三阶段。这就要求切实强化工会维权职能,完善职工代表、企业代表、工会代表的三方机制,运用预测、预报、预防等有效措施,畅通信息渠道,及时有效地调解群体性劳动争议。这其中的关键,又在于加强工会维权职能的建设,具体包括以下两方面内容:(1)加强对劳动法律法规执行情况的监督,配合有关行政部门进行执法监督检查,参与处理各种侵犯劳动者合法权益的行为。(2)代表职工与企业进行平等协商、签订集体合同,行使职工代表大会和厂务公开工作机构的相关职责,充分发挥民主管理和民主监督作用。

其次,争取合力解决,构建群体性劳动争议整体联动机制。群体性劳动争议整体联动机制,就是由各级政府的综治委牵头,建立起各行政部门、有关单位(包括仲裁部门和人民法院)协调参与的预防与处置群体性劳动争议的整体联动机制,排查可能发生群体性纠纷的隐患,发现问题及时处理、合力解决。为此,需要建立健全群体性劳动争议整体联动机制的法律规范,对处置群体性劳动争议的主体、基本原则、工作机制及有关法律责任加以规范,以便各有关部门在处置群体性事件的过程中能够各司其职,各负其责,协同配合,迅速、有序地开展工作。

2. 构建全方位的司法服务体系

首先,着力打造快立案、快审判、快执行的绿色通道。对劳动者提起群体性诉讼的,人民法院立案部门应及时予以审查,凡具备证据规则规定中劳动争议案件初步证据的,均应及时予以立案受理,尽快移交审判部门优先排期处理。劳动者申请执行的群体性劳动争议案件优先执行。对于"三快"案件,通过专门标记绿色标识,进入绿色通道。此外,对于确实无法在正常工作时间出庭参加诉讼的劳动者,经其提出申请,可在夜间和节假日安排开庭。

其次,重视法律释明工作,做好释法答疑。充分发挥立案阶段的指导作用。群体性劳动争议进入诉讼的第一道关就是立案,立案庭要注重发挥立案接待的预警功能,对群体性劳动争议不是单纯地进行诉权审查,而是要主动了解矛盾的发生、处理情况等,掌握不稳定因素的态势。由于群体性劳动争议的当事人法律知识欠缺,部分代理人法律水平不高,如果立案阶段不能及时发现问题,一旦案件进入审理阶段后,导致被驳回起诉或驳回诉讼请求,劳动者往往会认为自己有理无处讲,法院在为难他,从而与法院形成对立。在对群体性劳动争议纠纷的审查立案时,除了严格审查起诉条件外,还要认真审核当事人提交的诉状及诉讼请求,指导当事人修改瑕疵。并尽可能地要求当事人全面提交证据,便于立案阶段的审查指导,并向当事人充分行使释明权,告知诉讼风险,既减少了当事人讼累,又可避免群体性案件的发生。加强庭审阶段以及判决释明。在群体性劳动争议案件中,因劳动者一方法律知识的匮乏,导致司法公正观念的片面性,往往以裁判结果是否胜诉作为衡量司法是否公正的唯一标准,而不考虑司法运行中——诸如程序欠缺、证据失效、时效超过亦会导致败诉之审判规律的运行结果。实践中,因证据不足,或诉因不符合法律规定而败诉的群体一方,往往会不分缘由,一概认为法院存在司法不公或司法腐败,甚至在诉讼过程中到地方人大、政府门口静坐、游行,藉此对人民法院施加压力,使司法权威受到严重的挑战。因此,要在案件审理过程中以通俗易懂、简洁明了的方式向争议双方进行释法析理。在判决作出后,对双方就判决内容及结果存在的疑问进行答疑,进一步阐明证据的认证、法律的适用。

最后,延伸审判职能,拓展司法服务功能。(1)适时提出司法建议。对具有代表性、典型性的群体性劳动争议纠纷,在调处裁判后,还应注意及时总结发案规律与存在问题,对地方政府劳动管理政策及用人单位内部用工规定中所存在的漏洞或不合法、不科学之处,积极运用司法建议功能,以案说法、以案推法,提高用工主体及劳动者依法维权意识。(2)加强劳动法律法规的宣传,普及劳动法知识,通过具体的诉讼活动进行广泛深入的社会启蒙,提高劳动者法律素质、增强劳动者运用法律武器保护自身权利的能力。通过开展送法进企业、送法进社区等活动,重点加强对劳动合同法方面的法律宣讲,强化企业经营人员和劳动者的法律意识、证据意识、诉讼意识,使劳资双方都能清晰了解到自身的合法权利义务,引导企业和职工在知法、懂法、守法的基础上,依法诉讼、合理诉讼、正当诉讼,特别是要重点宣讲如何采取法律手段解决劳动争议纠纷的典型案件,将一些无序的上访引导到有序的调解、协商渠道上来。

3. 规范用人单位的用工行为

首先,提高用人单位依法用工水平。群体性劳动争议案件多发、用人单位胜诉率低,反映了我区部分用人单位依法用工的水平还很低,用人单位还存在许多不规范用工行为。用人单位在劳动关系中处于主导地位,因此,降低发案率,关键在于用人单位依法用工。因此,一方面加强劳动合同法的学习与宣传,提高企业自觉依法用工的意识显得非常必要;另一方面以行政部门为主导推动所有企业与职工签订集体劳动合同,同时对我区不规范用工的情形进行清理,促进企业合法用工。

其次,加大劳动执法监察力度。劳资关系永远是一对矛盾,用人单位为了追求利润的最大化,劳动者追求愈来愈高的工资福利待遇,一些用人单位总是设法降低人力成本,来提高利润率。提高劳动者的福利水平,一方面依赖于劳动法律、法规特别是劳动基准法律中对劳动者保护水平的提高,另一方面更重要的是在劳动关系中,对劳动法律、法规的落实程度。由于劳资关系本身的这一矛盾,应严格依据劳动法律、法规,仅靠企业自觉是远远不够的,因此,劳动法律法规的落实程度进行的司法引导和行政执法成为重要的促进手段。在司法和行政执法中,行政执法无疑具有司法不可比拟的效率高、成本低的优势。实践证明,加大对劳动保障的监察力度,是规范劳动保障秩序、提高劳动保障程度,预防和减少用人单位劳动争议发生的最有效的手段。劳动执法行政部门应该对用人单位依法用工情况进行定时、专项检查制度,并设立举报检查,督促企业依法用工。

4. 完善劳动维权服务制度

首先,规范群体性劳动争议案件的代理制度。《律师服务收费管理办法》(国务院发改委〔2006〕61 号)明确规定,涉及社会保险待遇、最低生活保障待遇、给付赡养费、工伤赔偿、劳动报酬及群体性纠纷案件一律禁止实行风险代理收费。当前,在部分律师代理的群体性劳动争议案件,存在风险代理行为,不仅违反了前述办法规定,而且损害了劳动者的合法权益。律师和法律工作者亦担负着维护社会稳定的重要职责,一方面律师和法律工作者应严格依照上述规定代理群体性劳动争议案件,另一方面职能部门应对律师代理涉及群体性劳动争议案件的收费情况加大检查力度,维护正常的收费秩序,避免律师在代理群体性劳动争议案件中的不当行为发生。

其次,建立群体性劳动争议的无偿援助制度。对群体性劳动争议无偿法律援助制度应成为社会保障的一项重要内容。基于劳动者在劳动关系中处于弱势地位,劳动争议案件的低收费降低了劳动者维权的经济门槛,但进行仲裁和诉讼的知识门槛并未降低,劳动者急需在法律上获得帮助。将群体性劳动争议的无偿法律援助制度作为社会保障制度的重要内容率先进行落实,不仅可以有效避免律师和法律工作者的挑诉现象发生,有利于和谐稳定劳资关系建立,有利于社会和谐稳定,更重要的是可以使劳动者合法权益得到有效保护。

最后，设立群体性劳动争议保障基金。为了保障劳动债权的支付，避免部分群体性劳动争议案件中因支付主体缺位或支付资金缺乏导致劳动债权无法落实而引发的社会矛盾，设立群体性劳动争议保障基金，在人民法院确定案件发生执行不能的情况下启动。基金主要来源于企业根据用工人数主动缴纳、政府预算拨款以及劳动监察部门的处罚所得。对于群体性劳动争议保障的基金来源、主要用途、监督使用等问题，应以立法形式予以严格规范。

专题三：南京市江宁区涉案流动人员适用取保候审情况调查报告①

取保候审是我国《刑事诉讼法》规定的五种刑事强制措施之一，它是指在刑事诉讼过程中，公安机关、人民检察院、人民法院责令犯罪嫌疑人、被告人提出保证人或者缴纳保证金，保证犯罪嫌疑人、被告人不逃避或妨碍侦查、起诉和审判，并随传随到的一种强制措施。取保候审作为一种非羁押性的强制措施，具有自身的优越性。一是有利于保障犯罪嫌疑人审前的合法权益，避免超期羁押；二是避免了犯罪嫌疑人在监所中的交叉感染；三是有利于节约司法资源，更合理有效的分配办案资金。修改后的刑事诉讼法对取保候审作了进一步地规定，取保候审地位、作用得到强化。然而在司法实践中，取保候审作为一项非羁押性的强制措施，其贯彻执行并不理想。本调研以南京市江宁区公安机关办理的流动人员犯罪案件为切入点，探析流动人员适用取保候审存在的问题。

流动人员，是指离开常住户籍所在地、跨越一定的行政辖区范围，在某一地区滞留，从事务工、经商、社会服务等各种活动的人口，即所谓"人户分离"人员。在我国经济较为发达地区，流动人员的犯罪数量不断攀升，但流动人员涉嫌犯罪的，被取保候审的比例较低，这已成为影响社会稳定的一个重要因素。

一、南京市江宁区2012年、2013年流动人员适用取保候审情况分析

（一）2012年流动人员适用取保候审基本情况及其分析

南京市江宁区处于主城与郊区结合部，近年来逐渐成为南京的科教新城和生态居住区，经济和社会事业依托先进制造业、新兴产业强势发展取得了较快发展，2012年生产总值达920亿元，公共财政预算收入135.8亿元，比2011年增长18.02%，位列全省第四。② 同时流动人口基数、流动的频率、幅度也不断增大。据统计，2012年南京市江宁区总人口为140多万，流动人口总量为34.21万人，2012年新登记暂住人口19.75万人，登记率居全市之首。表76显示了2012年江宁区公安机关对常住人口与流动人员分别适用强制措施基本情况；表77显示的是2012年江宁区公安机关对常住人口和流动人员分别适用取保候审方式的情况。

---

① 该报告为江宁区公安局撰写。

② 参见《南京市江宁区2013年国民经济和社会发展统计公报》。

表 76　2012 年江宁区公安机关适用强制措施情况汇总

单位：人，%

2012 年	刑事审查人数	取保候审		监视居住		刑事拘留	
		人数	所占比率	人数	所占比率	人数	所占比率
常住人口	1480	691	46.7	35	2.4	627	42.4
流动人员	2349	653	27.8	189	8.0	1187	50.5
备注	所占比率 = 人数/刑事审查人数。如流动人员取保候审所占比率 = 653/2349 × 100%						

表 77　2012 年江宁区公安机关适用取保候审方式汇总

单位：人，%

2012 年	取保候审人数	保证人人数	保证金人数	人保与财保的比例	脱保人数	脱保比率
常住人口	691	553	138	4∶1	8	1.1
流动人员	653	486	167	3∶1	60	9.2
备注	脱保比率 = 脱保人数/取保候审人数。如流动人员脱保比率 = 60/653 × 100%					

从整体来看，2012 年南京市江宁区流动人员取保候审呈现出了以下特点。

第一，流动人员犯罪人数总量在增加，涉嫌犯罪的流动人员被江宁区公安机关取保候审比例偏低（见表 76）。随着城市经济的发展，流动人员大量涌入城市，他们在促进经济发展的同时，也带来了违法犯罪，流动人员犯罪人数总量在增加。2012 年，流动人员刑事审查人数占总审查人数的比例达 61.3%，约为常住人口被审查数的 1.6 倍；与此同时，涉嫌犯罪的流动人员被公安机关取保候审比例偏低，仅占被刑事审查的流动人员总数的 27.8%。

第二，从取保候审的执行方式看，“人保”的担保方式居多（见表 77）。不难看出，常住人口和流动人员犯罪嫌疑人在取保候审中，“人保”与“财保”的比例分别为 4∶1 和 3∶1，显然江宁区公安机关适用“人保”的担保方式较为普遍。根据《刑事诉讼法》的规定，取保候审的执行方式有“人保”和“财保”两种方式。但由于收取保证金法律手续过于烦琐，且在退还保证金时，还常遇到犯罪嫌疑人下落不明的情况，可能产生“花钱放人”的负面影响，公安机关在实践中采取“人保”的执行方式较多。由于流动人员相比常住人口更难提供保证人，由此导致了流动人员与常住人口在执行方式方面实质上的不平等。

第三，从流动人员犯罪嫌疑人脱保来看（见表 77），2012 年流动人员取保候审脱保 60 人，脱保率达 9.2%，相比常住人口脱保率 1.1% 的情况，显然流动人员更易脱保。究其原因，主要是由于流动人员在案发地多数没有固定社会关系或不动产资源，加上他们大都法律意识淡薄，有些人在取保后抱有侥幸心理，选择了负案逃跑，直接导致脱保现象较本地人严重得多。

（二）2013 年流动人员适用取保候审情况及其分析

据统计，2013 年南京市江宁区生产总值突破千亿元、增长 11.8%，公共财政收入

156.4 亿元,占全市总财政收入的70%左右,位居全省第三。① 江宁区总人口数为 190 多万,其中流动人员 54 万人,而推动公共财政收入大幅增长的正是高新技术产业和现代服务业。聚集在开发园区和高新技术园区两个区域的总流动人员达25 万人之多,占了江宁区流动人口的半壁江山。表 78、表 79 分别显示 2013 年江宁区公安机关适用强制措施基本情况以及 2013 年江宁区公安机关适用取保候审方式的基本情况。

表 78　2013 年江宁区公安机关适用强制措施情况汇总

单位:人,%

2013 年	刑事审查人数	取保候审		监视居住		刑事拘留	
		人数	所占比率	人数	所占比率	人数	所占比率
常住人口	1354	501	37.0	1	0.1	739	54.6
流动人员	1529	524	34.3	7	0.5	787	51.5
备注	所占比率 = 人数/刑事审查人数。如流动人员取保候审所占比率 = 524/1529 × 100%						

表 79　2013 年江宁区公安机关适用取保候审方式汇总

单位:人,%

2013 年	取保候审人数	保证人人数	保证金人数	人保与财保的比例	脱保人数	脱保比率
常住人口	501	408	93	4 : 1	5	1.0
流动人员	524	419	105	4 : 1	46	9.0
备注	脱保比率 = 脱保人数/取保候审人数。如流动人员脱保比率 = 46/524 × 100%					

2013 年南京市江宁区流动人员取保候审呈现出以下特点。

第一,涉嫌犯罪的流动人员被公安机关取保候审比例有所上升。从表 76 和表 78 来看,流动人员被取保候审的绝对数 2013 年相比 2012 年减少了 19.8%。2013 年流动人员刑事审查人数占刑事审查总人数的 53.0%,仍然高于常住人口刑事审查的数量。之所以出现这一现象,原因主要有两方面:一方面,新《刑事诉讼法》将“尊重和保障人权”正式写入总则,强调在注重打击犯罪的同时,也要兼顾人权的保护。在案件侦查阶段,对犯罪嫌疑人人权保护的核心主要体现在刑事拘留、监视居住等强制措施的谨慎适用上。侦查监督部门人权保障理念的提升带来取保候审措施适用比例的提高,流动人员被取保候审比例也相应得到提升。另一方面,新《刑事诉讼法》第 79 条对逮捕必要性审查标准进一步细化,将“尚不足以防止社会危险性发生”细化为具体判断社会危险性的五项法定情形,使逮捕条件的可操作性增强,流动人员取保候审比例从而得以上升。

第二,从流动人员被取保候审的比例分析,南京市江宁区 2013 年流动人员犯罪适用取保候审的比率为 34.3%,而常住人口员适用取保候审的比例为 37.0%。2013 年新《刑事诉讼法》实施以来,流动人员犯罪后取保候审比例略大于非流动人员取保候审比

① 参见《南京市江宁区 2013 年国民经济和社会发展统计公报》。

例。这反映出流动人员犯罪嫌疑人被取保候审的机会比新《刑事诉讼法》之前有了提高,但这个数字是包含了流动人员被刑事拘留之后再取保候审的,并非直接取保。由此可见流动人员与非流动人员犯罪嫌疑人在适用取保候审这一强制措施上仍存在着不平等现象。

第三,从流动人员犯罪嫌疑人脱保、潜逃等情况来看(见表79),2013年流动人员取保候审脱保、潜逃的46人,脱保率达9%,这远高于常住人口1%的情况。造成这一现象的原因,主要是由于流动人员在案发地多无固定关系或不动产,流动性强且法律意识淡薄,有些人在案发后被单位开除,由于司法资源和地区差异的局限性,流动人员取保候审后逃跑,追逃成本大且追捕不易成功,由此造成部分流动人员铤而走险选择脱保。因此"流动人员取保候审风险大"在许多办案人员头脑中成一种强势的推定根深蒂固。这也导致了一部分符合取保条件的流动人员,由于办案人员担心风险而对其适用了审前羁押措施。

二、流动人员适用取保候审存在的问题

(一)流动人员适用取保候审所占的比例偏低

对比2012年与2013年江宁区公安机关对流动人员适用取保候审等强制措施的情况来分析,流动人员在适用取保候审措施上还是处于劣势。

表80 2012年、2013年江宁区公安机关流动人员适用取保候审情况对比

单位:人,%

流动人员	刑事审查人数	取保候审		监视居住		刑事拘留		批准逮捕		移送起诉人数
		人数	所占比率	人数	所占比率	人数	所占比率	人数	所占比率	
2012年	2349	653	27.8	189	8.0	1187	50.5	345	14.7	1971
2013年	1529	524	34.3	7	0.5	787	51.5	256	16.7	1212
备注	所占比率=人数/刑事审查人数。如2013年取保候审所占比率=524/1529×100%									

从纵向比较看:2012年、2013年南京市江宁区流动人员取保候审人数占总取保人数分别是27.8%、34.3%。2013年流动人员取保候审比例的确较2012年有所提高。但从横向比较来看:2012年南京市江宁区流动人员被刑事拘留比率与取保候审比率分别是50.5%和27.8%;2013年刑事拘留比率和取保候审比率则分别是51.5%、34.3%。不难看出2012年、2013年流动人员被拘留比率则分别高于取保候审比率23%和17%。与取保候审的低适用率密切相连的就是羁押率的升高,在南京市江宁区公安机关的办案实务中,犯罪嫌疑人是否为常住人口(通常被称为"本地人")甚至是领导审批是否可以取保候审的一个重要参考因素,而这导致了江宁区公安机关在流动人员中适用取保候审的比例偏低。

(二)流动人员取保候审适用条件(理由)失当

南京市江宁区流动人员取保候审适用条件失当,主要是归纳为三方面:一是随意放宽条件,对不符合条件的流动人员适用取保候审;二是过度严苛,对符合条件的流动人

员不适用或限制适用；三是以保代侦，变相放纵流动人员犯罪。下面将分别进行论述。

1. 随意放宽取保候审条件，非法适用

虽然《公安机关办理刑事案件程序规定》明确规定了不得取保候审的对象，但办案实践中，对流动人员不符合条件而取保的并不鲜见，办案人员或出于人情考虑或有利害关系枉法办案，学界对此严厉抨击。这是由于在取保审批环节，取保理由仅简略地写为"证据不足"或"采取取保候审不致发生社会危险性的"等，并未与具体的取保对象条件相对应，这就使审批机关及领导无法掌握流动人员取保对象的实际情况是否符合条件，留给相关人员以"办人情案、关系案"的空间。此类非法取保候审，很可能导致犯罪嫌疑人的脱逃、翻供、串供、强迫或诱使证人翻供、打击报复证人，从而产生新的犯罪等。有学者提出从"刑度条件、身体条件、事实条件、情节条件"等四方面进一步完善适用取保候审的条件。[①] 我们同意这种意见，并认为应将上述四方面的条件明确记录在《呈请取保候审报告书》上。同时，也如前所述，南京市江宁区可以借助公安警务综合平台系统，建立取保候审人员信息库，对其加强监督；对有被害人（当事人或近亲属）的案件，应向被害人（当事人或近亲属）通报犯罪嫌疑人取保候审的执行情况，允许其提出异议、协助公安机关监管。

2. 取保候审条件过于严苛，故意刁难流动人员限制适用

对一些符合取保候审条件的涉嫌犯罪的流动人员，公安机关却把握较严，侵犯了流动人员犯罪嫌疑人的合法权益，甚至出现了羁押与刑期"倒挂"的现象。办案民警在"重强制手段，轻权利保障"的观念影响下，公安机关在执法中偏好使用羁押手段。在侦查阶段，被取保候审的犯罪嫌疑人远远低于被拘留、逮捕的人数，对犯罪嫌疑人中符合情节轻微，社会危害不大甚至存在法定从轻、减轻情节的流动人员取保候审的比例很小。据调查，南京市江宁区法院在审结的500起公诉案件，其中291名被法院判处一年以下有期徒刑、管制、拘役或独立适用附加刑，而在这291名中绝大多数是流动人员，仅有34人在侦查阶段被取保候审，其余均被逮捕羁押。同时，公安机关内部以批捕率为绩效考核制度的重要指标，民警对取保候审认识偏差，以及公安派出所"人少案多"的工作压力等，也是造成流动人员被限制适用取保候审措施的重要原因。

对此，有学者提出一方面适当扩大取保候审的适用范围，另一方面建立并完善取保候审的制约机制与救济体系；也有学者主张一种"准司法化"的审查程序。[②] 显然，这两种建议都是仅仅针对取保候审制度本身，而不是针对公安机关在取保候审具体适用的问题。那么，在现行刑事诉讼制度下，公安机关应如何确保涉案流动人员的权利保障呢？众所周知，犯罪嫌疑人取保候审权利得不到落实，很大一部分原因是流动人员法制意识淡薄，对法律的无知，消除这种无知的最好做法就是以制度的形式要求办案民警告知犯罪嫌疑人的权利和义务，并有据可查。当然公安机关在办案中已经开始重视这种前置告知程序，但在实际办案中，往往是走过场，形式大于内容。在对部分江宁区公安

① 郑树旭："关于取保候审若干问题的探讨"，载《中共郑州市委党校学报》2012年第4期。

② 肖进成："对取保候审制度的反思"，载《法学与实践》2008年第2期。

机关办案人员的交流中发现,一些办案人员称:“外地人”要想被取保候审就是比本地人难度大,能不办取保尽量不要办,以免给自己办案造成麻烦。

3. 以保代侦,变相放纵流动人员犯罪

此种情形,学界虽有不满,但更多的是一种无奈。尽管我国《刑事诉讼法》规定:“对犯罪嫌疑人、被告人决定取保候审的,不得中止对案件的侦查、起诉和审理。严禁以取保候审变相放纵犯罪”。但在实务当中,“以保代结”对被取保候审人降格处理的现象依然存在。部分人民检察院以事实不清不予批准逮捕的案件,公安机关在对犯罪嫌疑人取保候审后,有些案件就中断了案件的继续侦查,导致犯罪嫌疑人没有进入诉讼环节。有些办案人员以案件事实无法查清为由,致使案件在取保后被一度搁置起来,取保候审到期后,草率解除取保候审结案了事,使得本应受到法律制裁的流动人员犯罪嫌疑人逃避了打击。2013 年公安部针对取保候审的突出问题在全国范围内进行了一次大规模专项整治行动。此次整治行动,南京市江宁区公安机关也发现“保而不侦、保而不诉、以保代处”的现象在基层公安机关普遍存在,这带来的后果不仅是变相放纵了流动人员犯罪行为,也为日后埋下了各类社会治安隐患。

(三)流动人员适用取保候审保证方式过于单一

根据我国《刑事诉讼法》的规定,取保候审的执行方式有“人保”和“财保”两种方式。“人保”又称保证人制度,是指公安机关、人民检察院和人民法院责令犯罪嫌疑人、被告人提出保证人并出具保证书,由其以个人身份保证被保证人在取保候审期间不逃避和妨碍侦查、起诉和审判,并随传随到的保证方式。“财保”又称保证金制度,是指司法机关在刑事诉讼过程中,根据《刑事诉讼法》的规定,结合案件的具体情况,决定对犯罪嫌疑人或被告人采取取保候审强制措施时,责令其缴纳一定数量的货币,以保证其不逃避侦查或审判,随传随到的一种法律制度。通常认为,公安机关会以“财保”作为首要选择。但是通过对江宁区公安机关的调研发现,实际上对流动人员取保候审,采取“人保”的执行方式却很多。2012 年江宁区公安机关采用“人保”方式的有 486 人,采用“财保”的有 167 人,约 3:1。2013 年江宁区公安机关对流动人员采用“人保”的 419 人,采用“财保”的 105 人,约 4:1。通过走访部分办案人员,他们称:“人保”的方式简单,保证金太烦琐了,而且现在也没有罚款的任务,采用财保还有“花钱放人”的负面影响。的确,收取保证金的法律手续相对人保手续要烦琐,而且在办案过程中,退还保证金时还常碰到犯罪嫌疑人下落不明的情况,或者犯罪嫌疑人将相关的法律手续丢失,要求办案人员退回保证金,增加了办案人员的工作量、办案成本。因此,在确定了流动人员可以被取保候审之后,除非一些特定的经济案件、或者伤害案件,办案人员和办案单位大多愿意采用“人保”的方式对流动人员进行取保候审。采用“人保”方式似乎是平等的,但流动人员由于客观因素,往往很难提供符合标准的保证人,也因此丧失取保候审机会,由此就导致了流动人员与常住人口在执行方式方面实质上的不平等。

那么是否完全采用“财保”就有利于流动人员呢?答案是否定的。最高人民法院、最高人民检察院、公安部、国家安全部、司法部、全国人大常委会法工委《关于刑事诉讼法实施中若干问题的规定》第 22 条规定:“对犯罪嫌疑人采取保证金保证的,由决定机关根据案件具体情况确定保证金的数额。”从公安机关、检察院、法院关于执行刑事诉讼法的规定来看，一般是“根据犯罪的性质、情节、经济状况”来决定保证金的数额。[①] 在保证金确定问题上，给公安机关以很大的自由裁量权，没有相应的限制性规定，实务中很容易导致此项权力的滥用。如果收取过多的保证金，会导致被取保候审流动人员无力缴纳而无法得到取保候审的机会。当流动人员犯罪嫌疑人由于地缘原因，无法提供保证人，同时又因经济原因不能提供保证金时，他们即将面临的就是比取保候审措施更加严厉的拘留、监视居住、逮捕等强制措施。所以我们认为，单独的偏向采取哪一类的保证方式对待流动人员都是不公平的，而是要两者兼顾采用。

（四）流动人员适用取保候审执行监管风险较大

取保候审可以由办案人员依职权提出，也可由被羁押的犯罪嫌疑人及其法定代理人、近亲属、被逮捕的犯罪嫌疑人聘请的律师等申请，学界将前者称为内部启动，后者称为外部启动。但是，将二者相比较，侦查部门的建议与犯罪嫌疑人一方的申请对程序启动的影响有所不同，后者的作用明显不及前者。在效果方面，内部申请与外部申请对是否取保候审决定的影响程度也相当悬殊。任何一个涉嫌犯罪的流动人员当他面临被判处刑罚时，都有逃跑的危险。办案机关因为犯罪嫌疑人有逃跑的风险而借此剥夺其获得取保候审的机会，这显然有背立法本意。从南京市江宁区公安机关执行的取保候审情况来看，确有部分流动流动人员，有的取保后不能做到随传随到；有的跨区域离开居住地没有请假意识；有的甚至故意切断联系逃之夭夭；有的再次走上违法犯罪道路。由此可见，取保候审的风险客观存在，这使得公安机关对于那些可捕可不捕的流动人员一般都要求提请人民检察院批准逮捕，人民法院为了防止开庭审判时犯罪嫌疑人传唤不到庭，也希望公安机关羁押犯罪嫌疑人。因此从取保候审的执行机关来看，取保候审带来的办案风险无疑巨大，执法的成本也是很高的，同时带来的法律监管责任压力也是很大。

从流动人员角度来看，取保候审制度对担保的设置标准过低，对违反取保候审规定的，法律并没有相对严厉的惩戒措施，对于脱保行为的处罚力度不够也是引发高羁押率、低取保率的重要原因之一。其中“人保”仅要求保证人与案件无牵连，有能力履行保证义务，享有政治权利，人身自由权利没有受到限制，有固定住处和收入，但缺少保证人信誉度、实际担保能力等方面的要求。有保证人说，“他是一个大活人，我不可能 24 小时跟着他，我还要工作、生活。我要不担保吧，他和你们都找我，你们以为我愿意给他担保啊？”这句话道出大多数保证人的心声，也正基于此，公安机关对于保证人是否履行了义务也不过多要求，对保证人的责任追究就更缺乏情理基础。对于“财保”，两院两部《关于取保候审若干问题的规定》仅要求，保证金在人民币 1000 元以上，最高人民法院的规定则是不少于 2000 元人民币，起点数额普遍比偏低。由此造成实践当中，保证人取而不保、弃保的现象大量存在，取保候审很难保刑事证诉讼程序的顺利进行，使犯罪嫌疑人逍遥法外，而案件受害人的合法权利得不到合理保护。因此，公安机关在办案过程选择保守行事，大量采取拘留、逮捕等羁押措施而非取保候审措施。

---

① 李忠诚：“取保候审的适用条件与执行方式”，载《人民检察》2010 年第 21 期。

从监管角度来看，根据《刑事诉讼法》法规定，犯罪嫌疑人在取保候审后，应当自觉接受取保候审执行单位的规定：(1)未经执行机关批准不得离开所居住的市、县；(2)住址、工作单位和联系方式发生变动的，在24小时以内向执行机关报告；(3)在传讯的时候及时到案；(4)不得以任何形式干扰证人作证；(5)不得毁灭、伪造证据或者串供。根据《公安机关办理刑事案件程序规定》，取保候审一般由犯罪嫌疑人居住地派出所执行，主要承担监督、考察、告知以及通知等职责。但是，基层派出所面临110接处警繁忙、非警务活动频繁、人少案多、资金短缺等现实问题，执行民警根本没有足够的时间与精力去监督被取保候审人，规定其每月一报，往往多流于形式，对被取保候审人是否能够遵守规定，保证人是否切实履行义务等情况难以考察，甚至对被取保候审人的一些违反法定义务的行为，也难以及时有效的管束。加之南京市江宁区流动人员犯罪率高，且流动人员的身份难核实，被取保候审的流动人员人一旦脱保潜逃，再次抓捕归案的概率较低，有效监管难度大，办案风险高。

三、南京市江宁区流动人员适用取保候审问题原因分析

经调研，在2012年、2013年度江宁区公安机关取保候审实践中，常住人口(俗称“本地人”)取保候审率高，流动人员(俗称“外地人”)取保候审率偏低。取保候审案件中，对流动人员是否适用以及如何适用取保候审是令公安机关最棘手的问题。而流动人员取保候审问题解决不好，扩大取保候审适用范围就难以实现，尤其是经济发达地区。[①]犯罪嫌疑人是否为流动人员作为一项取保候审否定性的潜在条件，原因很复杂，不可片面地归因于办案人员对流动人员的偏见，其体现出的是一种司法无奈。概括地说，流动人员犯罪嫌疑人取保难的原因主要可归纳为以下几方面因素。

(一)法律规范的缺位

尽管根据《刑事诉讼法》第6条的规定，人民法院、人民检察院和公安机关进行刑事诉讼，必须依靠群众，必须以事实为根据，以法律为准绳。对于一切公民，在适用法律上一律平等，在法律面前，不允许有任何特权。但是实务中，由于多方面的原因，导致了法律适用事实上的不平等。例如，南京市江宁区公安机关在办理一起李某某危险驾驶案件中，李某某(男，46岁，黑龙江人，小学文化，无前科)2012年9月其驾驶一辆货车途经江宁区宁丹路附近将一妇女撞到，经鉴定为轻微伤，经检验李某某血液中酒精含量达90mg/100mL，公安机关以涉嫌危险驾驶，对其刑事拘留。同年10月，江宁区警方在类似的另一起陈某某危险驾驶案的办理中，对陈某某的诉讼处理方式是取保候审。笔者仔细翻阅了两起案件的卷宗发现：两起案件性质相同，犯罪行为、酒精含量、产生的社会危害类似。犯罪嫌疑人自然情况接近，均无前科，对犯罪事实供认不讳。所不同的是李某某既不能提供保证人也不愿提供保证金。而陈某某系本地人，其提供了本地的保证人。

法律层面的主要原因如下：

---

① 譬如，在经济发达的南京市J区，本地人口97万人，流动人员约51万余人。2012年、2013年在涉嫌犯罪的犯罪嫌疑人中，流动人员均占70%以上。

1. 我国《刑事诉讼法》未规定取保候审的审查决定期限及取保候审申请的法律救济程序。刑事诉讼法及相关司法解释只规定了犯罪嫌疑人、被告人及其法定代理人、近亲属和委托的律师向羁押决定机关申请取保候审措施的权利，但未规定羁押决定机关审查结束并告知申请人结果的时间和方式。申请人递交了取保候审的申请后，一切均由司法机关掌握，缺乏法律救济程序，从而使一些符合取保候审条件的流动人员被羁押，这是造成取保候审比率较低的一个重要原因。

2.《刑事诉讼法》未规定保证金的限额和收取办法。我国《刑事诉讼法》第66条规定："人民法院、人民检察院和公安机关决定对犯罪嫌疑人、被告人取保候审，应当责令犯罪嫌疑人、被告人提出保证人或者缴纳保证金。"对于收取保证金的数额以及收取方法，我国刑事诉讼法并无明确规定，从而给予决定适用者以很大的自由裁量权。由于自由裁量权没有相应的限制，极易导致权力的滥用。在具体案件中，对保证金收取数额以及如何收取，均由办案机关自行决定，造成执行中的差异过大。

3. 取保候审申请权在一定程度上被虚化。目前的取保候审具有权利的表现形式，只是一项程序性权利，即申请权。在最高人民法院《关于执行〈中华人民共和国刑事诉讼法〉若干问题的解释》第68条规定："被羁押的被告人及其法定代理人、近亲属和律师有权申请取保候审，对符合取保候审条件并且提出了保证人或者缴纳了保证金的，人民法院应当同意。"由于刑事诉讼法中并未明确规定在符合取保候审条件时获得取保候审是被羁押的犯罪嫌疑人、被告人的一项法定权利，因此犯罪嫌疑人、被告人虽被赋予了取保候审的申请权，但流动人员取保申请权的实现在司法实践中通常会遇到以下障碍：其一，在符合法定条件时申请通常难获批准；其二，在未获批准时，无法获知不批准理由且没有司法救济。这样，流动人员取保候审申请权陷入了一种虚化的司法困境中。调研显示，在一些流动人员犯罪嫌疑人的取保候审异化为一种"特别的权力"，因为"放不放人办案机关说了算，不放人也没有办法"。

（二）人为因素的干预

1. 外部干预、地方保护主义等影响执法环境的因素仍然存在。虽然随着依法治国、依法行政、遵法守法的观念逐步深入人心，公民的法制意识不断增强，但影响政法机关执法环境的因素仍然较多。一些地方为维护本地利益，向公安机关施压，干扰和影响公正执法，个别领导干部以言代法、以权压法，甚至违法干预案件审理与执行。

2. 公安机关基层民警在办理取保候审案件时，一是部分办案人员由于认识上的原因，执法出于绩效考虑以及节约办案成本角度，随意改变取保候审法定标准和条件，对一些流动人员可拘留可不拘留的都倾向于拘留，而不是取保候审。二是部分公安民警察执法程序不规范，履行职责不到位。通过"取保候审突出问题专项整治行动"发现，有一些干警业务不够精通、办案能力不强，在适用取保候审法律上面存在偏颇，客观上存在"不作为、乱作为"的执法不公现象。三是个别侦查人员人权保障理念缺失，由于顾虑犯罪嫌疑人逃避侦查、审判、翻供，随意剥夺、限制和侵犯涉案流动人员的合法权益，不予取保候审。

3. 涉案流动人员自由和权利意识淡薄。调查显示，在流动人员中适用取保候审的比率比偏低，一个很重要的原因就是一些流动人员对权利意识和法律知识的淡薄，独立维护自己合法权利的能力大大削弱。当然，对自由和权利意识的认同和追求程度受到文化程度、经济条件等因素的影响。由于这些条件、能力的缺乏，流动人员自身往往欠缺权利意识，对法律无知以及获得法律援助途径有限等问题，这些社会特征的差异也是造成社会地位、财产状况等条件不同的人群之间在适用取保候审上遭遇不公正待遇的客观原因。当然也会在一些个案中出现了李某某这类流动人员自身对是否羁押“无所谓”的情形。

（三）经济条件的制约

调研显示流动人员往往经济条件较差，取保候审的适用因社会地位、财产状况等条件差异而不同的情形并不少见。主要表现在：

1. 从财保与人保的适用比例来看，人保占据绝大多数，财保数量较少。调查表明（见表76、77）：南京市江宁区2012年共取保候审1344人，其中流动人员为653人，取保方式采用人保的有975人，财保的有369人，流动人员适用财保的只有167人。2013年被取保候审1025人，其中流动人员为524人，取保方式采用人保的有819人，财保的有206人，流动人员适用财保的只有105人。对许多犯罪嫌疑人而言，其取保候审的“机会”因其拥有财富的多寡而会不均等。

2. 许多财保并没有根据个案实际情况，尤其是流动人员涉嫌犯罪后的经济情况，区分不同数额幅度的保证金。这意味着，大致相同幅度的保证金会给经济条件不同的被取保候审人及其家庭带来不同后果。从南京市江宁区2012～2013年取保候审中财保的保证金实施状况来看，其总体幅度较高，保证金达5千元人民币以上的个案均超过90%，1万元以上在40%左右。而据统计，流动人员在南京市，平均收入一个月在1100元左右；上班族工资则相对较高，在1500～1900元。与工资收入相比，收取的保证金幅度还算是较高的。

3. 甚至在一些个案中，对于犯罪嫌疑人一般不可能被取保候审的情形，可以缴纳一定数额保证金的方式，给予取保候审。之所以出现这种状况，一是由于当前社会贫富不均现象比较突出，而且影响到刑事司法的具体适用；二是立法没有规定切实可行的区分保证金数额的原则；三是个别办案人员偏好适用财保，认为财保法律手续简单，但在适用财保时，对被取保候审人经济情况缺乏必要的评估，往往是自行依据职权决定，因此适用财保的比率在取保候审中极高。

4. 某种程度上犯罪嫌疑人及其家庭“有钱”“有权”则更有利其被取保候审。而且，这种状况使许多群众对取保候审的认识产生偏差和误解。调研显示，社会地位、经济状况较好的人，往往对法律知识的熟悉程度相对较高，其对自身权利保护比较重视，能够寻求多渠道的救济途径，包括聘请律师，外在身份的识别性和可信度更高等。相形之下，社会地位卑微、经济条件较差的流动人员犯罪嫌疑人大多存在法律意识淡薄、人权保障理念缺失以及获得法律帮助的途径有限等问题。

（四）风险控制的困惑

流动人员被取保候审的风险，主要来自两个方面：一是流动人员犯罪嫌疑人脱逃相对容易,且脱保成本要低于本地人。二是流动人员犯罪嫌疑人逃脱后被抓捕的难度要大于本地人。

1. 脱保行为严重,处罚惩戒弱

调研显示,目前对于逃跑的被取保候审人而言,其所面临的制裁包括:一是在逃人员的心理压力和被通缉所造成的现实压力,譬如在旅馆住宿、医疗、就业等方面的限制;二是如适用财保的没收保证金;三是如适用人保的处以相应罚款。实际上,立法规定办案机关在情节严重情形下,可追究保证人刑事责任,但公安机关几乎不适用。究其原因如下:一是法律规定了在被取保候审人如违反法定义务,保证人负有及时报告的义务,在保证人及时报告的情况下,即使被取保候审人违反法定义务,也不能制裁保证人。这点往往为保证人所利用,一边暗中资助犯罪嫌疑人逃跑,一边向公安机关"及时"报告。二是由于被取保候审人、保证人往往具有密切关系,很难收集到证据证明保证人唆使或资助被取保候审人逃跑。三是在通常情况下,离案发时间越长,证据条件越差,对其案件处理难度加大。可见,立法上并未将被取保候审人逃跑视为一种严重的违法犯罪行为,甚至对逃跑行为某种程度上忽视法定性义务之违反的后果考虑,使得脱保惩戒的脆弱性暴露无遗。

2. 追逃困难重重,办案风险大

追逃困难主要体现在:其一,基层单位办案经费的限制;其二,异地公安机关之间尚未形成有效的警务协作机制,部分地区公安机关对追逃人员在"公对公"上态度冷淡,但对"私对私"的方式异常感兴趣;其三,除非有影响的大要案件,一般刑事案件的追逃不易受到领导重视;其四,中国幅员辽阔,各地区差异较大,未形成统一有效的人口信息网络,还存在不少政府社会管理的"盲区"。办案人员而言,审前羁押承担的逃跑风险由办案单位转移给了看守所,但适用取保候审时,这种风险转移到自己身上。在被取保候审人逃跑的情形发生时,会影响到办案人员的考评分,而考评分以及脱保案件产生的影响往往与年终奖金,甚至职务升迁联系在一起。另外,办案民警所在的办案机关往往设置一些绩效指标,适用取保候审案件的实际办理期限相对较长,对结案率有消极影响,而审前羁押有利于提高办案的效率和结案率,从而更受青睐。

3. 取保候审容易,控制犯罪难

在适用取保候审时,一些公安机关规定本年度的脱逃率不能高于去年,以突出工作业绩的逐步上升趋势以及对犯罪控制的逐步良好势头。这种控制犯罪率的工作机制背后起支撑作用的观念是:一是取保候审会使被取保候审人"有恃无恐",认为办案机关"不过如此而已";二是在经济发达地区广泛适用取保候审,会给外地犯罪团伙或人员造成"犯事了,处理很轻"的印象,结果纷纷流入当地,产生更多犯罪;三是目前诱发犯罪的因素很多,尤其是缺乏监护的未成年人、绝对贫困状态的外地人员,取保候审后再犯罪率比较高;四是"取保多了,逃得就多,这些人在社会上对控制犯罪来说终归不是什么好事。"这样,犯罪率的涨降,扩大取保候审与脱逃率增加、犯罪率上升之间的关系成为办案机关敏感但十分忌讳的问题。

四、流动人员适用取保候审解决问题对策建议

当前,提高涉案人员取保候审比例,特别是提高流动人员犯罪取保候审比例,不但取决于取保候审制度本身的完善,譬如完善取保候审的条件、更加明确取保候审的法律适用范围、加大对被取保候审犯罪嫌疑人脱保惩戒力度、完善取保候审的救济途径等等,更需要从流动人员本身的特性出发,进一步有针对性地完善流动人员取保候审的相关规定与措施。

(一)扩大取保候审适用范围,提高取保比例

应当明确我国规定取保候审的适用条件,适当扩大取保候审的适用范围:关于取保候审的适用条件,世界各国均采用法定主义为主,酌定主义为辅的立法例。我国可以借鉴世界上的这一通例,结合我国刑事诉讼的实际情况,新《刑事诉讼法》与修改前相比较,在单独规定取保候审条件的基础上,根据取保候审的特点,适当扩大了适用范围。但本着既严厉打击犯罪,又确保公民合法权益的原则,还需要进一步采取列举的方式,明确规定准予取保候审的条件以及对于何种情况不适用取保候审,同时赋予司法机关若干自由裁量权。我国可通过明确规定取保候审的适用条件等,适当扩大取保候审的适用范围。这样更加有利于保障犯罪嫌疑人、被告人的合法权益,有利于促进办案人员在决定是否对流动人员犯罪嫌疑人采取强制措施,采取什么样的强制措施时,首先应当考虑到尽可能地不适用强制措施或者尽可能地适用强制程度较弱的强制措施,以更好地贯彻强制措施的比例性原则和谦抑原则以及公平正义原则。

(二)明确取保候审适用条件,避免随意执法

目前,关于取保候审的适用条件如何设定,有不同观点:第一种观点认为,法律应当明确列出取保候审的适用条件。第二种观点认为,立法除了从正面规定取保候审的适用条件外,还应当明确列出不适用取保候审的例外情形。第三种观点认为,法律应当放宽取保候审的适用条件,即认为对污点证人、受贿人等确有悔罪表现的,适当放宽取保候审条件。我们认为,取保候审的条件是适用取保候审规范,只有契合请求或者规范的案件才可适用取保候审。因而,研究取保候审的适用条件时,其实就是在制定取保候审的规范,就规范而言有准入的,也能够设定禁入的。我国取保候审应当规定三种适用条件。

一是权益型适用条件,即应当取保候审的条件。把取保候审作为被取保候审人的正当权益,凡符合此条件的人,只需提出申请适用,公安机关则必须予以适用,不能驳回其申请。这样规定的目的是为了更好地维护轻罪或者有特殊情形的犯罪嫌疑人、被告人的合法权益,避免公安机关办案人员执法中有不作为,导致犯罪嫌疑人或被告人权益的侵犯。类似的做法,在我国台湾地区"刑事诉讼法"中也有规定。权益型取保候审的适用条件是:(1)可能判处管制、拘役或者独立适用附加刑的;(2)患有严重疾病且所涉嫌的犯罪法定最高刑不满5年有期徒刑的;(3)正在怀孕、哺乳自己婴儿的妇女所涉嫌的犯罪法定最高刑不满5年有期徒刑的;(4)未成年人所涉嫌的犯罪法定最高刑不满5年有期徒刑的;(5)年满70周岁的人所涉嫌的犯罪法定最高刑不满5年有期徒刑的;(6)羁押期限曾经超越可能判处刑罚期限的3/4以上的。

二是选择型适用条件,即能够取保候审的条件,能否适用由公安机关依据案件状况

选择适用。主要包括:(1)犯罪嫌疑人、被告人可能判处有期徒刑,采取取保候审不致发生社会危险性的;(2)犯罪嫌疑人、被告人可能判处有期徒刑,但患有严重疾病的;(3)犯罪嫌疑人、被告人可能判处有期徒刑,但正在怀孕或者哺乳自己婴儿的;(4)对被拘留的犯罪嫌疑人,需逮捕而证据尚不充分的;(5)犯罪嫌疑人、被告人可能判处有期徒刑,但系未成年或者年满70周岁以上的;(6)犯罪嫌疑人、被告人被羁押的案件,不能在法定的侦查、检查起诉、一审、二审的期限内办结,需要继续查证、审理的。

三是禁止型适用条件,即犯罪嫌疑人不得被取保候审的条件。条件是准入的规范,不符合规范的,就不能适用。但是由于取保候审条件中有选择型的适用条件,而选择的余地也比较大,应当拘捕但具备法定适用情形的,就能够适用取保候审,为避免罪行严重的犯罪嫌疑人、被告人也被选择适用取保候审。因此,对公安机关在取保候审的适用上也应做出必要限制,规定不得适用取保候审的禁止性条件,从而避免取保候审的滥用,导致危害社会行为的发生。有下列情形之一的,公安机关不得对犯罪嫌疑人、被告人取保候审:(1)可能判无期徒刑或者死刑的;(2)累犯、有组织犯罪的;(3)涉嫌黑社会性质组织犯罪的;(4)涉嫌恐怖性质犯罪的;(5)以自伤、自残的方式逃避侦查、起诉或者审讯的;(6)曾在取保候审期间实施犯罪的;(7)其他犯罪情节严重、性质恶劣的。

由此可见,将取保候审的适用条件规定为权益型(或者称必要型)、选择型和禁止型,主要是根据案件情形不同,犯罪嫌疑人、被告人的罪行轻重不同,社会危害和风险性不同,可能妨害刑事诉讼活动和危害社会的可能性大小不同,应当区别对待,从而保障公民合法权益,对于罪行较轻、可能判处的刑罚较轻的,尽可能避免嫌疑人的羁押。所以,规定了权益型取保候审条件,从而明确了公安机关实行取保候审的义务;至于选择型取保候审的情形,犯罪嫌疑人、被告人涉嫌的犯罪相对较重,能否适用取保候审,则由公安机关依具体案情来判定,这时适用取保候审就是公安机关的权力。至于不应当适用取保候审的案件,则不能适用,避免可能出现的妨碍刑事诉讼的活动和危害社会的情形发生。至制止型取保候审的规定,司法理论中已有规定,如公安部《关于取保候审保证金的规定》第3条第2款规定“对严重暴力犯罪、团伙犯罪的主犯、惯犯、累犯以及其他罪行严重、民愤大等可能发生社会危险性的犯罪嫌疑人,不应当采用取保候审。严禁以钱赎罪,放纵犯罪嫌疑人。”为了避免取保候审在适用中的随意性执法,带来不良的后果,有必要作出一些限制性规定。

(三)丰富取保候审保证方式,避免方式单一

我国取保候审的保证方式分为“人保”“财保”两类,完善取保候审的保证方式,特别是增加流动人员取保候审的保证方式尤为必要,可通过以下几个方面进行完善。

首先,增加单位保证人,扩大保证人的范围。犯罪地的某个企业可以单位的名义担任保证人,被取保候审人既可以是该企业的员工,也可以由企业及其相关负责人来承担保证人的责任。增加单位保证人,一方面,单位的领导、同事等对犯罪嫌疑人的具体情况比较熟悉,更方便了解其在取保候审期间的现实表现,从而更有利于对犯罪嫌疑人采取有针对性的帮教措施;另一方面,犯罪嫌疑人可以继续在单位工作,继续获得生活来源,甚至可以赚钱用于赔偿受害人。同时由于犯罪嫌疑人依然在岗,并非失业,也不会

与社会脱节,更不至于为了生活而被迫流动至外区县,以致违反取保候审各项规定,导致脱保的严重后果。

其次,明确保证金最高数额,扩大担保财产的范围。现有的“财保”仅为缴纳现金,但对于大多数流动人员来说,难以在短时间内筹集到办案机关要求的数额,更何况我国对保证金还没有最高额的限制。因此,应在刑事诉讼法中明确规定保证金的指导数额,以免办案机关借收取高额保证金来阻碍犯罪嫌疑人取保候审;同时,将担保财产扩大为现金、房地产抵押、有价证券、车辆等,这样可以使无法支付现金的流动人员通过抵押在老家的房产或者是其他物品而获得取保候审。条件允许的情形下,甚至可以试点分期支付保证金的制度,即对于在取保候审期间有固定工作及收入来源的流动人员犯罪嫌疑人,可以要求其每月定期支付收入的一定比例作为保证金,从而使因无法一次性支付保证金的流动人员犯罪嫌疑人获得取保候审的机会。

最后,增加取保候审的保证方式。对于无法提供保证人和保证金的流动人员犯罪嫌疑人,也可以尝试适用“具结保证”这一保证方式,即犯罪嫌疑人仅需要通过在保证书上签字承诺遵守取保候审的义务就可以获得取保候审的机会,而不附加其他任何保证条件。但是,由于具结保证不像“财保”有保证金作为“抵押”,也不像“人保”那样有保证人进行担保,更多的是形式上的保证功能,而没有外界约束性的措施,主要依靠犯罪嫌疑人自身的自觉遵守。因此,在具体适用具结保证方式时,需要严格控制适用对象,即具结保证只适用于既无法提供保证人又不能提供保证金的犯罪嫌疑人,且在取保候审期间犯罪嫌疑人能够靠自觉履行取保候审义务。在具体适用对象的挑选上,适用具结保证取保候审的犯罪嫌疑人条件应比适用“人保”“财保”方式的犯罪嫌疑人更为严格,这不仅体现在犯罪情节、可能判处的刑罚较轻等方面,更要体现在犯罪嫌疑人的悔罪表现、认罪态度更好等方面。

(四)引入取保候审风险评估,强化监管惩戒

关于社会危险性的具体含义,新《刑事诉讼法》第 79 条有明确规定,但该规定适用于所有犯罪嫌疑人的社会危险性判断,并不区分流动人员还是常住人员,无法体现流动人员的专有特征,因此有必要针对流动人员制定专门的风险评估机制。所谓流动人员取保候审风险评估机制,是指对申请取保候审的流动人员社会危险性进行量化评价的制度。关于社会危险性认定,应从犯罪嫌疑人、被告人平时表现、犯中表现、犯后表现三方面出发制定出明确、统一的判断社会危险性的标准。因此,通过对案件性质、犯罪嫌疑人日常表现的分析和归纳来确定他的社会危险性大小,是相对合理和科学的,即通过对于案件性质、犯罪嫌疑人品行的调查等方面,综合判断其社会危险性的大小。为此,在实践中对社会危险性的审查,主要包括以下几个方面:一是看犯前的行为表现,在此次犯罪前嫌疑人有无犯罪记录,是否惯犯、累犯。二是看犯罪案件性质,是否故意犯罪,是否暴力犯罪,是共同犯罪还是单独作案。三是看在犯罪中的具体行为表现,如作案手段、地位、作用等。四是看犯罪后的行为表现,有无自首、积极退赃、主动赔偿、立功等情节。五是看犯罪嫌疑人在生理上是否有特殊情况。

经过以上几个步骤的审查,然后再对犯罪嫌疑人的社会危险性进行综合评估,确定

其有无社会危险性、社会危险性大小，从而来判断有无逮捕必要。当然，在具体的操作中，应严格设计评估项目，使评估程序化、定量化、全面化等。也有学者提出了与此相类似的做法，建议建立取保候审前的全面调查制度，即案件承办人对准备采取取保候审的犯罪嫌疑人，除掌握其涉嫌的犯罪情况外，还应当对其家庭情况、学习情况、工作情况、成长经历、社会关系、性格特征等资料进行全面的调查，为正确做出是否取保候审的决定做好准备。[①] 需要说明的是，审查社会危险性的时限过短，短时间内启动对流动人员社会危险性的调查制度，时间紧张，可操作空间不大。因此，对申请取保候审的流动人员，其社会危险性判断有必要提前，由侦查机关在侦查案件事实的同时，尤其要注重调取判断嫌疑人社会危险性的相关材料，并在提请拘留、逮捕时随卷移送审批。

当然，强化流动人口取保候审人的法律意识，减少"无意识"的脱保行为同样重要。流动人员法律意识较一般社会公众更为薄弱，也是影响流动人员取保候审适用的重要因素之一。司法机关在讯问犯罪嫌疑人时，应充分告知犯罪嫌疑人享有申请取保候审等权利，在犯罪嫌疑人提出聘请辩护律师时，应如实地将其要求转到犯罪嫌疑人的法定代理人、亲友等关系人，符合申请法律援助的犯罪嫌疑人，应依法为其提供法律援助。

犯罪嫌疑人取保候审后脱保的，既可能是为了逃避法律追究的有意脱保行为，也可能是无意识的脱保行为，即根本不清楚自己取保候审期间应承担的义务，也不清楚脱保后的法律后果。对于有意的脱保行为，对不宜取保候审的犯罪嫌疑人适用了取保候审措施，实践中难以避免。但对于无意识的脱保行为，大部分发生于流动人员取保候审犯罪嫌疑人之中，只要侦查机关措施得当，完全是可以避免的。这种"无意识"的脱保行为，不仅损害了被取保候审人的自身利益，也是对司法资源的浪费，要避免此类脱保行为，要求公安、检察等司法机关在对犯罪嫌疑人取保候审时，充分履行告知义务，同时要求保证人切实履行其法律责任。一方面，侦查机关在对涉罪的流动人员取保候审时，应详细向其讲解取保候审的相关法律规定，明确告知其被取保候审后的权利义务，同时要求流动人员在《取保候审权利义务告知书》上签名留存，将一份原件与取保候审决定书一起交予被取保候审人；另一方面，承担保证责任的保证人、企业单位和社区组织，也应承担起对流动人员进行法律教育监管的任务，提醒被取保候审人应履行的权利义务，避免"无意识"脱保行为的发生。

实践中，流动人员取保候审的监管主要由犯罪地或居住地的县级公安机关所属的公安派出所民警具体承担，由于公安民警的任务繁重等原因，被取保候审人实际上处于无人管的状态，这种监管形同虚设，更多地取决于犯罪嫌疑人的自觉，而这也是流动人员取保候审后脱保的重要原因之一。在司法实践中，取保候审的适用，由哪个机关进行监督，如何实行监督，违法取保候审如何纠正等，刑事诉讼法没有明确规定，对取保候审适用的法律监督是一个空白。我们认为，建立和完善取保候审的监管机制，缓解公安派出所的监管压力，强化对流动人员取保候审的监管力度，应该从以下几方面着手。

第一，将公安派出所监管与社区矫正的发展相结合，发挥社区在基层监管中的积极

① 刘立霞等：《品格证据在刑事案件中的运用》，中国检察出版社 2008 年版，第 110 页。

作用。对于流动人员取保候审的监管,应充分整合利用社区的资源,开展针对性的法制教育、技能培训等。不仅要挖掘现有社区矫正工作人员的作用,也可以针对不同的被取保候审人指定具体的监管人员,如社区志愿者等,为被取保候审人提供工作、生活、法制教育等全方面的帮助,使他们能够更好地融入社会、接受监管。

第二,积极调动企事业单位等社会组织的社会责任感,发挥公司企业在监管中的特有作用。让公司企业参与到对流动人员的取保候审期间的监管工作,既能保证流动人员在经济上损失最小化,又能利用公司企业与流动人员的工作联系来加强对于流动人员的监管。当然,对于积极参与流动人员取保候审的企业等社会组织,应该设立相应的激励奖惩机制,以使得更多的企业和单位参与进来,承担法律赋予其的社会责任。

第三,引入电子监控等科技手段,加强对无固定住所、稳定工作的流动人员的监管。流动人员有固定住所的,可以利用其所居住社区进行监管;流动人口有稳定工作的,可以依靠其工作单位进行监管。当流动人员既无固定住所,又无稳定工作时,则可以引入电子监控技术,依靠科技对其实施动态监管。电子监控技术监管被取保候审人是国外对被保释人进行监管的一种方式。

最后,更新取保候审的监管理念,采用主动汇报与被动监管相结合的监管方式。目前,被取保候审人在取保候审期间承担的义务大多为"被动义务",即被动接受公安机关等司法机构的监管。由于当前基层公安机关负担着各类治安管理职能,在很大程度上对被取保候审人的监管落实不到位或者执行监管职责缺位,致使犯罪嫌疑人游离在监管之外。例如,在被动监管的同时,增加流动人员主动汇报义务,即被取保候审流动人员主动定期向基层公安机关、基层组织报告其各项遵守规定情况,未定期报告的视为逃避监管或以违法加以惩处。这既能有效提高监管力度,又能减轻基层工作负担,更有效地履行对流动人员取保候审的监管职责。

专题四:系列环境污染事件调查分析

一、系列环境污染事件

事件1:南京江宁遭23家选矿厂污染　居民举报后法院查封[①]

【事件经过】2007年春节后,南京市市长信箱连续收到了江宁区铜井红幕社区水先生等人的投诉:"我们那里与马鞍山搭界,有很多选矿厂水污染严重。晴天一身灰,雨天一身泥,还深受尾砂和重金属的污染,救救我们吧!"投诉人都是江宁区江宁街道、横溪街道的老百姓,他们称,自从选矿企业进驻后,企业是发财,但他们的日子难过了。

所谓选矿厂,就是专门从石料里选出铁矿的企业,都是些污染大户。接到投诉后,南京市安全生产监督管理局、国土资源局和环保局三部门于3月28日展开联合调查,认为江宁区选矿厂对居民健康影响严重,强烈建议立即关闭,南京市领导作了批示。

---

① 赵兴武等:"南京江宁遭23家选矿厂污染　居民举报后法院查封",载《扬子晚报》2008年11月12日。

2007年10月,江宁区对辖区内23家选矿厂作出责令关闭和停止生产的决定。然而,处罚决定送达生效后,23家污染企业不理不睬,在暴利的驱使下继续生产。环保局无奈向法院申请强制执行,彻底关闭23家选矿厂。

接到申请执行书后,江宁法院多次前往上述选矿厂。行政庭人员冒着酷暑,逐一前往23家企业找法人谈话,释明法律,并要求他们自觉履行区环保局处罚决定书的内容。经法官苦口婆心劝说,23家企业中有7家企业自觉停止了选矿项目的生产,但仍有一些企业"软对抗",不合作,不暴力。

今年7月23日,江宁法院会同横溪街道的公安、工商、环保、电力等部门,前往横溪境内的5家污染企业采取强制执行措施。经努力,横溪境内未主动停止选矿项目生产的5家污染企业被全部查封。9月27日,执行小组又前往9家选矿企业强制执行。因铜井境内有几家选矿企业紧邻安徽,道路不通,干警们只能步行到现场。工人们在矿主煽动下企图阻碍执法,阻挡查封,局面紧张。面对不明真相的工人,干警们反复做思想工作,讲明这些企业不仅危害当前,更危害子孙。最终工人们闪开了道路,15台大型机械和配电房均被贴上了封条。

【法官点评】水更清、山更绿,可持续发展,是科学发展观的重要内容,也是关注民生的具体实践。今年以来,南京市共受理行政机关申请强制执行的非诉行政执行案件543件,涉及环保、城建等领域。法院依法加大执行力度,既促进了社会发展建设,又维护了百姓最直接最现实的利益。

事件2:江宁区环境污染治理取得显著成效①

2012年以来,江宁区统筹经济发展与环境保护,始终把环境保护、生态建设作为事关发展全局的刚性任务、约束指标,与经济社会发展同时决策、同时部署、同时推进、同时考核,并通过行政推动、工程保障、经济挂钩、技术支撑、制度倒逼等措施,加强环境污染治理,并取得了明显成效。

开展清洁生产。推动407家企业开展环境行为评价,18家企业循环经济试点示范,28家企业清洁生产审核,36家企业环境污染责任险承保。加强危险废物和放射源的监管,工业危险废物、医疗废物分类收集和安全处置,集中处置了三家电镀厂1211.45吨电镀危废;推进铜井静脉产业园、污水处理厂污泥处置能力建设;协调卫生部门监督设置24个医疗废物暂存点,医疗废物集中处置率达100%。

粉尘烟尘治理。淘汰水泥行业机立窑生产线2条,拆除各种窖炉、锅炉29台,10家规模餐饮企业安装了油烟净化在线监控设施。启动协鑫电厂脱硝工程建设,完成5家企业工业废气治理,有效监督上海大众汽车公司2台容量35蒸吨/小时锅炉脱硫设备稳定运行,并实现稳定达标排放。

保障水源安全。探索区域河道属地管理"河长制"试点,推进外港河上坊段、殷巷一纵沟、二纵沟、武夷沟、玉带圩等黑臭河流整治和10个畜禽养殖沼气项目、4个秸秆沼气

---

① http://www.jiangning.gov.cn/hxjgzdt/114689.htm,最后访问时间:2015年8月13日。

项目建设，完成78家餐饮企业、42家“三高两低”企业、13家规模化养殖场的关停整治和12个突出环境问题的挂牌督办，被列为影响饮用水源安全的“老大难”问题——江宁街道3家小铁厂、滨江水厂周边5家化工企业、9家砂石码头船厂全部关闭。

事件3：江宁区3起环境问题14人被问责[①]

2014年4月24日下午，市纪委、市督察办发出“大干一百天、环境大扫除”环境专项整治行动第7号问责通报，江宁区委、区政府对3起环境“脏乱差破”问题的14名相关责任人进行了集中问责。

（1）江宁区麒麟街道建南社区“黑作坊”环境污染麒麟街道副主任范长虎被停职检查。

【问题直击】4月19日至21日，南京电视台、南京日报等媒体连续报道了江宁区麒麟街道建南社区“黑作坊”环境污染问题。

经查，江宁区麒麟街道建南社区龙虎山有4家塑料加工作坊、1家服装加工作坊，均系无证经营，并对龙虎山内环境造成污染。2014年1月至4月，江宁区12345热线数次接到群众投诉，街道及相关部门虽多次协调但均未解决问题。麒麟街道及工商、环保部门监管不严，解决措施不力，管理职责履行不到位。

【处理情况】根据《行政机关公务员处分条例》《南京市党政领导干部问责办法（试行）》等有关规定，给予麒麟街道办事处副主任范长虎行政记过处分，同时给予停职检查处理；给予区环境监察大队副大队长石长青行政记过处分；给予汤山工商所所长马爱军党内警告处分；给予麒麟街道建南社区党总支书记叶霞党内严重警告处分；给予麒麟街道办事处主任易强告诫并通报批评处理；给予区环保局副局长范红军、区工商分局副调研员黄卫胜通报批评处理。

（2）江宁区东山街道南方花园商业街等处环境脏乱差东山街道副主任蒋万龙被责令作出检查。

【问题直击】4月19日至21日，南京电视台、南京日报等媒体连续报道了江宁区东山街道多处存在环境脏乱差问题。

经查，江宁区东山街道南方花园商业街道路两侧污水四溢，车辆乱停乱放；天地新城步行街道路两边商户占道经营；玉靖花园小区绿化带上车辆随意停放，多处绿化被毁；鞭鞍河河面有垃圾；双龙别墅园石狮旁、土山路内有杂物垃圾堆放；岔路口中弛路属“断头路”，几年未修，并有建筑垃圾堆放。东山街道管理不善，监管措施不力，履行管理职责不到位。

【处理情况】根据《南京市党政领导干部问责办法（试行）》等有关规定，给予东山街道市容中队分队长徐宜秋免职处理；给予东山街道分管城管工作的副主任蒋万龙责令作出检查并通报批评处理；给予东山街道东山社区主任陈延俊，东山街道岔路社区主任赵章勇，东山街道市容中队队长、物管办主任易祥发告诫并责令作出检查

---

① 许震宁：“南京江宁区3起环境问题14人被问责”，载《南京日报》2014年4月25日。

处理。

（3）江宁高新园义乌小商品城等处环境脏乱差高新园综管办主任徐颂波被告诫并责令作出检查。

【问题直击】4月19日至21日，南京电视台、南京日报等媒体连续报道了江宁高新园多处存在环境脏乱差问题。

经查，江宁高新园义乌小商品城商户门前堆放货物、建材等，道路设施破损；吉印大道、务本路、龙眠大道、江宁汽车客运站有建筑、生活垃圾堆放；天景山如意苑小区公厕建设设施不全两年未开放。江宁高新园履行管理职责不到位。

【处理情况】根据《南京市党政领导干部问责办法（试行）》等有关规定，给予高新园综管办主任徐颂波、高新园综管办大学城中队中队长蔡涛告诫并责令作出检查处理。

二、综合评议[①]

在对江宁区法院近10年来环境污染案件的调查分析中，发现尽管江宁区作为苏南的工业重地，环境污染问题并不太乐观，但其刑事判决数量较少，大量的环境污染案件是通过刑事法律之前的其他部门法解决的，这在2011年我国刑法关于环境犯罪做出重大修改后，这一立场并未动摇。因此，环境犯罪的惩处并未走向早期化。应当说，这恰恰是当前及将来相当长时间内我国刑法应坚守的基本立场。

（一）突出的问题

现行刑法以9个条文15个罪名的形式对环境资源进行了保护，它们类型上通常被划分为污染型环境犯罪和破坏型环境犯罪两种，其中污染环境罪、非法处置进口的固体废物罪和擅自进口固体废物罪属于污染型环境犯罪，其他的属于破坏型环境犯罪。从修法的角度来看，仅1997年刑法至今在严密刑事法网（包括罪和刑）的意义上该部分直接变动的条文就达2/3，它们分别涉及《中华人民共和国刑法修正案（二）》《中华人民共和国刑法修正案（四）》（以下简称《修（四）》）和《中华人民共和国刑法修正案（八）》（以下简称《修（八）》）。很明显，这种环境犯罪修法的力度在域内外十分罕见。虽然破坏型环境犯罪在严密刑事法网时大体坚守了刑法的谦抑主义，但最新的修正案在降低污染环境罪（第338条）入罪门槛时已经打开了危险犯进入的通道，在“风险刑法”理论、积极的一般预防理论与生态环境理念等浪潮推动下，环境法益保护的早期化和精神化观念正聚集成一股强大的力量冲击着传统刑法的谦抑主义。

然而，由于“风险刑法”理论带有一定的反法治色彩，[②]而积极的一般预防理论与生态环境理念都存在严重的弊端，因此，环境法益保护的早期化和精神化无疑是一个值得警惕的现象。实际上，尽管《修（八）》在污染环境罪的最新表述上采用了“严重污染环境”的字样，但刑法的基本立场在立法者相关的条文说明中并不难得知，且2013年6月17日最高人民法院、最高人民检察院《关于办理环境污染刑事案件适用法律若干问题的

---

① 作为此次调查的重点，以下内容的核心观点已刊载于《政治与法律》2015年第7期。

② 参见刘艳红：“‘风险刑法’理论不能动摇刑法谦抑主义”，载《法商研究》2011年第4期。

解释》(以下简称《环境污染刑事解释》)在污染环境罪危险犯上所体现的谨慎态度,也说明环境法益保护的早期化和精神化不是对现实的描述,也似乎不是对可见将来的预期。相反地,环境犯罪的惩处宜在传统刑法框架下恪守谦抑主义。

(二)环境犯罪惩处的提前化会冲击刑法的谦抑性

毋庸置疑,近几十年来科技的飞速进步推动了社会的急剧发展,相应地大陆法系成文法国家出现了前所未有的刑事立法活跃化现象。例如,日本的立法早已打破了以往的"沉默",刑事立法进入了活跃期,"刑罚积极主义""政治化"等是其醒目的标志。① 对此,我国部分学者也进行了介绍和评价,代表性的有张明楷教授②和黎宏教授③。不过,在我国活跃的刑事立法背景下环境犯罪的相关变动,与其说是在入罪化的思维模式下法益保护的提前化,不如说是在入罪化的思维模式下对刑法谦抑主义的遵循。

1. 我国刑法在谦抑性上的表达

尽管我国刑事立法在犯罪化的道路上卓有成效,但遵循刑法谦抑性,停止犯罪化的刑事立法,才是我国刑事法治的应然之路,④我国刑法第13条"但书"是刑法谦抑性的直观表达。可以认为,刑法谦抑性的重要内容就是限缩犯罪圈,扩张犯罪圈的犯罪化以及作为犯罪化必要内容的法益保护的早期化和精神化,会削弱刑法谦抑性,冲击"但书"条款。

追溯渊源,恪守刑法谦抑主义绕不开里程碑式的"一厘事件"。所谓"一厘事件",指受政府(专卖局)委托栽培烟草的被告人负有将生产的烟叶全部交给政府的义务,但他却随意吸食了其中一叶——按当时的价格值一厘钱,该事件被以违反烟草专卖法而起诉,但日本大审院否定了犯罪的成立。⑤ 审视"一厘事件"的背景不难发现,此时的日本刑法完全继受了德国古典犯罪论体系,该体系将构成要件设定为客观、描述性、价值中立的行为外部形象,而在违法性阶层仅以法定的违法性阻却事由为限。并且,此时刑事诉讼法上微害不起诉及缓起诉理论尚未成型,故司法实务中该类案件一般会进入审判程序。因此,对于进入了审判程序的该类案件,若依据古典犯罪论体系严格入罪,则会限刑法于苛严之泥潭,也会破坏刑法作为维持社会秩序之最后手段的有效性,并抵触自罗马法以后就形成并逐步为各国法律实践所遵循的"法不关微事""法官不管小事"等理念。于是,为克服古典犯罪论体系在以法定的违法性阻却事由为违法性全部内容所导致的缺陷,在违法性阶层扩张实质性判断内容(如该案判决中的"不存在什么应该视为危险的状况"⑥)以限缩犯罪圈,遂成为不二法门。

---

① 参见[日]亀井源太郎著:《刑事立法と刑事法学》,弘文堂2010年版,第7~8页。

② 参见张明楷:"日本刑法的发展及其启示",载《当代法学》2006年第1期;张明楷:"司法上的犯罪化与非犯罪化",载《法学家》2008年第4期。

③ 参见黎宏:"日本刑事立法犯罪化与重刑化研究",载《人民检察》2014年第21期;黎宏:"法益论的研究现状和展望",载《人民检察》2013年第7期。

④ 参见刘艳红:"我国应该停止犯罪化的刑事立法",载《法学》2011年第11期。

⑤ 参见大判明治43年(1910年)10月11日刑录16辑1620页。转引自[日]大塚仁:《犯罪论的基本问题》,冯军译,中国政法大学出版社1993年版,第121页。

⑥ 参见[日]大塚仁著:《犯罪论的基本问题》,冯军译,中国政法大学出版社1993年版,第121页。

阶层化犯罪论体系的实质性变化、微害不起诉/缓起诉制度的发展与完善、亲告罪制度的发展等让犯罪圈的限缩对实质违法性阶层所具有的过滤机制的直接依赖大大降低,但这种对违法性阶层过滤机制的“消极态度”并不是对限缩犯罪圈的反动,刑法谦抑性并未根本性地动摇。较为典型的是我国刑法总则第22条、第23条分别规定了犯罪预备和犯罪未遂,在刑法分则个罪未列举式地明确犯罪预备和未遂的处罚时,司法实践中个罪的预备和未遂并非都是原则性处罚。相反地,个罪的预备和未遂呈现出限制性处罚态势,其中刑法总则第22条、第23条划定的范围与第13条“但书”确定的范围之间的差额就是实际的处罚范围(包括部分通过司法解释等明确的)。此外,如后文所述我国罪刑法定原则在表述上包含的积极侧面,也削弱了刑法的谦抑性。但是,我国刑法谦抑性所具有的这些瑕疵,并不会根本性地否定谦抑性本身的存在,也就是说在刑法谦抑性的表达上我国刑法有着自身的“特色”。

2. 我国环境犯罪的惩处重在谦抑性而非提前化

就环境犯罪而言,剔除较少体现环境法益保护提前化的过失犯罪,再排除受刑法谦抑性节制十分明显的“情节”“数量”“结果”(包括“后果”)等罪名,将剩下污染环境罪(第338条)、非法处置进口的固体废物罪(第339条)、非法猎捕、杀害珍贵、濒危野生动物罪(第341条)、非法收购、运输、出售珍贵、濒危野生动物、珍贵、濒危野生动物制品罪(第341条)、破坏性采矿罪(第343条)、非法采伐、毁坏国家重点保护植物罪(第344条)、非法收购、运输、加工、出售国家重点保护植物、国家重点保护植物制品罪(第344条)7个罪名。同时,考虑到2003年5月29日最高人民法院《关于审理非法采矿、破坏性采矿刑事案件具体应用法律若干问题的解释》第5条、第6条、第7条等以“数额”对破坏性采矿罪中的“矿产资源严重破坏”进行了限制解释,因此,真正需要说明的是剩下的6个罪名。

(1)污染环境罪对法益保护的提前化持相对谨慎的立场。我国传统刑法理论认为污染环境罪的主观方面是过失,[①]但《修(八)》之后部分学者主张“本罪的责任形式为故意”,[②]甚至有学者主张本罪的罪过形式是“故意与过失说”。[③] 不可否认,污染环境罪经过《修(八)》修改后,“严重污染环境”及《环境污染刑事解释》在强化“结果无价值”的同时扩张了对“行为无价值”的刑法管制。如果据此认为污染环境罪已经舍弃了刑法谦抑主义走向了环境法保护的提前化,则无疑陷入了误区。虽然《修(八)》前后的污染环境罪(之前名称是重大环境污染事故罪)的保护法益都是环境法益,但修订前的环境法益对与环境污染存在因果关系的财产法益或人身法益具有依附性,因为原条文中“致使公私财产遭受重大损失或者人身伤亡的严重后果”是该类污染型环境犯罪成立的必备要件。显然,“致使公私财产遭受重大损失或者人身伤亡的严重后果”是对“结果无价值”的强调。修订后的环境法益保护形式上取消了对环境污染具有因果关系的财产法

---

① 参见高铭暄、马克昌主编:《刑法学》(第5版),北京大学出版社、高等教育出版社2011年版,第580页。

② 张明楷著:《刑法学》(第4版),法律出版社2011年版,第995页。

③ 参见张铎:“污染环境罪罪过形式探究”,载《湖北警官学院学报》2014年第1期。

益或人身法益的依附,这似乎有使本罪走向“行为无价值”的倾向。其实,将污染环境罪法条简化为“违反……规定,排放、倾倒或者处置……有害物质,严重污染环境的,处……”后,不难发现“严重污染环境”既可以是一种结果(结果型),是违规行为、排放/倾倒/处置行为的结果,类似于原法条中的“造成重大环境污染事故”;也可以是一种行为状态或行为属性(行为型),是违规行为、排放/倾倒/处置行为危害环境法益的属性表现。在《环境污染刑事解释》第1条对“严重污染环境”14种情形的列举中,除第14项是兜底性规定外,其余13项既有属于结果型的情形(如致人重伤),又有属于行为型的情形(如在饮用水源一级保护区倾倒有毒物质),且前者的数量远多于后者。因此,变动后的污染环境罪在入罪上不是以“行为无价值”代替了“结果无价值”,也不是在“行为无价值”和“结果无价值”上等量齐观,在“结果无价值”基础上对“行为无价值”进行了必要的照顾才是我国刑法的准确立场。也就是说,污染环境罪在法益保护的提前化上相当谨慎,而《环境污染刑事解释》对“严重污染环境”的一系列量化规定,不是对“但书”规定的妥协,而是对“但书”规定的实质性遵循,这有力地贯彻了刑法的谦抑主义。类似地,德国刑法在法益保护的早期化和精神化上相当谨慎,因为法益保护原则的功能在危险犯的情况有其极限,Wohlers、Hefendehl等学者就一直强调“犯罪结构”(预备犯和危险犯)对法益原则补充的必要性。① 可见,类似于“本罪从结果犯转变为危险犯”②的结论未免过于武断、草率。同时,能够体现污染环境罪在法益保护提前化上相对谨慎的是对“删去了”的“土地、水体、大气”字样的说明。《修(八)》“删去了”原第338条中“土地、水体、大气”字样,这被不少学者视为严密刑事法网的一大举措,③但同时期的立法说明特别强调:“《刑法修正案(八)》删去了原来条文中规定的排放、倾倒、处置行为的对象,即‘土地、水体、大气’,这只是文字修改,使条文更简练,实际上,排放、倾倒、处置行为的对象,通常情况下仍然是土地、水体、大气。”④也就是说,尽管条文的上述变动的确能够扩大污染环境罪的处罚范围,但立法者对变动条文所作的“删去”解读只是形式上的,基于立法技术的简练需求所作的省略解读才是实质性的,立法者的这种谨慎态度很难说与刑法的谦抑性无关。此外,在《环境污染刑事解释》第10条关于“有毒物质”明细规定的情形下,司法实践对于“有毒物质”以及与之相当的“放射性的废物”“含传染病病原体的废物”“危险废物”范围的确定十分谨慎,是符合刑法谦抑主义的限缩解释立场。

(2)非法处置进口的固体废物罪与法益保护的提前化关系不大。非法处置进口的固体废物罪同污染环境罪一样属于污染型环境犯罪,该罪通常被视为入罪门槛较低的抽象危险犯(行为犯),即只要对进口的固体废物进行非法“倾倒、堆放、处置”就成立犯罪。的确,本罪入罪的行为犯规定,易产生我国环境法益保护的提前化误解,但是只要稍微研究一下同时期的立法说明,该问题就会迎刃而解。事实上,我国刑法对非法处置

---

① 参见[德]Claus Roxin:“法益讨论的新发展”,载《月旦法学杂志》2011年第211期。

② 王勇:“环境犯罪立法:理念转换与趋势前瞻”,载《当代法学》2014年第3期。

③ 参见郭世杰:“从重大环境污染事故罪到污染环境罪的理念嬗递”,载《中国刑事法杂志》2013年第8期。

④ 全国人大常委会法制工作委员会刑法室编:《〈中华人民共和国刑法修正案(八)〉条文说明、立法理由及相关规定》,北京大学出版社2011年版,第177页。

进口的固体废物罪的规定,更多的是纳入了相关国际条约内容以宣誓和维护我国的国家主权。为了限制发达国家转移污染和保护发展中国家免受污染转移之害,1989 年《控制危险废物越境转移及其处置书巴塞尔公约》(以下简称《巴塞尔公约》)在瑞士通过,它规定任何国家均享有禁止该公约所指危险废物自外国进入其领土或者在其领土内处置的"主权权利";我国于 1990 年签署了《巴塞尔公约》,刑法对进口的固体废物的严格保护"表达了我国政府在这个问题上的明确态度"。① 况且 1997 年修订刑法时我国的法益理论在总体上尚处于欠发达时期,更遑论用以该理论为基础的法益保护的提前化理念来指导环境犯罪立法,而此后的刑法修订并未涉及非法处置进口的固体废物罪。同时,《巴塞尔公约》限制发达国家向发展中国家转移污染,与大陆法系国家基于法益理论对环境保护的严格化关系不大,因此,对非法处置进口的固体废物罪作(域外)法益保护提前化的解读明显欠缺正当的依据。至于部分学者批评非法处置进口的固体废物罪存在仅处罚单向进口行为而不包括出口行为的不足问题,②明显是忽视了该罪为保护我国作为发展中国家主权利益的立法背景,从而导致了认识上的错误。

(3)针对野生动物(制品)和国家重点保护植物(制品)的犯罪并非以法益保护的提前化为基础。我国刑法第 341 条和第 344 条共规定了非法猎捕、杀害珍贵、濒危野生动物罪、非法收购、运输、出售珍贵、濒危野生动物、珍贵、濒危野生动物制品罪、非法采伐、毁坏国家重点保护植物罪和非法收购、运输、加工、出售国家重点保护植物、国家重点保护植物制品罪四个选择性罪名,它们是针对野生动物(制品)和国家重点保护植物(制品)的犯罪,都属于破坏型环境犯罪。野生动物和珍贵植物是我国的稀缺资源,具有"不可替代性和难以恢复性"的特点,在追求经济发展和维护生态平衡上,对特定的野生动物和珍贵植物进行严格保护是可持续发展的必然要求,即我国刑法第 341 条和第 344 条背后的依据是"维护生态平衡""维护自然界可持续发展"等理念。③ 当法益理论在我国兴起之后,以法益理论"填充"第 341 条和第 344 条罪名的基础具有一定的可行性,且环境法益保护的提前化与可持续发展理念之间具有兼容性,但据此颠倒逻辑主张刑法第 341 条和第 344 条以法益保护的提前化为基础,则是不符合实际的"喧宾夺主"论调。另外,《修(四)》第 6 条对于 344 条的修订涉及两个方面:一是将"珍贵树木"扩大到国家重点保护的所有植物及其制品;二是将犯罪行为从"非法采伐、毁坏"增加到"非法收购、运输、加工、出售"。就前者而言,导致刑法保护对象扩大的直接原因是对"具有重要科研、生态价值的植物"的违法活动日益猖獗危及"维持自然界可持续发展",④尽管此时我国的法益理论获得了重大发展,但将二者直接挂钩或以法益保护的提前化作为修

---

① 参见全国人大常委会法制工作委员会刑法室编:《〈中华人民共和国刑法〉条文说明、立法理由及相关规定》,北京大学出版社 2009 年版,第 686 页。

② 参见钱小平:"环境刑法立法的西方经验与中国借鉴",载《政治与法律》2014 年第 3 期。

③ 参见全国人大常委会法制工作委员会刑法室编:《〈中华人民共和国刑法〉条文说明、立法理由及相关规定》,北京大学出版社 2009 年版,第 691 页、第 700 页。

④ 参见全国人大常委会法制工作委员会刑法室编:《〈中华人民共和国刑法〉条文说明、立法理由及相关规定》,北京大学出版社 2009 年版,第 700 页。

法时的解释基础似乎较为牵强。就后者而言，用环境法益保护的提前化来解释此次入罪化的“非法收购、运输、加工、出售”行为也很牵强，毕竟第341条早就将“非法收购、运输、出售”行为入罪化，如前文所述它与环境法益保护的提前化不具有直接的关系。

实际上，在环境犯罪上，法益保护的早期化和精神化是一条消解法益之路，它超越了我国刑法当前所处的发展阶段。法益理论是近代以来刑法的支柱之一，是刑事立法的基础，保护法益更是刑法的直接任务之一，法益损害与否是有无刑事不法的标志，且不同法益会影响不法构成要件的效果和处罚的轻重。但是，如果将环境犯罪保护法益早期化和精神化，那么将导致环境法益的具体内容不是刑法关注的重点，行为是否造成了不确定范围的法益损害才是关键，这种法益的早期化、抽象化难免引发法益边界的漫无边际，消解法益概念也就成为了逻辑上的当然结论，而冲击刑法的谦抑性更是不言而喻，但我国当前刑法所处的发展阶段并不足以让我们抛弃作为近代刑法支柱之一的法益概念，否则我国刑法在走向“万能”时也将堕入刑法终结命运。

（三）环境犯罪惩处提前化之依据批判

迄今为止，在环境惩处的提前化论调中，作为环境法益保护的早期化和精神化的依据，总结起来主要有“风险刑法”理论、积极的一般预防理论和生态环境法益观三种。不过，仔细研究后会发现，这三大依据都是难以站得住脚的。

1.“风险刑法”理论依据之批判

“风险刑法”理论主张依托刑法对社会造成风险的行为进行惩处，来实现对风险的管控。应当说，这种主张的美好期待难以实现。在传统的自然犯领域，如果强行贯彻“风险刑法”理论，那么无异于复辟恐怖的意思刑法（行为人刑法）。以强奸罪为例，基于“风险刑法”理论来管控强奸，即在质疑强奸行为实施完毕或危害结果出现后给予严厉惩处的益处下，主张“在行为实施之前采取提前的实际警戒和保障可以阻止危害结果的发生”，①这样所谓的法益保护的早期化和精神化，难免导致“实行行为”的抽象化和扩大化，甚至导致犯罪的惩处与“实行行为”、行为关系不大，而定罪对行为人主观方面的依赖一旦与行为发生了松绑或脱离，惩处犯罪人就会误入惩处“人”的危险境地，这是背离现代刑法以“人”为目的的法治之路的，是意思刑法的复辟，以往的刑法发展史有着惨痛和深刻的教训。

鉴于“风险刑法”理论潜伏着上述危机，将“风险刑法”的作用领域局限于法定犯，是近年来一种相当流行的观点。例如，有学者在“风险刑法”是传统刑法的一种补充基础上，对“风险刑法”的作用领域作了严格限制，其中导致环境污染、自然资源破坏的环境犯罪被认为是“风险刑法”的重要作用领域。② 不可否认，社会的发展的确给传统刑法带来了不少新的挑战和新的问题，但解决之道远非是将传统刑法向“风险刑法”

---

① 薛晓源、刘国良：“法治时代的危险、风险与和谐——德国著名法学家、波恩大学法学院院长乌·金德霍伊泽尔教授访谈录”，载《马克思主义与现实》2005年第3期。

② 参见利子平、石聚航：“我国风险刑法理论研究中的三大理论误区”，载《北京理工大学学报（社会科学版）》2013年第4期。

全面或部分转型那样简单。即便在环境犯罪这类法定犯领域,以“风险刑法”代替传统刑法进行犯罪的管控,也将出现不堪设想的后果。换言之,长久以来我国刑法在环境犯罪惩处上表现出的“软骨病”,绝不是通过一剂“风险刑法”补钙药方就能立竿见影地治愈的,在传统刑法之内和刑法之外双管齐下的解决,才是治疗这一“软骨病”的对症良药。

就传统刑法之内的解决而言,应对环境污染等问题的核心是谨守刑法的谦抑性,而不是刑法惩处的提前化。各国长久以来的实践证明,环境治理是涉及多元化的问题,绝非刑法这一部门法所能包办的。况且,“关于刑法处罚对环境污染的遏止效果问题,实证(犯罪学)研究一般认为效果不大。”①事实上,我国的环境污染问题早已不同程度地与经济发展、国防安全、社会稳定等一系列问题交织在一起。如在山西、河北、湖南等地大型工矿企业的污染问题的处理,就涉及国家的税收、地方经济、国防安全(军工企业)、数十万人的就业等问题,某些地区甚至出现了“污染也是民生”的尴尬现象,这让环境污染的治理一度进退两难,也加重了我国刑法在环境犯罪处理上的“软法”特色。因此,环境污染问题不同于原先的“醉驾”问题,前者既是一个法律问题,也是一个政治问题,而后者基本上是一个单纯的法律问题。譬如,近年来因屡次违法排污被报道的兰州石化事件,②其背后的利益纠葛就是适例。在此意义上,企图通过单纯的法律框架来完全解决不免过于理想化,而力图将法律解决的重任托付给刑法并通过环境法益保护的早期化和抽象化来处理,似乎更是缘木求鱼之道。例如,《环境污染刑事解释》第1条第5项对“严重污染环境”的解释包含了部分环境法益保护提前化内容,即“2年内曾因违反国家规定,排放、倾倒、处置有放射性的废物、含传染病病原体的废物、有毒物质受过2次以上行政处罚,又实施前列行为的。”这种粗放的入罪化处理方式未能有效地解决问题。首先,入罪标准的不明确妨碍了相关案件向司法部门的移送。例如,总部设在北京的A化工企业,分别在南京、武汉和兰州拥有B、C、D三处分公司,因分公司不具有法人资格,所以B、C、D的排污行为都由具有法人资格的A承担责任,那么,若南京的B分公司和兰州的D分公司2年内分别因排放有毒物质受到一次行政处罚,是否意味着作为总公司的A就会成立犯罪,还是说同一地区同一排污单位(如B)必须在2年内因排放有毒物质分别受到2次行政处罚A才成立犯罪?并且在跨地区的行政处罚所存在的一系列问题彻底解决之前,这样的规定都隐含着选择性执法等风险。定罪标准的不明确直接阻碍了相关案件向司法机关的移送,也削弱了上述规定的效力。其次,既有的国企与私企、央企与地方性企业之间的隐性不平等都可能造成他们在入罪与否、罪刑承担上的差异性。统计数据显示,该条自生效以来基本上处于休眠状态,刑法在此的“软骨病”并未得到根本改善。

---

① [瑞典]汉斯·舍格伦、约兰·斯科格编:《经济犯罪的新视角》,陈晓芳、廖志敏译,北京大学出版社2006年版,第66页。

② 参见吴少华:“中石油兰州石化公司屡次违法排污　社会责任何在”,载《科技鑫报》2015年1月10日第A1版。

就刑法之外的解决而言,我国环境污染等问题的日益严峻化,实难归咎于环境法益保护的“晚期化”和“具体化”,刑法之前其他部门法防线的薄弱才是主要原因。诚然,在环境污染等的治理上,最好的社会政策就是最好的刑事政策。但是,在我国相关的社会政策因主客观原因而未到位时,刑法之前其他部门法防线就显得尤为重要。特别是在违反环境立法带来的收益常常高于成本的客观现状下,民法、行政法等防线的脆弱都会导致牺牲环境成为市场主体的理性选择。其实,该问题的症结并非没有被认识到,但种种原因致使相关解决措施被搁置、敷衍、拖延而已。[①] 举例来说,如果行政法不在“饮用水水源一级保护区”“自然保护区核心区”上配套完成相应的保护机制,而是沿用当前这种各行政单位以及同一单位不同科室“分割”管理的模式,就会因开放的构成要件边界模糊而影响“刑罚的必定性”,并进而冲击它对犯罪最强有力的约束力量,[②]《修(八)》扩大犯罪圈以加强惩处环境犯罪的努力也难以实现。在明了真正的问题所在后,解决问题的着力点就明显不在于提前环境法益保护的防线,增加效果不大的犯罪人标签,而在于落实和加强民法、行政法等刑法之前部门法防线,提升环境违法成本。例如,涉及环境侵权案件民事判决书的强制公开、环境公益诉讼主体范围的扩大等。实际上,强化刑法之前的部门法防线在环境治理上的功效,一直以来都是国际社会的通行做法。例如,在上世纪中叶当德国鲁尔地区饱受环境污染之苦时,付诸实施的并不是刑法对环境法益保护的延伸,而是“高烟囱政策”这样的刑法之外的举措,[③]尽管这样的措施最终被证明是延缓矛盾的扬汤止沸之法,但后续问题的解决也是一条“综合治理”之路。其实,不少“风险刑法”的提倡者也十分重视非刑法措施的应用,如乌尔里希·齐白就看重“刑法外甚至也是法律外”刑事预防的替代措施。[④] 再将目光转向被国内学者视为法益保护的提前化和精神化的日本,福岛核事故可谓典型的污染环境的犯罪,但从事件的处理来看粗放的刑罚惩处提前化或重罚化并未出现,这也与东京电力公司等涉及国计民生有关,通过刑法之外的举措(如优化核反应堆结构设计、发展核能源替代措施)来最大化缓解、消除矛盾才是善后工作的重点。[⑤]

此外,风险概念的模糊不清导致了以此为依据的环境犯罪惩处的提前化成了无本之木。“风险刑法”创设了“风险”这一核心概念,但在“风险”概念之前传统刑法中存在“危险”概念,它与“实害”相对应,是“发生实害的危险”的简称。迄今为止,“风险”与“危险”之间是替代关系还是补充关系,抑或其他某种关系的问题并不能说已经解决了。例如,乌尔斯·金德霍伊泽尔更是批评在故意危险之前设置风险预测是多余的,并否定

① 参见梁冠华:“打击环境污染犯罪　守住生态文明底线”,载《南方法治报》2014年3月7日第3版。

② 参见[意]贝卡里亚著:《论犯罪与刑罚》,黄风译,中国法制出版社2005年版,第72页。

③ 参见刘丽荣:“鲁尔区如何实现华丽转身?”,载《中国环境报》2013年7月2日第6版。所谓高烟囱政策,是指将排污烟囱加高到300米,通过扩大排放空间,降低鲁尔地区空气中的污染物浓度,但由此造成了欧洲大面积的酸雨,变相扩散了污染,造成了严重的后果。

④ 参见[德]乌尔里希·齐白:“刑法的边界——马普外国与国际刑法研究所最新刑法研究项目的基础和挑战”,周遵友译,载赵秉志主编:《刑法论丛》,法律出版社2008年版,第251页。

⑤ 参见 http://zh. wikipedia. org/wiki/% E7% A6% 8F% E5% B3% B6% E6% A0% B8% E4% BA% 8B% E6% 95% 85,最后访问时间:2015年3月20日。

客观归责理论,[①]而在与“风险”概念存在密切联系的客观归责理论更多地被批评为造成了各个原则之间的相互重叠。[②] 另外,不同学者对“风险”的不同界定引发了这一概念内涵不清的尴尬,即使风险理论创始人之一的乌尔里希·贝克对“风险”的界定也会让人产生一种“雾里看花”的印象,如“风险归根到底不是任何具体的物,它是看不见的,是人的感官感觉不到的东西。它是一些社会构想,主要是通过知识、公众、正反两方面专家的参与、对因果关系的推测、费用的分摊以及责任体系而确立起来的。它是认识上的构想,因此总带有某种不确定性。”[③]由此招来的非议是许多欧洲学者将乌尔里希·贝克视为“广告员”在兜售一个哗众取宠的概念。这样,在逻辑上将环境犯罪惩处的提前化建构在一个内涵不确定的概念之上,其合理性值得怀疑。

2. 积极的一般预防理论依据之批判

积极的一般预防理论是德国刑法学两大重要成就之一,它在解决刑法“为什么处罚”的问题。[④] 积极的一般预防理论在扬弃消极的特殊预防基础上,不再用高举的棍棒相威胁,而是在总体上强化民众的“一般的法律意识”,具有一定的积极意义。然而,如果视积极的一般预防理论为治愈我国刑法在环境犯罪上的“软骨病”良方的话,则明显超越了合理期待,以积极的一般预防理论为依据来扩张环境法益保护的早期化和精神化,更是危险的“过量服药”。

因为在传统刑法那里,一般预防既不是无端幻想,也不是灵丹妙药,我国刑法对一般预防历来都十分重视,当前不是对一般预防强调得不够,而是过分依赖于一般预防,对它存在一定程度的幻想。[⑤] 从统计数据来看,1998 年至 2002 年,我国重特大环境污染事故发生了 387 起,但仅 25 起被追究了环境犯罪的刑事责任,即刑法惩处率为 6.5%,而 2003 年至 2007 年发生的 90 多起重特大环境污染事故,被追究刑事责任的仅 12 起,即刑法惩处率至多为 13.3%,2008 年被追究刑事责任的环境犯罪有 5 起,2009 年的仅 2 起。[⑥] 这种极低的刑事责任追究率几乎消解了对“刑罚的必定性”的确信,行为实质上构成犯罪与行为客观上不被追究刑事责任具有一定的等价性,由此,我国刑法关于环境犯罪的规定在进一步走向“软法化”时,入罪化和重刑化诉求难免因扭曲了的“刑法惩处不力”而扩大,刑法权威的树立与维持不得不依靠入罪化和重刑化。例如,部分学者主张“我国环境司法的结构性失调要求提高刑法的环境资源保护效能”。[⑦] 同时,比较一下同时期域内外环境犯罪的范围和刑罚配置会发现,无论是故意犯罪还是过失犯罪我国的

---

① 参见[德]乌尔斯·金德霍伊泽尔:“犯罪构造中的主观构成要件”,蔡桂生译,载陈兴良主编:《刑事法评论》第 30 卷,北京大学出版社 2012 年版,第 200 页以下。

② 参见许玉秀著:《主观与客观之间——主观理论与客观归责》,法律出版社 2008 年版,第 207 页。

③ 转引自薛晓源、刘国良:“全球风险世界:现在与未来——德国著名社会学家、风险社会理论创始人乌尔里希·贝克教授访谈录”,载《马克思主义与现实》2005 年第 1 期。

④ 参见[美]马库斯·德克·达博:《积极的一般预防与法益理论》,杨萌译,载陈兴良主编:《刑事法评论》第 21 卷,北京大学出版社 2007 年版,第 443 页。

⑤ 参见陈兴良著:《刑法哲学》(第 2 版),中国政法大学出版社 2000 年版,第 401 ~ 409 页。

⑥ 参见郄建荣:“环境犯罪为何游离于刑事处罚之外”,载《法制日报》2010 年 5 月 27 日第 11 版。

⑦ 参见焦艳鹏:“生态文明视野下生态环境法益的刑事法律保护”,载《法学评论》2013 年第 3 期。

范围并不狭窄,刑罚配置并不低,这在污染环境罪降低入罪门槛后更是如此。也就是说,在传统刑法框架下我国刑法对环境犯罪规制的效果,不是来自"刑罚的必定性",而是来自备受贝卡里亚批判的"联系着一线不受处罚希望的可怕刑罚"以及迷信刑法威力的扩大处罚范围——它们连接着一般预防的目的——但苛严的刑法配置在极低的刑事责任追究率下会削弱一般预防,将受刑罚追究归因于"运气不佳"是这种场合下的普遍心态。在此意义上,针对环境犯罪的规制,确切的方向不是盲目扩大犯罪圈和提升刑罚强度来强化一般预防,而是提高犯罪行为的刑事责任追究率,将既有的规定在司法中落在实处;同时,加强刑法之前的部门法防线对环境违法行为的规制,为我国的环境问题这一弊病"寻求社会的治疗方法"。[①] 这样将环境法益保护的早期化、抽象化与一般预防挂钩,对历来十分重视一般预防的我国刑法来说,只会是"过量服药","过犹不及"的疗效必将迫使二者进行一定程度的脱钩。

既然如此,那么立足于"风险刑法"将环境法益的刑法保护与一般预防相联系是否可行?譬如,德国学者乌尔里希·齐白主张为了应对"风险社会"的挑战,可以考虑刑法的延伸和去边界化问题。[②] 很明显,答案是否定的。如前所述,"风险刑法"本身就是一个似是而非的概念,在其框架下强化一般预防,只会导致刑法作为社会控制工具角色的加强。准确地说,在"人作为不安全的因素"意义上,[③]"风险刑法"与一般预防具有实质性的"一体两面"关系。问题是,我国刑法在社会控制角色上一直强势,不足的是人权保障角色,因此,将刑法更加侧重于预防以致提前化和抽象化保护环境法益,同样会产生"过量服药"的弊害。笔者认为,如果说犯罪概念"但书"条款是刑法谦抑主义的直观表达的话,那么,罪刑法定主义就是刑法谦抑主义的根本表达。令人遗憾的是,我国刑法关于罪刑法定主义的条文规定存在重大缺陷,其直接结果就是导致了刑法作为犯罪人人权大宪章功能的弱化,这在环境犯罪上的体现同样明显。

关于罪刑法定原则的规定,我国 1997 年刑法典第 3 条的表述与域外的不尽一致,差异的部分为"法律明文规定为犯罪行为的,依照法律定罪处刑"(积极侧面)。尽管不少刑法学者为此进行了各种辩护,甚至积极侧面的立法宗旨被阐释为:"只有法律将某一种行为明文规定为犯罪的,才能对这种行为定罪判刑,而且必须依照法律的规定定罪量刑。"[④]即积极侧面突出的是"依法",是对司法机关的限制。只是这样的解释明显乏力。因为罪刑法定原则原本就被赋予了限制国家刑罚权的本旨,再通过积极侧面强调对司法机关的限制,是立法技术上的实质性重复,而积极侧面的内容与刑法的目的、任

---

① 参见[意]菲利著:《犯罪社会学》,郭建安译,中国人民公安大学出版社 1990 年版,第 70 ~ 71 页。

② 参见[德]乌尔里希·齐白:"刑法的边界——马普外国与国际刑法研究所最新刑法研究项目的基础和挑战",周遵友译,载赵秉志主编:《刑法论丛》,法律出版社 2008 年版,第 251 页。

③ 参见[德]乌尔斯·金德霍伊泽尔:"安全刑法:风险社会的刑法危险",刘国良编译,载《马克思主义与现实》2005 年第 3 期。

④ 胡康生、李福成主编:《中华人民共和国刑法释义》,法律出版社 1997 年版,第 5 页。

务等形成了立法技术上形式性重复。[①] 由此产生的弊端是，社会保护机能成为了我国罪刑法定原则的首要价值取向，人权保障机能退居其后，甚至成为了社会保护机能的附随，进入司法程序的案件笼罩在有罪推定的思维下，有罪是前提，无罪判断只是最后得出的逻辑结论。[②]

我国罪刑法定原则客观上附带的入罪化效果，无疑是对我国刑法谦抑性的一大重创，这是对环境犯罪进行调整时需要妥善处理的。以非法采矿为例，在强大的经济利益驱动下受监管不到位的影响，各省几乎均存在不同程度的非法采矿行为，其中晚近以来影响范围广泛的就有辽宁岫岩河磨玉盗采、[③]河南新安铝矿盗采、[④]安徽淮南紫金石矿盗采、[⑤]云南龙陵黄龙玉矿盗采[⑥]，等等，且这些非法盗采行为有的已持续数年，甚至一些行政处罚伴随其间，这可能造成刑法之前的防线无法有效解决问题而需要求助刑法的假象，实际上仔细研究后不难发现刑法之前的防线未能有效解决问题，关键不在于启动刑法防线，以安徽淮南紫金石矿盗采的行政处罚为例，既有的行政处罚基本集中于当场抓住的盗采行为（主要是被举报），未被当场抓住的盗采行为以及盗采紫金石的运输、买卖等行为几乎成为了行政处罚的忽视对象，也就是说行政执法的力度和范围出了严重问题，因此，纠偏的方向显然不应是弃守行政法防线，相反强化刑法之前的防线以落实"防微杜渐"才是重点，否则即便将刑法的环境保护法益提前，在环境犯罪极低的刑事处罚率背景下实在难以想象扩张刑法防线会有多大的功效。相应地，这种牺牲刑法谦抑性的做法实属病急乱投医的失当之举。另外，容忍刑法之前的防线松弛以跨部门法的"秋后算账"方式处理（如累计多次非法采矿以入罪），更是以牺牲刑法的实质正义和谦抑性为代价，其结果是犯罪人的人权保障和一般预防都岌岌可危。正是在此意义上，不少"风险刑法"理论的提倡者一再强调对刑法谦抑性遵守的重要性。[⑦]

3. 生态环境法益观依据之批判

将环境法益保护的早期化和抽象化建立在生态环境法益观之上，是一种超越我国当前现实的论调。具体而言，从法益发展的历史来看，集合生命、身体、名誉、自由、财产等利益而成的个人法益是法益理论的基本单位，个人法益的集合形成了超个人法益，[⑧]晚近以来在法益的"精神化"发展中生态环境法益观颇为引人注目。一般认为，法益发展的"精神化"的实质在于现代法益理论应当吸收规范理论的核心内容。[⑨] 这是一个危险的信号。对法益进行"精神化"将导致伦理道德、宗教信仰等内容的介入，这在模糊法

---

① 参见梁云宝："论相对负刑事责任能力人责任范围的限缩"，载《政治与法律》2010年第11期。

② 参见刘艳红："刑法的目的与犯罪论的实质化"，载《环球法律评论》2008年第1期。

③ 参见 http://news.lnd.com.cn/htm/2011-06/14/content_1835829.htm，最后访问时间：2015年3月12日。

④ 参见 http://news.3news.cn/html/news/cj/2014/0224/2414.html，最后访问时间：2015年3月15日。

⑤ 参见 http://tech.gmw.cn/2015-01/25/content_14630535_4.htm，最后访问时间：2015年3月15日。

⑥ 参见佚名："云南数万村民冒死盗采黄龙玉"，载《扬州晚报》2015年1月25日第A10版。

⑦ 参见陈晓明："风险社会之刑法应对"，载《法学研究》2009年第6期。

⑧ 超个人法益受意识形态的影响（明示的或潜在的），又存在国家法益、社会法益等的划分，但这受到了批判。参见陈志龙著：《法益与刑事立法》（第3版），作者1957年自版，第152~155页。

⑨ 参见王拓："法益理论的危机与出路"，载《西南科技大学学报（哲学社会科学版）》2011年第4期。

益与规范边界的同时会扩大刑法的处罚范围,实际上一旦松弛法益对立法的批判作用,就会陷入刑法无处不在的危险——滥用刑法,这种滥用刑法的过程也是消解刑法的自损过程,其结果无疑难以与推进法治和保障人权的方向相吻合。

迄今为止,在环境犯罪的法益保护上大体有人类中心法益观、生态环境法益观和生态学的人类中心法益观三种。其中,人类中心法益观主张,环境是人类发展的前提,对环境的危害只有达到危及人的生命、身体、财产或公共安全等传统法益相关的程度时,才会作为犯罪处理。日本刑法是这一立场的典型代表,[①]我国1997年刑法典也基本采取了这一立场,尤其是此后饱受诟病的重大环境污染事故罪中"造成重大环境污染事故,致使公私财产遭受重大损失或者人身伤亡的严重后果的",可谓这一标准的集中体现。生态环境法益观主张,与人的生命、身体、财产等传统法益无关的生态环境本身就是环境犯罪的保护法益。按照这一观点,"保护生态法益的核心在于保护生态平衡和生活环境内在运行的稳定和谐,将人类严重违反生态规律、打破生态平衡的行为评价为具有刑事违法性的犯罪。"[②]对人类中心法益观和生态环境法益观进行调和而形成的生态学的人类中心法益观主张,环境犯罪确实是为了保护环境、维持生态平衡,但这种保护并不优先于人类的生产生活。20世纪70年代后德国刑法逐步采纳了这一立场,[③]《修(八)》关于环境犯罪修改所持的立场似乎转向了生态学的人类中心法益观。

可以说,无论哪种法益观都有其特定的价值,即便是如今备受批判的人类中心法益观也不能轻言其"过时"了,毕竟这是大多数发展中国家刑法广泛采取的立场,而我国多年来的经济发展也因它获益匪浅。事实上,人类中心法益观并非不重视环境保护,而是在与人类生存和发展的平衡上进行环境保护,其背后深层次的根源是生产力与生产关系原理,即作为调整社会关系的刑法属于生产关系的范畴,人类中心法益观也属于生产关系范畴的内容,长期以来它能够适应我国生产力的发展,尽管它产生了一定的弊端,如赋予了环境保护对与环境污染存在因果关系的财产法益或人身法益的依附性,而这样的弊端在生态环境法益观下能够得到有效克服,但这样的弊端在相当长的时间内是小于人类中心法益观带来的巨大利益的。因此,一国(地区)刑法在环境犯罪上采取的法益观,难以脱离特定时期的生产力发展水平,落后的或超前的生产关系都会因与生产力不匹配而成为扬弃的对象,这正是环境刑法的独特属性之一。生态环境法益观的积极意义不容否定,但在我国当前条件下它似乎仍是奢侈品,即使《环境污染刑事解释》将"饮用水水源一级保护区""自然保护区核心区"等环境媒介直接作为保护的对象,也不意味着它们与人的生存和发展无关,相反恰恰是对人的生存和发展极为重要,与人类的生产生活关系紧密,因而,对它们的保护并没有优于人类的生产生活。与此相适应,我国刑法也进入了人类中心法益观向生态学的人类中心法益观的过渡阶段。如果是这样,那么在我国将环境法益的保护建立在生态环境法益观之上,就是一种超越当前客观

① 参见吴献萍著:"环境犯罪与环境刑法",知识产权出版社2005年版,第111页。

② 刘泽鑫:"论我国环境刑法与德日环境刑法的法益比较",载《人民司法》2013年第15期。

③ 参见王世洲著:《德国经济犯罪与经济刑法研究》,北京大学出版社1999年版,第400页。

实际的论调,而以生态环境法益观为基础架构环境法益保护的早期化和精神化观点,难免成了不切实际的想法,其荒谬性不言而喻。

(四)环境犯罪惩处在刑法谦抑主义上的拓展

社会的急速发展使我国环境犯罪立法呈现出活跃化趋势,但环境问题始终是一个涉及政治、经济、法律等多层次的问题,因而,法律只是解决环境问题的重要手段,而非唯一手段。就法律手段的解决而言,刑法之前部门法防线的脆弱以及刑法的“软法化”,是长期以来存在的弊端。针对这一弊端,试图通过扩大刑法的处罚范围,尤其是在入罪化思维模式下将环境法益的保护早期化、精神化,远非有效解决问题的正确路径,现有的环境法益保护早期化、精神化的理论依据存在着严重的问题。加强刑法之前的部门法防线以“防微杜渐”,在刑法框架下继续遵守刑法谦抑主义,并在现有的环境犯罪规定基础上进行有效衔接以强化刑法谦抑性,才是有效解决问题的可行之道。具体而言:

1.“行政法—刑法”衔接在环境犯罪上对刑法谦抑性的拓展

在我国,无论是污染型环境犯罪还是破坏型环境犯罪,在罪状描述中几乎都存在“违反……规定/法规”的内容,这使我国的环境犯罪成为了典型的开放性构成要件,开放的构成要件难免使环境犯罪的惩处受相应的行政法律法规等的实质性影响,而如前所述到目前为止刑法之前部门法防线相当脆弱,“行政法—刑法”两法衔接问题始终是老大难的问题,这加剧了问题解决的难度。

例如,2011 年 5 月 1 日实行的《突发环境事件信息报告办法》将突发环境事件分为特别重大(I 级)、重大(II 级)、较大(III 级)和一般(IV 级)四级,其中“因环境污染造成直接经济损失 500 万元以上 2000 万元以下的”和“因环境污染造成直接经济损失 500 万元以下的”分别属于较大(III 级)和一般(IV 级)。同时,2015 年 1 月 1 日实施的《环境保护法》第 64 条规定:“因污染环境和破坏生态造成损害的,应当依照《中华人民共和国侵权责任法》的有关规定承担侵权责任。”并且,《环境污染刑事解释》中“致使公私财产损失 30 万元以上的”属于污染环境罪的“严重污染环境”情形,而“公私财产损失”包括“污染环境行为直接造成财产损毁、减少的实际价值,以及为防止污染扩大、消除污染而采取必要合理措施所产生的费用”(第 9 条)。这样,在部门法的衔接上“直接经济损失”是否就是“公私财产损失”不无疑问,或者说达到最低级别(IV 级)中“直接经济损失”标准的突发环境事件因计算方法的不同,存在侵权法解决和刑法解决的双重可能性,这种部门法衔接时标准的不统一增加了案件处理的“灵活性”,而具有“法律依据”不移送司法机关处理也是“灵活性”的重要内容。

针对这一难题,弱化环境犯罪的行政从属性观点得到了不少学者的支持。[①] 然而,在现行的法律体系下这似乎是治标不治本的论调。我国的环境问题是由不同部门法协力解决的,在一般的环境案件中司法机关的介入受案件移送程序的影响具有被动性,并且当前环境犯罪的低刑事处罚率与案件的低司法移送率密切相关。据此,试图在既有的“行政

---

① 参见王勇:“环境犯罪立法:理念转换与趋势前瞻”,载《当代法学》2014 年第 3 期;焦艳鹏:“生态文明视野下生态环境法益的刑事法律保护”,载《法学评论》2013 年第 3 期;等等。

法—刑法”两级体系中将重心向下游的刑法转移,从而在下游实现对环境问题的截堵式处理,不仅会破坏“行政法—刑法”两级体系设置,也会导致司法权不当干预行政权的问题,其最终的效果如何不难想象。所以,加强刑法之前的部门法防线,从源头上治理环境问题,同时细化部门法之间的分工和协作,打破既存的“分工有余,细化不足”的尴尬局面,从“速”解决统一的法律体系下实现不同法律规范之间对同一或类似问题规范标准的一致化,实现开放的构成要件在定罪尺度上的明确化。而且,一旦刑法之前的部门法(尤其是行政法)解决环境问题的机制畅通化,实现较高的环境违法发现率、处置率,作为最终救济手段的刑法被求助的可能性将会降低,刑法在环境犯罪上的谦抑性将得到拓展。

当然,对“行政法—刑法”衔接的重视并不意味着忽视刑法本身的努力,如必要的实质解释是贯彻刑法谦抑性在环境犯罪上的重要手段。举例来说,对于刑法第 341 条中“情节严重”,通常野生动物和野生动物制品的标准分别是“只”和“数额”(价值/非法获利),但鉴定机构出具的结论往往只涉及“活体”或“死体”,并不采纳“动物”与“动物制品”的表述,但活体/死体与动物/动物制品之间并不具有必然的一一对应关系,比如剥了皮并去除了内脏的穿山甲尸体究竟应认定为“野生动物”还是“野生动物制品”不仅影响量刑,也影响定罪,各地的司法实践相当混乱。① 此时,若通过实质解释来贯彻刑法的谦抑性,对于避免犯罪人标签的扩张具有积极的意义。

2.“程序法—实体法”衔接在环境犯罪上对刑法谦抑性的拓展

如果说在“行政法—刑法”两法衔接上提升刑法谦抑性的空间,已经得到了我国刑法学者的广泛关注和认可,那么,在“程序法—实体法”两法衔接上提升刑法谦抑性的空间,到目前为止并未引起足够的关注和重视。在程序法上,环境犯罪的处理基本要经过立案、移送审查起诉、审判和执行四个阶段。在“程序法—实体法”两法衔接意义上,刑事实体法的“刑法的确定性”不可避免地与立案率、侦破率、移送率、处罚率等联系起来,且在“立案率→侦破率→移送率→处罚率”进程中,它们之间通常是一种递减关系。因此,在环境犯罪的立案率、侦破率和移送率恒定的情况下,要降低作为最后救济手段的刑法的求助概率,必须降低“刑法的确定性”概率——这必然要求程序法的各个阶段发挥过滤作用。

实际上,基于我国环境问题日益严重,司法机关在环境司法中已经积累了不少值得肯定的经验,贵阳式环保审判模式就是备受瞩目的一例。所谓贵阳式环保审判模式,是指设立两级环保法庭对环境保护的三类案件进行专属管辖和审判合一,而三类案件分别为“两湖一库”(红枫湖、百花湖、啊哈水库饮用水源的简称)水资源保护案件,贵阳市辖区内环境污染侵权、损害赔偿、环境公益诉讼、污染环境罪等类型的一审案件与相关执行案件以及贵州高院指定的贵阳市辖区外涉及“两湖一库”水资源保护案件。② 不可

---

① 如果认定为野生动物,则基本应按照“只”来定罪量刑,否则应按照价值或非法获利数额来定罪量刑,二者之间在定罪量刑上的差距十分明显,如达到“情节严重”的 10 只穿山甲,在价值上未必能达到同样属于“情节严重”的 10 万元标准。

② 参见肖建国:“环保审判的贵阳模式”,载《人民法院报》2011 年 7 月 7 日第 5 版。

否认，贵阳式环保审判模式对环境违法问题的解决，在效率性、专业性等方面具有积极的意义，但在拓展刑法谦抑性上意义相当有限。笔者认为，在程序法上明显能够提升刑法谦抑性空间的，主要是立案阶段的预立案和移送审查起诉阶段的缓起诉。

就立案阶段的预立案而言，只要是涉及环境违法的问题都应进行预立案，经过一定的审查后符合立案标准的进行立案，不符合法定立案标准的，应说明理由，且预立案的标准明显低于立案标准。立案阶段预立案设计是为了提高环境违法问题的发现率，这是提高环境违法案件侦破率的有效方法。一般认为，侦破率与最优处罚之间存在关联，当其他条件相同时，如果侦破率降低，就要用更高的处罚来弥补。① 因此，提高环境违法案件的侦破率有助于避免使用更高的处罚，这会降低刑法作为最终救济手段的适用性。与此相当，就移送审查起诉阶段的缓起诉而言，对特定的环境违法/犯罪确立缓起诉制度，可以降低环境违法/犯罪案件的移送率，这同样可以降低刑法作为最终救济手段的适用性。这样，当环境违法的发现率提高，且侦破率得到提高后，降低移送率，在程序法的不同阶段通过对环境违法问题的过滤处理，能够发挥刑法之前的部门法的最大化功效，减少环境问题的处理对刑法的依赖，从而扩展刑法在环境犯罪上的谦抑性空间。

专题五　社区警务室建设情况调研报告

——以秣陵街道、禄口街道为例

“民本警务”是当前的第一要务，以服务保障民生为根本目标，以群众的满意度为基本标准，当前全南京市都在不断创新社区警务运行机制，将社区警务室标准化建设作为突破口，打造警务室工作的新模式，打造“社区里的 110，家门口的派出所”的品牌效应，这也对保障社区治安，减少社区犯罪，促进社会稳定方面有明显成效。江宁秣陵街道和禄口街道人大工委采取实地调研、座谈汇报、问卷调查等方式，对当前辖区内的社区警务室建设情况进行了实地调研，现将调研情况形成报告如下。

一、基本情况

（一）秣陵街道

秣陵下辖百家湖、秣陵、东善桥三个派出所，由于所属区位不同，三个派出所也各具特色。

百家湖派出所辖区 25 平方公里，辖区有农民复建小区殷巷新寓 297 幢，12000 余套住宅，万科、恒大、中粮、保利、雅居乐等商品房小区 9 个，有华宝通讯、东南大学、同仁医院、协鑫电厂、苏源集团、长安马自达、南瑞继保等企业、单位 300 余家，中小旅馆、网吧等场所 120 余家，常住人口 2900 余人，流动人口（注册在居）12 万余人，境外人员 700 余人，私房出租户 9990 余户，年接警量为 16000 余起，刑事案件 1230 余起，治安案件 2500 余起，群体性事件 60 余起，现有民警 25 人，保安 103 人（含流动人口协管员）。总体情

① 参见［瑞典］汉斯·舍格伦、约兰·斯科格编：《经济犯罪的新视角》，陈晓芳、廖志敏译，北京大学出版社 2006 年版，第 66 页。

况概括为:人口基数大、矛盾纠纷多、案件高发、治安环境较复杂。2014 年硬件建设共投入经费 30 余万,完成社区警务室标准化改造 4 个,每名社区民警配齐"五个一"(一台电脑、一部电台、一部移动警务通、一辆警用摩托车或电动自行车、一套 GPS 系统)装备。每个警务室配备社区民警 4 人,并分别在社区兼职副书记,配备协管员和社区保安 24 人。并开通了 4 个网上警务室,每周发布警情通报和安全防范,回答群众咨询和预约服务。警务室实行全天服务,周一至周日工作时间全部开门接待群众,社区民警每周不少于 2 天接待群众,流动人口协管和巡逻保安 24 小时开展流动人口核查和巡防工作。警务室在原有的人口管理、安全防范、入户调查、情报信息、提线破案、矛盾调解等工作的基础上,又新增了 21 项便民服务。

秣陵派出所辖区面积约 55 平方公里,辖区共划分为集镇、双金、凤凰、周桥四个责任区,每个责任区设有 1 个警务室,每个警务室管辖 2 个社区,都有独立的办公场所,集镇责任区警务室位于秣陵街道东旺社区居(村)委会,管辖东旺和西旺两个社区;双金责任区位于秣陵街道欣旺花苑 27 幢双金居(村)委会,管辖双金和火炬两个社区;凤凰责任区位于秣陵街道凤凰社区居(村)委会,管辖凤凰和家园两个社区;周桥责任区位于秣陵街道周里村居(村)委会,管辖周里和建东两个社区。2014 年,秣陵派出所投入 60 余万元,对 4 个警务室硬件设施进行了标准化统一升级改造,为每个警务室统一了标识,配备了桌椅、办公设备,安装了办公电话,接通了网络,直通公安内网和外网。目前,4 个警务室已全面升级改造完毕并运行使用,按照"1 +2 +4"模式要求,每个责任区配备 1 名社区民警,2 名辅警,4 名特勤队员。为便于工作协调开展,4 名社区民警中 3 人兼任各社区副书记,1 人兼任社区副主任。同时,为每个警务室也配备了警用摩托车、电台、警务通、3G 笔记本电脑等警用装备。每周二、周四上午 9 点至 11 点为社区民警群众接待日,专门接待群众来访;每月 10 日之前,社区民警根据本月工作重点,召集辖区相关人员组织召开警民恳谈会。值班期间,社区民警带领人员,配齐装备,在自己辖区有警出警,无警巡逻,其他社区警务人员日常工作在警务室,实行正常的上下班制度。

东善桥派出所辖区面积 58 平方公里,常住人口 21080 人,暂住人口近万人,辖区内有两个软件园区,3 个工业园区,单位 74 家,其中大型企业 12 家。共有 7 个社区,居民因征地拆迁入住复建房小区 3 个共 143 栋。派出所现有民警 10 人,其中所领导 3 人,内勤民警 2 人,治安、刑侦民警 2 人,社区民警 3 人,保安辅助人员 50 人。2014 年度,派出所接处警量 2371 起,全年立刑事案件 193 起,立行政案件 225 起,抓获各类违法犯罪嫌疑人 90 人,其中逮捕 11 人,提起公诉 18 人。派出所辖区划分为 3 个警务责任区,规划建设了 3 个标准化社区警务室,先后建成东善桥、祖堂、元山警务室。在物质投入上,为每个警务室配备了档案柜、装备柜、办公桌椅、便民桌椅、饮水机、打印机、电话、电脑等办公用品,并为每个警务室配备两辆摩托车,每两个警务室配备一辆巡逻警车,为社区民警有效服务辖区群众提供坚实物质保障。

(二)禄口街道

禄口街道位于南京市江宁区南境,街道南北长 19.2 公里,东西宽约 10.56 公里,总面积 165 平方公里。辖 30 个社区,辖区内实有人口 119352 人,其中常住人口 83998 人,暂住人口 35354 人。辖区濒临禄口国际机场，辖区内公交汽车站、地铁站各有 2 个，大小旅馆 86 家，各类商店、摊点近 2700 余家，建筑工地 28 家；重点工程项目有宁高新通道、宁高轻轨、340 省道等。根据分局对警务室的统一规划和辖区内的实际情况，铜山派出所集中建设了集镇、曹村和西片 3 个警务室。其中集镇警务室涵盖中片的谢村、石埝、溧塘 3 个社区和铜山居委会，常住人口 12330 人，流动人口和寄住人口主要集中于该片区；曹村警务室涵盖东片的曹村、彭福、小彭、埂方 4 个社区，常住人口 10790 人；西片警务室涵盖西片的徒盖、桑园、陈巷、尚洪 4 个社区，常住人口 10695 人。禄口派出所目前辖区内共有 18 个社区，因征地拆迁等原因，多个社区地域内已没有居民居住，现规划建设了 4 个标准化警务室，分别是空港警务室、机场二期警务室、万寿片警务室、上穆警务室，其中空港警务室采取的是 24 小时运行模式。目前空港警务室管辖常住人口 8262 人，暂住人口 9780 人；机场二期警务室辖区内常住人口 24766 人，暂住人口 9374 人；万寿片警务室辖区内常住人口 8908 人，暂住人口 3549 人；上穆警务室辖区内常住人口 8247 人，暂住人口 2029 人。另外，警务室的工作还包括门面房、私房出租屋、公共娱乐场所的登记管理和服务。按照分局颁发的警务室人员配备标准，警务室严格按照"1 +2 +4 + X"（1 个社区警务室 +2 名社区民警 +4 名社区保安 + X 名社区平安志愿者）的要求运行，警务室设有规范的接待区、服务区和调解区，环境整洁，设施齐全，能满足社区警务工作需要。

二、取得的主要成效

一是降低案件，提升老百姓的安全度。社区警务室建立了社区警务、巡逻防范、先期处置"三位一体"勤务模式，社区民警更有效组织开展治安防范工作，增加社区见警率、管事率，强化警情快速反应，预防和减少案件特别是可防性案件发生，进一步增强老百姓的安全感。2014 年百家湖片区共新登记暂住人口 61971 人，核签 90224 人，登记寄住人口 9654 人，私房出租房 9991 户，信息采集率是前两年总和，社区民警共入户走访 8600 余户，为群众提供咨询服务 5211 次，张贴防范提醒、警方提示 7000 多条，征求了群众意见 115 条。东善桥片区警务室标准化改造并投入使用以来，3 个警务室合计已处理各类矛盾纠纷 47 起，接待群众来访 175 人次，发放暂住证 1168 张。

二是扩展服务，提升老百姓的满意度。所有警务室都设立在小区内和流动人口集中居住的地方，对辖区常住人口、暂住人口、寄住人口、境外人员、重点人口、高危人员都提出了目标任务和具体措施，在政策范围内尽可能地拓展服务内容、提升服务效能，最大限度的方便群众，提升群众的满意度，夯实群众基础。"点对点""面对面"地及时为群众答疑解惑，提供帮助，定期开展入户走访、警民畅谈等活动，充分利用网上微博、微信、QQ 群等媒介零距离地做好群众服务工作。另外采用就近处警、就近调解的工作方针，大力推进"调解入室"，力争把矛盾纠纷解决在基层、化解在萌芽。

三是警力下沉，打造和谐稳定的外部环境。通过让社区民警降压减负、警力下沉，确保有足够的时间和精力沉入社区，收集社情民意，了解他们的所需所想，定期与帮教小组成员开展交流，实行维稳情报信息"零报告""日报告"制度，对重点人头、重点大事及辖区稳定情况实行一日一报、一人一报、一事一报，时刻掌控这些人员的去向，坚决防止重点人员脱离视线,失控漏管。

三、存在的主要问题

一是警力严重不足。为保障警务室更好地发展,社区警力下沉,所有民警下基层,如果社区民警不参加派出所值班、不办案,其他民警工作就增加了15%,使原本警力紧张的派出所更加捉襟见肘。实施社区警务创新以来,社区民警只能不定期到警务室工作,应付上级检查,导致民警缺乏工作主动性,只会按照"发案—举报—接警—出警—处警"的被动警务模式工作,缺乏主动与老百姓沟通的意识,不能将警务工作真正融入社区,没有做到上门摸排,发现问题。有社区民警直言不讳地指出,社区警务工作做得再好,不如办一个案子、追一名在逃人员的分量重、奖励大,这很大程度上挫伤了社区民警工作的主动性和积极性。

二是社区民警工作能力还需进一步提高。部分社区民警、协警工作能力水平表现偏低,还不能完全适应当前的社区警务工作。社区民警工作目的性不强,联系群众面也不够宽。有部分居民也反映警务室是空架子,一些工作难以有效落实。一些社区民警自身素质很难适应社区警务工作的要求,不善于做群众工作,制约了社区警务工作的开展。

三是群防群治力度不够。目前,从大环境来看,各级治保职能淡化,老百姓有事就会打110,青奥会期间推行的"红袖标"巡逻防范人员已不见踪影,甚至有的小区和单位保安也形同虚设,只管开门关门,收物业费、停车费。

四是部门之间协作不够。目前,老百姓对社区警务工作模式相当认可,甚至连不在管辖范围的事情也向社区警务室反映,民警处理不了的事情需要联系相关部门,但由于部门之间协作不够,易造成推诿。这些事情看似挺小,但都是民生问题,与老百姓息息相关,许多难事都是由警务室民警"代劳"。

五是人力、财力、物力及制度的缺失。由于社区协管员、保安、巡防队员的聘用数量有限、年龄偏大、待遇不高,一定程度上造成了派出所经费紧张、任务重,部分民警从心理上压根不愿意到社区工作。禄口街道人员流动量极大,人员素质参差不齐,极易滋生各类违法犯罪行为,大大增加了辖区内治安管理工作的难度。加之当前派出所日常工作依旧是绩效考核的重头戏,社区民警工作相对弱化了。

六是技防建设有待加强。根据相关规定的要求,现如今各个路口、居民小区都应配备电子监控系统。2015年机场二期复建房小区需新装电子监控探头60个,空港枢纽经济区需更新电子监控探头40个,通过这些技防建设可以更好地保护辖区居民的生命财产安全,提高群众的安全感。

四、完善社区警务室建设的建议

(一)开展培训,提高民警能力与素质

要做好社区警务工作,只有为民服务的观念还不够,还必须有能适应社区复杂治安形势工作的综合素质和能力。所以针对当前社区警务室的特征,立足当前条件,通过开展教育活动、业务培训、经验交流、实地参观学习等措施,努力提高社区警务人员的责任意识、服务意识、业务素质和能说、能干群众工作的能力,让社区警务人员深入社区,贴近群众,及时发现不稳定因素,力争在第一时间及时发现各种违法犯罪的动态,坚决有效地打击各种违法犯罪活动。组织开展培训活动,完善考核机制,量化社区民警的工作,增强民警考核的客观性、时效性。加强绩效考核和严格责任倒查,提高社区警务人员的综合素质和整体战斗力,促进社区警务工作水平的大幅度提升。增加社区警务室的辅助力量,适当提高辅助人员待遇水平。真正做到警务力量沉到社区,专心致志在社区工作。

(二)贴近百姓,提升服务促和谐

社区警务室工作最根本的就是为民服务。在开展社区警务工作中坚持以心贴心,对改善警民关系,提升群众满意度和安全感都非常有效。社区警务人员要改变旧观念,彻底破除蛮横的服务态度,以人为本,对待社区群众要像对待自己的亲人朋友一样,为民办实事,为民办好事,做老百姓的贴心人。加强宣传,通过手机信息、宣传车辆等有效宣传方式提高民警知晓率,让社区群众都能知道警务室在哪里,能办哪些事,以便更好地为群众办事提供方便,促进警务室作用得到充分发挥。把警务室打造成为情报信息的"集散地"、治安管控的"桥头堡"、破案打处的"中继站",从而更好地为实战服务。加强社区 24 小时的巡查工作,坚持警务室 24 小时值班制度,特别是夜间巡逻,最大限度地发挥警务室的作用。

(三)维护稳定,推动工作上台阶

进一步将社区警务工作从表面信息化采集推向动态治安维护,努力实现社区民警专职化、多元化、规范化、信息化、制度化。一方面,要坚持警务实效性,杜绝警务室空无一人现象;另一方面,要推行动态执勤,社区警务人员深入社区,零距离服务群众,近距离打击犯罪,第一时间化解矛盾纠纷,使警务室成为服务百姓的第一个地点,维稳的第一道防线。

(四)发挥职能,充分激发民警动力

要围绕社区民警主要职责,以见警率、知晓率、发案率、满意率、有效率为主要内容,深入推进警务室的建设,不断推动警务室规范化管理。同时加大奖惩激励机制,进一步出台奖惩细则,最大限度地激发社区民警的动力,提高工作积极性和工作效率。加强技防建设保障,通过增加道路电子监控等技防设施可以更好地保护辖区居民的生命财产安全,提高群众的安全感。为社区警务室的工作开展提供更有效的帮助。

后　记

《中国县域法治国情调查 · 江苏江宁卷》是江苏高校区域法治发展协同创新中心组织开展的“中国县域法治国情调查报告”之一。本卷调研工作由中心学术委员会主任、东南大学法学院周佑勇教授牵头负责成立的东南大学法学院调研小组具体承担。2014年7月江苏省依法治省领导小组办公室、江苏高校区域法治发展协同创新中心发布《中国县域法治国情调查方案》之后，调研组制订了“中国县域法治国情调查（江宁卷）”资料数据收集分解计划，对调研工作作出了具体明确的任务分工，并由东南大学法学院孟红教授具体负责协调调研小组工作。2014年9月江宁区政法委召开调研项目启动会，全面部署调查工作，区政法委书记刘维新亲自动员，区相关部门共23个单位派人参加，并确定了每个单位的具体联络人员，由江宁区政法委法制科科长吕长富具体负责协调江宁区各个部门资料收集提供工作。此后，调研小组分工合作开展了深入细致的调查，通过召开座谈会、问卷调查、实地调研，收集档案资料，采集相关数据。在梳理、分析数据资料的基础上，从2015年6月开始，调研小组依据调研获得的数据和材料，开始撰写本报告。在江宁区政法委的协调下，在江宁区各个部门的大力支持下，调研小组前后经过近1年半的努力，历经多次补充修改完善，最终完成了这项工作。

在调查工作和调研报告的撰写过程中，我们始终得到了省委政法委及省委依法治省办公室的有力支持，也得到了江宁区政法委及相关各部门的支持，尤其是区政法委书记刘维新高度重视县域国情调查工作，及时了解进展情况，积极协调处理问题，明确要求全区各相关单位和职能部门积极参与和配合调研组的工作。江宁区委和区政府、江宁区人大和政协、江宁区人民法院、江宁区人民检察院、江宁区公安局、司法局的主要领导对本次调研非常重视，对材料收集给予极大支持帮助，区政法委法制科及区相关职能部门的同志们更是认真细致、不厌其烦地为我们提供了大量第一手的数据和材料，为调研报告的撰写建立了良好的数据和材料基础，否则本报告是无法顺利完成的。在此，我们谨向他们表示由衷的感谢和崇高的敬意！在本次调查工作中，东南大学法学院的部分研究生和本科生也参与了调研和协助整理资料工作。对本调研组成员和参与调研整理工作的学生以及所有对我们的调研工作和报告撰写提供过帮助和支持的单位与个人，在此一并表示我们最诚挚的敬意！

县域法治国情调查是一项全新的具有开创性的工作。虽然我们全力开展了这项工作，力争做到在报告中全面、准确、客观地反映江宁区的法治国情，但我们也深知，由于时间所限，能力所及，百密难免一疏，该报告一定存在不尽如人意之处。热诚欢迎学界、实务界的同仁和领导能够不吝赐教,批评指正!

参加本报告撰写的人员分工如下:

第一章,郑颖慧(东南大学法学院讲师、法学博士)、张雪莲(东南大学法学院讲师、法学博士);

第二章,任丹丽(东南大学法学院副教授、法学博士)、陈道英(东南大学法学院副教授、法学博士);

第三章,李煜兴(东南大学法学院副教授、法学博士)、刘启川(东南大学法学院讲师、法学博士);

第四章,梁云宝(东南大学法学院讲师、法学博士)、单平基(东南大学法学院副教授、法学博士)、刘建利(东南大学法学院副教授、法学博士);

第五章,龚向和(东南大学法学院教授、法学博士)、刘红(东南大学法学院讲师、法学博士);

第六章,江宁区政法委、区公安局、区检察院、区法院、孟红(东南大学法学院教授、法学博士)、梁云宝;

第七章,江宁区政法委、区人大、区公安局、区法院、孟红、梁云宝。

本报告由周佑勇教授任主编,孟红教授和江宁区政法委书记刘维新同志任副主编。全书由主编、副主编审阅初稿,然后由孟红教授统稿,最后由周佑勇教授定稿。

《中国县域法治国情调查·江苏江宁卷》编撰组

2016 年 1 月 18 日

图书在版编目(CIP)数据

中国县域法治国情调查报告·江苏江宁卷/周佑勇主编.—
北京:法律出版社,2016.6
ISBN 978-7-5118-9464-9

Ⅰ.①中… Ⅱ.①周… Ⅲ.①县—法治—调查报告—
中国②法治—调查报告—南京市 Ⅳ.①D927

中国版本图书馆CIP数据核字(2016)第091216号

中国县域法治国情调查报告·江苏江宁卷 | 周佑勇 主编 | 责任编辑 王 扬 装帧设计 乔智炜

开本 787毫米×1092毫米 1/16
印张 36 **字数** 720千
版本 2016年6月第1版
印次 2016年6月第1次印刷
出版 法律出版社
编辑统筹 独立项目策划部
总发行 中国法律图书有限公司
经销 新华书店
印刷 固安华明印业有限公司
责任印制 张建伟

法律出版社/北京市丰台区莲花池西里7号(100073)
电子邮件/info@lawpress.com.cn
销售热线/010-63939792/9779
网址/www.lawpress.com.cn
咨询电话/010-63939796

中国法律图书有限公司/北京市丰台区莲花池西里7号(100073)
全国各地中法图分、子公司电话:
第一法律书店/010-63939781/9782 西安分公司/029-85388843 重庆公司/023-65382816/2908
上海公司/021-62071010/1636 北京分公司/010-62534456 深圳公司/0755-83072995

书号:ISBN 978-7-5118-9464-9
定价:118.00元
(如有缺页或倒装,中国法律图书有限公司负责退换)